中华传世藏书

【图文珍藏版】

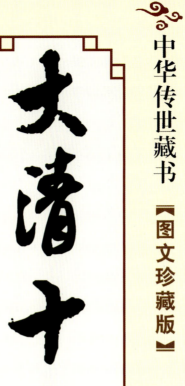

大清十二帝

马 博⊙主编

第一册

线装书局

图书在版编目（ＣＩＰ）数据

大清十二帝：全6册 / 马博主编. -- 北京：线装
书局, 2016.1
ISBN 978-7-5120-1959-1

Ⅰ.①大… Ⅱ.①马… Ⅲ.①皇帝－生平事迹－中国
－清代 Ⅳ.①K827=49

中国版本图书馆CIP数据核字(2015)第245500号

大清十二帝

主　　编：马　博
责任编辑：高晓彬
装帧设计：博雅圣轩藏书馆 Boyashengxuan Cangshuguan
出版发行：线装书局
　　　　　地　址：北京市西城区鼓楼西大街41号（100009）
　　　　　电　话：010-64045283（发行部）　64045583（总编室）
　　　　　网　址：www.xzhbc.com
经　　销：新华书店
印　　制：北京彩虹伟业印刷有限公司
开　　本：787mm×1092mm　1/16
印　　张：168
字　　数：2040千字
版　　次：2016年1月第1版第1次印刷
印　　数：0001－3000套

定　　价：1580.00元（全六册）

清太祖努尔哈赤
(1559.02.21—1626.09.30)

在位 11 年，享年 67 岁，葬于福陵（沈阳东陵），后金政权的建立者，为后金首位可汗，1625 年迁都沈阳，统一女真各部，创建八旗制度，创满文，摆脱奴隶制度。皇太极称帝后追尊努尔哈赤为太祖高皇帝。

谥号：承天广运圣德神功肇纪立极仁孝睿武端毅钦安弘文定业武皇帝
明朝边关守将塔克世长子，追尊显祖宣黄帝；生母是都督阿古的女儿喜塔喇氏，追尊宣皇后。

清太宗皇太极
(1592.11.28.—1643.09.21)

在位 17 年，享年 51 岁，葬盛京昭陵（沈阳北陵公园北）。崇德 8 年 9 月 21 入葬，1626 年，继位后金可汗，1636 年，皇太极于盛京即皇帝位，改国号为"大清"。在位期间，注意发展生产，增强兵力，不断对明作战，确定满族族名，建立清国，为清王朝的确立和后来一统打下坚实基础。

谥号：应天兴国弘德彰武温宽仁圣睿孝敬敏昭定隆道显功文皇帝，简称文皇帝。
清太祖努尔哈赤第八子，生母孝慈高皇后孟古哲哲。

顺治帝福临
(1638.03.15－1661.02.05)

在位18年，享年24岁，葬于清东陵之孝陵（河北遵化），火葬，在沈阳即位，年号顺治，1644年迁都北京，诏定天下，六岁登基，14岁亲政。清初满汉民族矛盾与阶级矛盾极为激烈，而至顺治朝结束时，清廷击败了各种抗清势力，完成了全国统一。

谥号：体天隆运定统建极英睿钦文显武大德弘功至仁纯孝章皇帝，简称章皇帝
皇太极第九子，生母孝庄文皇后科尔沁博尔济吉特氏（昭圣皇太后）。

康熙帝玄烨
(1654.5.4－1722.12.20)

在位61年，享年69岁，葬于景陵（河北遵化），1661年2月17日8岁即位，年号康熙，平定三藩，收复台湾，驱逐了沙俄势力，遏制俄国确定中俄两国东段边界，又平息了蒙藏地区动乱，维护和加强了民族国家统一。在经济和文化建设上，开创了中国封建社会最后一个盛世——康乾盛世。

谥号：合天弘运文武睿哲恭俭宽裕孝敬诚信中和功德大成仁皇帝
福临第三子，生母孝康章皇后佟佳氏。

雍正帝胤禛
(1678.12.13—1735.10.08)

在位 13 年，享年 58 岁，葬于清西陵之泰陵（河北易县）。年号雍正，加强君主专制，屡兴文字狱，创建军机处平定青海和蒙古贵族发动的叛乱，促进了国家生产发展，经济繁荣，国库充盈，政局稳定，对"康乾盛世"的连续起到了关键性作用，是中国历史上一位勇于革新、勤于理政的杰出政治家。

谥号：敬天昌运建中表正文武英明宽仁信毅睿圣大孝至诚宪皇帝
玄烨第四子，生母孝恭仁皇后乌雅氏，养母孝懿仁皇后佟佳氏。

乾隆帝弘历
(1711.09.25—1799.02.07)

在位 60 年，享年 89 岁，葬于清东陵裕陵（河北遵化），于雍正十三年即位，年号乾隆，彻底平定蒙古叛乱，加强政府对边疆的管理，编辑《四库全书》（也因此销毁和删改了大量对清朝不利的书籍），自称"十全武功"，以十全老人自居，1796 年，禅位皇太子，自称太上皇。是影响中国 18 世纪以后历史进程的重要皇帝。

谥号：法天隆运至诚先觉体元立极敷文奋武孝慈神圣纯皇帝（简称"纯皇帝"）
胤禛第四子，生母孝圣宪皇后（钮祜禄氏）。

嘉庆帝颙琰
(1760.11.13—1820.09.02)

在位25年，享年61岁，原名永琰，后为避免避讳扰民，改称颙琰，年号嘉庆，葬于清西陵昌陵（河北易县），亲政仅五天就立即铲出贪赃枉法的权臣和珅，但内忧外患严重，在位期间清朝已经开始走向衰落，土地高度集中，政府腐败，阶级矛盾尖锐，农民起义不断发生，清朝统治危机出现。他继续推行闭关锁国和重农抑商政策，导致清朝落后世界大潮，留下千古遗恨。

谥号： 受天兴运敷化绥猷崇文经武孝恭勤俭端敏英哲睿皇帝
弘历第十五子，生母孝仪纯皇后魏佳氏。

道光帝旻宁
(1782.09.16—1850.02.25)

在位30年，享年67岁。葬于清西陵慕陵（河北易县），年号道光，在位期间，由于国力开始衰落，故极力提倡节俭，改革盐政，部分驰禁开矿，并整顿吏治。但由于腐败成风，阻力过大，奏效甚微；对鸦片之害，他最初力主抵抗，但因本人对时势无知，主要大臣懦弱无能，战略动摇无定，反而迫害禁烟主力，不能抵抗列强的侵略，酿成百年遗憾。

谥号： 效天符运立中体正至文圣武智勇仁慈俭勤孝敏成皇帝
颙琰第二子，生母孝淑皇后西塔腊氏。

咸丰帝奕詝
(1831.07.17—1861.08.22)

在位 11 年，享年 31 岁，葬于清东陵定陵（河北遵化），年号咸丰，在父亲手里接了一个破烂摊，在位初期爆发了太平天国农民起义，1856年第二次鸦片战争，相继签订一系列不平等条约，英法联军一直打到帝都，仓皇逃到热河避暑山庄，只命奕䜣留守北京与英法讲和，侵略军竟野蛮地焚掠了圆明园，纵有重整江山之心，已无回天之力，从此没在返回皇宫。

谥号：协天翊运执中垂谟懋德振武圣孝渊恭端仁宽敏庄俭显皇帝
旻宁的第四子，生母孝全成皇后钮祜禄氏。

同治帝载淳
(1856.03.23—1875.01.12)

在位 13 年，患天花而死，终年 19 岁。葬于清东陵惠陵（河北遵化），年号为"祺祥"。六岁即位由慈安慈禧垂帘听政，慈禧掌权，1873 年亲政，慈禧仍控制朝政，在位期间，清政府镇压了太平天国起义，剿灭了西、东捻的作乱，并且先后平定陕西、甘肃的回变，同时兴办洋务新政，史称"同治中兴"，亲政两年后驾崩于皇宫养心殿。

谥号：继天开运受中居正保大定功圣智诚孝信恭宽毅皇帝
奕詝独子，生母孝钦显皇后叶赫那拉氏（即慈禧）。

光绪帝载湉
(1871.08.14—1908.11.14)

在位34年，享年38岁。庙号德宗，葬于清西陵崇陵（河北易县），无子。载湉四岁登基，由慈禧、慈安两宫太后垂帘听政至18岁。此后虽名义上归政于光绪帝，实际上大权仍掌握在慈禧太后手中。1894年甲午战争爆发，中国战败。1898年，光绪帝启用康有为、梁启超等进行"戊戌变法"，但变法危及封建守旧势力的利益，受到以慈禧太后为首的保守派的反对。光绪帝打算依靠袁世凯囚禁慈禧，但被袁出卖，从此被慈禧幽禁在颐和园。

谥号：同天崇运大中至正经文纬武仁孝睿智端俭宽勤景皇帝
父亲醇亲王奕譞，生母叶赫那拉·婉贞为慈禧皇太后亲妹。

宣统帝溥仪
(1906.02.07—1967.10.17)

在位3年，1967年10月17日病逝，史称逊帝，也称宣统皇帝，骨灰安放于八宝山革命公墓。1995年，遗孀李淑贤将他的骨灰葬于华龙皇家陵园（河北易县）。是清朝最后一位皇帝，道光皇帝曾孙，醇亲王载沣长子，1908年（光绪三十四年）即皇帝位。1911年2月12日，在辛亥革命的浪潮中退位，是清朝也是中国历史上的末代皇帝。此后，以逊帝身份居住在皇宫，1924年11月5日，被冯玉祥驱逐出宫。

谥号：没有谥号和庙号。
父亲是光绪帝同父异母弟弟摄政王载沣，生母是慈禧宠臣荣禄之女。

前　言

　　大清王朝是中国历史上第二个由少数民族建立的统一政权,也是中国最后一个封建帝制国家。作为中国历史上的最后一个封建王朝——大清王朝,似乎特别能吸引人们的目光,荧幕上是让人眼花缭乱的清宫戏,入流的不入流的写手们也想把这二百多年的历史挖掘个穷尽,甚至还有这样一种说法:"明朝没有好皇帝,清朝没有坏皇帝。"受到这样的吹捧,满清王朝的十二位主人若能感应得到,想必可以笑得眼睛眯成一条缝了。可是,清朝的帝王们真的承载得起人们的如许厚爱吗?

　　1616年,建州女真部首领努尔哈赤建立后金,1636年,皇太极改国号为大清,1644年李自成率大顺军攻占明朝国都北京,一片石之战后,清军趁势入关,政治上推行剃发易服,军事上打击农民军和南明诸政权,逐步掌握全国,后历经康熙、雍正和乾隆三朝,发展至鼎盛。这一时期多民族统一的国家得到巩固,基本上奠定了中国版图,同时君主专制发展到顶峰。清朝中后期由于政治僵化、文化专制、闭关锁国政策、思想停滞逐步落后于世界。1840年爆发了中英鸦片战争,多遭列强入侵,主权和领土严重丧失;第二次鸦片战争之后,开始了近代化的探索,地主阶级进行了洋务运动。甲午战争之后民族危机进一步加深,以康有为、梁启超为首的维新派开始进行戊戌变法,但是变法失败;1900年的夏天,八国联军为了镇压义和团运动维护在华利益侵略中国,清朝沦为半殖民地半封建社会;1911年,辛亥革命爆发,清朝统治瓦解,1912年2月12日,清帝被迫退位,从此结束了中国两千多年来的封建帝制。

　　大清王朝的兴衰荣辱,令人荡气回肠。作为中国漫长的封建社会的最后一页,在二百多年的漫长岁月中,清朝既为中华民族做出了超越前人的重大贡献,也为中华民族留下了大量的失败与屈辱的辛酸记录。二百多年间,从努尔哈赤到溥仪,先后有十二位皇帝统治着这个庞大帝国。无论是一代圣君康熙帝,还是短命的同治帝,都对它有着不可忽视的影响。

　　本套《大清十二帝》讲述了清朝十二位帝王自满洲初兴到王朝覆亡近三百年的历史,他们以各自不同的生活经历和人生轨迹,跃上历史舞台,主宰着大清这个泱泱大国的命运。他们有的具有开创之功,有的具有守成之力,有的经历了民族大发展的高峰,有的奋起于国家危亡的低谷,有的消沉在无奈悲歌中,有的堕落在盛世赞歌里,有的具有雄才大略,有的平庸无能……创业的艰难,守业的不易,败业的感伤,演绎着历史和人生的现实与残酷。尤其是皇室的争权和臣子的夺利,紫禁城中的惨烈搏击,颇能扣人心弦。

全书将清朝十二位帝王的一生娓娓道来,将他们修身齐家治国平天下的智慧和爱恨情仇、生离死别展现给读者,使读者能够得到一个相对完整的印象;另一方面又以历史为线索,围绕治与乱、生与死、得与失、情与爱的矛盾,真实地揭示了清朝历史和清朝列帝的内在联系,展示出大清王朝兴衰、成败、治乱、福祸的脉络,趣味性地透视出有血有肉、云谲波诡的历史风云。在中华民族走过千年兴盛、百年屈辱的历史后的今天,研究这些帝王无疑具有重要的历史意义和现实意义。

目　录

清太祖努尔哈赤

大清十二帝

线装书局

名人档案

太　　祖：名爱新觉罗·努尔哈赤。属羊。性格擅谋略。明朝龙虎将军，后金国（清朝前身）创立者。在位11年，在战争中被火炮击伤，后病死，终年68岁。

生卒时间：公元1559年~公元1626年

安葬之地：葬于福陵（今辽东沈阳东北30里天柱山南）。谥号承天广运圣德神功肇纪立极仁孝睿武端毅钦安弘文定业高皇帝，庙号太祖。

历史功过：统一女真，招抚蒙古，制定满文，缔造八旗，建立后金，迁都沈阳。萨尔浒战役的胜利，是他一生最得意的事情；但由于轻敌，兵败宁远成为他一生的耻辱。

名家评点：麾动八旗惊破天，一生功过在雕鞍。汗王铁甲生虱虮，犹恨未得山海关。

边臣世家

（一）神话传奇

明嘉靖三十八年（1559），某月某日（史书失载），辽东边墙以东，群山环抱的赫图阿拉（辽宁新宾满族自治县永陵），一户姓爱新觉罗氏的女真贵族之家，降生了一个男孩：他的名字叫努尔哈赤——未来的后金政权的创建者，大清王朝的奠基人，被他的子孙尊奉为"清太祖武皇帝"。正是：

> 命世生真主，乘乾肃奉时。
>
> 经营劳缔构，草昧此开基。

这个未来显赫的家族从何而来？努尔哈赤的先人又是怎样的人？追本溯源，确有一段漫长而神秘的历史，其传奇般的经历，无不引人入胜。不禁心往神驰……

在吉林省东南部与朝鲜接界的地方，横亘着一座驰名中外的大山——长白山，它连峰叠嶂，绵延千百里，山顶上的灰白色的岩石。宛如堆堆积雪；而入冬后，山体又为积雪所覆盖，满山皆白，在灿烂的阳光下，闪耀着银白色的光辉。神秘的天池就像一块硕大的碧玉镶嵌在群峰之巅，熠熠放明。

在天池的东侧50余里的地方，有一座山，叫布库里山；山下有一池，叫布勒瑚里，当地俗称"圆池"。湖的四周被群山环绕。

传说努尔哈赤的祖先就诞育在这个神秘的湖畔。

这是广泛流传在明代女真人之中的一个美丽的神话。

相传很久很久以前，有一天，从天上降下3个美丽的仙女。来到这里沐浴。她们是亲姐妹，老大叫恩古伦，老二叫正古伦，老三叫佛库伦。她们脱掉衣服，争相跳进湖里，在水中不停地嬉戏，玩得特别开心。

这时，有一只神鹊飞来，嘴上衔着一枚红色的果子，飞落在她们放衣服的地方，并把红果放在老三的衣服上，然后叫了一声。就飞走了。

姊妹们玩得有些倦了，便不约而同地游上了岸。佛库伦一眼就发现她的衣服上放着一枚朱果。红通通，亮晶晶。她十分惊奇，信手拾起来，反复观赏，舍不得丢下，就含在嘴里，一边去穿衣服，一不小心，红果就咽进肚里，于是，她便怀了孕。当她的两个姐姐穿好衣服，冉冉升空时。佛库伦却升不起来，她心里很焦急，连声喊："姐姐，我感到身子重，飞不起来，怎么办呢？"两个姐姐已升在半空中。对妹妹说："此天授你妊娠，等你产后再回去吧！"说完，两个姐姐驾云而去。

没过多久，佛库伦就生下一个男孩。这孩子生下来就会说话，很快，便长大成人。母亲就把如何吞食朱果、怀孕生他的事都告诉了他。并说："你为上天所生，是叫你当国主，你就往那个地方去吧！"母亲送给儿子一条小舟："你顺流而下，就会到你应去的地方。"佛库伦说完，凌空升起。转眼间，已消失在林海云霭中。佛库伦走后，儿子按照母亲指示的方向，乘上小舟，顺流而下，漂流到一个叫鄂谟辉的地方，看见有很多人家，便舍舟上岸，折柳条为椅，端端正正坐在上面。这个地方有一个鄂多理城，住有"三姓"的人。他们互争雄长，终日厮杀，地方大乱。这天，正巧有一个人到河边取水，看见有个相貌奇异的人，端坐在河畔，觉得很奇怪。他回来就告诉大家，说："你们不要再争了，我在河边看到一位奇人，看相貌，决非凡人。我们为什么不去看看呢？"三姓的人也觉得很奇怪，停止了争斗，都去看这个人，果然是个非凡的人！都惊讶地问他的来历。他回答说："我是天女佛库伦所生，姓爱新觉罗，名字叫布库里雍顺。天生我就是来平定你们的大乱的。"他把母亲教他的那席话细说了一遍。大家惊讶地说："这是天生的'圣'人，不要让他到别的地方去。"说着，几个人交叉挽手，做成轿形，把他抬回来。三姓的人商议："天意如此，我们不必争了，就推这个人为我们的王吧！"于是，布库里雍顺就在这里定居下来，被推举为首领，并娶了百里的女子为妻。这个国家，号称"满洲"。布库里雍顺就是这个国家的始祖。

这是清代官修《清太祖武皇帝弩儿哈奇实录》《满洲实录》及《清开国方略》等史书开宗明义，以浓重笔墨描绘其祖先（也是满族）起源于长白山的脍炙人口的神话。其实，关于努尔哈赤祖先起源的神话，早已在满族先世女真人居住的许多地区广泛流传。《旧满洲档》有一则重要记载：

天聪八年（1634）冬，清太宗皇太极派霸奇兰、萨穆什喀领兵收取黑龙江上游地区，次年五月，胜利而归。在俘获的降人中有一个名叫穆克什克的人，他向清太宗讲述了同清朝官方记载一样内容的神话。他说：我的父、祖世代生活在布库里山边的布尔和里池附近。我们那里没有档子，古来传说在布尔和里池，有三个天女恩古伦、正古伦、佛库伦来此沐浴。最小的天女佛库伦得到神鹊送来的果子，含在嘴里，进入肚里而受了孕，生下博克里雍顺。他的同族便是满洲国。那个布尔和里池周围百里，距黑龙江有一百二三十里。

穆克什克讲的这个神话，同上述神话里的山水、人物、名称与故事情节一模一样。只有地点不同，一个在长白山，一个在黑龙江。然而，对我们来说，二者都有意义，而穆克什克讲述的神话尤有特殊意义。它证明黑龙江两岸才真正是努尔哈赤的祖先与满族的故乡。满族同东北固有的肃慎、邑娄、勿吉、靺鞨、女真等族有悠久的历史渊源。白山黑水之间的广阔地域，无疑是这些古老民族生息的摇篮和活动的历史舞台。

最先把原在黑龙江地区女真人中流行的神话移植到了长白山，把它作为真实的历史而载入史册，是太宗时所修《清太祖武皇帝弩儿哈奇实录》。

清太宗利用这个神话，强调他的祖先为上天所生。其用意是显而易见的，无非是宣扬他的祖先和他自己都是天生的君主，君权神授。借此神话，不仅给祖先戴上一层神圣的光圈，也使正在同明朝进行争夺的后金提高其权威性。

从历史的角度看问题，神话中所说的"满洲国"，只有清官书这样认同，但历史事实是，它只能是民族部落的名称，并不是我们现代人所理解的国家政权。因为布库里雍顺作为原始社会时代的人物，是不可能建立一个阶级统治的"满洲国"的。连乾隆皇帝也予以否认。他在钦定的《满洲源流考》中，明确指出："满洲本部族名"。满洲被定名为民族的专称，是在努尔哈赤统一建州女真、海西女真及兼并其他各部女真的过程中逐渐形成的。随着本部族的不断扩大，进而建立金（后金）政权，使各部女真迅速凝聚，开始形成一个新的民族共同体，给她赋予一个新的民族专称就成为十分必要的了。于是，天聪九年（1635），清太宗颁发谕旨：我国原有满洲、哈达、乌喇、叶赫、辉发等名，向者无知之人，往往称为诸申。夫诸申之号，乃席北超墨尔根之裔，实与我国无涉。我国建号满洲，统绪绵远，相传奕世。自今以后，一切人等止称我国满洲原名，不得仍前妄称。满洲由部落名字变成一个民族的专称，标志着满族的正式形成。

剥开神话的神秘外衣，努尔哈赤的祖先实属金代女真。女真这个名称出现于五代。他们是由尧舜时代的息慎即肃慎之后不同时代的邑娄、勿吉、靺鞨发展而来，约在11世纪初，女真完颜部在阿骨打的领导下，创建了金王朝。它崛起于东北，挥师南下，占有黄河以北的广大土地。领有半壁江山。在她统治的120年中，女真人的社会取得了长足的进步；同时，进入东北南部特别是进入华北地区的女真人，逐渐同汉族融合，以至完全被同化，成了汉族的一部分。

元朝灭亡金朝后，女真人受到极大的摧残，除了在战争中被消灭，还有部分女真人被驱逐回东北故乡。元朝实行民族歧视政策，把女真人列入"汉人"之中，身份低于蒙古和色目人。在元朝统治时期，女真人散居在东北各地。元在东北设辽阳等处行中书省，其下开元路，设于今吉林省农安，管辖古肃慎之地。后来，又从开元路分出合兰府水达达等路，专管松花江和黑龙江下游南北地区。另设桃温、胡里改、斡朵怜、脱斡怜、孛苦江等五个军民万户府。"分领混同江南北之地，其居民皆水达达女直之人"。元代东北女真人的生产与生活水平较之东北地区南部汉族农业地区低下，主要是在东北部黑龙江流域、乌苏里江及松花江下游与黑龙江交汇地区，这里的女真人"无市井城郭，逐水草为居，以射猎为业"。

在元朝统治下。金代女真人的辉煌已经成为过去。由一度叱咤风云，威震中原，变为漫长的沉寂。他们在东北这一肥沃又十分荒凉的土地上继续繁衍生息，缓慢地积蓄力量，等待历史的机遇再度降临！

努尔哈赤的先人们就生活在广大的女真人之中。他们在历经种种磨难后，终于走上了为他们的子孙带来灿烂前程的创业之路。

（二）女真望族

自清太宗始，清朝把布库里雍顺奉为"始祖"。据他们说，在布库里雍顺建国立号之后，国家就兴盛起来，经过了数代，由盛转衰。因为他的子孙暴虐，部属纷纷叛变，攻破了鄂多理城，把他的子孙都杀死了，唯一幸存者是个小孩，名叫范嚓。他从城里逃到野外，眼看被追兵撵上，恰巧有一只神鹊飞来，栖落到他头上，追兵误以为鹊落到了枯树上，就停止追捕。返回城里。范嚓幸免一死，从此隐姓埋名直到去世。满洲后代以鹊保护祖宗之功，将之奉为神明，从不加以伤害。到范嚓的孙子孟特穆时，家族重新振兴起来。孟特穆为人机智勇敢，为祖先报了仇，家族才得到拯救，日渐兴旺。后来，他定居在赫图阿拉，一代一代传下来，直到努尔哈赤出世。

努尔哈赤祖先的历史，有据可查的是从孟特穆开始的。太宗时，首尊孟特穆为"肇祖原皇帝"。"肇"和"原"两个字，都是开始的意思。祖宗由他开始，当皇帝也由他开始。

他们把孟特穆奉为家族和大清朝的真正始祖，是有充分根据的。自此，努尔哈赤祖先及家族由传说而进入真实历史的时空，在浩瀚的中国史册中，留下了愈来愈明显，甚至光芒四射的巨大痕迹。

孟特穆，又称猛哥贴木儿，在中国历史记载中不仅实有其人，而且还是元明之际建州女真中赫赫有名的人物之一。太宗以后，他的子孙们之所以都尊崇孟特穆，是因为他率领本部族从遥远的黑龙江迁到了朝鲜境内。并接受明朝的任命，做了明朝的边臣，然后才又有了迁徙赫图阿拉之举，为未来的努尔哈赤崛起创造了条件。但是，《清太祖武皇帝弩儿哈奇实录》（以下简称《武录》）对孟特穆的记载甚少，语焉不详，尤其是隐去了孟特穆为明边臣的重要史实，又称他定居于赫图阿拉，这与史实不符。的确，孟特穆的南迁，是这个辗转流离的家族的又一次重大转机，对努尔哈赤前程关系甚大。因此，有必要把孟特穆的历史予以澄清。

还在元朝末年时，孟特穆已被任命为斡朵怜军民万户府的万户（官名），建州女真的另一个著名领袖阿哈出为胡里改军民万户府的万户。他们的原居地，一在松花江与黑龙江汇合处南岸的富锦（今属黑龙江省）。一在松花江与牡丹江合流的依兰。元末，天下大乱，朝廷无暇顾及东北，其统治迅速衰弱，失去对东北尤其是黑龙江流域的强有力的控制，女真各部间的矛盾和冲突日益激烈，生活难以安定下来。在这一背景下，约当元明之际，孟特穆便率本部族开始逐渐南迁。大约在明洪武末，他们已迁到朝鲜北部的庆源与镜城地区，在这里安顿下来。阿哈出也率部族南迁，辗转到了奉州（今吉林省吉林市南）。他们跋涉数千里，其艰难可想而知。

元明交替之时，女真人社会的大变动，改变了原先布局，使东北广大地区遍布着女真人。明朝按照女真人居住的地区和生产发展水平，把他们分为建州女真、海西女真、野人女真三个大部分。

朱元璋在南京称帝，正式建立明朝后，很快便下令进军东北，招抚元朝余部，将东北地区置于他的统治之下，着手建立具有军事组织性质的卫所和都司。

明朝对东北女真人的统治，采取"以夷制夷"的传统办法，朝廷不派命官，而是任命他们的各部酋长或头领为都督、都指挥、指挥等，由朝廷赐给敕书、印信。即授权给他们，管理本地女真人。

顺便指出，明朝在东北还有一个特殊地区：北起开原，南达旅顺；西起山海关，东至鸭绿江畔，称为"辽东"，相当于今之辽宁省境的地方，也设都司、卫所。与女真人地区不同的是，它的官员均由朝廷委派。还派兵驻守，实行直接统治。

明朝统一东北后，一面建卫所，一面招抚女真人，任命其酋长。洪武时建置建州卫，阿哈出便当上了第一任建州卫指挥使。居住在朝鲜北部的孟特穆也受到了招抚。永乐三年（1405），明太宗向他发出一道敕谕说：你可亲自前来京师朝见，我给你官职和赏赐，让你管理当地军民，打围、放牧，一切自便。孟特穆接受招抚，即于当年首途南京。明太宗对他的到来，很是高兴，履行诺言，授予他建州卫指挥使，赐给印信、金带，另赐给他妻子衣服、金银等物。孟特穆又把家族迁到了建州卫地。

努尔哈赤的祖先为明朝统治女真的地方官，始于孟特穆。永乐十年（1412），明朝又建立了建州左卫，明太宗命他当上了该卫第一任指挥使。永乐十四年（1416），他赴南京朝贡，太宗设宴款待。这一切，都表明孟特穆同明朝的关系是多么密切！

元朝余部撤到长城以北后，分据各处，同时与明处于交战状态。孟特穆与族人因受到蒙古骑兵的骚扰，遂于永乐二十一年（1423），再次迁徙，进入朝鲜境内阿木河地域。但他仍是明朝的边臣，继续效忠，得到朝廷的赏识，提升他为建州左卫右都督。宣德八年（1433），明宣宗命他为出使朝鲜执行任务的使臣裴俊提供保护。他忠实地履行了自己的职责。很不幸的是，途中遭到"野人围射"，孟特穆竭力冲杀，裴俊得救了，他却与自己的儿子权豆及所属都遭到了杀害，也算为明朝尽了忠。

孟特穆父子遇害后，家族的境况很凄惨。他们的部属四分五散，各自谋生。

孟特穆的弟弟凡察与孟特穆的另一个儿子董山一起艰难地生活了十多年，很想带余众一起返回祖国，却苦于无处落脚。这时，有个叫李满住的帮了大忙。李满住是建州卫军民指挥使司的第一任指挥使阿哈出的孙子，是建州卫中最著名的女真首领。他率领本部族积极发展生产，加强同各部落之间的联系，变得十分强大。他也屡经迁徙，最后率家族迁到了浑河上游的灶突山下。原来，他跟凡察一家有亲戚关系：董山是李满住的女婿，而李满住又娶了孟特穆之子权豆的寡妻。李满住为帮助他们，主动请他们迁到他的居地。经过朝廷的批准，凡察叔侄及余众历经艰辛，终于来到灶突山下，与李满住合居一处。

灶突山即烟筒山，满语称为"呼兰哈达"，现在隶属辽宁省新宾县地域。努尔哈赤的祖先从遥远的黑龙江出发，最终在烟筒山下落户，几经波折，走过了漫长的道路，也付出了重大代价，才实现了具有历史意义的迁徙。这是爱新觉罗家族的重大转折。从此，他们在这里聚居，不断发展，凝聚女真人，为满族的形成也为清王朝的"龙兴"，奠定了稳固的基础。

当初孟特穆遇害时，其子董山尚幼。这时，他的叔父凡察掌握建州左卫的实权。当董山长大成人后，便与叔父凡察产生了矛盾，并很快在争卫印的问题上爆发了。后来，朝廷采取一个变通的折中办法，即从建州左卫中又分出一个建州右卫。正统七年（1442），命董山为左卫都督同知，凡察为右卫都督同知，分别掌左、右卫，再加上原有建州卫，合称建州三卫。明朝对女真"分而治之"，使他们互不统属，相互制约，有利于朝廷的统治。

又过去了20余年，李满住和董山的势力已发展起来。他们不满足于对奴隶的剥削，还企图掠取更多的奴隶和财富，经常率部到汉族地区和邻近的朝鲜境内进行骚扰，任意掠夺，因而引起朝廷震怒。成化三年（1467），明朝与朝鲜联合出兵围剿李满住与董山。明朝出动5万兵马，朝鲜出兵1万，共6万，分路进攻。只经1个月的剿杀，建州女真被杀千余人，所有积蓄，荡然无存。董山被明将诱捕，关押在广宁（今辽宁北镇）处死。

经过这次残暴的血腥摧残，建州女真包括努尔哈赤祖先的家族，元气大伤，长久积蓄的财富和实力竟毁于一旦。对于他们来说，实在是又一次空前大劫难，很难在短期内得到复苏。不过，明朝于剿后又抚，允许李满住与董山的后人承袭官职，同明朝保持隶属关系。

继董山之后，他的长子妥罗为建州左卫指挥使，在明弘治年间，曾5次赴北京朝董山还有一子，排行第三，名叫锡宝斋篇古，也于明正德元年（1506）袭升其叔父与从兄之职，任为都指挥佥事。按血缘承续关系，锡宝斋篇古为孟特穆之孙，即是努尔哈赤的四世祖。

这位四世祖仅生一子，名叫福满。他就是努尔哈赤的曾祖父，后被他的子孙们追尊为"兴祖直皇帝"。《武录》中称他为"都督福满"，显然"都督"是官职名号，无疑是明朝给的。

福满多子，共生有 6 个儿子，长子德世库、次子刘阐、三子索常阿、四子觉昌安、五子包郎阿、六子宝实。他们兄弟 6 人，分居 6 处，称为"六王"，对努尔哈赤来说，"乃六祖也"。其中四子觉昌安，是努尔哈赤的祖父，他住在祖居的赫图阿拉，其他五弟兄所居，距此近者不过五六里，远者不过 20 里。

觉昌安所居赫图阿拉，为满语称谓，"赫图"意为"横"，"阿拉"意为"岗"，合起来就是"横岗"的意思。

六祖时，家族势始盛，显示出再度复兴的新气象。其中觉昌安表现最为突出，是家族中最有才智的卓越人物。他承袭建州左卫的都指挥，率领全族的人奋力开拓。当时，附近有两个强悍的部族，一个是硕色纳，一个是加虎，他们"恃其强勇，每各处扰害"，六祖也深受欺凌。觉昌安率英勇善射的长子礼敦，统领全族的人，一举消灭了两姓仇敌，成为苏子河（苏克苏浒河）以西 200 里内的部落首领。后来，觉昌安以努尔哈赤的祖父的地位，被清朝尊奉为"景祖翼皇帝"。

觉昌安生有 5 子，即长子礼敦、次子额尔衮、三子界堪、四子塔克世、五子塔察篇古。塔克世，又写作"他失"，他就是努尔哈赤的生身父亲，也相继承袭过明朝建州左卫的都指挥。清朝奉他为"显祖宣皇帝"。

努尔哈赤的祖先，从孟特穆到塔克世，凡六世，按顺序是：孟特穆——董山——锡宝斋篇古——福满——觉昌安——塔克世。6 世所历，凡 200 年。这是女真发展与变化的重要时期。努尔哈赤的祖先们在这个时期走过了艰辛备尝的漫长而曲折的道路。好像是命运的安排，种种机遇和偶然，最终把祖先引到赫图阿拉——为诞育一代伟人而准备好了的"龙兴"之地！

历数努尔哈赤的家族史，200 年间，他的家族始终是大明的臣民，而且六世相沿，一直袭任建州卫（左、右卫）的官职，为明朝守边、"看边"，堪称是明朝的"边臣世家"。

（三）浪迹辽东

努尔哈赤出生时，家族的势力开始衰微，财富不多，比起大富户，就显得寒酸。

10 岁那年，母亲喜塔喇氏不幸去世。父亲塔克世又娶了继母纳喇氏，继母待他刻薄寡恩，经常向父亲进谗言。父亲受到继母的挑唆，就在明万历五年（1577）努尔哈赤 19 岁时，让他分家另过，只给他很少的一份家产。后来，父亲不忍心，又分给他一些家产。努尔哈赤很有志气，谢绝了父亲的好意。

在努尔哈赤起兵复仇以前，有关他青少年时期的情况，史书记载很少，我们仅从个别记载中，知道他少有大志，勤奋好学，喜欢读书，像《三国演义》《水浒传》等汉文典籍，都是他最喜欢读的书，还反复读，把书中讲述的军事谋略、兵法，都默默地记在心里。在他起兵后，直到同明朝展开大规模的战争，他都熟练地应用《三国演义》里的谋略，总是取得一个又一个胜利。

努尔哈赤自幼就生活在亦农亦牧，亦渔亦猎的环境中，不仅受到熏染，而且必须跟随父兄练习骑马、射箭。

努尔哈赤从实践中练就出高超骑射，武艺精通，体格健壮，意志坚强。明万历十六年（1588）努尔哈赤 30 岁那年，他率部前往哈达，迎娶哈达贝勒扈尔干（虎儿罕赤）的女儿为妻。抵达这个地方，就坐在旷野上等待送亲的人。这时，有一个人骑着马，身带着弓矢，从努尔哈赤面前经过。努尔哈赤问左右人：此人是谁？回答说：他是栋鄂部的人，名叫钮翁锦，善射，在栋鄂部没有谁能超过他。努尔哈赤想试试他的箭法是否比自己强，就把钮翁锦召唤到跟前，要求同他比试箭法。他们就选定相距百余步的一棵柳树枝为目标，由钮翁锦先射。他挽弓连发 5 箭，只射中了 3 箭，位置有上有下。努尔哈赤也连射 5 箭，皆中目标，而且几乎都射中一处，最远相差也不过5 寸！

对努尔哈赤的成长具有关键作用，并对他一生产生深远影响的事件，是在他与父亲分家之后，开始走上了独立生活的道路。

努尔哈赤从 19 岁到 25 岁起兵前，约 6 年多，是他浪迹辽东，独自"闯世界"的时期。为了生存，他必须自谋生计。长白山蕴藏的奇珍异宝是他的生活来源之一。他不惜冒着风险，历尽千辛万苦，进入深山密林，采挖山宝——人参；同时也以娴熟的箭法，追杀猎物，如貂、猞猁等动物，因其皮毛为世间珍贵之物。另外，采集大量蘑菇、木耳、松子等野味。他靠着自己的劳动，每次都大有收获。他携带这些东西赶到抚顺马市出售。当时，明朝为了从蒙古人、女真人中换取马匹及其他土特产，也方便这些少数民族对铁犁、铧子、铁锅、布匹及食盐等生产生活用品的需要，特在辽东与蒙古人、女真人交界地方开设"马市"，开展贸易。明朝这样做，亦含有安抚和笼络边疆少数民族的深意。

明朝先后开设的马市，有镇北关，因此处在开原北，而称北关；广顺关，因其地在开原东南，又称南关；新安关，此地在开原西之庆云堡。它们合起来概称"开原三关"。开原城在明代被称为东北"极边"，它的北、东、西三面与蒙古人、女真人居地接壤，环开原设马市，以其地近便于开展贸易。明万历初年，又应建州女真的需求，开放抚顺、清河、瑷阳、宽甸（今属辽宁省境）等处为马市。

当时的"马市"，相当今日"农贸大集"，一般每月开市两次，每当开市之日。东北各地少数民族与汉人蜂拥而来，近者数十里、上百里，远者从几百里甚至千里之外赶来。为了不错过开市日期，人们往往在开市前一二十天或一个月前就动身，以便在马市开始之日赶到。马市每次期限5至7天，过了日期，便停止贸易。起初，马市是由官方控制的官市。后来逐渐变为民间贸易的市场，日趋繁荣。《全辽志》有一首诗写道：

> 累累推髻捆载多，拗轳车声急如传。
> 胡儿胡妇亦提携，异装异服徒惊眴。
> 朝廷待夷旧有规，近城廿里开官廛。
> 夷货既入华货随，译使相通作行眩。
> 华得夷货更生殖，夷得华货即欢忭。

这首诗以质朴的语言，真实地描述了马市交易的繁荣景象，以及各民族欢欣的心情。

抚顺关马市距赫图阿拉较近，规模也较大。努尔哈赤经常来这里从事贸易活动，已经习以为常。有时还到开原、辽阳这些繁华的城市，贩卖人参、貂皮及其他土货，生活却也不愁，似乎比在家时还要好些。这些经济活动，对努尔哈赤不只是解决生计问题，更为重要的是，他广泛地接触了社会，深入地了解到各民族的风情、历史与文化，使他的知识迅速积累，得到实际的应用，经受了各种锻炼。他能读懂《三国演义》《水浒传》，说明他的汉语和对汉文化的理解已达到了相当高的水平。这些知识，都是他在青年时期同汉人的广泛交往中得到的。在当时女真人中，努尔哈赤是个比较有文化素养、出类拔萃的青年。

在明清之际所遗史籍中，主要是明人的著述，如《东夷努尔哈赤考》（载《筹辽硕画》）、《辽夷略》《山中见闻录》《辽筹》等书，以及清人著《叶赫国贝勒家乘》等个别著作，都有努尔哈赤起兵前的少量记述，而且互有歧异，难以互证。归纳起来，一是少年时的努尔哈赤离家投奔外祖父，一是为明辽东总兵李成梁所收养。应该说，

这两件事都是努尔哈赤青少年时期最为重要的一段历史，可惜清朝文献都不载。

说努尔哈赤投奔外祖父，仍有事实可据，顺乎情理。他的外祖父叫阿台，阿台的父亲是威名远扬的王杲。阿台的女儿嫁给塔克世。努尔哈赤为其所生。努尔哈赤的祖父觉昌安的长子为礼敦，而礼敦的女儿又嫁给了阿台为妻。他们是亲上加亲，关系极为密切。当王杲父子称雄建州时，努尔哈赤的父、祖均隶属其下为部将。努尔哈赤10余岁时，因不愿受继母的苛待，一气之下，领着比自己小4岁的同母弟速尔哈赤，投奔外祖父家。

王杲父子坚持"反明"，经常入边抢掠，杀害明朝边将。明朝命令辽东总兵李成梁出兵反击。王杲被彻底击败，本人被俘，押到北京，斩首处死。还在明兵追杀时，机警的努尔哈赤见势不妙，便领着弟弟来到李成梁的马前，哭诉自己的遭遇。李成梁原与他的父、祖关系很好，一听说是塔克世的儿子，很同情他们的处境，就把他俩留在了军中，让努尔哈赤做了他的侍从，"每战必先登，屡立功，成梁厚待之"。还有的说："成梁雏畜（努尔）哈赤。哈赤事成梁甚恭。"李成梁及祖上世居辽东铁岭，又任辽东的最高军事长官，握兵权，掌数万劲旅，威震辽东，周边少数民族无不畏服。他是个著名的人物，当时及其稍后明人都说他收养了努尔哈赤。更有民间《关于老罕王的传说》一书，把这段秘史说得绘声绘色，充满了传奇的色彩。

15岁到25岁，是一个人的思想、性格形成的重要时期，它将奠定人生事业的基础。在这宝贵的10年之间，努尔哈赤奔波于长白山麓、辽河东西，穿行于汉人、女真人、蒙古人之间，生活的锻炼和考验，已使他成熟起来。

光辉的前程就在他面前展开，历史的机遇终于把他推上了政治的舞台。不久，他就成了舞台主角，演出了一幕幕历史的活剧来！

遗甲起兵

（一）内斗不已的女真

女真各部并不是原地不动地生活着，相反，他们总是在频频地迁移，就整体而言，这种迁移是自北向南的。作为满族主体的建州女真，他们是明朝设在奴儿干都司辖下的主要居民，和明朝政府的关系比较密切。奴儿干在黑龙江下游，奴儿干都司最先是元朝人设置的，"奴儿干"是满语"图画"的意思，这里山高水深，美丽无比，令人

女真骑兵

如置身于山水画中。后来元朝灭亡了，明朝兴起之后，永乐帝继续在此设立卫、所，以加强对东北地区的统治，它实际上是军政合一的相当于"省"一级的地方行政机构。

到了16世纪末期，建州女真由原来的"建州三卫"实际上已经融合成建州五部，即苏克素浒部、浑河部、完颜部、栋鄂部、哲陈部和长白山部、即鸭绿江部、朱舍里部、讷殷部。

与建州女真向南迁徙的同时，海西女真也不断地向南移动，形成了海西四部，即叶赫、辉发、哈达、乌拉等四部。建州女真和海西女真的南移，大体上到嘉靖时期才基本上停止。

明朝政府对女真诸部十分重视，竭力进行招抚并放置卫所进行管辖。永乐元年（1403），明朝首先设置了建州！军民指挥使司，由女真头人阿哈出为指挥使（官阶为正二），并赐给他诰印、冠带、袭衣和纱巾等。阿哈出本为元代女真部落五万户府中之胡里改万户。"万户"相当于明朝的"指挥"，曾被赐姓名李思诚，后来，他的儿子释加奴也因有功而被赐名为李显忠。可见阿哈出父子在明初从征有力，在女真诸部中受宠最多。当时还未分左、右卫，本来也没有想到再划分其他卫，都是由于后来情况的变化，才又分出左卫和右卫，后来又增设了毛怜卫，由释加奴的弟弟猛哥不花统领。

到了永乐七年（1409），在斡难河、黑龙江、嫩江、精奇里江、乌苏里江、松花江、享滚河等流域共设了130个卫所，同时也任命了大批的女真头人为指挥使、千户和镇抚，并专门设置了"奴儿干都指挥使司"。到了正统十二年（1447），共有女真卫所204个，到万历时，增至381卫和39个千户所，它们分布在西起鄂嫩河，东到库页岛，北至乌弟河，南达日本海，包括整个黑龙江流域和乌苏里江以东的广大地区。

女真各卫所与明朝政府之间是被统治与统治的关系，是地方与中央的上下级隶属关系。明代的卫指挥使司是仅次于都指挥使司的地方权力机构，女真各卫的官员都由明朝皇帝亲自封授，他们给女真各部头人分别授予某卫都指挥使、都指挥同知、都指挥金事、指挥使、指挥同知、指挥金事、千户等职。如果有人为朝廷立下大功或因部落兵马强盛，人多势众，则被封为都督、都督同知、都督金事，个别有幸的酋长还可以特别得到"龙虎将军"的崇高职衔。这些官职一般都是世代相袭，父死子继，没有儿子的可以由亲属中最亲近的人来承袭，但必须向明朝皇帝上奏报，经批准后方可承袭。

在给女真各卫所官员封授官职的同时，明朝皇帝还要赐给他们诰、印、冠带袭衣，冠带袭衣是明朝的官服。一般来说，明朝官员按品级职衔穿戴不同的冠、带、朝服和常服，冠即帽子，带即腰带，一般四品以上为红色朝服，四品以下为蓝色朝眼。诰，就是敕书，敕书上面记载着明朝政府授给官职的名称、等级，武官五品以上为诰命，有了敕书才有进贡和受明王朝赏赐的资格与权力。印就是官印，由礼部负责铸造并颁发给各位命官。女真卫所的官将接受诰、印、冠带袭衣之后，即表明他们今后即是大明天子的臣民，应该为大明天子竭忠尽力才行，要时刻听从皇帝的指派和调遣。并且，最重要的还有一点，那就是遵守明朝的政策和法令，不得妄法胡为，更不得犯上作乱。同时，拿到了诰、印、冠带袭衣，就同时获得了明朝皇帝给予的权力，他们可以堂堂正正地作为明朝官员，去行使自己手中的权力，管理属下的部民和百姓。

这种制度对明朝皇帝和女真各部的官员都有好处。明帝利用手中掌握的诰、印、冠带袭衣为诱饵，使女真各部的头人争相渴望获得这种"殊荣"，拿到了这把"尚方宝剑"之后便可以在本部耀武扬威，理直气壮地发布命令，因为他们是名正言顺的大明臣子，他们拥有的权力是皇帝赐给的，自然就显得神圣而不可侵犯。而对于明朝皇帝来说，颁给女真人一纸敕书，一方官印，一身衣服，实属易如反掌，但其功力却不可轻视，它可以使女真人感到如获至宝，于是便对明朝天子怀有感恩戴德之心，说话做事要处处以身作则，轻易不敢造次，想方设法管理好属下的臣民，皇帝就可以身在宫中安枕无忧了。

比如在朱宪宗成化三年（1467），因为建州女真与海西女真劫掠明边人口和牲畜，明宪宗派遣中军署都督金事给考郎兀等 44 卫首领发布指示，晓谕朝廷恩德，强调女真卫所是"朝廷属卫"，人丁则是"朝廷赤子"，命令各部头人"全臣节""守国法"，停止抢劫，否则将派大军前去征剿。其敕文如下；

"敕谕考郎兀等 44 卫都督撒哈良等曰：尔女直卫分，乃我祖宗所设，世授尔以官职，积年朝贡，所得赏赐，亦已厚矣，正当感恩图报，以全臣。今乃背义忘恩，纵其部下，犯我边境，边将屡请起调大军，直捣尔境征剿。朕念尔处人民，俱是朝廷赤子，中间有善有恶，不可一概诛戮，特广天地之量，始置不究。仍降敕示尔，尔宜敬天道，深体朝廷好生之德，戒谕部属，令其革心向化，改过自新，即将原掠人畜一一送还，以赎前罪，自今各安生理，依时朝贡，永享太平之福。若仍长恶不悛，大军一出，追悔无及矣。尔其钦承朕命，毋怠毋忽"。

和历朝统治者一样，为防止女真内部团结一致形成不可控制的强大力量，明朝统治者对女真各部实行"分而治之"的政策，"使之各相雄长，不相归一，"他们一方面通过设置奴儿干都司，划分建州三卫，并通过卫所的设立来笼络女真各部上层人士，使他们在政治上、经济上隶属于明朝，同时，还利用女真部之间的矛盾使之互相牵制、掣肘，让他们在各自的发展中相互争夺，而在其争斗中，明朝政府又经常助此抑彼，保护亲善势力去攻伐其他部落。随着女真社会的不断发展，到了万历年间出现了"各部蜂起，皆称王争长。互相残杀，甚至骨肉相残，强凌弱，众暴寡"的局面。在建州女真的亲近部落之间，也是"攘夺财货，兄弟交嫉。"

《满洲实录》——这本依据《满文老档》删写而成的专门记述清太祖努尔哈赤的实录，对这种情景也有一段清晰的记载："时各地之国为乱。满洲国之苏克素浒部、浑河部、完颜部、栋鄂部、哲陈部、长白山讷殷部、鸭绿江部、东海窝集部、瓦尔喀部、库尔喀部，呼伦国之乌拉部、哈达部、叶赫部、辉发部，各地盗贼蜂起，各自僭称汗、贝勒、大人，每村每寨为主，各族为长，互相争伐，兄弟相杀，族众力强之人，欺凌、抢掠懦弱者，甚乱。"

前面已经提到，建州三卫女真逐渐演变为建州五部和长白山三部，各部又划分为若干小部，比如，苏克素浒河部下面又分出图伦、萨尔浒、嘉木湖、沾河、安图瓜尔佳等寨，浑河部又分为杭嘉、栋嘉、扎库穆、兆嘉、巴尔达、贝欢等寨。由于王杲父子兵败遇害，建州女真实力大损，一般部落都是人丁稀少，甲仗不全，缺少一个智勇双全，兵强马壮，威震各部的新首领。这样、大家都是各自为政，谁也不能使别人服从自己，同时，自己也不去服从别人，彼此互不服气，互不上下，势必会造成动辄干戈相见的恶果。如栋鄂酋长们决定共同出兵攻打努尔哈赤家族，以报过去掠寨之仇，谁知尚未出兵之时，内部便起纷争，部中自相扰乱，那么出兵之事只好告吹。再如，努尔哈赤的堂叔康嘉与人合谋，请哈达国出兵助战，并由努尔哈赤同族人、兆嘉诚主李岱导引去劫掠属于努尔哈赤的胡吉寨。还有朱舍里、讷殷二部一同勾结叶赫兵抢掠努尔哈赤的洞寨。由此可见，当年的兵火之势，即使是自家人也不放过，时局动荡、混乱之状态可见一斑。

海西女真的状况更加糟糕。明朝初年，海西女真逐渐演变成哈达、辉发、乌拉、叶赫四大部，称为"扈伦四部"。哈达部因为住在哈达河（今清河）流域一带而得名。万历初年，哈达部酋长是王台，此人姓纳喇氏，名为万，被尊称为"万汗"，居住在哈达河北岸的哈达城。王台对明朝政府十分忠顺，他承袭祖父黑忒塔山前卫左都督职，经常进京朝贡以示对朝廷的忠贞不贰。后来他的好友王杲兵败逃到他这里避难，可他却毅然地将王杲交给了大明官军，他以及他的儿子被明朝天子重重地嘉奖了一番。

因为王台机智善战，善待属下，性情温和，深得属下民心，势力日盛一日，拥有敕书700道，所辖地域广袤千里，东到辉发、乌拉，南至清河、建州，北邻叶赫，30年间一直平安无事，秩序井然，百姓安居乐业。随着时光的流逝，王台也一天天地衰老了，他不再可能像当年那样指挥若定，令下众从，精力也大不如从前，更可悲的是他的大儿子虎儿罕与其格格不入，性情残暴，滥杀无辜。终于使部众背心离德，有几名大将先后叛投叶赫而去。

叶赫酋长逞加奴与仰加奴是明朝塔鲁木卫的都督金事，他们趁哈达部王台年老体弱，部众不合之机，联合其他部落经常到哈达部抢掠，而虎儿罕此时却不见了往日的威风，抵挡不住叶赫的进犯。尤其让人感到雪上加霜的是辉发、乌拉、建州等周围附近各部纷纷与哈达部落疏远，哈达部如日薄西山，日渐衰微。万历十年（1582），衰老而又疾病缠身的王台因不忍亲眼目睹自己几十年的功业毁于一旦，终日郁郁寡欢，最后忧愤而死。

王台一共生有六个儿子，长子名叫虎儿罕，次子名叫三马兔，三子名叫煖太，四子名叫纲实，五子名叫猛骨索罗，至于康古六则是王台的私生子。王台死了以后，仰加努和逞加奴向虎儿罕索要明朝颁给的那700道敕书，虎儿罕拼死保护那些敕书，不肯将它们交给仰、逞二奴。虽然虎儿罕为人暴戾，但对父亲却是一往情深，他抱着那些敕书日夜哭泣，思念他已经过世的父亲。

正在哈达部内外交困之际，王台的子孙之间又发生了内讧。虎儿罕与康古六为父亲的遗产争夺不休，虎儿罕最后竟威胁康古六说：你如果再和我争，我就杀了你！康古六一听此话吓得赶紧逃命，投奔到逞加奴的帐下，逞加奴对他百般笼络，还将女儿嫁他为妻。

不久，虎儿罕就随父亲而去了，他再也不能与康古六去争夺什么遗产了，康古六得知此讯又返回哈达部，竟霸占了王台的小妻、猛骨孛罗的母亲温姐，温姐是逞加奴的妹妹，康古六正妻的姑姑。康古六在娶逞加奴女儿的时候，已经娶了死去的四哥纲实的遗孀孙氏，后来因为得到温姐这个新宠便又将孙氏遗弃了。三马兔的儿子兀把太把孙氏娶去了，可康古六又转而去抢孙氏，兀把太请求用骆驼与康古六交换孙氏，康古六这才罢手。

猛骨孛罗又名孟格布禄，是王台的第五个儿子，因为前面四个兄长都早夭，因此孟格布禄得以袭父龙虎将军衔并为右都督，此时，他年仅19岁。孟格布禄与虎儿罕的儿子歹商以及康古六为争父业械斗不止，不能齐心协力共御外侮，康古六还借叶赫的力量来攻歹商，歹商处境十分艰难，更何况他平时为人懦弱而又多疑，不能使众心归附，听己调遣，反而左右多有离心。明朝因为王台向来忠顺，便派来军队保护王台的遗孤歹商，先捉住了叶赫军队的内应温姐，让她告诉其子孟格布禄归还歹商的妻子及其财产。后来，明军攻打孟格布禄，革去其龙虎将军衔。康古六很快也束手就擒，明军本想杀掉康古六与温姐，但又怕孟格布禄为母报仇去杀歹商，于是就让康古六与歹商和好，并将他与温姐放回。可事过不久，康古六突然病倒了，他趴在炕上蜷曲成一团显得十分可怜，因感激明军不杀之恩，他告诫手下不要犯边。临别之际，他拉着温姐的手哭着说。"我死了以后让儿子谨慎从事，千万不要让北关二酋得逞。不负汉恩，我的灵魂就得以安生了。"

可孟格布禄屈从了叶赫，要将家室全部迁去，想到温姐遵夫遗命不肯同行，便让二奴子卜寨与那林布禄佯攻卤掠，孟格布禄便趁机放火烧了房屋，以此逼温姐同去。温姐哭着喊着不肯同意，孟格布禄发怒了，他拔出剑来要对母亲砍去，被他的手下制止了，温姐不得已，随着儿子去了叶赫。后来，她因乳房生病就死在北关叶赫，时年不足50岁。

哈达部至此死的死，散的散，没有人再与歹商争夺祖业了，加上他有明朝的帮助，按理应该趁此良机安定形势，积聚力量以便东山再起。但是歹商的所作所为却是如此地令人失望，他喜欢酗酒，整日喝得酩酊大醉；喜欢看杀人的血腥场面，于是动辄杀人取乐，视人命如草芥。看到如此昏庸无道之王，部众渐渐离心离德，形势日益恶化。万历十九年（1591），歹商去叶赫迎娶卜寨的女儿，可在归来的路上，就被岳父卜寨派来的人杀死。因害怕明朝追究不休，卜寨将杀手交出抵罪。孟格布禄又得以重新执掌部政，力量就更加衰弱了。

叶赫部，因为住在叶赫河（今通河）流域而得名。万历初年，叶赫酋长即为仰、逞二奴，两兄弟英勇善战，征服诸部，各居一城。明朝政府不希望由仰、逞二奴称霸辽东，于是便采取抑制叶赫的政策。

万历十一年（1583）二月，仰、逞二奴带领人马进攻哈达与明边，对这些地区进行一番大肆劫掠之后，带领3000多精骑兵赶北关前"请赏"，明朝驻辽东地区巡抚李松与辽东总兵官李成梁早已设下埋伏，李松令三军解甲易服，引诱逞加奴仅带300骑兵进入开原北庙前听赏。因为逞加奴刚刚打了胜仗，正是志得意满之时，他显得格外胸有成竹，也就不去多想，结果贸然闯入了明军的埋伏圈。突然间只听得炮鸣如雷，只见得刀光剑影，逞加奴被顷刻间冲上来的明军打昏了头，他被眼前发生的一切惊呆了。现在，他只有硬着头皮冲上阵去。经过一番血战厮杀，逞加奴、仰加奴以及随从部众全部被明军杀死，没进入埋葬圈的叶赫部众也有上千人被杀。余下的都跪地叩头求饶，表示愿意跟从哈达部的孟格布禄并接受他的指挥调度，当场立下誓言："自此以后万死不敢复入塞。"这些人从此都归服了孟格布禄。

叶赫遭此灭顶之灾的打击，损失自然十分惨重。他们不仅损兵折将，还不得不俯首称臣，颜面、威风扫地殆尽。逞加奴的儿子卜寨和仰加奴的儿子那林布禄不能就此罢手，他们发誓要替父报仇，期望有朝一日能够东山再起，尽雪前耻，所以他们屡屡进犯，寻机复仇。万历十六年（1588），李成梁大军围攻叶赫，此次行动中共斩杀500多人，获马98匹，头盔275顶，战甲281副，"城中老少皆号泣"，哭声震天动地，令人不忍耳闻。李成梁索性一不做，二不休，又在城墙上立云梯、架大炮准备向城内轰炸。眼看叶赫城就要淹没在炮灰之中，卜寨和那林布禄见此情景无以为策，他们不得不屈膝求和，趴在地上大声号哭，请求大将军李成梁可怜可怜，高抬贵手，不咎以往，放叶赫一条生路。看到他们可怜兮兮的模样，李成梁也摆出一副大人大量的架势，懒得去与一个苟延残喘的对手较量什么，于是便罢手了。叶赫从此元气大伤，再也无力反击了。

乌拉部，因居住在乌拉河（今松花江上游）一带而得名。万历初年，酋长满泰执掌部政，他与哈达部的万汗同出一祖纳奇卜禄。万历二十四年（1596），满泰父子因奸淫两名村妇而被村妇的丈夫杀死，乌拉部一时群龙无首，势力自然难以壮大。

海西女真的最后一部是辉发部，因居住在松花江支流辉发河畔而得名。明朝万历年间，辉发部酋长名叫王机努，后来王机努死了，他的孙子拜音达里残忍地杀掉了七个叔叔之后自立为贝勒，其堂兄弟及族人因怨恨拜音达里生杀无道，遂弃暗投奔到叶赫，其手下人也不服从他的统辖，心怀不满，这个部落也处于风雨飘摇之中。

"野人女真"分为"东海女真"和"黑龙江女真"两支。东海女真居住在松花江流域及乌苏里江以东至沿海岛屿，它分为渥集部、瓦尔喀部和库尔喀三部，其下又分为安楚拉库、内河、斐优、赫席赫、鄂谟和苏噜、佛纳赫、扎库塔、瑚叶、那水都噜、绥芬、宁古塔、尼马察等村屯寨路。黑龙江女真因居住在黑龙江流域而得名，其下主要分为虎儿哈部、萨哈连部、使犬部、使鹿部、索伦部，其下又分为若干小部，如使犬都有奇雅喀喇部、赫哲喀喇部、额登喀喇部，即赫哲人、鄂伦春人、鄂温克人等；使鹿部有费雅喀部、奇勒尔部、吉烈迷部等。野人女真部落居住零散，人丁稀少，生产落后，所以才被称为"野人"，是指其文明的程度而言，也被人称为"生女真"；而海西女真与建州女真都是因其居住地而得名，也被人称为"熟女真"。野人女真处于女真三大部中生产力水平最低，文化程度最低，力量最薄弱的地位，它自然不能与海西女真和建州女真抗衡。即使如此，它的部族内部也是纷争不已，矛盾重重。

总之，在努尔哈赤兴起前后，女真社会处于乱纷纷的状态之中，海西女真中的两个强部哈达和叶赫之间构怨极深，他们不仅互相残杀、伤害，而且又经常发生内讧，明朝军队夹在其中偏袒一方，打击另一方，保护弱者，打击强者，造成力量的均衡，使双方在争斗中两败俱伤。而此时的建州女真努尔哈赤却在一边静候不动，袖手旁观，一旦时机成熟，他就要"渔翁得利"了，可见海西女真是多么地愚蠢，而努尔哈赤是多么地冷静机智，也可以说是到了十分狡猾的程度了。环视周遭，还没有人能在女真人中一呼百应，威严无比，此时正需要有它自己的民族英雄脱颖而出，而女真各部的混乱与衰败亦为这个英雄的诞生，创造了极好的时机。努尔哈赤的崛起正是借此天时地利，以父、祖不幸遇难一事为契机，他一生的辉煌业绩就要以此为起点了。

（二）父祖被害

努尔哈赤的祖、父都死在明边关讨伐军的手里。当时，明廷是全国政治格局的主体，但是继王杲、王台死后，东北地区出现了官军、北关叶赫部，南关哈达部王台的子孙，建州王杲的儿子阿合、阿海以及西部蒙古各部等相互交错的复杂政治关系，这种局面提供了努尔哈赤发展自己的时机和显露头角的条件。此时，海西王台年迈力弱，无法制止部下贪贿和掠夺各部，致使原有辖城二十多座，渐渐丧失得只剩下五城了。北关叶赫的逞加奴（又写作清佳努）、仰加奴（又写作杨吉努）乘机与王台的长子虎儿罕仇杀，以报父仇。王杲的儿子阿台（又写作阿太）、阿海（又写作阿亥）也是为报父仇而向南关寻衅。西部蒙古部黄台吉也素有并吞南关的野心。于是，从三面包围了南关哈达部。这对明廷的边区安定是个极大的威胁。正在诸部逼迫的情况下，王台于万历十年（公元1582年）七月，"忧愤"而死，于是，辽东的各种矛盾进一步激化了。

明廷的方针是坚持扶立王台的后人虎儿罕做南关的主持人，目的是继续分隔东部女真与西部蒙古联系，不使建州阿台与北关叶赫部、蒙古合兵。具体策略是暂挫北关叶赫部的锐气、阻止西部蒙古部东进，以集中兵力打击王杲的儿子阿台，清除"祸本"。这就是努尔哈赤父、祖被杀前辽东的政治形势。开始的时候，边官谕令北关逞加奴、仰加奴和南关虎儿罕缚献阿台、阿海兄弟，将打击的重点放在建州。但阿台负险自固，拥兵设防。南北两关由于苦斗多年，都不具有当初王台的势力，想让其缚送阿台兄弟已经不可能了，剩下的选择只有官方出兵剿杀阿台一条途径了。

万历十一年（公元1583年）正月，王杲之子阿台结连西部蒙古部瓜儿兔、黄台吉，预谋掠夺广宁、开原以及辽河一带。明辽东巡按等官也最怕东西两部合兵。阿台的行为正与边关的意向相抵牾，总督周泳、巡抚李松、宁远伯李成梁等，鉴于这种局势，决意出兵讨伐阿台。

同年二月，建州图伦城（今辽宁省新宾县汤图境内）主尼堪外兰向边关密报情况，引导官军进攻阿台驻守的城塞。李成梁统率广宁、辽阳官兵，分两路挺进。一路由他亲自统领。从抚顺王刚台出兵，奔驰百里，直捣阿台所踞的古勒寨（今辽宁省新宾县上夹公社古楼村西北山上）；另一路由秦得倚统率，直趋阿海所踞守的沙济城（亦书夏吉城，属苏克苏护河部）。官军突然来到，阿海无备，来不及设防，部下半数入城，半数逃走了。官军乘乱破城，阿海被杀，秦得倚大获全胜。李成梁所部官军同时也围困了古勒城，因为此城依山据险，阿台固守甚严。李成梁亲临督战，战斗十分激烈。官军连续攻城两昼夜，仍未攻下。面对这种情况，宁远伯李成梁大为恼火。在这进退维谷时，李成梁责怪图伦城主尼堪外兰，乱进"谗言"，引导官军攻城，以致劳兵损名。尼堪外兰受重责后，便伙同官军欺骗守城军民说：太师（系指李成梁）有令，杀死城主归降的，任命他作本城城主。在这以前，城中的人心早已动摇了，听了尼堪外兰的话，便深信不疑，纷纷倒戈，杀死城主阿台，开门迎降。然而，李成梁在破城后，自食其言，竟纵兵大肆屠杀城中老幼，结果被杀的无辜军民多达二千二百多人。

努尔哈赤的祖父觉常刚，在王杲死后，因为有引导官军剿王杲功劳，被晋升为建州左卫都督。父亲塔克世晋升为指挥使。觉常刚从抚顺所放回来以后，去古勒城的时候，被阿台拘留寨中，劝他归顺，共同扰边。觉常刚坚决不从。阿台拘禁不放。当官军于万历十一年二月，讨伐阿台、阿海的时候，塔克世为了营救父亲也先于官军入城，以致父子都困在古勒城中。图伦城主尼堪外兰乘这个机会，投到明边关将下，深得宠信。官军城破以后，觉常刚死于火焚，塔克世被官军误杀，结果父子都死于这次战祸。

努尔哈赤父祖死后，他还没有得到朝廷的任命，处于舍人或外郎的地位。所以，努尔哈赤是以建州左卫一个小外郎的身份开始了自己的政治生涯。在努尔哈赤的眼中进谗言的尼堪外兰，也就成为杀努尔哈赤父祖的仇人和首先应讨伐的目标。

阿台、阿海势力削弱了，建州有名的首领都死得差不多了。这对于努尔哈赤与尼堪外兰的角逐是十分有利的。另外更有利于努尔哈赤势力迅速发展的因素，是明廷边官的注意力几乎全部放在海西各部，减少了对努尔哈赤活动的干涉机会。加上海西南北两关争斗及明廷的参战，严重地削弱了海西势力，又为努尔哈赤成就自己的事业减少了相当的阻力。因为这时，王台有二子一孙，二子是康古陆、猛骨孛罗，一孙是歹商。三人争继父祖遗业，相互残杀。叶赫部的逞加奴、仰加奴与王台的旧部白虎赤相勾结，借"三卫"蒙古的兵力，攻击猛骨孛罗和歹商，海西陷于战乱之中。

明廷总兵侍郎周泳鉴于歹商力弱，猛骨孛罗初立，众心还没有归附，请求朝廷给哈达部敕书，以便"弹压"各部。但逞加奴、仰加奴仍不示弱，纠结蒙古部，再次兴兵攻击猛骨孛罗，夺去把吉（原属叶赫部，后为王台占领）等寨。明廷欲立南关，逞加奴、仰加奴要削弱南关，斗争的实质已经不是南北两关的矛盾，而是北关与明廷的矛盾了。于是，辽东边官决意铲除逞加奴、仰加奴。

同年十二月初一日，逞加奴、仰加奴纠结泰宁卫骑兵，借与猛骨孛罗仇杀为名，预谋抢掠开原、辽沈各地，强行向明廷索取敕书，想称雄于女真各部。辽东巡抚都御史李松再三派人宣谕利害，二人都不肯听从。于是李松与李成梁密谋：以发给敕书为名，引诱逞加奴、仰加奴及其子兀孙孛罗、哈儿哈麻和白虎赤等，前往关王庙，设伏兵进行杀害。逞加奴、仰加奴不识其计，结果逞加奴等人及另外三百一十多名随从几乎全被杀死在关王庙。幸而逃出者又被李成梁的中固城（今开原县中固）伏兵掩袭，前后并被斩杀一千二百五十多人。

逞加奴、仰加奴死后，其子卜寨、那林孛罗承袭父业，继续与南关歹商、猛骨孛罗互相攻杀，以图报父祖之仇。然而，这时海西各部势力已经大大地削弱了，这就为努尔哈赤势力的兴起，在女真社会内部减少了阻力，创造了极为有利的社会环境。

建州、海西有威望的首领相继死去，女真各部失去了约束力，混乱异常，围绕在建州周围作乱的就有许多部落，其中有苏克苏护河部、浑河部、完颜部（又称王家部、王甲部）、栋鄂部（又称董鄂部、东果部）、哲陈部，长白山有讷殷部（又称内阴、内音部）、珠舍里部、鸭绿江部。另外，东海有窝集部、瓦尔喀部、虎尔哈部。海西四部又称扈伦四部，即哈达部、叶赫部（朝鲜史称汝许部）、乌拉部（又书兀喇部、忽拉温部）、辉发部（朝鲜史称回波部）。各部之内都有大小首领，各占据一城。大首领足有数百，小首领也有数千。各部蜂起，称王争长，互相战杀，甚至骨肉相残，强者凌弱，众者暴寡，混乱异常。

建州有名的首领死后，争夺左卫掌印都督的职务，已经为大家所瞩目。图伦城主尼堪外兰，自以为引导官军杀死阿台有功，日益亲近边吏。当努尔哈赤追究父祖死难的原因时，明边关将吏曾威胁他说，你不听话，官军将援助尼堪外兰，筑城嘉班（今抚顺市东大甲邦），作为建州之主。建州部众听到这一消息后，纷纷归附尼堪外兰。当时，努尔哈赤因为父祖死于无辜，要求边将交还尸体，边将照办了，并把塔克世的遗地转给努尔哈赤，另给敕书三十道，马三十匹，又给予都督敕书，及各家敕书。大约也是在这前后，明廷晋升努尔哈赤为都指挥使。这时，由谁来掌管卫事，已经摆在面前，换一句话说，努尔哈赤与尼堪外兰争夺建州领导地位的斗争已经狭路相逢，不可避免了。

努尔哈赤认为尼堪外兰是杀害他祖父的仇人，到边关强烈地要求边将处死尼堪外兰。然而，边将认为努尔哈赤的父祖是官兵"误杀"，不接受他的要求，责令他回家。

努尔哈赤忍气吞声地回来时，又遇到尼堪外兰逼令他投顺，使他更加气愤。努尔哈赤指责尼堪外兰说，你本来是我父亲的部下，反而令我归顺于你？于是，他决心与尼堪外兰决一雌雄。

（三）含恨起兵

突然降临的灾难，会刺激有大志者，奋扬精神，整顿内部，积聚力量，取得胜利。努尔哈赤正是这样一位满族的志者。

努尔哈赤要报祖、父之仇，杀尼堪外兰，需组成一支队伍。他巧妙地把对尼堪外兰不满的人。拉到自己一边。如苏克素浒河部萨尔浒寨主卦喇，曾因尼堪外兰诬陷，受到明朝抚顺边关的责治。卦喇之弟诺米纳、嘉木湖寨主噶哈善、沾河寨主常书及其弟扬书等，俱愤恨尼堪外兰。他们投归努尔哈赤后说："念吾等先众来归，毋视为编氓，望待之如骨肉手足"。努尔哈赤同四寨主对天盟誓，共同反抗尼堪外兰。

万历十一年（1583）五月，努尔哈赤借报祖、父之仇为名，以塔克世"遗甲十三副"，率兵百余人，向尼堪外兰的住地图伦城发动进攻。图伦城，其满文体为 turun ho-ton，turun（图伦）意为蠹，hoton 意为城。是役，打败尼堪外兰，攻克图伦城。但是，努尔哈赤原约诺米纳率兵会攻图伦城，而诺米纳背约不赴。先是，索长阿（努尔哈赤之三祖父）子龙敦言于诺米纳兄弟；尼堪外兰筑甲版城，得到明朝的支持和哈达的帮助，你们为何附和努尔哈赤而去攻打尼堪外兰呢？所以，诺米纳背盟而不以兵来会，尼堪外兰又预知消息，遂携带妻子离开图伦城，逃至甲版城。努尔哈赤攻克图伦城后胜利而归，时年二十五岁。

从此，崭露头角的努尔哈赤，采取"顺者以德服，逆者以兵临"的策略，揭开了统一建州女真各部战争的帷幕。

努尔哈赤起兵之初，势单力薄，需团聚宗族，共同对敌。其祖父兄弟六人、共有子二十二人，其父兄弟五人，所以其父祖、伯叔、兄弟、宗侄多至数十人。努尔哈赤起兵初始，宗族之内，多人不服。如努尔哈赤伯祖德世库、刘阐、索长阿，叔祖宝实等子孙，忌其才能，"誓于堂子，同谋害上"。又如努尔哈赤六祖宝实之子康嘉等三人同谋，纠合外部"劫上所属瑚济寨而去"。努尔哈赤采取宽宏态度，嘉善斥恶，团聚本族，发展实力。《满文老档》后来载述：

聪睿恭敬汗自幼生活贫苦，心存公正，沉默寡言，善于劝阻族人殴斗。劝而不从，则责其用壮逞强者，并科以重罪。其知错认错、听从劝告者，则嘉之。重罪从轻，从容完结。其见善者，纵是仇敌，论功擢之。其犯罪者，即为亲戚，亦必杀之。因一贯公正善良，故本族伯叔、兄弟等无论何事，俱委聪睿恭敬汗予以了结。

在努尔哈赤起兵之时，既团结宗族，又知人善任。他身边的有两个重要人物，如同左膀右臂，即额亦都和安费扬古：

额亦都，钮祜禄氏，嘉靖四十一年（1562）生，小努尔哈赤三岁。"世居长白山地方，幼时父母为仇家所害"，因藏匿村得免死。额亦都十三岁，拔刀杀死仇人后，逃往建州苏克素浒河部嘉木湖寨，依姑度日。后遇努尔哈赤，言语投契，要跟从努尔哈赤，他的姑不许。额亦都说："大丈夫生世间，能碌碌终乎"？翌日，额亦都不告而别，遂从努尔哈赤行。他之所以断然跟从努尔哈赤，史载："额亦都识为真主，请事太祖。"这显然有所渲染，但额亦都当时确已认识到，跟随努尔哈赤能够做出一番事业。努尔哈赤攻图伦城，额亦都奋勇先登。额亦都对努尔哈赤，忠心效力，患难与共，曾小心护卫努尔哈赤，甚至夜间和努尔哈赤互换睡处，以防努尔哈赤遭暗算。后努尔哈赤以第四女穆库什嫁给额亦都。额亦都跟随努尔哈赤四十余年，骁勇百战，"屡被重创，遍体疮痍"，深受信任，后为五大臣之一。

安费扬古，觉尔察氏，与努尔哈赤同岁，世居瑚济寨。他的父亲完布禄，跟从努尔哈赤，有章甲、尼麻喇人诱其背叛，不从；又劫其孙以相要挟，但终无贰志。努尔哈赤含恨起兵，安费扬即跟从努尔哈赤。努尔哈赤率兵克图伦，攻甲版，安费扬古皆临阵，率先奋勇，不畏矢石。安费扬古跟随努尔哈赤四十余年，每遇强敌，挺身突入，冲锋陷阵，尤为杰出，后为五大臣之一。

这一年，努尔哈赤以带领额亦都、安费扬古等百人的队伍，打败尼堪外兰、夺取图伦城为起点，开始统一苏克素浒河部。努尔哈赤家族所在的苏克素浒河部，分布于苏克素浒河（即苏子河）下游到该河注入浑河处的一带地方。苏克素浒河部萨尔浒城主诺米纳，曾同努尔哈赤欧盟，但因见尼堪外兰依恃明朝而势力较强，便背弃盟誓，"阴助尼堪外兰，漏师期，尼堪外兰得遁去"，努尔哈赤对诺米纳虽怀恨在心，但他不用力攻，而用计取。他暗自定下破诺米纳、取萨尔浒之计。

时值诺米纳、鼐喀达派人来约，会攻浑河部巴尔达城。努尔哈赤佯同诺米纳等约盟，合兵攻巴尔达城。临战时，他要诺米纳先攻，诺米纳不从。这时，努尔哈赤便使用预订之计，轻而易举地除掉了诺米纳。据记载：

太祖曰："尔既不攻，可将盔甲、器械与我兵攻之。"诺米纳不识其计，将器械尽付之。兵器既得，太祖执诺米纳、鼐喀达杀之，遂取萨尔浒城而回。

努尔哈赤虽杀了诺米纳，但对他的部民不加伤害，让他们照旧住在萨尔浒城，并修整城栅。在统一女真各部战争中，努尔哈赤用兵的一个特点是，不仅用步骑强攻，而且以计谋智取。他很快地统一苏克素浒河部，势力渐强，威信日增。

万历十二年（1584），努尔哈赤起兵一年后，对附近城寨主动出击。

正月，努尔哈赤伐李岱，攻兆佳。其时，天寒地冻，大雪纷飞，岭高路险，城在山上。努尔哈赤督众凿山为蹬，鱼贯攀登。但李岱已预知有备，严守以待。兵士中有人畏难，要姑且回兵。努尔哈赤不允，曰："吾固知其有备而来，何遽回耶"？遂督兵猛攻，攻克之，获李岱。六月，努尔哈赤又伐萨木占，攻马尔墩。先是，努尔哈赤的妹夫噶哈善，被其继母之弟萨木占等邀杀于路。努尔哈赤闻讯后，披甲跃马，引弓疾驰，抢回其遗体殓葬之。努尔哈赤为给噶哈善复仇，率兵四百，往攻马尔墩寨。寨踞山顶，势险备严。努尔哈赤设木牌、蔽矢石，分三组、并列进。寨上飞石擂木齐下，兵士难以仰攻。努尔哈赤冒矢石，发欠射中寨上一头目纳申，穿面贯耳，又射倒四人，守兵遂怯。努尔哈赤连攻四日，夜间乘敌疏防，率兵跐足缘崖，崎岖而上，攻取马尔墩。这是努尔哈赤起兵一年来，继图伦、兆佳之后夺取的第三座城寨。

但是，努尔哈赤既要攻取外部的敌人城寨，又要应付内部的身处逆境。他在内部的不利条件下，也能善机变，少树敌，逐渐由弱变强。

如在四月初一日半夜，努尔哈赤听到窗外有脚步声，便起身佩刀执弓，将子女藏在僻静处，让他的妻子装作上厕所的样子，他紧跟在后面，用妻子的身体隐蔽自己，潜伏在烟囱的侧后。努尔哈赤借闪电见一人逼近，以刀背击仆，喝令近侍洛汉把他捆起来。洛汉要把那人杀掉。努尔哈赤暗想：要是杀了他，其主人会以我杀人为名，派兵攻我，而我兵少难敌，于是佯言道："尔必来偷牛！"那人回答道："偷牛是实，并无他意。"近侍洛汉插话道："此贼实害我主，诈言偷牛，可杀之，以戒后人！"努尔哈赤断然道："此贼实系偷牛，谅无别意"！于是将那人释放。

又如在五月一个阴云密布的黑夜，有一个叫义苏的人排栅潜入。努尔哈赤发觉后，著短甲，持弓矢，假装外出如厕的样子，藏在烟囱的后面。闪电一烛，他看见贼人逼近，扣弦一箭，被贼人躲过；再发一箭'射中其足，后把义苏捆缚鞭挞。族中兄弟要把义苏杀死，努尔哈赤道：

我若杀之，其主假杀人为名，必来加兵，掠我粮石。粮石被掠，部属缺食，必至叛散。部落散，则孤立矣。彼必乘虚来攻，我等弓箭、器械不足，何以御敌？只恐别部议我杀人启衅，不如释之为便。

说完便把义苏释放。努尔哈赤释义苏、少树敌，临事机变、深沉大度，是为着积蓄力量，准备条件，继统一苏克素浒部之后，将董鄂等部吞并。

董鄂部位置在董鄂河（今浑江）流域，与苏克素浒河部为邻。九月，努尔哈赤得知董鄂部"自相扰乱"的消息后，要乘时往攻。请将谏阻说："兵不可轻入他人之境，胜则可，倘有疏失，奈何？"努尔哈赤力排众议，说："我不先发，倘彼重相和睦，必加兵于我矣"他说服诸将后，率兵五百人，携带蟒血毒箭，往征董鄂部主阿海巴颜驻地齐吉答城。阿海巴颜聚兵四百，闭门守城。努尔哈赤统兵围攻城栅，并纵火焚毁城上悬楼和城外庐舍。城将陷，天降大雪，还师。

在还师途中，又进攻翁科洛城。翁科洛人得知消息，敛兵城里，紧闭城门。努尔哈赤兵临城下后，下令放火焚烧城上悬楼和环城房屋。他登房跨脊，往城里弯射。城中有一人叫鄂尔果尼，引弓发矢，射中努尔哈赤，穿胄伤肉，深有指许。他拔下箭镞，血流至脚，即用所拔之箭，反射城下，一人应弦而倒，表现了顽强的战斗精神。努尔哈赤虽负箭伤，仍弯射不止。城中另一人名洛科，乘浓烟潜近，暗发一箭，正中努尔哈赤项部，砉然一响，箭镞穿透锁子甲围领，镞卷如双钩，伤创寸余。他拔下矢镞，带出两块血肉，血涌如注。别人见努尔哈赤负重伤，要登房把他搀扶下来。努尔哈赤说：“尔等勿得近前，恐敌知觉，待我从容自下。”他一手捂住伤口，一手挂弓下房。努尔哈赤从容下来后，因箭镞创伤颈动脉，血流不止，几次昏迷，只得弃城而回。

努尔哈赤伤创愈合后，又率兵去攻打翁科洛城。城陷后，俘获鄂尔果尼和洛科。众将把鄂尔果尼和洛科绑缚，让他们跪在努尔哈赤面前，请求施以乱箭穿胸的酷刑，以雪翁科落城之恨。但是，努尔哈赤说：

两敌交锋，志在取胜。彼为其主乃射我，今为我用，不又为我射敌耶！如此勇敢之人，若临阵死于锋镝，犹将惜之，奈何以射我故而杀之乎！

努尔哈赤没有杀掉鄂尔果尼和洛科，亲自给他们释缚，并授为牛录额真，加以厚养。努尔哈赤不计私怨、宽宏大度的襟怀，深深地感动了诸将，加强了其统治集团内部的团结，也加快了其统一建州女真的步伐。

（四）统一建州

努尔哈赤起兵后，东西征战，南北驰突，重新整合女真的事业一步步地取得进展。他继对苏克素浒河部、董鄂部获取重大胜利后，又兵指哲陈部，在统一建州女真的道路上策马奔驰。

万历十三年（1585），伐哲陈部。哲陈部分布于浑河上游流域，是苏克素浒部的左邻。这年二月，努尔哈赤率披甲之士二十五人、士卒五十人攻哲陈部界凡寨。因敌人预知有备，毫无所获。当回军至界凡南的太兰岗时，萨尔浒、界凡、东佳和巴尔达四城之主，合兵四百余追袭。界凡城主讷申、巴穆尼疾驰逼近，努尔哈赤单骑拨马迎敌。讷申策骑猛扑，砍断努尔哈赤马鞭，努尔哈赤拨转马头，奋力挥刀，将讷申后背砍为两段；又转身回射，巴穆尼中箭落马毙命，追兵也因之惊怯呆立。

努尔哈赤见敌众已寡，乘敌惊魂未定，一面指挥步骑退却，一面驻马讷申尸旁。讷申部众呼叫道：“人已死，何不去？欲食其肉耶！汝回，我辈欲收主尸。”努尔哈赤回答道："讷申系我仇人，幸得杀之，肉亦可食！"言毕，他作殿后，缓骑退却。努尔哈赤率七人如伏，将身体隐蔽，仅"露其盔，似伏兵"。敌军丧其首领，又疑有伏兵，边喊边退。努尔哈赤引兵徐返，敌兵未敢再追。

同年四月，努尔哈赤率马步兵五百人征哲陈部。因途中遇大水，他令步骑回军，只留绵甲五十人、铁甲三十人，共八十人继进。到深河畔时，因嘉哈的苏枯赖虎潜报消息，于是托漠河、章甲、巴尔达、萨尔浒、界凡五城主，急集兵八百余人凭浑河、抵南山、陈界凡驻兵以待。敌人的兵力，十倍于己，以逸待劳，其势汹汹，颇为险恶。他的部属、五叔祖包朗河之孙扎亲和桑古里，见敌兵众多，势焰高涨，吓得解下身上甲胄，交给别人，准备逃跑。努尔哈赤怒斥道："汝等平昔在家，每自称雄于族中，今见敌兵何故心怯解甲与人？"说罢，他亲自执纛，率弟穆尔哈齐和近侍颜布禄、兀凌噶，总共只有四人，往前冲击，奋勇弯射，杀二十余人。敌兵惊惶阵乱，涉河争遁。

经过一阵厮杀，努尔哈赤汗流浃背，气喘嘘唏。他用手断扣，卸甲稍憩。旋又著胄纵骑疾追，斩杀四十五级。驰至界凡险隘吉林崖，登崖遥望敌兵十五人一股奔崖而来。努尔哈赤取下盔缨，隐身待敌。等敌人逼近时，他先倾力射出一箭，敌中为首一人中箭，穿脊而死。穆尔哈齐继发一箭，又射死一人。余敌崩乱，逃至山崖，坠崖而死。努尔哈赤全胜回师。

两军相逢勇者胜。勇敢，是战胜强敌的一个法宝，是努尔哈赤的重要品质，也是他夺取浑河之役胜利的基本原因。浑河之役，努尔哈赤发挥勇敢与机智的品质，运用伏击与猎射的战法，创造了女真战争史上以少胜多的奇迹。他在总结浑河之役时说："今日之战，以四人而败八百之众，此天助我以胜之也！"这为浑河之役不仅染上了夸张的笔墨，而且涂上了神秘的色彩。

两年之后，努尔哈赤派额亦都率兵再征哲陈部巴尔达城。额亦都夺取巴尔达城之战，打得异常勇敢、顽强、激烈、精彩。《满文老档》做了如下载述：

巴图鲁姑夫独攻巴尔达城，克之。取该城时，骑墙鏖战，身被敌乱箭射中，贯于城上，不能下，挥刀断之，逆乃入城。于该城所获敕书、户口、诸申，尽赐予彼。其离城逃往哈达复来归附于汗之户口，乃以彼户口缺，尽赐予彼。因克该城，汗亲来迎，杀二牛赐宴，又以巴尔达城备鞍辔之栗色名马，赐予彼。该城之役，受透皮肉伤五十处，且红肿伤处甚多。上文中的巴图鲁姑夫，就是额亦都。因额亦都娶努尔哈赤之女为妻，故被尊称之。这段文字后加修饰，成为额亦都生平的传记资料。《清史列传·额亦都》中有一段生动的记述：

（额亦都）督兵取巴尔达城，至浑河，河涨不能涉，以绳联军士，鱼贯而渡。夜薄其城，率骁卒先登。城中兵猝惊起拒，跨堞而战，飞矢贯股著于堞，挥刀断矢，战益力。被五十余创，不退，卒拔其城而还。

额亦都师还，努尔哈赤迎于郊，行抱见礼，大宴劳师，将所有俘获赐赏，并赐号"巴国鲁"。巴图鲁，为满文 baturu 的对音，是勇士的意思。

至此，灭掉哲陈部。

虽然努尔哈赤先后统一苏克素浒河部、董鄂部和哲陈部，但起兵已经三年，仇人尼堪外兰尚未擒获，埋藏在心底中的隐恨并未消除。一股复仇的烈火在他胸中燃烧着。擒斩尼堪外兰，洗雪父祖之仇，成为努尔哈赤下一个奋斗目标。

万历十四年（1586）七月，努尔哈赤率兵征取尼堪外兰驻地鹅尔浑城。先是，万历十一年（1583）五月，努尔哈赤攻克图伦城时，尼堪外兰逃往甲版城。同年秋，尼堪外兰又携妻子、近属及部众等，从甲版徙至鹅尔浑，并筑城驻居。鹅尔浑城在浑河北岸，属浑河部，距明边较图伦为近，易受明军庇护。鹅尔浑城近明边墙，西通抚顺。努尔哈赤心急如焚，星夜兼驰，率兵往攻鹅尔浑城。努尔哈赤兵到径攻，城攻陷后，因尼堪外兰外出而没有索获。努尔哈赤登城遥望，见城外逃遁的四十余人中，为首一人头戴毡帽，身穿青绵甲，疑为尼堪外兰。他下城纵骥，眼冒仇火，单骑直入，身陷重围。他被乱矢中胸贯肩，受创三十余处，仍奋死力战，射死八人，斩杀一人。他在余敌溃散后，返回鹅尔浑城。

努尔哈赤统一建州女真军事活动表

时　间 （万历）	重要军事活动
十一年（1583）五月	克图伦城
八月	耶萨尔浒城，复叛。
十二年（1584）正月	征李岱，克兆佳城。
八月	攻取马尔墩山寨。
九月	攻董鄂部齐吉答城，寻罢。
十三年（1585）正月	攻界凡，斩其城主纳申、巴穆尼。
四月	征哲陈，中途战于界凡南山。
九月	攻苏克素河浒部安土瓜尔佳城，斩其城主。
十四年（1586）五月	克浑河部播一混寨。
七月	攻哲陈部托漠河城，寻罢兵。
同月	克鹅尔浑城，寻斩尼堪外兰。
十五年（1587）六月	征哲陈部克山寨，获并斩其寨主阿尔泰。

时　间 （万历）	重要军事活动
八月	克巴尔达城。
同月	攻克哲陈部洞城，城主扎海降。
十六年（1588）九月	克完颜（王甲）城，斩城主戴度墨尔根。
十七年（1589）正月	克兆佳城，斩城主宁古亲。
十九年（1591）正月	收鸭绿江部。
二十一年（1593）十月	收服朱舍里部。
十一月	攻纳殷部佛多和山城，围战三月而下。

回到鹅尔浑城以后，当努尔哈赤得知尼堪外兰被明军保护起来的消息时，愤怒的乌云遮住了理智之光。努尔哈赤因仇恨而失去理智，杀死城内十九名汉人，对捉住六名中箭伤的汉人，把箭镞重新插入伤口，让他们带箭去向明朝边吏传信，索要尼堪外兰。明朝见努尔哈赤势力日渐强大，留着尼堪外兰这个傀儡已成赘疣，就决定抛弃他。于是努尔哈赤派斋萨率四十人去索取尼堪外兰。斋萨斩杀尼堪外兰，向努尔哈赤跪献其首级。

努尔哈赤从攻尼堪外兰、克图伦城，开始了统一建州女真的战争。尼塔外兰被斩首标志着他统一建州女真的战争，已经取得决定性的胜利。

万历十五年（1587）六月，他征哲陈，克山寨，获寨主阿尔泰并斩之。翌年九月，他又克完颜（王甲）城，斩城主戴度墨尔根，灭完颜（王甲）部。这样，努尔哈赤历时五年，先后并取苏克素浒河部、董鄂部、浑河部、哲陈部和完颜部，重新整合建州女真本部，到万历二十一年（1593），又先后夺取长白山三部——讷殷部、朱舍里部和鸭绿江部。至此，明建州左卫都督佥事努尔哈赤，在十年之间，将蜂起称雄的"各部环满洲而居者，皆为削平"，使整个建州女真重新整合归一。

努尔哈赤在统一建州女真过程中，万历十六年（1588）有苏完部长索尔果及子费英东、董鄂部长克辙巴颜之孙何和里、雅尔古寨扈喇虎及子扈尔汉，各率其所属军民族众至赫图阿拉归顺。费英东、何和里、扈尔汉后来同额亦都、安费扬古共为开国五大臣。额亦都和安费扬古，前已略述；费英东、何和里和扈尔汉，下作概述。

费英东，瓜尔佳氏，为苏完部长索尔果次子。"瓜尔佳为满洲著姓，而居苏完者尤著"。苏完部长索尔果有子十人，其族繁盛。费英东随其父索尔果率五百户，归顺努尔哈赤。努尔哈赤将长子褚英之女，与费英东为妻。史称其"自少从征诸国，三十余年。身先士卒，摧锋陷阵，战必胜，攻必克，屡奏肤功"。费英东在归附努尔哈赤之后，赤诚忠耿，自厉直言。《清史列传·费英东》记载。

见人不善，必先自斥责，而后劾人；见人之善，必先自奖劝，而后举之。被劾者，无怨言；被举者，亦无骄色。

费英东忠直、强谏、智谋、勇敢的品格，深得努尔哈赤的信任，并建立了殊勋。

何和里，董鄂氏，以地为姓。其祖克辙巴颜、父额勒吉、兄屯珠鲁世为部长。万历十年（1582），何和里代兄长其部。何和里所部素强，兵精马壮。其归附之事，《啸亭杂录》载记：

高皇初起兵时，满洲军士尚寥。时董鄂温顺公讳何和理者，为浑春部长，兵马精壮，雄长一方。上欲借其军力，乃延置至兴京，款以宾礼，而以公主尚之。公乃率众归附，兵马五万余，我国赖以缔造。

上文所记兵马数字颇有张饰；其部亦非浑春，而是董鄂。何和里归附努尔哈赤，努尔哈赤以长女给他为妻。何和里原有妻，长于骑射。其妻率故地兵马，求同何和里作。经努尔哈赤谕和，其原妻始罢兵降附。何和里后随努尔哈赤征战三十六年，温顺勇勤，功绩显赫。

扈尔汉，佟佳氏，世居雅尔古寨。年十三，从其父扈喇虎归努尔哈赤。努尔哈赤喜爱扈尔汉少年英发，收为养子，赐姓爱新觉罗。稍长，努尔哈赤收其为侍卫，优加恩宠。扈尔汉"感上抚育恩，誓以戎行效死，每出战，辄为先锋"。扈尔汉忠心耿耿，效力内外，后列为五大臣之一。

努尔哈赤其时三十岁，诸子尚幼，赖额亦都、安费扬古、费英东、何和里、扈尔汉等诸将，相忠悃、共甘甜、同赴难、并死生。自努尔哈赤起兵，仅五六年的时间，在努尔哈赤的内外发生了变局：

第一，克图伦城，斩尼堪外兰，洗雪了父祖被害之仇。

第二，统一建州各部，加强了建州女真的军事与政治、经济与社会的实力。

第三，改善了同明的关系，明"岁输银八百两、蟒缎十五匹，通和好焉"。

第四，明于抚顺、清河、宽甸、瑷阳四关口设市，以通商贾，易有无，加强了经济实力。

总之，《清太祖武皇帝实录》于努尔哈赤起兵五年后的建州女真社会，及其同明朝的关系，做了如下的记述：

太祖逆招徕各部，环满洲而居者，皆为削平，国势日盛。与大明通好，遣人朝贡，执五百道敕书，领年例赏物。本地所产有明珠、人参、黑狐、玄狐、红狐、貂鼠、猞猁狲、虎、豹、海獭、水獭、青鼠、黄鼠等，以备国用。抚顺、清河、宽奠、瑷阳四处关口，互市交易，照例取赏。因此，满洲民殷国富。上录稍做扩张的文字，如"满洲民殷国富"云等，不需讨论，以此作为本节"整合建州"的终结和下节"开始称

威震东北

（一）独战群雄

在努尔哈赤基本完成对建州女真的统一后，开始向建州以外的女真各部用兵，首先攻取的目标是长白山鸭绿江部。该部在栋鄂部的东南，因居鸭绿江沿岸而得名。比起建州女真，它是个比较弱小的部落，攻取并不难。万历十九年（1591），努尔哈赤派兵前往攻取，一举攻克，将该部并入建州。

在短短的几年里，努尔哈赤连续不断地胜利，以及所取得的巨大进展，已在女真内部引起强烈的反响。特别是海西女真的诸酋长，都以惊恐的目光注视着努尔哈赤的一举一动。他的每一次胜利，都会使他们深感不安，担心他们会一个个被吞并。自感实力相当的叶赫部首领纳林布禄很不服气，特派部属伊勒当、阿拜斯汉二人前往，向努尔哈赤发出警告，说："乌拉、哈达、叶赫、辉发、满洲，都是同族一家，难道还有五个王之理？你们人多，我们人少，可将你们的额勒敏、扎库木两个地方，任选一处让给我们。"在警告与威胁之后，又提出土地要求，努尔哈赤岂能俯首听命？他争辩说："我们是满洲，你们是呼伦，你们部族虽大，我们不该要你们的土地；我们部族大，你们也不应该强要。况且国家（部族）的土地，比不得牲畜，哪有随便分给别人的道理！你们两人都是执政之臣，不能极力劝谏你们的主人，还有什么脸面把这些非理的话转告给我？"努尔哈赤说完，很客气地把两位使者打发走了。

女真士兵

纳林布禄的威胁，没有奏效，索要土地的要求也遭断然拒绝，他十分生气。不甘心此事就此罢休，便召集哈达、辉发二部女真酋长开会，决定三方各派一使者，共同向努尔哈赤施加压力，迫使他屈服。

三方使者同来赫图阿拉，努尔哈赤以礼相待，设宴欢迎。酒宴正在进行中，叶赫的使者图尔德首先发言，阐明此行的目的。他预料会激怒努尔哈赤，便挑明说："我受主人的委派，向您转达他的想法，想说又怕触怒您，受到责备。"努尔哈赤很不以为然。说："你的主人的话与你无关，为什么要责备你呢？如果你的主人口出恶言，我也以恶言相回报。"图尔德不再客气，开门见山，说："过去，我们要您的土地，您不给，让您归顺，您又不从。如果两家化为仇敌，只有我们的兵能踏践您的土地，而您的兵敢踏上我家的土地吗？想必是不敢吧！"

果然，图尔德的一番话把努尔哈赤给激怒了，他愤然站起身来，抽出刀，照准桌案一刀断为两截，愤怒地说："你主兄弟两人，什么时候和人打过仗，交马接刃，碎烂甲胄？往年孟格布禄、歹商叔侄自相残杀，像两个小儿争吃骨头一样，你们趁火打劫，你们根据什么把制伏我也看得那么容易？你们的四境，真的有高墙可以阻挡我吗？我即使白天不去，晚间也能去你处，你们能把我怎么样？你们口出狂言，虚张声势，究竟想干什么？当年，我父被大明误杀，给我敕书30道，马30匹，送还尸首，坐受左都督金事，续封龙虎将军大敕一道，每年给银800两，蟒缎15匹。你的父亲也被大明所杀。他的尸首，你们收取到了吗？"

努尔哈赤义正词严的反驳，图尔德等自然无话可说。努尔哈赤余怒未息，命将他刚才说的话写成信，派人送到叶赫。行前，他对使者发出指示："你到了叶赫，要当面念给他们听；你若胆小，不敢念，就留在那里吧，不要再来见我！"信是去了，但因被纳林布禄的弟弟布寨事先制止，使者没有当面诵读。努尔哈赤这样做，无非是极力表现出他的勇敢和自信，以及对强大的扈伦诸部的蔑视。

当时，不仅叶赫这样大的女真部落反对努尔哈赤的统一，并屡次发挑战的信号，就连一些小的部落的酋长也不愿失去自己的"天堂"而归努尔哈赤。长白山部所属朱舍里、讷殷二部，本是两个弱小的部落，他也敢先发制人，共同勾结叶赫出兵，将建州东部叶臣所居的洞寨劫去。消息传来的时候，努尔哈赤正坐在楼上，他思虑实力不足，难以对付叶赫各部的联合对抗。一时无可奈何，但却充满信心地说："任凭他们掠夺了，哪有水能穿透山、火能越过河水之理？朱舍里、讷殷是我同一部族。敢投靠遥远的异国叶赫，劫掠我寨！我说：水必下流，千条小河终究要归入大海，朱舍里、讷殷二部必为我有！"

其实，努尔哈赤与哈达、叶赫早已结为姻亲，做了两部的女婿。万历十六年（1588）四月，哈达王台的孙女、扈尔干的女儿，由她的哥哥歹商亲自陪送到洞这个地方，交给努尔哈赤，与之成亲；同年九月，努尔哈赤又娶了叶赫已故酋长杨吉砮的小女儿为妻，她的哥哥纳林布禄，亲自送她与努尔哈赤成婚，她就是未来的皇太极的生母。

努尔哈赤与两部先后通婚结亲，目的是想保持同海西女真的和平友好关系，而集中力量统一建州，这也是远交近攻的策略。哈达与叶赫两部同努尔哈赤结亲，目的是笼络建州的这个新人物，借以牵制他的发展。

当努尔哈赤把统一目标逐渐扩大到建州以外，叶赫等部不能坐视了。先以威胁、索要土地为政治手段，企图使努尔哈赤就范。遭到拒绝后，叶赫等部转而采取军事手段，企图给努尔哈赤一次毁灭性打击，也因此酿成了古勒山大战，即努尔哈赤与叶赫等部联军的一场决战。

万历二十一年（1593）六月，叶赫布寨、纳林布禄不顾亲戚之谊，先纠集哈达部酋长孟格布禄、乌拉部酋长满泰、辉发部酋长拜音达里等四部兵马，向建州部发动进攻，夺取了户布察寨。努尔哈赤率兵反击，攻入哈达部，在富尔佳齐寨与哈达兵相遇。努尔哈赤令兵先行，他独身殿后，引诱敌兵入伏围歼。敌兵冲至前面的有一骑，举刀照努尔哈赤砍来。后面还有三骑赶来助战。正在千钧一发之际，努尔哈赤迅速发出一箭，正射中前面第一骑的马腹，马惊而逃；后面三骑一齐杀来，努尔哈赤坐骑惊悸，狂跳不止，几将他掀下马来，幸亏他的右脚紧紧扳住鞍蹬，才没有掉下来。重新稳住身子，随即发出一矢，射中其中一骑，马扑倒在地，把马上的人也摔了下来。此人正是哈达酋长孟格布禄，他的家人冲上前，将自己的马给他，他翻身上马，逃命去了。努尔哈赤只率 3 名骑兵、20 名步兵同哈达的追兵激战，斩 12 人，获甲 6 副、马 18 匹而回。

叶赫布寨兄弟纠集四部兵马小试锋芒，并未伤及建州的根本，他们决心与努尔哈赤决一胜负。至九月，除了六月间参加军事行动的四部，又联合另外五部兵马，他们是：嫩江蒙古科尔沁首领翁阿岱、莽古、明安；锡伯部、卦勒察部、朱舍里部首领裕楞额、纳殷部首领搜稳塞克什。乌拉部首领满泰没有来，派他的弟弟布占泰参加这次军事联合行动。女真与蒙古共九部，结为同盟，集兵 3 万，分三路向建州发动大规模进攻。

努尔哈赤得到九部同盟的报告后，并未惊慌。先派人侦察，掌握准确的情报，再作部署。他派人先向东面侦察，约行百里，不见敌人踪迹，只见乌鸦成群噪叫，料知敌人非从此路攻来。转向两路探视，入夜，赶到浑河附近，突然发现北岸兵营密集，"火如星密"。受命侦察的人，将所见敌情详细做了报告。努尔哈赤说："人都传言，说叶赫不久就会发兵来，现在，果然来了。我兵今夜不动，免致城内百姓惊慌，等天亮再出兵，传谕诸将知道。"

努尔哈赤指示完毕，回到家里就睡觉。妻子富察氏把他推醒说："现在九部兵马攻来，你怎么还睡大觉？是糊涂，还是害怕？"努尔哈赤从容不迫地说："畏敌的人一定睡不好觉。我因不怕敌人，所以我能熟睡。以前传说叶赫兵来攻我，不知道他们什么时候来，所以心神不定。现在，他们已经来了，我的心倒安定了。我若有欺骗，天必怪罪我，我便感到害怕；但我按上天的意愿，恪守国土，他们不让我安心，反而无故纠集九部之兵，欺害无辜，天能保佑他们吗？"说完，继续睡觉养神。

第二天，吃过早饭，努尔哈赤做的第一件事就是先率诸将臣属谒庙拜神，请求天地万灵神明，令敌人垂首，我兵奋扬。通过拜神，对将士进行精神鼓励。然后，他把兵马带到拖索寨，自己站在渡口处，命令兵士解开"臂手""顿项"，都留在此地，说："我兵轻便，必获全胜！"所谓"臂手"和"顿项"，都是打仗用的防护手臂和脖颈的装备。把这些东西卸下来，减轻士兵身上负担，便于轻装作战，增加取胜的机会。士兵们卸下这些装备，努尔哈赤率领他们行军至扎喀关。守将奈虎、山坦报告：叶赫兵于早晨攻关未果后，转向赫济格城去了。努尔哈赤又命探子反复侦察，知道敌兵甚多。恰巧，从叶赫营中逃来一人，详细而准确地报告了九部兵数3万。兵士们听后无不感到忧虑，有的怕得很，失去了夺取胜利的勇气。

这时，努尔哈赤一点也不惊慌，先安慰说："你们大家不必忧虑，我不会让你们白白送命的。"原来，他胸有成竹，已想出破敌的妙计。随后宣布他的作战方略：第一，诱敌深入。我据险要，诱彼来战，彼来我迎；诱而不来，我则四面分列，步行徐徐进攻；第二，专攻头目。敌兵九部，首领很多，杂乱不一，不过是乌合之众，退缩不前，若领兵前进者，必定是首领、头目，我兵见之，一定要全力攻打，只要伤一两个头目，敌兵必乱而败走；第三，集中兵力。我兵少，但集中力量，并力一战，必能获胜。将士们领会了努尔哈赤的作战方略，军心顿时安定下来，信心倍增。

努尔哈赤并不急于寻找九部联军决战，他要诱敌人再深入一些。而他据险以逸待劳，选好战机，一战而胜之。一天又过去了，好像什么也没发生。次日晨，努尔哈赤率领将士出发，向赫济格城方向前进。

叶赫兵临赫济格城下，攻击了一天多，还没攻下。努尔哈赤率将士来到，却不同叶赫兵交战，而是占据赫济格城对面的古勒山，分布险要处，命诸将士、大臣各领所属分头准备。部署完毕，命猛将额亦都只率100名士兵前去挑战。叶赫兵果然放弃攻城，转而迎战额亦都。两军一交锋，叶赫兵就有9人被杀，锐气受挫，稍稍退缩。此刻，布寨、金台石（纳林布禄之弟）与蒙古科尔沁三头目联兵进攻一处。布寨一马当先，突入阵中。忽然，他的马被木桩绊倒，努尔哈赤手下一士卒，叫武谈，迅速出击，一跃上前，骑在布寨身上，顺势一刀结果了布寨的性命！

正如努尔哈赤所预料，布寨作为叶赫的一酋长、纳林布禄的兄长被杀，叶赫兵皆号啕大哭，马上丧失了战斗力；所有同来的各部头目，闻风丧胆，谁也不顾自己所属兵马，自个儿逃命去了。各部联军大溃乱，努尔哈赤抓住战机，纵兵追杀，到处留下了尸体。蒙古头目之一明安的马被陷，便弃鞍赤身，体无片衣，骑一匹瘦马，侥幸逃得一命。努尔哈赤的兵一直追杀到哈达境内，直杀得敌人尸满沟渠。激战一天一夜，九部联军惨败，努尔哈赤大获全胜。

这次空前的激战，史称"古勒山大战"。战后检视战果，共歼灭 4000 人，获马3000 匹、盔甲 1000 副。经过此战，"满洲自此威名大震"。

努尔哈赤在孤立无援的危机情势下，独战九部群雄，一战而胜之，打了一个前所未有的"翻身仗"，他的声望、影响及实力与之俱增，迅速发展，势不可挡。九部联军被击溃，从此一蹶不振，再也不敢联合对付努尔哈赤了，相反，他们却自身难保，接连被努尔哈赤各个击破。

战争刚结束还不到一个月，努尔哈赤就招降了朱舍里部；接着，派额亦都等三将，领兵 1000，攻围讷殷部所属佛多和山，历时 3 个月攻克。其首领搜稳塞克什被杀。万历二十三年（1595）六月，努尔哈赤亲自率兵出征辉发部，攻克多壁城，斩其守将，凯旋而归。努尔哈赤的势力向东北扩张，越出今辽宁省境，已达今吉林省辉南县境。

古勒山大战之后发生的另一个变化是，曾参加九部联军的蒙古科尔沁部贝勒明安采取主动，遣使向建州部表示友好，努尔哈赤很高兴地接受了他的诚意；蒙古喀尔喀部贝勒劳扎也首次遣使，与努尔哈赤建立了友好关系。在他们的影响下，蒙古各部长纷纷遣使向努尔哈赤靠拢。这正是努尔哈赤所需要的，他需要借用蒙古的力量，来同海西诸部展开斗争。

（二）兼并二部

古勒山大战，是努尔哈赤第一次同海西四部整体力量的生死较量。他大获全胜，为他统一女真增强了信心，也为进军海西扫清了道路。地近建州的哈达、辉发二部，首先就成为努尔哈赤攻取的对象。

哈达部与乌拉部同出一祖，姓纳喇，其部原名扈伦，居于今黑龙江省呼兰河流域。后因女真动乱，南移至距开原 400 余里的松花江一带，即今之吉林市附近地区。从始祖速黑忒，二传至克什纳，不幸死于家族内讧，克什纳的次子旺济外兰南逃至今辽宁小清河畔哈达地，收拾诸部，就在明朝广顺关外建城，自号本部为"哈达"，他自称"哈达贝勒"。建国之时，正当明嘉靖朝中期。

在海西四部中，哈达最先强盛，称霸于海西，一度为四部盟主。哈达最忠于明朝，因而得到明朝的强有力的支持，这也是它能号令海西女真的重要原因之一。在王台、扈尔干父子相继去世后，家族分裂、火拼，王台的第五子孟格布禄继任哈达贝勒，势力大衰，远不如昔日，在四部中已失去盟主地位，被正在迅速崛起的叶赫取而代之。虽说哈达境况不佳，孟格布禄还是积极地参与了九部联军进攻努尔哈赤的军事行动。在遭到失败后，哈达一蹶不振。

万历二十五年（1597），哈达、叶赫、乌拉、辉发四部酋长联合采取了一次和平行动，共同遣使要求同努尔哈赤重建和平友好关系，他们说："因为我们不道，已经在古勒山败兵损名，从今以后，我们一定更守前好，互相结亲。"四部这样说，实际是向努尔哈赤赔礼道歉。他们又一次联合行动，表明四部继续共同对付努尔哈赤。但是，努尔哈赤也需要一段和平时期，积蓄力量，待机而动。他很痛快地接受了哈达等四部的友好表示，杀牛设宴款待。为表示和平的诚意，他们按照女真人的古老习俗，宰白马、削骨，设酒一杯、肉一碗、血与土各一碗，郑重举行仪式，向天地盟誓，他们各出自己的誓言，指天地为证，表述他们和平的决心。哈达四部各说一遍相同内容的誓言："自今以后，若不结亲和好，就像这被杀的牲畜的血，被踩踏的土地，别削之骨而死；如实践誓言和好，吃了这肉，福寿永昌！"最后，轮到努尔哈赤宣誓："你们履行盟言，一切都好说；如不然我可以等你们3年，果真不相好，背盟而弃誓言，我必统兵讨伐。"努尔哈赤的话，与其说是誓言，不如说是警告，施加压力，颇有威胁的意味包含于其中。

万历二十七年（1599），盟誓才过去不到二年，哈达便跟叶赫发生了军事冲突。本质的问题是，叶赫想吞并哈达，进一步想控制整个女真。哈达不甘心屈从于叶赫，以武力抗争。万历二十五年（1597）所定盟誓被破坏无遗。

论实力，哈达无法同叶赫相匹敌，几战之后，连遭失败，而且难以为继，为求生存，被迫转而求救于努尔哈赤。作为交换条件，哈达酋长孟格布禄把自己的3个儿子交给努尔哈赤，押在佛阿拉做人质。哈达求援，为努尔哈赤进军海西提供了难得的机会，他毫不迟疑地答应了孟格布禄的请求，选派大将费英东、噶盖率2000兵力前往哈达支援。

努尔哈赤出兵援助哈达，对叶赫构成严重威胁。酋长纳林布禄筹划成一计，离间哈达与努尔哈赤的关系。他指使明朝开原"通事"携带他的一封信给孟格布禄。信的大意是：你逮住努尔哈赤派来增援的两名将领，以此要挟，把你的3个做人质的儿子赎回来，并趁机消灭2000援兵。你能这样做，你以前想要的女人我就送给你为妻，我们两国仍旧和好如初。在此关键时刻，孟格布禄权衡利害关系，又倒向了叶赫。他与叶赫约定，在开原举行谈判，命自己的两个妻子代表他前往商谈。

孟格布禄的做法，无疑是一种见利忘义的背叛行为，努尔哈赤闻讯，不禁十分气恼，即于万历二十七年（1599）九月率兵亲征哈达。抵达哈达城下，孟格布禄命将出城迎战，军容颇盛。努尔哈赤不免犹豫，按兵不战，弟弟努尔哈赤说："他们出城迎战了。"努尔哈赤看出弟弟胆怯，很生气地说："我们是因为哈达没做准备才来的吗？"他愤怒地命令努尔哈赤："你兵向后，给我闪开！"说完，就亲率军队，环城而攻，城上守军一齐射箭。努尔哈赤的军队不及防，受伤甚多。攻城数日夜，终将哈达城攻克。大将扬古利生擒孟格布禄。努尔哈赤命令不许伤害，孟格布禄跪在努尔哈赤面前，努尔哈赤以礼相待，把自己用的貂帽和豹褂赏赐给他，给予恩养。

哈达城被陷，孟格布禄被俘，所属之城都放弃了抵抗，接受努尔哈赤的招抚，缴械投降。至此，延续60余年的哈达部灭亡。

哈达被兼并，孟格布禄被处死，消息传到北京，神宗很不满，下旨指责努尔哈赤："你为何攻破哈达，掳其百姓？现在，命你让武尔古岱回去，恢复哈达。"武尔古岱是孟格布禄的长子。朝廷的旨意甚明，就是要恢复并延续哈达的存在，指令武尔古岱继为哈达贝勒。这符合明朝"分而治之"的政策。皇帝的谕旨，任何人都不得违抗。努尔哈赤自度实力不足以与明朝对抗，便乖乖听命。释放武尔古岱携其部民返回哈达。但努尔哈赤谋于深算，岂能轻易放弃哈达！他采取"和亲"之计，把原先许配给孟格布禄为妻的三女儿莽古姬，转嫁给武尔古岱。双方变成翁婿的姻亲关系，哈达不能不受努尔哈赤所控制。叶赫纳林布禄也一心想夺取哈达，屡次联合蒙古进犯。努尔哈赤上奏朝廷："我已从命，让武尔古岱还国了，但叶赫屡次侵掠哈达，为什么我所应获得的哈达，又受制于叶赫？"神宗置之不理。万历二十九年（1601）春，哈达闹饥荒，百姓挨饿。向明开原城借粮，遭到拒绝。哈达困难已极，从贵族到百姓。或用自己的妻子，或以奴仆、牲畜换粮食，苟活性命。努尔哈赤"见此流离"，乘机重取哈达。哈达统绪自此永绝。

这时，密切关注辽东局势的朝鲜李氏王朝，发出了惊呼："老酋（努尔哈赤）声势已张，威行于西北，诸胡莫不慑服，凭陵桀惊，已有难制之渐。"

兼并哈达后，努尔哈赤与叶赫、乌拉矛盾日趋尖锐，军事冲突时起，双方关系接近完全破裂的边缘。努尔哈赤避开实力雄厚的叶赫与乌拉，把进攻的目标对准了较为虚弱的辉发部。

辉发部世居松花江下游、黑龙江岸的尼马察，入明朝后，隶属弗提卫。在扈伦四部并立时期，辉发部没有什么引人注目的作为和建树。创建辉发部的贝勒王机褚死于万历初年。他的长子早于他去世，其孙拜音达里没及宗族推选，便发动政变，残酷地杀死了他的7个叔叔及其家属，夺取了权力，继任贝勒。他的所作所为，引起宗族和部民的强烈不满。为了躲避迫害，纷纷逃向叶赫避难，叶赫都予以收留。拜音达里慑于叶赫的强大，不敢索要逃众，可是心里却痛恨叶赫收容他们，使他陷于孤立。

拜音达里处叶赫与建州之间，首鼠两端，摇摆不定，朝秦暮楚，但其基本倾向还是倒向叶赫一边。前叙万历二十一年（1593）九月，他响应叶赫贝勒纳林布禄的号召，亲率3000兵，参加了九部联军对努尔哈赤的讨伐。此次讨伐失败后，他看到建州强大，又向努尔哈赤靠拢。万历三十五年（1607）九月，拜音达里将七大臣之子作为人质，交给努尔哈赤，换取建州出兵支援，维护他在本部内摇摇欲坠的统治地位。努尔哈赤即派兵1000前往辉发，帮助拜音达里镇压了反叛者，稳定了社会秩序。

叶赫贝勒纳林布禄看到辉发与建州关系密切，对他构成了威胁，又施用离间计，遣使辉发，欺骗拜音达里说："你如果从建州撤回人质，我马上遣返你国逃来我国的族众。"拜音达里竟然相信他的话，还自鸣得意地说："我将安稳地中立于满洲（建州）与叶赫之间！"他执行中立政策，不偏不倚，左右逢源，自以为很聪明，但事实与他的愿望相反，他两面讨好的政策，却加速了辉发的灭亡！

拜音达里从建州撤回作为人质的七大臣之子，又把自己的一个儿子交给叶赫做人质。纳林布禄自食其言，却不遣返辉发部的逃众。拜音达里明知受骗，便再投向努尔哈赤，遣派使者说："以前我误信纳林布禄的话，现在，我仍然想依靠你为生。我请求你将许嫁给常书之子的女儿，赐给我为婚。"努尔哈赤为争取辉发，答应了他的请婚，取消同常书之子的婚约。不料，拜音达里背约而不娶。努尔哈赤遣使质问："你曾两次帮助叶赫加兵于我，而今你又求我把女儿嫁给你，却不娶，这究竟为什么？"拜音达里借故推脱，说："我已把儿子交给叶赫当人质，等到他归来，我即迎娶，再与你共谋大事。"

叶赫知道拜音达里同建州的关系已破裂，便将他的儿子遣返辉发。努尔哈赤再次质问："你的儿子已经放回，你又作何打算？"拜音达里对努尔哈赤的质问不予理睬。

努尔哈赤受到戏弄，深深地被激怒了，这正好给努尔哈赤兴兵提供口实。万历三十五年（1607）九月九日，努尔哈赤亲率将士讨伐辉发，至十四日兵临城下，迅速展开攻击，只用了一天，就把辉发城攻克。实际上，如只靠强攻，再攻几天，也难以奏效。原来努尔哈赤早有准备，发兵前，他命士兵扮作商人，分批混入城中，约至百余人，至攻城之时，入城的人做了内应，制造混乱，乘乱打开城门，努尔哈赤挥军一拥而进，一举攻克。攻坚不如计取，这大概是拜音达里始料不及的吧！

城破，拜音达里父子束手被擒。努尔哈赤痛恨他们父子反复无常，毫不怜悯地下令将他们处死了。守城的兵士都被屠杀，招服百姓，迁往建州。

（三）四战乌拉

扈伦四部，在短短几年里，已亡其二，剩下乌拉与叶赫两强。无论攻击哪一个，实非易事。当时的形势，努尔哈赤同乌拉、叶赫两部的关系已处于交战状态，双方都剑拔弩张，等待着最后的决斗。

努尔哈赤吞并哈达、辉发后。对战胜乌拉、叶赫已经胸有成竹，较之数年前，信心倍增，限于兵力，他不能同时进攻两部，仍以各个击破的战略，把乌拉作为下一个攻击目标。

努尔哈赤同乌拉先后进行四次军事与政治的较量，命运再一次把他推上一段艰难而危险的历程。

我们知道，在叶赫的号令下，乌拉国主满泰派其弟布占泰率兵参加九部联军，遭到重创，布占泰被俘，扣留在佛阿拉。在布占泰被扣押的三年间，乌拉未敢轻举妄动，基本保持中立。叶赫于败后，仍十分活跃，串通哈达、辉发与建州对抗。至后二部先后败亡，乌拉不为所动，意在争取建州释放布占泰以后再考虑新的对策。由于叶赫取代哈达而发挥主导作用，便形成以努尔哈赤为首的建州同海西女真诸部两大集团的矛盾和冲突。

满泰的堂叔兴尼牙是个亲叶赫派的首领。他屡次鼓动满泰出兵建州，名为救布占泰，实则是激怒努尔哈赤将他杀死，满泰予以拒绝。兴尼牙怀恨在心，阴谋策划夺权。据《武录》记载：满泰与长子撮胡里前往苏斡延湿兰（今吉林长春双阳）视察这里修筑边壕，奸淫村内两名妇女，其夫愤怒，乘夜潜入，将满泰父子杀死。实际是兴尼牙设谋，把他们害死的，趁机夺了贝勒之权。

努尔哈赤得知乌拉内乱，迅速做出决定，释放布占泰回乌拉。努尔哈赤的意图是，让布占泰掌权，与乌拉建立联盟，对付劲敌叶赫。为防万一，努尔哈赤特派图尔坤煌占、博尔坤斐扬古两员大将护送。万历二十四年（1596）七月，布占泰抵达乌拉，叔父兴尼牙竟刁难，不准入城，又图谋将其杀害，无奈护送的两员大将防护甚严，兴尼牙无法下手。很快，兴尼牙的阴谋败露。城内宗族都支持布占泰，兴尼牙陷入孤立，无法立足，便携家眷投奔叶赫避难。布占泰得以立为乌拉贝勒。

努尔哈赤俘获布占泰不杀，"恩养"三年。此次又在努尔哈赤的扶持下，继其兄满泰为乌拉贝勒，给他"二次再生，恩犹父子"。布占泰感激不尽，在他回乌拉的次年（1597）十二月，将他的妹妹呼奈嫁给努尔哈赤为妻，送到之日，即设宴成婚。万历二十六年（1598）十二月，布占泰不忘其恩，带领300人及厚重礼物，前往佛阿拉朝见努尔哈赤，表达感激之情。努尔哈赤做主，将其弟努尔哈赤的女儿额实太送给布占泰为妻，另赏盔甲 50 副、敕书 10 道。万历二十九年（1601）十一月，布占泰将其兄满泰之女、他的侄女阿巴亥送给努尔哈赤为妃，双方关系显得十分亲热。

布占泰自返国后，与努尔哈赤友好往还，屡次结亲，给人的印象是，双方亲密无间，不存在任何问题。其实，这些都是布占泰做的表面文章，骨子里却是野心勃勃，处心积虑，力图振兴乌拉，扩张实力，有朝一日再与努尔哈赤争雄。但眼下自感力量不足，不得不曲意奉承努尔哈赤，行韬晦之计，暗中却勾结叶赫，秘密结盟，企图借用叶赫同努尔哈赤对抗。

布占泰一经掌握了乌拉部的权力，就开始着手实行这一战略和策略。他在万历二十五年（1597）与其他三部一起同努尔哈赤盟誓，言犹在耳，不久就暗通叶赫，将其嫂满泰妻都都库氏的珍玩铜锤，遣使赠送给叶赫首领纳林布禄；又把建州所属虎儿哈部的安褚拉库（今吉林安图县安图镇）、内河两处的三名酋长许给叶赫，让给叶赫招抚而收为属部。努尔哈赤毫不示弱，迅即派出长子褚英、大将费英东等领兵 1000，收服安褚拉库，"获人畜万余而网"。努尔哈赤最初对布占泰暗中勾结叶赫，尚未察觉，所以，万历二十九年（1601）布占泰再次要求结亲时，努尔哈赤指令努尔哈赤的另一个女儿娥恩姐嫁给他。至万历三十一年（1603），派大臣送往乌拉完婚。

在同努尔哈赤保持亲戚友好关系的同时，布占泰大肆向外扩张。当布占泰向外扩张时，在图们江地区，与向该地区用兵的努尔哈赤相遇。布占泰毫不相让，以武力展开了公开地争夺。这种利益的争夺，终于导致双方的大规模军事冲突。

万历三十五年（1607）春，原已归服乌拉的东海女真瓦尔喀部属蜚优城（今吉林珲春三家子乡古城村）主策穆特赫，表示愿意归顺建州。他谒见努尔哈赤说："我们这里与建州相距路远，所以才归顺了乌拉国主布占泰。可他待我们甚苦，我们想投顺建州，请派兵去接我们的眷属，以便前来归顺。"

蜚优城主背弃乌拉，主动投建州，努尔哈赤甚为高兴，便命其弟努尔哈赤、长子褚英、次子代善与大将费英东、扈尔汉、扬古利等率兵 3000，前往蜚优城搬取。他们顺利地到达了目的地，招抚四周屯寨约 500 户。返回时，先令费英东、扈尔汉等率兵 300 护送。行至中途，不意乌拉兵一万出现在面前，拦截去路。

布占泰以蜚优城主归顺建州而气恼，竟派出万人大军予以拦截。两部人马相遇之处，当地人称为乌碣岩，在今图们江畔朝鲜境内钟城附近。建州兵 3000 对乌拉兵一万，展开了一场力量对比悬殊的大战，史称"乌碣岩之战"。这是建州同乌拉的第一次实力较量。

在两军相遇时，扈尔汉等以众寡悬殊，急忙将护送的 500 户转移到了山上安置，派 100 名兵守卫。另以 200 名兵，占山列营，环绕防御，同时派人给后续的努尔哈赤等送信，速来迎战乌拉兵。

两军相持一夜，至次日，乌拉兵列阵叫战。大将扬古利率兵200奋力冲锋，击杀乌拉兵7人，乌拉因畏惧其来势勇猛，不敢交战，急忙后退，渡河登山扎营，畏缩不前，没有趁建州兵力单弱而及时进攻，错过了取胜的战机，等建州大队人马赶到时，等待他们的就只有失败了。

努尔哈赤、褚英、代善率全部人马赶到时，已经是傍晚。一夜休战，至第二天，褚英、代善动员部下，鼓舞士气。他们说："我父（努尔哈赤）能征善战，现在虽留在家里，我们二人领兵到此，你们不要害怕。布占泰是我国手下败将，曾被我擒捉，没有什么可怕的！他虽然兵多，但上天助我国之威，我父英名卓著，此战必胜！"众兵士大受鼓舞，齐声喊："我等愿效死力！"褚英与代善兄弟俩，各率兵500名，抢先渡河，分二路登山，直冲乌拉营寨，乌拉兵惊慌失措，四散奔逃。代善年少勇猛，冲杀在前，追击乌拉主帅布占泰的叔父博克多。飞马靠近，左手抓住他的头盔，一把将其扯下坐骑，随即飞起大刀，斩于马下。其子来救，随之被杀。乌拉的另两名大将常柱父子与胡里布被生擒。

在发起进攻时，努尔哈赤的勇气逊色于两位侄儿，他率500兵在山下未动。至追杀乌拉败兵时，他才驱兵前进。

史载，此战乌拉兵被歼3000人，损失马5000匹，甲2000副，可以说，建州大获全胜。

从朝鲜人的记载中，我们可看到这场战役的激烈程度和乌拉兵惨败之状：两军"大战于江边（图们江）"，乌拉兵"不能抵敌，其北走之状"，"如天崩地裂"，"尽弃器械马匹，奔忙逃遁"，死伤不知有多少！

努尔哈赤叔侄及费英东、扈尔汉、扬吉利保护蜚优城500户，平安返回赫图阿拉，详细报告了乌碣岩之战的经过，并缴上丰厚的战利品，努尔哈赤听后，大为兴奋，赐努尔哈赤为"达尔汉巴图鲁"、褚英为"阿尔哈图图们"、代善为"古英巴图鲁"。

第二年即万历三十六年（1608）三月，努尔哈赤以长子褚英、侄儿阿敏为将，统兵5000，向乌拉发起进攻。这是对布占泰去年在乌碣岩拦截建州兵所做的军事反应。此次进攻的目标是乌拉部东南的军事重镇宜罕山城（今吉林市龙潭山古城）。守城的乌拉兵对建州兵的到来，事先一无所知，没做任何防御，褚英等率5000兵突抵城下，迅速包围该城，与伪装混入城中的建州兵，里应外合，将山城攻克，杀死千余人，获甲300副，其余包括居民与所有牲畜一并取走，押回赫图阿拉。当布占泰闻讯，马上召集兵马，前往宜罕山城救援。但为时已晚，出乌拉城约20里，遥见褚英所率建州兵撤离山城，正徐徐南归。布占泰看到建州兵的军容甚盛，感到难以对敌。他退却了，无功而回。

乌拉与建州两次军事接触，均以失败告终。布占泰已感到事态严重，继续进行军事对抗，对他不利，眼下唯一的办法，是与努尔哈赤缓和矛盾，进一步加强同叶赫的联合，等待转机。于是，就在宜罕山城被劫之后，布占泰遣使赴赫图阿拉，向努尔哈赤求和，并再次提出结亲的愿望。努尔哈赤明知此举不过是政治联姻，为了斗争的需要，他将计就计，慨然应允，满足布占泰的请求，将自己的第四个女儿穆库什嫁给他，遣侍臣护送至乌拉，与布占泰完婚。

此时，哈达、辉发二部相继灭亡，努尔哈赤以强大的实力周旋于叶赫与乌拉之间，实操主动权，见机行事。

布占泰娶了努尔哈赤之女，亲上加亲，关系更应密切，但他并没有改弦更张，仍然处处同努尔哈赤作对。他违背盟约，两次出兵进攻建州所属东海窝集部虎儿哈卫。尤使努尔哈赤不能容忍的是，他已给叶赫部下了聘礼，其首领布寨同意把女儿嫁给他。还尚未出嫁时，布占泰也向叶赫下聘礼，坚持要娶此女。不仅如此，布占泰竟然用骲箭（骲箭即鸣镝，为骨木合制，箭头无毒带响）射努尔哈赤的侄女娥恩姐。娥恩姐是布占泰的妻子之一，被当作靶子假射，虽无危险，却是有意污辱，向叶赫示意，他无意同建州交好。

布占泰所为，报之赫图阿拉，努尔哈赤愤怒已极，忍无可忍，于万历四十年（1612）九月二十二日亲统大军征乌拉，向布占泰兴师问罪。随同出征的有他的第五子莽古尔泰、八子皇太极。

九月二十九日，大军进抵乌拉，沿松花江而行，连克鄂佛罗、宜罕山城、鄂漠、逊扎泰、郭多、金州等6城，并将大营安置在金州城，隔江相望，距布占泰所居乌拉城西面仅有二里之隔。努尔哈赤纵兵四出处焚毁敌人粮草，外围据点逐个攻陷。布占泰白天率兵出城与之对垒，见建州兵盔甲鲜明，兵马雄壮，无不惊慌失色，失去了斗志。所以，不敢发动进攻，到夜晚入城休战。两军相持了3天。努尔哈赤并不急于攻其都城乌拉城。莽古尔泰、皇太极沉不住气，急于想渡河进攻。努尔哈赤予以制止，耐心地开导说："事情不像你们想的那样简单，你们说的，不能像河面取水那么容易，要深入到里面去看看。比如，想砍伐一棵大树，怎么能骤然砍倒？必须用斧子一下一下砍下去。砍到树干微细，自然就倒了。征伐一个相等的大国，势均力敌，欲一举而消灭，怎么可以办得到？应将它的附属城郭一一攻取，独留其都城，这如同额真（统治者）没有阿哈（奴仆）怎么生活？没有老百姓，还怎么能为君呢？"皇太极牢记父亲的教导，在他即位后，就采取"伐大树"的战略，慢慢"砍削"明朝，直至他"自仆"为止。

努尔哈赤耀兵于松花江岸，乌拉仅剩下一座乌拉孤城及附属城富尔哈城。布占泰独守一座孤城，计无所出，想来想去，只有行缓兵之计，促使努尔哈赤先退兵再作打算。他派大臣乌巴海为使，乘船至江中喊话，恳求努尔哈赤退兵。如此三次，努尔哈赤不理不见。布占泰被逼无奈，硬着头皮亲自出面，带6员大将，乘船驶至江心。在船上遥向努尔哈赤叩头，以哀求的口吻说："乌拉国就是恩父之国，焚粮的大火可以熄灭吗？"努尔哈赤披明甲，乘白马，率诸将，驰至江中，水及马腹处，勒马而立，厉声谴责：

布占泰！你先前在阵中被擒，本应处死，我却留下你，予以恩养，后释放回乌拉为贝勒，把三个女儿给你做妻子。而你欺蔑皇天后土，七次背弃盟言，两次劫掠我属虎尔哈路，又企图强娶我已聘的叶赫之女；还用鲍箭射我的侄女，我把她嫁给你异国，原为结成夫妻，何曾让你用鲍箭射她吗？如果我侄女做错了什么事，应该告诉我。天生爱新觉罗人，曾被何人斥责、羞辱过？你说说看！百世以前的事，你或许不知道，那么，十世以来的事你能不知道吗？以前果真有过羞辱我爱新觉罗的事，你射我侄女，就算你是正确的，我发兵来攻就是错误的。如果从来就没有这种事，你为什么射她？这受辱的恶名，我能藏在心里无动于衷吗？或者将来抱此恶名而隐没于九泉之下吗？古人说得好："宁销其骨，莫毁其名。"我并非乐于战争，只因听到你用鲍箭射我侄女的事，我才亲自领兵前来，问个明白。

努尔哈赤理直气壮，可谓义正词严，表面看，是为雪耻而来，实质问题是以此为口实，消灭乌拉，不言自明。

布占泰不肯承认以往的事实，极力狡辩，声称是他人进谗言，皆属子虚乌有。最后，努尔哈赤表示："你果真没有射我侄女，没有娶我已下聘礼的女子，可以把你的儿子及大臣之子做人质，交给我，才见你的真心，否则，我无法相信你！"

江中一场对话，实际也是一场唇枪舌剑的谈判。之后，各自回营。时令已近严冬，努尔哈赤还不想马上攻灭乌拉，又不便久留于此，5天后，他率大军返回，留下兵1000，驻扎于近处山上，在此过冬，监视布占泰的动向。

几个月过去了，努尔哈赤所提出的几项条件，布占泰一件也不办！相反，他策划将女儿、儿子与17臣之子，都送到叶赫为人质，强娶努尔哈赤所聘布寨之女，幽禁努尔哈赤与努尔哈赤的两女儿。布占泰又一次背弃诺言。看得出来，布占泰不想同自己的丈人努尔哈赤修好，宁肯为敌到底！

万历四十一年（1613）正月，正是一年中最寒冷的季节，努尔哈赤不顾严寒，也不顾怜自己已是55岁的年龄，亲率大军三万北上，所带大将有次子代善、侄阿敏及费英东、何和礼、额亦都、安费扬古、扈尔汉等一大批能征惯战的猛将，军容之盛，远远胜过数月前征乌拉，大有一举吞并乌拉之势。

布占泰计划在正月十八日，送儿子给叶赫做人质，不意努尔哈赤已提前一天即十七日赶到，首先攻克逊扎泰、郭多、鄂谟三城。布占泰的谎言已被戳穿，无理可辩，只有同努尔哈赤拼死一战了。十八日，倾国中之兵，亲率三万兵马，越过富尔哈城，在城南的开阔地带列阵，准备决一死战。

开始，努尔哈赤有些犹豫，担心与乌拉实力相当，难以一战而胜。但是经不住诸将一再请战，他的情绪顿时高昂而激烈，大声说："我自幼战斗于千百军中，孤身突入，弓矢相交，兵刃相接，不知经历了多少次鏖战！今天，诸将要战，就奋力去战吧！"说完，披甲进战。诸将早已按捺不住了，听到努尔哈赤下达命令，皆欢呼腾跃，千军万马，欢声雷动，士气激越，急欲厮杀。

努尔哈赤决心此战夺城，消灭乌拉！他已定下破敌之策，传谕诸将按计行事。

布占泰三万兵都弃马步行而列阵。努尔哈赤也令全军下马。两军对垒，相距不过百步。战斗一经开始，就达到白热化，"两军之矢，如风发雪落，声如群蜂，杀气冲天"。努尔哈赤冲入阵中，同将士们一起拼杀。将士们勇气倍增，无不以一当十，如潮水般冲了过去。乌拉兵本来斗志不高，很快就被冲乱了阵势，溃退下来，"抛戈弃甲，四散而逃"，已经是"十损六七"。建州兵趁势夺门，占领了乌托城。努尔哈赤登城，端坐西门楼上。布占泰尚不知觉，领败兵不满百人，奔城而来，一抬头，只见努尔哈赤的旗帜已飘扬在城头，大惊失色，回身就逃，正撞见代善率兵杀来，不敢对敌，冲出包围，落荒而逃，仅以身免，投叶赫去了。乌拉自此灭亡。

（四）三征叶赫

叶赫同哈达、辉发、乌拉一样，其先人是女真人的一支，源出明海西塔鲁木卫，后迁移至扈伦国所属张地。灭纳喇姓部，因以为姓，再迁至叶赫河一带，故称叶赫。从第三代齐尔噶尼始授塔鲁木卫指挥金事，至正德初年，齐尔噶尼因侵扰明边，被斩于开原城。其子祝孔革时，一度兴旺，与哈达部争衡，被该部酋长王忠擒杀，两部遂结下仇怨。至祝孔革两孙即清佳砮、杨吉砮并出，招抚诸部，势力复振。两兄弟据叶赫河山川之险，筑东西两城，兄弟分住，皆称贝勒，本部族始获稳定的居住地，史称"叶赫"，实始于清、杨两兄弟。

叶赫所辖领地，或指为势力所及，大体是北界蒙古科尔沁、郭尔罗斯部，东北与乌拉部相接，南邻哈达，东近辉发，西南邻近明朝边城开原。清、杨两兄弟所筑两城，坐落在今之吉林省梨树县叶赫满族自治乡治所叶赫镇，此处距西北方向的四平市约30余公里，东南距西丰、西南距昌图，都不超过百里。过昌图而南不足百里，就是明代辽东地区的北部"极边"——开原。

说起来，努尔哈赤的建州与叶赫也是亲戚之国。早在努尔哈赤统一建州各部时，杨吉砮就把他的小女儿许配给努尔哈赤。杨吉砮死后，其子纳林布禄履行父亲生前的诺言，于万历十六年（1588）九月，亲自陪送妹妹到佛阿拉成亲。这年，努尔哈赤30岁，这位新娘年仅14岁。她以美丽、端庄、贤淑而深得努尔哈赤的欢心。

从万历十六年（1588）到三十一年（1603），叶赫纳喇氏同努尔哈赤朝夕相伴，亲密地生活了15年。这期间，建州与叶赫友好相处，虽发生古勒山大战，有过短暂的冲突，但大战之后迎来了和平，双方保持友好关系不变。万历二十五年（1597），叶赫、乌拉、哈达、辉发四部与努尔哈赤盟誓时，布扬古答应将自己的妹妹许配给努尔哈赤为妃，金台石则答应把自己的女儿许配给努尔哈赤次子代善。努尔哈赤分别下了聘礼，双方不征不伐，关系还算正常。

万历三十一年（1603）秋，纳林布禄的妹妹叶赫纳喇氏忽染重病，已经没有康复的希望，很想最后见母亲一面。努尔哈赤答应满足她的要求，迅速派出使者疾驰叶赫，去请她的母亲前来。

女儿临危，要见母亲；母亲爱女儿心切，也要见上最后一面，本属人之常情，并不难做到。但是，此时建州与叶赫的关系已非往日可比，努尔哈赤的飞速发展，不是进一步密切双方的亲戚情谊，而是在政治上令双方分道扬镳，终至断送了这层儿女亲家关系。事实正是这样，使者到了叶赫，说明来意，当即遭到纳林布禄的断然拒绝。当年是他送妹妹出嫁的，今天，当妹妹病危，他却拒绝妹妹的要求，并且极力阻止母亲，不准她去看望自己的女儿，只派一名管家南太前往应付差事。这就公开暴露了他对努尔哈赤的敌视，导致了努尔哈赤与叶赫关系的破裂。

果然，不出所料。努尔哈赤对此十分气愤，痛斥说："我没有做出对不起你纳林布禄的事情，你掠夺了我的寨子，后又率九国兵来侵犯我；你叶赫、哈达、乌拉、辉发因为联兵侵我，做错了事，业已承认，都同意互相结亲，宰杀白马，已向天宣读了誓言。今天，你叶赫背弃已许下的诺言，将我所聘之女另嫁给蒙古人；你妹病危，正当永诀之际，想着妈妈，你竟不容许她们母女见面，硬是阻挠，这就是同我绝交！既然如此，我何必讳言？自今以后，我们两家已成敌国，我将在你所属的地方筑城，占领它，每天都杀你的部属。"说完，将南太遣送回去。

努尔哈赤其中说的将他已聘之女嫁给了蒙古人，指的就是万历二十五年（1597）布扬古答应将妹妹嫁给他的事。但布扬古不守誓言，单方面撕毁婚约，把妹妹改嫁给蒙古。努尔哈赤认为，此事是对他的污辱，自然忌恨在心。所以，便在这次痛斥纳林布禄时一并发泄出来。

叶赫纳喇氏终于医治无效，去世了，时年才二十九岁。

对于爱妻的去世，努尔哈赤极为悲痛，同时也更加痛恨叶赫两兄弟绝情无义。过了三个多月，于万历三十二年（1604）正月初八日，率兵进攻叶赫，攻克了张城与阿奇兰城，收两城七寨人畜 2000 余，即班师而回。此举是报纳林布禄不令母女相见之仇，以慰亡妻在天之灵。

这以后近 10 年中，双方没有再发生严重的军事冲突，保持着不即不离、不好不坏的关系。努尔哈赤把主力用于对付哈达、辉发、乌拉三部，同是明朝全力支持叶赫的事实，也不能不使努尔哈赤暂时放弃对叶赫的进攻。

万历四十一年（1613）初，布占泰只身逃亡到叶赫，受到布扬古、金台石两兄弟的庇护。努尔哈赤闻讯，先后三次遣使，要求叶赫交出布占泰，但遭到拒绝。这正好给努尔哈赤提供了口实，遂于九月六日，亲统 4 万大军再征叶赫。大军抵张城、吉当刚城，因事先泄露了消息，叶赫已将两城百姓迁走，坚壁清野。努尔哈赤下令将两城毁掉，攻克了其他 19 寨，收缴百姓，将房屋等设施焚毁。另有乌苏城放弃抵抗，向努尔哈赤投降，得降民 300 户，事毕班师。

叶赫遭到了大规模进攻，布扬古、金台石紧急向明朝控诉："哈达、辉发、乌拉部被建州取去。现在又来侵犯我地，他的目的是削平诸部，然后就来取大明，取辽阳为都城，取开原、铁岭为游牧之地。"应叶赫的要求，明朝派出军队 1000，携带火器，前往叶赫防御。明朝还向努尔哈赤发出警告："从今以后，不准侵犯叶赫。如听从我的话，是维护我的体统而罢兵；如不听从我的话，继续侵犯叶赫，就是对我大明的侵犯。"

明朝的强硬态度，使努尔哈赤暂缓对叶赫的进攻。他看到，在叶赫后面站立着一个庞大的明王朝，必须从外交上离间他们的关系，取得明朝对他的理解。哪怕是一部分的支持，他都是需要的。于是，他亲自前往抚顺，将一封信交给明将游击李永芳。信中具体说明他进攻叶赫的原因，一是叶赫背信弃义，将已许之女嫁给他人；二是把他的仇人布占泰收留起来，拒绝交出。这些事都跟明朝没有任何关系，也无损明朝任何利益。

努尔哈赤为他对叶赫采取的军事行动辩解，自有他的理由和口实。在明朝方面，也有不同的反应。一种意见认为，努尔哈赤的军事扩张，正在威胁明朝的统治，主张援助北关（叶赫），才能保住辽东。

另一种意见认为，虽然努尔哈赤东征西讨，但并不威胁明朝。辽东巡抚张涛就持此种意见。

朝廷讨论的结果，还是决定援助与扶持叶赫，以遏制努尔哈赤的军事扩张，阻止他进攻叶赫。

明朝的政策，使努尔哈赤看到，叶赫已完全投向明朝，向叶赫进攻就是同明朝交战。努尔哈赤采取现实主义的态度，在实力不足的情况下，不愿冒着同明朝交战的巨大风险，所以，他暂时停止进攻叶赫，也就是说，在明朝的命令下，他不得不有所后退。

但是努尔哈赤周围的将领、大臣们却无法容忍，他们被叶赫的傲慢和明朝的有意偏袒而激怒，极力主张出兵攻叶赫。努尔哈赤耐心开导：你们都把叶赫嫁给我的女子改嫁蒙古这件事看成是奇耻大辱，主张用兵，这当然不能反对。但为一件违婚约的事而动武是不值得的。就因为争夺这个女子，哈达、辉发、乌拉都灭亡了。她使各国不安宁，带来了兵连祸结。到现在，大明又帮助叶赫，这就是要挑起战争，使叶赫灭亡！他又进一步说明：我个人如因愤怒想去打仗，你们就该劝阻我。我已下了聘礼的女子，被他人娶去了，岂有不恨之理？我尚且置身于外，你们为什么还继续固执之见，非要打仗呢？你们不要再坚持，停止用兵吧！

努尔哈赤高瞻远瞩，英明决断，以时机不成熟，暂停对叶赫的进攻，也不触动明朝分毫，因而保持他既得利益不受侵犯和伤害。不同于当年王杲、清佳砮、杨吉砮等动不动就同明朝作对，招致明朝的大规模镇压，努尔哈赤以极大的毅力忍耐到时机来临为止，策略不同，其结果各异。

5年过去了，已到了后金建国的第三年（1618），努尔哈赤已非昔日的建州首领，而真正成为了一国之主。他在政治、经济和军事上都取得了巨大的进展，他同叶赫的实力对比，已占有绝对优势，也有足够的力量可以同明朝抗衡。过去，诸将领和大臣屡次劝他进兵。他都坚决不同意，而现在他却提出："今岁（1618）必征大明国！"意外之言，必亡叶赫。因为叶赫受明朝庇护，才得以生存，征伐明朝，就意味着断叶赫外援，其亡必然。第二年（1619）正月初二日，努尔哈赤亲统大军征叶赫，攻破克伊特城，一直推进至叶赫城10里外的地方。叶赫请来开原总兵马林率明兵前来助战，因见后金兵势甚盛难敌，马林退师。努尔哈赤担心受到叶赫与明兵夹击，也放弃了进攻。双方都很克制，没有接触，就结束了此次军事行动。

不久，就爆发了著名的萨尔浒决战，留待下面详叙。努尔哈赤取得了辉煌的胜利，明军遭到重创，无力反击，后金乘胜先取开原、铁岭，将明朝与叶赫隔开，彻底将叶赫孤立。最后灭亡叶赫的时机已经成熟，努尔哈赤毫不迟疑地向叶赫发起了一次致命的打击。

万历四十七年（1619）八月十九日，努尔哈赤亲统大军再一次也是最后一次踏上伐叶赫的征程。后金兵分两路：代善、阿敏、皇太极与莽古尔泰等兄弟自率一军，攻

萨尔浒决战

布扬古据守的西城；努尔哈赤自率八旗将领及大军攻围金台石所据东城。两军星夜前进，尚未抵叶赫境内，已被哨探发现，飞报布扬古："满洲（建州）大兵已经到了！"消息传开，叶赫百姓无不惊慌，各屯寨之民，近的入城，远的躲到山谷。

二十二日天亮时，代善一路后金大军首先出现在叶赫西城下。布扬古率兵出城，准备迎战，只见后金兵漫山遍野，如潮水一般涌来。"盔甲明如冰雪，旌旗剑戟如林"。军容盛大，锐不可当，令人望而生畏。布扬古不禁大惊失色，不敢对阵，急令叶赫兵进城，据险坚守，代善等挥军包围了全城。

当太阳东升时，努尔哈赤亲统大军抵达东城，迅即包围，攻破外廓，即准备云梯战车，要向内城发起攻击，先下达通牒，命令金台石投降。金台石断然拒绝："我可不是汉人所能比的！我是男子大丈夫，我也有两只手，岂肯投降你？唯有决一死战而已。"努尔哈赤发起猛烈进攻。两军均擅长骑射之术，在短兵相接之际，射箭成了主要的攻击与防御的手段。双方"矢发如雨"，叶赫兵据城上，居高临下，比后金兵有利。后金兵推战车，拥盾牌，以抵挡雨点一般的飞箭，在他们的后面，一队队后金兵边射边冲锋。眼看进至内城边。上面又施放巨石，推下滚木，间有火药罐扔下，发出爆炸的巨响，伴随着呐喊声，惨叫声，搅得天地颤抖，如山崩地裂！后金兵拼死不退，纷纷抢上去拆城。努尔哈赤坐在山岗上，密切注视着战况的进展，由他的侍卫随时驰入各旗，传达他的命令。他指示，各旗拆了城之后，一齐入城。

城被拆毁，八旗将士涌入城内。叶赫兵四面皆溃，各奔自己的家。努尔哈赤立即分别派人执旗，举着他的金国汗黄盖。传下命令：不准屠杀城中军民，不准杀投降的人。城中军民得到这样的安民告示，纷纷投降。

最后只剩下金台石，他带着妻子、儿子龟缩在家中，死也不肯投降，他的家建筑

在一方台地上，他是叶赫首领之一，其居地与众不同，为城内禁城八角楼，自有防御设置。后金兵将他的家包围后，在台下喊话："赶快下来投降，不然就攻！"金台石回答说："我放弃抵抗了，城已被攻克，现在被困于家中，即使同你们进行战斗，也不能取胜。我很想见见我妹妹所生的儿子皇太极，若请来一见，听听他说的话，我就下来投降。"

此刻，皇太极正与他的几位兄长率部猛攻西城布扬古。努尔哈赤命皇太极速来，当面指示说："你舅有话，如见到你即降，你赶快去见他，他若践约投降，当然再好不过；如还不降，就拆他居住的台（八角楼）。"

皇太极遵父命，赶至台下，同舅父见面。金台石又提出新的理由，刁难后金诸将："我从未见过我外甥皇太极的面，眼前站的这个人，谁知是真是假？"

金台石提出这个疑问，弄得后金诸将和皇太极一时解释不清，忽然想起一个人可以为皇太极做证，这个人就是金台石之子德尔格勒的乳母，她曾在赫图阿拉见过皇太极。于是，他们建议金台石把这位老妇人请出来辨认。金台石不好拒绝，又改口说："何必用这个老妇人？我看此子（指皇太极）的面色，未得到他父亲要留养我的好话，是想骗我下台杀了我。现在我困守于此，还能抵抗吗？但此地是我祖先住的地方，我宁愿死在这里！"

皇太极反复劝了多时，不见效果，表示马上就回去向父亲努尔哈赤报告。金台石忙说："你不要走，待我的近臣阿尔塔什先去见你父亲。他回来时，我再下来。"努尔哈赤一见到阿尔塔什，不禁发起怒来："你挑拨我亲戚，使大明举兵40万（夸大其数），不是你又是谁？现在，我既往不咎，赶快令你主投降！"阿尔塔什回来劝金台石投降，金台石又提出新的条件："我听说我儿子德尔格勒受伤，已在你们那里，让他来见我，我再下来投降。"皇太极把德尔格勒带到台下来，同父亲见面。德尔格勒对父亲说："城已陷落，我们已遭失败，为什么不降呢？"劝说再三，金台石仍然拒绝投降。皇太极很生气，就把德尔格勒绑起来，想处死他，向努尔哈赤报告，努尔哈赤不同意，说："子招父降不从，是父亲的过错，应当处死，他的儿子不要杀。"

双方僵持已久。金台石的妻子携带幼子，自台上下来，表示投降。金台石拿起了箭，他的心腹侍从也重整盔甲，准备战斗。后金兵执斧猛砍楼台，金台石纵火自焚。霎时间，烈焰熊熊，因忍受不住痛苦，他负伤下楼，被后金兵逮捕。努尔哈赤指示，留此人没有用处，用绳子把他绞死了。

东城被围时，西城的战斗也打得很激烈，很艰难。当东城被攻破的消息传来，布扬古与布尔抗古兄弟都丧失了斗志，表示愿意投降，条件是：需要立下誓言，保证他们各回原来的城寨。指挥攻城的代善听后大怒，断然拒绝他们降后返回本城寨。布扬古兄弟把他们的母亲放出城，同代善谈判。这位老妇人还是代善的岳母，久别相见。按女真人习俗，互相搂抱，称"抱见礼"，以表示亲热。岳母说："你不说一句保证不杀的话，我的两个儿子害怕，所以不敢降。"代善斟满一杯酒，用刀划出一半，立下誓言："如降后再杀，我必不得好报；如我已立下誓言，你们还不降，必得恶报，我攻下城后，杀无赦！"说完，将一半酒一饮而尽，另一半酒送给布扬古兄弟，他们饮后，才传令打开城门投降。代善领布扬古兄弟去见努尔哈赤。布扬古只屈一膝，不拜而起；努尔哈赤用金杯盛酒，赐给布扬古，表示慰问之意。布扬古只屈膝不拜，也不喝酒，不说一句感谢的话，不行规定的礼仪。努尔哈赤命代善把他的妻兄带到本城居住。

入夜，两城的战斗早已结束，再也听不到喊杀声了，变得格外寂静。努尔哈赤却辗转反侧，久久不能入睡，反复思虑如何处置布扬古："我既然不念旧恶，没有杀他，想把他留养起来，他应该感到很幸运，但他却没有一点高兴的样子，仍像个仇人一样，于叩首起拜之间，没有屈服的表示，这样下去，我还怎么恩养他呢？"最后，终于下定了决心，当机立断，命人当夜用绳子把布扬古绞死了，留下他的幼弟布尔抗古，交给代善收养。

努尔哈赤灭亡叶赫，标志着扈伦四部时代的终结。明在东北对女真的统治宣告结束。《武录》卷三对此做出如下的总结："满洲国自东海至辽边，北自蒙古嫩江，南至朝鲜鸭绿江，同一音语者俱征服，是年诸部始合为一。"

（五）兵进绝域

古人把辽远而人迹罕至之地，称为"绝域"。努尔哈赤在统一扈伦四部的过程中，同时东征北进，向东海女真诸部、向黑龙江中下游次第进兵。这两个地区，都堪称是遥远而荒漠的绝域之地。他胸怀大志，不畏艰难，扩大统一事业，剿抚并用，既以和平的方式，招其归附，也以武力的手段予以兼并，取得了一系列进展。为叙述方便，首叙降服东海，次叙北进黑龙江。

在海西女真、建州女真以东的广大地区，约当松花江至乌苏里江，直达滨海地带；南自图们江，向北延伸至苏联滨海地区以南，在这一区域内散居的女真人，统称为东海部女真。严格地说，居住在图们江、珲春河、绥芬河一带的女真人，应属于建州女真的一部分。但他们居地较远，交通阻塞，部分农耕又兼渔猎，特别是兴凯湖以北，东至滨海地区，基本以渔猎为生，所以，既不统属建州，也不统属海西。这一地区的女真人就成为海西与建州女真争夺的对象。

东海部又称窝集部，或写作兀哲部，此为满语"森林"之意。它包括瓦尔喀部和虎尔哈部。其中，瓦尔喀部分布在图们江一带，而图们江口以北，颜楚河等沿海地，称为库尔喀，又写作胡儿胯、呼尔哈、虎儿哈，这部分女真人"水居，以捕鱼为生者也"。自今黑龙江省宁安地区至绥芬河流域的女真人，称为窝集部。他们生活在山川纵横、森林密集的地区，以追逐野兽或网鱼为生。

东海部女真处"极东"地带，如《明会典》所说："去中国远甚，朝贡不常。"所谓"去中国"，意指离中原地区遥远，故又把他们统称为"野人女真"。随着建州、海西女真社会的大变动，内部的纷争、兼并，努尔哈赤异军突起，志在统一女真各部。于是，"深处野人"再也不能照常生活下去了。他们也被卷入女真的纷争之中，并且成为努尔哈赤的属民，逐渐进入满族共同体，是她的当然成员之一。

努尔哈赤最早用兵东海部女真，始载《武录》。万历二十四年——二十五年（1596年~1597年）之间，努尔哈赤与扈伦四部的矛盾暂告缓和，双方息争，便趁此北边、西边（扈伦四部）无事之机，向东海部进军，扩张领土，掠人畜厚增实力，以便等待时机，再同扈伦四部进行较量。

努尔哈赤两次进军东海部，很快产生了巨大的政治影响。万历二十七年（1599）正月，东海窝集部所属虎儿哈路两酋长王格、张格率百人，前往佛阿拉，向努尔哈赤臣服，并贡黑、白、红三色狐皮及黑白二色貂皮。从此每年一贡，建立了稳定的政治隶属关系。有一酋长叫博济礼和其他酋长共6人，向努尔哈赤求亲。努尔哈赤很高兴地接受了他们的请求，把六大臣的女儿分别许配给他们为妻。另一件有重大影响的事件，就是万历三十五年（1607）东海女真瓦尔喀部蜚优城（今吉林珲春三家子古城）主策穆特黑弃乌拉，主动归附努尔哈赤。由此而引发了乌拉与建州的乌碣岩之战。

也有不肯和平地接受招抚的部落或部族，努尔哈赤就派遣军队征伐。同年（1607）五月，他命幼弟巴雅喇、大将额亦都、费英东、扈尔汉等率兵1000，征伐窝集部赫席赫、鄂漠和、苏鲁佛纳赫等三地，取回人畜2000。

万历三十七年（1609）十二月，努尔哈赤命侍卫扈尔汉领兵1000，征伐窝集部所属瑚叶路，获人畜2000而还。次年（1610）十一月，以额亦都为将，率兵1000，前往窝集部的那木都鲁、绥芬、宁古塔、尼玛察等四路，招抚了该部康果礼等9名酋长，令其举家迁往赫图阿拉。接着，又领兵袭击雅兰路，获人畜万余而归。

万历三十九年（1611）七月，努尔哈赤派其子阿巴泰、大将费英东、安费扬古领兵1000，征讨窝集部所属乌尔古辰与木伦两路，尽夺其地，俘获人口1000。

同年（1611）十二月，命何和礼、额亦都、扈尔汉三人领兵2000，征伐虎儿哈部扎库塔城。何和礼等率兵至扎库塔城，将城包围了三天，劝其投降而无效，最后下令攻城。扎库塔城的守卫者进行了顽强的抵抗，至城陷之日，被杀1000人。可见，战斗的激烈程度，远远超过前几次的征讨。战斗结束后，获人畜2000，与其邻近的城寨，摄于建州的兵威，都接受招抚。在大军凯旋时，收取图勒伸、额勒伸二酋长及当地百姓500户，返回赫图阿拉。

万历四十一年（1614）十一月，继续征讨东海部。此次只派兵500，征讨的对象是南窝集部雅兰和锡林等地。雅兰前已被征讨，此次再兵临其地，大抵是讨其降后而不恭。锡林，又写作石临，以锡林河而得名，约当海参崴以东，雅兰河之西，两河南注日本海。雅兰与锡林属东部沿海地区，是名副其实的东海部之一。此役，收降200户，获人畜1000，照数携回赫图阿拉。

万历四十三年（1615）十一月，遣兵2000征窝集部的额赫库伦城。此地约当乌苏里江以东，东海部的北部。行至顾纳喀库伦，向守城的兵民发出招降的通告，遭到拒绝后，即展开攻战，拆其防御的木栅，越过三层壕堑，将城攻克，歼灭800人，俘获万余人，收降500户。万历四十五年（1617），努尔哈赤刚建国的第二年，派兵400，前往东部沿海地区，收取沿海散居的女真人；因处海岛中，该地女真人凭险而不降，后金兵则乘舟将其全部收降。

努尔哈赤对东海降民的政策，十分优厚，不惜以丰富的物质待遇吸引他们归后金。有一件很有戏剧性的事颇能说明问题。万历四十六年（1618）十一月，努尔哈赤得到报告：东海虎儿哈部长纳哈达率民百户前来归降。他很高兴，命令出200人前去途中迎接。8天后，降民百户平安到达。努尔哈赤立即升殿，接见全体降民，然后设宴款待。宴毕，努尔哈赤指示：全家来归者，站在一边；故居尚有遗产还想返同者，站在另一边。结果，还是愿意回去的居多。努尔哈赤马上宣布：赐给愿留下的8名头目每人各得男女仆人20名，马10匹、牛10头、冬衣、蟒缎、皮裘、大网、秋衣、蟒袍、小裙等四季衣服具备，另拨给房屋、田地等生活生产必需的物资。不愿留下的人一看待遇如此优厚，高出他们的家产不知多少倍！于是，争抢要求留下，努尔哈赤当即满足了他们的要求。努尔哈赤用厚赏降人的行动，来消除以往的坏影响，以招抚和劝说、来去自由的政策，让他们心悦诚服。他们亲眼看到了努尔哈赤的新政策，欣喜若狂，马上称颂他，表示愿意归附。但实际上，努尔哈赤征抚并用时，更多的还是使用了军事暴力，给当地人民带来的不幸也须正视。

后金天命四年正月，萨尔浒大战前，派穆哈连领兵1000前往虎儿哈部，收取遗留的部民；六月初，萨尔浒大战结束不久，再派穆哈连前往虎儿哈部，收其遗民千户、丁男2000，将至赫图阿拉时，努尔哈赤亲自出城迎接。设置宴席200桌，宰牛20只，款待降顺而归的虎儿哈人，赏给每位酋长各10名男女奴仆、马10匹、牛10只、衣5件。以下减等赏赐，一般部民都给予房屋、土地等其他生活用品，皆大欢喜。

在萨尔浒之战后，努尔哈赤忙于进军辽东，连续发动对开原、铁岭、沈阳、辽阳及辽西广宁（辽宁北镇）等一系列重大战役，暂停对东海部女真的用兵。直至天命十年，努尔哈赤去世前一年，又恢复了对东海部女真的征伐。仅据《满文老档》记载，这一年，向东海部进兵多达6次，约获人口万余人、500户。

从史载努尔哈赤大约始于万历二十四年（1596）首次征东海诸部女真，到他去世前一年即天命十年（1625）止，整整30年，积30年之东伐，统计历次俘获数，约略估计，努尔哈赤获男女人口3万至5万之间。努尔哈赤所辖人口的迅速增加，是实力增长的表现，也是领土扩大的标志。

现在，让我们将注意力从东海女真诸部转移到黑龙江中下游方面。

明清之际，在黑龙江流域的广阔地区居住着许多语言不尽相同的部族与部落，有蒙古族的巴尔呼人、额鲁特人，有蒙古语系的达呼尔人，有通古斯语系的鄂温克人、鄂伦春人，有与女真相类的黑斤（赫哲）、费雅喀人，等等。有明一代，还不能具体区分各民族，概以女真称之。大抵黑龙江流域的各民族都属"野人"女真。

在黑龙江诸部"野人"生息之地，都蕴藏着极其丰富而珍贵的天然资源。这些丰盛的物产，强烈地吸引着努尔哈赤和他的贵族集团。他们需要这些名贵物产，供他们享用；而且还要把其中的部分变为国家的宝贵财富，为国家所用，如同征东海一样，努尔哈赤仍然需要大量增加人口，以保证兵源不断得到补充，保持一支强大的军事力量。他不惧路途遥远，也不惧寒风冷冽，或炎夏雨水连绵，劳师袭远，把进军的目标指向了黑龙江中下游地区。

努尔哈赤发兵征讨黑龙江"野人"女真，是迟于建国之年即天命元年（1616）开始的。这年七月，派大将达尔汉、侍卫扈尔汉与安费扬古领兵2000，征伐萨哈连部。该部地处黑龙江中游，部队行至乌尔简河，造船200只，水陆并进，攻取沿河南北寨36处。十月初，进至黑龙江南岸，趁江水结冰，从冰上通过，到达北界，夺取村寨11处，招抚当地三处酋长40人，亲到赫图阿拉朝见努尔哈赤。由于此次用兵的影响，也招抚了使犬部归入后金。使犬部约当黑龙江下游地区，为黑龙江与松花江汇流处东北的混同江一带。该部主要是赫哲、费雅喀等民族，他们用狗驾车，拉爬犁，狗成为他们日常生活中不可缺少的交通工具，所以管他们叫使犬部。生活在黑龙江中下游的民族或部族比较弱小，远不如生活在上游的索伦人那样剽悍，后金兵比较容易地攻取了各村寨，没有受到攻击的也纷纷归附。自此以后，直到皇太极时，也很少发生新的战争。也就是说，自努尔哈赤此次进兵后，这里的局势稳定，同后金保持着稳定的政治隶属关系。

无论进兵东海部，还是黑龙江流域，都没有明兵的阻挠和干扰。因为明朝从不在这些地区驻兵，特别是到了末期，明在东北统治衰竭，东海与黑龙江诸部已中断了同明朝的政治联系，经努尔哈赤剿抚并用，很容易地将他们降服。应该说，他只完成了一部分历史使命。特别是对黑龙江的完全统一，只有靠他的继承人去完成了。

建立后金

（一）创建八旗

自从万历十五年（公元1587年），努尔哈赤子佛阿拉宣布"定国政"，建立女真国以来，到万历四十四年（公元1616年，天命元年）的近三十年间，建州的生产得到了很大的发展，女真各部空前统一，领地不断扩大，财富迅速集中，奴隶制国家机器日趋完善，阶级对阶级的统治关系更为明显，作为国家组织形式的八旗制度已最后确立起来。

八旗制度是努尔哈赤在带领女真民族进行长期征战和生产过程中所形成的军事制度、政治制度和经济制度三位一体的政权组织形式，它是努尔哈赤一生中的几项重大创举之一。它的建立为女真民族从弱小到强大，从无序到有序的转变起到了不可低估的作用。

八旗制度的产生，最早要追溯到女真人在狩猎过程中长期流行使用的牛录制，牛录是满语"箭"的译音。很久以来，女真人凡是出师打猎，不论多少人，都是按族寨分列排队，在打猎的时候，10人之中选出一个头目，由他带领其余九人，拿一支箭按照各自的指定方向前进，不能随意乱走。这个头目就被称为"牛录额真"，"额真"是满语"主"的译音，那么"牛录额真"就是"箭主"的意思，是这10个人的首领。等到打猎结束之后，这个临时组织起来的小组便宣告解散，那么，这个"箭主"也仅仅是临时受命的指挥者，而不是一种专职的官衔。

后来随着女真社会生产的不断发展，牛录组织也在不断扩大，其职能也由单一的狩猎生产组织，进面发展成为具有军事职能的进攻或防御的作战组织，牛录额真也不再是临时的十人之长而成为一种固定的统辖上百人的官名。

这时的牛录多数是以地缘为基础形成的，如将某部集体来归的部众编成一牛录，让率众投归的酋长或其子侄担任牛录额真，这样做的结果，既可以笼络人心，又可以扩大政治影响，诱使更多的酋长带兵来归。同时，让原来的酋长统治他部下的属民，可以避免因更换主人而使部众产生不习惯或不顺从，以此可以稳定人心，使新来乍到的外部民众很快就与努尔哈赤建立起稳固的隶属关系。

　　但是，每个牛录的人丁数量多少不等，有时甚至相差悬殊。有的牛录仅有 18 户人家组成，而有的牛录则多达四五百户，无论是出征打仗，还是在家耕地种田，都无法按牛录进行分配。同时，随着努尔哈赤势力的日益发展壮大。统辖的范围也一天天在扩大，人数也日渐增多，这就需要建立一整套严密的分级管理制度，使上下井然有序。否则，势必会造成各自为政、一盘散沙的混乱局面，不利于女真统一大业的进行。

　　万历二十九年（1601），努尔哈赤在原有军队的基础上正式建立"旗制"，以黄、白、红、蓝四色为旗的标志，将每 300 人编为一牛录，每牛录设一名额真，后称牛录章京（办事员），汉译为"佐领"；五牛录为一甲喇，首领为甲喇额真，汉译为"参领"；每五个甲喇为一固山，首领为固山额真，后称固山章京，汉译为"都统"。一固山就是一旗，各旗以上述不同的颜色作为标志。这次改革为以后八旗制度的确立奠定了基础。

　　万历四十三年（1615）十一月，也就是后金建国的前一年，随着努尔哈赤集团势力的不断膨胀，幅员更辽阔，部众更众多，于是，将原有四旗增加到八旗。后增加的四旗是将原有旗帜的周围镶上一条边以示区别，在黄、白、蓝三色旗帜上镶上红边，红色旗帜上镶上白边，于是就有了八种不同颜色的旗帜。原有的不镶边的四面旗帜分别称为正黄旗、正白旗、正红旗、正蓝旗；后来镶边的四面旗帜分别称为镶黄旗、镶白旗、镶红旗、镶蓝旗，合起来称为八旗。由此，八旗制度正式得以确立。

　　八旗之中，每旗有 7500 人，八个旗共计有 6 万人，这是最初定制时规定的编制，以后每旗的总人数有增加，但牛录与固山的数目都不改变，只将甲喇的数目加以调整，可增加到八、九、十个为一旗。八旗的最高统帅是努尔哈赤，各旗自有旗主，各置官署，各有臣民，各旗之间不相上下，互不统属。努尔哈赤亲自掌握两黄旗，二儿子代善掌握两红旗，五儿子莽古尔泰掌握正蓝旗，八儿子皇太极掌握镶白旗，长孙杜度掌握正白旗，侄儿阿敏掌握镶蓝旗。由此可见，八旗建立之初，努尔哈赤及其子侄囊括了各旗旗主的职位而分领八旗成为八固山王，没有一个异姓军功贵族插足其中。八旗旗主作为每旗的最高统帅，同时也是八旗的所有者，而固山额真只是八固山王之下的各旗管理者。这样，原来分散的几百个牛录被整齐划一地编制起来了，有力地加强了对部民的指挥和领导，一切都变得井然有序了。

　　由于八旗制度是在努尔哈赤统一女真的战争过程中建立起来的，所以，它首先是一种军事制度。在出征打仗时，由八旗所属的各自民众组成八旗军，跟随自己的旗主冲锋陷阵，每个八旗士兵都有参战义务。每到行军之时，"地广，则八旗并列，分八路；地狭，刚八旗合一路而行。队伍整肃，节制严明，军士禁喧哗，行伍禁搀越。当兵刃相接时，被坚甲，执长矛大刀者，为先锋；被轻甲，善射者，从后冲击；俾精兵立他处，勿下马，相机接应"

另外，八旗军在兵种上分为三等，即长甲军、短甲军和巴牙喇，后来又演变成前锋、骁骑和护军。护军即是精兵，满语为"巴牙喇"，由各牛录中选拔出来的精练强壮的士兵组成，他们骑着剽悍勇猛的战马，手执坚甲利剑，一般是跟在努尔哈赤左右，随从他出击作战。

八旗军队向来以骑射闻名，是一支以骑兵为主的军队。首先，是由于女真人擅长养马，六畜之中只有养马业最为兴盛，一般做将领的富贵人家拥有马匹千百成群，而一般的平民百姓家也有不下数十匹。女真人进京"朝贡"时也多是以马进献给朝廷，由此可见，八旗军是一支以骑兵为主的军队也就不足为奇了。

更值得一提的是，女真人养马有自己的一套独特方法，他们能将马训练到野外作战之时，连续五六天不吃草料也能奔跑如故的程度。朝鲜人李民寏在随同朝鲜军队支援明朝军队同建州作战时被俘，回国之后，他给国王光海呈上一份报告，这份报告涉及的内容相当广泛，其中就讲到女真人如何养马一事，并与朝鲜国的养马方法相对比，由此可以看出努尔哈赤率领的八旗铁蹄之所以能纵横驰骋，所向无敌的奥秘之一了。他说，女真人养马极少用粮食喂养，马栏内无遮无拦，不避风雨寒暑，在野外放牧时一般是一个人看管10匹马，经常将马放开自由行动。可一旦开往战场作战时，它们又特别灵活机智，随意驱使，用起来十分得心应手；而朝鲜人养马则十分精细小心，天气寒冷的时候就用厚被盖上，下雨时也要躲避开来，长年累月圈在栏内，很少有锻炼的机会。喂马时尽用粮食，所以一旦稍稍饥饿，就一步也走不动了；一旦遇个沟沟坎坎，必定跌倒无疑，这样的马又怎能适应作战的要求呢？相比之下，女真人喂养的马看上去不甚用心，其实正是用心很深。努尔哈赤十分关心马匹的生长喂养情况，他经常亲自查看战马是否精壮，马壮者，对养马人赐以酒，马弱者，则鞭责养马人。

其次，擅长射箭也是女真人的一大特点。他们从小就十分重视锻炼射艺，如果生了男孩，就要在他家的门口挂上一支箭，祝福他长大以后成为一名好射手。等他长大到六七岁时，就开始练习射箭了，这是女真人自古以来就具有的传统。三四千年以前的女真人的祖先就生活在白山黑水之间，过着落后艰辛的原始生活，这时山高林密，成群结队的野兽出没其间，为了自身的安全与生存，就要进行大规模的射猎，然后食其肉，衣其皮。所以，许多女真人就用兽皮来命名，努尔哈赤就是"野猪皮"的意思，舒尔哈齐就是"小野猪皮"，雅尔哈齐就是"豹皮"。在马还没有得到驯化和大量使用之前，这种射猎受到很大的限制，只局限于步射；只是起到唐代以后，才开始骑在马上射猎，这便如同猛虎添翼，更加勇猛无比。所以说清朝是"在马上以弓矢定天下"，此话一点也不假。

不仅是战马能适应严酷的战争环境，女真人也在艰苦的生活环境和寒冷的气候条件下，锻炼出强健的体魄和惊人的毅力，他们能耐饥渴，行军打仗时，仅用米粉加水调成面糊来充饥；无论下雨或是下雪，气候炎热或是寒冷，他们都是在露天处夜宿；就是妇女执鞭骑马也不比男人逊色。他们不用专人押运粮饷器械，全是由士兵随身自带。不仅士兵披甲，马也披甲。骑兵作战时，分为"死兵"与"锐兵"两种，死兵在前，锐兵在后；死兵披重甲，骑双马，一匹马战死后，再骑另一匹马继续作战，不得后退半步，否则，锐兵从面后截杀退下阵来的死兵。可见，八旗骑兵作战时不怕死和勇敢顽强的精神是其他军队所无法比拟的。

每次出征打仗时，一牛录有时出 50 人，有时出 100 人，多时可出 150 人。就在出兵之时，他们也绝不畏缩不前，大家都表现得欢欣鼓舞，连他们的妻子也都喜上眉梢。如果士兵家拥有四五个奴仆，他们也都争相随军前往，目的只有一个，每次出兵打仗时都是无往而不胜，劫掠来的大量财物成为一个极大的诱惑，尤其是当时女真人缺少衣物，战场上死亡者的衣服多被剥光。

八旗军队的军事训练相当严格，努尔哈赤对此也特别重视，在费阿拉有一块很大的操场，专门用于操练兵马，不仅练习射箭、骑马，还要练习刀、枪之法，优秀者受赏，怯劣者受罚。努尔哈赤之所以这样做，是因为他深知军队士兵素质的高低、弓马技艺的好坏是直接关系到战场上能否取胜的关键之所在。

除此之外，在战场上论功行赏，退缩者将受到严厉的惩罚，李民寏在他的《建州闻见录》中有过这样一段记述："只以敢进者为功，退缩者为罪。（面带枪伤者为上功。凡大小胡人之所聚，面颈带瘢者甚多，其屡经战阵可知。）有功则赏之以军民，或奴婢、牛马、财物。有罪则或杀、或囚、或夺其军民，或夺其妻妾、奴婢、家财，或贯耳，或射胁下。是以临阵有进无退云。"努尔哈赤正是依靠这样严明的赏罚制度来维持着这样一支英勇善战的军队，同时，又用掠夺财物来诱惑士兵勇于参战，这样的军队开往战场，当然就会奋力向前。

八旗制度不仅具有军事职能，同时，还具有行政与生产职能，所以，它也是一种政治制度和经济制度。

说它是政治制度，首先，因为它是努尔哈赤建立的后金政权的组织形式。努尔哈赤是后金国家的最高统治者，也是八旗的最高统帅，他所创立的八旗制度不仅是在出征打仗时按固山、甲喇和牛录三级组织机构进行指挥，而且在日常生产和生活中，也按这三级组织进行。八旗组织下的民众出则为兵，入则为民，兵民合一，没有使士兵从百姓中分离出来而成为专职军人。一旦战事结束，他们就要返回各自家中从事农业生产劳动，修整工具，耕田种地，放牧牛马。那么，各固山额真、甲喇额真和牛录额真他们在战场上则是军事指挥官，回到住地以后没有战事之时，又变成了各级组织的行政长官，负责本单位的生产事宜，他们同时具有双重的属性。努尔哈赤就是通过他们来管理后金的日常行政事务，统率下属臣民百姓，直接对努尔哈赤为首的后金政权负责。

固山、甲喇、牛录既是后金的军事编制单位，也是户口编制单位，编入八旗的人员统称为旗人。牛录是八旗的最基层组织，牛录额真就是本牛录各项事务的直接负责人，他们负责将本牛录人丁登记造册，查点新来的人口，给他们分配田地、房屋、室内用品，诸如斧子、席子、锅；没有妻子的匹配给妻子，没有衣物的发放给衣物；巡查岗哨，到各屯查看有无天花发生，是否有逃人，如果有人逃跑，就要负责拘捕逃人；对新从战场上掳掠来的人口负责关押，该杀的杀；建筑木栅，建造舟船，架设桥梁，养牛杀猪，饲养牲畜；迎来送往，收取赋税，摊派劳役，清理街道垃圾，管理公共厕所卫生，为死者祭扫，传递上级发布的指示，安排本牛录内为重大事情举办的筵席；如果将有战事发生时，要准备好打仗时必须携带的东西，如盔甲、刀枪、弓箭、绵甲等，检查战马是否喂得肥壮，以随时待命出征。总之，事无巨细，都要由牛录额真负责处理。

虽然牛录经过努尔哈赤的一番重组，成为八旗制度下的基本军事单位和行政单位，但仍保留着原来家族聚居的痕迹，有的牛录往往就是一个大家族，牛录额真就是由该族的族长担任，这个牛录额真是军事长官，还是行政长官、又是该族的族长，负责处理家族内部的财产、劳务等纠纷。

总之，八旗制度是集军事制度、政治制度、经济制度等各方面职能为一体的后金国家政权组织的特殊形式，它在相当长的时期内，对女真社会的发展起到了极其重要的作用和积极的影响。它将分散的几十万人严密地组织起来，发挥本民族擅长骑射的独特优势，成为一支极具威力的强大军事力量，这为后来努尔哈赤接连取得统一战争的胜利和与明朝作战的胜利提供了可靠的保证。各部民众在八旗政权的组织和管理下，耕田种地，纺棉织布，放牧牛马，打猎采集，生产力获得迅速提高，逐渐摆脱了原来以渔猎为生的落后习俗，开始了耕地种田的安稳生活。而且，各旗旗人不论是女真人，还是汉人，都要统一在努尔哈赤的直接领导下，使用自己本民族的语言文字，穿戴适于本民族骑射风格的服装，依照本民族的习俗剃发，妇女禁止缠足，文明程度也逐渐提高了。来自不同部落和地区的几十万人，在八旗制度的约束下，在共同的劳动和战斗中逐渐融为一体，形成了一个新的民族共同体——满族。

后来，随着后金征服战争的逐步升级和扩展，天聪九年（1635），皇太极又设蒙古旗，旗色与满洲八旗相同；崇德七年（1642），又设汉军八旗，旗色也与前两者相同。从此以后，后金国共有二十四旗，但习惯上仍统称八旗。

（二）建立后金

万历四十三年末，聪睿恭敬汗努尔哈赤进一步整顿国政，建全官制。设立听讼大臣五名，扎尔固齐十名。凡是有听讼的事，先经扎尔固齐审理，再上达五大臣复审，五大臣审后，上告众贝勒。若是事小，不是生杀予夺等重要案件，众贝勒均可结案。凡是重大案件必须上报给聪睿恭敬汗努尔哈赤。审理大案时，汗坐在大殿上，令讼者跪在下边。案中诸情，汗都一一详问，准许被审的人申辩。最后，汗据实而断，分清是非，辨别曲直，将事情的表里剖析明白。

五大臣、十扎尔固齐以下，设立判官四十员。荐举办事大臣八员，任务是专门守城和兼管乡间的事务。又委派十六名大臣管理仓粮，并配给八名巴克什，协助记录谷物数量等情况。至此，军事、听讼、理财、行政等国家管理机构已经具备了相当的规模。

各官设立后，聪睿恭敬汗努尔哈赤决定五日一朝，众贝勒、大臣，每五日终了的一天都要集合在汗的大衙门里，凡国家大事，是非曲直，由众贝勒、大臣共议，最后由汗决断。

聪睿恭敬汗努尔哈赤开创的奴隶制国家，要想发挥国家所具有的全部职能，对内进行阶级统治和对外征战，实施对国家的有效管理，需要有足够数量的人才。聪睿恭敬汗努尔哈赤采取"任官使能"的政策。他认为，天下全才的人不多，有的精于这件事而拙于那件事。有的人善于统兵打仗，勇冠三军，而不善于管理乡间事务，因此要知人任事。假若委以不能胜任的工作，则毫无益处。有的人居住乡间，善于礼遇宾客，而拙于战阵。用人时应该因人而异，各取所长，委派给适当的职务。为了有效地选拔人才，聪睿恭敬汗努尔哈赤命令众贝勒、大臣到各处去查访。凡是有知道善于治理国家的人，不要隐瞒，并指示说：当今国事繁杂，若有众多贤能的人，都能各委其事，则勇于战阵的人给予军职。有益于国家生计而又贤明的人，使他治理国政。通晓古今典籍的人，命他提供治理国家的好办法，使诸事都能法于古而用于今。有人善于宴请等事，就命他去接待宾客。就是不具备其他的才干，哪怕善于歌唱的，在众人集会的时候，令他歌唱一番，使人人欣悦，不是也很有益处吗？总之，凡是国内有一技之长的，都可以施展自己的才能。这种"任贤使能"的方针，是以聪睿恭敬汗努尔哈赤为代表的建州奴隶主阶级在国家初建时期，广集人才的重大措施。这项政策是极其高明的。

由于八旗制度的确立和设官理政，审判听讼，广集人才等，保障了社会和人民生活的基本稳定。凡事都各有规定，就是拾得一物，也规定物主取二分，拾者得一分。若拾物不见原主来认领，拾者不得私藏，必须将拾物送到衙门悬挂，等失物者自己来认领。这些措施都为建州社会生产的稳定发展提供了条件。聪睿恭敬汗努尔哈赤还责令各个牛录砍伐森林，填平洼地、削平山岭等开辟农田。还令每个牛录抽出十个壮丁，四头牛，在旷野屯田，以积聚谷物，充实仓廪。同时还掘壕、架桥，便利交通。全境设立边关，置立哨台，分兵驻守。以建州原地为中心，凡所征服的地域都逐渐得到了空前的治理。

万历四十四年（公元1616年，天命元年），女真国聪睿恭敬汗努尔哈赤，在征服女真大部分地区，对内进行整顿以后，在奴隶制国家体制初步完善的基础上，宣告后金国正式诞生。

满族奴隶制国家诞生的时候，举行了隆重的仪式。先是八旗各个贝勒、大臣举行会议，一致赞同为聪睿恭敬汗努尔哈赤上尊号，并作表书，请求聪睿恭敬汗努尔哈赤准许。正月初一日，举行了正式建国仪式。

初一日甲申时分，八旗各个贝勒，率领众大臣集聚在大殿前边，排列整肃。待聪睿恭敬汗升殿就座后，众贝勒、大臣都跪在下边。八大臣出班跪在汗的座位前，呈上表章。接表的是汗的从弟、近身侍臣阿敦和大臣巴克什额尔德尼。接表以后，由巴克什额尔德尼宣读表章，表章歌颂了各国所仰慕、尊敬的汗及其恩德，称努尔哈赤为大英明汗，国号称"金"，史为"后金"，年号为"天命"，以万历四十四年为天命元年。

额尔德尼宣读完表章，大英明汗努尔哈赤离开座位，率领众贝勒、大臣走出大衙门，对天焚香，行三叩头大礼。拜天以后，回到大殿，汗就座以后，众贝勒大臣各率本旗官员叩见大英明汗，以贺正旦。这一年，努尔哈赤五十八岁。

（三）造制文字

一个民族的语言文字乃是本民族共同体形成的基本标志之一。满族以女真族人为核心，它讲的是女真人的语言，但却没有女真人自己的文字。

女真族人在1115年由完颜阿骨打领导建立了金朝，他们起初也没有文字，使用的是契丹族的文字。但随着国势的日益增强，对外往来的日益增多，他们越来越感到文字的重要性，于是，金太祖命令由完颜希尹负责制造出本国文字。完颜希尹遂仿造汉人的楷体字，采用女真族语言制造女真文字，并于1119年8月宣告完成，颁发全国。金太祖因为希尹造字有功，便赏给他一匹马，一套衣服。希尹所造的字就是习惯上所说的"女真大字"。

1138 年，金熙宗又制成"女真小字"，并于几年之后颁发全国，与女真大字一同使用，完颜希尹也被金熙宗杀掉。金朝统治者十分重视女真字的推广使用，金世宗曾下诏号召天下人用女真字来翻译书籍，并开设女真进士科，用"女真文字以为程文"。在中都还设有女真国子学，诸路设女真府学，以新中进士充当教授。在翻译的汉语书籍中，以儒家经典为最多，如《易经》《尚书》《论语》《孟子》，还有一些史书，如《史记》《汉书》《贞观政要》等。

为了保持女真人的民族传统，使女真文字得以继承、发展，金世宗曾强迫人民学习女真文，规定卫士当中有不熟悉女真语的人应勒令其学习，以后不得再讲汉语。1166 年，金世宗对宰相说："诸王名字未尝以女真语命之，今皆当更易，卿等择名以上。"后来，他还下令用女真语谱曲唱歌，皇太孙等人一齐随唱。他还经常对大臣们说，保持本民族语言文字是"国家基绪之重，万世无穷之托。"如果有人娴习女真文，金世宗就高兴地给他赏赐。

女真文字在金朝政府的大力提倡下有所发展，所留下的词汇也比较丰富，有些词汇还在后来的满文中残留下来，成为满文词汇的来源之一。

但是，女真字是在契丹文字的基础上创造的，而契丹文字又是仿造汉字而来的，所以，女真字是一种方块字，与蒙古的拼音文字又不一样。金朝灭亡以后，女真文逐渐衰落下去，到了元朝末年，懂女真文的人已经寥寥无几。到了明朝，建州女真地区成为使用女真文的主要地区，但是会读会写的人仍然不多。到了明朝中叶以后，女真文逐渐被废弃不用，女真人已不懂女真文而是由蒙古文来代替。不仅明朝给女真的敕书使用蒙古文，就是朝鲜同建州的公文往来也使用蒙古文。

努尔哈赤自万历十一年（1583）起兵之后，在相当长的时间里，建州与明朝和朝鲜的公文都是由汉人龚正陆用汉字书写。龚正陆，乃浙江绍兴府会稽县人，年少时客居辽东，后被努尔哈赤抢到费阿拉，奉为师傅，教其儿子读书，待他也很优厚，家产可致万金。努尔哈赤让他掌管文书，参与机密。努尔哈赤本人会蒙古文，也粗通汉语，但不会女真文，所以，他在建州内部发布的公文和政令，都是先由龚正陆用汉文起草，再译成蒙古文发布。女真人说女真话，却不懂女真文，必须借用蒙古文，语言与文字之间的差异与矛盾，给社会生活与交往带来极大不便，已成为阻碍满族共同体形成与发展的重大障碍。具有远见并富有雄才大略的努尔哈赤及时看出了问题的重要性和迫切性，于是，在他的倡议和支持下，记录满族语言的符号——满文诞生了，这是满族历史发展过程中的一件大事，也是努尔哈赤一生中主要功绩之一。

万历二十七年（1599）二月，为使满族的语言与文字统一起来，努尔哈赤经过冥思苦想之后提出设想：参照蒙古文字，协合女真语言创造满文。努尔哈赤将自己的想法告诉了额尔德尼和噶盖二人，要他们设法完成创造满文的任务。两位大臣对努尔哈赤说："蒙古文字，臣等习而知之，相传已久，未能更制。"努尔哈赤却说："汉人读汉字，凡熟习汉字与不熟习汉字的人都能知晓，蒙古人读蒙古文，不知蒙古字也会读蒙古文。现今我国女真语用蒙古字来读，因此，不熟悉蒙古语的人不能知晓。怎么能说我国语制字为难，反用蒙古语为易呢？"喀尔德尼和噶盖又问道："以我国语制字最好。但如何制法，我们不清楚。"努尔哈赤回答说："其实不难。在蒙古字下面加上我们女真语的语言。联缀成句，即可因文见义。如阿字下面加一玛字，不就是阿玛（父亲）吗，额字下面加墨字，不就是额墨（母亲）吗。我已经想了很久，你们试着去做，有什么不可以的呢？"不久，额尔德尼和噶盖就按照努尔哈赤的指导和设想创制成了满文。这种草创的满文没有圈点，后人称为"无圈点满文"，又称"老满文"。从此，满族人民有了自己的拼音文字，并在女真地区推广开来。

满文是在努尔哈赤的直接指导下创造的，但具体工作则是由那两位大臣亲自来完成，所以，他们的功劳也不可磨灭。噶盖，姓伊尔根觉罗氏，世居呼纳赫，屡次为建州统一大业立功，其位仅次于费英东，但在受命创造满文的那一年却因一个小小的过错就被努尔哈赤杀掉了，那么创制满文的工作就由额尔德尼一人来完成了。额尔德尼，姓纳喇氏，世居都英额，自幼聪睿敏捷，勤学诗文，通晓汉文、蒙文，而且弓箭娴熟，机智善战，是一个文武双全的大巴克什，"巴克什"在满语中是学者、博士的意思。他很早就投归努尔哈赤麾下，建立许多功勋，尤其是创建满文，是他一生中的重大功绩，对满族社会的发展起到了极大的推动作用。尽管如此，他后来也是因为一件小事而被杀头。

额尔德尼和噶盖创制的"无圈点满文"，在统一的女真地区推广了30多年，发挥了巨大的作用。但由于是初创，许多地方并不完善，如字母数量不够，清辅音与浊辅音不分，上下字无别，字形不统一，说法不规范，结构不严谨。所以《满文老档》记载说："无圈点满文，上下字无别，故塔、达、特、德，扎、哲，雅、叶等字不分，如同一体。书中平常语言，视其文义，尚易通晓。至于人名、地名，常出错误"。

因此，在天聪六年（1632），皇太祖下令巴克什达海改革老满文。达海奉命之后在老满文的基础上编制"十二字头"；在原来的字旁各加圈点以示区别；固定字形使字母的书写规范化，使词首、词中与词尾各有一种写法；确定音义，改进字母发音，固定文字含义；创制了特定字母。设计了10个专为拼写外来语的特定字母以拼写人名、地名。经过达海改进后的满文，被后人称为"有圈点满文"，又叫"新满文"。这使满文比以前更加完备，对于学习满文也大有裨益。

改进后的新满文有6个元音字母，22个辅音字母和10个专用拼写外来语的特定字母，共有 38 个字母。每个字母不分大写和小写，但元音字母和辅音与元音相结合所构成的音节出现在词首、词中与词尾或单独使用时，却有不同的书写形式。

满语的语法，名词有格、数的范畴，动词有体、态、时、式的范畴。句子成分的顺序是，谓语在句子最后，宾语在动词谓语之前，定语在被修饰词之前，这与日本语的语法结构有相似之处。满文的书写规范是从上到下，从左向右。

满文字母表

达海，世代居住在觉尔察，姓觉尔察氏。他九岁读书，精通满、汉两种文字，少年时期即被努尔哈赤召到直文馆，凡对外往来信件、辞令都出自达海之手，还曾将《明会典》等书译成满文。后来，天命五年（1620），达海与努尔哈赤身边的一个名叫纳扎的女人通奸，此事暴露以后，按照法律应将男女二人皆处死刑。但努尔哈赤爱惜达海之才，只将纳扎杀死，将达海用铁索捆在大木柱子上囚禁起来。后来清太宗皇太极即位时，让达海重新出来工作，担任文馆总负责人并受到重用。达海也不负厚望，将《通鉴》《六韬》《孟子》《三国志》等书译成满文，因积劳过度，终成疾患，过早地去世了，年仅 38 岁。

达海一生为官勤勉清廉，死后入殓时竟连一双完好的靴子也没有。他的一生虽然短暂，但却因其改造满文和为满汉文化交流所做出的贡献而载入史册，满洲人对他很是推崇，将他奉为圣人。

满文的创制和使用，是满族文化发展史上的一块里程碑。它对满族的学校教育产生了重大影响。努尔哈赤曾在八旗中选择师傅，开办学校，教青少年学习使用满文。努尔哈赤告诫八旗的师傅们说："要对你们的徒弟认真地教书，使之通文理，这便是功。如果入学的徒弟们不勤勉读书，不通文理，师傅要治罪。并报告贝勒。八位师傅不参与其他事，只教他们读书。"

满文的创制和推广，不仅促进了满族教育事业的发展，而且也加速了对汉族文化的吸收，将满汉间的文化交流推向了一个新的阶段。许多汉族文献被译成满文后，对满族人建立的后金政权吸取汉族统治者的经验，加速满族的封建化进程都起到了积极的推动作用。同时，用满文记录和保存的大量文化遗产，丰富了中华民族的文化宝库。

但从满文自身来说，它还远远不够成熟，比如，语法结构比较简单，词汇极其贫乏，大量的词汇都属外来语，或从汉语中借用来的，或从蒙古语中移植来的，还有一小部分是从女真语中保留下来的。因此，满语从书面语言看，不能表达非常复杂的事物和人的内心世界，这的确是一个很大的缺憾。等到清朝入主中原以后，尽管当权者一再为保存自己的国语伤透了脑筋，大费周折，但仍不能阻止满语日益走向衰败，只是在满语流传时间最长的东北地区的汉族人口头词汇中，还有相当一部分保留了下来。就是在曾经使用满语的少数民族地区，现在能说会讲的人已经屈指可数了，只有在一些专门研究满族文化的科研机构、高等院校中，还有一些专家与学者们能够读懂这种文字了。

（四）后金统治

后金的社会结构，在统治者中主要有农奴主阶级和奴隶主阶级，在被统治者中则主要有农奴阶级和奴隶阶级。后金社会的统治者集团，按其社会地位与财产多寡，又分为不同的等级。努尔哈赤统治后金社会，主要是依靠统治阶级中的一批新兴军事农奴主贵族。他们主要由以下几种人组成：

第一种人，是宗室贵族。这些人主要为爱新觉罗宗室，特别是努尔哈赤的子侄。努尔哈赤在世时，年满十六岁的儿子有十二人：褚英、代善、阿拜、汤古代、莽古尔泰、塔拜、阿巴泰、皇太极、巴布泰、德格类、巴布海和阿济格。还有他的弟侄穆尔哈齐、舒尔哈齐、阿敏和济尔哈朗等。他们多辖有很多的牛录。如一六二一年（天启元年，天命六年）的《满文老档》记载，仅济尔哈朗、汤古代和阿巴泰三人，就占有一百零一牛录，另有三百七十五甲。在努尔哈赤子侄中，逐渐形成四大贝勒，即大贝勒代善，其满文体为 dai sang beile；二贝勒阿敏，其满文体为 amin beile；三贝勒莽古尔泰，其满文体为 manggūltai belle；和四贝勒皇太极，其满文体为 hongtaiji beil。四大贝勒又称四和硕贝勒。和硕，为满文 hošo 的对音，是东南、东北、西南、西北四方或四角的意思。hošoibeile 意为一方之贝勒。稍后，又逐渐形成八和硕贝勒，或称八固山贝勒、八执政贝勒。但是，其中以四大贝勒权势最为显赫。努尔哈赤的子侄们，不仅手握兵权，而且占有大量的土地、奴仆、牲畜、金银和财物。如努尔哈赤对元妃佟佳氏所生的长子褚英和次子代善，各给予"部众五千户，牲畜八百群，银一万两，敕书八十道"。以后随着军事上的不断胜利，他们占有更多的财富，形成后金汗以下最大的军事农奴主贵族。

第二种人，是军功贵族。这些人包括八旗的固山额真、梅勒额真、甲喇额真、牛录额真等。他们多早年归顺努尔哈赤，如《清太祖高皇帝实录》载：

时（万历十六年，公元一五八八年——引者）苏完部主索尔果率本部军民来归，上以其子费英东为一等大臣；又董鄂部主克辙巴颜之孙何和里，亦率本部军民来归，上以长女妻之，授为一等大臣；又雅尔古寨扈喇虎，因杀其族人率军民来归，上以其子扈尔汉为养子，赐姓觉罗，亦授为一等大臣。

费英东，苏完部长索尔果之次子，万历十六年（1588），随其父率五百户归附，受到努尔哈赤的嘉奖。后授为一等大臣，并以长子褚英女妻之。征瓦尔喀部，取噶嘉路、安褚拉库路，收降人、克屯寨。战乌拉、征叶赫，力战破敌，夺门堕城。费英东"自少从征诸国，三十余年，身先士卒，摧锋陷阵，战必胜，攻必克，屡奏肤功"。他"为人忠直，见国事稍有阙失，辄毅然强谏，毕智殚力，克输勇略，以佐成帝业"。皇太极赞谕费英东："见人不善，必先自斥责而后劝之；见人之善，必先自奖励而后举之。其所奏善恶，被劝者亦无怨言；被举者亦无骄色。"

何和里，祖克微巴颜、父额勒吉、兄屯珠鲁巴颜，世为董鄂部长。董鄂部强盛，何和里代其兄为部长。万历十六年（1588），何和里率部归附，努尔哈赤以长女妻之。征虎尔哈，攻灭乌拉，战萨尔浒，攻克沈阳，占领辽阳，何和里俱有战功。何和里"性宽和，识量宏远"，随努尔哈赤征战三十余年，为其股肱之臣。

扈尔汉，世居雅尔古，父扈喇虎于万历十六年（1588）率所部归附。时扈尔汉十三岁，努尔哈赤收为养子。稍长后，任侍卫。他战乌拉，伐渥集，略虎尔哈路，攻萨哈连部，萨尔浒之役、合击毙刘綎，取沈阳、破辽阳皆立战功。

安费扬古，世居瑚济寨，早年从其父事努尔哈赤。万历十一年（1583），从努尔哈赤起兵，战尼堪外兰，攻克伦图城。后努尔哈赤几遇凶险，均赖安费扬古或出奇制敌、或突骑斩敌，而转危为安。古勒山之役，与破九部之师；萨哈连之征，率师渡江取胜。诸多重大战役，破敌击营，攻城夺门，身先士卒，屡立战功。史称其"自癸未来归，即从征伐。开国功臣惟安费扬古与额亦都二人，效力量在先，并以早岁行兵，迄于自首，战辄居前，还则殿后，屡受重伤，多树勋伐"。

额亦都，世居长白山，移居英鄂峪。幼时父母为仇人所害。年十三，手刃仇人。其早期事功，前已述及。额亦都骁勇善战、挽十石弓，以少击众，所向克捷。努尔哈赤有所征讨，额亦都"皆在行间，未尝挫衄。每克敌受赐，辄散给将士之有功者，不以自私。太祖厚遇之，始妻以族妹"。后努尔哈赤以女妻之。额亦都大义灭亲的故事生动感人：

（额亦都）尤明于大义，而谨于事上。事有关于国家，虽己子亦不稍存姑息。公次子达启，少英异，太祖养于宫中。及长，材武过人。太祖爱之，俾尚公主。达启怙宠渐骄，遇皇子皆无礼，公患之。一日，假他事集诸子、僮仆谯城外园中。酒甫行，公忽起，命众执达启。众愕然，莫知所措。公大怒，露刀厉声曰："天下有父杀子乎？诚以此予傲慢不训，不除他日必负国恩，而败门户。不从者，血此刃！"众乃惧，引达启入室，以衣被覆杀之。公诣太祖，陈且谢罪。太祖惊惋累日，深以让公。久之知公心，弥加嗟叹其为国远虑，忘己效忠。

费英东、额亦都、何和里、扈尔汉和安费扬古为后金的五大臣。昭梿在《啸亭杂录·五大臣》中载述：

国初太祖时，以瓜尔佳信勇公费英东、钮钴禄宏毅公额亦都、董鄂温顺公何和理、佟忠烈公扈尔汉、觉罗公安费扬古为五大臣，凡军国重务，皆命赞决焉。

他们同努尔哈赤结亲缘戚，分掌兵权，赞画机要，襄理国政。努尔哈赤对这些勋戚重臣和各级额真，按其军功大小分内赐大量的土地、牲畜、奴仆、布帛等。

据朝鲜李民寏到赫图阿拉所见，蒋官的农庄五十余所，马匹"千百为群"。他们跟随努尔哈赤南征北战，伤痕遍体，倾心效力，"始终尽瘁"，逐渐形成后金的军事农奴主贵族。

第三种人，是蒙古贵族。这部分人主要是指归降努尔哈赤的蒙古贝勒台吉。如明安达礼，世居科尔沁，早年随父归努尔哈赤，授为牛录额真，后为正白旗蒙古固山额真，官至兵部尚书、议政大臣。布颜代，为蒙古兀鲁特部贝勒，归附后金，"尚主为额驸"，后为镶红旗蒙古固山额真。明安、古尔布什、莽果尔代等前已述及。这些蒙古贝勒台吉等，投附努尔哈赤之后，不仅成为军事贵族，而且成为大农奴主。以恩格德尔为例。恩格德尔原是蒙古巴岳特部的小台吉，他率先归顺努尔哈赤后，不但称为额驸，还被赐予大量的土地与奴仆。仅录《满文老档》的两次记载：天启二年即天命七年（1622），努尔哈赤把"平虏堡民四百三十男丁，给蒙古恩格德尔额驸"；并命额驸和格格出门，要演吹喇叭、奏唢呐的礼仪。顺便补充一句，格格为满语 gege 的对音，是公主、姐姐的意思。这里专指舒尔哈齐第四女、恩格德尔妻子巴岳特格格。第二年，努尔哈赤又允诺在恩格德尔定居赫图阿拉时，赐予恩格德尔及其妻、弟、子"总计八千男丁，一年征收银五百二十两，粮八百八十斛，当差一百四十人，牛七十头，护卫兵丁一百四十人"。这些受努尔哈赤恩封为勋贵的蒙古贝勒台吉，后为蒙古八旗的各级颜真，成为后金政权的重要支柱。

第四种人，是汉军贵族。这些人主要是明朝投降后金的官将、生员、商人等，如李永芳、佟养真、佟养性、石廷柱、李思忠、金永和、王一屏、孙德功、张大猷、李国翰、范文程、宁完我、鲍承先等。由于汉人降服日众，后来别置汉军，组成八旗鼎足之一的汉军八旗，从而逐渐形成汉军贵族。汉军贵族，既是后金政权的重要支柱，也是后金汗统治辽沈地区的社会基础。这类人如佟养真，辽东人，原系商人，早年与其从弟养性向后金"潜输款"，后携家眷及族属投归努尔哈赤。他以从征辽阳功，被授为游击世职。不久在奉命驻守镇江时，以身殉后金。努尔哈赤命其子佟图赖袭世职，官至都统。其女为顺治帝福临妃，系康熙帝生母，后封为孝康皇后。佟图赖被赠为一等公，其长子佟国纲于"编审册内俱开为满洲"，曾与索额图同俄国订立《尼布楚条约》，后在出击噶尔丹的乌兰布通之役中阵亡；其次子佟国维，官至领侍卫内大臣、议政大臣。国维之女为康熙帝孝懿皇后；子隆科多宣谕传位世宗之遗命，雍正初为总理事务四大臣之一。努尔哈赤招降汉人而形成的汉军贵族，从佟氏一门看，对清初政治影响实为深远。

又如李永芳，辽东铁岭人，为明抚顺所游击。曾于万历四十一年（1613）在抚顺所教场，与努尔哈赤相见。后努尔哈赤率兵攻抚顺，李永芳出城降。"太祖伐明取边城，自抚顺始；明边将降太祖，亦自永芳始"。努尔哈赤想以李永芳为诱饵，瓦解明朝边将，对他尽力厚待："仍依明制，设大小官属，令李永芳统辖；上复以子台吉阿巴泰之女妻永芳，授为总兵官。"李永芳后随努尔哈赤拔清河、克铁岭，下沈阳、占辽阳，以军功进三等总兵官，成为后金的汉军贵族。但是，尽管李永芳效忠于后金汗，仍不免受到歧视：诸子被捆绑，自己遭呵斥——一次因议兵进取与贝勒阿敏意见相左，阿敏怒叱道："尔蛮奴，何得多言！我岂不能杀尔耶"！"抚顺额驸"李永芳尚且如此，其他明朝降金官将的境遇则更可想而知。

另如范文程，将在以下文臣中叙述。

此外，还有依附和服务于后金军事农奴主阶级的文臣。他们撰制满文，通使往来，左右赞襄，参与筹划，对女真各部的统一，满族共同体的形成，后金政权的建设，满、蒙、汉的文化交流，都起了重要作用。如额尔德尼、噶盖、达海、库尔缠、尼堪和希福等，多兼通满、汉、蒙古文字，被赐号巴克什。后尼堪官至理藩院尚书，希福官至内弘文院大学士，都跻身显贵。

在后金的文臣中，也有汉族儒生。除前已叙及的龚正陆外，范文程又是一例。范文程，沈阳人，曾祖鏓，官至明兵部尚书。他少时为县学生员，喜好读书，聪颖敏捷，形貌颀伟。天命三年即万历四十六年（1618），八旗兵陷抚顺，范文程被努尔哈赤"得而育之"。努尔哈赤陷辽阳后，范文程险些丧生。据彭孙贻在《客舍偶闻》中记范文程所言："公曰：'太祖定辽阳，壮者配营中，杀老弱。已而渐及拥厚资者，虑有力为乱也。'从行一地曰：'此我就僇处也。'十七人皆缚就刑，太祖忽问曰：'若识字乎?'以生员对。上大喜，尽十七人录用。"范文程的原明诸生而幸存。后随军，历战阵。天聪三年即崇祯二年（1629）设立文馆，范文程以生员入馆。同年，皇太极率军入塞，兵攻京师。范文程破大安、陷遵化，皆立军功。皇太极在京师广渠门外兵败于袁崇焕军时，范文程秘进反间计："时明宁远总制某将重兵居前，公进秘谋，纵反间，总制获罪去。"翌年，范文程因功为文馆之文臣。后升为游击。文馆改为内三院后，范文程被授为内秘书院大学士，"每议大政，必资以画。宣谕各国敕书，皆出文程手"。范文程颇受皇太极之知遇："时文程所领皆枢密事，每入对，必漏下数十刻始出，或未及食、息，复奉召入。"后来，进军山海、直取京师、传檄而定大江南北，废除三饷、编行保甲，招垦而行屯政兴农，重大治策，经纶筹划，多出自范文程或由其参与帷幄。除汉族儒臣外，还有蒙古族医士。如绰尔济：

天命中，率先归附。善医伤。时白旗先锋鄂硕与敌战，中矢垂毙，绰尔济为拔镞，傅良药，伤寻愈，都统武拜身被三十余矢，昏绝，绰尔济令剖白驼腹，置武拜其中，遂苏。有患臂屈不伸者，令先以热镬熏蒸，然后斧椎其骨，揉之有声，即愈。

蒙古族医士绰尔济等具有民族特点与地方色彩的高超技艺，赢得了人们的尊敬，被誉为"神医华佗"。后来清代称创伤骨科医生为"蒙古医士"。

综上所述，由宗室贵族、军功贵族、蒙古贵族、汉军贵族以及依附他们的文臣干吏等，所组成的统治者集团，是努尔哈赤统治后金社会的政治杠杆与阶级基础。

在后金社会与统治者相对立的被统治者中，也有不同的阶级和等级，他们主要有以下几种人组成：第一种人是农奴。他们的来源，或由奴隶转化，或从诸申分化，或系部民迁徙，或为辽沈农民。农奴是后金社会的一个基本阶级。八旗军进入辽沈地区后，农奴阶级的队伍空前扩大。如将官农庄多至有五十余所，"奴婢耕作，以输其主"。这里的奴婢即农奴，是后金汗统治"民"的主体部分。第二种人是牧民。后金的牧民既包括建州的，也包括蒙古的。漠南蒙古地区，在元明时期进入封建制社会。后金辖区的蒙古牧民多为牧奴，而后金的牧民，也多为牧奴。第三种人是工匠。农奴、牧民、工匠是后金社会创造物质财富的主要劳动者。第四种人是阿哈。阿哈为满语 aha 的对音，其阶级地位即是奴隶。阿哈有时称包衣阿哈，为满语 booi aha 的对音，booi 意为家里的，包衣阿哈是家里之奴隶的意思。他们在后金社会中的地位如同牛马，是正在消亡的阶级。第五种人是部民。这主要是指"野人"女真中未被迁往建州而处于氏族制的居民，他们向后金汗纳贡称臣。

此外还有诸申。诸申为满语 jušen 的对音。它在建州女真奴隶制中，是"一任自意行止，亦且田猎资生"的平民。随着建州社会由奴隶制向封建制过渡，诸申逐渐地发生分化：有的上升为军事农奴主，有的降为阿哈，其中大部分转化为"既束行止，又纳所猎"的农奴。他们耕田纳赋，披甲从征，出差服役，生活贫苦。但总的说来，其生活状况还是比奴隶制下的自由民有所改善。

开国方略

（一）经济新策

一提起努尔哈赤，人们便马上会想到，他能征善战，很会打仗，对军事很在行。其实何止军事！他还是一个出色的政治家。不懂政治，疏于治国之道，固然成不了政治家，但不懂经济，甚至轻视经济对治国的巨大的意义，也不是一个真正的政治家，至多是个空头政治家，治国必亡，治军必败。努尔哈赤不愧是雄才大略，远见卓识。他比同时代的女真诸部领袖们更重视经济，把它看成是立国的根本，事业成败的关键。他在这方面的建树，称得上是个经济行家，且有出色的理财能力。

一个政权的建立、巩固和发展，必须有赖于物质和财富的积累。努尔哈赤从起兵之初，就重视这个问题，流露出他与众不同的重财思想。有一件事很能说明问题：万历十二年（1584），一天夜里，他曾抓到一个向他行刺的人。他的族人都主张把这个刺客杀死。他却不同意，说："如果把这个人杀掉，他的主人就会以此为借口，派兵来攻。掠夺我们的粮食，粮食被劫夺，部下就没有吃的，必然会叛离我们。这样，我们就被瓦解了，我们就会陷入孤立。"这番话表明，努尔哈赤早就认识到，粮食储备直接关系到事业的盛衰。粮食来源于农业生产，因此，起兵以来，努尔哈赤始终重视农业生产。据朝鲜人申忠一记载，在建州有很多"农幕"即耕作的田庄。努尔哈赤就有自己的"农幕"。他的部属当兵打仗，军粮皆自备。在他管辖下的各部落就地屯田，由各部的部长掌治耕获。土地肥沃的，一斗种子落地，可获八九石；土地贫瘠，仅收获一石左右。既有居室房屋，又耕种土地，收获粮食，所以家家都养鸡、猪、鹅、鸭、羊、犬、猫等。努尔哈赤采取的措施，主要是组织屯田，扩大农耕面积，大力发展农业生产。万历二十三年（1595），征抚安楚拉库后，把当地百姓迁往三水地方居住耕种；第二年攻取哈达部，指示在哈达境内大力垦种，牧放马牛；万历三十五年（1607），灭辉发部，在当地安置千余民户，进行屯种；四十三年（1615），诸将请求征叶赫，努尔哈赤坚决不同意，理由是："我国素无积储，虽然得了很多人口和牲畜，将用什么维持生计呢？不仅养活不了所得人畜，我们自己原有的百姓也将束手待毙。根据这种情况，我们只有先治理好国家，巩固已占有的疆土，加强四境防御，努力耕种，多增加积贮，才能立于不败之地。"他说服了诸将，向各牛录发出指示：每牛录出男丁10人、牛4头，在旷野处开荒屯田，建造仓库，积蓄粮食。又设仓官16员、属吏8员，执掌仓粮的出入。

在建国前后，努尔哈赤曾与明朝屡次发生争地事件。他从来就重视土地，已经得到的土地，决不许别人染指；而他要得到的土地，不惜以武力争夺。他争地的目的，总说要保护农耕收获，也就是贯彻他的"裕积贮"的思想，达到富国强兵的目的。万历三十六年（1608），他与明朝辽阳副将和抚顺千户所的一位备御官员划界立碑。彼此不得侵犯。可是，到了万历四十三年（1615），明朝反悔前定界约，派一名通事传达朝廷旨意，要重新立界碑，明指原属建州的插哈、法纳哈、单齐勒三处地方归明朝，已种之田，不得收获，此三处居民也得迁出，令回建州自行安排。努尔哈赤很气愤，据理力争："我世世祖居耕种之地，现在让我放弃，想来是你们变心吧？是皇帝反常，我们所种之田，又不叫我们收获，却命令退居，我岂敢违背王命？但是，这明明是不愿和平，而顿起恶念。我们是小国若受小害，你大国必自受大害！……"努尔哈赤理直气壮，可毕竟实力不足，还不敢同明朝武力对抗，只好忍下了这口气。

当初，努尔哈赤与明朝立界碑时，就约定双方百姓不得越界到对方境内扰乱，违背格杀勿论。但是，双方的边民为谋生计，相互越界的事，时有发生。特别是明方边民以建州山区产参、野果、木植，还有矿藏，纷纷前去采挖。努尔哈赤为保护他管辖的资源、财富不受侵犯，命令边将执行界约，把偷越境盗采的人一律处死。天命元年（1616）六月，仅在一个月内，汉人因越境而被杀的有50余人。明朝采取报复措施，将努尔哈赤派往广宁（今辽宁北镇）的两使者刚果礼和方吉纳及随员9人扣留，用铁索把他们锁起来。然后，派人前往赫图阿拉，严厉质问："我民出边，你应当押解给我，怎么可以马上杀掉？"努尔哈赤驳斥说："早年竖碑订盟，规定如发现越边的人不杀，将殃及不杀之人。我没有违背这一规定，你们为什么强词夺理？"明朝方面对此不予解释，却要求把执行捕杀汉人的扈尔汉交给明朝抵罪，否则，此事就难以了结。明使者以势相逼，努尔哈赤不为所惧，断然拒绝了对方的无理要求。明使者为了向朝廷交差，只得采取权宜之计，说："这件事已经报告给皇上知道，是无法隐瞒的。你们不是也有罪犯吗？何不把他们带到边境上杀死示众，这件事也就结束了。"努尔哈赤一想，也只有这个办法了。可他不想杀死本部的犯人，就从狱中取出10名在押的叶赫人，押解到抚顺边境，当着明朝官员的面，把这10名犯人给杀掉了，明朝这才把刚果礼等 11 人释放。

努尔哈赤千方百计保护土地，甚至不惜同明朝对抗，目的还是为了保护农业生产，多增加粮食储备，可见努尔哈赤对农业生产的重视程度。

后金建国前后，农业生产已取得了长足的进展。朝鲜人李民寏以其亲眼所见，为我们描绘了建州地区农业的繁盛景象："土地肥饶，禾谷甚茂，旱田诸种无不有之。六畜唯马最盛。将胡之家，千百成群，卒胡之家也不下十数匹。"大批地养马，与游牧民族不同，当地人或为作战做准备，或以之作为交通工具，或作为家庭副业，与猪、羊、牛等一并饲养。努尔哈赤为加快发展农业，还要求军队把已有的马和俘获的马，都喂养好，在边境地区种田。他严禁在已耕种的土地上牧马，必须到无田的空旷荒野之处放牧，只有将五谷收获完毕，才允许把自己家的牲畜纵放于山野，谁也不必担心被人盗窃。

农业是中国古代社会中最基本也是最重要的经济门类。百姓的生存，一代王朝得以维持，皆有赖于农业的发展。历代王朝之兴，无不把农业列为治国的第一要务。而当农业破败、经济崩溃之时，国家政权衰亡随之而来。故农兴则国盛，农败则国衰。努尔哈赤深通此中道理，虽出于一个射猎民族，却不废农耕，相反，以农业为根本，大力倡导，以历代行之有效的屯田来培植农业发展的后劲，积储了财富，为后来同明朝的长期战争提供了后勤保证。

手工业本是从农业分离出来的一个行业，在古代社会，仅次于农业。努尔哈赤一方面大力发展农业，一方面又致力于发展手工业。据《武录》记载，努尔哈赤起兵 8 年后，即万历二十七年（1599），"始炒铁，开金银矿"。制造铁铧等农具，做饭用的铁锅，尤其是打造兵器等，都离不开铁。努尔哈赤为这些方面的需要，开始"炒铁"（即炼铁），建立和发展自己的制铁手工业。在此之前，建州所需铁器，都是通过贸易，从汉人手中买回来的。这种引进，必然赶不上实际的需要，于是，他们利用汉族开矿、炼铁的技术，自办工厂，独立制造所需的一切铁制工具。在赫图阿拉的北门外和南门外，有专门的手工作坊，规模十分可观，一排排作坊屋、棚，连接数里。作坊内分工很细，以军械制造来说，有甲匠、箭匠、弓匠、冶匠、铁匠等。朝鲜人特别赞叹建州所制甲胄"极其坚致"，除非强弓，一般弓箭在百步之外，是无法射穿的。努尔哈赤很推崇工匠，把他们看成是国家的宝物。有一次，他痛斥那些不爱工匠、只爱金银珠宝的人，说："有人以为东珠、金银是宝，那是什么宝呢？天寒时能穿吗？饥饿时能吃吗？有技巧的工匠，能制造国人所不能制造的物品，他们才是真正的宝贝呢！"

努尔哈赤积极发展同明朝的互市贸易，也是他的财政的一宗可观的收入。他充分利用本地的天然资源，同汉人贸易，如明珠、人参、黑狐、玄狐、红狐、貂鼠、猞猁狲、虎豹、海獭、水獭、青鼠、黄鼠等皮，"以备国用"，每年都拿抚顺、清河、宽甸、瑷阳四处关口，互市交易，因此，建州"民殷国富"。特别值得一提的是，努尔哈赤发明了"人参煮晒法"。早年，按传统方法，女真人将人参水浸润后，卖给汉人，但汉人嫌参湿而不愿购买，造成人参积压，很快就烂掉了。女真人急于出售，只好降低价格，损失很大。努尔哈赤想出一法，将参煮熟晒干再卖。诸王臣认为不可行。他力排众议，坚持煮晒，慢慢贩卖，参再也不怕腐烂，结果价格倍增。迄今，处理人参的工艺，还是用煮晒或直接晒干，大抵是得益于努尔哈赤的发明。

后金政权，就是在努尔哈赤大力发展农业、手工业和贸易的基础上建立起来的。经济实力的不断增长，反过来，又进一步巩固了政权。

（二）举贤任能

创业需要人才，人才创造了事业。事实确实如此，历代创业之君的成功，论原因固然是多方面的，其中，网罗人才，招贤纳士，举贤任能，实在是一个必不可少的重要条件。

在这方面，努尔哈赤比历代创业之君，一点也不逊色，他对人才的认识和使用，确有独到之处。万历四十三年（1615），他连续发表如何识别人才的具体要求，并督促臣下推荐各方面人才。他对臣属们说："你们推荐贤人，不要说自己因为什么缘故使疏远者超过了亲近的人，切勿拘于资历，只选择心术正大的推荐，也不要因本族当官的人多才引荐，只要有才的，可以选人任事。凡为政，得一才一艺的，已经很难。但可以有助于政事，即许荐举。"努尔哈赤这番话，表明的思想是，抛开一切不必要的附加条件。只有一条即本人心术正，有一定能力，就可以任用。

又有一次，努尔哈赤与臣属乘冬时出猎，心有所感，再次讲述他对人才的渴求，说："今国事繁琐，需要多得贤人，各任之以职。如果治国、统军的人少，还能做什么事？倘若发现有临阵英勇作战的，要给职务之赏；有于国家忠良的，用以佐理国政；有博通古今的，用以讲述古今经验；有善于接待和擅长举办宴会宾客的，就叫他专司此职。各方面的人才都需要，你们可以各处罗致。"

努尔哈赤特别训诫他的诸子，要秉公选拔人才。他说："贤能的人不荐举，那么，贤能的人何能得到重用？思想不正的人不辞退，那么，思想不正的人何能受到惩处？你们应秉忠直，切勿贪婪；均平之道，莫过于忠诚正直。我从来就喜欢忠诚正直，从不欺骗。你们要留心。"他的儿子们都分掌各方面权利，位尊而权重，能否做到忠诚、正直，关系非轻。所以，努尔哈赤告诫甚至警告诸子不得偏私，为一己之利而贪婪，坏了国家大事。

努尔哈赤还讲出对人才不能求全责备的观点。他说："全才者能有几人？对每个人来说，才能都各有长处，也有短处；处事也有机敏与笨拙之分。比如，有人善于冲锋陷阵，但于治理政事则笨拙而无用；有的善于理政事，却不能打仗，把他用到打仗，他就没用了。所以，用人的原则，要各随其才而用，这就是用其长处的意思。"

从《武录》所记录下来的努尔哈赤对人才的见解，十分珍贵，对于一个少数民族的领袖人物，有如此深刻的见地，已属不同凡响。使人读此，其求贤迫切之心，跃然于纸上！

他是这样说的，且在实践上也为臣属做出了榜样。前叙努尔哈赤起兵不久，攻打瓮郭洛城，被罗科、鄂尔果尼两名神箭手射成重伤，几乎丧命。后两人被俘虏，诸将一致要求处死他们，以报一箭之仇。努尔哈赤爱其才，赦免死罪，还赐以牛录之职。他们受感于努尔哈赤的厚恩，甘心为其效命。

努尔哈赤早期创业的"五大臣"，是他最得力的文武人才。他们都是在努尔哈赤起兵前后，陆续加入他的队伍，被委以重任，用毕生精力参与创业，各以丰功伟绩彪炳于有清一代的史册。

额亦都是加入努尔哈赤事业的第一人。努尔哈赤22岁那年，也就是起兵的前3年，在一次偶然的机会，行经嘉木瑚寨，宿于穆通阿家，巧遇来此避仇人的额亦都。这里是他姑姑家，两人推心倾谈，十分投机。额亦都决心跟随努尔哈赤，他姑姑不同意，力图阻止，但他决心已定，第二天就跟着努尔哈赤走了，时年才19岁。努尔哈赤起兵复仇，额亦都是百人队伍中重要的一员。以后，他追随努尔哈赤东征西讨，未曾打过败仗，曾被赐给"巴图鲁"的美号，努尔哈赤还把本族的一个妹妹送给他为妻。设五大臣时，他是其中之一。费英东于努尔哈赤起兵6年时，随其父率500户归附努尔哈赤。他为人忠直敢言，作战勇敢，屡立赫赫战功，赢得了努尔哈赤的信任，被授为一等大臣，努尔哈赤把他的长子褚英之女嫁给他为妻。扩建八旗时，又命他隶镶黄旗，出任固山额真。

何和礼原为女真栋鄂部长。努尔哈赤爱其才，主动把他请到佛阿拉，以宾礼相待，深深打动了他的心，遂于万历十六年（1588），毅然归顺建州。努尔啥赤把长女嫁给他为妻。他的原妻闻讯，不禁大怒，率余部赶到佛阿拉，要与何和礼决一死战。努尔哈赤亲自出面，晓以大义，说服了其原妻，马上化干戈为玉帛，向努尔哈赤表示归服。何和礼参加了灭乌拉、进兵辽东的一系列重大战役，战功同样显赫。更定旗制时，所部隶正红旗。

安费扬古，姓觉尔察氏，自父时即服属努尔哈赤。他从青少年就跟随努尔哈赤南征北战，统一建州各部，灭哈达，亡乌拉，征东海诸部，北进黑龙江，破明辽东地等，他都是一员英勇善战的悍将和统帅，为努尔哈赤所倚重。建八旗时，他隶属镶蓝旗。

扈尔汉，姓佟佳氏，努尔哈赤起兵第六年，他年 13。与其父同归努尔哈赤，被努尔哈赤收为养子。他参加了征乌拉、伐窝集部、北战黑龙江、大战萨尔浒及进兵辽沈等重大战役，所向克敌制胜，战功卓著。

以上 5 人，是努尔哈赤创业初期的五大臣，平时，理政听讼，战时率师征伐，兼将帅之重任，积 30 年的共同奋斗，辅佐努尔哈赤成就大业。当时，猛士如云，他们是最杰出的人才。这五大臣，都先于努尔哈赤去世。最早是费英东，病逝于天命五年（1620），接着便是额亦都、安费扬古、扈尔汉相继病故，最后为何和礼，逝于天命九年（1624）。他们一生忠心耿耿，功绩伟烈，备受清历朝推崇，列为开国功臣第一。努尔哈赤的弟弟努尔哈赤，其长子褚英、二子代善、八子皇太极等，个个都是将帅之才。其文臣如额尔德尼、噶盖等，堪称是一代杰出人物。在进兵辽东、辽西的过程中，努尔哈赤又吸收了大批汉族中如李永芳、范文程等优秀人物，造成了人才空前繁盛的局面，与明朝人才凋零的现象形成了鲜明对照。这里所点到的几个人，不过是努尔哈赤所聚千百人才的部分代表。正是这些以千百计的优秀人才，集中了全部才智，迸发出无穷的力量，使一个落后的少数民族由弱变强，由少变多，最终战胜了庞大的明王朝。否则，只凭努尔哈赤一人的才智，是难有成功的希望的。

统一女真

（一）蒙古各部

明兴元亡之后，元主自北平出塞，遁回蒙古草原。但故元势力仍有"引弓之士，不下百万众"。元主退回漠北地区，习称北元。北元蒙古贵族仍维持其旧日统治，实行封建割据。他们不甘心于自己的失败，不时地犯扰内地，企望重新入居中原，图谋恢复元朝。明朝为解除蒙古在北方的威胁，曾多次出兵朔漠，力图消灭北元势力。明初，徐达四次北伐，朱棣七次亲征，曾取开平，占应昌，败王保保，降纳哈出。明朝击败北元势力，他们逐渐地分别与明朝建立了臣属关系。

但是，北元势力虽被击败，而未被消灭。这同明太祖对故元力的政策不无关系。当明太祖派右丞相徐达攻元大都时，徐达问道："元都克，而其主北走，将穷追之乎？"明太祖答曰：

元起朔方，世祖始有中夏。乘气运之盛，理自当兴。彼气运既去，理固当衰。其成其败，俱系于天。若纵其北归，天命厌绝，彼自渐尽，不必穷兵追之。但其出塞之后，即固守疆围，防其侵扰耳。

但是，蒙古贵族势力并未因其气运衰败，而自渐自尽。相反，蒙古贵族势力在不断地骚扰北陲，破墙而入，内犯中原，围困京师。尤以正统之后，明代北患益甚。《明史·鞑靼传》载：

当洪、永、宣世，国家全盛，颇受戎索，然衅服亦靡常。正统后，边备废弛，声灵不振。诸部长多以雄杰之姿，恃其暴强，迭出与中夏抗。边境之祸，遂与明相终始云。

严格说来，明中后期，蒙古衰微，满洲崛兴，故北境之扰，重在满洲，不在蒙古。但明朝前期，蒙古骑犯，甚为严重。

辽东地区蒙古势力，为患酷烈。洪武时，故元丞相纳哈出"拥二十万众据金山，数窥伺辽"，后被蓝玉招降。永乐时，阿鲁台为瓦剌所败，"乃率其属东走兀良哈，驻牧辽塞"；朱棣以亲征阿鲁台，死于榆木川。成化时，蒙古鞑靼部长孛来，"诱兀良哈九万骑入辽河"，纵骑掳掠。至嘉、隆以后，即努尔哈赤青少年时期，辽东蒙古势力枝蘖纷繁，先后凌替，相互交错，举其大者，主要有土蛮部，土蛮为打来孙长子，其弟为委正，其长子为卜言台周，次子为介赛，侄为黄台吉，族弟为土墨台猪等。时土蛮（称小王子）最强，"控弦十余万"，屡蹿辽东，"大入小入，岁为边患"。《谷山笔麈》亦载："土蛮部落，故元之后裔，于顺义王，君也。直蓟、辽边，众数十万，其下有六酋。自西房通贡以来，惟三卫、海西诸夷，假土蛮之势，以扰蓟、辽，故东北多事耳。"速把亥部，速把亥为虎喇哈赤次子，其季弟为炒花，其妹夫为花大，速把亥在嘉靖时徙至辽阳北，连结土蛮等，累略辽塞："嘉、隆以来，房患何岁亡之？甚至杀大将军如艾草菅。甚哉！速把亥之为祸首也。"黑石炭部，黑石炭为孛只第五子，与速把亥等联骑，剽掠辽左。瞿九思在《万历武功录·黑石炭列传》后评论曰：黑石炭"贻我辽左数十年大患，介胄至生虮虱"。董狐狸部，董狐狸即董忽力，为革兰台第五子，其弟为兀鲁思罕、长秃，驻牧宁前外边，牧马辽河，屡犯蓟门。阿牙台皮部，阿牙台皮长子煖兔、次子拱兔，万历初年"两兔尤桀骜甚"，此外，有虎墩兔、青把都、哈卜慎、长昂等诸部。

当时在辽东地区，同明朝相对抗的政治势力，主要有蒙古和女真，而对辽东掳掠最甚者，则为蒙古诸部贵族的铁骑。在努尔哈赤起兵前十年，即从万历元年至十年，蒙古土蛮、速把亥等部贵族对辽东地区的扰犯，编年缕列如下：

万历元年（1573），正月黑石炭、速把亥犯辽阳，四月土蛮犯铁岭，十月董狐狸之弟兀鲁思罕犯寺儿山台，十二月董狐狸之弟长秃犯边。同年，明廷升赏辽东获功阵亡官兵一千一百四十员名，并修筑城堡边墙。

万历二年（1574），以土蛮、速把亥等犯辽东，金、复、盖三卫被"杀掠数万，村堡荡然"。

万历三年（1575），正月土蛮、速把亥十万骑驰辽阳，十一月土蛮、速把亥、炒花等以二万骑突锦义。

万历四年（1576），二月土蛮、黑石炭、速把亥五万骑饮。马辽河，十月速把亥、炒花、委正等三万骑犯威远堡。

万历五年（1577），土蛮等几无月不犯，二月饮马旧辽阳，五月二十万众走凌河。

万历六年（1578），正月黑石炭大举窥塞，十二月速把亥等三万余骑犯东昌堡。

万历七年（1579），十月土蛮等四万骑犯前屯。

万历八年（1580），土蛮等"二十余万，空巢而来，略广宁"。

万历九年（1581），正月大虏二万余骑犯辽东，十月土蛮等十余万攻广宁。

万历十年（1582），四月速把亥犯义州。

以上史实说明，辽东地区蒙古贵族势力连年攻掠，形势严重。但是，万历初年，张居正为相，"居正用李成梁镇辽，戚继光镇蓟门"。李成梁在任辽事二十二年间，率骑迎击蒙古兵，力战却敌，斩杀五千一百八十八级。蒙古骑兵屡受重创，土蛮、速把亥等又相继死去，其余部分枝众多，各相雄长。明廷采取分其枝，纳其款，顺者市赏，犯边攻剿的策略，辽东蒙古势力或受挫，或分化，逐渐地走向衰落，这个历史的趋势一直持续下来。

到十六世纪末，辽东地区明朝军队同蒙古骑兵斗争的结果，历史在朝着他们各自愿望相反的方向发展。虽然，蒙古贵族兴兵屡犯，严重地削弱明朝辽军的力量；同时，李成梁"前后大捷共计十次，斩首五六千级"，又沉重地打击了蒙古诸部等。但是，他们相互争斗的结果，尤其是李成梁的战功，恰为努尔哈赤做了"嫁衣裳"。因为土蛮等和李成梁厮杀的结局，不仅双方都退出了角斗场，而且为努尔哈赤登上历史舞台铺平了道路。

（二）联姻科尔沁

明代后期，蒙古已逐渐形成三大部：生活在蒙古草原西部直至准噶尔盆地一带的漠西厄鲁特蒙古，生活在贝加尔湖迤南、河套迤北的漠北哈尔喀蒙古，生活在蒙古草原东部、大漠以南的漠南蒙古。同明朝汉族聚居地带近邻的漠南蒙古，西北有游牧于黄河河套地区的鄂尔多斯，正北有住牧在山西偏关边外的归化城土默特，东北则有蓟辽边外的喀喇沁、察哈尔、内喀尔喀和科尔沁等部。漠南蒙古东西诸部，介于明朝与后金之间，其中有的部同后金接壤，因此后金最早同东部漠南蒙古诸部发生政治联系。

漠南蒙古自明初以来，已经遭受二百余年兵燹之难。明朝政府与故元势力之间，蒙古各部与各部之间，长期无休止的战争，导致了漠南蒙古社会经济的破坏和部民生活的贫困，使许多贫苦牧民陷于"爨无炊""衣无帛"的悲惨境遇。蒙古族部民要求结束战乱割据局面，渴望得到安定统一。但是，明朝后期极为腐败，无力重新统一蒙古地区；蒙古各部贵族长期内讧，也无法实现其内部统一。因此，努尔哈赤征抚漠南蒙古，既利用了蒙古人民渴求统一的愿望，又利用了蒙古贵族不满明朝的心态，也利用了蒙古王公分裂割据的条件。时蒙古封建王公在进行分裂争斗，从一己利益出发，忽而联合一些封建王公去反对另一些封建主；忽而翻云覆雨，昨天的盟友变成了今天的敌人，昨天的敌人又变成了今天的盟友。努尔哈赤利用漠南蒙古同明廷的结盟与矛盾、各部之间的分裂与内讧，对于各部封建王公，有的分化瓦解，有的武力征讨，或者征抚并用，先后逐一征服东部漠南蒙古。

后金兴起，努尔哈赤之所以决意征抚漠南蒙古，这是因为：首先，漠南蒙古同海西女真关系密切，如叶赫贝勒"金台什孙女为虎墩兔妇"，蒙古内喀尔喀介赛贝勒夺娶努尔哈赤"已聘叶赫锦泰希贝勒之女"，征抚漠南蒙古有助于女真内部的统一。其次，漠南蒙古位置于后金的右翼，只有征抚漠南蒙古，才能解除进入辽沈地区的后顾之忧。再次，漠南蒙古的林丹汗等，与明缔结了共同抵御后金的盟约，"阚刀歃血，立有盟词"："愿助兵灭奴，并力恢复天朝疆土。若奴兵到，憨兵不到，断革旧赏，倘奴酋通路，背盟阴合，罹显罚。"只有拆散这个联盟，才能南犯明朝。其次，征服漠南蒙古，可以打通进入长城的走廊，最后的一个原因是，后金为夺取明统，深感兵力不足，需要征抚蒙古，扩充八旗兵源。努尔哈赤曾说："蒙古与满洲，语言虽各异，而衣饰风习，无不相同，兄弟之国。"魏源又说："夫草昧之初，以一城一旅敌中原，必先树羽翼于同部。故得朝鲜人十，不若得蒙古人一"，即是此理。

努尔哈赤征服漠南蒙古。先从其科尔沁部开始。

漠南蒙古的科尔沁部，驻牧于嫩江流域。它东邻乌拉，东南近叶赫，西南界扎鲁特，南接内喀尔喀，北临嫩江上游地区。《圣武记》载：

科尔沁部在喜峰口外，东西距八百七十里，南北距二千有百里，南界盛京边墙，此界索伦。本元太祖弟哈萨尔之后，明初置兀良哈三卫之一也，后自立国曰科尔沁。明洪熙间，为厄鲁特所破，东避嫩江，以同族有阿鲁科尔沁，因导嫩江科尔沁以自别。其扎赉特、杜尔伯特、郭尔罗斯三部，皆科尔沁一部所分，兄弟同牧，皆属插汉部。

插汉部即察哈尔部，二部久不睦，有"不共之仇"科尔沁部为同察哈尔部争雄，就与势力较强的叶赫、乌拉结盟。万历二十一年（1593），科尔沁部明安贝勒等率蒙古兵万骑，同叶赫、哈达、乌拉、辉发、锡伯、卦尔察、朱舍里、讷殷共九部之师，直指建州。政赫济格不下，陈兵古勒山。九部兵大败，明安贝勒骑裸马尴尬地逃回。翌年，"北科尔沁部蒙古贝勒明安、喀尔喀五部贝勒老萨，始遣使通好"。科尔沁部初次遣使建州. 此后，"蒙古各部长遣使往来不绝"。

科尔沁部虽然在古勒山之役遭到失败后，遣使建州和好，但并不认输。万历三十六年（1608）三月，建州兵往攻乌拉部的宜罕阿麟城，"科尔沁蒙古翁阿岱贝勒与乌拉布占泰合兵"，科尔沁军遥望建州兵强马壮，自知力不能敌，便撤兵请盟，联姻结好。努尔哈赤从总的斗争利益出发，不念科尔沁两次动兵的旧恶。他说："俗言：'一朝为恶而有余，终身为善而不足'。"建州同意与科尔沁弃旧怨，结姻盟。万历四十年（1612），努尔哈赤闻科尔沁贝勒的女儿博尔济锦氏"颇有丰姿，遣使欲娶之。明安贝勒遂绝先许之婿，送其女来"。努尔哈赤以礼亲迎，大宴成婚。明安贝勒是蒙古封建王公中第一个与建州联姻者，对后世影响深远。其后，万历四十三年（1615）正月，努尔哈赤又娶科尔沁孔果尔贝勒女博尔济锦氏为妻。

恩格斯有一句名言：对封建王公说来，"结婚是一种政治的行为，是一种借新的联姻来扩大自己势力的机会；起决定作用的是家世的利益，而绝不是个人的意愿"。建州女真贵族同科尔沁蒙古王公联姻，便是一个很好的例证。努尔哈赤不仅娶科尔沁两贝勒的女儿为妻，他的儿子也相继纳蒙古王公的女儿做妻子。仅万历四十二年（1614），努尔哈赤的四个儿子，即次子代善娶扎鲁特部钟嫩贝勒女为妻，第五子莽古尔泰娶扎鲁特部纳齐贝勒妹为妻，第八子皇太极娶科尔沁部莽古思贝勒女为妻，第十子德格类娶扎鲁特部额尔济格贝勒女为妻。尔后，第十二子阿济格娶科尔沁部孔果尔女为妻，第十四子多尔衮娶桑阿尔寨台吉女为妻。努尔哈赤在位时，同科尔沁联姻十次，其中娶入九次、嫁出一次；其子皇太极继续实行上述联姻政策，皇太极在位时，同科尔沁联姻十八次，其中娶入十次、嫁出八次。蒙古科尔沁部等与后金政权，通过联姻，巩固同盟，以加强自己的势力，来对抗察哈尔部。

察哈尔部林丹汗为统一漠南蒙古，行使大汗权力，防止后金扩张，先后讨伐与后金结盟的科尔沁等部。这种为渊驱鱼的作法，更加促使科尔沁投附后金。科尔沁部翁果岱子粤巴台吉，于天启五年即天命十年（1625）八月遣使送信至建州，报告察哈尔部在"草枯前将夹击科尔沁"，请求后金汗努尔哈赤出兵援助。不久，林丹汗派兵指向科尔沁，围攻粤巴台吉的驻地格勒珠尔根城。粤巴向后金告急，努尔哈赤派其子莽古尔泰率精骑五千前往援救。时林丹汗"围鄂巴城已数日，攻之不下。闻满洲援兵至，仓皇夜遁，遗驼马无算，围逆解"。后粤巴台吉亲自跪见努尔哈赤，努尔哈赤将舒尔哈齐第四子图伦之女嫁给粤巴做妻子。随后，努尔哈赤与粤巴刑白马黑牛，祭告天地，盟誓结好。从粤巴台吉的誓词中，可以看出蒙古贵族内部的纷争及粤巴台吉投附后金的原因。其誓词曰：

我以公忠之心，向察哈尔、喀尔喀。自扎萨克图汗以来，我科尔沁诸贝勒，无纤微过恶，欲求安好而不可得。杀伐我，侵略我，殆无已时。将我科尔沁诸贝勒剪除无遗，其后我达赖台吉，以无辜被杀。介赛又以兵来杀我六贝勒。我欲相安无事，而彼不从。将无辜之人，恣行杀掠；吾等拒之，又谓我敢于相抗。察哈尔、喀尔喀，合兵而来，欲行杀掠，仰蒙天祐，又赖皇帝助我，幸而获免。我不敢忘天祐及皇帝助，以故来此，与皇帝会，昭告天地，订盟好。

代善

努尔哈赤的誓言则明确地表示，他同粤巴结盟，是为了对抗察哈尔部及与察哈尔订有盟约的明朝。其誓言曰：

我以公直处世，被明及察哈尔、喀尔喀辄肆陵侮，不能堪，乃昭告于天，天祐我。又察哈尔、喀尔喀合兵，侵掠科尔沁粤巴台吉，粤巴台吉亦蒙天。共今粤巴台吉怨恨察哈尔、喀尔喀二部落，来此谋事祐国，乃天以我两人被困厄，俾相合也。

粤巴与努尔哈赤俱以"受害者"的身份，在浑河岸，对天焚香，贡献牺牲，行三跪九叩首礼，宣誓言，结盟好。

后金汗还以召见、赏赉、赐宴等形式，抚绥科尔沁封建王公，万历四十三年（1615）九月，科尔沁贝勒明安第四子桑噶尔斋台吉至建州，送马三十四，叩头谒见。努尔哈赤赐给甲十副，并厚赏缎、布。同年十月，明安贝勒长子伊格都齐台吉又至建州，送马四十四，叩头谒见。努尔哈赤赐给甲十五副，并厚赏缎、布。次年十二月，明安贝勒次子哈坦巴图鲁台吉带马匹至建州叩谒；又次年，明安贝勒第五子巴特玛台吉带僚友五十人，送马五十匹，到建州叩谒。他们都受到努尔哈赤的赏赐。万历四十五年，即天命二年（1617）正月，科尔沁明安贝勒到建州"朝贡"，努尔哈赤对其岳翁，郊迎百里，行马上抱见礼，设野宴洗尘。入城后，"每日小宴，越一日大宴"，留住一月。当明安返回时，他又送行三十里，骑兵列队，夹道欢送，厚赠礼物，至为隆重。明安后隶满洲正黄旗。其次子多尔济为额驸，后授内大臣，预议政；幼子朗索后官至领侍卫内大臣；孙鄂齐尔后管銮仪卫事，授领侍卫内大臣；长子昂洪，后授为领侍内大臣，封为三等男。科尔沁部的布额代贝勒，天命七年（1622）同明安率所属归后金，娶公主，为额驸，后隶满洲镶红旗，以军功晋任固山额真。布当亦随明安投后金，后授二等参将世职，隶满洲正蓝旗，晋三等男。

天启二年即天命七年（1622）二月，明安带领兀尔宰图、锁诺木等十六贝勒及喀尔喀等部台吉，"各率所属军民，三千余户，并驱其畜产"，归附后金。从此别立"蒙古一旗"，奠定了尔后蒙古八旗的基础。同时，由于蒙古科尔沁部归附后金最早，博尔济锦氏与爱新觉罗氏世为懿亲。清太祖、太宗、世祖和圣祖先后有四后、十三妃出自科尔沁等部。蒙古科尔沁部博尔济锦氏影响清初五朝四帝的政治，其中以皇太极孝庄文皇后博尔济锦氏尤为突出。

由清太祖努尔哈赤奠定的对蒙古科尔沁部的政策，后来得到了完全的成功。对此，魏源在《国朝绥服蒙古记》中评论道：

科尔沁从龙佐命，世为肺腑，与国休戚。孝端文皇后、孝庄文皇后、孝惠章皇后皆科尔沁女，故世祖当早创初，冲龄践阼，中外帖然，聚蒙古外戚扈戴之力。自天命至乾隆初，额驸尚主者八，有大征伐，辄属橐前驱，劳在王室，非直亲懿而已。故顺治十有一年，上以诸扎萨克蒙古久不见，恐壅上下之情，特赐敕存问，令有所请，随时奏闻，"朕世世为天子，尔等亦世世为王，屏藩百世。"

因此，漠南蒙古科尔沁部成为后金的政治同盟和军事支柱，也成为清朝的联袂懿亲和军政屏藩。努尔哈赤采用分化抚绥与武办征讨的两手政策，在蒙古科尔沁部取得成功。

后金汗在与科尔沁部姻盟之同时，又与内喀尔喀部会盟。

（三）结盟内喀尔喀

漠南蒙古内喀尔喀部，即五鄂拓克喀尔喀部，"喀尔喀部为达延汗第五子阿尔楚博罗特之后，因其子虎喇哈赤有子五人，故称喀尔喀五部"。由是，喀尔喀分裂为五个鄂拓克，即五部。它主要驻牧在西喇木伦河和老哈河一带，东界海西女真叶赫部，西接察哈尔部，南近广宁，北为科尔沁部。由喀尔喀部，其外有明朝、察哈尔和后金，同他们既相互利用、又相互矛盾，或争或贡，亦盟亦分；其内五部之间，时而互相联合，时而彼此倾轧，争掠频繁，内讧不休，因而大大削弱了自身。努尔哈赤利用其内外之困与彼此之间的矛盾，进行分化瓦解，逐步争取，以达到自己的目的。

内喀尔喀巴岳特部达尔汉贝勒子恩格德尔，率先归附建州。先是，万历二十二年（1594），内喀尔喀部贝勒老萨同科尔沁贝勒明安最早遣使通聘努尔哈赤，"甲午年，蒙古廓儿沁部明安贝勒、胯儿胯部捞扎贝勒，始遣使往来"。万历三十三年（1605），恩格德尔向努尔哈赤朝聘献马，"蒙古喀尔喀把岳忒部落达尔汉巴图鲁贝勒之子台吉恩格德尔来朝，献马二十匹"。万历三十四年十二月（1607 年 1 月），恩格德尔又引领喀尔喀五部之使，"进驼马来谒，尊太祖为昆都仑汗（即华言恭敬之意），从此蒙古相往不绝"。努尔哈赤为进一步笼络恩格德尔，万历四十五年即天命二年（1617），将舒尔哈齐第四女嫁给他做妻子，称巴岳特格格。恩格德尔成为后金的"额驸"。他受到后金汗的特殊礼遇。天启四年即天命九年（1624）正旦，恩格德尔与巴岳特格格来朝，努尔哈赤御八角殿，其朝拜顺序，《满文老档》载：

大贝勒先叩头，第二恩格德尔额驸率众蒙古贝勒叩头，第三阿敏贝勒、第四莽古尔泰贝勒、第五四贝勒、第六阿济格阿哥、第七多铎阿哥、第八阿巴泰阿哥，……

恩格德尔朝觐后，要求偕公主留居建州。后金汗允其所请，并与之盟誓，誓词曰：

皇天眷□，俾恩格德尔，远离其父及昆弟，怀德而来，以我为父，以我诸子为昆弟，弃其生长之乡，视我士如其土焉。若不念其归附，抚以恩，穹苍不佑，殃必及矣。今天作之合，傅为我婚，以恩抚之，天其眷佑。

后金汗对恩格德尔台吉等，除联姻、赐券、盟誓和宴赏外，还赐给庄田和奴仆：赏给恩格德尔及其弟莽果尔代，"七男丁的诸申庄各二个，十男丁的尼堪庄各二个，在手下使唤的诸申（男女）各五对，担水砍柴的尼堪（男女）各五对"。又赐其子侄岱青等六个台吉四男丁的诸申庄四个，三男丁的诸申庄二个，十男丁的尼堪庄六个，共二十四个庄。俱使他们成为后金的封建主。

恩格德尔及其弟莽果尔代被授为总兵官，后隶满洲正黄旗。恩格德尔子额尔克戴青，初任侍卫，顺治时列议政大臣，管銮仪卫，擢领侍卫内大臣，爵至一等公。

但是，内喀尔喀诸部对后金的政治态度并不完全一致。努尔哈赤对蒙古喀尔喀五鄂拓克，既利用他们内部的矛盾，又利用他们同察哈尔及其同明朝的矛盾，区别对待，逐步瓦解。后金瓦解内喀尔喀的一个重要办法是，对其逃人或归附者宴迎、赏赉、安置、封官、结亲。他们来到建州后，经济生活、政治权利和社会地位，均较前有着明显的提高。这就吸引更多的蒙古人逃归或投附后金。《满文老档》中这类记载触目皆是。如天命六年（1621）十一月二十一日，有蒙古喀尔喀部男女九十六人，带马一匹、牛三十六头、羊四十七只、车二十六辆逃至后金，后金"汗亲自去衙门，为来的逃人摆宴"。

对归附的内喀尔喀台吉更为礼遇。天命六年（1621）十一月，内喀尔喀古尔布什和莽果尔台吉率所属六百户，驱赶牲畜投附后金。《清太祖高皇帝实录》对这件事做了详细记载：

上御殿，二台吉朝见毕，大宴之。各赐：貂裘三，猞猁狲裘二，虎裘二，貉裘二，狐裘一，貉镶朝衣五，镶獭裘二，镶青鼠裘三，蟒衣九，蟒缎六，缎三十五，布五百，金以两计者十，银以两计者五百，雕鞍一，鲨鱼皮鞍七，玲珑撒袋一，撒袋兼弓矢者八，甲胄十，僮仆、牛马、房舍、田亩及一切器具等物必备。上以女妻台吉古尔布什，赐名青卓礼克图。给以满洲牛录一、凡三百人，并蒙古牛录一，授为总兵。又以族弟济白里杜济获女，妻台吉莽果尔，亦授为总兵。

上引文字说明，努尔哈赤不惜爱女、金银、宦爵、财物、房田和奴仆，以瓦解内喀尔喀部。

但是，内喀尔喀部有的贝勒在明朝与后金之间，对明朝既

挟赏又靠拢，对后金既恃强又仇视。内喀尔喀扎鲁特部贝勒介赛，不理睬后金对内喀尔喀诸部初奏效验的瓦解，继续与后金对抗。介赛为虎喇哈赤次子兀班之孙，驻牧于开原西北新安关外。在内喀尔喀五部中，介赛骑兵众，牲畜多，最强盛。史载：

蒙古喀尔喀五部，兵众畜旺部富，原属介赛统辖。介赛因是逞雄，藐视各部，欺压劫掠已甚。各部视介赛为鬼魅，介赛也不视自身为人，自喻为飞翔于天空之雄鹰，山林之猛虎。

介赛自恃兵强马壮，曾与明朝"三次立誓"，曾夺取后金汗已给聘礼的叶赫金台石贝勒之女，又袭击建州村屯，囚系后金使臣。万历四十七年即天命四年（1619）七月，后金汗在统兵夺取铁岭时，介赛、巴克等领兵万人，埋伏在城外高粱地里，配合明军同八旗军作战。努尔哈赤命众贝勒大臣，率兵奋击介赛军，介赛兵败，八族军追至辽河。是役，擒获介赛及其二个儿子、二个弟弟、三个女婿、诸贝勒、诸将二十余人，兵二百人。后金获取大胜。但努尔哈赤没有杀死介赛，而把他囚在城楼内，作为人质，以争取同该部结盟。两年后，喀尔喀部以牲畜万头赎介赛，并送其二子一女为质。后金汗与介赛盟誓，设宴赐赏，命诸贝勒送介赛至十里以外，并以其所质之女与大贝勒代善为妻，结为姻盟。

经过对喀尔喀诸部的笼络、瓦解、战争、结姻等，终于使喀尔喀五部在政策上发生了重大变化：由联合明朝抗御后金，转变为联合后金对抗明朝。这集中地表现为后金与喀尔喀五部的会盟。天命四年（1619）十一月，努尔哈赤命大臣额克星格、绰护尔、雅希禅、库尔缠和希福五人，携带誓词，与喀尔喀五部贝勒的使臣，会于冈干色得里黑孤树处，对天刑白马，对地宰黑牛，设酒一碗、肉一碗、土一碗、血一碗、骨一碗，对天地盟誓曰：

今满洲十旗执政贝勒，与蒙古国五部落执政贝勒，蒙天地眷佑，俾我两国相与盟好，合谋并力，与明修怨。如其与明释旧恨，结和好，亦必合谋，然后许之。若满洲渝盟，不偕五部落贝勒合谋，先与明和，或明欲败二国之好，密遣离间而不相闻，皇

天后土，其降之罚，夺满洲十旗执政贝勒算，灭血，蒙土，暴骨以死。若明欲与蒙古五部落贝勒和好，密遣离间，不以其言告我满洲英明皇帝者，五部落执政贝勒：杜棱洪巴图鲁、奥巴戴青、厄参、巴拜、阿索忝晋、芒古尔代、厄布格德衣台吉、乌巴什杜棱、古尔布什、代达尔汉、莽古尔代戴青、毕登土、叶尔登、绰虎尔、达尔汉巴图鲁、恩格德尔、桑阿拉寨、布他齐杜棱、桑阿喇寨、巴呀喇土、朵勒济、内齐、卫徵、俄尔寨土、布尔哈土、额滕、厄尔济格等众贝勒，皇天后土，亦降之罚，夺其算，灭血，蒙土，暴骨以死。吾二国同践盟言，天地□之，其饮是酒，食是肉，二国执政贝勒，尚克永命，子孙百世，及于万年，二国如一，共享太平。

上面所引后金与喀尔喀五部誓词，色彩神秘，但它清楚地表明，努尔哈赤的策略是满蒙联合，共同抗明。他们战和同步——"如征明，愿合议而征；如讲和，愿合议而和"。虽然后来这个联盟有过反复，但所列内喀尔喀五部二十七位贝勒、台吉的长名单，确是努尔哈赤对漠南蒙古政策的一个胜利。然而，漠南蒙古的察哈尔部，却仍联合明朝，抗御后金。因此，后金汗对漠南蒙古的注意力转向察哈尔部。

（四）四征察哈尔

漠南蒙古的察哈尔部，即插汉、察汉、擦汗儿、擦汉脑儿等。察哈尔为蒙古语"边"的音译；明嘉靖时达赉逊库登汗，受俺答汗的逼迫，徒牧于辽东边外，以地近边而得部名。先是，元太祖成吉思汗的第十五世孙巴图蒙克被推举为大元可汗，即达延汗。达延汗统一东部蒙古各部，迫使瓦剌西迁，以漠南、漠北地区为左右翼六万户分封子弟，并设账于察哈尔部。此后察哈尔部领主世袭蒙古汗位，号称蒙古各部的共主。后来蒙古可汗实际上成了察哈尔部的汗。达延汗子图鲁博罗特，图鲁博罗特子博迪阿喇克，博迪阿喇克子达赉逊库登，达赉逊库登子图们，图们子布延，布延子莽和克，莽和克子林丹。林丹（1592～1634），名库图克图，明人称作虎墩兔。万历三十二年（1600），察哈尔部林丹汗立。他驻帐广宁以北，被其七世祖达延汗的幽灵所纠缠，力图继承大元可汗的事业，称雄蒙古。

时明朝、后金和察哈尔部，都要统一辽东地区。但后金势力的扩张威胁着察哈尔部，察哈尔部的强大又妨碍后金抚绥漠南蒙古；而在明朝看来，察哈尔部与后金相比较，主要威胁来自后金。因此，在明朝、后金和察哈尔部的鼎足矛盾中，明廷与后金的矛盾是丰要的。后金为着对抗明朝，必须先征抚察哈尔部；明朝为了对付后金，便利用林丹汗与努尔哈赤的矛盾，同察哈尔部联合抵御后金的进攻。明朝联合林丹汗，共同抵御后金，其条件是增加对林丹汗的岁币，并把原由明朝直接给予漠南东部蒙古诸部的岁币，转交给林丹汗控制。明廷每年给林丹汗银四千两，后增至四万两。

　　后金汗与林丹汗之关系变化，可分为初期、中期和后期三个阶段。初期，努尔哈赤进入辽沈地区之前，忙于统一女真诸部，无暇顾及察哈尔部。其时，察哈尔部实力雄厚。其势力范围，"东起辽东，西至洮河，皆受此虏约束"，拥有八大部、二十四营，号称四十万蒙古。《山中闻见录》也做了类似载述："东起辽西，西尽辽河，皆受插[汉]要约。"林丹汗"账房千余"，牧地辽阔，牲畜孳盛，部众繁衍，兵强马壮，依恃明朝，对后金态度骄横。万历四十八年，即天命五年（1620）正月，后金汗遣使赍书报察哈尔部林丹汗。其书曰：

　　阅察哈尔汗来书，称四十万蒙古国主、巴图鲁成吉思汗，致书水滨三万满洲国主、神武英明皇帝云云。尔奈何以四十万蒙古之众，骄吾国耶？我闻明洪武时，取尔大都，尔蒙古以四十万众，败亡殆尽，逃窜得脱者，仅六万人，且此六万之众，又不足属于尔，属鄂尔多斯者万人，属十二土默特者万人，属阿索忒、雍谢布、喀喇沁者万人，此右三万之众，固各有所主也，于尔何与哉？即左三万之众，亦岂各为尔有？以不足三万人之国，乃远引陈言，骄语四十万，而轻吾国为三万人，天地岂不知之！

　　其书又曰：

　　吾固不若尔四十万之众也，不若尔之勇也，因吾国之少且弱也。遂仰蒙天地眷佑，以合达、辉发、乌喇、叶赫暨明之抚顺、清河、开原、铁岭等八处，悉授予焉！

　　昔吾未征明之先，尔曾与明构兵，尽失其铠胄、驼马、器械，仅得脱去。其后再构兵，格根戴青贝勒之从臣，并十余人被杀，毫无所获而回。尔侵明者二，有何虏获，克何名城，败何劲旅乎？夫明岂真以此赏厚汝耶？以我征伐之故，兵威所震，男子亡于锋镝，妇女守其孤孽。明畏我，姑以利诱汝耳！且明与朝鲜，言语虽殊，服制相类，二国尚结为同心；尔与我，言语虽殊，服制亦类，尔果有知识，来书宜云："明、吾深仇也，皇兄径之，天地眷佑，俾堕其城，破其众，愿与天地眷佑之主合谋，以伐深仇之明。如是立言，岂不甚善与！"

　　这封笔锋犀利的赍书，努尔哈赤试图祭起元顺帝的亡灵，并历数其兵败之辱，以激发林丹汗的隐愤，拆散察哈尔部与明朝的联盟；并通过炫耀八旗军威，拉拢察哈尔部倒向后金一边，共同对抗明朝。但是，林丹汗与努尔哈赤在辽东地区现实利益的冲突，涂抹了孛儿只斤氏与朱姓贵族历史矛盾的旧账。林丹汗以囚械其来使，对努尔哈赤赍书做出回答。

　　中期，即努尔哈赤进入辽沈地区，下沈阳、占辽阳、陷广宁。后金势力渐大，明朝力渐不支。明朝重要官员如蓟辽总督王在晋、总督王象乾、关外道袁崇焕等，都先后主张加紧对蒙古抚款，并与之结盟，以抗击后金。明廷面对东部后金与西部蒙古，其东西策略即东对后金、西对蒙古的策略，后来袁崇焕概括为："外战东夷，内抚西房"。袁崇焕在给天启帝的上疏中，详细分析了明朝、后金、蒙古的三方关系，并提出明廷应采取之对策：

> 虎带甲可数十万，强与弱，奴非虎敌；然奴百战枭雄，虎无纪律，乱与整，虎又非奴敌。臣故亲出，厚遗其领赏之人，嘱其无与奴野战，脱有急，移于我之近边，彼此声势相倚。量虎必感皇上多年豢养之恩，且自图存，必不折而入奴。若哈喇慎之三十六家，最称狡猾。自督臣王象乾一抚之后，顺多逆少。今日之计，我方有事于东，不得不修好西房，即未必可用，然不为我害，即以我用矣。岁费金钱数十万，

> 其亦不虚掷手！西款不坏，我得一意防奴。

在此期间，总督王象乾曾令王喇嘛、游击张定，往致三十六家。天启二年即天命七年（1622）四月，明与喀喇沁结盟。寻祖大寿致察哈尔首领之一拱兔，朱梅致敖汉部首领都令，不久与敖汉等部结盟。林丹汗"见各部内附，亦孤而求款"，同年八月，明朝与察哈尔部结盟。八月，王在晋令山海道阎鸣泰、关外道袁崇焕同抚夷官李增等出关，与林丹汗的使臣贵英哈盟誓，盟词曰："愿助兵灭奴，并力恢复天朝疆土。若奴兵到，憨兵不到，断革旧赏；倘奴酋通路，背盟阴合，罹显罚。"袁崇焕致书林丹汗，晓之以大义；吊唁汗母忧，通之以殷勤；贻书其喇嘛，用之以影响——"保得边疆无事，便是本性圆明"。这就加强和延续了明朝与蒙古的联盟。

然而，林丹汗在作茧自缚。他掠土地，劫牛羊，穷奢极欲，暴虐元道，"枭休悖慢，耳目不忍睹闻"。他自恃士马强盛，横行漠南，破喀喇沁，灭土默特。但是，其内部分崩离析。史载察哈尔部属五路头目的妻子，被林丹汗重臣贵英哈强占，受害头目含愤投巴林部首领秒花，"秒花不能养，投奴酋。奴酋用之守广宁"。察哈尔的敖汉部、奈曼部国对林丹汗不满，其使者往来于后金；林丹汗之孙扎尔布台吉、色楞台吉逃往科尔沁，又从科尔沁至后金，向努尔哈赤叩首行礼。林丹汗为抵御努尔哈赤对其附近部落的瓦解，从天启六年即天命十一年（1626）起，先后讨伐与后金结为烟盟的科尔沁部等。科尔沁等部在后金等援助下，打退了林丹汗的军事进攻。

后期，即后金的后期，其时，孙承宗、主象乾、袁崇焕或去宦，或去世，明"抚西房"之策未能继续。此间明朝、后金和蒙古之间的关系发生了变化。明朝与蒙古不稳固的同盟，被后金打开了缺口。林丹汗更加孤立。努尔哈赤便向蒙古发动军事攻势。天命十一年（1626）四月，后金汗努尔哈赤督平大军，八路并进，攻击巴林部。后金军前锋渡西喇木伦河，"获畜产无算，驱之不尽，乃还"。是为后金军事进攻蒙古之始。不久，敖汉部首领都令、色令与奈曼部首领黄把都儿"折入于奴"。努尔哈赤殁后，其子皇太极继续征抚漠南蒙古。天启七年即天聪元年（1627），喀喇沁部与后金会盟，双方"刑白马乌牛，誓告天地"。林丹汗已四面楚歌。于是，后金汗皇太极先后四征林

丹汗。

努尔哈赤之子皇太极对林丹汗的四次军事进攻，在后金、明朝与蒙古关系史上，是重大的历史事件。崇祯元年即天聪二年（1628）二月，皇太极率精骑进攻察哈尔部，先兵至敖木伦地方，击其所属多罗特部落，俘获一万一千二百余人。同年九月，皇太极再率精骑攻击察哈尔军，兵至兴安岭，十月返回沈阳。天聪六年（1632），皇太极统领满洲八旗和投顺后金的科尔沁、内喀尔喀、敖汉、奈曼和喀喇沁等部蒙古骑兵，大举进攻察哈尔部。后金军过西喇木伦河，越兴安岭，次大儿湖之古里河，又进至都勒河。察哈尔林丹汗闻后余军来攻，"大惧，谕部众弃本土西奔，遣人赴归化城，驱富民及牲畜渡黄河，国人仓促逃遁，尽委辎重而去"。林丹汗闻讯而溃，"星夜西遁"；皇太极回师东返，旋归沈阳。天聪八年（1633），林丹汗败遁后，众离亲叛，走投无路，"杀人以食，自相屠戮"，后窜至青海大草滩，患痘症而死。次年，后金军继续追击察哈尔部余众，俘获林丹汗之子额哲，并获"制诰之宝"。后金先后四征察哈尔部，察哈尔部被后金吞并。随着林丹汗的走死，漠南蒙古西部的鄂尔多斯部、土默特部等也相继降附后金。

察哈尔部被后金征服，明朝失去北面屏障，边事越发不可收拾。《明史·鞑靼传》载："明末亡，而插先毙，诸部皆入于大清。图计愈困，边事愈棘，朝议愈纷，明亦遂不可为矣！"

在征抚漠南蒙古过程中，努尔哈赤的一个大手段是：不仅利用蒙古诸部封建主之间的矛盾，而且利用该部各个封建王公之间的内讧，采取不同策略，加以区别对待，从而一个王公一个王公地、一部一部地降服。漠南蒙古降顺后金，进"九白之贡"，表示臣服。后金征服漠南蒙古，逐渐组成蒙古八旗，打通从西北进入中原的道路，政变后金与明朝的力量对比，占领更为广阔的地域，拥有更为雄厚的兵员，在战场上取得较为优势的地位。

伴随着统一女真各部和征抚漠南蒙古事业的发展，努尔哈赤着手主持制定无圈点老满文，为满族文化发展、为满族共同体的形成，做了一件在满族发展史上具有划时代意义之创举。

向明宣战

（一）"七恨"伐明

努尔哈赤崛起时，明朝已由盛而衰。到神宗亲政时，由朱元璋创建的大明王朝，在经历了永乐、宣德，史称"永宣之治"的短暂辉煌后，兴盛的局面早已成为遥远的过去。神宗的暴虐统治，早已把国家搞得乌烟瘴气，官场贪污盛行，政治黑暗。在辽东，坐视毗邻的建州女真势大，有识之士一再发出警告，神宗都充耳不闻。当努尔哈赤相继灭掉哈达、辉发、乌拉，叶赫危在旦夕之时，神宗似乎感到了心神不宁，他开始感受到被藐视的"建酋"努尔哈赤咄咄逼人的气势。正向大明王朝发起冲击。他已多年不理朝政，而此时不免忧心忡忡，坐卧不安了。一天夜里，他做了一个噩梦，吓得不能入睡。次日，他召见几位亲近大臣，诉说他的梦中之事："朕昨夜一连做了三次噩梦，每次都同是一个异族女子，跨在朕的身上，举枪刺朕，故使朕受到惊吓。你们说说看，这三次梦是什么意思？可直言不讳，对朕讲来。"这几位大臣都不约而同地想到，这"异族"必指女真，敢于刺皇帝不是努尔哈赤又是谁呢！于是，他们马上做出解释："陛下梦中的女子，就是现在的女直（女真），是努尔哈赤的化身，他正在兴起，就要夺我们大明江山。"他们给圆的这场梦，很有道理，也很实际，神宗听后，心里更加不安了。

说来也巧，神宗刚做过这场噩梦，就传来努尔哈赤进攻叶赫的警报，叶赫首领金台石、布扬古急忙派人向神宗告努尔哈赤的状。接着，明朝派兵保卫叶赫，并向努尔哈赤发出严厉警告，努尔哈赤据理反驳。这表明，努尔哈赤同明朝的矛盾已趋向表面化，他看到了明朝正在衰败，再也不像以前那样逆来顺受了，说话的口气也越来越强硬。神宗下令调兵援叶赫时，先派一名守备萧伯芝赴赫图阿拉，送给努尔哈赤一份谕旨，申明君臣大义。这位"萧大人"以"天朝"自居，诡称朝廷大臣，乘坐八抬大轿，妄自尊大，一见面，就命令努尔哈赤跪拜接旨，还夸夸其谈书本上写的那些古今兴亡的道理，对努尔哈赤进行训斥。此时的努尔哈赤已非昔日可比。他手握重兵，势力方张，岂肯被"萧大人"的装腔作势所吓倒！他以轻蔑的口气回答："吓我之书，为什么要下拜？善言善对，恶言恶对！"萧伯芝带来的谕旨，他看也不看，就命令萧回去，实际是驱逐出境。

努尔哈赤同明朝的矛盾非止一端，随着时间的推移，双方矛盾尖锐化，以至关系最后破裂，这是迟早要发生的事。因为努尔哈赤的势力日益发展，必然威胁到明朝在辽东的统治。当明朝逐渐看清努尔哈赤的意图，再也不能袖手旁观，开始采取必要的措施，加以遏制，甚至直接出面进行干预，到这个时候，双方的矛盾转化为公开的冲突，便是不可避免的了。

努尔哈赤建立后金政权，实际是宣布独立，脱离明朝的统治，因而改变了他与明朝保持的世代从属的关系。一方面，明朝要维护既得利益，继续维持一统天下；一方面，努尔哈赤要冲出旧有的藩篱，建立他统治下的社会秩序，为女真重新争得应有的权利和地位。双方对各自利益的争夺，必然发展成为军事冲突，至于哪一方先进攻并不重要。

后金政权建立时，明朝方面并不了解这一最新事态，反而却是朝鲜最先探听到可靠的消息，向明朝报告。说努尔哈赤自称是一国之主，把大明改称为"南朝"。昏庸的明神宗对这件大事好像还没有反应过来，也许因为情况不明，一时还拿不准如何处置。在两年多的时间里没有任何动静，就是说，没有采取任何防范的措施。

努尔哈赤也不动声色，从他的举措看，在这段时间里，他已着手做军事进攻的准备。当后金进入建国后的第三个新年（1618）的时候，努尔哈赤突然宣布：从今年起，要向大明开战！做出这项重大决策，的确关乎后金的前途命运：胜则存，败则亡，而且战争一经开始，就不会停止下来，对后金的考验还在后面，能否抵得住地广人众、握有全国财赋的大明的攻击，也还是个未知数。显而易见，努尔哈赤的决策具有很大的冒险性，是把他创建的新生的后金国作了赌注。但是，努尔哈赤已在沙场奋战了35个年头，从指挥百余人到千军万马，积累了极为丰富的作战经验，况且现在他已拥有8万多精锐的八旗军队，具有至高无上的权威。他对战胜明朝抱有必胜的信念。他深知明朝是个"大国"，打败它并不容易。因此，他马上进行精心的准备。他召集诸贝勒大臣，部署各军修造战备攻具。为防止泄露军事机密，假称给诸贝勒修马圈，派出700人，到附近山上砍伐木料。当年三月，传令将士检修兵器，加紧把马喂肥。他最担心明朝或有使臣前来，发现他备战的机密，就用这些砍伐下来的木材盖了马棚。

努尔哈赤命令八旗将士进行各项准备，而他则研究战略战术，如何制胜的兵法。到了四月，他向诸王贝勒具体阐述攻明的作战方略。他说，平时做人要讲正直，这种品质是最好不过了。在军队，就要讲智巧谋略，不使自己的兵士劳苦、疲乏为最好。打仗时，我众敌寡怎么打？首先应把我兵隐藏起来，不要叫敌人发现，只用少数兵去引诱，敌人被引诱来了，就中了我们的计策；如引诱而不来，就要详尽地研究城邑远近，相距远的话，即可尽力追击，相距近，则直抵城门，逼使敌人自相拥塞。我兵从后面掩杀必胜无疑。假使我兵只有一二固山，遇到众多敌人，那就一定避免与之接近，马上返回，寻觅大军，然后再去找敌人所在的地方。如果只是二三处的兵，需要合兵后，量力而行。这就是与敌人进行野战的作战方法。

接着，努尔哈赤又传授攻城的方法。他针对明军都以设防的城堡作为守御的阵地，说：攻打城堡山寨，要先观察它的态势，可以攻得下的，立即命令军队攻取，否则，就不要勉强进攻；如进攻却没有攻克，退兵回营，反而损害了军队的名声。胜败还取决于将帅的指挥，如果不劳己兵而又能克敌制胜，那才称得上擅长智巧谋略，无愧作三军的主帅。如劳师作战，虽胜何益？不管打什么仗，最上策就是自己不损兵折将而又能战胜敌人。

作战时，如何部署和调配兵力，对胜败关系甚大。后金的军队实行的是八旗制，其基层是牛录，构成了作战的基本单位。努尔哈赤十分重视如何发挥牛录的战斗力，他凭借多年的战斗经验，自有一套用兵的原则。他把这一原则也告诉了诸王贝勒，说：每个牛录有 50 个披甲的人，要留下 10 个人守城，40 个人出战，其中 22 个人携带两个云梯，以备攻城。从出兵之日起，到战斗结束，每个兵士都不得离开本牛录旗纛，违反此令，定要逮捕审问。我的命令必须向本牛录的兵士传达贯彻，如不传达，就将本牛录额真各罚马一匹。如已传达，而部下不听，就将违令者斩首处死。五牛录额真和各牛录额真以及其他将官，凡是委派的任务，如能胜任，就接受任务，倘不能胜任，也要说明白不能胜任，可以不接受委派。明知不能胜任却又接受了任务，不只是影响一个人，如管理上百人，就误了百人的事；若管理上千人，就误了千人的事！这些事都是我做汗的大事，也就误了国家大事！

努尔哈赤从战略讲到战术，进而讲了针对不同的情况，采取不同的作战方法。他要求诸王贝勒把他讲的这些都传达给所有将士。

努尔哈赤讲的是军事，实际也是政治动员，统一思想，做好战争准备，才能保证战争的胜利。

天命三年（1618）四月十三日上午十时，努尔哈赤亲统两万步骑，首次出征大明。出师前，按照女真的习俗，举行了庄严的"告天"仪式。由他授意书写的"告天书"，毫不留情地痛斥明朝的种种罪过，阐明他有"七恨"而兴兵。"告天书"全文如下：

我父、祖居于大明边境。寸土未损，一草未折，秋毫无犯，明朝无故生事，杀我父、祖。其此一恨；

虽然杀我父、祖，我仍愿修好，曾立石碑，约定誓言：无论大明与满洲（即满族），凡越过双方边境者，发现即杀，发现而不杀，就处罚纵容而不杀的人。明朝背弃誓言，派兵出境，助守叶赫。此其二恨；

自清河（今辽宁本溪清河）以南，江岸以北，明朝方面的人每年偷出边境，侵夺和为害满洲地方，我执行盟约，予以逮拿处死，明朝背叛盟约，反而责备我擅杀，拘留派往广宁（今辽宁北镇）的使者刚果礼、方吉纳二人，并用铁索锁手，逼我在边境杀10人，将他们换回。此其三恨；

明朝派兵出边，守卫叶赫。把我已经行了聘礼的女子转嫁给蒙古，此其四恨；

我世代为你大明看边而居住的柴河、三岔、抚安（今属辽宁省境）三堡，本属我有，我耕种的粮食，却不许我收获，派兵驱逐我民。此其五恨；

边外的叶赫，是获罪于上天之国，却偏听其言，遣人送信，写下了种种恶言，对我侮辱，此其六恨；

哈达帮助叶赫，两次出兵侵我，我进行反击，哈达遂为我所有，这是上天给予的。大明却又助哈达，逼令我顺复哈达，其后，叶赫屡次将我释放的哈达人掳去。天下各国互相征伐，符合天意者胜而存，违逆天意者必败而亡！在战争中死锋刃的人，使其重生；已得的俘虏，强迫归还，有这种道理的吗？如果是上天委任的大国之君，应为天下所有国家的共主。怎么仅仅是我一人的君主？以前，扈伦诸部联合犯我，引起战争，因我符合天意，天厌弃扈伦而保佑我。大明帮助叶赫，就是逆天意，以是为非，以非为是，妄加评判。此其七恨。我受凌辱至极，实难容忍，故以此七恨兴兵。

努尔哈赤诵读完毕，向天跪拜，将此告天书用火烧毁。

这就是著名的"七大恨"讨明檄文。虽说是声讨明朝的罪过，却也是对全军将士的作战动员令。焚此檄文后，他又向诸王将领解释说："此次出兵打仗，并非我的本愿，主要是因为有这七大恨，其余小恨难以尽说，愤恨已极，才不得已发动了战争。"但是，努尔哈赤发动战争，绝不单单是为了复仇解恨。35年前，他打的旗号是为父、祖报仇，结果是统一了女真诸部。此次大规模兴兵伐明，打的旗号，仍是报仇解恨，但从内容看，已远远超出复仇的局限，而且有政治的含意。他敢于痛斥明朝皇帝，并起兵征战，是他同明朝的公开决裂，从此不再存在臣属的关系。这表明努尔哈赤决心同明朝战斗到底。目的还是争夺统治权，后来的一系列战争证明了这一点。他在宣布军队纪律时，也突出了战争的政治性质。他说："在战争中俘虏的人，不准剥其衣服，不许奸淫妇女，有家口的，不要使他们夫妻离散。唯对抗拒不降的，杀无赦，除此，不得妄杀。"他不想借战争实施报复，而且要严格纪律，争取民心，有利于在明朝的土地上建立他的统治！

努尔哈赤建立后金国，仅仅过了两年零四个月，终于走上了同明朝进行战争的道路。尽管他知道这条路是漫长的，而且充满了艰难和风险，他没有别的选择，只有沿着这条路，向着既定的目标，前进，不停地前进，直到生命完结！不论他是否意识到，他都是在执行一项历史使命，这就是把女真人——满族，重新引上复兴的道路，再造先世的辉煌！只有打败明朝，才能实现这一目标。

努尔哈赤已经 60 岁了。他的威风，他的魄力，犹不减当年。他带领这支久经战阵的八旗精锐，义无反顾地踏上了征程。

从此，明统治下的辽东再也没有安静之日了。以此次战争为开端，将改变后金与明朝的各自命运。

（二）首战抚清

努尔哈赤决策，首次军事进攻的目标，就是明朝在辽东的东部边城抚顺（今辽宁抚顺市）。它的全称是抚顺千户所城。明朝军政机构实行卫所制。抚顺是次于卫一级的边境小城，隶属于沈阳中卫。城建于明洪武十七年（1384），周长仅 3 华里，但位置却很重要。它是辽东首府辽阳以东的边防重镇。明与建州三卫往来的交通冲要。在城东20 里的地方，开设马市，实则是贸易市场，专供建州女真与汉人进行互市贸易。抚顺城西距沈阳约 80 里，西南至辽阳，西北距开原各约 200 里。城东面，修筑了边墙，正面对着建州女真。如沿苏子河溯流而上，或经陆路，可直达努尔哈赤所在的赫图阿拉。从长远看，努尔哈赤欲进辽东，就非得打开这条通路不可。明朝欲遏制努尔哈赤，就必须守住抚顺城。后金与大明谁也不想放弃抚顺。因此，抚顺自然就成了努尔哈赤首次攻取的目标。

努尔哈赤敢于首先向明朝动武，是凭着他丰富的军事经验和远见卓识而做出的一生中最为重大的决策，他必是胸有成竹，胜券在握，当无疑问。然而，在具体落实到攻取抚顺的时候，不免有些踌躇，换言之，难免有几分担心。他明白，此战只能胜，不能败，如果遭到失败，后果不堪设想！

出征前，努尔哈赤同诸子商量，征询他们对攻取抚顺之计。第八子皇太极颇有谋略，在他的诸兄弟无计可出时，急中生智，向父亲献上一策。他说："听说抚顺游击李永芳大开马市，至本月（四月）二十五日结束。在开马市期间，边备必然松懈。我们趁机攻取，必能获胜，但宜智取为上策，请父汗先命令 50 人扮作贩马的商人，驱赶马匹，分做五路进入抚顺城。我随后带兵 5000，夜深时赶到城下，举炮为号，内外夹攻，抚顺唾手可得。抚顺一破，其他几处不战可下。"努尔哈赤听完皇太极的陈述，不禁大为高兴，多日来未曾筹出一计，而由皇太极完整地设计出来，心中的愁云顿消，马上表态，完全同意他的建议。

四月十三日，努尔哈赤统领两万大军，分作两路出发，会于古勒山住宿。次日，选出 50 人扮作马商先行，然后将两路军再分为八路：左翼四旗攻取东州、马根单两处；努尔哈赤及诸贝勒自率右翼四旗和八旗精锐亲兵直取抚顺。

入夜，努尔哈赤右翼军宿于瓦浑鄂漠之野。天不作美，忽晴忽雨，努尔啥赤反复观察天气，有些心神不定，突然对诸贝勒说："阴雨天气，不便进兵，还是撤回去吧！"为这天气不佳，他竟决定撤兵。出师前，兴师动众，而此刻将偃旗息鼓而回，这反映了努尔哈赤对取胜尚无绝对把握，大抵是出于稳重，不愿冒更大的风险。他刚说出自己的想法，二子代善极力劝谏："我们同大明和好已久，今因其不讲道理，酿成仇恨，发兵已至其境，如到此而回，那么，我们是与大明和好呢，还是为敌呢？况且我们已经兴兵，这件事谁能隐瞒得了？天气虽阴雨，我军有雨衣，弓矢也各有备雨之具，不必忧虑雨水沾湿，除此，还忧虑什么东西会沾湿呢？而且天下雨，更使大明防御松懈，意想不到我们会兴兵。这样的天气，实际有利于我，不利于他们。"代善一席话，把问题分析得头头是道，努尔哈赤顿觉眼前豁然开朗，心花怒放，连连称赞代善说得很有道理，便改变撤兵的主意，于半夜时，传令全军整装出发。正要起程，天气忽然转好，这真是云开月霁！上天好像有意考验努尔哈赤的心诚与否，所以忽阴忽雨，到决策进兵时，才散去云雨，助他成功。努尔哈赤满心欢喜，内心也很感激二子代善，多亏他提醒，否则，岂不是使自己闹出笑话！

八旗大军排列百里前进。皇太极率5000人已抵达城下，吹茄为号，努尔哈赤亲自率兵往抚顺城接应。抚顺城内并无准备，守将李永芳对此毫无所知。先入城的50人知道他们的军队已兵临城下，就在城内放火、呐喊，闹得满城惊慌失措，而城外已被后金兵包围，想逃也逃不出去。努尔哈赤决定招降，如遭拒绝，再发动进攻。后金兵在城外捉拿到一个汉人，让他带着招降信去见李永芳。他接过来信，信中强调的是，不投降，必死无疑，切莫后悔；如接受招降，城内军民都会保全，他本人可与之结为姻亲，破格提拔职务。最后，一再告诫：要相信信中许诺的条件都是可信的，机不可失，时不再来。

李永芳读完了信，没有立即表态，却穿上明朝的官服，登上城南门的垛口，表示要投降，但同时又下令明兵准备防守。努尔哈赤见此情形，下令竖云梯攻城。其实，李永芳是故作防守的姿态，并没有认真防守。后金兵进攻不到一个时辰，已经登上城墙，守备王命印因组织抵抗而被斩了。这时，李永芳仍穿着官服，骑上马，从城门出来，缓缓走向后金兵营，前去投降。当见到努尔哈赤时，他下马跪在路旁，努尔哈赤在马上拱手答礼，接受他的投降。

抚顺城就这样轻而易举地被后金拿下，首战告捷。城内军民除少数抗拒而被杀外，绝大多数都放弃了抵抗，一律被收养，重新编户。同一天，共攻取抚顺地区大小城池10余个，小村4000余个。努尔哈赤进驻抚顺城。第二天，全军都出城至郊外会合，然后撤离抚顺，回到属境甲板安营，在这里，努尔哈赤论功行赏。此战共获30万人畜，就地分给了部众，另将降民编了1000户。抚顺城内，有来自山东、山西、河东、河西、苏州、杭州、海州、易州等地的商人，努尔哈赤从中选出16人，赏给银子做路费，把他的"七大恨"文告交给他们，让他们返回内地，广为宣传。努尔哈赤又留下4000兵于二十日夜里将抚顺城拆毁，把这座设备完善的抚顺变为不设防的城池，以防明兵卷土重来。

四月二十一日，后金班师。努尔哈赤料到明朝闻讯，会来追击，他就在离明境20里的谢哩甸立营。不出所料，明朝辽东总兵官张承胤、副将颇廷相、参将蒲世芳、游击梁汝贵率兵一万，分五路前来追击。努尔哈赤闻讯，很不以为然地说："他们不是来和我们交战的，只是虚晃一下，诈称把我们的兵驱逐出境，用以欺骗他们的皇上。我谅他们也不敢等待我兵之来！"他派额尔德尼巴克什给正准备迎战的代善、皇太极捎信："停兵勿动。"他们兄弟俩奉命把军队撤到边界驻守，又请示说："明兵若是等待我军之来就打，若是不等待，就是败走了。我们应乘机追袭其后，否则，我们默默而回，他们就会误以为我们害怕不敢打。"努尔哈赤批准了他们俩人的建议，分兵前进，三处安营，占据有利地形，做好了迎战的准备。当交战展开后，后金很快占了上风，发挥骑射的长技，将明兵打得大败。更不幸的是，张承胤、蒲世芳等战死，颇廷相、梁汝贵冲出重围后，也相继战死于阵中，将士万人，生还者百无一二。

战斗结束，后金军队于二十六日返回赫图阿拉。后金与明首次交锋，以全胜告终。取抚顺时，并没有激战，真正交锋还是代善哥俩迎击张承胤等万人援兵，这是多少年来第一次对明用兵，后金军队显示出它的军威，打出了它的优势，明兵虽众，竟不堪一击！正如明朝御史张铨所评论："承胤不知敌诱，轻进取败，是谓无谋；猝与敌遇，行列错乱，是谓无法；率万余之众，不能死战，是谓无勇。"作为统帅的张承胤无谋、无法、无勇，岂能不败！根本原因，还是明将士腐败无能，指挥官缺乏良好的军事素养。

战后，努尔哈赤实践已许下的诺言，按明朝的典制，提升李永芳为三等副将，这比起他的原职游击已有了显著的晋升。努尔哈赤曾许诺李永芳结为姻亲，这时也予以兑现，将他的第七子阿巴泰的长女嫁给了李永芳，设盛大宴会，给他成亲。按辈分，努尔哈赤成了李永芳的祖父。从后金建国，这大概是满汉通婚的第一例。李永芳从明朝的一个普通的游击将领，摇身一变而成了后金国的皇亲贵戚，称"额驸"。李永芳也是明与后金战争伊始投降的第一人。这一事件对后来明将降后金（清）影响极大。努尔哈赤还把收降的1000户都交给李永芳管辖。努尔哈赤履行诺言、政策兑现，反映他对李永芳叛明降后金这件事的高度重视，因为他从现实看将来，确信他的这一优惠政策必将产生重大效果。

值得一提的，还有一件事：努尔哈赤攻取抚顺时，又得到了一个将来更有大用的人才，他就是范文程。当时，文程还仅是个沈阳生员，即读书人。清官方史书说他"仗策谒军门"，主动投靠后金，实际他是被俘人员，努尔哈赤本想把他同其他被俘人员处死，但知道他是个读书人，对他很有用后，就赦免了他。经再一细问，才知道他是宋朝名相范仲淹的后裔，不禁肃然起敬，特意叮嘱他的诸子说："他是名臣的后人，要好好对待。"范文程堪称是治国的栋梁之材，他为皇太极和顺治两朝谋划国家大事，发挥了重大作用，在一些关键问题尤其展示了他的非凡的远见和才能，被清朝列为开国元勋之一。

努尔哈赤成功地夺取了抚顺，收降李永芳、范文程等人，信心倍增，于五月十七日再次出兵，进入明边界以内，十九日围攻抚顺以北、铁岭以南的抚安、花豹冲、三岔儿等，连续攻取了大小城堡共 11 个。通过李永芳的劝降，又收降了许多百姓。

连续的胜利，频频得手，无疑鼓励了后金的士气。七月二十日，努尔哈赤又发动了攻清河的战役。清河堡（今属辽宁本溪清河城）位于抚顺东南，是仅次于抚顺的边防重镇之一。主要是明廷针对建州女真而严加设的防。原驻军达 5200 余人，被后金攻取前，又增援 3000 人，总数近万人，其中有炮手 1000 多人。后金兵临其地，驻清河的参将邹储贤用万人固守。努尔哈赤指挥八旗军队攻城，明兵从城上投放滚木石块，施放火炮，箭矢如雨，都不能阻挡后金兵的攻击。他们冲至城下，挖掘城墙，打开洞口，蜂拥而入；另一部分则竖云梯，从城墙上冒死飞跃入城，明兵四散溃逃。邹储贤杀了坐骑，放火烧了营房，率亲丁拼死一战。李永芳出面招降，储贤大骂，遂战死于城南门。游击张旆亦战死，全军近万人皆死于阵中。一场血战后，清河堡陷落。离此很近的一堵墙、碱场（今属本溪）二城的官民闻风丧胆，没等后金进攻皆弃城逃跑。后金兵不血刃而得两城，将全城拆毁，搜索所有粮食，然后凯旋班师。

抚顺、清河两次战役，中间相隔三个月，但后者实为前者的继续，是努尔哈赤发动的一次战役的两次行动，故史称"抚清之役"。

抚清之役，是明清（后金）战争史上双方首次交锋，以后金的全胜而结束。努尔哈赤从两次战役中获取了大量战利品，固然值得高兴，但更重要的意义就在于，努尔哈赤第一次触动明朝这个庞然大物，并不像原先想的那么可怕，也不难打败他。从战斗及其结局，努尔哈赤看到了明朝军队的种种弊端，也是其政治腐败的反映。如果说，努尔哈赤原先还有一点对明朝不可战胜的迷信，那么，经此战役，这点迷信完全被打碎了，信心大增；他的将士所表现出来的压倒一切的气概，良好的军事素质，使他确信这支军队足以同大明的强大的军事力量相抗衡。努尔哈赤比任何时候都有勇气和信念同明朝战斗到底!

明朝是在没有做准备的情况下,被努尔哈赤打了个措手不及,极大地损伤了"天朝"的至高无上的尊严,当它从失败中惊醒过来,岂能容许努尔哈赤对它的背叛,尤不能容忍敢于对它进行挑衅!战争已经开始,并将继续下去,下一步,该由明朝组织反击,一举吞灭后金。它这样想,或这样做,谁也不会感到惊讶。事实正是如此,一场生死存亡的大搏斗正在日益临近!

(三)决战决胜

努尔哈赤攻陷抚顺、清河二城,掠其人畜,斩其大将的消息,接连飞报到北京。昏庸的神宗及朝野上下,好像被击了一猛掌,无不震惊、恐慌!这是明统治辽东200年来未曾有过的一巨变。早年曾有李满住、董山、逞加奴、仰加奴等女真首领"寇边"骚扰,而今,未曾料到的是,努尔哈赤比这些人更为凶猛,攻城夺地,拆毁城池!此前,尽管努尔哈赤与明朝发生了诸多纠葛,尚未引起对方的过多注意,而抚顺、清河的失陷,却使明朝最为惊骇。明末所谓"辽事"实际就是从努尔哈赤攻陷抚顺开始的。

努尔哈赤发动抚清之役,终于使明朝统治集团从睡梦中惊醒过来。在一片惶恐不安的气氛中,神宗责成内阁大臣会同兵部等各部门商讨对策。于是,调兵遣将,筹饷募兵,重点防御山海关、广宁、辽阳等重镇。虽说努尔哈赤远在辽东以外,并无内进的迹象,但明朝君臣好像大祸临头,各处布防,意在防卫京师。

明朝并不是仅仅加强防守,从一开始就酝酿对后金进行一次大规模的征剿。在得到抚顺失陷消息的当天,神宗除了指示应采取的应急措施,还提出了"大举征剿事",要朝中百官举行会议,讨论落实。过了20天后,神宗找来兵部,再次强调征伐努尔哈赤的必要性。他说:"辽左失陷城堡,陨将丧师,损害朝廷威望,莫此为甚。你部要与各有关督抚各官、沿边将士亟图战守长策。各处城堡,都要用心防守。遇有敌人进犯的警报,并力截杀,务挫其锋。远调经略,旦夕出关。援兵四集,即共同谋划,大彰挞伐,以振国威。"他还警告一些因循怠玩、空谈军机的人:"国法俱在,决不轻贷!"

一向不务政事的神宗皇帝,确实被努尔哈赤的军事进攻震醒了,他已意识到事态的严重性,几年

明神宗

前梦中的"异族女子"真的举枪向他刺来，他再也不敢疏忽，不待大臣们提议，他先发出命令，准备大举进攻后金。有了皇帝的旨意，大臣们赶紧讨论，很快确定领兵的人选，他就是杨镐。此人于万历八年（1580）中进士，平步青云，累次得到提升，至经略朝鲜军务，援朝抗倭，遭到惨败，险些被正法！抚顺警报传来，杨镐再次被起用，被任命为兵部右侍郎经略辽东。在抚顺陷落近两个月后，于六月赴山海关。催调宣府、大同、山西、延绥、宁夏、甘肃、固原等边镇劲卒1.6万及蓟镇台兵，从国库支出饷银20万两。神宗特赐尚方剑，授权杨镐：凡总兵以下各将官如不用命或犯有军纪等严重过失，即可军法从事，先斩后奏。

主帅杨镐已被任命，其余两件大事必不可少，一是厚集兵力，一是筹集充足的粮饷，两项缺一不可。除前调宣府等七镇兵之外，另增调叶赫出兵，再调属国朝鲜派兵。朝鲜应命，派元帅姜弘立、副元帅金景瑞率三营兵马1.3万人，渡过鸭绿江，参加这次军事行动。总集兵力有多少，史书说法不一。清朝官方文件说，杨镐集兵20万，号称47万，显然夸大。因为清朝是胜利者，把战败者明朝的兵力说得越多，便越能说清朝是以少胜多，战绩越是辉煌。明朝方面也各有说法，唯后来任兵部尚书的王在晋自著《三朝辽事实录》，追记此次出兵总数为88550余名，这个数字较为可靠。综合各种说法，明朝的兵力在10万以下，8万以上。

近10万兵马，需大批粮饷。神宗批准，将这项负担转嫁给农民，每亩加征赋额，万历四十六年（1618），全国骤增饷银300万两。他们把这项专用于征辽的饷银，称为"辽饷"。后随着战争的继续，加派逐年增多，3年间连续逐年增派，最后达到520万两，这就是说，农民除了按亩纳赋外，还须额外再纳一笔辽饷，集全国此项加派，以520万为岁额。这就是明末有名的"辽饷"。后又为剿灭李自成等起义军，又加派了"剿饷""练饷"，合称"三饷"。此为明末一大虐政，最终把明朝葬送，而"三饷"之来，首始于此次征剿努尔哈赤。

就在努尔哈赤攻陷抚、清的同年冬，明朝征调的各镇兵马及叶赫、朝鲜的援军云集辽东，粮饷也源源运来。现在问题，该是如何组织进攻。杨镐本无军事大才，虽任官30余年，实际多在官场周旋，援朝战场上的表现，已露才拙，不足堪当大任。但以他熟悉"辽事"，被推为主帅。在面临制定作战方略时，竟"计无所出"。朝中大学士方从哲、兵部尚书黄嘉善、兵科给事中赵兴邦等人不顾边防实际，以"师老财匮"为由，每天发红旗，或写信，催促杨镐赶快进战。杨镐心慌意乱，同各方督抚大员及有关将领紧急会商，最后制定出一套分兵四路，分进合击的战略，攻向后金的中心——赫图阿拉，一举歼灭。四路的阵容及兵力、主将配置如下：

沈阳一路，又称左翼中路，以山海关总兵杜松为主将，以保定总兵王宣、原任总兵赵梦麟为辅，命分巡兵备副使张铨为监军，统率二三万人马，自抚顺出关，从西面进攻赫图阿拉；

开（原）、铁（岭）一路，又称左翼北路，或直称北路。以原任总兵马林为主将，以开原管副总兵事游击麻岩等7人为将官，命开原兵备道金事潘宗颜为监军，统率包括叶赫军队在内，共1.5万人，从靖安堡出击，攻其北面；

清河一路，也称右翼中路，或称南路。以辽东总兵李如柏为主将，以管辽阳副总兵事参将贺世贤等12人为将，任命分守兵备参议阎鸣泰为监军，率二三万人马，从鸦鹘关出边，攻其南面；

宽甸一路，也称右翼南路，或直称东路。以总兵刘铤为主将，管宽甸游击事都司祖天定等6人为将，以海盖兵备副使康应乾为监军，会同朝鲜援军，共2万人左右。自凉马佃出边，从东面取赫图阿拉。

四路中，以杜松所部及李如柏所部兵力稍强，从正面进攻赫图阿拉，构成了主力部队。杨镐为全军主帅，坐镇辽阳，约定四路于万历四十七年（1619）二月二十五日出发，三月一日出边，二日于二道关合营进关。他把明军出师日期派人通知了努尔哈赤。

从神宗发出征剿后金的谕旨，到动员全国，征调雄兵猛将，厚增粮饷，皆倾注于辽东一隅之地，气势汹汹，大有灭此朝食之势。明朝发动大规模进攻，不仅是对努尔哈赤袭取抚清的一次大反击，更重要的意图是，欲一举歼灭后金，将其扼杀于摇篮之中。

努尔哈赤攻取了抚、清之后，就料定明朝绝不会善罢甘休，肯定会大举报复行动。天命四年（1619）元旦刚过，努尔哈赤立即进行全面备战；派大贝勒、二子代善率5000兵马前往扎喀关（时称三道关）防守，抵御明军可能发动的进攻。而他亲统大军出征叶赫，夺取其屯寨20余处，力挫叶赫士气，胜利回师。接着，派出1.5万人到萨尔浒（今辽宁抚顺东大伙房水库所在地，现已淹没于大水之中）地方运石，在近处的界藩山上筑城。另派400名骑兵前来保卫。

二月二十四日，努尔哈赤收到杨镐的信，如其所料，明兵即将大举进犯。数日后，他接连得到哨探的报道，从西边抚顺方向，南边栋鄂方向，均已发现明兵。努尔哈赤沉着冷静地分析，对明朝的战略进行估量。他判断，明军的主力是从抚顺方向来的一路即西路杜松所部，应全力攻击此路军。然后再逐个歼灭其他几路军。他向诸贝勒大臣阐述他的作战方略是各个击破，归为他的一句名言："凭尔几路来，我只一路去！"

努尔哈赤迅速部署兵力，命令现驻原地的500兵防御南路，其余所有八旗军队尽数调到西路，迎战明军主力。代善与诸贝勒大臣率军出城，向抚顺方向而来。正行间，哨探又报来最新情况：在清河方面又发现了明兵。代善认为，清河方面路远，且多山而路崎岖，一时来不了，只用200兵去防护就可以了，我们应全力赴抚顺关迎战。说完，继续进兵，过了扎喀关，代善与达尔汉辖按兵不动，等候努尔哈赤到来。四贝勒皇太极因祭祀神灵稍迟，随后赶来，一见面就说："我们筑城夫役都没有武器，界藩山虽然险同，假如明兵不顾死活，必欲强攻，我们的夫役将陷入阵中，那将怎么办？现在，我们要赶快去，那些夫役见我们来了，心里也就踏实了。"代善觉得弟弟说得有理，马上下令进兵。下午，赶到太兰冈，按照皇太极的主意，全军不能隐蔽，而是耀武扬威地驻扎于显眼之处，遇到敌兵，迅即布阵，让那些运石夫役看到我们大兵已到，也会奋勇参战的。全军继续前进，出铁背山前，恰与杜松一路军相遇，就在明军的前沿阵地前安营扎寨。

铁背山位于浑河上游与苏子河下游会合处，山势险峻，悬崖峭壁，是一天然险要。它西与界藩山相连，山上有绝壁剑立的吉林崖，浑河由东向西从山脚下流过，河之南即著名的萨尔浒。这里，即将展开的激战，将决定明军分进合击的胜败，在一定意义上说，也决定后金兴亡的命运！

杜松所率明军主力，于二月二十九日自辽阳出师，三月一日出抚顺关，抵达浑河岸时，天色已晚。将士们都想就地安营休息。杜松来到河边，发现河水深不及马腹，便令全军渡河。这正是枯水季节，河水不深。时届初春，在北方，冰雪尚未化尽，天气还是很冷的。杜松这位悍将，却不顾傍晚气温下降，率先脱掉衣服，骑上马，大喝一声，马跃入河中。诸将急忙请杜松把铠甲披上，以防后金的突然袭击。杜松哈哈大笑，说："上阵穿铠甲，不是个男子大丈夫。我从小当兵，当到现在都老了，还不知铠甲有多重呢！"他一边说，一边麾兵前进。全军将士受此激励，也都跟着解衣渡河。按预定计划，二日进至二道关，会合李如柏部，两路并进。杜松自顾急于进兵，犯了冒进的大忌，酿下了悲惨的结局。

杜松自顾渡河，未曾料到的是，后金派往界藩保卫筑城夫役的400骑兵已埋伏在萨尔浒山谷口。当明军兵马渡河至河心处，后金兵突然发起攻击，专攻明军的尾部，冲杀至界凡河，那些手无寸铁的筑城夫役也投入了战斗，占据了有利的地形——吉林崖。毕竟明兵数量占据绝对优势，很快从惊慌中镇定下来，冲上河岸。杜松挥师包围了吉林崖，发起了攻击，另分出一军，在萨尔浒山上扎营。

代善、皇太极率八旗军队赶到时，恰遇明军围攻吉林崖。遇此紧急情况，代善来不及请示父汗，当即做出决定：分左右两翼迎战，另派1000名甲士抢登吉林崖，与山上骑步兵会合，一齐由山上往下冲击；右翼四旗兵等山上发起冲锋时，从山下进攻明军，造成上下夹击之势。左翼四旗留在萨尔浒山，监视那里的明军。刚部署完，努尔哈赤匆匆赶到，代善向父汗报告了作战部署。努尔哈赤说："天已经晚了，就照你们的决定去做吧！"他稍加修正，命右翼抽出二旗兵力去加强左翼四旗，用一切力量去攻击萨尔浒山上的明军，此军一破，其余不攻自破。

战斗迅速全面展开：左翼六旗数万军队向萨尔浒山上的明军发起猛烈攻势。在努尔哈赤亲自指挥下，以善射为长技的后金兵，漫山遍野散开，手持强弓、大刀，呐喊着向山上冲击。明军闻警，慌忙列阵，发铳炮轰击，爆炸声惊天动地，空旷的山谷激起一阵阵激烈的回响。夜幕降临，天昏地暗，咫尺不见人。明军点燃火炬照明，而后金兵在暗处，万箭齐发，如飞蝗一样射向明军，矢不虚发，明兵纷纷应声而倒。明军看暗处，找不准目标，铳炮弹都射到远处树林中去了，后金兵很少受损伤，乘势猛攻，很快冲入营中，明军顿时大乱，到处逃窜。后金兵如入无人之境，刀枪纷飞，所到之处，明军纷纷倒毙，尸横遍野……

与此同时，吉林崖上的后金兵也从上往下猛冲猛打，右翼二旗的兵及时地应援，夹击明军，将其置于腹背挨打的境地。杜松率诸将拼死搏战，杀得难分难解。努尔哈赤已袭破萨尔浒明军大营，立即挥师界藩，四面攻入，将明军分割成数块，短兵相接厮杀，兵器撞击声，战马嘶鸣，喊杀声交织在一起，在夜空中震荡，真是惊心动魄！杜松在乱军中，左冲右突，无法摆脱如潮涌一般的后金兵的攻击。突然一箭飞来，正中杜松头部，接着他又身中数箭，一头栽于马下而死，王宣、赵梦麟等副指挥都在混战中阵亡，全军覆没。明军尸横遍野，血流成渠。他们的各种兵器、旌旗、甲杖、尸体覆盖于浑河之上，如解冰旋转而下。史称此次战争为"萨尔浒之战"，是因为在这个地方打得最为激烈，此路明主力被歼，也就决定了此战的胜败结局。

萨尔浒战刚结束，努尔哈赤率大军北进，恰好同马林所部明军相遇。原来，马林率所部出边后，于三月一日到达稗子峪，就地安营。当天深夜得知杜松军覆没，吓得不敢进兵，急忙撤到离萨尔浒40里的尚间崖，紧急布阵，修筑防御工事，挖壕三道，壕外列大炮、鸟枪，在外层密布骑兵。尚间崖之西有斐芬山，潘宗颜率部驻守；游击龚念遂等率部也驻守在近处的斡浑鄂谟安营。

次日，努尔哈赤携八子皇太极率军不足千人，先攻龚念遂部，大败明军，龚念遂、李希泌等将领皆死于阵中。努尔哈赤正立马观阵，代善飞驰来报：马林部明军已在尚间崖安营。努尔哈赤未及通知皇太极，即同代善飞驰至尚间崖，见明兵已攻了上来，传令八旗骑兵下马步战。后金有左翼二旗兵力，已来不及下马，代善策马直冲上去，与明军混战。不多时，另外六旗也及时赶到，一齐杀人。明军靠枪炮接战，发炮的速度远不及骏马飞驰的快，当后金兵赶到近前时，枪炮都失去了作用，于是四散奔逃，副将麻岩等被斩于阵中。明兵死伤累累，鲜血染红了尚间崖下的河水。只有马林逃脱，保全了性命。努尔哈赤掉转进攻的矛头，直逼斐芬山。结局还是一样：明军尽没，监军潘宗颜与游击窦永澄、守备江万春、董尔励等皆战死。当马林等遭到惨败时，叶赫首领金台石、布扬古率部才进至中固城（今辽宁开原市中固村），看到明军败状，大为惊恐，吓得回师，才得以保全。

明军四路已失其两路，另两路，一为刘铤部，一为李如柏部。后金哨探已探明两路军，努尔哈赤先放掉李如柏部，集中兵力专攻刘铤部。他先派达尔汉辖率1000人为先遣部队先行，第二天，再派其侄儿、二贝勒阿敏率2000兵马增援。他与代善率大队人马随后出发。他们返回赫图阿拉，稍调整作战方略：命代善率部前去迎战刘铤，努尔哈赤仅留4000兵守都城，谨防清河方面的李如柏部的突袭。

刘铤部行进在崎岖的山间小道，行军速度缓慢，迟至三月二日才推进至清河，但已深入300里。对杜松、马林二路军的失败，一无所知。行至清风山时，一位自称是杜松属部的士兵，带着杜松的令箭前来，催促刘铤尽快进军。刘铤一见令箭，不禁大怒，痛骂杜松："同是大帅，竟向我发号施令，岂有此理！"这个士兵传达完指令，就走了。此人正是努尔哈赤派出的间谍，诓刘铤快速进兵，以便用计破他。离赫图阿拉越来越近了，只听到炮声不断，刘铤误以为是杜松抢了头功，他再也按捺不住焦急的心情，下令加快进军速度，很快便进入后金兵的包围圈。这时有一队明军——实则是后金的军队，打着杜松的旗号迎了上来，声称是来迎接刘铤部的。四日，明军已进至阿布达里冈（今辽宁新宾县榆树乡嘎巴赛村南十里之地）。这一带荒无人烟，只见群山林立，层峦起伏，林木丛生。后金兵设伏于此，有皇太极率右翼兵自山冈下冲，居高临下冲击；代善率左翼兵攻取西侧，埋伏于瓦尔喀什山南深谷中的阿敏等率部从后面包抄，而冒充杜松部明军的后金兵从内部攻杀，顿时把刘铤全军搅得混乱而不成列。刘铤毫无思想准备，而且全军都行进在狭窄的山路上，无法展开队形，被后金兵分割，互不相应，很快被打得毫无还手之力。刘铤是明将中最为骁勇的一员猛将，使用一口镔铁刀，据载重达120斤，在马上轮转如飞，人称"刘大刀"。但此刻陷入重围之中，犹奋力死战。他的左右臂中流矢，伤重而不顾；又面中一刀，截去半个脸颊，还是死战不已，亲手杀死数十名后金兵，最后，这位南征北战的勇将终于倒在血泊里挣扎至死。他的养子刘招孙为救刘铤，同时战死。战斗从上午一直激战到晚间，万余明兵除极少数侥幸逃脱，全部被歼。

与刘铤军等同为一路的还有康应乾所领的一支明军和朝鲜援军。代善乘战胜刘铤军之锐气，南向进战，行至富察甸，两军相遇，不须细说，明军又败，康应乾仅以身免，剩下朝鲜军，不愿遭明军同样的厄运，都元帅姜弘立请求投降。代善与诸贝勒大臣共议，接受投降，把他们送到赫图阿拉，听候父汗处理。

坐镇辽阳的总指挥杨镐，一心等待四路捷报传来，不料先已传来的是两路军覆没的消息，顿时惊得说不出话来。待稍一冷静，马上想到剩下的两路也必无胜利的希望，便急令刘铤、李如柏两路撤军。刘部路远，且已深入，命令尚未传到，已被消灭。李部路近，进军迟缓，幸亏努尔哈赤先放过了他，双方还未交锋，使他及时接到撤退的命令，才得以全军生还。

这次大战，历时仅四天，分三个战场进行，后金以 6 万兵力对明军近 10 万，以全胜而告终。明朝损失惨重，计阵亡道、镇、副、协、参、游、都司、通判、守备、中军、千把总等高级、中级及低级军官共 310 余员，阵亡士兵 45870 余员；损失马、骡、驼，共 28600 余匹（头）。战后，生存而归队的官军共 42360 余员。这就是说，阵亡者已超过总兵员近 9 万人的一半，现存的又不足作战时的一半。后金损失人员极少，他们公布的阵亡数字还不足 200 人，将领级军官无一损伤。明朝方面于战后的报道，的确也未报过杀死多少后金兵，只是零星报的数字，或几人，十几人，至多如刘铤部消灭后金兵也不过一二百人。

明朝决策伊始，就抱定一举荡平后金的宗旨，如果取胜，后金则亡，满族不复存在；反之，后金不仅生存下去，而且会变得更强大，初步形成的满族共同体才真的开始登上中国的历史舞台。因此，这次大战，对后金来说，是一次命运之战；从长远看，此战也影响到明朝的未来命运，关系到她的衰亡。不言而喻，我们把这次大战又称为明清（后金）首次决战。无论是其规模，双方的作战方略，以及此战对明清（后金）政治的极大影响，在中国古代战史上都占有应有的地位。

论及此战的胜败原因，非几句话能说清的。简而言之，从后金方面说，努尔哈赤的战略战术完全正确。集中兵力，各个击破，这一古来作战的基本原则之一，努尔哈赤运用得十分巧妙，使军事艺术得到了完善的体现。仅以此战，说他是一位卓越的军事家、战略家，是当之无愧的。当然，他的胜利还有政治上的原因。后金是一支新兴的政治势力，有朝气，有进取心，上下一致，君臣一心，显示出蓬勃的政治活力，注入到为命运之战，为生存而战，从这个意义上说，努尔哈赤组织后金反击明朝的军事围剿，不能不具有进步意义。为正义而战，便产生出难以抵御的伟大力量，以此伟力何功不成！明军的失败，原因更为复杂，朝中大臣们纷纷评论，总结教训。从军事上说，所谓四路分进合击，首要的问题是将帅应该合心，统一行动，合击才能发挥战斗力。但实际情况是，杜松急进，马林迟缓，刘铤先行，李如柏故拖，如此不齐，就无法分进合击。他们各怀心腹事，或争功冒进，或胆怯迟疑，或将异己置于孤危之地，等等，如此怀私，岂能打胜仗！再说朝中阁臣"全不知兵"，极力催战，致"马上催而三路丧师"。他们决策进兵，实际心里想的并不愿打，不过虚应故事而已。杨镐身为主帅本没有大打的决心，甚至把出师日期事先通知了努尔哈赤，是何意也？不仅军事以至于此，深一层的原因，还是明朝政治腐败，将帅、大臣少有为国之心。虽武器精良、人马众多，终不免一败，并不令人奇怪。杨镐身为主帅，损兵折将，给国家招致奇耻大辱。被逮下狱，定为死罪，监押 10 年，迟至崇祯二年（1629）伏法。虽说罪有应得，但也是做了政治斗争的牺牲品、他人的替罪羊。

席卷辽东

（一）智取开原铁岭

萨尔浒之战是明与后金兴亡史上的一个转折点。明朝经过长期的备战，动用了空前多的兵力和财力，就是为了一举将后金消灭。但事实恰恰相反，不但自己损兵折将，在辽东的军事力量大大削弱，危及它在辽东的统治，而且全国上下惊恐不安，人心不稳，士气低落。而后金政权不仅没有被摧毁，反而得到了巩固和加强，八旗兵军兵数量增加，器械充足，战马成群，士气高涨，军威远扬。在辽东地区，不论是军事实力，还是人心士气，后金都占有明显的优势，在战略上取得了主动权。从此之后，明朝从战略进攻转为战略防御，后金则由战略防御转为战略进攻。

天命四年三月初七日，八旗大军凯旋，后金举国欢庆，努尔哈赤论功行赏，诸贝勒、大臣以及八旗兵丁都按军功大小得到了多少不等的战利品。当然，努尔哈赤并没有陶醉在大战胜利后的喜悦之中，他已经确定了下一个战略目标：夺取辽沈。占领辽东。在庆功宴会上，他告诫诸贝勒、大臣说："前日之捷，天也。你们不要因为屡打胜仗就自以为了不得，可以有所依恃了。只有夺占辽东，后金才能够生存。你们每个人都应该有战死于辽东城下的决心！"

努尔哈赤虽定下了攻占辽东的决心，却没有立即行动。一方面大战之后要休养士卒，牧放马匹，缮治器械，做好战前准备，另一方面也要观察一下明朝的动态。萨尔浒惨败以后，明朝君臣商民无不惊骇，京城九门晨开午闭，部院官员轮流值守，稽查出入行人，防止后金谍工潜入。但对于如何对付后金，扭转辽东的被动局面这样的大事，满朝文武却拿不出任何有效的对策。努尔哈赤见明朝并没有什么动作，也就放心大胆地开始实施占领辽东的计划。

努尔哈赤将第一个攻击目标定在开原。并原东临建州，西接蒙古，北界叶赫，处于辽东边墙的北端，是明朝防御蒙古和女真人侵扰的边防重镇。守将总兵官马林本是无能之辈，不久前刚从尚间崖战败逃回，虽然知道后金要攻开原，却自恃与蒙古部订有盟约而不设防。摄开原道事的推官郑之范，贪得无厌，只知克扣粮饷，不管官兵死活。守军兵无粮饷，马无草料，以至于马倒人逃，毫无斗志，这时不得不到离城百里的地方放牧军马。努尔哈赤早就派遣间谍潜入城内，将以上情况了解得一清二楚，趁明军无备，亲率4万八旗大军，于六月初十日向开原进军。他采取声东击西的策略，途中派出一支百人的小部队抢掠沈阳，吸引明军的注意力，主力乘虚急进，包围开原。马林等来不及布防，只派少数兵力入城，主力留在城外，仓促应战。努尔哈赤指挥八旗兵布战车竖云梯猛烈攻城，潜入城内的后金间谍开门内应，八旗兵突入城中，据城攻击，城外马林军为城壕所阻，包括总兵马林、副将于化龙在内的明军全部被歼。

后金军夺占开原后，纵兵杀掠3日，城内数万居民屠戮几尽，金银财宝、布匹粮食、牛马牲畜等，车载马驮，悉数运回后金。然后捣毁城墙，焚烧官会民房，撤离开原。

开原的胜利使努尔哈赤兴奋不已，心中正在筹划新的进攻。他说服诸贝勒、大臣不回都城赫图阿拉，而在界凡屯驻下来。七月二十五日，努尔哈赤探知铁岭城守空虚，不待预定的八月之期，即率兵五六万人，出三岔儿堡，陈兵铁岭城下。铁岭也是辽东北军事重镇，但这时城中百姓大都逃走，只有明军万余守城。努尔哈赤坐在城东南的一座小山上，指挥八旗兵竖梯攻城。正当明军施放枪炮、射箭掷石，顽强抵抗时，早被后金收买的参将丁碧打开了城门，八旗军蜂拥入城，全歼守城明军士卒和游击喻成名、史凤鸣、李克泰等人。第二天，努尔哈赤指挥八旗兵击败已进至铁岭城外援明的蒙古喀尔喀部万余骑兵，俘贝勒宰赛等150余人。

开原、铁岭两战的胜利，打通了进军辽东的道路，正当后金准备夺占沈阳、辽阳的时候，从明朝传来一个重要情报，令踌躇满志的努尔哈赤不得不重新决策。

辽东频频告警，明廷在万般无奈之下、任命熊廷弼接替杨镐为辽东经略。熊廷弼（1569~1625），字飞白，号芝冈，湖北江夏（今武汉）人。他有胆识，懂军事，曾巡按辽东，熟悉边情。受命之后，熊廷弼兼程出关，但到达辽阳任所时，铁岭已失。此时的辽东，只有残兵败将，军兵无粮，兵械朽钝，士气不振，人心惶惶，岌岌可危。面对如此残破衰败的现实，熊廷弼清醒地认识到，明在辽东的军事实力，已远远劣于后金，因此在战略上不能再取攻势，而应改取守势，实行重点守备。他针对时弊，大力整顿军务，严肃军纪，修造兵械，加强训练，激励士气，招集流亡，安定民心，缮治城堡，筹措粮饷，迅速扭转了辽东残破衰败的局面。他还奏请，调兵18万，马9万匹，在爰阳、清河（今抚顺东南）、抚顺、柴河（今铁岭东）、三岔儿、镇江（今丹东东北九连城）等险要地带，设置重兵，画地而守，分合奇正，无誓就地操练，小敌自为堵御，大敌互相应援。更挑选精悍兵卒组成小股游击分队，乘间捉哨探，捕零骑，扰耕牧，迭出袭扰，使其疲于奔命，然后相机进剿。在熊廷弼的筹划和组织下，辽东的防务大大加强了。

熊廷弼经略辽东，在后金领导集团内部引起不小的震动。努尔哈赤曾就今后的用兵方向一事，召集各贝勒、大臣进行讨论。大家意见不一，有的主张先攻辽阳，倾其根本；有的说应先取沈阳，破其藩篱；有的说熊廷弼已到，明已有备，应先攻北关叶赫。努尔哈赤知道熊廷弼是个很难对付的对手，所以同意先攻叶赫的意见，说："先攻灭叶赫，免除了进军辽东的后顾之忧，将来就可以用全力去进攻辽沈。"当年八月，努尔哈赤率八旗兵一举攻灭叶赫，最终统一了海西女真。此后，他除了偶尔派少量兵力袭扰辽边外，并没有大规模地向辽东进攻。这是因为，一可以掠取后金迫切需要的粮食，二可以试探辽东明军的虚实，以决定后金今后的行动。努尔哈赤对熊廷弼心存疑惧，警惕地关注着他的一举一动，随时准备对付明军的进犯。天命四年底，他得到消息说，明朝发兵48万，合朝鲜兵6万，将于次年三月间，分路进攻后金的新都城。努尔哈赤极为重视，大力加强战备。天命五年二月末，他调集军队，阅兵三日。在明军可能入犯的通道上，设置木栅路障，派兵防守。在佛阿拉、新栋鄂、呼兰、界凡等重点地区，派驻重兵。在明朝旧边境的尚间崖、温得狠、德里沃赫、扎克丹和抚顺，据险筑城五座，屯驻兵马，且耕且守。同时，又做出将要出兵虎皮驿，以窥视辽沈的姿态。这种临战状态一直持续了40多天，努尔哈赤在确信没有危险之后，才下令军兵各归其家，但仍要养好战马，筹备军粮，整修兵械，以备随时出动。

努尔哈赤见明辽东防务日渐巩固，用兵辽东难以取胜，决定暂停对辽东的进攻，把战略重点转变为对内巩固内部，壮大实力，对外与明朝争夺朝鲜和蒙古。

在明与后金的对立中，朝鲜一直站在明朝一边，威胁着后金侧后的安全。努尔哈赤文武并用，先是利用在萨尔浒之战中投降的朝鲜将领和数千名官兵这一有利条件，多次遣使朝鲜，表示愿与朝鲜议和，其后，又以武力相威胁，企图迫使朝鲜归顺。

努尔哈赤一向注意分化瓦解蒙古各部，通过赏赐、联姻等手段，漠南科尔沁部已归顺了后金。铁岭之战后，又先后把被俘的贝勒宰赛属人150余名全部释放，赢得了内喀尔喀五部的好感。天命四年十一月，喀尔喀五部主动与后金会盟，愿意与后金联合一致，对抗明朝。这就在很大程度上解除了进攻辽东的后顾之忧。

此外，为了给进攻辽东创造条件，努尔哈赤还改变了屠戮汉人的政策，收买、招降辽东官吏和汉人，对主动归顺和有一技之长的人更给予特别优待，他教育臣下说："把汉人杀了，我们能得到什么？什么也得不到。不杀他们，他们能够生产出我们需要的各种东西，还可以用来进行贸易，这才是永久的好处。"

虽然暂时无法夺取辽东，但努尔哈赤一直没有放弃努力，他在耐心地等待着。

（二）攻克沈阳

进攻辽东的时机终于到来了。

天命五年（明万历四十八年，1620年）七月，明万历皇帝朱翊钧病死，泰昌帝朱常洛即位仅一个月又死，其子朱由校于九月即帝位，是为天启帝。明朝政治本已腐败到极点，统治集团内部党争异常激烈。皇位的频繁更迭，使党争愈演愈烈。熊廷弼性情刚直，不徇私受贿，不曲意逢迎，得罪了专权的阉党。天启帝听信谗言，下旨将熊廷弼解职，以袁应泰为辽东经略。袁应泰为官精敏强毅，有志于辽事，但不懂军事。他到任后，一改熊廷弼行之有效的治辽之策，变更原来的防御部署，指导思想上由积极防御变为战略进攻，企图伺机与后金决战，收复抚顺。

努尔哈赤见明经略易人，新经略不谙兵法，忽视防御，部署粗疏，有机可乘，便决定向沈阳、辽阳大举进攻。

天命六年（明天启元年，1621年）二月十一日，努尔哈赤率数万大军，兵分八路，进攻奉集堡，揭开沈、辽之战的序幕。

奉集堡是沈、辽的门户，西北距沈阳40里，东北距抚顺、西南距辽阳各90里，是后金进攻辽阳、沈阳、抚顺等城的必经之地。奉集西南30里有虎皮驿，沈阳、奉集堡、虎皮驿三足鼎立，互为犄角。由于奉集堡战略地位十分重要，明在此地驻有重兵。明总兵李秉诚率兵3000出城迎战，交战不久即败退回城。副将朱万良见后金军势盛，不战而逃，死亡数百人。努尔哈赤此行，主要是为了试探明军虚实，并没有强攻堡城。数日后，又率兵攻扰虎皮驿、王大人屯等地，摸清了明军设防情况和地理形势，对进攻沈阳已心中有数，便收兵返回后金。

三月初十日，努尔哈赤亲率八旗大军出征，沿浑河而下，水陆并进。十二日辰时，到达沈阳城下，于城东7里浑河北岸造木城屯扎。

沈阳为辽东重镇，辽阳的藩蔽。经熊廷弼、贺世贤等人的筹划部署，城防工事十分坚固。城外挖深堑10道，堑底插尖木桩，覆土为陷阱；堑内一箭远的地方挖壕一道，壕内侧以大木为栅；栅内又挖宽5丈、深2丈的大壕2道，壕底也插尖木桩；沿内壕每隔1丈置楯车1辆，每车置大炮2门、小炮4门，两车间筑拦马墙，墙间留有炮眼，排列枪炮。明守城兵力7万余人。由于头天夜间已得到后金来攻的消息，总兵贺世贤、尤世功已率兵登城严守。

努尔哈赤知道：八旗兵长于野战，短于攻坚，在敌人预有准备的情况下，对沈阳这样的坚城一味强攻，是不明智的。如果把明军调出城来，使其失去城防工事和火器的优势，就好打了。于是，决定采取诱敌出城野战与强攻相结合的战法。

十二日这一天，努尔哈赤派少数骑兵隔壕游动，佯作侦察。明总兵尤世功见后金军兵少，率家丁冲出，杀死4人。十三日，努尔哈赤先令降将李永芳派人送信给守将贺世贤，劝他投降献城。行伍出身的贺世贤以勇猛敢战著称，但有勇无谋，想不到这是努尔哈赤的激将之法，所以接信后大怒，杀了来使。正在这时，部下报告说后金兵数十骑兵又在隔壕侦察，他骄傲轻敌，贪图战功，便率家丁千人出城挑战，宣称要"尽敌而返"。后金兵遵照努尔哈赤的指示，佯装不堪一击，边战边退。贺世贤乘锐轻进，离城越来越远。努尔哈赤一声令下，精锐骑兵突出，将明军四面合围起来。贺世贤这才知道中计，可惜为时已晚，尽管奋勇抵御，但他面对的是勇敢善战的八旗兵，且寡不敌众，只得且战且却，退至西门时，已身中四箭。他进不了城，又不肯逃往辽阳，只能挥舞铁鞭垂死挣扎，又中数箭，坠马而死。总兵尤世功引兵出西门，欲救贺世贤，但士卒皆闻风丧胆，纷纷溃散，尤世功力战被杀。

在后金军一部与贺世贤、尤世功城外交战的同时，努尔哈赤指挥八旗兵主力进攻沈阳城，兵卒以毡裹身，推楯车，抬云梯，从东北角挖土填壕，向城下进逼。明军从城上发炮轰击，因发炮过多，炮身湿度过高，装药即喷。八旗兵乘机蜂拥过壕，竖云梯，布战车，急攻东门。正在奋力守城的明军，得知城外明军战败，总兵贺世贤、尤世功被杀，士气低落，纷纷溃逃。守东门的明兵中有一部分是袁应泰把降的蒙古人，这时砍断桥索，放下吊桥，八旗兵涌入城内，迅速占领沈阳城。

明巡东经略袁应泰得知沈阳被围，即命辽阳、奉集堡等地明军前往增援。总兵董仲揆、陈策率领川、浙兵由辽阳北上，进至浑河桥南时，因沈阳已经陷落，便兵分两部，游击周敦吉与秦邦屏率川兵营于桥北，童仲揆率浙兵营于桥南。

努尔哈赤得到探报，感到情况严重，便亲率右翼四旗兵急速前往迎战。后金军出城7里，赶到浑河桥时，明军尚未部署就绪，努尔哈赤令白旗兵立即向桥北的川兵发起攻击。这支川兵是一支特别能战斗的队伍，当陈策听说沈阳失守下令还师时，周敦吉、秦邦屏一再请战，终使陈策等改变成命，留了下来。川军官兵虽然经过长途行军，人困马乏，又立营未稳，但斗志昂扬，马上给予坚决还击。后金军仍一如既往地顽强战斗，白旗兵败下阵来，黄旗兵又冲了上去，如此三进三退，战死者二三千人。努尔哈赤见两军仍然呈胶着状态，即命降将李永芳收买在沈阳被俘的明军炮手，用缴获的大炮猛轰川兵，同时令后续部队红旗兵等部投入作战。战斗持续多时，川兵终因饥疲无后援，难以支持，除少数人冲出重围逃往河南岸浙兵营外，全军覆没，周敦吉、秦邦屏等皆战死。

歼灭了北岸川兵后，努尔哈赤迅速转移兵力，包围了河南5里外的浙兵营。明总兵童仲揆、陈策等已部署完毕，掘壕安营，用秫秸涂泥为障，排列楯车枪炮，严阵以待。正当后金军向明军发起攻击时，有一支自奉集堡、武靖营来援的明军，约3万余人，已进至附近的白塔铺。这支明军的出现，使后金军处在腹背受敌的险境，所以努尔哈赤当即决定，右翼兵继续围攻浙兵营，他立即亲赴四贝勒皇太极处，命其急率左翼4旗兵迎战奉集堡、武靖营明军。原以为又是一场恶战，没想到明将李秉诚、朱万良、姜弼三总兵全是胆小如鼠的怕死鬼，与川浙兵同时受命援沈，却敌意落后，一至白塔铺，即观望不前。皇太极率兵疾驰，迎战明军千余哨探兵，追至白塔铺，正在布阵的李秉诚、朱万良、姜弼惊魂未定，竟不战而逃。皇太极与随后赶来的代善、岳托等率兵追杀40里，斩首级3000有余。

击溃奉集堡部援敌后，努尔哈赤令左右两翼合军，全力围攻浙兵营。浙兵固守阵地，不断发射枪炮，给后金军以极大杀伤。八旗兵英勇顽强，凭借兵力上数倍于敌的优势，前仆后继，一次又一次地向敌营冲击。后来，浙兵营内火药用尽，八旗兵乘机猛冲，杀入敌营，两军短兵相接，激烈厮杀。努尔哈赤不断派后续部队增援，浙兵孤军奋战，势难抵敌，包括总兵陈策、董仲揆和副将戚金、参将张名世在内的将士，全部阵亡。

至此，后金军攻克沈阳，全歼明川、浙援兵，击溃奉集堡、武靖营援兵，取得了沈阳之战的彻底胜利。努尔哈赤下一个目标是夺占辽阳。

（三）夺占辽阳

沈阳之战，明军虽然失败，但部分官兵表现出的敢打敢拼的顽强战斗作风，则是前所未有的。明朝统治者说："自奴酋发难，我兵望风先逃，未闻有婴其锋者。独此战，以万余人当虏数万，杀数千人。虽力屈而死，至今凛凛有生气。"后金虽然取得了巨大胜利，但也付出了沉重的代价，有数千人战死。这些情况，对八旗兵将士产生了一定的负面影响，在一部分人中出现了畏敌惧战情绪。为了稳定军心，鼓舞士气，努尔哈赤在沈阳屯兵5天，赏功罚罪，将所获人畜财物按战功大小分给八旗将士，先行押回后金；将遇敌先退的将领雅松定罪削职，并以隆重庄严的仪式祭奠阵亡将士，以慰亡魂。

三月十八日，努尔哈赤召集八旗诸贝勒、大臣议事，他说："沈阳已拔，明军大败，我们可率大军乘胜前进，夺取辽阳。"诸贝勒、大臣一致拥护这一重大决策。会后，努尔哈赤亲统八旗大军，向辽阳挺进。

辽阳为明代辽东都指挥使司（简称辽东都司）的治所，辖辽东二十五卫，是辽东乃至全东北地区的政治、军事、经济、文化中心，人口众多，街衢繁华，城防坚固。熊廷弼和袁应泰经略辽东，都是坐镇辽阳，以辽阳为根本，而以其周围城镇为藩蔽。在熊廷弼策划组织下，辽阳城经修缮加固，城高墙厚，城外挖壕三道，每道宽3丈，深2丈，城上环列枪炮，易守难攻。沈阳失守后，袁应泰采取收缩兵力的方针，急檄奉集堡、威宁营等地守军回撤，集中13万大军并力固守。为阻止后金攻城，又引太子河水入辽阳城壕。这样，守卫辽阳的兵力固然相当雄厚，但失去了外围城镇的屏蔽，辽阳城孤立无援，失败是必然的。

沈阳至辽阳仅120里，十九日中午，后金军进至辽阳城东南。袁应泰已令姜弼、侯世禄、朱万良等将领率兵出城，东阻太子河为阵，企图阻止后金军渡河。

努尔哈赤非常清楚，辽阳城坚兵众，直接攻城，伤亡必多，最好的办法仍然是引诱明军出城，在野战中歼敌。虽然已经探明有部分明军已经出城，但城东不是理想的战场，一是城东逼近太子河，地域狭窄，不便于部队展开，更不便于骑兵冲击；二是明军已预有准备，列阵以待，不好打。所以，他率后金军避开明军，在东南方向渡过太子河以后，没有攻城，而是沿千山山路奔山海关大路而去，扬言进军山海关，直犯京师，以便调动明军，寻机歼敌。

后金军的行动打乱了袁应泰原来的部署，更怕因后金军进关被朝廷治罪，一时心慌意乱，没了主意，急调一部兵力尾追后金军，同时令李秉诚、梁仲善、侯世禄、姜弼、朱万良五总兵分率所部共5万人，在城西5里结阵。

得知袁应泰已经中计，努尔哈赤立即调转兵锋，从西南方向直奔辽阳城。八旗兵见辽阳城池险固，兵众械良，有人脸上露出畏敌惧战的意思。努尔哈赤懂得，要战胜强敌，首要的是使全军将士树立敢打必胜的信念，所以他异常坚定地谕告将士们说："你等若是后退一步，便是置我于死地矣。不如先杀我，然后退去。"说完，即匹马独进。八旗将士深感愧疚，战斗激情顿时被激发起来。趁敌立营未稳，后金军向明军发起猛攻。明军发炮远击，但三四发后炮即无力，射不远。皇太极率所部精锐护军并扈从努尔哈赤的两黄旗护军乘机策马急冲，杀入敌营，随后左翼4旗兵赶到，两相夹攻，明军大乱，纷纷溃逃。皇太极率军追杀，至60里外的鞍山，胜利返回。当后金与明军在城外交战时，袁应泰派一支明军出西门增援，努尔哈赤立即命刚赶到的两红旗迎击，明军惧战，争相入城，人马自相践踏，伤亡无数。因天时已晚，努尔哈赤命大军在城南7里处安营扎寨。后金军诱敌出城，全歼城外明军，首战告捷，为攻城作战奠定了基础。

第二天，后金军发起攻城作战。天还没亮，努尔哈赤即向诸贝勒、大臣布置任务，说："壕宽水深，必须从东面堵住入水口，在西面挖闸放水，才能渡壕攻城。"他命左翼4旗兵掘闸门，自己亲率右翼4旗兵布战车于城边警戒，并命士兵抬土运石堵塞水口。袁应泰派步骑3万，出城在东门外安营，排列火器三层，放枪炮不止。右翼兵冒着明军激烈的炮火，将水口堵塞，努尔哈赤见壕水将涸，就指挥前队绵甲军推楯车进战。进至壕边，将士们出车外，涉水渡过外壕，呐喊着向前冲。明军奋力还击，两军相持不下。努尔哈赤先后将精锐的红旗护军、白旗护军和白旗兵投入战斗，明军支持不住，骑兵先退，步兵随后也败退，后金军乘势追杀至东门外。

与此同时，左翼也夺取了西门桥。最初，左翼按既定部署掘西闸口，因困难较大，经请示后改夺西门桥。尽管城上不断地放枪炮，掷火箭、火罐，但左翼将士们奋力冲突，竖梯登城。傍晚时分，混入城内的后金谍工在小西门放火，弹药库起火，城上明军守城器具、窝铺、草场等全被烧毁，守城明军乱成一团。后金军乘机登城，与敌人肉搏。努尔哈赤接到报告时，右翼正在进攻东门和北门，他果断地决定，立即将攻北门的右翼兵调往西门，加强左翼。八旗兵占领西关后，与明军通宵夜战。明监军道牛维曜、高出、邢慎言、胡嘉栋及督饷户部郎中傅国等乘乱缒城而逃。

二十一日晨，努尔哈赤下令发起总攻。袁应泰依托东城顽强抵抗，但难以逃脱失败的命运。后金军右翼兵奋勇登城，与昨晚入城的左翼兵会合，沿城追杀明军。袁应泰见大势已去，在城东北的镇远楼上自缢而死，其仆纵火焚楼。监军道崔儒秀自缢，辽东巡按御史张铨被俘后拒降也自缢死。总兵朱万良、梁仲善等战死。其余官民皆降，后金军占领辽阳。中午，努尔哈赤带领八旗贝勒、大臣，在鼓乐声中进入城内，驻于原辽东经略衙门。

在努尔哈赤的正确决策和指挥下，八旗兵三月十日出征，十三日占沈阳，二十一日下辽阳，沈、辽之战以后金的彻底胜利而告结束。沈、辽的惨败，使明朝在辽河以东的官吏如惊弓之鸟四散逃亡，明军不战自溃，海州（今海城）、耀州（今大石桥）、盖州、熊岳、复州、金州、镇江、宽奠、叆阳等大小70余城官民，俱剃发投降。

辽西鏖战

（一）血战西平

辽沈大战后，时局的最大变化是辽西开辟了战场，而雄峙辽河西岸的广宁城（今辽宁北镇）首当其冲，立刻成为努尔哈赤争夺的一个重要目标。努尔哈赤欲得广宁，必战西平堡明军的前哨。这场血战与攻取广宁是一个战役的两个战场，为叙述方便，首叙双方血战西平堡。

此战之由来，当从明朝决策固守辽西说起。

努尔哈赤以迅雷不及掩耳之势，只用 3 天时间就把明在东北统治的中心城市辽阳轻取到手。消息传至京师，好像发生了一场大地震，强烈地震撼着朝廷，不约而同地预感"河西"（指辽河以西至山海关的地区）必不能保，有大厦将倾之感！刚即位的熹宗皇帝急令"京师戒严"，兵部甚至"请各勋戚、九卿科道，并本部司属官员分守正阳等十六门"。朝廷如此惊慌，一目了然。

这时，辽东明兵一片混乱，正在大溃逃中。辽阳城陷时，城外明兵顿时溃散，向西奔至三岔河，约三四万溃兵争抢渡河，吵嚷着要去山海关。不只兵逃、民逃、商逃，官也逃，"武臣望风奔溃"。就连尚未波及战火的辽西地区也已风声鹤唳，从广宁到宁远（辽宁兴城）一带，已定居数百年的"土著"都向西逃去，自塔山（今辽宁锦西塔山）至闾阳（今辽宁北镇闾阳），相距 200 余里，"烟火断绝矣"。

努尔哈赤取沈阳，特别是下辽阳，给辽东地区带来的大动荡，是多么悲惨！

在一阵惊慌之后，熹宗才和他的枢辅阁臣估计前线的军事形势，谋划应急对策。大多数人力主固守辽西，如兵部尚书崔景荣说："今辽左唯有辽西一块土耳，若不拼力同守，何以遏其（指努尔哈赤）长驱！"他已看出，不守辽西，后金铁骑就会长驱直入，威胁山海关，若山海关不保，京师则亡在旦夕。河南道御史张捷慷慨陈词，要"刻刻以失辽东为恨，着着以守河西为主"。

固守辽西，广宁是关键。诸臣所议、所见略同。这样，固守广宁以保辽西的方针得以确立起来，凡现有兵马钱粮都优先供应给广宁。与此同时，选将命官，改善和加强军队的指挥系统。王化贞被任命为广宁巡抚，负责广宁等地的防务。还亟须一位能统筹全局的封疆大吏，担负起山海关外的全部防务。可是，朝中大臣谁也不敢担此重任，有人忽想起解任在家的熊廷弼，认为他是最合适的人选，说他熟练边事，才略胆识无出其右者。廷臣们这才认识到熊廷弼代替杨镐经略辽东的作用，承认他"守辽一年，奴酋未得大志"。阁臣刘一燝感叹："假使熊廷弼在辽东，当不会落到这步田地！"熹宗也很后悔，说："熊廷弼守辽一载，未有大失，换过袁应泰，一败涂地！"他要追究当时是谁首先倡议劾廷弼，是谁伙同参与，以至将祖宗百战封疆拱手"送贼"（指努尔哈赤）。他指示吏部将此事查清，为廷弼洗冤。同时，起用他为兵部右侍郎，全权经略辽东军务。旨意下达到江夏（今武汉），廷弼想起前两次经略辽东的不幸遭遇，非常伤心，婉辞而不赴命。熹宗急得不得了，这个好声色之乐的皇帝，此刻也六神无主，只得一次次发下旨意，温语中带着命令，优勉中包含着恳求，"甚有哀切之词"。他派的信使钦差一次又一次疾驰在千里驿道上，付诏勒限，州司临门，急于星火，催逼上道。

熊廷弼接到熹宗的一份份手诏，禁不住流下眼泪。在皇帝屈尊的感召下，终以国家安危为念，毅然奉诏，离家赴京，开始了他第三次也是最后一次的人生之旅！

熊廷弼到京陛见皇帝，一应细节自不必说。只说他制定了固守辽西，渐图恢复的战略防御计划，即著名的"三方布置策"。其三方布置是：第一，以广宁为主，重点设防，部署马步大军，以迎击后金主力；第二，在天津、登州、莱州各置舟师策应，从海上牵制，乘虚进入辽南沿海地区，击其侧背，迫使后金回师内顾，从而收复辽阳；第三，以山海关为适中之地，屯重兵，设经略，节制三方，待各镇兵马大集，然后三方并举，实行战略反攻。后又补充请联络朝鲜，出师鸭绿江上，以助明兵声势。这就使"三方布置"更臻于完备、周密。

坚守防御，是熊廷弼的一贯战略思想。守而后战，是对付强敌的有效战略。明在萨尔浒、开原、铁岭、辽阳、沈阳连遭惨败，兵力衰弱，士气低落，而后金势力大振，士气处于极盛状态，明朝在劣势的情况下，唯分布险要，以守为稳着，是唯一可取的战略指导方针。朝廷完全接受了他制定的"三方布置策"，他请兵 20 万，经全国总动员，集兵已近 30 万，其中广宁地区驻军达 12 万。还有兵饷，预计千余万两，比辽阳之役备兵 18 万、军饷 800 万还多出很多。熹宗和廷臣们为力保大明江山，不惜"极天下之力，以充辽饷！"凡廷弼所请，无不允准。

明天启元年（1621）七月初，熊廷弼离京，再次踏上征程。熹宗赐尚方剑一口，副总兵官以下，凡不用命者先斩后奏；赏赐银两、绐丝等物，备极优厚；又在京城外赐宴钱行，命文武大臣陪钱。宴罢，另拣选京营兵 5000、马 6000 匹，护送熊廷弼出关，以壮其行。熹宗给他以极高规格的特殊荣宠，把千百万资财泻于一隅之地，表明辽西得失实系大明江山的安危，孤注一掷，全部希望都寄予他一人，以图转危为安。明兵备战，主帅走上战场，预示着又一场大战即将来到。

经过几次大战，显示出后金已占有战场上的主动权，居于优势地位。努尔哈赤的指挥艺术发挥得淋漓尽致。在他的决策并亲自指挥下，后金铁骑以连续作战的方式，快速而突然的进攻，短促而猛烈的袭击，连下开、铁，一举夺沈阳，再举下辽阳，其势如锐不可当的狂飙，所经之处，席卷而下。努尔哈赤战略上的进攻战，战术上的速决战这一用兵特点，在战场上一再地表现出来，并节节获胜。他攻下辽阳后，却不满足已取得的胜利，当八旗将士还沉浸在巨大胜利的喜悦之中，他却把进攻的矛头指向了辽河西岸的重镇——广宁，并为夺取它而迅速进行准备。

就在攻下辽阳的第九天，即三月二十七日，努尔哈赤派遣五子德格类和侄儿斋桑弧率八旗的八大臣及由各牛录抽出的 1000 兵，前往辽河，武装侦察该河浮桥。努尔哈赤派兵侦察的目的，打算从这里渡河，袭取广宁。侦察的结果是：桥已被拆毁，两岸与河面上一条船也没有！努尔哈赤为慎重从事，再派奸细潜入广宁，直至京师，侦察明军虚实与兵力部署。这已是他惯用的一种手段，在沈阳、辽阳战役中发挥了相当重要的作用。明帝熹宗和诸臣也惊叹："辽失全以内应！"明已提高了警惕，在广宁，在京师已发现并连续逮捕了努尔哈赤的"奸细"，这使明朝更加惊慌，防不胜防，兵部惊呼："广宁奸细无处不有，内地奸细无处不有！"大有草木皆兵之惧。

到了五月，努尔哈赤的孙女婿、汉将李永芳等已集舟师，将在黄泥洼集结兵马；六月，又在另一处张义站集结。广宁城内明兵惊恐万状，昼夜传烽火，上下官兵半个月来未敢合过眼。

但是，努尔哈赤却迟迟没有发动进攻，除了渡河存在实际困难，他的后方还很不稳定，牵制他向广宁进军。这时候，辽南地区连续发生汉人的各种反抗活动。更严重的是，明将毛文龙从朝鲜出击，只率 200 余人于六月间袭取了镇江。努尔哈赤十分震惊，急忙派出四大贝勒即代善、莽古尔泰、阿敏、皇太极分别到辽南或镇江，严厉地镇压了当地反抗活动，收复镇江。因此，进攻广宁的时间便往后推迟了。

天命七年（1622）来到了，努尔哈赤也迎来了他的 64 岁之年。正月十八日，努尔哈赤留下宗弟多毕等几人统兵守辽阳，他亲统 5 万人马，离开辽阳，冒着刺骨的寒风，挥军西进，目标直取广宁。

努尔哈赤把大军分作三路：一路自柳河（辽宁海城附近），一路自黄泥洼（辽阳西，太子河渡口），一路自三岔，同时出发。努尔哈赤本人从黄泥洼乘船，顺流而下。次日即十九日宿于东昌堡（海城市牛庄南）。二十日，至辽河，此段为太子河、浑河、辽河"合流"处，故称三岔河。后金主力集结在这里，并从这里渡河。明广宁巡抚王化贞部署的防河兵，见势不妙，掉头就跑。他采取分兵据守的作战方针，诸如西平、镇武、西兴、西宁、平洋诸堡，为明防边哨所，都在广宁东或东南，彼此相距从几十里到百余里不等，都派兵守御。作为主帅的熊廷弼坚决反对分兵，"兵分则力弱"，是"自弱之计也"。王化贞根本不听，以其广宁巡抚的兵权，自作主张部署兵力。努尔哈赤就利用这一致命弱点，集中优势兵力，逐个吃掉，剪其羽翼孤立广宁，最后再攻破它！

后金先头部队不受阻拦地渡过了三岔河，直扑西平堡而来。西平堡守将副总兵罗一贯奉王化贞之命率 3000 人据守此堡。后金兵一到，先攻南门，西平堡参将黑云鹤不听劝阻，出城迎战，兵败退回堡里。次日，二十一日，他又出战，被斩于马下。其时，后金兵蜂拥而至，5 万多人马将西平堡重重围住，战车、云梯、铁钩等攻城器具都推出阵前，准备大举攻城。努尔哈赤命李永芳指挥攻城，他以明降将的身份，派出一名使者，举着旗，来到城下，招罗一贯投降，说："我们知道罗将军是好男子汉，快投降吧，愿与将军共享富贵！"罗一贯站在城楼上，大骂李永芳："逆贼！朝廷何曾亏待你，为什么要叛变？你难道不知道我罗一贯是个忠臣义士吗？"他也举起一面旗，大喊李永芳的名字："逆贼快降，免你一死！"李永芳大怒，下令攻城。罗一贯凭城同守，用猛烈的炮火还击。后金兵密布在城堡的四周，成了炮火准确的轰击目标，每一炮弹落地。随着一阵震天动地的轰响，后金兵即倒下一片，死伤累累，没过多长时间，城下积尸几与城平！后金兵冒着炮火，拼死攻城，三次将要破城，三次被击退。激战中，一矢飞来，正射中罗一贯的一只眼睛，难忍的疼痛，使他丧失指挥的能力，但士兵仍然人自为战。火药已用完，矢石也用尽，援兵无影，西平堡陷入绝望之中。

激战到中午，城里突然停止轰击，后金兵迅速推出战车，进至城下，竖起云梯，此时明兵已失去抵御能力，眼睁睁地看着后金兵如潮水般一拥而入。西平堡陷落了，罗一贯决心以身殉国，他面朝南——京师的方向，拜了一拜，不胜悲愤地说："臣力枯竭，城失守了！"说完，举起佩刀自刎而死，都司陈尚仁、王崇信也自刎殉国，守城的3000明兵全被歼灭。后金兵将全城血洗一空。此战后金也损失很重，明方报道，说死伤六七千人。

西平堡刚被攻破，后金将领已经发现大队明兵正向这里移动。这是王化贞与熊廷弼派来的援兵，共3万余人。王化贞听信心腹将领孙得功的主意，尽发广宁兵，以孙得功为先锋，与祖大寿会同守间阳驿的祁秉忠部，前来西平解围。孙得功原为守沈阳的贺世贤的部下，他已暗中降后金，预谋利用援西平之机，想法促使明军失败。

发现明援军后，努尔哈赤迅即下令整队迎战，发起攻击。明将孙得功分兵左、右翼。令刘渠上阵，他则退到阵后，前面刚一交锋，他就大喊："败了！败了！"一边喊，一边冲出阵先逃，副将鲍承先紧随其后逃去。明军见主帅已逃，一哄而散。正在交战的刘渠，不明原因，无心恋战，拨马而走，随溃兵奔逃。后金兵乘势掩杀，至沙岭（广宁南，西平附近），大肆围歼明兵。努尔哈赤亲临战场指挥，后金兵勇气大增，挥舞刀枪，进行一场大屠杀。在乱军中，明将刘渠的马蹶倒，将他掀翻在地，被砍死。祁秉忠身中二刀三矢，幸被家丁救起，冲出重围，行至中途，伤重而死；镇武堡副将刘征中箭落马；刘式章身中一箭，从臀部穿过，把他"钉于马鞍之上"……明援兵3万余人，在沙岭全军覆没。

到康熙时，沙岭一带，到处还是"白骨纵横沙草间"。有一法名"心月"的和尚，为超度亡灵，募金雇人捡遗骨。每天不下数十人做此事，将近十年，"寒暑无间"，始将白骨捡尽，分别安放到三座大冢里掩埋，坟高三四丈，周围20余丈，人们称为"万人坟"。

西平围城，沙岭打援，努尔哈赤首开进军辽西的胜利记录，为夺取广宁扫清了障碍。

（二）计取广宁

就全辽而论，辽阳、广宁、开原三大镇雄踞鼎峙，明代称为"形胜之区"。辽阳居辽河之东，地处辽东腹心，位置最要。北为开原镇，明视为"河东根本"，设总兵守卫。广宁处辽河西，与辽阳隔水相望。清代地理学家顾祖禹做了这样的描述：广宁"西卫渝关（山海关别名），东翼辽镇（辽阳），凭依山海，隔绝戎奚，地大物博，屹然要会"。朝鲜麟坪大君途径广宁时说：全城"周遭亚于辽阳"。医巫闾山"雄峙城北，以御大漠"，广宁处于辽河东西之间的冲要之区，早在洪武初，在辽、金时的广宁府旧址筑城，周长9里余，墙高3丈，池深1丈5尺，宽2丈。洪武二十三年（1390）置广宁卫，设总兵官抚镇。自此，广宁成为辽西一大重镇。到明中后期，城内常驻官军10400余人，如加上它所辖的台堡守军，则达14400余人。明失开原、辽阳，"形胜之区"亦遭残破，广宁愈发显得重要，成为"全辽根本"，故议守皆以广宁为重。

明朝对广宁的认识取得了一致意见，特遣王化贞驻广宁，受熊廷弼节制。不幸的是，熊、王对辽西的战守问题，各持一端，尖锐对立。熊廷弼的"三方布置策"主守，以守为战；王化贞主战而不言守。宣称："不战必不可守，不过（辽）河必不可战！"两人由意见分歧，发展到势同水火，意气用事，致使辽西战守无定。本来，朝廷已批准熊廷弼的"三方布置策"，但王化贞拒不执行，熊的方略受到严重干扰，无法贯彻落实下去。王一意孤行，另搞一套，一味主战，反对同守。他一再请战，"愿以六万兵进战，一举荡平"后金。他向朝廷许下诺言，夸下海口："仲秋之月，可高枕而听捷音！"在他看来，打败后金易如反掌，只需6万兵就可以"一举荡平"！

熊廷弼

王化贞为人刚愎自用，《明史》评论他："素不知兵，轻视大敌，好漫语。"这是说他根本不懂军事，好说大话，麻痹轻敌。他独出心裁，自行其一个荒唐的战略：以投降后金的李永芳为"内应"，外借蒙古察哈尔林丹汗兵40万，实行内外夹攻，"以不战取全胜"。他利用旧关系，屡次派遣间谍潜入后金招李永芳为明朝效力。他哪里知道，已做了后金汗的孙女婿的李永芳岂肯再反顾明朝！明间谍一走，李永芳马上向努尔哈赤报告。努尔哈赤将计就计，指使他假意同意为"内应"，从中获取明朝的军事情报，还可利用这绝好的机会，在明将中进行策反，为后金取广宁时做"内应"。李永芳果然得到一名将领降后金。他就是前面曾提到的孙得功。孙接受了李永芳的诱导，秘密地与后金来往，策划取广宁的计谋。王化贞弄巧反拙，自以为得计，将来的悲剧都是由此而造成的。至于借察哈尔林丹汗的力量，也属白日做梦！王化贞的这套"以虏攻奴"的战略，很快落了空。努尔哈赤挥军渡辽河时，直至明朝广宁兵败，根本就看不见蒙古一兵一卒前来策应。但有一次军事行动获得意外成功，这就是明天启元年（1621）七月，王化贞派遣所属部将、都司毛文龙率200人袭取了镇江。他大肆宣扬，自吹是按他的指使的"奇功"，举朝大臣也欢呼为"奇捷"。于是，兵部也兴奋异常，听信王化贞主战的战略，催促熊廷弼出关督师，进兵赴援。熊廷弼不得已出关，驻扎在离广宁120里的右屯卫（辽宁凌海右卫）。他为此很恼火，上疏指责王化贞擅自行动，干扰和破坏了他的战略计划，而用镇江的小胜来掩饰其错误的作战方略。熊廷弼个性强，随意顶撞那些权贵，得罪了他们，引起嫉恨。兵部尚书张鹤鸣与廷弼失和，独喜王化贞，凡王有所请，无不同意，却不通知廷弼知道，暗中鼓励王不必受廷弼的节制。熊又上疏点名抨击张鹤鸣，张从心里更加痛恨，对熊请办的事，一概不予答复，也不办。

围绕熊、王两人的争论，朝廷也形成了两派，整天吵吵嚷嚷，舌战、笔战，党同伐异，争执不休，更激化了党派的对立与斗争。熊、王两人"终日争战争守"，相互攻击，一方赞成的事，另一方必反对，反之亦是。结果，弄得下属将吏无所适从，都被逼在战不战、守不守之间，凡事都受其牵制而无作为。经略与巡抚不和，已达到"通国皆知"的地步！熹宗和廷臣试图调解两人的矛盾。却越闹越大，连熹宗也制止不了，只好委托兵部召集大小廷臣，研究出一个解决问题的办法。会议于天启二年（1622）正月十一日召开，共80余人参加，就熊、王去留的问题表态，最终并没有达成共识。提出十五六种方案，但基本大多偏向王化贞。熹宗指示吏、兵两部共识，在经略与巡抚中选用一人，另一人调出辽西另用。他们的一致意见，拟留王化贞，将熊廷弼调出。还没等最后裁决，努尔哈赤已大举进兵，朝廷感到"临敌易将，必误军情"，遂罢前议，宣布仍以两臣协心共事，功罪一体，问题并没有解决。就是在两人感情尖锐对立、各行其是的情况下，西平堡孤立无援而招致失陷，3000将士无一生还，所派援兵3万，在沙岭又被孙得功所破坏，全军将士没有几个人能逃得一命的！

努尔哈赤统大军战罢沙岭，没有马上进兵广宁，仍回西平堡驻扎，等待广宁方面的变化。孙得功已许下诺言，预谋回广宁擒获王化贞，与广宁城一起献给后金。努尔哈赤很乐意兵不血刃地得到这座辽西重镇。

当努尔哈赤挥军渡辽河的消息一传到广宁，全城士、农、工、商及官吏都非常恐慌，很多百姓纷纷逃出城，避难于山中。西平和沙岭败后，孙得功等率先逃回城里，向他的同伙公开散布说："敌兵快到广宁城了！"谣言顿时四起，闹得全城沸沸扬扬，人们更加慌乱，街市喧嚣，城门紧闭，不少士兵自城墙缝下逃命，仅仅几天，除了驻军，广宁城几乎成了一座空城！孙得功开始采取行动，到处煽惑人心，他们又封闭府库及火药库，准备迎接努尔哈赤进城。

王化贞对这一切一无所知，还蒙在鼓里，看到城内混乱。人们纷纷出逃。他又无力加以阻止，也拿不出应对措施。二十二日晨，他刚起床，正阅读军报，突然，参将江朝栋未经允许，擅自闯入他的卧室。王化贞受到惊吓，厉声呵斥，江朝栋顾不得礼仪，急上前拉住他，大呼："情况非常危险，快走！快走！"王化贞顿时吓得不知所措。江朝栋挟起他就往外走，直奔马厩牵马。但马已被叛兵窃去，幸亏还有忠于他的将领送来7匹马，江朝栋把他扶上马，两名家丁徒步跟随，还有行李四箱，用二峰骆驼驮着，匆匆朝城门赶去。

此时，城门已被叛兵把持，上前阻止王化贞逃跑，大喊："你不能走！"上前先夺了一峰骆驼。王带着乞求的口吻说："此皆往来书札，并无什么值钱的东西。"叛兵打开箱子，确无财宝，于是动手殴打他和从人。正打得不可开交，江朝栋率数十人赶到，挥刀乱砍，把乱兵驱散，保护王化贞一行出城，跟跄西奔。辽东巡按方震孺还在城内，尚未起床，等他听说王化贞已逃，也慌慌张张地单骑西逃去了。

身为广宁巡抚的王化贞与方震孺，连一个后金兵的影子还没看到，就糊里糊涂地弃城逃跑了。不久前，他还一再发出"一举荡平"的豪言壮语。此刻，都抛到九霄云外去了，只顾一时活命，连国家的封疆都弃而不要了。这为他以后种下了悲剧的祸根。

王化贞一行，逃出了广宁城，向山海关方向逃去，途经大凌河（辽宁凌海），正遇上熊廷弼。熊廷弼在得到西平与沙岭惨败的紧急报告后，忙引5000兵马，自右屯出师，前来增援，驻扎闾阳驿。监军许慎言力劝速救广宁，计擒叛将。佥事韩初命反对此议，力阻救广宁。在这关键时刻，熊廷弼犯了一个致命的错误，不管出于何种动机，他竟不救广宁，却率人马退还，从而铸成大错！原来行至大凌河前，恰巧同王化贞相遇。王一见熊的面，不禁涕泪涟涟，哭了起来，熊冷笑一声："六万军一举荡平辽阳，现在怎么样？"化贞羞愧不能答，略停一会儿，提出如何守住宁远和前屯卫两城。廷弼没好气地说："哼！都晚了。你如不受骗出战，不撤广宁兵去镇武，能有今日之败吗？现在，正是兵溃之际，谁还肯为你固守？唯一的办法，就是保护百万生灵入关，不被敌人掳去，也就够了！"化贞已被吓得没了主见，只好一切都听廷弼的了。廷弼把自己所率 5000 人马交给王化贞指挥，负责殿后，他与韩初命等引领百姓进山海关。在大撤退中，他下令"清野"，将各城的仓库物资包括粮食及军事设施付之一炬，尽行焚毁。只见烈焰冲天，浓烟滚滚，明朝把全国资财倾注于辽西，以图阻止后金的进攻，转瞬之间，化为灰烬。

从王化贞弃广宁，到两人决策全面撤退进关。这样：重大的问题，未经请求朝廷，擅自丢弃封疆，为国法所不允许。且不说王化贞如何懦怯，贪生怕死，就说廷弼，也有两大失误：一误于未能迅速而果断地勇赴前敌，救援广宁，而是知难而返。可以相信，以他当时的威望和权势，坐镇广宁，是可以稳定军心民心的，不致溃乱得不可收拾，连王化贞于事后也向皇帝承认，他弃广宁前，城内守军尚有 16000 余人，假如廷弼及时赶到，以所率 5000 人协守全城，再招集各处散兵，也可达到 3 万左右，凭广宁城坚，是可以坚守住的。当然化贞也就不会逃了。但廷弼计不出此，是畏敌，还是有意看化贞的失败。大抵两种因素兼而有之。再误于丢弃关外，又犯了逃跑主义的错误。将辽西丢弃，置山海关于后金面前，再次震撼京师。他也是没见后金一兵一卒，闻风而逃，把锦州、宁远、中前所、中后所等多处要塞统统丢弃，其过失又在化贞之上！熊、王大撤退，给辽西百姓造成深重灾难。蓟辽总督王象乾向朝廷报告兵马及百姓溃退的悲惨景象：连日来，援辽溃兵数万，到处都是，遍山弥谷；逃难的辽民数十万，隔于溃军之后。携妻抱子，露宿霜眠，朝乏炊烟，暮无野火，前怕溃军劫掠，后忧"奴众"之抢夺。啼哭之声，震天动地……廷弼擅撤关外兵民，确是自取杀身之祸！

王化贞逃离广宁后，孙得功和他的同伙千总郎绍贞、陆国志、守备黄进等把守城门，控制了全城。

二十三日，孙得功派 7 人前往努尔哈赤驻地西平堡，迎请他进城。努尔哈赤终于等来了好消息，十分欣慰，当即赏给来人银两和作为信物的信牌。

二十四日，努尔哈赤下令全军拔营，开赴广宁。孙得功与黄进等率士民早已出城，在城东三里望城岗恭候。他们打着旗，撑着伞盖，抬龙亭，备轿子，吹奏鼓乐，迎接后金兵进城。努尔哈赤颇有心计，他命八旗贝勒与李永芳先进城，在教场扎营。对全城搜索一遍，确认空城无备，他才放心地骑马入城，在明巡抚衙门即王化贞的办公之处下马，作为他的临时行宫。后金兵不战而得广宁，距王化贞逃跑仅隔两天。

后金占领广宁后，环广宁周围各堡镇不战而降，共 40 余个堡镇及其将吏、所属百姓，都归入后金的治下。

努尔哈赤体恤将士辛劳，允许八旗各军休整 10 天，打算继续向西进兵。休整后，大军西进至中左所（辽宁锦州境），行军百余里，沿途所见，满目荒凉，人烟断绝，途经大、小凌河、松山、杏山、塔山等镇（今属辽宁省境），几无所得，就返回了锦州。

努尔哈赤熟视辽西形势，发现广宁西、锦州北的义州（今辽宁义县）地理位置重要，当即派次子代善、八子皇太极领兵取义州，诱之不降，经过 8 个小时的战斗，将城打破，守城的 3000 明兵全被歼灭。努尔哈赤授给孙得功游击之职，隶镶白旗，统辖归降的明兵，移驻义州。

努尔哈赤夺取了广宁，是继辽沈大战后的又一巨大胜利。他掩饰不住内心的喜悦，特命将他和诸王贝勒的后妃都接到广宁，共同庆贺他所取得的辉煌胜利。她们从二月十一日从辽阳出发，十四日抵达广宁。努尔哈赤举行盛大宴会，他和诸贝勒、后妃们，以及诸大臣都沉浸在胜利的喜悦之中。

十六日，努尔哈赤在广宁城接受翁牛特蒙古明安等十七贝勒与喀尔喀等部台吉率所属军民 3000 余户前来归降，举行盛宴欢迎。

次日，努尔哈赤命诸贝勒统兵守广宁。他和后妃们起驾回辽阳。他命令将广宁城内的财物全部作为战利品运回辽阳。广宁的财富最多，而且毫无所损，王化贞逃跑时，都丢弃在城里。据明兵部题报：战前，全国援广宁，计调兵十数万，转饷 200 万，发币全数百万，器具、火药、鞍马、牲畜、刍粮数十万，"尽付于奴酋"。后金以车载牲驮，运送了数月才运完。同时，努尔哈赤下令将锦州、义州等河西地区的汉人百姓全部迁到河东地区居住，直接置于后金的管辖之下。这些事情都处理完，努尔哈赤命驻守广宁、义州等城的八旗军队撤回辽阳，放弃而不守，放火焚城，尽成灰烬。他以兵力不足，放弃了已得之疆土，人口与财富收取一空，只把一座座无人烟的废堡丘墟留给了明朝。

双方自抚顺、清河首次交锋以来，数年间，明朝"竭四海九州之力，不能成尺寸之功"，土地丧失，数十万将士血染沙场，投入数以千万计的财富全部转入后金之手。而此次广宁之失，造成辽西大溃退，损失尤重。熊廷弼、王化贞两人承担了"失陷封疆"的全部责任，双双入狱。以"功罪一体"都判处死刑。迟至天启五年（1625）八月二十五日半夜，在阉党魏忠贤的操纵下，将熊廷弼神秘处死。王化贞直到崇祯五年（1632），在众多廷臣的坚持下，才被押赴西市斩首，"以平公论"，广宁失陷这件公案，才最后了结。

（三）再迁沈阳

天命十年（1625），努尔哈赤已经 67 岁了。古人云：人生七十古来稀。按当时说法，努尔哈赤快到古稀之年。但看上去，他的身体仍很结实，精神状态也是很好的。国中军政大事，他照旧办理，所谓事必躬亲，仍不减当年。他不停地思考大事，一心想使他开创的事业继续下去。他的儿子们——诸贝勒，以及诸文武大臣，无不俯首听命，举凡要事，有关国家前途大计，都听他决断。

这年三月的一天，努尔哈赤召集诸贝勒大臣议事，突然提出迁都沈阳的想法。这使诸贝勒大臣大感意外，甚至感到难以置信。因为他们刚刚迁入新建的东京城，有些工程还在继续修建中，况且天命九年（1624）刚把景祖（觉昌安，努尔哈赤的祖父）和显祖（塔克世，努尔哈赤的父亲）及努尔哈赤的已故皇后叶赫纳喇氏的遗骨自赫图阿拉迁来，重新安葬在东京城东北四里许的杨鲁山。谁也不会怀疑，努尔哈赤已把东京城作为永久性的都城。现在，努尔哈赤又要舍弃东京，把都城迁到沈阳，他们都没有思想准备，一时想不通，不赞成迁都，都加以劝阻。他们说："东京城新筑，宫殿和衙署才建成，百姓的居室还没有建完，现在又要迁移，正赶上荒年，粮食匮乏，吃的和用的都不足，又兴繁重的劳役，百姓负担加重，不堪其苦，对国家不利。"

他们说的都是实情，不无道理，而且他们的意见都很一致，说话的口气也很坚决，一般情况下，能够阻止迁都的动议，迁都不会成为现实。但努尔哈赤却与众不同，他筹划好的事情，是不可更改的，不管多少人反对，哪怕就是他一人赞成，也必须照办不误！不过，好在他总是讲清道理，分析得失是非，最后使别人即他的臣属都心服口服，乐意执行他的决定。

诸贝勒大臣讲明理由后，他也讲了一大篇理由，这些理由是他们未曾想到，也未曾说过的，高瞻远瞩，更有说服力。他详细说明迁都的必要性："沈阳是一形胜之地，向西征伐大明，由都尔鼻（今辽宁彰武）渡过辽河西，路直且近；向北征蒙古，二三天可以到达；向南征朝鲜，可由清河路进兵，而且从沈阳到浑河、苏克苏护河（即流经赫图阿拉的苏子河）上游地方伐木，顺流而下，用以建宫室、当燃料，是用不完的。从这里出去打猎，离山林近，野兽也多，河中各种鱼类，也便于捕捞。对这件事，我已深思熟虑，难道你们就不考虑吗？"

两相比较，努尔哈赤是从国家的安危和长远的发展来考虑这件大事的。诸贝勒大臣想的是眼前的利益，眼下一时的困难，按努尔哈赤的一贯原则是，眼前的利益必须服从长远的需要，即使牺牲眼前利益也在所不惜！这就是说，他们各自考虑问题的出发点不一样，努尔哈赤高居于诸贝勒大臣之上。

努尔哈赤对沈阳战略地位的分析完全正确。如果打开当代地图，一眼就会发现沈阳的确是"四通八达"，居适中之地。北去开原以北，西北靠蒙古，东部距抚顺、丹东至朝鲜，西通山海关，路近且又直达，地面开阔，有更大的回旋余地。就道路来说，也便于骑兵奔驰。如在辽阳，西征明朝所经道路就很难走。努尔哈赤征广宁，是从黄泥洼、三岔河等处西行的。

这一带处辽河下游，地势低，每当夏秋季，地湿而泥泞，到处积水，称为"辽野大泽"，难以行车，人马亦陷泥潭之中，唯冬季枯水季节，地面结冰，路面见好。这就限制了后金的军事行动，对征明是不利的。如从沈阳走都尔鼻一线，已接近内蒙古草原，地势平坦而开阔，行军打仗极便。在皇太极时期，征明或伐蒙古都走这条路，成为后金军事活动的便捷之路。现今沈阳已成为东北第一大都会，交通的枢纽，实际是对努尔哈赤识见的认同。可以说，努尔哈赤是发现沈阳的战略地位的第一人！从迁都沈阳后，辽阳垄断东北地区2000余年的战略地位为之一巨变，从那时起，辽阳的中心地位便让位给沈阳，而它本身也衰落下去。努尔哈赤在阐明迁都的理由时，也有未便说明的原因，或许清朝官方把他已说出的另外理由给删去。而不予载录，这就是处辽阳而带来的近忧。努尔哈赤居辽阳的4年期间，辽阳城内外，延至辽南，时时发生汉人的反抗活动。如，在食品、水井中投毒，袭击后金兵，大批汉人逃亡，一度使努尔哈赤不安，感到在辽阳不稳。辽阳城大人多，都属汉人，处在汉人的包围之中，不便控制，他已感受到威胁。新建的东京城，并不理想，不只是城小，所处地势无险可守，地形逼仄，城内地势隆起，自城外可以俯攻，难以守御。总的来说，努尔哈赤考虑了各种因素，远虑与近忧，使他下决心离开辽阳，另到沈阳开辟新天地。

往次迁都，努尔哈赤总是先建城，然后从容进城。此次迁都，却显得过于匆忙，也未曾建新城，就匆匆地迁走了。时间是在三月初三日，早晨，努尔哈赤亲自到父祖墓前告别，在二衙门杀了5头牛，烧了纸钱，然后，才离辽阳，赴沈阳。他的兄弟子侄、妻儿老小及近10万八旗军拔营而走。当天晚上，就宿于虎皮驿（沈阳南十里河）。四日，至沈阳。辽阳距沈阳为120余里，仅行了近2天，就赶到了沈阳。努尔哈赤此次迁都给人的印象是，特别仓促，好像辽阳太危险，巴不得赶快离开！的确是太匆忙了。他提出迁都的想法才几天，就马上动身，人走城空。一座崭新的东京城，努尔哈赤和他的文武大臣们只住了还不到两年，真是席不暇暖，而在辽阳总共也只住了4年，就匆匆地走了。东京城遂变为一座废城。它经受不住300多年的风剥日蚀，终于在地面上消失了！

看来，努尔哈赤对舍弃东京城毫不吝惜，诸贝勒提出百姓过劳，他也没有怜悯之心，为了远大目标，牺牲眼前的一些利益，是完全必要的。

努尔哈赤迁都沈阳后，只住了一年多就去世了，他来不及大规模地营建、改造该城，在这一年多的时间里，全城仍依明沈阳中卫城的规模，未做大的改建或扩建。对沈阳城的全面改造和拓展，以及现今所存沈阳故宫，大部分都是皇太极清太宗时期完成的。努尔哈赤迁沈阳后，究竟搞了哪些建筑，史书缺载，或记事过简，因而长期困惑着中外学者。直到近年发现用满文标注的《盛京城阙图》才解开了努尔哈赤迁沈阳后居址及建筑之谜。努尔哈赤进沈阳前后，首先必须解决住处问题。照理说，他仓促迁都，未及建宫室，可以暂住原明衙署。可事实是，他没有进驻；有的书说，努尔哈赤进沈阳后才始筑宫室。这种看法也长期影响了学者的研究。据新发现的《侯氏宗谱》载，其先人侯振举一家居海州（海城）黄瓦窑，与其所属工匠于天命九年（1624）先已奉命在沈阳营建"汗宫"。即《盛京城阙图》所标注的满文、汉译为"太祖居住之宫"。其位置坐落在沈阳城福胜门（大北门）与地载门（小北门）北端，也就是明万历年间所修的北城门（俗称"九门"）——"镇边门"里的西南邻。这是一座长方形两进院落的建筑群，为努尔哈赤及后妃的住所即寝宫。如《督师纪略》记载："（努尔哈赤）自筑宫于沈阳瓮城。"在沈阳城外另筑小城，指的就是努尔哈赤所居的两进院落。此外，在他居住地远近疏密不一，另分建诸贝勒府第。

在建汗宫的同时，还修建了处理国务的"大衙门"，或称为"大殿"，后改称大政殿与十王亭，均属同期建筑。办公地与居所分开，与建东京城的规制是一致的。大政殿，早期称为大衙门，是建在高约一米半的"须弥座"上。台基上雕刻精细的荷叶、净瓶状石栏杆，殿顶为八角重檐攒尖式，满铺黄琉璃瓦绿剪边。此殿已历经努尔哈赤的子孙们修缮，屡经油饰彩绘。虽已失原貌，但其框架、结构等仍不失其基本风格。在这座大政殿的两侧，依序排列着十座亭子，左右或东西对称各为五座，其东侧为左翼王亭和镶黄、正白、镶白、正蓝四旗亭子；其西侧为右翼王亭和止黄、正红、镶红、镶蓝四旗亭。两翼十亭子，又称"八旗亭"。八旗旗主固山额真各据一亭，加上左右翼王亭，故又称"十王亭"。此十王亭与大政殿为一组建筑。以现在故宫内部方位，处东侧，把它定名为故宫东路，为努尔哈赤时所建；西侧的建筑，规模大，主要是皇太极时所建，定为故宫西路，以与前期建筑相区别。

应该说，努尔哈赤迁到沈阳，还属草创，他未来得及进行大规模建设就去世了。沈阳城全面改造、扩建，是皇太极时期完成的。

努尔哈赤屡建都城，又屡次放弃，表现出一种勇于进取的开拓精神，随着他前进的脚步，他落脚到哪里，就把都城建在哪里。他不慕古，不留今，与时推移，为后金（清）造成了骎骎乎前进不已的态势。从努尔哈赤屡迁都城，可以想见他的胸怀和气魄，是何等博大，能不感受到他的恢宏气势吗！唯有此气势才开创了一代伟业，他当之无愧！

进兵辽沈

（一）原先弊政

后金占领辽阳和广宁之后，控制了汉人聚居的辽河东西广大地域。女真族正式成为这里的统治民族。摆在后金统治者面前的新课题是，对辽东汉人采取什么政策，才能巩固其统治。努尔哈赤曾为反抗明朝统治者实行民族压迫政策而起兵反明；在夺取辽东统治权以后，又对辽东汉人实行民族压迫政策。民族压迫政策是剥削制度的产物。各民族的统治阶级都施行民族压迫政策。因为只要民族内部的阶级对立不消除，民族对民族的压迫就会存在。后金汗努尔哈赤自然不能例外。他为着加强对辽东汉人的统治，一面谕令收养汉人、勿妄杀掠，一面又经常滥施淫威、举措失当，制定了一些错误的政策。

第一，强令"剃发"。汉族和女真族既是中华民族大家庭中的成员，又在风俗习惯、语言文字、心理素质和服装发式等方面有所不同。努尔哈赤每攻占一个汉人聚居的地方，就下令"剃发"。后金汗袭破抚顺，李永芳剃发投降。努尔哈赤以"剃发"作为汉人降顺后金的标志。但强令"剃发"，改变汉人民族习俗，侮辱汉人民族尊严，引起汉族人民不满。如镇江汉人不"剃发"、拒降顺，努尔哈赤派武尔古岱额驸、李永芳副将率兵前往镇压。他们先宣布"汗谕"，对拒绝"剃发"投降的汉人进行威胁利诱；随后驱骑挥刀，将拒不"剃发"归降的男人惨杀，并俘获其妻子一千余人。努尔哈赤命将这些俘获人口，分赏给官兵为奴。强迫汉人"剃发"，引起激烈反抗。这一点，清太祖努尔哈赤却不如金太祖阿骨打。

努尔哈赤对辽东汉人不放心，令女真人与汉人在村屯同住，粮食同吃，牲口草料同喂，以加强对汉人的监视和控制。致使许多汉人田宅被强占，粮食被掠夺，人身受凌辱，妻女遭奸污，造成民族隔阂。他为防范汉人，又下令禁止汉人制造、买卖、携带和收藏弓箭、撒袋、腰刀等武器。他甚至连死心塌地降顺后金的李永芳也不相信，怀疑李私通汉人。李永芳遭到后金汗的呵斥，其诸子也被大贝勒代善捆绑看禁。先是，一些辽东汉人为挣脱明朝的黑暗统治，相率逃入建州；自后金施行民族压迫政策，许多汉人宁肯自缢而死，也不愿"剃发"降顺。据朝鲜史书记载："开元城中最多节义之人，兵才及城，人争缢死，屋无虚梁，木无空枝，至有一家全节，五、六岁儿亦有缢死者。"

第二，大量迁民。努尔哈赤为对辽东汉民加强控制，防止叛逃，曾多次下令大量迁徙辽民。如天启元年即天命六年（1621）十一月十八日，努尔哈赤派阿敏贝勒带兵五千，前往镇江，强令镇江、宽奠、暖河、汤山、镇东、镇西、新城等地居民，在寒冬时节，携妻抱子迁往萨尔浒等地，并将孤山堡以南凤凰地区房舍全部纵火烧毁。又如翌年正月二十四日后金占领广宁，二月初四日努尔哈赤即强迫广宁等九卫居民渡过辽河，迁往辽东。锦州二卫的人口迁往辽阳，右屯卫迁往金州、复州，义州二卫迁往盖州、威宁营，广宁四卫迁往沈阳、蒲河和奉集堡。除这二次大规模地迁徙人口外，零星迁移，经常不断。如天启四年即天命九年（1624），命将辽西大黑山堡人民搬移至虎皮驿。

被迁地区的汉人，头一天得到迁移汗令，第二天就被驱赶上路。西起大凌河东迄鸭绿江，南自金州北至蒲河，河西居民迁往河东，城镇居民移往村屯，扶老携幼，扫地出门，城郭空虚，田地抛荒，哭声震野，背井离乡。稍有恋居者，即惨遭屠杀。仅大贝勒代善在义州一次就杀死三千人。被驱赶的移民，男子受鞭笞，妻女遭凌辱，老弱填沟壑，童婴弃路旁；白天忍饥赶路，寒夜露宿荒郊。他们被迁往陌生的村屯，无亲无友，无房无粮。命大户同大家合，小户同小家合，"房合住，粮合吃，田合耕"。这既扰乱了辽民的安定生活，又破坏了正常的社会秩序。被迁居的汉人，或为"计丁授田"的民户，或为"按下编庄"的壮丁。无论是前者或后者，都被降作后金的农奴。

辽民被迁之后，生活困苦不堪。辽西被迫迁移的汉人，如锦州城一万三千七百八十四口，其中男六千一百五十人；右屯卫一万七千七百二十八口，其中男九千零七十四人。共计三万一千五百一十二口，其中男一万五千二百二十四人。他们后被强迫安插在岫岩、青苔峪和复州、金州等地。以每丁给田六日计，上述男丁共应授田近十万日。努尔哈赤没有田地授予，命他们同当地居民合耕，这种政策的结果是，既剥夺了被迁徙辽民的田地，又掠占了当地居民的土地。实际上，大量迁居的汉人，耕无田，住无房，寒无衣，食无粮。他们"连年苦累不堪"，生活悲苦到了极点。

第三，清查粮食。后金本来粮食就不足，大量迁民后出现粮荒。努尔哈赤为筹措粮食，除派夫役搬运缴获明仓粮谷外，还派人清查辽民的粮食。他下令汉人要如实申报所有粮谷的数量，然后按人口定量。他不许汉人私卖粮食，要低价卖给汗的官衙。汉人缺粮食，向官仓购买，每升银一两。粮食极为短缺，如杀耀州乔姓，得粮十三石一升，分给驻居当地的蒙古男丁，每人只得半升。辽民因缺粮食，饿死的人很多。粮食不足始终是努尔哈赤最头痛的问题之一。为解决粮食问题，天启四年即天命九年（1624）正月，努尔哈赤再命普遍清查粮食。对汉人的粮食，逐村逐户清查，全部进行登记，委派诸申看守。规定：凡每口有粮五升，或每口虽有粮三、四升但有牲畜的人，算作"有粮人"；每口有粮三、四升而并无牲畜的人，算作"无粮人"。努尔哈赤命将"无粮人"收为阿哈。不久，下令将各地查送的"无粮人"全部杀死。屠杀"无粮人"可能是因为没有余粮养活这批人，或借以警告隐匿余粮不报的人。然而，不管出于什么原因，这都是对社会生产力的破坏。

第四，征发差役。后金向辽民征发繁苛的差役，筑城、修堡、煮盐、刈获、夫役、运输，不一而足。以金、复、海、盖四州为例。后金占领辽东不久，盖州出牛车运送贡赋盐一万斤到辽阳。天启二年即天命七年（1622）春，金州、复州每十名男丁中，出二人修城。又命金、复、海、盖等州卫，派夫役、出牛车运粮。先是，明朝存粮在"右屯八十余万"石。后金军打败王化贞，夺得右屯粮仓。努尔哈赤下令征派牛一万头、车一万辆，每十名男丁中出一人，前往右屯卫运粮。被征的牛，命烙上印记，将牛的颜色、大小及牛主姓名填写交上备查。但许多牛或死于路，或被夺占，或以羸弱顶替肥壮，牛主既耽误农作，又损失重大。一年后仍命要饲养公差牛一万头。征发差役不仅碍误春耕，也影响秋收。盖州要在收成季节出男丁三千一百七十七人，牛一千零三十二头，修筑盖州城。但工程未竣，又派这些男丁和牛车到复州去收割庄稼。辽民的劳力、耕牛、车辆在春耕和秋收时被大量征发，妨碍生产，引起不满。

第五，强占田地。后金军进入辽沈地区，满洲贵族、八旗官兵等，分占田地，建立田庄。努尔哈赤汗谕"计丁授田"，将许多所谓"无主之田"，按丁均分，每丁接粮田五日、棉田一日。大量汉人田地，被分而占。努尔哈赤汗谕设立田庄。每男丁十三人、牛七头，编为一庄。备御以上，给庄田一所。而官将实占田庄，"多至五十余所"。努尔哈赤汗谕辽西汉民移至辽东，同辽东汉民"同耕"，汉人占汉人之田。后金强占土地的政策，使得满洲贵族与八旗官兵，占有大量辽河流域的沃土。这对后来清军入关，圈占畿辅田地，以及八旗驻防占田，都有直接的影响。

第六，诛戮诸生。后金进入辽沈地区后，由于占地、移民、剃发、苛役等，引起辽东汉人不满，起而反抗，遭到屠杀。至于攻陷城池之后，陷开原"城中士卒尽被杀"，下铁岭"士卒尽杀之"，事属战仇怨结，屠戮为快，过杀失当，另做他论。但努尔哈赤重满抑汉之策，实属偏激。其子皇太极对"昔太祖诛戮汉人，抚养满洲"，亦觉不当，略做前鉴。其时，据史载："闻十三站等处，杀辽人之不顺者，又执少壮、夺妻子，是以啸聚林莽山谷间。"被执、被夺者，设法出逃。努尔哈赤始定严惩逃人法："谕凡逃人已经离家，被执者处死；其未行者，虽首告勿论。"而未逃幸存之文士生员，多被收在后金汗、八大贝勒包衣下，或在满洲各级额真下为奴。《清太宗实录》载述：

先是，乙丑年十月，太祖令察出明绅衿，尽行处死。谓种种可恶，皆在此辈，遂悉诛之。其时诸生隐匿得脱者，约三百人。至是考试，分别优劣，得二百人。凡在皇上包衣下，八贝勒等包衣下，及满洲、蒙古家为奴者，尽皆拔出。

上述可见，其时屠儒之酷烈。

上举努尔哈赤进入辽沈地区后，强令"剃发"、大量迁民、清查粮食、征发差役强占田地和诛戮诸生等六例弊政，搅得辽民倾家荡产，颠沛流离，衣食无着，愤不欲生。女真各级额真及军卒杂居汉人村屯，又逞威福，占田宅，索粮谷，侮妻女。广大辽东汉人不堪忍受女真贵族的威逼、驱掠，焚劫、杀戮，纷纷起来通过各种形式，反抗后金汗努尔哈赤的残暴统治。

（二）汉民反抗

辽东汉人以逃亡、投毒、暴动等多种形式，抵制后金的错误政策，反抗后金的暴戾统治。

首先是逃亡。辽民难以忍受后金贵族的盘剥和奴役，为图生存，成户、成村、成地区地逃亡。如连山关汉民男四十人、女二十人，驱赶马十八匹、牛五头、骡四头和驴二头，集体逃亡。夹山河村二十户居民，男女共八十人，仅耕田七日，无法生活，把喂养的猪、鸡、狗宰杀后放在筐子里，密议逃亡，但被告密捕捉定罪。红草岛附近五村汉人，用秫秸秆编成筏子渡河逃亡。李永芳哀叹道：沿海一带汉民想杀女真人，逃往明朝。据《满文老档》记载，有的辽民诱请后金驻守合堡官兵到家里饮酒，或酖杀，或乘其醺醉杀死，然后弃家逃亡。到天启五年即天命十年（1625），因闹粮荒，社会秩序混乱，逃亡的人更多。努尔哈赤命在城门设锣，逃人出城要敲锣传报，以派兵追捕。尽管如此，"逃去之人，络绎接踵"。

其次是投毒。投放毒药暗杀后金统治者，是比逃亡更为积极的反抗斗争形式。后金占领辽阳刚两个月，就发现汉人向努尔哈赤驻城的各井投下毒药。不久，在水、盐和猪肉里都发现有毒药。努尔哈赤指令诸申和兵士，不吃当天杀猪的肉，饮水和食盐要警惕中毒，甚至对蔬菜和鸡鸭也要注意，并命将文书下达至村领催。为避免中毒，命店主将姓名刻在石、木上，立在店前；购买食物的诸申，需把住店主的姓名，以便中毒后追查。投毒的斗争遍及各地，努尔哈赤谕示诸贝勒：各处都给诸申投毒。甚至努尔哈赤到海州巡视，在衙门宴会时，有八名汉人向井中投放毒药，可能是设计毒害后金汗努尔哈赤的。但他们在投毒时被八旗兵士捉获，惨遭杀害。

再次是袭杀。袭击和杀伤后金官兵，比投毒更直接地打击了女真军事贵族。在古河、马家寨、镇江、长嶋、双山、岫岩、平顶山等地的汉民，手执棍棒，聚众抵抗，袭击后金兵士，杀死后金官吏。努尔哈赤在文书中称：

古河的人，杀我派去的官员而叛。马家寨的人，杀我派去的官员而叛。镇江的人，逮捕我任命的佟游击，送与明国而叛。长嶋的人，逮捕我派遣的官员，送往广宁。双山的人，约期带来那边的兵，杀了我的人。岫岩的人叛亡，被魏秀才告发。复州的人叛变，约期带来明国的船。平顶山的人，杀我四十人而叛。

这份文书说明，辽民反抗后金统治的斗争此伏彼起，连绵不断。为防止后金官兵被个别地袭杀，努尔哈赤命令官兵不许单独行动，必须十人结队而行，否则要受到惩罚。但这并不能阻遏辽民一浪高似一浪地反抗后金统治者的斗争。

复次是暴动。辽民的暴动给予后金统治者以最沉重的打击。辽民暴动自后金军占领辽阳始。后金军夺占辽阳，派一将领坐在西门，见状貌可疑的汉人，即点视军卒加以杀戮。然而，辽民不能忍受这种残酷暴行，勇敢者奋起反抗。《明史纪事本末》"补遗"记载：

有诸生父子六人，知必死，持刀突而出，毙其帅，诸子持梃共击杀二十余人。仓促出不意，百姓乘乱走出，五六百人结队南行，建州不之追。

继辽阳之后，反抗后金的暴动如火如荼。在托兰山，百余人举行暴动；在长山岛，莽古尔泰率兵二千前往镇压；在岫岩，暴动失败后被虏者达六千七百人；在镇江，仅镇压后被俘虏者即达一万二千人。

在辽河以东，复州城的抗暴斗争声势浩大。天启三年即天命八年（1623）六月，复州城民无法容忍后金剃发、占房、查粮、差役等虐政，一万余男人举城暴动。努尔哈赤派次子代善、第十子德格类等率兵二万人前往，将复州城人民的暴动残酷地镇压下去。复州城男子当中，除病弱者和儿童外，全部被杀，并将妇女和儿童掳走，分给各牛录为奴。复州城房舍驻兵，粮充军食。

在辽河以西，除"辽民、难民入关至百余万"和大量迁徙河东之外，所余人民在大小凌河、锦州、义州和广宁等地掀起反抗后金的暴动。其中以十三山军民的反抗斗争最为壮烈。数以万计的辽民据十三山以自保，绝不"剃发"降顺。努尔哈赤派兵围攻数次不克；李永芳再率军仰攻，被"山顶飞石打下"。这些反抗者久被围困，誓死不降后金，"有七百人黑夜潜偷下山至海边，渡上觉华岛。婴孩都害死。问其何以害死，曰'恐儿啼贼来追赶也'！"宁肯扼杀婴儿，也不投降后金。这是努尔哈赤对辽民政策失败的血泪见证。

努尔哈赤对辽民的错误政策，激起辽东的农民、矿工、生员、市民，从辽阳到金州，自广宁至镇江，在城镇，在树屯，以逃亡、投毒、袭杀和暴动等形式，进行反对后金统治者的斗争。这场斗争的主体是汉族劳动人民，也包括女真的奴隶和农奴。辽东汉民反抗斗争的一个结果是，既削弱了后金的国力，又教育了宁远的军民——为免

（三）施行新政

后金从建州故地进入辽沈地区，社会情况发生了巨大的变化：前者，以满族为主，尚处于奴隶制社会，经济、文化比较落后；后者，以汉人为主，早已实行封建制，经济、文化相当发达。后金统治集团最初仍然沿用建州地区旧的一套统治辽沈地区，结果遭到辽民的强烈反抗。为了在辽沈地区站稳脚跟，巩固统治，努尔哈赤总结经验教训，根据新的情况，实行了许多新政策。

1. 各守旧业

起初，努尔哈赤因为"身在此山"的缘故，所以怎么也无法理解辽东汉民的心情。现在，他渐渐地开始醒悟过来，不得不承认这样一个事实，那就是在封建制高度发达的辽东地区，人们已经无法接受历史车轮的倒退，不能忍受来自野蛮夷族的野蛮奴役，不甘遭受奴隶制下的非人待遇，让自由之身重新戴起沉重的锁链回到牢笼里去，他们会义无反顾地情愿用生命作代价去冲破这一黑暗，而这绝不是努尔哈赤的淫威所能征服得了的。所以，为了后金政权的巩固与发展，努尔哈赤也不得不进行让步，一再地宣布让辽东汉民"各守旧业"，即承认并沿袭其原有的封建制度，保持其原有的社会秩序，以此来减少因战争引起的社会动荡和不安。

天命六年（1621）四月初一日，努尔哈赤发布谕旨，正式提出此项政策："攻辽东城时，我士兵亦多有死亡。如斯死战而得之辽东城人，竟待以不死，悉加豢养，使之安居如故。尔海州、复州、金州人，遭遇非若辽东，尔等勿惧，杀则一日，食则一时也！即加诛戮，而所得无几，顷刻即尽矣。若赦而养之，诸物咸出尔手，用之互市，更以佳物美果来献，则受益无穷也！倘能如此，我将厚遇尔等。非若尔明国听事不公，徇情受贿，有财者虽非亦是，无财者虽是亦非。是则是，非则非，秉公而断。人命重案，不可独断之，当以公众论断。寻常小事，诉于地方官，该管官公断则已，倘有不公，可来诉于辽东城。官员公断后如有不从，则由官员来诉。明帝贪赃枉法，遂被天谴。我听事廉明，拒收贿赂，仰蒙天佑。今我若贪尔之财，咨加虐待，众必避难逃亡，焉能阻止耶？何去何从，听尔等自便。"

同年五月初五日，努尔哈赤听说镇江汉民拒不剃发归降，还胆大包天地将后金使臣杀死，他就命令女婿乌尔古岱和孙女婿李永芳率千人前往，并带上谕令一封，上面这样写道："镇江地方之人，尔等因杀我使者，故惧而不降也。尔等原乃明帝之民，天既以辽东地方畀我，今即为我民矣。攻取辽东城时，杀戮明军20万，我军岂有不死耶？如此血战所得之辽东城民，却待之不死，悉加豢养。岂以尔明官遣一二人杀我一人之故，而杀尔众民，弃尔土地及口粮耶？且河东所有辽东地方人，皆已剃发降服，明帝及其国人岂不知耶？既已闻之，倘仅以尔等拒不剃发归顺之故，而发兵剿杀，则明帝及其国人岂不笑我嗜杀乎？前日，炼银地方之人拒不剃发，杀我所遣执旗之人，闻此讯，即命都堂一人，副将二人率兵往杀其为首之数人。彼等闻此兵前来，未及停留，登山逃走。军士追至，杀其少数。为此，我亦因我属民减少而深以为憾。遂将其余众，悉加豢养，皆令剃发，各归其家，各操田业。军士乃班师。尔今若知惧，可将首恶之四五人，执送前来，尔等亦剃发归降之。如此则已，若仍不从，明集十三省兵来战，尚不能胜，为我所杀，况尔等岂能胜耶？"

以后，努尔哈赤还多次发表告示，都表明了同一个思想和主张，那就是让辽东汉民安定下来，不要作再次逃亡的打算，明朝统治者如此昏愦，而我英明汗又是如此地公正廉明，与其逃回明朝又岂如留在英明汗这里享受一下后金国的新鲜空气？而且更重要的是英明汗允许辽东汉民各就其原位，各事其原业，不改变其原有的社会秩序。

这种表白和承诺的确有相当大的诱惑。那些被努尔哈赤的屠杀吓破了胆的人们起先也不敢轻易相信，可是禁不住他的一再宣传，反复强调，渐渐地，人们开始安定下来了。的确，正如努尔哈赤所说的那样，明朝统治又有什么可以值得留恋的呢？于是，汉民们纷纷回归旧业。可见，努尔哈赤的这一措施是深得人心的，同时，也使他自己减少了后顾之忧，增强了后金国的经济实力。从此，他不仅拥有新征服的大片领土，还有具备较高技术和丰富经验的汉人为之经营和管理，后金国也可以从中收取租赋，征调夫役。

但这项举措同时也使许多的贫苦农民受到极大损失。因为在兵荒马乱之际，很多大户地主弃家逃亡，顾不得那些不动祖业——土地，很多贫苦的农民因此而得到了他们梦寐以求的土地。而如今，"各守旧业"的政策就意味着他们要交出这些刚刚到手的"宝贝"，还给那些原来土地的主人，因为这些人也同样要"各守旧业"。而事实上，许多地主已经逃亡不再回来，甚至已经死亡了，这些土地自然而然地落入了八旗贵族手中，成了他们的战利品和囊中物。那些逃走之后又重新回来的汉民地主，他们可以向努尔哈赤领回自己的住宅、田产和粮食等物，其条件是必须要归顺新汗的统治和管理。这样，努尔哈赤就拿着原本属于汉民地主的土地，又"恩赐"给汉民地主，自己从中大赚人情，以此来拉拢汉民地主跟自己走，让他们拥护和支持后金政权，这对于巩固已得到的辽东地区，继续拓展新的领土疆域是大有裨益的。

另外，为了安置那些没有田地的汉民、努尔哈赤还拿出一部分失去了主人的土地分给他们耕种，使他们对自己感恩戴德，从而安居乐业，不再生出"逃跑""起义"之邪念。天命七年（1622）二月，努尔哈赤对那些重新分到土地的汉民发表训话："若谓劳苦，仅此迁徙之年，岂有年年劳苦之理耶？若谓安置新户地方之人拨给房屋粮食田亩，不堪其苦，则迁来之户，弃其住房、耕田、食粮，其苦尤甚也。拨给房屋、田亩、粮食之人，勿谓我之不善，乃因尔明万历帝不善也。尔明国若获我国之人，能如此养育乎？必杀之也。我之不加诛戮予以收养安置者，此也！"在这里，努尔哈赤将自己打扮成救世主的角色，济世济民的观音菩萨形象，而将一切一切的责任都推给了明朝皇帝朱翊钧。

总之，不管怎样说，"各守旧业"政策是努尔哈赤根据当时辽东地区的实际情况做出的顺应历史潮流的正确选择，它表明后金国愿意保持汉民原有的社会秩序，继承明朝在辽东地区实行的封建制统治，恢复起被战火所中断了的那种比后金奴隶制度更先进、更文明的历史进程。它既可以使辽东汉民中的一般百姓得以重建家园，修整土地，安分守己地过平安日子，并向努尔哈赤俯首称臣，也可以使那些一度曾失去了土地的富豪大户们因重新领回了自己的家业而对后金汗感激涕零。使得原先满汉之间彼此对立的情绪和矛盾有所缓和与改善，使他们轻易地不会构成努尔哈赤的腹背之患，同时，也使辽东地区的生产力破坏程度有所减轻，辽东汉民在战火过后的损失与痛苦有所减少。这是一项一举多得的措施和政策，也是努尔哈赤的一个明智之举。

2. 计丁授田

面对着日益增多的广大土地和众多的满汉人口，后金国如何加强对这一切的管理和控制，这的确是一项刻不容缓的当务之急。如果处理不当或失于控制，这些经过冲锋陷阵、浴血奋战得来的战果也会轻易地丧失。努尔哈赤及时地意识到这一点并积极采取措施予以调整，除了多次颁布命令让辽东汉民"各守旧业"之外，还很快地推出了一项新的举措，即"计丁授田"令。它与以往中国历朝开国之初的"招民垦荒""授民以田"等政策有着类似的目的和意图，同时，又由于后金国所处的特殊的历史条件和地理环境所限，努尔哈赤的"计丁授田"令还有着它自己的特点。

天命六年（1621）七月十四日，努尔哈赤为推行"计丁授田"令向各村庄发布告示说："海州地方拨田10万垧，辽东地方拨田20万垧，共征田30万垧，分给我驻扎此地之兵马。至于我众百姓之田，仍在我地方耕种，尔辽东地方诸贝勒大臣及富家之田，荒芜者甚多也！该荒芜之田，亦列入我所征之30万垧田数内。如不敷用，可取自松山堡以内至铁岭、懿路、蒲河、范河、珲托河、沈阳、抚顺、东州、马根丹、清河、孤山等地之田耕种。若仍不足，可至边外耕种。往者，尔明国富人占地甚广大，其田雇人耕作，所获粮米，食之不尽，而耀之。贫民无田无粮，买粮而食，一旦财尽，沦为乞丐。富人与其囤积粮财，以致朽烂，徒行贮藏，不如赡养乞丐贫民。如此，则鸿名相传之，造福于后世也！本年所种之粮，准其各自收获。我今计田每丁给种粮田五埍，种棉地一埍矣。尔等不得隐匿男丁。隐则不得其田矣！嗣后，以不使花子求乞，乞丐僧人，皆给以田，勤加耕作。每三丁，各种官田一埍。每20丁，以一人充兵，一人应役。"

同年十月初一日，努尔哈赤为了进一步推行贯彻"计丁授田"令再次下谕："明年征收军人食粮，饲马草料及无主之田地。辽东五卫之民，可耕种无主田20万埍，又从该无主田内拨出10万埍，给海州、盖州、复州、金州四卫之民耕种。"

这两则上谕的发布、标志着努尔哈赤"计丁授田"令的正式发布并付诸实行。他拿出辽东五卫和海州、盖州、复州、金州等地无主之荒芜田地共计30万埍分给满汉兵丁，重新调整了这一地区的土地占有形式，即由后全国家政权来承领这部分土地，成为土地的最高所有者，分配到土地的那些土地的直接所有者们则成为向国家交纳租赋的臣民。"计丁授田"令还规定，平均每丁分得土地6埍，其中5埍用来种粮，一埍用来植棉，这6埍土地的收获物归土地的直接耕种者所有；另外，分到土地的人还必须同时向国家承担劳役地租，即每三丁要耕种一埍官田，其收获物归国家所有；除劳役地租之外，他们还要承担兵役和徭役，即每20丁出一丁当兵，一丁服官役。为防止百姓游离于土地之外自行出入，躲避赋役、兵役和徭役，努尔哈赤在谕令中还特别申明不得隐瞒实情，谎报丁数，否则就分不到田地。

"计丁授田"令的推行，标志着这一地区的土地所有制和产品分配形式都已纳入了封建制的轨道和范畴，这是满洲社会从奴隶制向封建制转变的一个重大步骤，是后金国进入辽沈地区以后受汉族文明影响并被迫接受这一先进文明的结果，也是努尔哈赤顺应历史潮流和时代发展趋势而做出的明智选择。它使后金国从落后野蛮的奴隶制一跃而上升为封建制，为今后进一步向关内进军乃至征服整个明国，成为几千年文明古国的统治者奠定了坚实的基础。

"计丁授田"令的推行，使辽东富民地主阶层获利匪浅，所得实惠甚大。因为用来授予的田地都是在战乱中逃亡或已死亡的汉民地主不来认领的土地，并不是从现存地主手中没收田地拿来重新分配。因此，他们的原有产业并未受到丝毫的损失。相反，由于辽东地区富家地主人丁众多，不仅有自家的老爷、少爷，还有手下的雇工、阿哈和佃户。如果他们的庄田少于每丁六埍的数目，便可根据"计丁授田"令予以补齐拨给；如果他们每丁平均占有土地的数目已经超过了每丁六埍，那就依照"各守旧业"的政策予以保留，不用将多余部分交出，这对于那些汉民地主来说是一件"拍手称快"的大好事。努尔哈赤点燃的战火并未使他们的根本利益受到损害，反倒使某些人趁机成了暴发户和大地主，他们自然在无形之中改变了原先对努尔哈赤的那种敌对情绪和反抗意识，渐渐地向后金政权靠拢并产生认同感，甚至会对努尔哈赤这位新主子感恩戴德，俯首听命，甘愿为他效劳，从而结成满、汉地主阶级的联合阵线，朝着一个共同的目标而奋进。努尔哈赤的谋略不可谓不深远。

"计丁授田"令使得一些无田之民分到了一份土地，可以自行耕种，原先有很少一部分土地的人也可以按照规定给予增加。由于意外地获得了一定的生产条件和生存条件，视土地为命根子的农民自然会感到满意和有所补偿，并因此而减轻了对这个少数民族政权的天然仇视心理和疏远感，由此，可以起到稳固辽东地区统治的作用。

但是，并不是所有的贫苦农民都能从"计丁授田"令中得到好处。因为阿哈（奴隶）、雇工和佃农他们都不是具有独立身份的"丁"，其人头数都包括在自己的家主、雇主和田主的份额之内，真正从中受益的是那些家主、雇主和田主这些富有阶层的人们，而阿哈、雇工和佃户则无法从中获得一点属于自己名分下的土地。

"计丁授田"令除了具有稳固统治的作用之外，还同时起到了另外一个重要作用，那就是得到田地的人应向后金政权承担赋役、兵役和徭役，这就保证了后金国家机器的正常运转，为努尔哈赤发动的战争提供了源源不断的人力与物力供应。首先，土地的所有者通过服劳役地租的方式无偿地提供自己的劳力。按照每丁6垧土地的标准，30万垧土地可分授给5万名丁，再按每3丁合耕一垧官田的标准，5万丁可耕田1.7万垧土地，折合10万亩，这10万亩土地所产的粮食可以满足八旗兵丁所需要的绝大部分兵粮。另外，土地的所有者还承担20抽一的徭役，这就保证了后金政权有了可靠的兵力资源和劳力资源。

同年十一月十九日，努尔哈赤还对"计丁授田"令所做出的有关徭役制度的规定进行了新的补充和说明："遇有急事，则十人出一人服役。非急事，则百人出一人服役。百人以下十人以上者，视事之缓急而摊派之。"

其实，20丁出一丁当兵这本身已经是很重的负担了。因为给努尔哈赤出兵役要自备服装、兵器和战马，其费用由20名丁口共同摊派并承担，而且对所骑战马又有非常明确的规定，那就是要乘价值10两白银的马匹，平均每个丁口要负担半两白银，此外还有服装和兵器。对于那些地方长官，如果努尔哈赤所征的兵有一个不到或迟到一日，则要被治以重罪。

对于这样沉重的兵役和徭役负担，努尔哈赤又是怎样看待的呢？他在给辽东汉人发布的告示中说："我自来辽东察得，凡派官差，皆不按男丁计数，而按门计数。若以按门计数，或一门有四五十男丁，或一门有百余男丁，或一门有一二男丁。如此按门计数，富者行贿可以豁免，贫人无财而常充公。我不行尔等之制。初我颁行之制，不准诸贝勒大臣取财于下人，无论贫富，皆以男丁计数，每20男丁抽一人从军。……政法清明，蒙天眷佑。凡人君之祸，不自外来，皆由己出。昔桀帝、纣王、秦二世、隋炀帝、金帝完颜亮，皆嗜酒贪财好色，不为国劳，不修国政，故所创基业因其无道而败也！尔明帝政法不明，纵容太监敛取民财，众官亦效法其帝，皆搜刮民财。奸诈之富人行贿可以豁免，正直之贫民因无财而陷于苦难。内政不修，反妄干界外他国之事，倒置是非，妄加剖断。天遂谴之，以明帝河东之地界我。明帝所扰者，乃此也。天既眷我，授以土地，倘我不以天意治理之恐受天责，所谓治者，乃此也。汗所擢用之官员，凡汗赏赐平常所得之物，当明取之，不得吃取于下人。"

努尔哈赤的这番由"计丁授田"令而引出的一段议论，显然又是在贬责明帝而褒扬自己，斥责明帝昏庸无道，表扬自己治政开明，认为这是他的一大德政，比明朝统治者要公平合理得多。

3. 按丁偏庄

努尔哈赤先后实行了两项"德政"，它们主要都是针对汉人而制定的。他认为这便可以使双人安心地居住下来不再产生其他"邪念"。可事实上，还有很多汉人不愿意接受后金政权的统治和束缚，继续不断地以各种方式逃亡，努尔哈赤对此极其愤慨和恼怒。

天命十年（1625）十月初三日，努尔哈赤下令对汉民进行甄别之后进行严厉处置，这表明他要举起屠刀大肆屠杀反抗后金的辽东汉民了。努尔哈赤在给群臣的谕文中说："我等常豢养汉人，而汉人却置办棍棒不止。著总兵官以下，备御以上，各往其屯。去后，分别屯中之汉人。常言道：豹子好辨，人心难测。为恐尔等听信奸巧之言，当以中正之心察辨之。凡以彼方所遣奸细之言，煽惑本地乡民者，皆属非我保举之官、或原为明官，今已革职之书生、大臣等人。此等之人皆另行甄别正法。为我建城池，出官差之人则建庄屯养之。无妻孥独身之人及应加豢养之人则养之，赐以妻、衣、牛、驴、粮等，命建庄屯。而不该豢养之独身者及不从命者，亦加正法，由八贝勒庄屯之汉人起，凡人诸申家之人，皆执之，照例甄别之。诸申中之荒诞不肖者，若以家中元有或不知而隐匿不举，则罪之。明时非千总，今经我委以千总之人，向来居地沈阳其父母户口皆投来者，则免之。家虽住沈阳，但未携父母，未携妻室，只以外妾假充居住之名者，不准居住。向未居住，因九月以来，耀州、海州之消息使其惊恐而来沈阳之人，不准居住，照例甄别之。为恐于甄别时如以前一样，贿银而免之，故对沈阳、抚顺、开原、铁岭所属之人，亦按抚顺、沈阳之人从宽甄别之。"

在大肆屠杀汉人的同时，努尔哈赤还专门出示汉人倡乱行恶的布告，历数辽东汉民不思汗恩的种种罪过："我取辽东之后，未杀尔等，亦未动房舍耕地，未侵家室什物，皆豢养之。如此恩养，竟成不是。古河之人，执我遣之人而叛。马前寨之人，杀我使者而叛。镇江之人，执我委任之佟游去送明而叛。长嶋之人，执我所遣之人送广宁。双山之人，暗通敌兵，杀我之人。……不思我养育之恩，仍向明朝，敌杀此有罪地方之人。无罪地方之人居住日久，难免不乱，故迁至北方，给以房舍田地食粮豢养之。虽如此养育，然窝藏奸细，接受札付，叛逃而去者仍然不绝。……我等驻扎之时，尔等尚如此杀我诸申而去以及备置棍棒。我等往猎或出兵之后，尔等岂能安然处之？窝藏明遣之奸细，接受剳付、备置棍棒等种种恶行，皆在外书生、官员之亲戚及前大臣尔等之所为也。至于在沈阳之官员及筑城、充役之人知之何妨？无非为尔等之恶牵连而被杀耳。总之，尔等既不思养育之恩，心仍向明，敌杀尔等外乡之头人者，即为是也。小人修城，奸细难容，即使逃去，亦仅其只身而已，故养小人者，即为是也。若置养育之人于中间之地，则受诸申之侵害。"

鉴于此，大批后金国中的汉人被杀头，许多贤良之书生也被杀害，大批的辽东汉民在努尔哈赤的屠刀下丧生，其余幸存的人就被编入农庄。按照努尔哈赤的指示："一庄编设男丁13人，牛七头。庄头兄弟计人13男丁之数内。将庄头带来沈阳，陪住牛录额真之家，二庄头之家住于一处。有事，则二庄头轮番值班前往催办，诸申勿管之。庄头之名，庄内12男丁之名及牛、驴毛色皆缮清单。交该屯章京，然后由前往之大臣造册带来。"另外，还规定，每庄给田百垧，20垧为官田，80垧供尔等食用。

努尔哈赤的旨令一下，一大批具有统一规模的农庄纷纷建立起来，各地汉民都被强迫加入农庄之中，这就意味着他已经放弃了过去的"各守旧业"和"计丁授田"两项政策，所有土地都被没收，全部纳入后金政权重新进行调整和分配。汉民们是因为受到努尔哈赤的惩罚才被编入庄园的，所以，他们现在的身份和地位比过去有所下降，失去了平民的自由权力，沦为以努尔哈赤为首的后金各级大小封建庄主的农奴。从此，封建奴隶制庄园便在后金国中星罗棋布地形成了，遍及全国各地，封建农奴制成为后金国中占据统治地位的生产关系。

生活在庄园中的农奴们所受的封建剥削比过去也加重了。按"计丁授田"令的规定，每三丁耕种官地一垧，平均每一丁耕种官地0.33垧；而编入农庄的农奴们，每13丁耕种官地20垧，平均每丁耕种官地1.538垧。由此可见，后者比前者要多4倍多。另外，按照"计丁授田"令，每丁领有自耕地6垧，耕官地0.33垧，其比例是18：1；而编入农庄的农奴们每13丁领有自耕地80垧，耕官地20垧，自耕地与官地之比是4：1，其负担轻重便可一目了然。这是努尔哈赤报复汉民的结果，也是他在辽东地区取得重大军事胜利之后，渐渐暴露出其民族高压政策真面目的开始。

努尔哈赤的"按丁编庄"令，虽然对汉人来说，是一种倒退和反动，但对于建州社会原有的奴隶制庄园来说，则是一种进步和文明。因为努尔哈赤最初起兵之时，女真社会仍然处于奴隶制田庄阶段，后来，在奴隶们不断的反抗斗争冲击下逐渐瓦解。

后来，当八旗军队占领辽沈地区以后，大批被俘汉人沦为奴隶，奴隶制田庄又有所恢复并在相当大的范围内得以存在，这种落后的奴隶制生产关系严重地束缚和阻碍了生产力的快速提高和发展，奴隶们不断地以各种方式进行反抗。努尔哈赤这次颁布的"按丁编庄"令，虽然是专门为对付汉人而制定的，但为了统一规划，统一管理，也将原来这部分奴隶制庄园改变为封建制庄园，使那些没有人身自由、任人摆布和奴役的奴隶们其身份和地位得以上升和提高，成为具有一定权力和自由的农奴，这无疑是一种历史的进步。

每一种政策的实行都有受益者和受害者，判定它的正确与否就在于它是否推动了历史的前进。努尔哈赤的这一举措到底是推动了历史车轮的前进还是将历史车轮拉向倒退？应该说是二者兼而有之，对于封建经济高度发达的汉族地区而言则是一种倒退，而对于满洲社会来说则是一次巨大的历史进步。总而言之，还是受害者多，受益者少，努尔哈赤不应该将此事如此简单划一地处理，而采取分别对待的办法才是最明智的选择。

4. 八和硕贝勒共治国政

天命七年（明天启二年，1622 年）三月初三日，努尔哈赤做出了一个重大决策。宣布在他百年之后，不再沿袭国主独尊的旧制，而实行八和硕贝勒共治国政的制度。

这一重大决策的出台，与努尔哈赤在选定继承人一事上屡遭挫折有直接关系。

努尔哈赤的长子褚英足智多谋，勇武超群。万历四十年（1612 年），努尔哈赤立褚英为嗣子，命其执掌国政。但褚英心胸褊狭，为了与他的四个弟弟和五大臣争权，极力挑拨他们之间的关系，对他们多方限制，百般刁难，并且封锁消息，不准四个弟弟向父汗报告他的一切言行，企图架空父汗，抢班夺权。被告发后，遭到努尔哈赤的严斥。但褚英不但仍我行我素。而且怀恨在心，竟在努尔哈赤率兵出征乌拉时，暗中焚表，诅咒父汗、诸弟和五大臣，甚至希望父汗作战失败，准备不让父汗与诸弟回城。努尔哈赤得知此情后对褚英大失所望，于万历四十一年（1613 年）将其幽禁于高墙之中。两年之后，又下令将褚英处死。努尔哈赤首次立嗣就这样失败了。

褚英

褚英被囚杀后，围绕着立嗣问题，后金统治集团内部展开了激烈的斗争，特别是大贝勒代善和四贝勒皇太极二人，更是明争暗斗。代善为努尔哈赤第一个大福晋佟佳氏所生，英勇善战，战功卓著，赐号"古英巴图鲁"，封和硕贝勒，位居四大贝勒之首，称为"大贝勒"，拥有正红、镶红二旗，权势极大，颇受汗父的器重。努尔哈赤选定代善主管后金军国大政，并明确宣布立他为"太子"，并交代说，待自己百年之后，爱妃大福晋阿巴亥和诸幼子将托付给代善照应。太子的确立，并没有使代善与皇太极之间的争斗止息，反而有越演越烈之势。天命五年三月，努尔哈赤的小福晋泰音察告发代善与继母大福晋富察氏关系暧昧，大贝勒莫名其妙地被卷入一场政治阴谋之中。努尔哈赤对此事非常恼火，将大福晋休弃，虽然没有处分代善，但与代善的关系不可避免地蒙上了一层阴影。不久，又有两件事情，一是后金从界凡迁居萨尔浒时，代善气量狭小，与汗父争房地；二是代善听信继妻纳喇氏的谗言，虐待前妻之子硕托，甚至诬陷硕托与庶母通奸，一心要杀掉硕托，努尔哈赤因此对代善极为不满，于当年九月废掉太子。

废掉太子之后，努尔哈赤有意让四贝勒皇太极继承汗位。皇太极为努尔哈赤爱妃叶赫纳喇氏（亦作叶赫那拉氏）所生，聪明伶俐，有勇有谋，屡立战功，倍受努尔哈赤宠爱。他又极有心计，在那场富察氏与代善关系的风波当中，躲在幕后，不露声色，即使大贝勒名誉扫地，又获得了父汗的好感。但努尔哈赤很快就发现，皇太极自恃父汗的宠爱，高傲无礼，拉帮结伙，引起诸贝勒的不满，如选为嗣子，难以服众。而二贝勒阿敏为侄儿，三贝勒莽古尔泰生母被休，均不能入选。因此，对于立嗣一事，努尔哈赤感到左右为难。

当时八旗旗主贝勒都是努尔哈赤的子、侄等亲属，拥有很大的权利。各旗主贝勒为了扩大自己的权益，相互间明争暗斗，矛盾重重。在两次立嗣失败而新嗣子一时又难以确定的情况下，天命六年二月，努尔哈赤采取了一个折衷的办法，下令代善、阿敏、莽古尔泰、皇太极四大贝勒按月轮流执政，国内的一切政务，都由值月贝勒处理。按月分值虽然暂时避免了矛盾，毕竟不是长远之计。努尔哈赤为了调整旗主贝勒之间的关系，缓和矛盾，防止在他去世之后发生争权篡位的事情，才于天命七年发布汗谕，正式确定实行八和硕贝勒共治国政的制度。

和硕，是满语"方""角"的意思。和硕贝勒，直译是一方之贝勒。由于八旗都有固定的方位，这里的一方，也就是一旗。所以，和硕贝勒就是旗主贝勒，又称固山贝勒。八和硕贝勒共治国政，就是由八旗的八个旗主，共同执掌后金国的军政要务。八和硕贝勒拥有相当大的权利，具体说来，有以下几个方面。

第一，推选或废黜新汗。继任的新汗，既不是由努尔哈赤指定的，也不是自封的，而是由八和硕贝勒共议后推选的。新汗不能是强横的人，要选择不拒绝八和硕贝勒意见的人为汗。如果新汗不听八和硕贝勒的意见，不行善政，八和硕贝勒就可以罢免他，另行推选新汗。

第二，共同议处军国大政。努尔哈赤指出，一个人的知识终归有限，所以凡是军国大政必须由八和硕贝勒共议后集体裁处，不能由汗一人说了算。

第三，审断案件。汗谕规定，满、蒙、汉八旗，各置大臣八人、理事官八人。一切案件，先由理事官初审，复由八大臣拟定处理意见，最后由八和硕贝勒裁决。八旗之间的纠纷以及对和硕贝勒的惩处，也须由八和硕贝勒共同审理裁处，而新汗不再拥有最后裁决权。

第四，任免官将。汗谕规定，八和硕贝勒须贬斥奸诡的人，进举忠直的人。对于自己既无才能，又不能积极支持、发挥其他和硕贝勒正确意见的个别和硕贝勒，经八和硕贝勒集议后予以撤职，另从其属下的子弟中选任新的和硕贝勒。如有行为悖逆的和硕贝勒，八和硕贝勒对其进行惩治，包括罚其财物，没收所辖诸申（自由民），甚至将其关押狱中。这样，八和硕贝勒完全掌握了从一般官将全和硕贝勒的任免、奖惩等人事大权，新汗没有独自任免的权利，从而避免了新汗任用亲信，与八和硕贝勒争权的可能性。

第五，按"八分"分配。汗谕规定，一切社会财富，如掠获的金银财帛和人畜等，新汗不能独占，必须归八和硕贝勒共有，按"八分"即由八旗平均分配，不许隐匿贪取。

第六，与新汗并肩共坐。新汗在升殿或祭堂时，要先向叔兄叩首，然后登上宝座，与八和硕贝勒并肩共坐，同受国人叩拜。这就从礼仪上取消了新汗南面独尊的权力，使八和硕贝勒处于与新汗平等的地位。汗谕在赋予八和硕贝勒诸多权利的同时，对其行动也有所限制，规定和硕贝勒不许在家中私议国政，也不许单独或几个人与汗密议，军国大政必须在庙堂共议。

努尔哈赤实行八和硕贝勒共治国政的汗谕，是在选择不到合适的接班人的情况下提出的，一是企图阻止诸子势同水火的储位之争，二是通过提高八和硕贝勒的地位和权利，限制新汗的权利，防止新汗权力过大而任意改变其既定的方针政策。努尔哈赤创建了后金国，他把政治、经济、军事等大权，完全控制在自己手中，实行的是君主集权制。自天命七年三月发布汗谕以后，他逐渐把部分权力移交给八和硕贝勒，为施行八和硕贝勒共治国政的制度做准备。天命十一年八月，努尔哈赤去世后，他的兄弟子侄等遵从八和硕贝勒集议立汗的训谕，由大贝勒代善倡议，其他诸贝勒一致赞同，四贝勒皇太极被推举为新汗。事实证明，八和硕贝勒共治国政的制度保证了权利的平稳交接，防止了一场因争夺汗位而可能出现的大动乱。但是，八和硕贝勒共治国政的制度带有很大的历史局限性，不可能彻底实行。进入辽东以后，后金国正从奴隶制向封建制过渡，君主集权是历史的必然，是不可阻挡的大趋势。八和硕贝勒共治国政的制度，分散了君主的权利，不利于君主集权，不适应后金国的社会现实。所以，皇太极上台之后，极力强化汗权，很快就"南面独坐"，八和硕贝勒共治国政的体制就被废除了。

忧愤而终

（一）巩固战果

自天命七年（1622）初，征伐辽西广宁（今辽宁北镇）以来，3 年已经过去了。这期间，努尔哈赤没有对明朝发动大规模的军事进攻，他需要一段时间巩固已取得的胜利，再说他还有很多事情要做：自广宁凯旋后，在辽阳附近筑东京城。全城未筑完，再迁都沈阳，成为清入关前最稳固的都城，也是努尔哈赤人生的最后一站。

加紧对蒙古诸部进行分化、招抚，孤立和打击察哈尔部林丹汗。科尔沁部最早同后金建立了密切关系，往来频繁。努尔哈赤打算同它正式结盟，共同对付察哈尔部林丹汗，进而征服蒙古，也是为进攻明朝解除后顾之忧。所以，努尔哈赤想方设法发展同科尔沁的友好关系。天命十年（1625），努尔哈赤提出与科尔沁结盟，科尔沁部首领奥巴派遣使者向努尔哈赤递交他的一封信，明确答复，愿与之结盟，一切大事，都听从努尔哈赤裁决，不敢违背命令。但同时表示担心，一旦同后金结盟，察哈尔林丹汗等必来征伐，还请汗（努尔哈赤）为他预先筹划。努尔哈赤见信，知道奥巴有结盟的愿望，就派了巴克什库尔禅、希福前往科尔沁与奥巴等会盟。他们宰牛马，置骨、血、土、酒、肉各一碗，焚香而誓。誓词表达双方同心合意，共同抵御察哈尔，不受它的馈赠诱惑。如若违背誓言，上天不佑，降以灾祸。就像这骨暴、血出、土埋而死；如履行盟约，天地保佑，益寿万年，子孙万世永享荣昌。盟誓完毕，库尔禅、希福又带着科尔沁的使者一起回到后金。努尔哈赤命令代善、阿敏、莽古尔泰、皇太极四大贝勒及阿巴泰等几乎所有的重要将领，亦宰白马、乌牛，与科尔沁的来使，同前叙库尔禅等一样立誓。

两次重复立誓，而且后金的几乎所有的重要人物都参与这一盟誓活动，是很不寻常的做法，反映出努尔哈赤对与科尔沁的结盟的极端重视。

果如所料，就在双方盟誓不久，同年（1625）八月，就传来察哈尔林丹汗兴兵入侵科尔沁的警报。奥巴根据双方已定盟誓，紧急要求后金出兵救援。努尔哈赤毫不迟疑地派遣阿尔津等4人为使者，带8名炮手前去。他又亲自写信给奥巴，鼓励他坚守不动摇。接着，调遣各路人马，他自率诸贝勒、大臣出兵援助科尔沁。大军行至开原以北镇北关，检阅兵马，发现战马又累又瘦，这是因为前不久曾进行过一场围猎所致，努尔哈赤当即决定，选精骑5000，命皇太极与莽古尔泰、阿巴泰、济尔哈朗、阿济格、硕托、萨哈廉等率之前往。他率领其余诸贝勒、大臣并军队返回沈阳。

皇太极率后金援军向科尔沁进发。此时，察哈尔的兵正要进攻科尔沁，听说后金兵已来救援，自知不敌，连夜逃跑，丢下无数骆驼、马等。科尔沁的围已解，皇太极与莽古尔泰率军胜利而归。

在此之前，即天命九年（1624）正月，努尔哈赤亲自与喀尔喀巴岳特部达尔汉贝勒之子恩格得尔举行盟誓。早在天命二年（1617），努尔哈赤为奖励恩格得尔率先归诚，将努尔哈赤的第四女，也是他的侄女许配恩格得尔为妻，极力笼络。现在，恩格得尔与其妻率部众，请求留住东京，努尔哈赤很高兴地同意了他们的请求，向天宣读他的誓词："皇天保佑，使恩格得尔舍自己之父而以我为父，舍其弟兄，以妻之弟兄为弟兄；弃离故土而以我国为依归，若不优厚抚养，则上天不佑，祸及我身；若恩养无间，则上天保佑，使人诸子孙命得延长，永享荣昌。"恩格得尔也向上天表达了他们对努尔哈赤及其后金国，必竭诚以待。

几天后，努尔哈赤命代善、阿敏、莽古尔泰、皇太极四大贝勒及阿巴泰、岳托、阿济格、济尔哈朗等诸子孙侄率领军队，前往恩格得尔住地，连同他的弟弟莽果尔代及其部众，都迁移到东京。努尔哈赤出东京城，到张义站迎接，举行盛大宴会，欢迎他们的到来。努尔哈赤随即颁赏，赐给恩格得尔兄弟雕鞍、骏马、貂裘等物。回到东京后，又赏给仆人、牛、金银、蟒缎、布帛、貂鼠、猞狸狲皮，以及房屋、田产等大批生产生活物资，赏赐之丰，可谓独厚。

除此，还有喀尔喀部五卫王拉巴斯希布台吉、琐诺木台吉、莽古托布依、俄溥和托塔布依、达贲台吉等，各率所属军民、牲畜，及各处蒙古人，共500户叛归后金，努尔哈赤都予以接纳，授予职务，赐给貂裘、猞狸狲裘、金银布帛、房地奴仆、牛马等物，皆大欢喜。

这期间，缔结婚姻频繁，有科尔沁部孔果孔贝勒送自己的女儿至东京，嫁给努尔哈赤第十二子阿济格为妃，努尔哈赤设大宴庆贺。

天命九年（1624）五月，科尔沁部桑噶尔齐台吉也把自己的女儿送来，给努尔哈赤的第十四子多尔衮为妃。努尔哈赤照例设宴庆贺。

天命十年（1625）二月，科尔沁部斋桑贝勒决定把他的女儿嫁给努尔哈赤第八子皇太极为妃，特派其子护送至东京。努尔哈赤与诸王及后妃等出迎十里外，即举行宴会；入城后，再设宴，同时举行婚礼，迅速完婚……

努尔哈赤到了晚年，更加重视同蒙古诸部的关系，通过和亲联姻、定盟约、优厚赏赐。出兵援助等保护政策，不断扩大和加深与蒙古诸部的亲善关系，目的是联合蒙古诸部中一切可以利用的力量，来充实后金的实力，对与他为敌的察哈尔林丹汗，给予孤立和打击，已经或正在收到巨大的效果。

这期间，明将毛文龙在朝鲜的椵岛又称皮岛建立了抗金根据地，不断出兵从背后袭击后金，闹得努尔哈赤不得安宁，这也使他不能发动对明的大规模战争。诸如镇江（今辽宁丹东附近）、耀州（今辽宁营口岳州）、张屯（今辽宁海城境内）、鞍山驿（今辽宁鞍山南三十里旧堡）、萨尔浒城等地，都连续遭到毛文龙部明军的袭击，特别是天命八年（1623），毛文龙袭取了辽东半岛的重镇金州，努尔哈赤为之惊恐；而天命十年（1925），明兵纵深袭击，进攻距沈阳仅180里的鞍山驿，再次惊动了努尔哈赤。明兵的袭击，规模都很小，少则几十人，多则二三百人，至多也不过五六百人。到处进攻，使后金防不胜防。毛文龙的这种流动的游击作战，常常惊动努尔哈赤出动大量兵力和重要将领前去征剿，而明兵趁势退走。尽管明兵每次袭击都被击退或主动撤离，但却给予后金不同程度的杀伤，并扰乱了努尔哈赤的战略部署。努尔哈赤发动攻取旅顺的战役，主要是他想变被动为主动，夺取对明的军事主动权。努尔哈赤攻下辽阳时，辽南包括旅顺一度置于后金的控制之下。后被毛文龙所取，设为军事据点。努尔哈赤担心明兵一旦站住了脚跟，就会向辽阳腹地进逼，遂于天命八年（1623）派出万骑进攻旅顺，被明兵挫败。十年（1625）初，明派遣军队一万，由海上至旅顺口修城驻扎。努尔哈赤派三贝勒莽古尔泰率部6000再次进攻旅顺，终于攻克，明兵全部被歼。努尔哈赤以兵力不足，不敢久驻，下令将城拆毁，军队撤回。这次军事上的胜利，暂时解除了对后金的威胁。

这期间，努尔哈赤继续对东海部及黑龙江中游呼尔哈部用兵，收缴其余部。天命十年（1625）三月，他曾派富哈纳等三将前往黑龙江中游地区，招抚呼尔哈部330人而归。

努尔哈赤派宗弟王善等领兵1500人征呼尔哈部，大胜而归。努尔哈赤率诸王贝勒大臣出沈阳城，边行猎，边前往穆胡觉洛地方迎接。会见胜利而归的王善等将领时，宰牛8只，先祭旗，然后接见王善等人。努尔哈赤问："你们此行都很顺利吗?"王善回答说："托汗的洪福，所到两处都顺利。"努尔哈赤与领兵的王善等三将军，按本民族的习俗，举行"搂见"（即抱见礼），赏给各种贵重的礼物，包括他所猎取的兽百余只，也赏给了王善及所率军队与降民。在返回途中，至沈阳附近的北岗，努尔哈赤下令宰牛羊 40 头（只），给酒 400 埕（音呈，酒瓮名），设 400 张席，以盛大宴会犒劳王善及诸将士。入城后，努尔哈赤再赏给王善与从征将士每人银 5 两。努尔哈赤不惜重赏，表达了他对远征将士的深切体恤之情。

同年，他任命出征东海北卦尔察部（实际为黑龙江中下游）的雅呼、刚穆塔尼二将，俘获降人 2000，凯旋归来，努尔哈赤亲自出城迎接，举行庆功大宴，给出征将士颁赏。

同时，任命出征东海呼尔哈部（实际即属瓦尔喀部）的第三子阿拜、六子塔拜、七子巴布泰率兵千人凯旋，接踵而至。他们分兵两路进军，获降 1500 人。于十月初四日，将抵沈阳，努尔哈赤得到诸爱子归来的喜报，立即率诸臣出城迎接，照例举行大宴慰劳。

自广宁战役，到天命十年（1625），共 3 年时间。努尔哈赤虽近 70 岁，仍然不计个人年事已高，凡国中军政大事，必事必躬亲，虑事周详，计出深远，他勤于政事，不因年事已高而稍有松懈。努尔哈赤因年龄关系，以诸子侄孙大都已成人，已减少出征。但每有军事行动，他或送或接出征将士，仍表示他还是他们中的一员，与他们休戚与共，所不同的是，他没有亲自上战场厮杀而已。他做出了勤政用事的榜样，文武诸臣，包括他家族中的众多兄弟子侄孙，也是个个尽心于国事，而在战场上一往无前，不顾惜生命安危。因此，每战几乎必胜，很少失败，保持了常胜不败的记录。

当时，努尔哈赤连年进行战争，不能不给辽东地区的社会生活造成了严重的破坏。女真人（满族）尚武，不愿从事农业生产，他们投身于战争，以此为业，从战争中掠获的物资财富，从努尔哈赤的赏赐和分配中，逐渐富足起来。他们对于战争，非但不惧怕，相反，仍以极大的热情投入战争。尤其是对明的战争，他们称为"抢西边"，努尔哈赤一发动攻明战争，女真人上下，连同家中的妻子儿女也为之高兴；当将士们胜利而回，他们又为之欢呼雀跃，奔走相告，洋溢着热烈的喜悦之情。但是，战争对于辽东地区的广大汉人却是另一番心情。他们从事农耕，离开土地，就丧失了生计。努尔哈赤率领千万铁骑，一踏上辽东大地，他们的生存便受到严重威胁。人们走死逃亡，很多城镇变成了无人之区，土地抛荒，生计顿失。严重的是，他们成为后金的掠夺对象，如被生俘，即成为他们任意驱使的奴仆。不言而喻，他们对战争的恐惧或厌烦，同女真人的心态形成了鲜明的对照。

广大的汉人被掠，财物被夺，加之努尔哈赤实行祖护女真人的政策，自然使他们感到受压抑，心中的不满，导致了各种形式的反抗，造成国中不稳定。这也牵制了努尔哈赤对明发动大规模进攻。努尔哈赤深知国中形势的严峻，暂时放弃对明的用兵，用力于巩固已取得的胜利，对明兵的袭击，当地汉人明里暗中的反抗，或剿或抚；对蒙古诸部或拉或打，力图稳定后金对辽东地区乃至东北的统治。当他感到形势已变得稍为有利的时候，他又不失时机地再次发动对明朝的大规模进攻。

（二）宁远惨败

"既征大明，岂容中止！"这是努尔哈赤于天命七年（1622）在辽阳议筑东京城时说过的一句话。它表明努尔哈赤以征伐明朝为己任，从抚顺首次开战，他就没停止过对明朝的战争。他说的这句话，还可以理解为只要他活着，就要同明朝战斗到底！事实的确是这样。天命十一年（1626）正月十四日，刚过完一年一度的春节，他就率诸子侄统领八旗大军，向明朝发动了自广宁战役以来最大规模的进攻，其目标直指宁远（辽宁兴城），双方在城下展开了激战，这就是明清（后金）战争史上著名的宁远之战。对于努尔哈赤来说，这也是他生前的最后一战。

过了天命十一年（1626）的元旦，努尔哈赤已经 68 岁。他确实老了，但雄心不减，仍然不顾高龄，顶着严寒，统率大军，大举伐明。他要创造新的战绩，在他一生"百战百胜"的记录中再填写新的一页！

在过去两年多的时间里，努尔哈赤没有向辽西地区发动进攻。可以说，辽西地区暂时保持了一派宁静，但明朝群臣心中并不安稳，时时担心后金突然进攻，尤其是一到严冬，"无人不虑冰坚可渡之时，恐奴（指努尔哈赤）入寇"。辽东、辽西中有辽河相隔，唯冬季结冰期最利人马横渡，免去夏秋两季渡河带来的种种麻烦。明朝似乎已总结出努尔哈赤用兵时间的特点，每到冬季，便格外担心，时刻警惕后金的突然到来。在过去的三年里，迟迟不见后金进兵的迹象，明朝方面便有种种猜测和分析。有人认为："奴酋是一刻不忘征战的人，却蛰伏 3 年多而不见犯我之实迹，或许因我派重臣出关（山海关），调天下精锐作为应援，奴酋还未测出我方虚实，不敢轻易发动进攻。"

此话不无道理。自广宁失守之后，明朝屡易统帅，不断加强辽西一带的防御。王化贞、熊廷弼以失广宁的责任已被逮捕，兵部尚书张鹤鸣害怕追究他对失广宁所负的罪责，自请去山海关前线督师。昏庸的熹宗如获救星，喜出望外，马上给他加官晋爵，赐尚方剑。可是，明兵屡败之后，文武将吏被后金吓破了胆，以"入关（指关内）一步便为乐园，出关一步便是鬼乡"。张鹤鸣何尝不害怕出关？当他躲过了对他的追究，不出几个月，便以有病为由辞职归家。熹宗改任宣府巡抚解经邦前往山海关，主持辽西防务。他为"苟全性命"，死活不接受这项任命，连上三疏，力辞其职。熹宗恼怒，将他革职，永不叙用。朝中无人肯出任经略这一危险的职务，没有办法，就责成廷臣集体强行推荐。通过每人投票的方式，决出王在晋的票数最多，不容他是否愿意，当即报给熹宗，当即批准。委任他经略辽东、蓟镇、天津、登州（山东属境等处军务），当时王在朝廷中正式的官职是兵部尚书兼都察院右都御史。他也上疏辞职，熹宗不准辞，令他如期上任，否则以国法论处。有鉴于解经邦的教训，他硬着头皮上任去了。

王在晋上任时，山海关外至辽河700里间，明兵已放弃；努尔哈赤以后金兵力不敷，不敢分兵久驻，得广宁而撤兵，自广宁以西，诸如大小凌河、锦州、宁远、中前、中后等城，都成了双方不设防的城镇。这一条狭长的河西走廊，变成双方的军事缓冲地带，双方的侦察与游击兵不时出没，互有斩杀。山海关直接暴露在后金面前，危险且夕可至！明朝战略家们视山海关为生命线。枢辅大学士孙承宗指出："关门系天下安危"，当今急务，"莫急于守山海关"。在守山海关这个重大问题上，朝廷上下的认识是一致的。于是，朝廷决定不惜一切代价守住山海关，紧急征调全国精锐兵马集结于此，很短时间，从山西、陕西、四川、湖南、湖北、山东、河南、河北等省调兵遣将，自天启二年（1622）到五年（1625），3年间，山海关兵力已达11.7万余人。马5.9万余匹。论兵力已超过后金的总兵力，其军事物资之雄厚，也非后金所能相比，可以说，防卫山海关已不成为问题。

问题的关键，是确立什么样的防御指导思想，如何部署兵力，是否决心要打，收复失地。

新任经略王在晋并不懂军事，喜欢夸夸其谈，不过是纸上谈兵。他提出了"拒奴抚虏，堵隘防关"的方针。所谓"拒奴"，是指对抗后金之意；"抚虏"，就是由朝廷拿出大笔金钱收买蒙古，为其所用，用以对付后金，像王化贞一样，把希望寄托在蒙古方面。所谓"堵隘"，他要在山海关外再修一座关城，称"重关"，用以防护山海关。据王在晋的计算，防护山海关的这座关城的边墙长约30余华里，计用银93万两。熹宗根本不问是否可行，竟然表示同意，先拨银20万两。

王在晋筑"重关"的做法，遭到他的部属、宁前兵备佥事袁崇焕等人的坚决反对。上疏朝廷，得到大学士、兵部管事孙承宗的支持，经他亲赴山海关考察，断然否定了王在晋的防御与筑重城的方案，袁崇焕力主守宁远以护关门，则得到了他的支持。孙承宗回京后，建议撤换王在晋，熹宗对孙承宗很信任，同意了他的意见。天启二年（1622）八月，仅任职半年多的王在晋被免去经略的职务。孙承宗以天下为己任，勇赴国难，自请出任经略。熹宗非常满意，当即下旨批准。

孙承宗一到任，重新进行军事部署，重用袁崇焕，共同布置了一条以宁远为重点，与锦州、山海关连结成一体的防线，史称"宁锦防线"。袁崇焕，字元素，广西藤县（今广西藤县）人，生于万历十二年（1584），四十七年（1619）中进士，授予邵武（福建邵武）知县。天启二年（1622）初，袁崇焕正在北京朝觐，被破格提升为兵部职方司主事。他马上驰往山海关考察，回京后，向朝廷慷慨陈词，郑重表示："给我兵马钱粮，我一人足以守关！"这一番豪言壮语，在当时的确是惊人之举。后他又被提升为山东按察司金事山海关监军。赴任不久，以其才能再升为宁前兵备金事。他倡言守关外，守在宁远，实有战略眼光，为孙承宗全力支持，下令迅速修复被后金破坏的宁远各城，派兵驻守，召回离散的辽人返回故居，重建家园。宁远原城内外已成废墟，恢复后，兵民已达5万余家。袁崇焕重新设计，改造全城，城高3丈2尺，雉高6尺，址广3丈。顶部为2丈4尺，到天启四年（1624）完工，成为关外一重镇。

在孙承宗的主持下，自山海关，中经宁远，至锦州，共400里间，建成了宁锦防线，边防大备，3年多，山海关门及辽西无警，朝中晏然。岂料内部党争愈演愈烈，太监魏忠贤窃取大权，其势日炽，专排陷忠良，大兴冤狱。为人正派、居官清廉的孙承宗，因拒绝投靠以魏忠贤为首的阉党，终于被排挤出朝廷，回家乡养病，魏忠贤起用同党高第任经略。

胆小而怯懦的高第，上任未久，便下令撤宁锦防线，他本人则坐镇山海关，不敢出关一步。袁宗焕坚决反对撤宁远，大义凛然地说："我是宁前道，在此当官，就死在这里，我坚决不撤！"高第无法，便不去管他，尽撤锦州、右屯、大小凌河及松山、杏山、塔山诸城的防御，惊慌地驱兵入关。刚建家园的百姓又被驱赶回山海关，"哭声震野"，怨声载道，重现了王化贞与熊廷弼驱民进关的惨象。孙承宗数年心血精心布防而毁弃于一旦，唯袁崇焕驻守的宁远城在关外辽西一线孑然仅存。

就在孙承宗辞职两个多月后，朝廷日夜担心的事终于发生了：努尔哈赤正如他们所预料的，乘天气严寒发动了进攻。努尔哈赤选择孙承宗刚去职的时机进攻明朝，多少可以说明，孙承宗在时，因防御严密，一时不敢贸然征伐明朝。努尔哈赤工于计谋，善用间谍，对明朝内部的机密无不了如指掌。他选择这个时机用兵，绝不是偶然的巧合。

努尔哈赤统率大军五六万，行军两天，于十六日抵东昌堡，第二天开始渡辽河。此次进军路线，与天命七年（1622）攻广宁完全相同。后金兵渡河后，在旷野布兵，南至海岸，北越广宁大路，前后如一股洪流，不见首尾，旌旗剑戟如林。经过几年的养精蓄锐，精心准备，后金的军容之盛，更胜于前。后金"如入无人之境"，右屯、锦州、松山、杏山、大凌河、小凌河、连山、塔山共8城，原驻有明军，都已撤回关内，后金不费一刀一枪，轻而易举地占领了这些城镇，只有袁崇焕召集本部兵马全部撤入宁远城内，独守孤城，等待与后金进行一场实力较量。

正月二十三日，努尔哈赤率将士直抵宁远城郊。他以攻心为上，欲收不战而得之效，被俘的一汉人持他的一封信进城，面见袁崇焕，劝其投降。信上说："我以20万大军攻此城，肯定会攻克。你们如果投降，我马上封以王爵！"袁崇焕回答说："汗为什么向宁、锦加兵？这都是你抛弃的地方，我既已恢复，就有责任死守，岂有投降之理？你说出兵20万，是虚夸之数，我知道你的军队只有13万。岂能以此数嫌少呢！"他断然拒绝了努尔哈赤的引诱，表示了誓与宁远共存亡的决心。

袁崇焕对后金的进攻早做了迎战的准备：集中兵力于宁远，撤中左所与右屯等处兵马及宁远城外的驻军，连同西洋大炮，全部入城防守，总计城内明兵不满2万；实行坚壁清野，传令住在城外的百姓携带守城工具全部迁入城里，所剩房屋与积蓄付之一炬，全都焚毁，使后金到此，一无所得；军事上实行严密分工，集中指挥，令同知程维模督察"奸细"，勿使后金派人混入城内刺探军情；通判金启倧组织民夫，供给饮食；卫官裴国珍采办物料，总兵官满桂提督全城防务，城四面分将防守，满桂自当城东南角、副将左辅在城西面，参将祖大寿防城南面，副总兵朱梅守北面，袁崇焕总督全局。

袁崇焕实行"凭坚城用大炮一策"。因为他深知明兵不善野战，难与善骑射的后金兵相匹敌，以往明兵不善利用"有形之险"，即凭依坚城以阻挡后金的铁骑，使之不能发挥其长技，只能在坚城之下被动挨打。袁崇焕总结以往明军失败的教训，大胆改用此策，以守为攻，对付善野战的后金兵。据载，从澳门引进西洋大炮30门。将其中的11门发往宁远，精通西洋火器的彭簪古调到宁远任火器把总。明军以往都把大炮火器安在城外，总是守不住阵地，反被后金夺去。袁崇焕改变这一战略，将11门大炮都运到城上的敌台，如徐光启所说："以台护铳（火器的总称），以铳护城，以城护民"，"凭城击打"，为万全无害之策。宁远之战证实了这一战略是制服后金的最佳选择。

当后金大军压境之际，明朝君臣也在讨论战守的问题，议过几次，一筹莫展，刚刚接任兵部尚书的王永光不禁哀叹："无善策！"朝廷内外眼见宁远孤注关外，强敌压境，充满了悲观失败的情绪，都认定"宁远必不守"，坐等宁远失陷。经略高第拥兵山海关，置若罔闻，似乎宁远的安危与他毫不相干！

袁崇焕深知此次与后金交锋，非死即生，除了动用一切防御手段，还动员全城百姓同军队一起作战。本来，一听说后金军渡河，全城人心惶惶，纷纷准备逃命。袁崇焕便紧急动员和说服，表示出必胜的信念，要求全城军民"死中求生，必生无死"，只要军民同心守宁远，众志成城，必胜无疑。在袁崇焕的动员下，人心安定下来，激发出前所未有的热情，汇成一股不可抗拒的力量，严阵以待。这就是兵法上说的"置之死地而后生"！

努尔哈赤企图以强大的军事压力和高官厚禄诱使袁崇焕投降，但他始料不及的是，此次遇到的对手，非属庸碌无能之辈，在袁崇焕的心中，早已燃烧起一股忠君报国的烈火，只想战斗，概无他念！在后金军刚扎营城西北角，他就发布命令，开炮轰击。

努尔哈赤没有料到他的军队恰好处于明兵炮火的射程之内，随着炮弹落地，发出一声巨响，后金兵几十人当场被炸得血肉横飞。努尔哈赤立即下令移营到城西侧，远在炮弹射程之外。二十四日，努尔哈赤下令发起总攻，先以主力抢攻城西南角。袁崇焕本选定城东南角为防守重点，此侧正当着通向山海关的大道，以为必先受攻击，但努尔哈赤察看城上布防形势，却发现西南角防御较弱，即以此为突破口，作为攻击点。他穿上铠甲，跃上战马，手执令旗，亲自指挥攻城。

城内，袁崇焕坐镇敌楼，与来中国充任朝鲜使臣翻译的韩瑗谈古论今，面无忧色，镇静如常，他传令全城兵民偃旗息鼓，就像一座空城，诱使后金步骑兵冲至城前，进入射程之内再攻击。

努尔哈赤以数十年的征战，所向克敌，并不把宁远城放在眼里，随着他一声令下，数万后金兵蔽野而来，骑兵、步兵、盾车、钩梯一拥而上，他采取战车与步骑兵相结合的"结阵"法，以盾车为前导，车的前面挡以五六寸厚的木板，再裹上生牛皮，车两侧各装一轮，可以前后转动。此车专用来对付明兵的火器和箭矢。板车后隐蔽弓箭手，其后是一排小车，装载泥土，以填塞明军挖掘的沟堑，最后才是骑兵，人马皆穿重铠，号"铁头子"。战斗开始时，骑兵并不出击，先用板车抵挡明军的火器，等第一批发射完毕，便突然奔驰而出，如一股狂风刮过来，分成两翼，向明兵猛扑过去，顿时就会把明兵冲得七星八落。后金进入辽沈地区以来，多采取这种"结阵"法，屡屡奏效。此时，后金仍取此法，然而却失去往日的效果。因为明兵凭借坚城护卫，既不怕骑兵猛冲，又能躲避箭矢的攻击。城上 11 门西洋大炮齐轰。此炮威力强大，只要击中板车，就把它炸得粉碎。后金兵死伤累累，踏着尸体拼命向城下推进。一些板车直抵城墙脚下，车的顶部以厚板遮蔽，后金兵隐藏在里边，手持斧镬凿城，有三四处被凿成大窟窿。大炮不能直射城下，因而失去作用，连城上的箭矢和擂石、滚木也奈何不了板车上的挡板。袁崇焕亲临战场，发现这一险情，亲自挑石土堵塞将被凿破的缺口，幸亏天寒地冻，被凿坏的城墙没有塌下来。后金兵仍在凿城不止，通判金启倧急中生智，取来火药均匀地筛在芦花褥子和被单上，各卷成一捆。他先做试验，刚一点着火，不料一火星飞溅到他的胡须上，迅速蔓延，未及救，已被烧死。袁崇焕下令如法制造，动员百姓献出被褥、铺炕用的褥单子，裹上火药，卷成一捆捆，投掷城下。后金兵一见花花绿绿的褥单，争相抢夺。这时，城上明兵急速投下点燃的火箭、硝黄等易燃物，被褥中的火药忽地燃烧起来。转瞬间，火势飞腾，扬起一人多高。后金兵惊惶地扑打身上的火苗。不料，越扑火势越大，"火星所及，无不糜烂"，活活被烧死了。明兵把这种土造武器，给它起了个吓人的名字，叫"万人敌。"

后金兵在努尔哈赤的指挥下，转攻城南角，遭到同样的结果。袁崇焕又改用一捆捆柴草，上面浇油并掺上火药，点着火，用铁索系到城下，板车、盾牌被火点燃，迅即烧成一片火海，潜藏在里边的兵士纷纷被烧死。

激战持续到晚上，后金兵冒死不退。城上又把火球、火把投下，照得如同白昼，战斗一直进行到约10点左右，努尔哈赤只得下令停止攻城。

次日，努尔哈赤继续发动攻势，战斗激烈的程度同昨日一样，到傍晚时，后金兵没有一个敢靠近城下。他们只得把死者尸体抢回来，运到西门外瓦窑，拆下民舍木头，举火焚化。攻击又持续了一夜，除了增加伤亡，毫无进展。努尔哈赤被迫再次停止攻城，退到西南侧离城5里的龙官寺扎营。

到了第三天，即二十六日，后金兵仍将城包围，只要进入射程内，就遭到西洋大炮的轰击。努尔哈赤面对坚城、大炮，无计可施，他的精锐骑兵无可奈何！他得知离宁远（今辽宁兴城）30里的海中觉华岛为明朝屯粮之所，有7000人护卫，同时又负有应援宁远的任务。正值严冬季节，岛四周近海面结冰，可以行人、行车。岛上明兵就在冰上结营，外围以战车，形若城郭。努尔哈赤派大将武纳格率蒙古兵转攻觉华岛。明兵无险可守，很快就被蒙古兵冲得溃不成军。据明朝方面报道，岛上7000将士全部战死。岛上设施及剩余未及运走的数万石粮料被点火烧毁。

努尔哈赤攻宁远不下，损失很重，而攻克觉华岛，屠戮数千明兵也算得到一点补偿。努尔哈赤料定久攻不利，无可奈何，遂于二十七日解宁远之围东归，于二月九日返回到沈阳。

努尔哈赤自25岁兴兵以来，凡43年，身经百战，"战无不胜，攻无不克，唯宁远一城不下，遂大怀愤恨而回。"且不说他的自尊心受到何等沉重的打击，他所损失的将卒也是他所经历的战斗中最为惨重的一次。据清朝方面统计，攻城两天，共折游击两员、备御两员、兵500。显然，这是被缩小的数字。明朝当时的战场报告说：激战两日夜，"伤虏数千，内有头目数人、酋子一人。"据坐视不救宁远的高第报告："炮毙一大头目，用红布包裹，众贼抬去，放声大哭。"其他各书所载，都没有留下具体数目的记录。要而言之，后金伤亡在一二千人之间，比较接近实际。自此以后，直到去世前，努尔哈赤再没有发动进攻。宁远之役，标志着努尔哈赤已从战略进攻的高峰跌落下来。他未竟的事业，只有留给他的子孙去完成了。

明兵在此役中，守宁远城兵力损失很小，而觉华岛兵力则全军覆没。这一损失远远超过了后金的伤亡。尽管如此，从战役的全局看，明兵还是以少胜多，孤军奋战，顶住了后金的顽强而勇猛的进攻。它是明朝自萨尔浒战役以来所取得的第一个大胜仗，明朝把它称为"宁远大捷"而载入史册。明朝为此次意外地胜利而欢呼，捷报传到京师，"士庶空巷相庆"。兵部尚书王永光不胜感慨地说："辽左发难，各城望风奔溃，八年来贼始一挫，乃知中国有人矣！"

袁崇焕获胜，原因是多方面的，只从军事上说，他改变了以往出城野战的战术，转为凭坚城、用大炮。恰恰在这一个战术上，努尔哈赤犯了严重错误，在军事上以己之短攻人之长，为兵家所忌。攻坚是他的短处，不管骑兵如何精锐，也不能飞渡宁远城，而冲到城下，顷刻碰壁而回。努尔哈赤还不懂得战争的手段、作战的方式正在发生变化，继续用他的一贯战术，以为一攻即下。在沈阳、辽阳、广宁战役，甚至早在萨尔浒激战中，后金已俘获了大量的火器，却不加利用，把它当作一堆废铁而丢弃，只迷信本民族的骑射，视为他的法宝，以为灵验无比，却在宁远城下吃了大亏。如果他有一支炮兵部队，宁远的胜负就不知会怎样发展了。有先进武器不用，还用传统的弓箭，不能不落后于时代。从这方面说，努尔哈赤的失败就是不可避免的了。

（三）客死他乡

自宁远败归后，努尔哈赤一直闷闷不乐，心情忧郁，反复思量，他不明白为什么自己征战一生，没有失败过，却偏偏败在了这个从没有打过仗的无名之辈的手里？这究竟是为什么？他把这次失败看作是他一生英名的奇耻大辱。他是怀着满腹愤恨回到沈阳的，整天就想这件事，而不得其解。他开始反省自己的所言所行，是否有不对的地方，以致造成了宁远的惨败。三月三日这天，也就是他从宁远归来的 23 天后，他终于说出了他的心事。他以平静的语调说："我思虑的事很多。如，是我身心疲倦、懒惰而不用心于治国的吗？国家安危、百姓甘苦，我不省察吗？有大功于国家的及正直的人，我给颠倒了吗？我又思虑，诸子中果真有效法我尽心为国吗？大臣们真的都勤勉谨慎于政事的吗？我还常思虑敌国方面的事。当此日夜心神不定时，有能启发和开导我的心，以及精通战阵的人，可到我这里坐下，当面谈谈；若是极为聪明的

后金天命云版

人，我就以自己思考的问题质问他，必使对方拿出自己的见解回答我。骁勇之人，要把我说的话都牢牢记住。大凡说话，有随便议论而忽然讲出很有道理的话来，也有粗言粗语忽然说出精妙之言。有一种人，既不能说话，又为人不勇敢，总是偷看我的脸色，坐听我说话，可不是叫人烦躁？你的才能大小，我已了解，想当面斥责，恐你难受，所以说不出口。俗话说：'一人善射，十拙随而分肉。'贤人治理国家而你坐享其成；英雄在战斗中获得战利品，而你分享。这就是如秧苗也有不好的。你自做你所

做的事，靠近我面前有何益处!"

努尔哈赤这篇讲话，不知是对谁说的，《武录》没有具体载明。从这篇讲话看，他好像是自言自语，是说给自己听的；又似对某个人的谈心，既针对别人，也发泄自己的情绪。看得出来，他没有疾言厉色，也没有平时那种指令必须执行的威严口气。他像一个老人家，在诉说自己的烦恼，提出了许多问题，连连疑问，却找不到答案。他引用一句俗话，指出一些人不劳而获，坐享别人的成果。似乎他在抱怨，他辛辛苦苦治国、征战，别人来坐享其成，语气中流露出不无幽怨的情绪。看起来，努尔哈赤的情绪的确不佳，心中充满了苦闷，徘徊不定。

过了一段时间，他的心情变得好一些，有所振作，又把注意力转向了蒙古。四月四日，努尔哈赤以68岁的高龄，率诸王贝勒统大军征讨喀尔喀部五卫王。努尔哈赤原与五卫王等定盟，约定若"征大明，与之同征；和则与之同和。"但五卫王背弃了盟约，私自与明朝和好，屡次劫夺后金的使者财物、牲畜，杀害后金的侦察、巡逻的兵士。努尔哈赤十分恼怒，决定亲自征伐。渡过了辽河后，先遣精骑由诸王统领急进，他自率众军继其后。至六日，大军乘夜前进，至次日天亮，分兵八路并进。前锋皇太极、阿敏、阿济格、岳托最先到达囊努克寨。囊努克是喀尔喀部巴林卫叶赫巴图鲁的幼子，得到后金前来袭击的消息，率随从数人弃寨而逃。皇太极等诸王随后追赶，囊努克且战且逃走，忽然在他背后出现一飞骑，措手不及，被射于马下而毙命。诸王定睛注视，射箭者，不是别人，正是骑射高超的皇太极！等努尔哈赤率大军来到，即收取本地一带屯寨和牲畜。

九日这天，努尔哈赤命代善、阿敏、皇太极，以及济尔哈朗、阿济格、岳托、萨哈廉诸兄弟子侄，领精兵一万，前往西拉木伦河，沿途未遇抵抗，收缴了很多牲畜，返回了大营。努尔哈赤率大军返回科坤河边安营。

五月一日，努尔哈赤命宰牛8只，举行祭旗仪式。第二天，喀尔喀部巴林卫喇巴拖布依，与其弟德尔喀礼率百户人前来投顺。努尔哈赤予以收纳。此次军事行动，共获人畜5.65万余，都按等赏给了将士。努尔哈赤停止追剿，下令班师。

努尔哈赤此次军事活动，历时正好一个月。他率诸子侄孙驰骋科尔沁草原千余里，虽说已68岁高龄，其体魄和意志不减当年，却是再现了当年的雄风。

努尔哈赤回到沈阳不久，即五月十六日，他又亲自部署和参与了一次重大的政治活动，这就是同科尔沁部奥巴及其昆弟的会见。他一得到奥巴前来叩见的消息，格外重视。即令莽古尔泰、皇太极并诸王等出城远迎。他们行三天，到达中固城时，与奥巴相遇，他们奉努尔哈赤之命，就地举行盛大宴会，给予热诚欢迎。抵汎河郊外，奥巴宰牛羊宴请诸王，次日，诸王分别设宴答谢。二十一日，将至沈阳，努尔哈赤首先朝拜家庙，便出城 10 里，安设帐篷，隆重接待。奥巴率部属进账叩首拜见，至努尔哈赤面前再拜、搂见，努尔哈赤离座致答礼。礼仪完毕，各回本位而跪，与诸王依次行接见礼。奥巴等献上貂皮、貂裘、驼马，说："我等财物，都被察哈尔、喀尔喀两家（部）掠去，没有值得献给汗的东西。"表示歉意，努尔哈赤说："察哈尔、喀尔喀两部原为贪得财物而来，掠夺了你们的所有，大家都知道，这就不必说了，今天，你我都无恙，得到相会，这就足够了。"然后，举行宴会，给奥巴等人赏给了雕鞍、马匹、金顶帽、锦衣、金带。奥巴大喜，说："今蒙赏赐太重，又高兴，又惊讶，真不敢相信！"努尔哈赤也感到快慰，便轻松地说："些须之物，不必在意。以后赏赐之物，不过随当时的心情而已。谁肯把好东西给别人？你们以后看见诸王穿的衣服好，或有奇异的东西，只管向他们任意索取，不给，就逼他们给好了！"努尔哈赤语出风趣，待如家人，都感到格外亲切，脸上洋溢着会心的微笑。努尔哈赤同奥巴一同进城。每天设宴，给予极为优厚的礼遇。

到六月六日这天，宰白马、乌牛，与奥巴举行盟誓。双方誓约都针对察哈尔和喀尔喀两部，决心结为盟好，一致对敌，如一方违盟背约，必遭天灾，如其子孙败盟，天必降灾危，等等。这次盟誓极为隆重而严格。努尔哈赤自与奥巴盟于浑河岸，向天焚香，献牛马，两人共同三跪九叩首，将他们两人的各自誓书当众宣布，然后焚烧。

第二天，努尔哈赤大宴奥巴，赐给汗号。他郑重宣布："有恶劣行为的，天必处罚，让他的国家衰败；心正者，上天保佑他为君，国家兴旺。总之，一切都是天主宰。察哈尔发兵迫害奥巴，皇天保佑了他。当时，他的诸兄弟亲属都逃跑了，只有奥巴奋力抵抗。我顺应天道，赐名为'土谢图汗'。"奥巴的哥哥和弟弟都得到了相应的封号。赐号完毕，又赐给盔甲并四季衣服、各种银器、雕鞍、蟒缎、布帛等一大批物品，远远超过了奥巴所献之物多少倍。应奥巴要求，努尔哈赤把图伦（努尔哈赤三子）之女嫁给他。奥巴内心感激，溢于言表，从此忠心于后金。清入关后，同清的关系久盛不衰，与清相终始。科尔沁在清朝中占有特殊地位。在清统一全国过程中，发挥了重大作用。这些，无疑是努尔哈赤开创和奠定的。

十日，奥巴告别努尔哈赤，返回本地，努尔哈赤率诸王相送至沈阳北蒲河南岗，宴会后，命代善、阿敏二王送到铁岭（今辽宁铁岭市）而止。

努尔哈赤对蒙古的军事、政治活动，持续了 3 个月，看不出他有什么疾病，一切显得很正常。送走奥巴后，六月二十四日，他对诸子和大臣发表了长篇训话。他备述他的六祖及建州女真、海两诸部，包括蒙古，都因贪财货、私心重，互相残害，以至于个个败亡。他表明自己汲取了前车之鉴，预定八家但得一物，八家均分共享，不得额外私取；有功者，则聘民间美女，良马破格赏赐，他告诫他们不得徇私，不得贪财；

其次，诸王兄弟要相互同心共事，有过错就进行劝告，不得姑息；要能吃苦，凡成就大事业者，必先苦心志，劳筋骨，要学会动心忍性，不能求安逸，不能苦老百姓，否则就是无德。怎可为君为王？你们诸王当心领我平时所训，承我基业而笃行之。最后，他强调治国必严赏罚，以赏示信，以罚为威，使商人积累货财，农夫积蓄粮食，国家才兴旺起来。说完这些话，将他的训词写成书面文字，分给诸子保存。

这篇训词，说得确切些，应是努尔哈赤的遗嘱。从他的语气，所谈的问题。看出是对他的子孙的嘱托，要在他百年之后，照此执行。他把自己的讲话，记录成文字材料，给诸子保存，明显地暗示他的子孙把他的讲话作为生前遗嘱流传后世的。这是没有疑问的。

努尔哈赤说出他对诸子和大臣们嘱托的时候，已经意识到将不久于人世，换言之，他已预感到生命即将完结。其实早在他最亲密的创业五大臣相继去世时，他就想到了死。

第一个去世的是一等大臣费英东。于天命五年（1620）三月八日病故，时年57岁。他以忠诚、秉心正直而受到努尔哈赤特别信任。他之去世，努尔哈赤悲痛至极，亲自到灵前祭奠。后妃与诸子都劝止，说："亲临此丧，恐有所忌。"努尔哈赤悲戚地说："与我一起创业的大臣，渐有一二人故去，我也不久于人世了。"坚持前去，在灵前痛哭失声，悲痛欲绝，哭后，"惆怅多时"，直到深夜三更后才离开。这年，努尔哈赤已62岁，比他小5岁的费英东已逝，他自然便想到自己的死。

次年六月，一等总兵官额亦都去世，时年60岁。他追随努尔哈赤，征战40余年，忠心耿耿，屡建奇功。努尔哈赤亲临额赤都墓地，哀痛三次才回宫。天命七年（1622）七月，一等大臣安费扬古病逝，年64岁。他是努尔哈赤起兵时的重要骨干之一，与努尔哈赤同岁，却忠贞不贰，战绩卓著。努尔哈赤视为心腹大臣。《武录》没有明载他去亲奠，想必以年事已高，不宜过于悲痛，被劝止了吧？安费扬古刚去世年余，一等大臣扈尔汉于天命八年（1623）十月病逝，年仅48岁。他是努尔哈赤的养子，被汗爱护有加，也以战功屡建而著称。努尔哈赤痛惜他壮年而逝，再也抑制不住内心悲痛，不禁老泪横流。

天命九年（1624）八月，五大臣的最后一位大臣、额驸总兵官何和礼也去世了。时年64岁，而努尔哈赤也已66岁了，何和礼去世，在努尔哈赤心中引起了感情的巨大震动。他命皇后等前去吊唁，自己却在宫中放声痛哭，悲切地说："佐我创业的诸大臣，为什么没留下一个人在后面送我呢？……"五大臣的年龄，除安费扬古与他同岁，其余4人都比他小些，却在5年中，每相隔一年，相继死去一人。没有一个留在后面，给他送终。想此，他怎能不悲痛欲绝！从他悲号而痛切的呼喊中，他再一次意识到自己的死，大概是为时不远了吧？

自宁远败归，他的心灵已留下了巨大的创伤，情志不舒，尽管发动对喀尔喀五卫王突袭的成功，又有科尔沁贝勒奥巴倾心归后金的喜悦，但终究抹不掉宁远失败留在心中的阴影。几度悲伤，几度愤恨，已使这个已衰老的人难以承受，他已感到心力交瘁。也许他自知生命之火即将熄灭，人生之路将要走到尽头，遂于天命十一年（1626）六月，把诸子及大臣召到跟前，发出了上面的训词。事过一个月，即七月二十三日，努尔哈赤终于病了，表面看来，他的病情并不严重，即于同一天前往清河温泉休养。

努尔哈赤有何病症？清官方对此讳莫如深，诸史一律不载。当时，明朝方面留下了可靠的记载。据尚在宁远守卫的袁崇焕报告，他得到的情报，证实"奴酋耻于宁远之败，遂蓄愠患疽"。此病称"痈疽"，生于人的背部。致病之由，多因心火过盛，毒火攻心所引起。努尔哈赤从宁远撤兵而归，一则心情不佳，感伤过度，已如前述，还有频繁的军事与政治活动，又使他过劳，而思虑太多，加重了思想负担，这些都是一个近70岁的老人所不能承受的，健康迅速恶化，以致背生痈疽。在当时医疗条件下，此病被民间几视为绝症，其流布全身时，就危及人的生命，难有治愈的希望。有的著作称：努尔哈赤以宁远之战受重伤所致。此论证据不足，难以成立。

努尔哈赤在清河温泉洗浴到第八天，病情是否好转，不得而知。但八月一日这天，他派二贝勒阿敏宰牛、烧纸，替他祈祷，向神灵乞求保佑。这件事，就说明他的病情加重，洗毒不见效，医药也无能为力，只能求助神灵保佑了。延至八月七日，病情恶化，眼看危在旦夕，诸王及随侍大臣决定速回沈阳，努尔哈赤神志尚清，也同意了他们的意见。因为他不能在这里"归天"，一定得赶回沈阳的寝宫。他们把努尔哈赤抬到船上，顺太子河而下，水路平稳，减去乘车在陆路上的颠簸。乘马已不可能，唯乘船塌为便捷。同时，派人请大妃（皇后）前来迎接。船行至浑河，与大妃相遇，继续赶路。船抵达瑷鸡堡，离沈阳40里的地方时，努尔哈赤便溘然长逝，时在天命十一年（1626）八月十一日未时（13时—15时），终年68岁。

一代英杰，未来的大清王朝的开创与奠基人，就这样悄悄地离开了人世。生前，对国事及子孙早有明训，至临终，不再留遗言。此时寂静，与他轰轰烈烈的一生，形成了鲜明对照。

努尔哈赤的遗体，被放置于灵枢内，由群臣轮班肩抬，至夜初更时抵达沈阳，安放于宫中。努尔哈赤没有在他刚建的寝宫中离去却死在荒郊野外的船上，总是他的一个遗憾吧！

努尔哈赤刚去世，他的大妃乌拉纳喇氏自尽从死，这实际是四大贝勒给逼死的。这个女人长得很美，又很聪明，但心胸狭隘，为人嫉妒，每每使努尔哈赤不高兴，担心她将来引起国乱，努尔哈赤曾预先给诸王留下遗言："等我终时，一定让她从我殉死！"现在，是该执行遗言的时候了。他们向大妃宣布了父亲生前的遗言，大妃还年轻，有两个未成年的儿子，怎肯愿意死呢？她支吾不同意。诸王坚请："先帝（指努尔哈赤）有命。虽想不从也无法改变！"大妃在他们强有力的坚持下，不得不屈服。于是她穿上礼服，戴上各式珠宝，不禁悲声饮泣，哀求说："我从 12 岁服侍先帝，丰衣美食。已有 26 年，我不忍离开他，所以相随于地下。我二幼子多尔衮、多铎，望予恩养。"诸王满口答应，承担起抚育的责任。就在努尔哈赤去世后第二天即八月十二日自尽而死，时年 37 岁。其遗体与努尔哈赤同枢，先安放在沈阳城内西北角，后葬于沈阳东石嘴头山（今天柱山），称福陵，因处沈阳之东，故俗称"东陵"。

与大妃同时殉死的，还有二庶妃阿济根和代因扎。她们地位卑下，无关大局，自愿从死，不是逼迫的。

其实，大妃是汗位争夺的牺牲品。努尔哈赤生前，并未指定继承人，立下共同推选的原则。终努尔哈赤一生计有 18 个儿子和 8 个女儿，即长子褚英、次子代善、三子阿拜、四子汤古代、五子莽古尔泰、六子塔拜、七子阿巴泰、八子皇太极、九子巴布泰、十子德格类、十一子巴布海、十二子阿济格、十三子赖慕布、十四子多尔衮、十五子多铎、十六子费扬果；长女东果格格、次女嫩哲格格、三女莽古济、四女穆库什、八女聪古伦。当时在诸子中最有条件继位者，一是代善，居长，有实力；二是皇太极，才能卓著，颇有威望；三是多尔衮，因得父亲偏爱，年龄虽 15 岁，已与其 13 岁的弟弟多铎领有正白、镶白两旗实力，其母大妃得努尔哈赤宠爱，年纪正值盛年，且多机变。有两子之实力，又以大妃之地位，可以控制局势。这就对其他的人争夺汗位构成了威胁。在利益趋于一致的情况下，四大贝勒便合力置大妃于死地。他们说先帝有"遗言"，不见诸文字，只是口传，又不知于何时何地留下遗言，就难辨真伪了。不过，经近十余年来诸多学者考证，已认定大妃之死，为代善、皇太极等人所逼迫，当无疑问。

办完努尔哈赤与大妃的丧事，又经过内部的明争暗头，最后达成妥协，公推努尔哈赤第八子、四贝勒皇太极即位为汗，成为父亲的汗位合法继承人，是为清太宗。他改元为天聪，自此，后金进入一个新的历史时期。

努尔哈赤逸事

（一）临战酣眠

叶赫部首领纳林布录两次派使臣赴建州进行讹诈，叫努尔哈赤献地就范均被顶了回来，而毫无顺从之意的努尔哈赤致叶赫首领书中无情的话语更着实刺痛了纳林布录之心。他们不甘心眼睁睁地看着努尔哈赤努力的迅速发展。于是决定向其动武。万历二十一年（1593 年）叶赫首颁布案，纳林布录纠合了哈达部首领猛格布录、乌拉部首领满太、辉发部首领拜音达理，实际四部联合出动兵马，向建州采取军事行动。其实，努尔哈赤对此早有准备。

但联军行动实在无大作为。这年六月仅仅劫掠了建州靠近哈达部的户布恰案之后，便匆匆撤兵。努尔哈赤得报随即追击。一直追到哈达部。一方喇，又要用兵于叶赫。明廷特警告他要遵守朝廷规矩不许再侵犯叶赫时，他立即亲自到抚顺所送信给明边击李永芳，表示顺从。为表示顺从明朝，他从万历十八年至三十九年间（1590～1611）曾八次赴京朝贡表示他的诚心。

努尔哈赤就是在忠于大明的口号下，进行着与明廷要求完全相悖的事情而发展壮大自己势力的。他一直含而不露一直在韬晦中，终于达到了自己的目的，而明朝一旦发现他的真实面目准备采取行动的时候，正是他实力已强，无所畏惧地揭起叛明大旗的时刻了。

（二）八进京师

明朝规定：建州、海西女真因世世代代接受朝廷安辑持驭，特许由各部首领率员每年进京朝贡一次，努尔哈赤在戎马倥偬之际，竟八次率员进入北京。表现了他的雄心胆略与大智大勇。

朝贡是边疆少数民族尊天朝体制对朝廷忠顺的表示，同时也表示朝廷对少数民族的安抚与优礼。朝廷对每次朝贡都相当重视，凡来往入贡人员沿途都有接送，安排食宿备足人畜供应。入京进驻四驿馆招待。每次都由以朝廷名义赐宴，同时颁以丰厚的赏赐。朝贡者在京朝间还可以将携带物品在市上交易，形成大规模的商品交易活动，更可以到处观览，交接各方人士。因此不仅朝廷重视朝贡，少数民族更以贡献为获得赏赐进行商品交易的好机会，是件大开眼界极为荣耀体面的大事情。而别有企图者更可以窥探消息，交接要员了解机密，进而招降纳叛，借此图谋颠覆。努尔哈赤进京可谓两者兼而有之。而表面上给朝廷最直接的印象是他对朝廷的忠顺。

努尔哈赤第一次进京，是万历十八年（1590年）这是他顺从明朝的旗号下消灭仇人尼堪外兰之后进行的，这是他统一了建州六部，于费阿拉成建立国政，俨然成为一方之君主，却又获得明朝封为都督金事之后的一次重要政治活动。这次他共率领108人进京，照例获得朝廷的赏赐与国宴，当然这些对努尔哈赤来说并不重要。他最大的收获是亲自步入了紫禁城，亲身与朝廷大臣有了接触，了解了泱泱大国的政治内幕，这对他日后如何更好地利用忠于明朝的招牌进行兼并扩张，发展势力，乃至运筹建国不无重要的意义。世有传说，说他曾受到处于深宫终年很少接见大臣的万历皇帝的破格接见；还有传说万历皇帝接见他时，在皇帝一侧的宠妃，对年轻英武不凡的努尔哈赤十分青睐，并奏请皇帝加恩于他。这些尽管史书无证。但朝廷后来对他更加重视了，这说明努尔哈赤的首次亲自进京朝贡，取得了重大的成功。

二年之后的八月份努尔哈赤又率领朝贡进入了北京。这次朝贡他还上奏了表文，向朝廷明确提出请求赐予他金顶大幅、朝服和边疆少数民族中所能得到的最高官职：龙虎将军的职衔。这与什么要求也没提出的第一次进京恰成鲜明对比。大概是他首次进京学得了经验的缘故。第二年即万历二十一年（1593年）的闰十一月努尔哈赤第三次率员进京朝贡。此次朝贡对努尔哈赤说来，非同一般，因为在这一年他接连取得了三个重大胜利，一是将长白山三部女真纳入自己的版图，统一建州女真全部的目的至此胜利实现。另两个是先后击败叶赫等四部与九部联军的侵犯，而从此威名大威。他是带着胜利的喜悦，踏上了朝贡的道路。为掩人耳目表示对明朝的忠诚，这期间他又一次将被女真人掳掠的汉人归还送到抚顺所，这是一般女真首领难做到的忠顺之举。因而讨得了边将边官的欢心。当年辽东总兵李成梁特为此上奏朝廷为其请赏。努尔哈赤正是踌躇满志地走进北京城的。当然他还有一个目的，就是上次他上奏请示赐封龙虎将军之事还没有结果，特别希望这次再走二关市，请求朝廷颁敕。他是尽到了自己能尽的努力。但不巧的是，这一年李成梁于辽东总兵官任上退职，朝廷一时还未派员。尽管如此，他如往常一样满载赏赐乘驿车而归。

他的第四次进京朝贡是万历二十五年（1597年）五月这是他如愿以偿获封龙虎将军的第二年。他的第五次进京朝贡是万历二十六年（1598年）十月。第六次为万历二十九年（1601年）十二月。这年努尔哈赤的重大军事胜利是吞并了哈达部，从此，他军事进展迅速，大败乌喇部，紧接着又灭掉辉发，志满气骄，未免与朝廷关系不谐和。

因而停顿了数年未贡。但努尔哈赤仍不愿与朝廷持续紧张的关系，他知道还应向朝廷表示忠顺的重要意义。于是从万历三十六年（1608 年）起又开始率员进京朝贡，这年十二月是他第七次朝贡，万历三十九年（1611 年）十月是他的第八次进京朝贡。这次朝贡时他还把前几年停贡之贡品做了补贡。表示忠顺，因而获得了朝廷的"双赏"，"加劳金币"。这时努尔哈赤的实力已相当强大。是威权至重的首领。乌喇部在他的打击下已奄奄垂毙，女真各部中只剩下叶赫一部还支撑着不景气的门面在同他作对。但早已力不从心，只因明朝为维持分而治之的政策，出兵守护叶赫，才使它勉强维持，努尔哈赤也未再进攻，使它苟延残喘。当此之时的努尔哈赤竟能第八次赴京朝贡。这时离他称汗建元，成立大金国而脱明只剩五年时光，更显出他的深谋远虑，韬光养晦之志和大智大勇。

（三）尊弃师傅龚正陆

努尔哈赤起兵之初，即坐镇佛阿拉城时期，曾有一位汉人谋士为其指教参谋，他对此人十分器重，建州上上下下都尊之为师傅，最后又弃之无闻，致使后人对其几乎一无所知，此人即是龚正陆（六）。

龚正陆是浙江人，商人出身，粗通文墨。但为人精明干练，博闻强记，知识领域很宽，世间士农工商三教九流人情世故说起来头头是道，他尤其熟谙掌故，对历朝历代的成败得失了如指掌。他经常往来于浙江、辽东之间，出入于辽东马市，以经营贩卖布匹丝绸和人参貂皮为业，因而多有蓄积，是个常年同女真人打交道而经商的富商。大概在明朝嘉靖末年，即努尔哈赤出生不久，他便被建州女真扣下不返，定居辽东。从此他再也未返故乡。当时的建州女真正是王杲父子及王兀堂争雄之时，他的被扣留显系王杲等人令他为其服务。在当时女真人同明边官，同汉人矛盾不断加剧，民族矛盾与斗争极为复杂之时，他这个汉人却以自己的才智，安全地生活于女真人聚居之区，不能不说是个奇迹。

大概在万历十六年（1589 年）前后，龚正陆来到了建州城（佛阿拉城），成为努尔哈赤的谋士。这对双方来说都是需要。努尔哈赤起兵六年报父祖之仇的目标已经实现，并凭此兼并诸部扩展势力，拥有上万人的军队，建立了政权的雏形，在建州女真中打开了局面，占据了领袖地位，但要继续大发展必需文武兼备。可这里却无文化人，不仅没有管理人才和智谋之上，就连一般的往来文书也无人能懂，这时的努尔哈赤真可谓求索文才若渴。龚正陆则资财雄厚，妻妾众多，子侄成群，成为被女真人欢迎的特殊身份的汉人大富户。但为了保护国家的太平，以安度晚年，他也需要一个安全的环境，寻找投依一雄强有势力的主子。投依志向不凡的努尔哈赤当然很合他的心愿。

努尔哈赤在求才若渴之际得到了龚正陆当然喜出望外，于是便尊为建州的谋士。长时期内生活在女真地区的龚正陆不仅精通女真语，更能熟练地讲一口蒙古语与朝鲜语。他见过大世面，能坦然自如地与各种人交谈共处。投奔努尔哈赤之后二人谈话十分投机。努尔哈赤对他更是十分信任，从此有关军事、政治、民事等军国行政的大事小情都要向他请教，请他提出意见。他成了努尔哈赤营垒中唯一识字、懂得文墨的人。因此建州女真此时所有与外界交往的文书的起草、翻译乃至交涉谈判均由龚正陆独掌。现存于朝鲜李朝实录中的女真来文有些就是龚正陆的手笔，如万历二十四年正月初五的行文云：

女直国建州卫管束夷之人主佟努尔哈赤禀：为夷情事。蒙尔朝鲜国，我女直国二国往来行走营好，我们二国无有助兵之礼。我屡次营好，保守天朝九百五十于里边疆。有辽东边官只要害我，途功升赏。有你朝鲜国的人一十七名，我用价转买送去，蒙国王禀赏。我得知我们二国若不保心，有你临城堡对只地方，着我的达子住着看守你的边疆。若有你的高丽地方牲畜不见了，我达子说知，亦寻送去。我的达子到你地方，你送还与我。两家为律，在无歹情。后日天朝官害我，你替我方便。一言呈与天朝通知，我有酬报。星夜力等天朝二国明文。及日回报须至禀者。

这里语句不通，错别字连篇，可见龚正陆的文化程度较低，但就是这样的人在建州来说也是十分难得的大有文化之人了。

龚正陵对努尔哈赤的贡献还表现在，他为努尔哈赤培养了人才。他除了日常充当努尔哈赤的顾问、谋士外，还奉命教授努尔哈赤的诸子侄，如诸英、代善、汤古代、阿拜、莽古尔泰、阿巴泰、塔拜、皇太极以及阿尔通阿、阿敏等，他们拜龚正陆为师傅，象努尔哈赤那样，对他极为尊敬。这对建州女真人才的培养为日后治国兴邦大有裨益。

在日常生活中，一有闲暇努尔哈赤便与其弟舒尔哈齐一起总是招龚正陆前来叙谈。中国历史故事，成败兴亡的历史经验教训让他讲个遍。而《三国志演义》《水浒传》龚正陆更是背个滚瓜烂熟，讲起来绘声绘色，精彩动人。凡讲这两部书时，不仅努尔哈赤兄弟二人，褚英、代善等众子侄们乃至努尔哈赤的近臣都来顷耳静听，他们完全被故事吸引了，也完全被事情中的英雄豪杰们所从事的事业所鼓舞和感动。龚正陆虽然文化不高，甚至文理不通，但传统的文化典籍也能说出一二。特别是有关儒家学说的四书五经，他虽然不精通，却也能道出究竟。"子曰""诗云"的话也能说出一些道道来，比如"忠君亲上""孝悌友爱"之类的观点，结合他丰富的生活阅历也讲得形象感人。可以说，龚正陆真正成了努尔哈赤、舒尔哈齐以及其子弟们的启蒙教师，开导了他们的思想，开阔了他们的思路。人们翻阅清朝诸如实录、档案一类的官书就会发现，本未受过系统教育，文化水平很低，甚至可以说没有学历的努尔哈赤以及皇太极，竟说出了那么多带有理性的议论，讲了那么多成败兴亡的历史教训。他们是无师自通的天人吗？非也，原来他们的知识与这时龚正陆的启蒙及不断教导是分不开的。

龚正陆在建州的日子里，正是努尔哈赤事业大发展之际。努尔哈赤努力在迅速地发展着，他对明朝的态度是明顺暗违，即表现遵从天朝的指挥，服从号令，"忠顺学好，看边效力"，做不侵不叛之臣，暗地里又不断兼并诸部。但总的说来还是服从明朝号令，这与龚正陆的影响也不无关系。

年轻时期便被掳入胡中久居边塞的龚正陆对家乡、对内地不是没有深情的，可是身不由己。越到晚年，他的故乡之思，甚至"天朝故国"之恋也愈加强烈。而且他还有一个儿子尚在浙江老家，三十多年来未尝不思念。他曾对前往建州城的朝鲜使者说过此事，请求其帮忙，如能把离散多年的儿子带来，愿以重金酬谢。朝鲜使者趁机提出条件说："你如果能把'贼'（对努尔哈赤建州女真的蔑称）中的机密都告诉我，我就去寻找你的儿子。"朝鲜史书还有记载说，龚正陆曾说，有关机密之事，因女真人就在身边，不便述说，待不久我将奉命赴满浦（朝鲜地名）时，再详说。但却无下文。龚正陆为努尔哈赤所用，对明朝来说也并坏事。明朝当时就有人议论说，奴素二酋，即努尔哈赤，舒尔哈齐二个建州女真首领，占据着富饶之地，到处兼并，阳服朝廷，阴蓄逆谋，老天有限，幸亏他们用我华人龚正陆为谋主。龚这个人不忘故国，未提暴乱叛逆之见，所以他们还算安分。最令人担心地是，万一龚正陆老死之后，二酋的祸患就难以预测了。

龚正陆在建州对努尔哈赤说来是太重要了。努尔哈赤对他的思想与为人也是再清楚不过。由于充分信任并委以重任，龚正陆对努尔哈赤的一切行动、一切机密都了如指掌，可以说龚正陵越到后来越成为掌握建州机密的特殊人物，为了建州的事来发展，睿智精明的努尔哈赤对其活动，甚至思想动向，不能不格外留心，而不能有任何疏忽。而凡是有一切不利于建州统治的他都将采取断然的措施。人们发现万历二十九年（1601年）再也没有龚正陆的消息了。

龚正陆于万历二十九年左右在建州政治舞台上的消失，也反映了他本人已在人世上的消失。从几方面情况看，他并非老死。这时他大概虽已六十开外，是个垂暮老人，会有老死的可能。但他子侄妻妾众多，按努尔哈赤的方针，凡对建州开创事建有功勋者，都将得到奖赏。如本人亡故，则将泽及子孙，赏赐封赠极为优厚，此种事例不胜枚举。而对龚正陆却毫无赏赐的任何迹象。不论是他本人还是子孙。而且不仅他在后来戒书的所有清官书上没有留名，其众多的子侄后代也没有留下任何记载。这些事实只能反映一个问题；龚正陆因重大政治问题即所谓叛逆之事被努尔哈赤断然杀掉了。

极重要人物因叛逆被诛者，清惯例官书实录甚至宗谱将除名不载，如阿敦虾，李延庚等清史便无其传。本是爱新觉罗氏的阿敦在爱新觉罗氏之玉牒、宗谱上竟找不到其人，便是被努尔哈赤极为尊崇而为满族，勃兴建过大功的龚正陆最后又被努尔哈赤所诛杀，而株连所至家财被籍没，家属沦为奴隶，万劫不复了。历史的发展竟如此向人们开着啼笑皆非的玩笑。

（四）老女风波

“老女”是指努尔哈赤曾定亲已纳聘礼准备迎娶为妻的叶赫部女子，但事有不谐，迁延二十年也未娶到。因此引起了许许喜乐哀悲、恩恩怨怨。努尔哈赤把这场婚姻纠葛，实际变成了许多政治事件的导火线，而成为他一生中最引人注目的问题之一。当他以七大恨兴师叛明时，老女问题便是七大恨之一，可见问题之严重。

努尔哈赤早在青年时期就与叶赫部有往来，当时该部两首领之一的仰迦奴就曾将小女许配给努尔哈赤，不久仰迦奴为明朝所杀，万历十六年（1588年）其子纳林布录履行父亲生前。的许诺亲自将妹妹孟古姐姐送至建州与努尔哈赤完婚。努尔哈赤的这位妻子不仅是位丰姿资艳丽的美人，更可贵的是器度宽洪，很有修养，与努尔哈赤感情甚深。四年后他生一子，名叫皇太极，这是努尔哈赤的第八个儿子。这又使爱新觉罗氏家族充满喜庆。但联姻并未能融洽建州与叶赫两大部女真的关系。就在皇太极出生的第二年，即万历二十一年（1593年）便发生了叶赫联合的四部与九部联军进攻建州的事件，这是两部关系恶化的总爆发。当努尔哈赤于九月在率军击溃九部联军时，其部下一卒曾当阵击杀了九部联军统帅叶赫部两首领之一，纳林布录的堂兄布寨。败归的叶赫部忍痛向建州讨要布寨尸体，努尔哈赤下令将尸体剖开，只送还一半，以刺痛和羞辱叶赫。建州与叶赫的关系恶化到了极点。

政治风云变幻莫测，古勒山战役结束仅四年，叶赫等海西四部便与建州部重归于好，对天宣誓结盟，仇敌变成了盟友。为表示友好，叶赫首领布扬古决定将妹妹，即已故布寨之女许配结努尔哈赤为妻，纳林布录弟弟金台什之女许配给努尔哈赤次子代善为妻。于是努尔哈赤备办了鞍马盔甲等丰厚物品送至叶赫作为聘礼，这门亲事定了下来，只待选铎吉日进行迎娶。可是盟誓后没过几天，叶赫与建州又突然交恶。两部再起干戈。纳林布录将已许配代善的金台什之女转嫁给蒙古喀尔喀部。许配努尔哈赤的女子当然也不能完婚，而耽搁下来。以后叶赫与建州矛盾不断加剧，彼此都以对方为自己称霸诸部的障碍，甚至都想制服乃至并吞对方，矛盾没有调和的余地。彼此政治关系的恶劣，联姻结好之事当然也就无从谈起。

这时努尔哈赤对明朝的方针是明顺暗违，在兼并完建州本部之后，开始向海西扈伦四部用兵，受到建州威胁的哈达、辉发、乌喇三部便自然地倒向并求救于叶赫部。而叶赫部这时对待明朝的方针是，遵守号令，做不叛不侵之臣。对此，明廷上下给予肯定和赞许，而当叶赫遭到建州兵锋所指紧急求援之时，朝廷便理所当然地出兵进驻，对这部边外的臣属施加保护。当然建州在恨透了叶赫的同时，也移恨于明廷。因为明廷是其对付叶赫的障碍。在这种复杂情况下，努尔哈赤已聘的女子，自然也就无法娶到家了。

也许是叶赫女子的兄长布扬古，叔父纳林布录在同努尔哈赤交恶时，还存着重归于好的一线希望，以便到那时圆满解决这门亲事，而令女子耐心地等待，可是这一天却始终未降临。迁延既久，一晃就是十几年。少女已成老女，以后于是有叶赫老女之称。女大当嫁，叶赫女子既已不能再送至建州与努尔哈赤完婚，叶赫首领当然也就不能永远让其空守闺房，为其另寻佳婿，自然是合情合理之事。但这门亲事也确实不太好找。一般身份的人可能也没胆量和本事敢来聘娶。直到万历四十年（1612年）乌喇部与建州部矛盾加剧，乌喇首领布占泰扬言要娶努尔哈赤所聘过的这位叶赫布寨之女为妻，此时这位待嫁的女子已经三十岁，是名副其实的老女了。

努尔哈赤听到布占泰欲叶赫老女的消息后勃然大怒，于是在这年九月兴兵讨征乌喇部，直抵乌喇城附近。在阵前对话时，努尔哈赤厉声责骂布占泰背恩忘义及用箭射他嫁给布占泰为妻的女儿、欲强娶叶赫老女之罪。布占泰则矢口否认，说绝无此事。并发誓说，有青天在上，现在我正乘舟在江水之上，龙神也会验证我的话。这是坏人的谣言绝不可信。努尔哈赤说"如果你真的未射我女，娶我婚，那么你就把你的儿子连同你部大臣的儿子通通送到我这里来当为人质，我就相信你。"这种诡诈，布占泰当然不会接受。努尔哈赤撤军后，过了四个月，又听说布占泰为与叶赫部结盟准备把自己的两个儿子及十七位大臣之子送往叶赫为质，又要正式娶这位叶赫老女，又要囚禁努尔哈赤嫁过去的两个女儿。于是在万历四十一年（1613年）正月，再交发兵讨伐，终于攻下乌喇城，布占泰只身逃往叶赫，乌喇部被努尔哈赤吞并灭亡。

乌喇部灭亡之后，由于明朝及时派兵进驻保护叶赫，使努尔哈赤未能乘胜进击，他服从了明朝所下的不许进犯叶赫的命令，又致书明朝，为自己灭乌喇、攻叶赫的行为辩解，并声言叶赫毁盟将已许配之女却悔亲不嫁使他气愤。老女之事对努尔哈赤来说仍然未了。

万历四十三年（1615年）六月，叶赫首领布扬古决定将原来许配给努尔哈赤并已收聘礼的三十三岁的妹妹再转嫁给蒙古喀尔喀部蟒古儿太台吉。叶赫老女之事总算有了头绪。消息传至赫图阿拉后，诸贝勒大臣群情激愤，于是各自招集所部的兵马，整队待发。他们纷纷来到努尔哈赤的议事大堂，提出建议说："没有比这更气愤的事情了。现在叶赫只是向蒙古许婚，在其未送女出嫁之前可赶快发兵，攻下叶赫城将女子夺来。况且这位女子是汗已经聘过的，这是其他无法比的最重要的婚姻大事。我们既然听说了这件事，就绝不能坐在这里眼睁睁地看她嫁给别人。"八旗将领们坚决要求努尔哈赤下令出兵征讨叶赫。努尔哈赤此刻头脑还算清醒，他说："如果有什么其他借口我们倒可兴兵攻打叶赫，只因叶赫撕毁婚约之事兴兵讨伐说不出口，也名义不正。现在看来老天让此女生在叶赫是有意安排，不正是因为她我们才同哈达、辉发、乌喇各部不和而频动干戈吗？现在大明国出兵帮助叶赫，让叶赫不把此女嫁我而转嫁蒙古，这是明朝故意在毁坏叶赫，以这件事来激怒我，让我去发兵进攻，挑动我们开战，这是明朝包藏的祸心。不可上当。当然如果我们尽力出征，此女子也不难得到，但这个生来尽惹是生非，造成祸端的女子，也是不祥之物，她也活不多久。死期不会太远。我们不能出征。"但八旗将领心中仍是不平，反复劝说努尔哈赤下令出兵。努尔哈赤说："如果我因一时之怒，不冷静地兴师出征，你们还应该劝阻我。何况我聘的女子为他人所娶我岂有不愤愤之理，对此，我还能克制愤怒，置身局外，不因此兴师，这是正确的决定。你们反而苦苦要求找出兵，让我引起仇恨，因而出兵，听你们的话不行，不要再说了。"他说完后下令让八旗将领把已调集的起来的兵马撤回原地。

努尔哈赤虽然阻止了诸贝勒大臣因叶赫老女事准备进攻叶赫的行动。但诸贝勒大臣仍不甘心，几天后他们又齐集在努尔哈赤的大堂上，他们对努尔哈赤说，叶赫老女受聘已经二十年，这些年里叶赫虽然不将此女嫁给我们，却也不敢再往外嫁。现在由于大明国出兵防卫叶赫，它有恃无恐，才把她转嫁给蒙古，这完全是明朝搞的鬼，我们应该出兵进攻大明。努尔哈赤不允许。他说："大明国是天下的共同的主宰，如果它偏心于叶赫，老天爷会看得明明白白的，合乎天意天必保佑它，违背天意的老天必惩罚它，大明派兵保卫叶赫对不对老天会作证的，我们不必急忙去进攻它。再说我们向来储备不多，粮草缺乏，如果兴兵的话，人畜该以啥为生。还未到出兵的时候。"所以老女事还得暂时放下不提。

所谓叶赫老女之事，本来问题不大，也不应该成为问题，它只不过是建州与叶赫政治、军事斗争中的一个插曲，彼此间交好之时以联姻为纽带增进友谊。即彼此交好之时，也往往有婚姻不谐之事发生，出现毁婚现象。不论已聘未聘，婚姻既毁彼此也无须再纠缠。因为这是正常的情理。努尔哈赤就曾娶过别人已聘之女子，别人也并未同他纠缠，何况交恶之后，毁盟、毁婚更是彼此间之常事，无足为怪。所以，当年努尔哈赤已聘之女，布扬古旋即毁婚，小事一段，当时已算了结。人家已不愿嫁，这边硬要强娶，大有耍无赖的劲头，已非体面之事。再为此张扬，实属晾丑无聊，所以努尔哈赤也说，为此事兴兵说不出口。这是他说的明白话。但他却一直抓住不放，并为此大做文章，实是别有企图。当时局外人都已看得清清楚楚，明朝一位辽东巡按御史曾议论说，以努尔哈赤的身份地位娶什么样的好女子娶不到？女真的习俗嫁娶问题，更是相当随便，绝无伦理贞节之说，他却一直斤斤计较这个已三十开外的老女，有什么体面的呢？他不过是故意留下一个不了之局，抓住一个话把，动不动就做文章，作为兴兵问罪的借口，来实现他的野心罢了。说的可谓入木三分。正是这样，所以公开叛明的七大恨上老女问题，便是堂而皇之地一大恨事了。努尔哈赤为实现自己的政治大目标，真可以说是无所不用其极。叶赫老女之事便是他得心应手之一极。

（五）开国奇冤

李永芳原是明军驻抚顺的游击官，自天命三年4月降金以后，一直竭尽全力为努尔哈赤效劳，对后金政权忠心耿耿。他投降后金后，南征北战，出生入死，征赋运谷，迁民查丁，平叛止逃，为金国的强盛和巩固立下汗马功劳。军功政绩都十分显赫，而且他还屡担明廷招诱，擒拿明朝派来的间谍，并上奏给汗王要求处治。他文武双全，深得努尔哈赤赏识，不仅擢升为总兵官，而且成为努尔哈赤的女婿，曾参与过后金政权的一些重大决策。

老汗王后来为什么会翻脸不认人，这与当时的形势有关。努尔哈赤自从招降李永芳开始，制定了大量的任用汉官的政策，网罗了一大批汉官，为汗、贝勒政权效劳。但是，由于辽民抗金活动的频繁，汗、贝勒恼羞成怒，遣军屠杀，残酷镇压，严厉控制，极大地激怒了广大辽民，他们拼死斗争，反金浪潮日益高涨，后金统治出现了严重的危机。也就在此时，明廷多次遣派"奸细"进入辽东，与汉民汉官联络，劝诱降金汉官反正。在这种形势下，汉官开始动摇，三心二意，窥测形势。另一些汉官，则私下与明国边臣往来书信，秘密策划，待机里应外合。他们私通书信有的被后金截获，少数汉官带领兵民潜逃未成也被逮捕，这下震动和惹恼了汗、贝勒。努尔哈赤不是冷静地分析形势，寻找原因，想出妥善办法，反而在少数人的怂恿下，感情冲动，仗势凌人，放弃了原来执行的依靠汉官、重用汉官的政策，转而采取了怀疑、歧视、压制、疏远汉官的错误态度，并大骂李永芳等人。

天命八年5月，听说复州人要叛逃，努尔哈赤和诸贝勒都想发兵征讨，李永芳立即劝阻。他说："所谓复州人叛逃的事，并不是实，恐怕是有人诬陷。若信其言而发兵，那里的人听到了，一定讥笑我们！"他的谏阻，理由充分、建议正确。

但是，被人民斗争气昏了头脑的努尔哈赤，听到谏言以后，他竟对一向忠心耿耿为金国效劳的"抚顺额驸"李永芳大发雷霆，严厉训责，痛斥他忘恩负义，不识天命。他下达长谕，历数李永芳的罪过说："李永芳！念你在抚顺的时候，是一个深明事理的人，才把我们金女的身子许配给你，上天保佑我有了叶赫部、哈达部、乌拉那、辉发部，打败了明朝的四路大军，得了抚顺、清河、开原、铁岭、沈阳、辽阳等地。李永芳！你不相信吗？你每每念记明帝可以长久存在，认为我只是暂时的。辽东汉人叛乱的事，来书举发不绝，我都收查在案。你的乱言耽误我的大事。汉人投入明境的时候，你高兴，被我发觉后杀了，不顺你的心意。你若是诚心不苦累我兵，不劳苦我国人民，就要管好你任内的事，平定叛乱。……你轻视我，然而，我听说你们汉人的刘邦曾经做过淮下吏，老天保佑他做了皇帝。宋太祖是个市井无赖之徒，也做了皇帝，传国数世。朱元璋没有父母，孤独乞食，投在郭元帅（郭子兴）帐下干事，也做了皇帝，传了十三、四世。你虽然思念明朝，……可是，天示异兆，明国将亡，你能阻止吗？你目中没有我这个养父，但你是我家的女婿，这件事，蒙古人、明人、朝鲜人都知道。今天考虑若是判你的罪，他国人会嘲笑我，也会嘲笑你，所以不判你的罪，默默地了结此事。我这些话，都是发自胸中的愤恨啊！"

努尔哈赤实在是气昏了，糊涂了，分不清真伪虚实，硬给李永芳扣上"心向明国"的帽子，并且还不顾自己宣布的"不罪你"的汗谕而对李永芳进行惩治。李永芳的几个儿子以及他的副将刘兴祚的族人都被拘押捆绑，李永芳本人于天命八年7月初4日被革职，虽然后来又复职，但从此以后，汗、贝勒对李永芳就不放心了，也不如过去那样重用和信赖他了。

努尔哈赤对李永芳的训斥和惩处，是严重的失策，犯了一个重大的错误。汗谕所说李永芳谏阻用兵复州，是"心向明国"；是"欲助"明朝的结论，完全是无中生有，信口开河，没有事实根据。这样一个冤案、错案，在降金汉官中必然会引起很大波动。像李永芳这样归诚最先，背叛故主，效忠新君，为巩固、扩大金国统治而出生入死并与汗有特殊关系的可靠降臣，都因忠言直谏而遭到斥责和惩治，那么将来对待其他汉官又如何呢？汗和贝勒这样喜怒无常，翻脸不认人，实在叫降金汉官寒心。从此，降金汉官心灰意冷，有的无所适从，有的人心思动，他们不愿去管理汉民，督促生产，农业生产遭到严重破坏，汉民反抗后金统治的浪潮更加汹涌。

附录：努尔哈赤大事记

公元	年号	大事记
1559	明嘉靖三十八年	努尔哈赤生于建州卫费阿拉地方，姓爱新觉罗氏。
1559	明嘉靖三十八年	努尔哈赤生于女真族家庭。女真族先世可上溯肃慎、挹娄、勿吉、鞑靼等民族。
1569	明隆庆三年	努尔哈赤生母喜塔拉氏逝世。努尔哈赤生父为塔克世，祖父为觉昌安，均为建州左卫之首领。
1573	明万历元年	建州左卫首长王杲诱杀明将，辽东乱事再起。
1574	明万历二年	明廷派兵剿王杲，停其市赏。
1577	明万历五年	努尔哈赤与其父分居，成为分家子。
1582	明万历十年	努尔哈赤脱难回建州。
1583	明万历十一年	二月，明辽东总兵官李成梁率兵攻古勒寨，杀王杲子阿台。是役努尔哈赤父祖被误杀。事后明廷为补救计，命努尔哈赤承袭其父祖都指挥之职，并赐敕书三十道，马三十匹。
1583	明万历十一年	五月，努尔哈赤为复父祖仇，率众追杀尼堪外兰，尼堪外兰弃图伦城逃逸。
1586	明万历十四年	七月，尼堪外兰被杀。
1586	明万历十四年	是年，努尔哈赤已先后兼并或击垮邻近之苏克素浒河部、哲陈部、董鄂部。
1587	明万历十五年	努尔哈赤于呼兰哈达筑城三层，启建楼台，建立政权。
1587	明万历十五年	汉人龚正陆为努尔哈赤在新建费阿拉城中掌汉文文书。
1588	明万历十六年	努尔哈赤克完颜城，灭完颜部，统一建州五部。
1589	明万历十七年	九月，明廷封努尔哈赤为建州左卫都督佥事。
1590	明万历十八年	努尔哈赤入贡，受明廷宴赏。
1591	明万历十九年	正月，努尔哈赤出兵并鸭绿江部。
1591	明万历十九年	正月，海西女真之叶赫部、哈达部、辉发部三部遣使至建州，向努尔哈赤索地。

公元	年号	大事记
1592	明万历二十年	朝鲜发生"壬辰倭乱",遭日军大举入侵。努尔哈赤拟发建州兵援朝鲜,遭明廷与朝鲜政府拒绝。
1592	明万历二十年	十月,努尔哈赤之第八子皇太极生,即日后之清太宗。
1593	明万历二十一年	六月,叶赫部、哈达部、辉发部、乌喇部四部兵劫掠建州,被努尔哈赤击败。
1593	明万历二十一年	九月,努尔哈赤大败叶赫等九部联军于古勒山。
1593	明万历二十一年	十月,努尔哈赤派兵取朱舍里部。
1593	明万历二十一年	闰十一月,努尔哈赤发兵攻讷殷部。
1594	明万历二十二年	正月,蒙古科尔沁部、喀尔喀部遣使来建州通好。
1595	明万历二十三年	六月,努尔哈赤派兵攻辉发多壁城。
1595	明万历二十三年	十一月二十日,朝鲜通事河世国访费阿拉城。
1596	明万历二十三年	十二月,朝鲜南部主簿申忠一访费阿拉城,归国后著有《建州纪程图记》详述见闻。
1595	明万历二十三年	是年,明廷晋封努尔哈赤为龙虎将军。
1596	明万历二十四年	七月,派人护送战俘布占泰回乌喇,并立为乌喇贝勒。
1597	明万历二十四年	十二月,布占泰送妹呼奈来建州与努尔哈赤为妻。
1597	明万历二十五年	正月,努尔哈赤与海西女真四部举行传统式游牧民族会盟。
1598	明万历二十六年	正月,努尔哈赤派兵征野人女真中东海女真安楚拉库。
1598	明万历二十六年	是年,因远征安楚拉库有功,努尔哈赤赐五弟巴雅喇美号为卓礼克图;其长子褚英为洪巴图鲁。
1599	明万历二十七年	二月,努尔哈赤命额尔德尼巴克什、噶盖扎尔固齐二人创制满洲文。新创满文外形与女真人祖先旧有之女真文极不相同。
1599	明万历二十七年	五月,应哈达部贝勒孟格布禄之请,努尔哈赤派兵入驻哈达,协助防止叶赫入侵。惟同年年底,孟格布禄遭努尔哈赤杀害。
1600	明万历二十八年	努尔哈赤弟努尔哈赤之子济尔哈朗生。
1601	明万历二十九年	努尔哈赤以女妻哈达乌尔古岱。后哈达大饥,努尔哈赤乘机并其地,哈达乃亡。
1601	明万历二十九年	十一月,努尔哈赤娶乌喇贝勒满泰女阿巴亥(布占泰侄女)为妻。
1601	明万历二十九年	是年,努尔哈赤因附降人口日多,乃编三百人为一牛录,每牛录设一牛录额真,管理部众。

公元	年号	大事记
1603	明万历三十一年	正月,建州军政中心迁至赫图阿拉城。
1603	明万历三十一年	九月,努尔哈赤妻叶赫那拉氏孟古哲哲病逝。
1603	明万历三十一年	十一月,努尔哈赤自称"建州国王",姓佟氏。
1604	明万历三十二年	明放弃辽东宽奠六堡,汉人多降建州,从此明边疆内撤。
1605	明万历三十三年	明辽东总兵官李成梁乞休,不许。
1606	明万历三十四年	蒙古贝勒等来建州加努尔哈赤尊号为昆都仑汗。
1607	明万历三十五年	努尔哈赤派其弟努尔哈赤,子褚英、代善征乌喇,激战于乌碣岩,乌喇兵败,因赐褚英美号为阿尔哈图土门贝勒,代善为古英巴图鲁。
1607	明万历三十五年	九月,建州出兵攻打辉发,杀拜音达里贝勒,辉发亡。
1607	明万历三十五年	是年,额尔德尼等开始记注努尔哈赤之政事,即后世《旧满洲档》或《满文老档》之由来。
1608	明万历三十六年	三月,努尔哈赤派兵攻乌喇部宜罕阿麟城。
1608	明万历三十六年	努尔哈赤与明辽东守将誓盟,立碑分界,各守边境。
1608	明万历三十六年	是年,努尔哈赤再以亲女穆库什妻乌喇贝勒布占泰。
1609	明万历三十七年	三月,速尔啥赤被黜。
1609	明万历三十七年	春,努尔哈赤奏请万历帝传谕朝鲜归还东海女真瓦尔喀部流散人口。
1609	明万历三十七年	九月,虎尔啥部兵来攻宁古塔,击败之。
1610	明万历三十七年	十二月,建州兵征取滹野路。
1610	明万历三十八年	十一月,额亦都巴图鲁率兵征那木都鲁、绥芬、尼马察等地。
1611	明万历三十八年	十二月,额亦都再征雅揽路。
1611	明万历三十九年	七月,建州兵征乌尔古宸、木伦等地。
1611	明万历三十九年	八月,努尔哈赤囚死,朝鲜人称"奴酋杀弟"。
1612	明万历三十九年	十二月,努尔哈赤派何和理领兵征虎尔哈,克扎库塔城。
1612	明万历四十年	四月,科尔沁蒙古明安贝勒送女来与努尔哈赤为妻。
1612	明万历四十年	九月二十二日,努尔哈赤亲征乌喇。
1612	明万历四十年	十月,努尔哈赤之第十四子多尔衮生,即后世著名之摄政睿亲王。
1613	明万历四十一年	努尔哈赤仿汉制试行嫡长继承失败。
1613	明万历四十一年	正月,乌喇灭亡。

公元	年号	大事记
1613	明万历四十一年	三月，幽禁长子褚英。
1613	明万历四十一年	九月，征叶赫部，克乌苏城等十九寨。
1614	明万历四十一年	十二月，扎鲁特蒙古首长派人来建州，以结姻亲，努尔哈赤许之。
1614	明万历四十一年	十二月，努尔哈赤谈公信治国。
1613	明万历四十一年	是年，令各牛录屯田。
1614	明万历四十二年	四月，明辽东备御宫萧伯芝来建州，与努尔哈赤会面论事，不欢而散。
1614	明万历四十二年	四月十五日，扎鲁特蒙古部送女来与努尔哈赤子代善完婚。
1614	明万历四十二年	六月，科尔沁蒙古送女来与努尔哈赤子皇太极完婚。
1614	明万历四十二年	十一月，派兵征窝集部之西临等路，俘千人班师。
1615	明万历四十二年	十二月，扎鲁特蒙古再送女来与努尔哈赤子德格类台吉完婚。
1615	明万历四十三年	正月，科尔沁蒙古送女与努尔哈赤为妻。
1615	明万历四十三年	三月，努尔哈赤规定贵族婚礼宰牛数目。
1615	明万历四十三年	四月，建州建造七大庙。
1615	明万历四十三年	六月，明辽东武官来建州，令努尔哈赤退耕柴河、抚安、三岔儿等区土地。
1615	明万历四十三年	六月，努尔哈赤因"北关老女"转嫁事而兴兵征叶赫。
1615	明万历四十三年	建州兵征窝集部额赫库伦。
1615	明万历四十三年	建州确立八旗制度，并设五大臣理政。
1616	后金天命元年 明万历四十四年	正月，努尔哈赤在赫图阿拉建立后金政权，称英明汗，年号天命。
1616	后金天命元年 明万历四十四年	正月，努尔哈赤命收东海部残留人众。
1616	后金天命元年 明万历四十四年	六月，发生明金采捕纠纷，杀明人越界者五十人，明遣人交涉。
1616	后金天命元年 明万历四十四年	七月，后金派兵远征萨哈连部。
1616	后金天命元年 明万历四十四年	七月，努尔哈赤宣谕后金审断制度。

大清十二帝

清太祖努尔哈赤

一六五

公元	年号	大事记
1616	后金天命元年 明万历四十四年	十月，后金兵招服使犬路等地，路长四十人归顺。
1616	后金天命元年 明万历四十四年	是年，后金始行养蚕，推广植棉。
1617	后金天命二年 明万历四十五年	正月，蒙古科尔沁明安贝勒来赫图阿拉，努尔哈齐率家人郊迎百里外，行马上抱见礼，盛情接待。
1617	后金天命二年 明万历四十五年	正月，后金派兵收取东海沿岸散居未降附之女真人。
1617	后金天命二年 明万历四十五年	二月，努尔哈赤以胞弟努尔哈赤女妻蒙古喀尔喀部恩格德尔台吉。
1617	后金天命二年 明万历四十五年	是年，努尔哈赤命杀离间其父子情感之大臣伊拉喀。
1618	后金天命三年 明万历四十六年	正月，努尔哈赤决心征明，谕诸贝勒、大臣，作战到底。
1618	后金天命三年 明万历四十六年	三月，使犬路人受赏。
1618	后金天命三年 明万历四十六年	四月，努尔哈赤在征明前夕，对贝勒大臣颁努尔哈赤兵法之书。
1618	后金天命三年 明万历四十六年	四月十三日，以"七大恨"告天，兴大兵征明朝。
1618	后金天命三年 明万历四十六年	四月十五日，计取抚顺，守将李永芳降清。
1618	后金天命三年 明万历四十六年	明儒生范文程亦来拜谒努尔哈赤。
1618	后金天命三年 明万历四十六年	五月，后金兵克抚安堡、花豹冲、三岔儿堡等大小堡共十一城，取其地积粮，还军。
1618	后金天命三年 明万历四十六年	六月二十二日，明因抚顺陷落，遣使来后金谈明金修好事。
1618	后金天命三年 明万历四十六年	七月，后金兵攻取清河堡。

公元	年号	大事记
1618	后金天命三年 明万历四十六年	九月，努尔哈赤出兵会安堡，杀明人三百挑衅。
1619	后金天命四年 明万历四十七年	二月，后金派夫役一万五千人兴筑界凡城。
1619	后金天命四年 明万历四十七年	二月，明辽东经略杨镐集兵近十万，号称四十七万，分四路伐金。
1619	后金天命四年 明万历四十七年	三月，后金兵破明大军于萨尔浒山，史称"萨尔浒大捷"。
1619	后金天命四年 明万历四十七年	五月初五日，设坐桌宴诸贝勒、大臣及朝鲜官员。
1619	后金天命四年 明万历四十七年	六月，后金兵陷开原。
1619	后金天命四年 明万历四十七年	六月，努尔哈赤致书五部喀尔喀吁金蒙联合伐明。
1619	后金天命四年 明万历四十七年	七月初八日，努尔哈赤谕后金各官立誓以维法律，实心任事。
1619	后金天命四年 明万历四十七年	七月，后金兵克铁岭。
1619	后金天命四年 明万历四十七年	七月，努尔哈赤兵击败援明之喀尔喀蒙古兵并擒其贝勒介赛。
1619	后金天命四年 明万历四十七年	八月，后金兵攻克叶赫东西二城，叶赫部亡。
1619	后金天命四年 明万历四十七年	八月，叶赫部灭亡后，后金统一女真各部工作大致完成。
1619	后金天命四年 明万历四十七年	十月，察哈尔蒙古林丹汗致书努尔哈赤，因书文傲慢，拘留其来使。
1619	后金天命四年 明万历四十七年	十月，喀尔喀五部蒙古诸贝勒遣使来后金，约金蒙结盟攻明。
1619	后金天命四年 明万历四十七年	十一月，努尔哈赤命雅希禅等五人与喀尔喀五部贝勒盟誓，合谋攻明。

公元	年号	大事记
1620	后金天命四年 明万历四十七年	十二月，努尔哈赤派谍工扮成妇女，谋图烧毁海州存粮。
1619	后金天命四年 明万历四十七年	是年，明再加派辽饷。
1619	后金天命四年 明万历四十年	是年，努尔哈赤始改称诸申为满洲，满洲之名始见后金满文档册。
1620	后金天命五年 明万历四十八年	正月，努尔哈赤覆书察哈尔蒙古林丹汗，希图拆散其明蒙联盟。
1620	后金天命五年 明万历四十八年	正月，努尔哈赤严整卡伦军纪。
1620	后金天命五年 明万历四十八年	三月，努尔哈赤释放色本贝勒还喀尔喀蒙古。
1620	后金天命五年 明万历四十八年	三月，一等大臣费英东卒。
1620	后金天命五年 明万历四十八年	三月，努尔哈赤继妃富察氏被废，休弃返母家。
1620	后金天命五年 明万历四十八年	三月，文臣达海巴克什获罪论死，后宽宥被罚锁禁。
1620	后金天命五年 明万历四十八年	四月，努尔哈赤致书喀尔喀五贝勒，述历代修业之道，劝坚守盟约。
1620	后金天命五年 明万历四十八年	五月，派兵入掠明边。
1620	后金天命五年 明万历四十八年	六月初四日，努尔哈赤命树木达下情。
1620	后金天命五年 明万历四十八年	六月，明辽东经略熊廷弼奏"奴贼招降榜文一纸内称后金国汗，自称曰朕"。
1620	后金天命五年 明万历四十八年	六月，后金出使喀尔喀蒙古归报，喀尔喀诸贝勒皆负盟。
1620	后金天命五年 明万历四十八年	六月，派人去东海煮盐。

公元	年号	大事记
1620	后金天命五年 明万历四十八年	七月，后金释放年前萨尔浒山战役中被俘之朝鲜李民寏归国。
1620	后金天命五年 明万历四十八年	七月二十一日，明神宗万历帝病逝。
1620	后金天命五年 明万历四十八年 明泰昌元年	八月，明光宗泰昌帝立，不一月又病逝。
1620	后金天命五年 明万历四十八年 明泰昌元年	八月，后金兵掠取明懿路、蒲河二城。
1620	后金天命五年 明万历四十八年 明泰昌元年	九月，明泰昌帝病逝，熹宗天启帝继立。
1620	后金天命五年 明万历四十八年 明泰昌元年	九月，努尔哈赤弟穆尔哈赤逝世。
1620	后金天命五年 明泰昌元年 明万历四十八年	十月，明以袁应泰为辽东经略。
1621	后金天命六年 明天启元年	二月，后金兵攻明奉集堡，军中有不守军纪者，努尔哈赤命尽杀之。
1621	后金天命六年 明天启元年	二月，后金分配食盐。
1621	后金天命六年 明天启元年	闰二月十六日，努尔哈赤重申主奴关系，令切实遵守。
1621	后金天命六年 明天启元年	三月，努尔哈赤率兵攻克沈阳、辽阳，令汉人剃头归降。
1621	后金天命六年 明天启元年	三月，明廷再起用熊廷弼为兵部右侍郎。

公元	年号	大事记
1621	后金天命六年 明天启元年	四月，努尔哈赤下令后金迁都辽阳。
1621	后金天命六年 明天启元年	四月，努尔哈赤立乌喇那拉氏为大妃。
1621	后金天命六年 明天启元年	四月，努尔哈赤命辽东投降汉官陈报明朝章典及地方之兵员城堡等事。
1621	后金天命六年 明天启元年	五月初三日，努尔哈赤乘轿登辽阳城，两侧用黄盖二。
1621	后金天命六年 明天启元年	五月二十一日，囊苏喇嘛来后金。
1621	后金天命六年 明天启元年	五月，后来派兵镇压镇江等地拒绝剃发投降之汉族民人。
1621	后金天命六年 明天启元年	五月，一等大臣额亦都病逝。
1621	后金天命六年 明天启元年	五月，努尔哈赤巡视辽东地方，到鞍山堡，传谕严讯投毒入井之汉人。
1621	后金天命六年 明天启元年	六月，努尔哈赤奖励人民献物，授以官职。
1621	后金天命六年 明天启元年	六月，明再以熊廷弼经略辽东，驻扎山海关。
1621	后金天命六年 明天启元年	七月，后金定官员服式。
1621	后金天命六年 明天启元年	七月，命八旗各设巴克什，以推广满文教育。
1621	后金天命六年 明天启元年	七月，后金颁"计丁授田"令。
1621	后金天命六年 明天启元年	七月，镇江汉人执后金守城官佟养真投明将毛文龙，努尔哈赤派兵征之。
1621	后金天命六年 明天启元年	七月，汤站堡与险山堡之后金驻守长宫亦被汉人擒拿，投降毛文龙。

公元	年号	大事记
1621	后金天命六年 明天启元年	八月，蒙古以马、牛、羊一万头赎介赛归喀尔喀。
1621	后金天命六年 明天启元年	八月，后金派兵镇压金州长山岛等地起事汉民。
1621	后金天命六年 明天启元年	八月，后金筑辽阳新城，是为东京。
1621	后金天命六年 明天启元年	九月，后金派兵镇压复州等地起事汉人。
1621	后金天命六年 明天启元年	九月，努尔哈赤拒朝鲜礼物。
1621	后金天命六年 明天启元年	十月，努尔哈赤治属下违法行商罪。
1621	后金天命六年 明天启元年	十月二十五日，努尔哈赤谕女真人民不可欺夺汉人财物。
1621	后金天命六年 明天启元年	十一月，努尔哈赤之侄济尔哈朗等因私授财 物被监禁。
1621	后金天命六年 明天启元年	十一月，后金为后方安全计，强制迁徙镇江、凤凰、汤山、长奠、镇夷等地汉人至奉集堡、萨尔浒一带居住。
1622	后金天命六年 明天启元年	十二月，后金清查粮食，计口给粮。
1622	后金天命六年 明天启元年	十二月，明辽东疆吏发生经抚不和。
1622	后金天命六年 明天启元年	十二月，努尔哈赤下令保护庙宇。
1622	后金天命七年 明天启二年	正月，努尔哈赤亲率大兵破西平堡，攻陷广宁。
1622	后金天命七年 明天启二年	正月二十六日，努尔哈赤降谕众汉人，后金审案秉公。
1622	后金天命七年 明天启二年	正月，后金地方官宣谕新降地区汉人"老人可不剃发，少年皆令剃发"。

公元	年号	大事记
1622	后金天命七年 明天启二年	二月，后金实行"洗民"政策，大肆屠杀辽东汉人。
1622	后金天命七年 明天启二年	二月，明逮捕辽东巡抚王化贞，熊廷弼遭罢职。
1622	后金天命七年 明天启二年	二月，努尔哈赤向山海关外汉人发动后金文宣攻势。
1622	后金天命七年 明天启二年	二月，努尔哈赤责蒙古人盗伪。
1622	后金天命七年 明天启二年	二月，后金残待朝鲜使者。
1622	后金天命七年 明天启二年	三月，努尔哈赤宣布"八家共治"国政制度，汗位继承规章亦制定。
1622	后金天命七年 明天启二年	三月十五日，努尔哈赤命同食同耕之满汉和谐，不得侵害。
1622	后金天命七年 明天启二年	三月，努尔哈赤命修辽阳喇嘛庙，安葬西藏囊苏喇嘛之遗骸。
1622	后金天命七年 明天启二年	三月二十九日，后金始设蒙古二旗。
1622	后金天命七年 明天启二年	四月十七日，努尔哈赤致书部将，宣称有代明有国之心。
1622	后金天命七年 明天启二年	五月二十八日，明兵反攻镇江，后金击败之。
1622	后金天命七年 明天启二年	六月十五日，后金政府命各店商书姓名于店前，以备稽查。
1622	后金天命七年 明天启二年	六月十七日，后金废穿刺耳鼻刑。
1622	后金天命七年 明天启二年	七月，一等大臣安费扬古卒。
1622	后金天命七年 明天启二年	八月，明以大学士孙承宗督师辽东，承宗支持袁崇焕守宁远，辽东战局为之改观。

公元	年号	大事记
1623	后金天命八年 明天启三年	正月初三日，努尔哈赤于大衙门内观赏汉人杂艺。
1623	后金天命八年 明天启三年	正月，蒙古扎鲁特部长来朝。
1623	后金天命八年 明天启三年	正月二十三日，后金拘朝鲜使臣。
1623	后金天命八年 明天启三年	正月二十七日，努尔哈赤谈汗与贝勒关系。
1623	后金天命八年 明天启三年	二月，努尔哈赤处罚虐待汉人之后金军官属下。
1623	后金天命八年 明天启三年	二月，后金重订猎物分配法。
1623	后金天命八年 明天启三年	二月，努尔哈赤重罚焚烧纸钱人。
1623	后金天命八年 明天启三年	二月，后金再设都堂等官。
1623	后金天命八年 明天启三年	三月，努尔哈赤嘉奖织缎紬汉人。
1623	后金天命八年 明天启三年	三月，后金奖励检举明人奸细。
1623	后金天命八年 明天启三年	三月，努尔哈赤重赏汉人专家，鼓励各式工匠生产有实用之物品。
1623	后金天命八年 明天启三年	三月，努尔哈赤令尽焚广宁房屋。
1623	后金天命八年 明天启三年	四月，后金贝勒谕停用街道火炉。
1623	后金天命八年 明天启三年	四月初六日，后金禁辽东汉人私有兵器
1623	后金天命八年 明天启三年	四月，后金兵斩杀蒙古贝勒昂安父子。

公元	年号	大事记
1623	后金天命八年 明天启三年	四月初九日，努尔哈赤定举旗放炮信号。
1623	后金天命八年 明天启三年	四月三十日，努尔哈赤颁后金征战新策略。
1623	后金天命八年 明天启三年	五月，努尔哈赤第十二子阿济格娶蒙古女为妻。
1623	后金天命八年 明天启三年	五月，汉文创制人额尔德尼被杀。
1623	后金天命八年 明天启三年	五月，后金贵族乘轿日益流行。
1623	后金天命八年 明天启三年	五月，努尔哈赤以额尔德尼死训诸贝勒大臣应事君以忠。
1623	后金天命八年 明天启三年	五月初九日，努尔哈赤训斥贵族女眷骄纵。定巴牙喇值班人入座例。
1623	后金天命八年 明天启三年	五月二十四日，规定八贝勒家宴食物种类。
1623	后金天命八年 明天启三年	六月，后金原知炒铁技术，是年开始炼制炮用火药。
1623	后金天命八年 明天启三年	六月，乌尔古岱、四贝勒、德格类、济尔哈朗、岳托等人受罚，因私纳财物，违法乱纪也。
1623	后金天命八年 明天启三年	六月十三日，后金定大臣穿戴凉帽制。
1623	后金天命八年 明天启三年	六月，努尔哈赤重赏特殊学艺汉人。
1623	后金天命八年 明天启三年	七月，后金兵镇压岫岩汉民。
1623	后金天命八年 明天启三年	七月，努尔哈赤怒罚被俘之朝鲜副元帅金景瑞。
1623	后金天命八年 明天启三年	八月，后金诸贝勒责己。

公元	年号	大事记
1623	后金天命八年 明天启三年	九月，后金贝勒定丧殡之礼过于哀痛着治罪。
1623	后金天命八年 明天启三年	九月十二日，努尔哈赤丧妹。
1623	后金天命八年 明天启三年	九月，科尔沁贝勒女嫁多尔衮为妻。
1623	后金天命八年 明天启三年	十月，一等大臣扈尔汉卒。
1624	后金天命九年 明天启四年	正月初一日，努尔哈赤祭堂子，后行元旦朝贺礼。
1624	后金天命九年 明天启四年	正月初二日晚，后金大汗及众贝勒、蒙古贝勒等观赏爆竹烟火。
1624	后金天命九年 明天启四年	正月初三日，后金禁典当放债业。
1624	后金天命九年 明天启四年	正月，蒙古恩格德尔率部来归，定居辽阳。
1624	后金天命九年 明天启四年	正月初五日，努尔哈赤命捕杀无粮汉民。
1624	后金天命九年 明天启四年	正月二十一日，后金大捕境内光棍。
1624	后金天命九年 明天启四年	二月，努尔哈赤弟巴雅喇卒。
1624	后金天命九年 明天启四年	二月，库尔缠、希福等与科尔沁蒙古会盟。
1624	后金天命九年 明天启四年	四月，努尔哈赤将父祖等家人骸骨移陵东京。
1624	后金天命九年 明天启四年	六月，明副都御史杨涟劾魏忠贤，东林党与阉党决裂。
1624	后金天命九年 明天启四年	八月，后金派兵袭毛文龙于义州城西岛中，大胜而回。

公元	年号	大事记
1625	后金天命十年 明天启五年	正月初二日，努尔哈赤与家人、八旗属下观赏冰上踢球戏。
1625	后金天命十年 明天启五年	正月，朝鲜人韩润、韩义等投降后金。
1625	后金天命十年 明天启五年	正月，努尔哈赤因各牛录盗案而定赏罚代子、章京等条例。
1625	后金天命十年 明天启五年	二月十四日，后金派兵攻旅顺城。
1625	后金天命十年 明天启五年	二月，皇太极娶科尔沁蒙古贝勒斋桑女博尔济吉特氏为妻，此女即闻名清初三朝之孝庄皇太后，孝庄后本名布木布泰。
1625	后金天命十年 明天启五年	二月，后金劝降毛文龙。
1625	后金天命十年 明天启五年	三月初一日，努尔哈赤与诸贝勒商定迁都沈阳。
1625	后金天命十年 明天启五年	三月初三日，努尔哈赤清明扫墓。
1625	后金天命十年 明天启五年	四月初二日，努尔哈赤亲迎旺善等往征瓦尔喀部军班师。
1625	后金天命十年 明天启五年	四月二十三日，努尔哈赤谕众贝勒勿违孝悌之礼。
1625	后金天命十年 明天启五年	五月初二日，后金停止铸钱。
1625	后金天命十年 明天启五年	五月初三日，惩处盗毁寺庙塔基之人。
1625	后金天命十年 明天启五年	五月初三日，后金定传达警报之云版等物。
1625	后金天命十年 明天启五年	五月初六日，努尔哈赤命严加管制各贝勒家之太监。
1625	后金天命十年 明天启五年	五月十四日，努尔哈赤定父贝勒等称号。

公元	年号	大事记
1625	后金天命十年 明天启五年	六月，努尔哈赤赏青加弩之妻官职为女备御官。
1625	后金天命十年 明天启五年	七月，因谎报，努尔哈赤降珲塔官职。
1625	后金天命十年 明天启五年	八月，明兵攻耀州城被击败。
1625	后金天命十年 明天启五年	八月十七日，努尔哈赤劝人戒酒。
1625	后金天命十年 明天启五年	八月二十五日，明将熊廷弼惨死传首九边。
1625	后金天命十年 明天启五年	十月，努尔哈赤令甄别满汉，按丁编庄，造册呈报。
1625	后金天命十年 明天启五年	十月，后金列举汉人倡乱罪行。
1625	后金天命十年 明天启五年	十月，努尔哈赤下令考举汉人书生。
1625	后金天命十年 明天启五年	十月，明将孙承宗罢职，以高第经略辽东。
1625	后金天命十年 明天启五年	十一月初六日，因不堪蒙古虐待，喇嘛来归后金。
1626	后金天命十年 明天启五年	十二月，后金援科尔沁蒙古。
1626	后金天命十一年 明天启六年	正月，努尔哈赤率兵攻宁远，大败归。
1626	后金天命十一年 明天启六年	正月二十五日，后金派兵攻觉华岛，焚船粮。
1626	后金天命十一年 明天启六年	二月，努尔哈赤忿返沈阳。
1626	后金天命十一年 明天启六年	三月，明以袁崇焕巡抚辽东。

公元	年号	大事记
1626	后金天命十一年 明天启六年	三月，刘学成上书向努尔哈赤建言。
1626	后金天命十一年 明天启六年	四月，后金以喀尔喀败盟，以兵征之。
1626	后金天命十一年 明天启六年	五月，科尔沁奥巴台吉娶后金胏哲格格为妻。
1626	后金天命十一年 明天启六年	五月，明将毛文龙袭鞍山等地失利。
1626	后金天命十一年 明天启六年	五月二十日，后金再招降毛文龙。
1626	后金天命十一年 明天启六年	六月初六日，后金与科尔沁再结盟。
1626	后金天命十一年 明天启六年	七月，努尔哈赤温泉沐养于清河。
1626	后金天命十一年 明天启六年	八月初一日，阿敏贝勒焚纸宰牛祭祖祈福。
1626	后金天命十一年 明天启六年	八月初三日，后金订取税法。
1626	后金天命十一年 明天启六年	八月十一日，努尔哈赤病逝于瑷鸡堡。
1626	后金天命十一年 明天启六年	八月，后金大妃乌喇那拉氏殉葬死。
1626	后金天命十一年 明天启六年	八月，皇太极继承汗位，或谓系"夺立"而得。
1626	后金天命十一年 明天启六年	皇太极继立大汗后，于天聪三年（1629），葬其父努尔哈赤于福陵。崇德元年（1636），尊谥号为武皇帝，定庙号太祖。康熙元年（1662），又改努尔哈赤谥号为高皇帝。

大清十二帝

清太宗皇太极

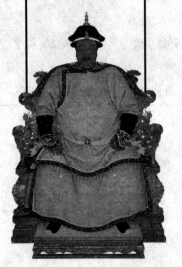

线装书局

名人档案

太　宗：名爱新觉罗·皇太极。太祖努尔哈赤第八子。属龙。性格争强好胜，善谋略。努尔哈赤死后，他被推举为汗。在位17年，病死，终年52岁。

生卒时间：公元1592年～公元1643年

安葬之地：葬于昭陵（今辽宁沈阳北）。谥号应天兴国弘德彰武宽温仁圣睿孝敬敏昭定隆道显功文皇帝，庙号太宗。

历史功过：安抚民众，巩固集权；发展经济，整饬军备；征服朝鲜，统一蒙古；他建立的大清帝国成为腐朽明朝的掘墓人。

名家评点：允文允武，内修政事，外勤讨伐，用兵如神，所向有功。

八子出世

在努尔哈赤统一女真的大业正炙手可热的时候，他娶了一位年轻貌美的妻子，这就是清太宗皇太极之母叶赫纳拉氏。努尔哈赤同叶赫纳拉氏可称为一对佳偶。

长期以来，在女真各部的酋长间，经常以互相通婚作为彼此联合的一种方式。据记载，"大抵斡朵里酋长不娶管下，必求婚于同类之酋长，或兀狄哈，或兀良哈，或忽刺温。"婚姻在他们那里是政治的附庸，结婚与其说是爱情的结晶，不如说是政治的需要。努尔哈赤起兵以后，也无意改变这种传统的习俗，至少放任自流，顺其自然。

当年叶赫的酋长为清佳砮、杨吉砮兄弟。杨吉砮是一个颇有政治见解和善于识人的人。哈达王台极盛时，他们兄弟恭顺地依附于王台，还把妹妹温姐嫁给了王台，杨吉砮又娶了王台的女儿，以亲上加亲，促成政治上的联合。但是清佳砮、杨吉砮对哈达部首领参与杀害自己的祖父的事情日生不满，念念思报先世之仇。王台晚年，清佳砮兄弟已经脱离其控制，至王台死后，势力更加强大，清佳砮对王台诸子进行离间和个别拉拢，力图反过来控制他们。

杨吉砮在建州、海西（扈伦）女真内部和彼此间激烈的火并中也想寻求支持，出于眼前和长远利益的考虑，他看中了努尔哈赤。在统一建州女真各部时，努尔哈赤为了实行远交近攻的策略，曾到叶赫去，杨吉砮见到这位未来的大清朝奠基人，看出他是个"非常人"，主动要把自己的女儿许配给他。杨吉砮有两个女儿。他向努尔哈赤提亲时说："我有一个小女儿，等长大成年，情愿让她去侍奉你！"努尔哈赤到叶赫去的目的就是建立友好关系，摆脱他当时尚处于的孤立的状态，尤其是避免于树敌过多，以便集中力量统一建州女真各部。结亲是达到交好的一种手段，发起又来自对方，当然努尔哈赤是不能拒绝的。不仅如此，努尔哈赤还将计就计，以急于求成的心情对杨吉砮要求说："你既然要同我缔结姻盟，为什么不把年长的大女儿许配给我为妻呢？"杨吉砮马上对他解释："我不是有大女儿舍不得许配给你，是恐怕我那个大女儿不合乎你的心意，我这个小女儿容貌出众，品德高尚，把她许配给你，那才算得上真正的佳偶。"努尔哈赤听他这么一说，觉得杨吉砮完全是一片好意，就同意接受他的小女儿为未婚妻，于是送过聘礼，定下了这门亲事。

万历十一年（1583年）十二月，清佳砮、杨吉砮因在边界与明朝发生冲突，总兵李成梁等设计，一次斩杀了两兄弟。之后清佳砮之子布寨、杨吉砮之子纳林布禄继承叶赫首领之位，又遭到李成梁的攻击。接连发生的这些重大变故，因主要在明朝与叶赫之间，对努尔哈赤与叶赫早已定下的这门亲事没有造成什么影响。万历十六年（1588 年）九月，努尔哈赤基本削平建州各部，统一大业初具规模，又一个喜事临门了。纳林布禄亲自陪送胞妹来努尔哈赤这里成婚。为了表示重视，努尔哈赤本人率领诸贝勒、大臣前往迎接，然后在费阿拉城里努尔哈赤的住处举行盛大宴会，正式结婚。这时努尔哈赤已三十岁，这位新娘只有十四岁。她后来成了清朝追谥的孝慈高皇后。

在努尔哈赤与皇太极的母亲结婚时，努尔哈赤至少已经有了五位妻子。但是，自从这位叶赫那拉氏来了以后，以前的那几位似乎都有些失宠了。论长相、品德，待人处事，谁也比不上她美丽、端庄、彬彬有礼。她聪明伶俐，待人宽厚，遇到逢迎，不为此高兴；听到诽谤，和颜悦色像平常一样。她从不接近奸佞小人，也不干预闺门以外的政事，把全部精力用在侍奉努尔哈赤身上。这一切深得努尔哈赤的欢心。

明万历二十年（1592 年）十月二十五日，在今辽宁省新宾县永陵乡烟筒山下，费阿拉城（即老城一片）生机勃勃，喜气洋洋的景象，一个新生的男婴呱呱坠地。这个新降生的婴儿，满面红光，眉清目秀，天真活泼，他就是皇太极，未来的清太宗。

他降生之前，父亲努尔哈赤已经有了七个儿子，论序齿，他排列第八。大哥叫褚英，二哥叫代善，三哥叫阿拜，四哥叫汤古岱，五哥叫莽古尔泰，六哥叫塔拜，七哥叫阿巴泰。年长的比他大十余岁，年幼的只比他大三四岁。在父亲的精心培育下，他的哥哥们个个都出类拔萃，或为能征善战的悍将，或为治国的能臣，为父亲创立的基业建树了不朽的功勋。特别是代善以下六位兄长，还尽力辅佐他完成了入关前的统一大业，留下了赫赫功绩。

皇太极降生时，父亲已经踏上了统一女真的征程。九年前，也就是万历十一年（1583 年），父亲努尔哈赤年仅 25 岁，就以十三副铠甲，率领不到百人的队伍，毅然起兵报仇。原来，努尔哈赤的父亲和祖父，即皇太极的祖父和曾祖父，因受到一个叫尼堪外兰的女真人的挑拨和唆使，被明朝军队在一次攻城战中给杀害了。战后，真相大白，明朝知道努尔哈赤的父亲、祖父是被误杀，纯属冤枉，为表示歉意，下令找到他们的尸体，让努尔哈赤认领，返回本部落安葬；同时，还给他 30 匹马，允许他承袭父职——都指挥使的职衔。明朝以为给他这些待遇，可以补偿他父亲、祖父的被害，使他得到安慰，了结此次事件。

皇太极

但是，当努尔哈赤清楚地意识到尼堪外兰是杀害其父亲、祖父的罪魁祸首时，怒不可遏，顿时在心中燃起了复仇的怒火。他明知明朝对尼堪外兰很信任也在所不计，当机立断，以攻打尼堪外兰为理由，乘时起兵。

那时，努尔哈赤的势力很弱小，仅有父、祖遗留下来的十三副铠甲，兵不满百人。相比之下，尼堪外兰既有明朝支持，又有哈达等部女真人的帮助，连本族的人都不赞成他攻打尼堪外兰。努尔哈赤曾同明朝交涉，要求把尼堪外兰交出来。他对明朝边臣说："杀我父、祖的原因是尼堪外兰的唆使，你们把他捉拿给我，我也就无话可说了。"

边臣断然拒绝："你祖父与父亲的死，是被我兵误杀的，所以给你敕书、马匹，又赐给都督敕书，这事已经了结。现在你还这样无休止的提出要求，我们将要帮助尼堪外兰在嘉班筑城，让他当满洲国主。"

努尔哈赤没有屈服。他坚定不移地向尼堪外兰发动了进攻。艰苦的斗争，充满了种种风险，历经三年的生死战斗，终于把仇人尼堪外兰打得抱头鼠窜，失去立足之地。最后，取下了尼堪外兰的头颅，为父亲、祖父报了仇。

努尔哈赤攻打尼堪外兰，本是报仇，但实际上已变成对建州女真统治权的争夺。他达到报仇的目的后，并未结束军事行动，而是，却马不停蹄地四处征战，各个部落、部族纷纷向他俯首称臣。到了起兵的第六个年头，也就是万历十六年（1588年），原先分散的、各自为政的建州部，被他统一起来。父亲的事业从此才日益兴旺发达，向着全部统一女真大业的宏伟目标继续前进……

努尔哈赤武功超群，英勇善战。他跃马挥刀，率领军队，击败了一个又一个敢于同他对抗的强敌，胜利接踵而来，成功已胜利在望。

随着事业的迅速进展，努尔哈赤考虑建一座城，作为他事业的基地。万历十五年（1587年），他把计划付诸实施。他选择了周围群山环抱，呼兰哈达山下东南约三里的二道河子，建筑了费阿拉（旧老城）。城建在首里河与夹哈河之间的山坡上。山的东、南、西三面为断崖绝壁，只有北面平坦，形势很险要。刚建时，筑城三层还建了一座楼台。城分内城与外城，外城周有十里，内城周要小得多。努尔哈赤和他的亲近族人都住在内城。他的将领们和本族人都住外城，而在外城的外面，是他军队的住处。

皇太极就诞生在内城的一处简陋的宫殿里。他在这里度过了幼年的时光。后来，他随父亲迁到新建的老城，再迁至辽阳，最后定都在沈阳，也许是命运的安排，他最终成为沈阳宫殿的主人。

努尔哈赤的艰难创业，还有其诸兄的辅助，都为这位未来的大清皇帝第一人开辟了锦绣前程，替他的事业奠定了基础。

努尔哈赤在开始创业之际，就得到了他的第八子——皇太极，当然很高兴，不过，他无法想象这个骄子就是他的事业直接继承人。

皇太极本姓爱新觉罗（满语，汉译为"金"）。据说，爱新觉罗这个姓氏还是仙女生下他的祖先后赐给的。从此，这个姓氏一直沿用到清朝亡国，但他的后裔们有的继续沿用，有的已改用汉姓。

也许因为姓氏字多，人们一般都省略姓氏，而直呼其名。如，努尔哈赤、皇太极、福临（顺治）、玄烨（康熙）等，都是名字，却都省去了姓氏，连清朝统治者也习惯称名字，一般都不使用姓氏。这并不是说姓氏不重要，只是图个使用简便罢了。

皇太极这个名字，是父亲给起的。在不同史书，或不同的民族，对"皇太极"就有不同的写法，如有的写作"洪太主"或"黄台吉"。在李氏《朝鲜实录》及其他朝鲜学者的著述中，又写作"红歹是"；有的历史记载说他叫"黑还勃烈"，据说"勃烈"可能是"贝勒"的谐音。还有人说他本名阿巴海，大概是从蒙古那边取来的名字。他有这么多名字，不过，清朝人还是习惯叫他"皇太极"。毫无疑问，这是他正式的名字。

因为他后来即位，又当了皇帝，于是就对他的名字有了种种推测和解释。

按照清朝官方的解释，"太极"的谐音"台吉"，蒙古人把王公贵族的继承人叫"台吉"，在"台吉"前面加个颜色名，如"黄"字，是他们的习惯。汉族把皇帝的继承人叫皇太子，同皇太极的发音也相似。这样说来，无论从蒙古族，还是从汉族的习惯上，都说明皇太极是他父亲的继承人。努尔哈赤给自己这个最喜爱的儿子取名皇太极，就是有意让他将来继承自己的大位。这些说法，无非是证明皇太极做继承人是"天意"，也就是上天决定的。但是，其中有的说法距离历史实际太远，如，把皇太极的名字说成是来源于皇太子，连清朝官书也否认有这种可能。

不管叫什么名字，皇太极的确是得到了父亲努尔哈赤的喜欢。这大概有两方面的原因，一是皇太极的母亲叶赫那拉氏长得很美，很得努尔哈赤的喜欢。子以母贵，母亲受到宠爱，有地位，她所生的儿子也自然受到重视。这就是爱屋及乌的意思。因此，皇太极就格外受到父亲的喜欢。二是皇太极从小就聪明过人，只要听过的就不会忘掉，一见到的马上就认识。这让父亲怎么能不喜欢他呢？

在皇太极出生后，他的弟弟们又陆续出世，父亲去世前，他总共有 16 个兄弟。他们大多都很有才干，都具有当继承人的条件。但是，唯有皇太极力胜诸兄弟，取得了父亲汗位的宝座，应该说，靠的是才能和实力，这和皇太极的名字并无关系。所以，也有些人推测皇太极这个名字是他即汗位后叫开的，目的是说他即位前就是天意暗定的皇太子，父亲的合法继承人。

英武才俊

在努尔哈赤与皇太极的母亲结婚时，他至少已经有了五位妻子。但是，自从这位新娘迎娶过门后，以前的那几位妻子似乎都由此失宠了。由于她姿色压倒群芳，特别是品德端庄，处事明智，很快就得到努尔哈赤的欢心。两人恩爱日深，如胶似漆，真是一对难得的佳偶。

万历二十年，叶赫纳那拉才18岁，就生下了皇太极。这是他们相亲相爱的结晶。努尔哈赤因为得到这位美丽而贤惠的妻子，本来已很惬意，此时又得一骄子，更是满心欢喜，如果不是忙于军国大事，他真的一刻也不愿离开他们母子。就在他们夫妻恩爱正浓之时，不幸的事情发生了：万历三十一年秋，年岁还不满三十的叶赫那拉氏突然得了重病。努尔哈赤心急如焚，想尽办法给她治病，最后，还是没能挽救她的生命。她同努尔哈赤朝夕为伴，共同生活了15年，还不满30岁，就与努尔哈赤和他们的爱子永远地分别了。她后来被追谥为孝慈高皇后。她没有料到她留下的这个唯一的儿子就是后来的清太宗，更没有想到她死后会不断得到殊荣，随着努尔哈赤父子事业的兴隆，她的尸骨也随他们的前进而迁葬。去世后，先在院内停灵三年，埋在赫图阿拉尼雅满山岗。努尔哈赤迁都东京（辽宁辽阳），她的尸骨也迁到这里。皇太极在沈阳即位后，又把她的尸骨从辽阳迁到沈阳东郊石嘴山，与父亲努尔哈赤合葬于福陵，今俗称东陵，这里，成为皇太极父母永世安身之所，受到后人世代景仰。

爱妻的去世，使努尔哈赤长期处于悲痛之中，不必细说，而皇太极虽年仅12岁，却已经懂得人间世事，看到自己的生母去世，内心的悲痛和心灵的创伤是无法补偿的。

皇太极小的时候，是个绝顶聪明的孩子。3岁时，就很懂事。长到7岁时，仪表堂堂，威严庄重，言辞敏捷，机灵有才。他在父母的训诫下，总像个大人似的担负一般孩子还不能承担的重任。母亲去世后，一方面，父亲给予教导关怀。一方面，他很要强，尽力自己照顾自己，不劳父亲操心，主动地去做别人没有想到的事情。父亲努尔哈赤和他的哥哥褚英、代善等长年累月地奋战在沙场上，他留在家里，按照父亲的嘱咐，主持家政，既发挥了聪明才智，又得到了锻炼的机会。

这个时候，父亲的大业蒸蒸日上，他已成为一方的领袖，威震四方的显赫人物。家庭生活极大好转，已非他年轻时的窘况可比。家中人丁兴旺，妻妾成群，奴仆跟随，财富猛增。他的家就安在新筑的费阿拉城的内城里，用木栅围成一个圆形的大院，其中有一间到四间不等的瓦舍、草房十余座，三十余间分住室、客厅、行廊等。这是事业初创时期，一切都显得简陋，家和国尚未分开，所以，这里既是家庭，也是处理军国大事的议政之处，往往是家事和国事混在一起办。这就增加了家政事务的复杂性。少年皇太极主持和管理这个大家庭的日常事务，干得很出色。凡日常家务、钱粮财物收支，迎来送往，不管事情如何细碎，他都安排得井井有条，处理得当。父亲在跟前时，他一面仔细观察、学习父亲处理问题的方法，一面又主动去做；父兄出外征战时，他就独自主持家政，处理的结果常常同父亲的想法吻合。父亲看到这个年少的儿子有这样不平凡的能力，不禁暗暗惊讶，因而从心眼里喜欢他，对他也越发信赖。

皇太极少年时就是在失去母亲照料的情况下，独自成长起来的，并且在父兄常年征战时，主持家政，得到了训练，所以养成了独立思考、善于决断的习惯，这无疑为他后来主持国家大事打下了基础，并且，他成为满族政治家也受益于少年时期的健康成长。

皇太极的武功高超，骑马射箭，样样精通。历史记载说：他"步射骑射，矢不虚发。"他的体质特别好，力大无穷，臂力过人，英勇出众。沈阳实胜寺藏有太祖努尔哈赤生前所穿用的甲胄，几个人都举不起来。皇太极和他父亲相比，也毫不逊色。这里收藏他用的一张弓，矢长四尺余，不仅一般人，就是一个大力士也拉不开，而皇太极当年运用自如，携带这张弓南征北战，到处取得胜利……

皇太极的这番真功夫，健壮而魁梧的体魄，都是从小跟随父亲打猎和军事活动严格训练的结果。

渔猎是女真人的传统生产方式，一直到明代，在东北地区边远一带的女真人，仍从事渔猎，把它作为一种谋生的手段。而在比较先进的建州、海西女真地区，虽然已过渡到以农业为主，仍不废弃渔猎，在每年的三至五月、七至十月，都家家或以部落组织为名进行这项活动。有时遇到农业歉收，往往以渔猎作为补充。后来生产力有了进步，渔猎已失去原有的生产意义，转变为娱乐消遣和军事训练而继续保持着。

骑射无论是作为生产的手段，还是作为娱乐、军事训练活动，已成为女真人的传统技能，尤其是在军事上，骑射更是战胜敌人的特有技能，因此，女真人男女老少都擅长骑射。每有行猎、打仗，每个人都带着炒面，调水而饮。六七天吃五六升，在野外露宿，习以为常，马也耐饥渴，五六昼夜只吃很少的草，仍能继续驰骋。女真人从几岁到十几岁的儿童都进行骑马射箭的训练，女孩也不例外，执鞭骑马丝毫不亚于男人。

女真人习俗，凡行猎，不论人数多少，都依照族寨而行，每人出箭一枝，10人中立一总领，率领10人而行，各依一定方向，不许错乱。这个总领就叫牛录额真。牛录，汉语意为大箭，额真，汉语意为主，合起来就是"箭主"的意思。父亲努尔哈赤创立的八旗制度，就是从打猎的组织发展起来的，规定每300人立一牛录额真管属，作为八旗制度的基本单位，牛录额真也就成了八旗的官名。

女真人喜欢射猎，并有严密的组织，因此都养成了严格的组织纪律性，号令统一，行猎打仗无往而不胜。平时，女真人从事生产，战时都应召入伍。这就叫出则为兵，入则为民，上马打仗，下马生产。这种全民皆兵的社会体制，也要求每个人主要是男子必须从小就学习骑射，等长大后，都成为骑马射箭的能手，在这些能手中技高一筹，出类拔萃，就更难能可贵了。

努尔哈赤为了创大业的需要，对他的诸子都进行了严格的训练，从十几岁起，就把他们带到战场，经受战争风险的考验。

皇太极从小就生活在一个充满尚武精神的家庭，在父亲言传身教的严格训练下，还不到10岁，已开始跟随父亲努尔哈赤，身上佩带弓矢出去打猎。实际上，从少年起，就已投身行伍了。

努尔哈赤起兵复仇后，军事已成为他的主要活动，而建立国家政权则是他的心愿，直至他去世，一生征战不已，可以说，是在马上度过了一生。尽管军事征战频繁，他仍然十分重视打猎，经常率自己的子弟和诸贝勒大臣举行围猎，皇太极总是跟随父亲和诸兄长参加这一活动。他一听到第二天要去打猎，就欢腾雀跃，做好准备，调鹰蹴球。有时，不让他去，就哭着向父亲一再恳求，直到批准为止。那时候，出去打猎是件很艰苦的事情。因为仆从很少，每个人都得自己动手牧马披鞍，拾柴做饭。在马上追逐野兽，翻山越岭，在林中或涧崖中穿行，危险随时会发生。即使这样艰苦，他也乐意去！

打猎最苦的日子，是在冬季。天气严寒，风雪交加，寒风像一把把刀子，刮在脸上，疼痛难忍。皇太极经受住了严寒的磨炼，不惧怕天寒地冻。后来，他继承了汗位，每到冬天就率子弟和群臣出去围猎。天气特别寒冷，都冻得发抖，他却戴一顶小窄帽，手不入袖，纵马驰射，像不知道寒冷一样，他的臣下侍从无不惊讶和钦佩。这都是小时候严格训练的结果。

皇太极从父亲那里学到了高超的军事技能。努尔哈赤堪称是一位百发百中的神箭手。有一次，他同一个最善射箭的钮翁锦比试箭法。他们约定就以对面的柳树为目标，相距百步左右。努尔哈赤让他先射。钮翁锦下了马，挽弓连发五箭，只射中三箭，上下不在一处。随后，努尔哈赤也射了五箭，都射中目标，近眼前一看，五支箭都攒在一处，相距不过五寸，凿下那块木头，五支箭才拔出来。皇太极对父亲的神奇箭法非常崇拜，就以父亲为榜样，天天苦练，终于练得步射、骑射样样精通，每发必中！

射猎有严格的纪律，同行军打仗一样，不准错位，不准断围，不准践踏庄田；还

八王精粹

清太宗皇太极

要求猎物只取个人射杀的，不准把别人的猎物据为己有，也不许把自己射杀的猎物故意让给别人，冒功请赏。在这方面，皇太极严格要求自己，遵守纪律。他从幼年跟随父亲出猎，从未夺过别人的一件猎物，总是诚实地向父亲报告自己亲手射杀的实有猎物。后来，他参加军事出征，执行规定，凡自己俘获的战利品，从不私藏一物，总是如实上缴。

皇太极具有坚强的意志，杰出的才能，高超的骑射技能，以及健壮的体魄，使他成为一代伟人，这都来源于小时候的刻苦训练，为他的迅速成长奠定了坚实的基础。

后金骁将

（一）开国功臣

皇太极是建立后金的开国功臣之一。他父亲努尔哈赤自万历十一年（1583 年）起兵后，经过三十多年的艰苦奋战，正式建立了后金政权。皇太极成长起来，在他父亲指挥和率领下，勇敢地参加了统一女真的战斗，被他父亲视为兄弟子侄中最值得依赖的一员骁将。

后金是在中国境内从明朝统治下的女真人逐步统一的基础上建立起来的国家政权。万历十五年（1587 年）努尔哈赤统一了建州各部女真之后，筑费阿拉城，就有了一个政权的统治中心。随着军事征服的胜利和政治影响的扩大，万历三十一年（1603 年）努尔哈赤又从费阿拉城迁到赫图阿拉，筑城建垣。后金正式建立时，这里就作了都城。以此为中心，统治南自鸭绿江，北达黑龙江，东濒大海，西到辽东明朝边墙的广大地区。境内有满、蒙、汉及朝鲜族等。从费阿拉到赫图阿拉，实为后金建立确定了根本重地。

原来在女真人中行师出猎，照依族寨而行，有十人总领制度，到万历二十九年（1601 年）经努尔哈赤改编，创建了八旗制度。当时规定，每三百人立一牛录额真管属。于是十人总领制度变为三百人的牛录制度；作总领的牛录额真正式成了官名。初建时仅有四个牛录，以黄、红、蓝、白四色旗加以区别。后来征服和招降了更多的人口，三百人为一牛录的制度不变，而牛录之数增加。到建国前一年（1615 年），进一步发展为八旗。已有的四种颜色的旗叫四正色，后增加的黄、白、蓝三种颜色的旗都镶红边，红旗镶白边，叫四镶色。总共合起来正黄、正红、正蓝、正白、镶黄、镶白、镶蓝、镶红就是完整的八旗。这是牛录制度的扩大和发展。其八旗制度的正式编成过程是：

"太祖削平各处，于是每三百人立一牛禄厄真，五牛禄立一扎拦厄真，五扎拦立一固山厄真。固山厄真左右立美凌厄真。原旗有黄、白、蓝、红四色，将此四色镶之为八色，成八固山。"

牛禄厄真或写作牛录额真，即佐领，扎拦厄真或写作甲喇额真，即参领。固山厄真或写作固山额真。满语固山，汉译为旗，固山额真，即旗主。美凌厄真或写作梅勒额真，即副将。牛录额真之下设代子、章京。章京四人，分领男丁三百，编成四达旦，每达旦的人，行则同行。八旗制度是社会组织，也是军事制度。最初编入八旗的是满族人。先有满洲八旗，皇太极即汗位以后才陆续增编汉军八旗和蒙古八旗。正式编成八旗，就把努尔哈赤占领地区的人口全部包括了进去。"以旗统人，即以旗统兵"，"凡隶于旗者，皆可以为兵"。从八旗里抽取兵丁，参加作战。对他们有严格的组织纪律要求，努尔哈赤曾规定，行军时，若地广则八固山并列，队伍整齐，中有节次；地狭则八固山合一路而行，节次不乱。军士禁喧哗，行伍禁杂乱。作战时，披重铠甲执利刃者为前锋；披短甲善射者自后冲击；精骑立于别处，不要下马，随时准备应付紧急情况。八旗制度的建立和完善，提高了战斗力，使原来的生产组织成了正式军队，这为后金的建立又创造了一个必要的条件。

地区不断扩大，人口日益增加，政治、军事、司法等头绪多，任务重，努尔哈赤不可能事必躬亲。为了进行有效的统治，一要建立各种制度；二要任用各级官吏。万历十五年（1587 年）六月二十四日，努尔哈赤"定国政"，立刑法："凡作乱、窃盗、欺诈，悉行严禁。"这是较早的制定的重要统治制度，包含着维护社会秩序和保护奴隶主私有财产。到了正式建国前夕，努尔哈赤感到急需治国的能臣，提出必须"多得贤人"。他下令："若有临阵英勇者，赐以官赏；有干国忠良者，用以佐理国政；有博通古今者，用以讲古今；有才堪宴宾客者，用以宴宾客，各处搜罗可也。"努尔哈赤很懂得一点用人的道理，他说选择人才，不要求全，所谓"全才者"，天下有几人？对于一个人来说，才能有长短，做事有工拙。有的人能打仗，是"阵中之勇"，让他理政，则"拙而无用"；有的人适宜于治国，让他领兵打仗，则难以取胜。任人必须"皆随其才"。这时他"又立理政听讼大臣五员，都堂十员，太祖五日一朝。"凡事，都堂先审理，其次上达五大臣，五大臣进一步核实，再上达于诸贝勒，最后达于努尔哈赤。如此循序问达。这又为后金的建立奠定了行政、司法制度的基础。

尽管这样，努尔哈赤也明白，民以食为天，人民"缺食必至叛散"，要建立一个国家还必须有可靠的物资保证，要有物质基础。因此他很注意发展生产。起兵之初，他靠明朝发给的敕书，同明朝进行贡市贸易。万历十五年以后，每年又得到明朝给的八百两银子和十五匹蟒缎。后来着重发展本地区的生产，万历二十七年（1599年）三月"始炒铁，开金银矿"。万历四十一年（1613年）下令，各牛录出男丁十人、牛四头，开荒屯田。粮食多起来，造仓积粮，设仓官十六人，吏八人。后金是建立在努尔哈赤统治区的农业、手工业和商业都有了进一步发展基础上的国家政权。

在走向建立一个新兴的国家政权的道路上，基本的物质基础和各种制度逐渐齐备。所差的就是国家和最高统治者的称号尚未确定，也没有自己的独立纪年。由于权势的猛烈膨胀，他在本部落内以及和明朝、蒙古与朝鲜的来往中，称呼都很混乱。万历十七年朝鲜人已知道努尔哈赤在建州部内"则自中称王"。万历二十四年朝鲜南部主簿申忠一出使建州，亲自听到努尔哈赤部下称他为"王子"。万历三十四年（1606年）蒙古喀尔喀等五部又尊努尔哈赤为昆都仑汗（汉译恭敬之意）。对努尔哈赤所建立的政权叫什么名称，一时也是混乱的。后金建立前，努尔哈赤已自视有国，有时称金，有时称"女真满洲国"或"女真国建州卫"。但是，努尔哈赤长期坚持接受明朝的任命，他称王、称国的时候，给朝鲜的文件，仍盖着"建州左卫之印"。万历二十九年，努尔哈赤自称"女真国龙虎将军"。所有这些，反映出努尔哈赤要求打破仅仅接受明朝对他的任命，但一时又无法寻找出恰当的国家政权和个人称号。

名不正则言不顺。努尔哈赤所处的现实，需要在政权建设上更加完善。也就在这种情况下，他的诸子积极拥护和支持建国上尊号，尤以皇太极等主张最力，他们认为没有统一的国名和统治者的尊号不利于巩固已有的胜利和进一步发展。皇太极等选定一个喜上加喜的日子，就是万历四十四年（1616年）正月初一日，为努尔哈赤上尊号。这是新年元旦，这天来到的时候，努尔哈赤五十八岁，他们为他举行了庄严隆重的仪式。先是皇太极等诸贝勒、大臣们开会议论说：我国没有汗时，忧苦极多，蒙天保佑，为使人民安生乐业，给降下一位汗，我们应给抚育贫苦人民、恩养贤能、应天而生的汗奉上尊号。大家一致赞成。

议定后，皇太极作为四贝勒，同他的三个兄弟大贝勒代善、二贝勒阿敏、三贝勒莽古尔泰为首的八旗诸贝勒、大臣，率领众文武官员，在四面四隅的八处站立。八旗八大臣从众人中走出来，捧着文书，跪在前面。八旗诸贝勒、大臣率众人跪在后面。阿敦虾（虾，侍卫之意）立于汗的右侧，额尔德尼巴克什（巴克什，学者之意）立于汗的左侧，从两侧前迎八旗八大臣跪呈的文书，奉于汗前，置在桌上。额尔德尼巴克什在汗的左前方站立，宣读上尊号为：奉天覆育列国英明汗。尊号一呼出，跪着的诸贝勒、大臣都站起来，汗也从坐着的御座上站起来，走出衙门，向天三叩首。叩首完毕，汗回到御座。八旗诸贝勒、大臣，各依年龄，向汗叩首三次，祝贺新年。全部仪式在赫图阿拉城内努尔哈赤的宫室举行。迄今尚有尊号台遗址在，俗称金銮殿。

以努尔哈赤上尊号为标志，一个新的国家政权在中国大地的东北建立起来。这个国家的名称就叫金，或称后金。年号则为天命。努尔哈赤是这个国家名副其实的最高统治者。后金是清朝的前身，这个名称在历史上曾通行一时。天命四年（1619年）朝鲜人看见努尔哈赤发行的文件上盖着篆写的"后金（国）天命皇帝"七个字的大印。在文献和文物上也都有反映。后金的建立是以努尔哈赤为首的满族贵族奴隶主的巨大胜利和成功。他们掌握这个国家政权，对广大的奴隶进行统治和奴役。

（二）得力助手

在后金建立前后，皇太极是努尔哈赤的得力助手，在开创后金和治理这个国家的过程中发挥了重要的作用。

努尔哈赤拼命追求权力，但是当他把巨大的权力握在手里的时候，并没有飘飘然忘乎所以。他小心谨慎，紧紧抓住用智慧和血汗争得的这一切。他坚持同周围的功臣宿将，有时是地位低下的部众商议军国大事，然而他敏感、多疑，喜欢像皇太极那样的忠臣孝子，不容任何人对他的地位和权力进行挑战。在创建后金国的过程中，为巩固和加强他的地位与权力，他处理了两个人的问题。这对皇太极的未来有重大关系，因而引起皇太极的关心与协助。

一是皇太极的叔父努尔哈赤。努尔哈赤是努尔哈赤之同母弟。努尔哈赤兄弟五人，他居长，三弟努尔哈赤、四弟雅尔哈赤为同母所生。还有庶弟穆尔哈赤、幼弟巴雅喇为庶母和继母所生。努尔哈赤比努尔哈赤仅仅小四岁，他幼年差不多同努尔哈赤有一样的生活经历。万历十一年以后，有时和努尔哈赤一起，有时是自己单独的驰骋在统一女真的战场上，冲锋陷阵，屡建功勋。由于他英勇善战，曾被努尔哈赤赐号"达尔汉巴图鲁"。巴图鲁，汉译意思就是勇士。

努尔哈赤渐渐名闻中外。他在明朝人的心目中，地位与其兄努尔哈赤相等。他们称努尔哈赤为都督，也称努尔哈赤为都督。万历二十五年七月，他到明朝进贡，历史便记载："建州等卫夷人都督、都指挥速儿哈赤等一百员名，纳木章等一百员名，俱赴京朝贡，赐宴如例。"因为他排行第三，明朝人也称他为"三都督"。在明朝人看来，努尔哈赤同努尔哈赤一样，势力越来越大，威胁明朝的安全。明辽东总兵李成梁之子李如柏曾娶努尔哈赤女为妾，生第三子，李如柏作了镇守辽东总兵官，当地就流传歌谣："奴酋女婿作镇守，未知辽东落谁手？"朝鲜也经常把努尔哈赤与努尔哈赤相提并论，注意他们的动向。他们了解到，努尔哈赤称王时，努尔哈赤则称船将。朝鲜通事河世国等到努尔哈赤所在地，努尔哈赤在家招待时行礼，设宴；再到努尔哈赤家，一样行礼、设宴。各有赏给。差别是努尔哈赤屠牛，努尔哈赤宰猪。兵力不同，努尔哈赤麾下万余名，努尔哈赤麾下五千余名。万历二十四年申忠一所见"奴酋诸将一百五十余，小酋诸将四十余"，而"服色与其兄一样"。在朝鲜人的眼里，努尔哈赤是女真中仅次于努尔哈赤的第二号人物。

问题不完全在于努尔哈赤的势力与地位可比努尔哈赤，而是他们的关系并不亲密无间。努尔哈赤统一女真各部，走向称王建国，需要更加集中权力，努尔哈赤同他的矛盾尖锐并暴露了。万历二十七年九月征哈达，努尔哈赤自告奋勇，请战说："可令我为先锋，试看如何？"努尔哈赤命令他领一千兵前进，行至哈达城，遇到哈达兵出城拒战。努尔哈赤按兵不动，对努尔哈赤说："敌兵出城抵御！"努尔哈赤斥责他说："这次出来打仗，难道是因为敌人城里没有防备吗？"又"怒喝"努尔哈赤："带你的兵向后去！"即让他继续进攻。当时努尔哈赤的兵，进路受阻，绕城而行，敌人从城上射箭，军中伤者很多。后来终于把城攻占了。努尔哈赤如此大发雷霆，就是要打击努尔哈赤对他不忠、不合作和不服从调动。

万历三十五年（1607年），东海瓦尔喀斐优城头目策穆特赫摆脱乌拉布占泰的控制，率众来降。努尔哈赤命令弟努尔哈赤同子褚英、代善并大将费英东、扬古利、常书、侍卫扈尔汉、纳齐布等领三千兵往迎。出发时，夜黑天阴，忽然军旗上连连闪出一道道白光，众将官无不惊奇。努尔哈赤说："我从小打仗以来，未曾见过这种怪事，想必是凶兆！"正要退兵，褚英、代善不同意，强行领兵进至斐优，收降环城屯寨五百户而归。路上，乌拉布占泰出动上万大军邀击，被褚英、代善打败。努尔哈赤领五百人在山下逗留，还有常书、纳齐布别领百人跟着他。褚英、代善胜利凯旋。常书、纳齐布领兵不战，论罪当死。努尔哈赤为其求情说："杀了他们二人，与杀我是一样的。"努尔哈赤饶了二人的命，改死为罚。但是，对努尔哈赤做了一个重大决定，即"自是上不遣舒（速）尔哈齐（赤）将兵"。

努尔哈赤不能继续宽恕他的弟弟，努尔哈赤也不甘心忍受这位兄长的惩罚，散布不满地话说："这样活着，还不如死了！"于是同他几个儿子商议，逃到了黑扯木。努尔哈赤大怒，杀了努尔哈赤两个儿子，夺了全部财产。努尔哈赤勉强承认错误，返回原处，努尔哈赤还给了他们被夺的财产。万历三十九年（1611年）努尔哈赤死，时年四十八岁。努尔哈赤之死，引起很大震动，明朝专门派人以较高的礼节吊祭。现存一份明代残档记载了这件事：

"钦差游击陈，为夷酋病故，请明吊祭事：据通事尹保二据市夷说称：夷酋速儿哈赤，于八月十九日病故……到职。据此，看得夷酋病故，相应吊祭。案查万历卅三年二月三十日，速酋妻故，已经前任守备佟，动支夷税银两，制办桌席二十张，白羊牛只等物，差人吊祭，循环可据。今本酋病故，比伊妻又加……，向来中国宣谕，无不听命，似应比例行祭，嚳……职未敢擅专，拟合移会。为此合具手本，前赴……钦差分守道王处，请照施行。

[万历三十九年] 九月一日

文献反映出努尔哈赤同明朝关系密切，"中国（明朝）宣谕，无不听命"。他势力大，不服从调动，还亲明，必然引起努尔哈赤的忌恨，对他不信任，不重用，羞辱他的人格，直至使他很快死去。努、速兄弟的矛盾，实是争夺权力的斗争。努尔哈赤利用自己的优势，战胜了一个对他地位和权力形成最大威胁的竞争者。这一胜利，对皇太极未来的政治前途也有深远的意义。

再一个是皇太极的长兄褚英。如果说因为辈数、年龄和直接的利害关系等，在努尔哈赤同努尔哈赤的斗争中，皇太极的作用不明显的话，到了努尔哈赤解决褚英的问题时，皇太极的表现就不同了。

褚英是努尔哈赤的元妃佟甲氏所生，比皇太极大十多岁。他早已投身沙场，统率过千军万马，先被赐号洪巴图鲁，后又赐号阿尔哈图图门，汉译为"广略"。他在政治上有抱负，想有朝一日，作一国之主，掌握生杀予夺大权。他高傲，自信，但是心胸狭窄，锋芒毕露，不大得人心。

在努尔哈赤那里，捷报频传，统一女真的大业方兴未艾，正式称汗建国指日可待。然而事业越接近成功，他本人的年岁越老，政事越多，精力越觉得不够用。他在想找个助手，也是计划百年之后江山不毁。努尔哈赤是个对中国传统思想文化有深刻了解的人，他知道中国历代统治者中间通行的嫡长子继承制度，认为这个制度可以避免在政权转移时发生骨肉相残，保证社稷江山在一家一姓中世代相传。在努尔哈赤选择助手和继承人时，想到了嫡长子继承制度。他想：我如果孑身一人，没有儿子们，也就罢了；现在我有儿子们，理应让他们执政。这样想下去，他遇到了难题，思想很矛盾。这就是：让褚英执政，明明知道他心胸狭窄，不能宽厚待人；不让他执政吧，他又是长子；抛开长子，让弟弟出来执政，那不造成混乱吗？反复思考，决定还是任用长子褚英执掌国政。他还幻想，褚英即使有缺点，也可能在执政中克服，变心胸狭窄为宽宏大量。决定一经做出，便让褚英代他管理政务。

褚英辜负了努尔哈赤的希望。他执政以后，心术不正，处事不公。因此使与努尔哈赤同甘共苦的五大臣互不团结，努尔哈赤"爱如心肝"的皇太极等四个儿子也非常苦恼。更为严重的是，褚英背着父亲，指使弟弟们对天发誓。誓词说，长兄如何说，我们即如何办，有什么话，也不要告诉父亲！褚英还提出，父亲死后，要把父亲分给弟弟们的财产重新分配，凡是和自己关系不好的弟弟、大臣，他作了汗以后统统杀掉。

四弟弟、五大臣受到褚英的欺凌和威胁，他们秘密商议说："他说汗死后不养我们，我们的生路就要断绝，还是把我们的遭遇报告以后再死。"议决后，他们不怕报复，把褚英的事口头告诉了努尔哈赤。听了他们的反映，努尔哈赤说："空口无凭，我也记不住，要写在纸上送来。"四弟弟、五大臣每人写了一份受苦情报，呈送给努尔哈赤。

褚英执政，搞得众叛亲离。为了妥善处理褚英，努尔哈赤召见他，把四弟弟、五大臣写的材料给他看，对他说："这是你的四弟弟、五大臣对你罪行的控诉，看后，说说你的想法，如有需要申辩，也可写出来。"褚英表示："没有什么可说。"努尔哈赤看到事实俱在，褚英无理可辩，狠狠训斥了他。努尔哈赤说："考虑到我年纪大了，不能打仗，不能断理国事，必须让儿子们执政，让长子执政，否则，国人会议论纷纷。可是我让你执政，你身为一国之主，却不能宽宏大量，平等待人。你使四弟弟、五大臣受欺凌，不和睦，怎么还能让你执政呢？我让你同母兄弟二人执政，给你们国人各五千家，牧群各八百，银各一万两，敕书各八十道，高于你们所有的弟弟。你还不满足，竟然要从弟弟手里索取东西，要杀掉你认为不好的弟弟、五大臣，还逼着他们到处立誓，不准揭发你的问题。像你这样狭隘自私，只有把你占有的人口和财物拿出来，和弟弟们的合在一起，平均分配。"说完这些话以后，再也不信任褚英了，征乌拉多次用兵不派褚英去，命令他只留守和在家住着。

褚英对努尔哈赤如此处置，很不服气。他向自己四个仆从说："和弟弟们平分人口，我宁可死了也不干，你们和我一起死吗？"四个仆从应声回答："贝勒你要死，我们要随之死。"从此褚英不仅不关心努尔哈赤出征的胜败，甚至写上诅咒父亲、弟弟和五大臣的咒语，对天焚烧。还对仆从说："我们出征乌拉的兵失败才好，那时我就不让父亲和弟弟们入城。"一个仆从跟着褚英这样干了之后，诚惶诚恐，生怕被发觉处死，就写下了遗书自缢了。他的死，引起另外三个同伙大惊，向努尔哈赤告发说："曾说和贝勒一起死，是事实；书写咒语对天焚烧，也是事实；说各种各样的坏话，也都是事实。"努尔哈赤遏制不住愤怒，恨不能杀掉这个不肖之子。想到这样对后代影响不好，便没有动杀机，而在万历四十一年（1613年），监禁了褚英。两年以后，努尔哈赤鉴于褚英的存在，对国家、诸弟及大臣们均极不利，不能为一个儿子危害大家，于是下了最大决心将褚英处死。死时他三十六岁。

皇太极忠实地维护努尔哈赤的地位和权力，坚持同褚英做斗争。他不能容忍褚英的偏执、狭隘和大胆妄为。皇太极参加了密议，冒着生命危险向努尔哈赤揭发褚英的罪行，并且写了书面材料。这对处死褚英是极关键的，他实际是帮助努尔哈赤铲除了又一个政敌。

当然，皇太极对褚英的斗争，于他自己的命运和前途也是非常有意义的。他的忠诚无疑是使努尔哈对他更加钟爱和信任。这从后金建立以后皇太极地位上升和作用增大可以得到证明。

后金建立伊始，皇太极就在努尔哈赤身边参与重大决策。他被称为和硕贝勒，是八旗的旗主之一，同其他的和硕贝勒，"共议国政，各置官属"。努尔哈赤共有子侄数十人，天命之初为首的和硕贝勒共有四人。此四人的名字及地位次序是：大贝勒代善、二贝勒阿敏、三贝勒莽古尔泰、四贝勒皇太极。因为这四个贝勒高于诸贝勒，所以又称他们为四大贝勒。贝勒可译为王，因而历史记载上也常常称四大贝勒为大王、二王、三王、四王。

在四大贝勒中，皇太极虽然位在最末，而在同辈兄弟中已经是出类拔萃的了。皇太极在努尔哈赤众子中，按年龄排在第八。四大贝勒中的代善、莽古尔泰是他的亲兄弟，都比他年长，阿敏是努尔哈赤之子，他的叔伯兄弟，也比他年长。褚英是努尔哈赤第一子，又有军功，必然排在他之前。褚英的垮台，是皇太极地位的一次上升。皇太极还盖过阿拜、汤古岱、塔拜、阿巴泰等年长的诸兄弟，主要是他能征善战，治国有方，得到努尔哈赤的器重。在政治上，四大贝勒并不完全以排列先后表示作用大小。皇太极排在最末，不是说明他的作用比不上另外三大贝勒。天命六年（1621 年）二月，"太祖命四大贝勒按月分直。国中一切机务，俱令直月贝勒掌理。"皇太极为四大贝勒之一，参与管理国家机务，既"按月分直"，就表明他与代善、阿敏、莽古尔泰轮流执政，发挥了同等的作用。

天命时期是努尔哈赤南面独尊的年代。他在军事、政治、经济及文化等方面，以杰出的才能，取得了巨大的成就，开创并巩固了后金政权，为有清一代奠定了大业的根基。同时，皇太极作为努尔哈赤的得力助手，在通往权力顶峰的道路上，也是大踏步前进的年代。他"赞襄大业"，素孚众望，既不肯久居人下，也不甘心与同辈平起平坐。他深知四大贝勒中，他最有希望成为努尔哈赤的继承人。阿敏的父亲有罪而死，本人也有牵连，主要是他非努尔哈赤亲子，谈不到继承问题。莽古尔泰是努尔哈赤继妃富察氏所生，因为庶出，没有太大希望。四大贝勒中只有代善与皇太极争衡的条件相当。而代善主要是年长，功多，论能力则很平庸，还不断犯错误，在努尔哈赤那里也不能得到始终的欢心。皇太极是努尔哈赤绝对信任的。皇太极专主的一名大臣叫伊拉喀，他对皇太极从不尽心竭力，还诉苦说："四贝勒无故的不抚养我，想回到抚养我的汗那里去。"努尔哈赤与诸贝勒、大臣议论："这个伊拉喀原来在我处，跟我在一起时没有为我出力，养之无益，使我怀恨，增加许多烦恼。我宽大为怀，不思旧恶，任他为大臣，给了我的儿子。伊拉喀既不尽力，又控诉四贝勒无故不养，岂不是在我父子间进行挑拨？"当即下令杀了伊拉喀。这个伊拉喀的被杀是努尔哈赤的决定，说明皇太极是得到他父亲的充分信任和大力维护的。

皇太极智勇双全，他早就用上心计，同代善争胜。和代善相比，他处处显得精明强干，循规蹈矩，不像代善那样庸庸碌碌，放荡不羁。褚英死后，代善在兄弟中位列第一，称大贝勒。努尔哈赤曾说，等他死后，把小儿子们和大妃（大福晋）给大贝勒代善抚养。这位大妃有些趋炎附势，知道大贝勒代善可能继其父登上后金汗的宝座，便对他特别倾心。她不顾母后的尊严，竟屈身给代善送饭，送了两次，代善吃了两次。给皇太极送饭，送一次，收下了没有吃。此外，大妃还一天两三次派人到大贝勒代善家，本人也在黑夜两三次出院去。在诸贝勒、大臣于汗家集会时，大妃乔装打扮，金珠盛饰，故意在大贝勒代善面前卖弄风情。诸贝勒、大臣对此都以为有失体统，想向努尔哈赤报告，又畏惧大贝勒代善和大妃的权势。这些丑闻被努尔哈赤的一个小妃代因扎首先做了揭发。努尔哈赤不愿因为同大妃的暧昧关系而加罪于大贝勒代善，就借着窃藏金帛的名义，抄了大妃的家。本想处死大妃，鉴于需要她抚育年幼的三子一女，"姑宽其死，遣令大归"。大妃给大贝勒代善和四贝勒皇太极送饭，反映了二人都有突出的政治地位。他二人的表现，一个吃，一个不吃，性质大不同。从这件事上，也可以想到，努尔哈赤会认为皇太极比代善更值得重用。

此后发生的几件事也证明皇太极和代善经常处于同等的地位，都能处理重大问题。二贝勒阿敏的弟弟宰桑古，受到哥哥的虐待，衣食困难，一点不关心，不照料。宰桑古就向大贝勒代善和四贝勒皇太极告状，"各诉说了二三次"。天命六年（1621 年）朝鲜满浦金使郑忠信深入后金，详细侦察努尔哈赤为首的统治集团内部情况，他得知：努尔哈赤有子二十余人，领兵者六人。长子早亡，其次是代善，再次是皇太极，依次而下的是莽古尔泰、汤古岱等。代善"特寻常一庸夫"，皇太极"英勇超人"。郑忠信还了解到，皇太极"内多猜忌，恃其父之偏爱，潜怀弑兄之计。"其他四子，无足轻重。郑忠信进一步掌握的情报说，努尔哈赤有一名从弟，叫阿斗（阿敦），此人"勇而多智，超出诸将之右"。努尔哈赤曾暗自问他："诸子中谁可以代替我呢？"阿斗说："知子莫如父，别人怎么说？"努尔哈赤说："讲讲无妨。"阿斗说："当然是智勇双全，人人都称赞的那个了。"努尔哈赤说："我知道你指的是谁。"他指的那个人就是皇太极。代善听到这番话以后非常恼恨。后来阿斗对代善说："皇太极与莽古尔泰、阿济格要谋害你，时机紧迫，应有所防备！"代善看见努尔哈赤时痛哭流涕。努尔哈赤觉得很奇怪，问其原因，他把阿斗对他说过的话重复说了一遍。努尔哈赤立即召来三个儿子询问，他们都否认有那些事。努尔哈赤愤怒已极，责问阿斗，认为他两面三刀，制造矛盾，将他戴上镣铐，投入牢房，没收全部家产。

（三）攻取抚顺

后金天命三年（明万历四十六年，1618 年），在明清兴亡史上，是一个值得重视的一年。在这年，努尔哈赤公开声明同明朝彻底决裂，向明朝宣战，迅速发动了对抚顺、清和的战役，拉开了明清长达数十年的战争帷幕。在明清（后金）首次交锋，攻取抚顺之役中，皇太极向父亲出一计谋，一举获得成功。

天命三年，努尔哈赤恰好 60 岁，他已经国建三年，国势强盛，人心振奋，自感羽翼丰满，踌躇满志。适逢生日，举行祝寿，欢庆他的事业的成功。皇太极和他的兄弟们欢欣鼓舞，轮番向父汗祝酒。努尔哈赤更是满心欢喜，欣然自得。在一片欢乐气氛中，畅论天下大势，同明朝开战，成了他们议论的话题，跃跃欲试，急不可待。当时，明朝在辽东（今辽宁省境）东部修了漫长的一道边墙，把女真（满族）人同汉人隔开。究竟从何处打开缺口，突破边墙，诸兄弟议论不一，总是不得其法。在这关键时刻，皇太极计上心来，便向父亲和诸兄弟献上一计。他说："抚顺（今辽宁抚顺市）是我们理想的出入之处，必须首先取得它。欲取此城，当以计取。听说四月八日至二十五日，守城的明将游击（军职名）李永芳要大开马市。这时，边备一定松弛，机会难得。我们可以先派 50 人扮作贩马的商人，分成五伙，驱赶马匹，进入城内，假装到市场贩卖马。接着，我即率 5000 兵夜行至城下，以发炮为号，潜伏城内的 50 人同外面的军队应和，内外夹攻，抚顺可得。抚顺攻下，其他城不攻自破。"

努尔哈赤仔细听取了皇太极的计谋，不假思索，当即一锤定音，欣然接受他的筹划，指令攻取抚顺按计行事。

明朝的抚顺城，是属于沈阳中卫所属的千户所，按当时建制，隶辽东都指挥使司与卫之下的地区边防机构。城建于洪武十七年（1384 年），周围仅三里，但它是当时辽东城（今辽宁辽阳）以东的边防重镇，明与建州三卫往来的要冲。城西距沈阳 80 里，西南距辽阳，西北距开原，均约 200 里左右，在防守与进攻上都与这些重镇成犄角之势。抚顺城东即为女真人居地，尤其是沿苏子何溯流而上，水陆两路可直达努尔哈赤的大本营赫图阿拉。所以，抚顺城小，战略地位却格外重要。

四月十三日，努尔哈赤亲率 2 万步骑征明。大军出征前，他发布征明檄文，内书对明朝的"七大恨"，宣示全军，焚香告天，表示同明朝势不两立的决心。

誓师完毕，努尔哈赤将他的八旗将士分为两路：左翼四旗攻东州、马根单；右翼四旗由努尔哈赤直接指挥攻抚顺城。

大军按预计的部署进军。扮作商人的 50 名将士已于十四日先在大军之前，赶到了抚顺，混入城内，皇太极统率的 5000 兵于当夜悄悄逼近城下。约定大军一到，即吹笳为号。十四日夜半，箭声打破了夜空的沉寂，接着炮火烛天。潜入城的后金兵到处呐喊，放火，城内沸腾，人们都从梦中惊醒，惊慌失措。守城将领李永芳毫无戒备，大吃一惊，当他明白是怎么回事时，城内守军和百姓已慌乱得不可收拾，而城已处于后金的包围之中。在这种情况下，李永芳已是束手无策。

皇太极不想硬攻，免除伤亡，猜测李永芳的心理，以劝降为上。这时，抓到一名汉人，命令他进城，给李永芳捎去一封劝降信，许以封官，结为姻亲。

李永芳接到劝降信后，穿戴整齐，登上城的南门垛口上，表示要投降，但又不开城门。皇太极见此情形，便下令攻城，不到一个时辰，后金兵竖云梯，蜂拥登上城墙，明兵不战自溃。这时，李永芳穿着官服，骑着马，从城里出来，向努尔哈赤投降。

同一天，后金兵攻取了附近大小城堡 10 余个，小村 4000 余个。皇太极献计成功，首开胜利记录。

（四）讨伐叶赫

皇太极参加对叶赫的战争，讨伐他的亲舅父，大义凛然，为统一女真和后金的发展又建立了奇功。

叶赫是海西女真即扈伦四部中比较大的一部。明初以来，她就占据今吉林与辽宁接壤的地方。明朝一直把叶赫当作藩篱，靠着她的屏蔽，保卫开原乃至全辽。叶赫也靠明朝的庇护得以存在下去。所以，双方的关系一直是很好的。

在努尔哈赤刚起兵统一建州女真时，对叶赫实行友好的政策，皇太极的外祖父才把自己的女儿叶赫纳喇氏许配给努尔哈赤。他们已结成亲家，自然关系比以前更好。以后，叶赫一度参加九部联军攻打努尔哈赤，遭到失败，双方又恢复友好。首领布扬古还答应将他的妹妹许配给努尔哈赤为妃，金台石愿把女儿嫁给代善。但这种亲上加亲的关系并没有维持很久。明万历三十一年，皇太极的母亲病重，希望能见上母亲一面。努尔哈赤便通知叶赫的首领即她的哥哥纳林布录，希望能满足这一要求，让他的岳母前来见见自己的女儿。不幸的是，纳林布录断然拒绝了这一正当要求，不准母亲前去看女儿。叶赫纳喇氏带着遗憾死去了。努尔哈赤悲痛万分，恼怒叶赫极端无礼，感到他的拒绝是对自己的奇耻大辱，他下决心要报复叶赫。纳林布录之所以拒绝妹妹的要求，是针对努尔哈赤而发的。因为眼见努尔哈赤的势力迅速强大，心里很不服气，同时也警惕他将来要吞并叶赫。这一事件，导致了两家关系的破裂，从此两家已成"敌国"。

万历四十一年（1613）以后，两家的关系进一步恶化。这时，海西四部已灭亡其三（即辉发、哈达、乌拉），唯独叶赫尚存。因为明朝支持它，而它又有一定实力，努

皇太极墓

尔哈赤没有触动它，留待最后同它较量。

当努尔哈赤的实力得到显著增强后，决心发动对叶赫的进攻。这个机会终于来到。努尔哈赤攻灭乌拉部，其首领布占泰逃到叶赫，给予庇护。努尔哈赤曾三次派遣使臣要求交出布占泰，叶赫首领金台石、布扬古断然拒绝，坚持不交出。努尔哈赤忍无可忍，毅然发动了对自己的姻亲之国叶赫的征伐，皇太极作为父亲的一员大将参加了此次军事行动。

万历四十一年（1613）九月初，努尔哈赤亲率四万大军出征叶赫。此役仅摧毁了叶赫的两座城镇，收降三百户。叶赫向明朝告急，明朝出面干涉，并派军队前去保护。努尔哈赤审时度势，还不足以同明朝对抗，便停止军事行动。又过了六年，即后金天命四年，努尔哈赤再次率大军征叶赫，明军出动，前去增援。双方都很克制，想打，又不愿大打。这之后，便爆发了著名的萨尔浒之战，明军惨败，替明朝出兵的叶赫军队也抱头鼠窜逃回。后金与叶赫誓不两立。继萨尔浒之战的大胜，努尔哈赤又攻取了北部重镇开原、铁岭，从而切断了叶赫同明朝的联系。时机已经成熟，努尔哈赤决策，必将叶赫灭亡不可！

天命四年（1619）八月十九日，努尔哈赤率大军最后一次踏上讨伐叶赫的征程。他把军队分做两路，攻取叶赫首领分据的东西二城：皇太极与其兄代善、阿敏、莽古尔泰率精锐西向攻取布扬古所居之城。努尔哈赤自率八旗将士攻取金台石所居之东城。

二十二日早晨，皇太极的大军深入叶赫境内，直逼西城下，迅速将城团团围住。随后，努尔哈赤的大军也抵达东城下，迅即展开攻城战。经过激战之后，后金兵占领了东城。城内军民纷纷投降。

金台石拒绝投降，他带着妻子、儿子等人龟缩在自己的家中。他的家室建筑在城内一座台地上，能守而不易攻。后金兵站在台底下叫喊："快下来投降吧，不降就攻！"

金台石提出投降的条件："我是想亲眼见到我妹妹所生的四贝勒皇太极，只要见了他的面，我就下来投降。"

努尔哈赤同意金台石的要求，派人到西城，请皇太极来见舅舅。西城地势险峻，攻取十分不易。激战尚在进行中，皇太极被召到东城，来见父亲，听候指令。努尔哈赤对他说："你舅父要见你，所以才叫你来。如果你舅父下来，那当然好，若不下来，我就命兵士拆倒他家的高台。"

皇太极遵照父命，出现在高台下，高喊舅父出来相见。谁料金台石又改口说："我从未见过外甥，真假难辨。"

皇太极马上回答说："你儿子德尔格勒的乳母认识我，让她出来辨认一下。"

乳母站在高台上，马上就认出了皇太极，就向金台石报告。金台石说："既然如此，我就听外甥说一句'收养'的话，我就下来；如果想杀我，我怎么能下来？此地是我祖宗世代居住之地，要死也要死在这里。"

皇太极不忍心舅父死去，一心想救他，便劝解说："近些年来，舅父费尽心机，劳民伤财，修内城外城，好像很坚固。现在两道城全被攻克，你困在高台上，作何打算呢？"他猜透舅父的心理，怕受骗上当，就接着说："你为什么要求我说一句'收养'的话就下来？要我发誓不进攻你吗？过去，舅父征伐亲戚，想斩尽杀绝，难道为的是吃人肉饮血吗？为求和好，我们二三十次派了使者，舅父却把我们的使者杀的杀，关的关。现在你的死期已到。父汗如果想到你的这些罪恶，也许要杀死你，但以我的关系，不咎既往，或可免死，收养你。"

皇太极把以上的话反复说十遍，金台石仍然不听。皇太极见劝降无效，就要离开，走前，再次提醒他："是你说如见到我，就下来。你若下来，就马上下来，我带你去见父汗；如不下来，我立刻就走！"

金台石急忙说："你先不要走，等我的近臣阿尔塔什先去见你父汗，察看你的话属实，我才能下去。"

于是，就允许阿尔塔什去见努尔哈赤。金台石反反复复，不肯投降，已使努尔哈赤很生气，对阿尔塔什说："你教唆我的妻兄，使大明发兵四十万，不是你是谁？想到你这些罪恶，本应把你处死，但事属以往，何必追究？这次放你回去，带你的贝勒（金台石）来，免除你的死罪！"阿尔塔什回去，让自己的儿子去劝降金台石。他还建议把已俘获的金台石之子德尔格勒去劝父亲。皇太极同意了。德尔格勒遵命劝降，说了四、五遍，金台石还是不投降。

皇太极很生气，把他捆绑起来，准备要杀他。德尔格勒说："活了三十六岁，死在今天，要杀便杀，何必捆绑？"其实，皇太极并不想杀他，不过气极，吓他一下。努尔哈赤劝说他们父子要分开处理，对他特别优待。

金台石死赖在台子上，引起众叛亲离，连他的妻子也带着小儿子偷偷跑下来。金台石顽固到底，同他身边的心腹准备进行抵抗。后金兵开始拆毁高台。金台石无计可施，走投无路，即举火自焚。他仅负伤，没有被烧死。努尔哈赤指示："此人留下无用，用绳子绞死吧。"

（五）萨尔浒之战

努尔哈赤发动抚顺、清和之役，首战告捷。消息传到北京，明万历皇帝和他的大臣们十分震惊。在稍加冷静以后，转而愤怒，以边境外一个小小的"奴酋"（指努尔哈赤）敢触犯天朝，真是罪在不赦！于是，朝廷上下一片声讨，纷纷要求出兵，一举荡平后金，自此消失，永不复存在！也有明智之士，以为暂不征伐为宜。但大多数为挽回天朝的尊严，复仇心切，又藐视努尔哈赤不足成大事，力主出兵，不许拖延。这样，由明朝发起的反攻，势不可免，一场大战，具有生死存亡的大决战正在迅速地降临到新建的后金国身上。

皇太极在即将发生的这场大战中，大智大勇，再展他的将略风采，在努尔哈赤的记功簿上，又为他填上一笔……

天命四年（1619），明朝集中了十万大军，分四路进攻，目标直取后金都城赫图阿拉。辽东经略杨镐为总指挥，坐镇沈阳。

努尔哈赤面对十万大军压境，并不惊慌，他分析了明兵布置，提出了后金的战略方针："凭尔几路来，我只一路去！"从兵法上说，就是集中优势兵力，各个击破。他选择了明将杜松率领的西路军为首战对象。此路军确系明军主力，共三万人马，占全军的三分之一，多于其他三路军。努尔哈赤说，攻破这路军，其他三路就会闻风丧胆。

皇太极与代善跟随父亲努尔哈赤迎战明将杜松一路军。

代善率军先行，过了扎喀关，便等候努尔哈赤。皇太极焦急地说："为我们筑城的夫役都没有武器，他们虽然有界凡山的险固，但如明军大举进攻，是抵挡不住的，那怎么办呢？现在，我们不能等了，要快速进兵，当守在界凡山的筑城夫役见我们来了，心里也就踏实了。"代善和诸将都同意他的意见，立即下令前进。至午后，进至太蓝冈，代善与诸将又想把军队隐蔽起来，等待努尔哈赤赶到后，再展开进攻。皇太极很不高兴地说："为什么要军队躲到隐蔽处呢？应当耀武扬威地前进，遇到敌兵布阵，在界凡的运石夫役见我军来，一定会奋勇参战的！"大臣额尔都立刻赞成，说："四贝勒说得对，我们应当前进，站在最显眼的地方。"代善同意，于是大军继续前进，进至与杜松军对垒的前沿阵地。

在代善、皇太极率军到来之前，后金已派四百名骑兵埋伏在萨尔浒山谷口（今辽宁抚顺大伙房水库，已被湖水淹没）。杜松正挥军渡河，而他一马当先进入谷口。埋伏的后金骑兵看到一半明军渡河，立即出击，筑城界凡的夫役也冲出，与后金兵汇合，占据了吉林崖的有利地形。杜松下令围攻吉林崖，激战刚开始，代善、皇太极率主力蜂拥而至，见明军一部攻吉林崖，一部固守萨尔浒山，就分军两翼展开攻击。此时，努尔哈赤才赶到，代善、皇太极把作战方案禀报，他点点头说："天已晚，就照你们的方案执行。"

激战至夜，明军覆没，主将杜松与王宣、赵梦麟等主要将领都死于乱军之中。明军尸体漫山遍野，血流成河。时值三月初，浑河刚解冻，明军的兵器与尸体漂泊，如解冰旋转而下。因为这次大战在萨尔浒打得最激烈，击败明军主力而大获全胜，所以历史上称这次整个战役为萨尔浒之战。

杜松一路军被歼，是萨尔浒之战的第一个战役结束。紧接着展开第二战役：迎战明北路军。此路由总兵马林率领，结营于尚间崖与斐芬山（均在今辽宁抚顺县哈达处）。还有杜松的余部龚念遂、李希泌率车营与骑兵驻营于马林部近处，互为声援。皇太极随父亲部先战龚念遂部。他不等父亲下令，一马当先，率领八旗铁骑突入明军阵中，一路冲杀，复转身，再往回冲，把明军营冲得七零八落，明军东逃西散。皇太极紧紧咬住龚念遂，最后把他追杀于阵中。杜松余部彻底被歼灭。马林部被代善等率铁骑予以歼灭。

第二个战役刚结束，侦探报告：在南方发现明军正朝都城而来。努尔哈赤先后派出阿敏、代善、莽古尔泰等人前去迎击。皇太极没有被分派任务，急不可待，乘马至父亲面前请战，说："大哥（指代善）已先走，我也要去。"父亲劝道："你大哥是扮作哨探，前去探听消息，你要同我在一起行动。"皇太极再次恳求说："大哥既然已单身去了，我为什么要留在后边？"说完，飞马去追代善，他要再次贡献自己的力量。努尔哈赤唯恐他遭到不幸，希望他能留在自己身边，看出来，父亲对他是格外关心和爱护备至的。

皇太极从后面追上代善，又出计谋，决定智胜明第三路军。这一路明军，由号称"刘大刀"的刘铤统率。皇太极在同杜松交战时，缴获一枝令箭，交给一个投降的明兵，命他冒充杜松派出的人，到刘铤那里，催他快来后金都城下会战。果然，凭事先已准备好的一席话，骗过了刘铤，信以为真，下令加快进军。当假传命令的明降卒率返回后，皇太极下令传炮，一处炮响，另一处随之炮响。刘铤听到炮声不断，以为杜松部明军已逼近赫图阿拉，生怕他抢占头功，又下令催促大军疾行。将进至阿布达里冈，距赫图阿拉只有 50 里了。皇太极与代善又出一计：指令部分后金兵改穿明军服装，打着杜松部的军旗迎了上来。到这时，刘铤根本不知道杜松已被歼灭，还以为他

前来同自己会师，所以毫不防备，也没有布阵。冒充的明军乘其不备，突然冲入明军中，大杀大砍，箭矢如飞蝗，明军顿时大乱，人马践踏。刘铤也慌忙出战，无奈军队已乱，不可收拾，他已尽了最大的勇气和毅力，浑身到处皆伤，最后面中一刀，倒在血泊中，悲惨地死去了。这一路明军就这样失败了。

最后，还有李如柏所部明军。当三路明军覆灭的消息传至沈阳，杨镐急令李如柏撤军，总算保住了这一路明军。

整个萨尔浒之战，只进行了五天，努尔哈赤事先预测的战局全部变为现实。

这场战役，对后金至关重要，具有生死存亡的意义。它胜利了，不但生存下来，而且更加强大。它以小击大。生动地展示出它的强大的生命力。在这一斗争中，皇太极献智勇，贡献卓著。

（六）争夺辽沈

皇太极自从出奇计攻破抚顺，打开进入明朝直接统治的地区大门以后，早已有占据辽沈的思想。萨尔浒之战的决定性胜利，扭转了努尔哈赤对明朝斗争的整个被动局面。当努尔哈赤从此决定同明朝争夺辽沈时，皇太极也就在其父统率和指挥下，成了驰骋辽沈大地的后金军的骁勇先锋。

明朝在萨尔浒之战的惨败，使满朝文武惊骇，沮丧，埋怨，笼罩一片恐惧和不安。辽东难民像潮水一样涌向内地。民逃，兵逃，官也逃。开原游击陈维翰胆小如鼠，城未陷，先令家丁驮运私人财货逃走。开原空了，铁岭空了，沈阳也空了。人心不固成了明朝面临的最大问题。

努尔哈赤最善于利用战机。他看到萨尔浒之战以后，可以乘胜进兵，就在当年六月，亲自领兵攻向开原。明总兵马林事先没有防备，敌来仓促应战，一举被打败，马林及副将于化龙等战死，开原城被攻破。七月，努尔哈赤又领大军攻铁岭，城内外的明兵或逃或降，只有少数人坚持抵抗，努尔哈赤轻而易举攻取铁岭城，杀死守城游击喻成名、史凤鸣。与此同时，他们也对沈阳进行了试探性的攻击。

天命五年（1620年）八月二十一日，皇太极随从其父努尔哈赤掳掠明朝懿路、蒲河，得胜而回。明朝驻沈阳的军队出城进战，努尔哈赤调转矛头，大杀回马枪，沈阳总兵贺世贤等遁去。皇太极率精锐轻骑追击，一直想杀入沈阳城内，被其兄代善等勉强劝止。

第二年二月十一日，皇太极随从其父努尔哈赤再次统率大军，分兵八路攻掠奉集堡（沈阳城南苏家屯区奉集堡），守城总兵李秉诚闻讯领三千骑兵出城六里安营，以二百兵为前探，与后金左翼四旗兵相遇，追杀至山上，展开一场激战。皇太极率精兵至

黄山，明将朱万良见后金兵这样威武，自觉不如，惊慌逃跑。皇太极策马追击，直至武靖营。这就正式揭开了后金大军进攻辽沈的序幕。

萨尔浒之战的血雨腥风，吓昏了一些明朝的文武将吏，也给另一些人注入了清凉剂。他们冷静地分析形势，认识到努尔哈赤已不是什么"跳梁小丑"，他是能征惯战的统帅，是拥有十万铁骑的一国之主。俗话说："女真满万不可敌"，何况十万众了。他不是当年的李满住。自攻占开原、铁岭以来，筑城驻牧，休养兵力，联络朝鲜、蒙古，还继续造船运粮，广布奸细，这也不是蒙古也先、俺答可比。种种迹象表明，他的志向不小。他是有意识要向内地侵犯，进占辽沈，威逼京师，夺取大明江山。明辽东巡按御史陈王庭指出："贼谋不在抢掠，而在攻克；志不在村屯，而在沈、奉。"他们为国担忧，献计献策，寻找一切办法阻挡努尔哈赤率领的八旗铁骑深入内地蹂躏。因萨尔浒之战失败，明朝主要处置了两个重要人物，一是李如柏，二是杨镐。李如柏靠他父亲李成梁的关系当了总兵官，怯懦无能，纵情酒色，根本不能领兵打仗。四路出师，三路败北，独他一路得全，舆论纷纷，怀疑他表面作战，暗里通敌。杨镐急令他的一路撤军也巧得出奇。明神宗看在他父兄分上，下诏撤回李如柏，听候处置。舆论不服，要求严惩，李如柏害怕，自杀死。杨镐身为四路总指挥，丧师辱国，罪责难'逃，遭到弹劾，开原失守以后免去经略，逮下诏狱，论死。崇祯二年（1629 年）伏法。

为了收拾辽东败局，经过许多人的荐举，明朝提升熊廷弼为兵部右侍郎兼都察院右佥都御史经略辽东，代替杨镐。熊廷弼，字飞白，湖北江夏人，明末杰出的名将，有胆有识，熟悉辽东边境情况，有一套安边的计划。他提出，辽左为京师肩背，要保住京师，就不能丢弃辽东。河东是辽东的腹心，要保住辽东，河东也不能失掉。开原是河东的根底，要保住河东，开原更不能丧失。他强调不守辽沈，就不能保住辽东，守住京师。把开原、辽沈和京师看成一条紧密相关的锁链，既顾全到整体，也能照料到局部。他认为所有人们谈论对付努尔哈赤的办法不外三种：一是恢复；二是进剿；三是固守。他反对轻易主张进剿，而是主张"坚守进逼之策"，即又守又战，守稳再战。针对后金拥有十万精骑，人强马壮，他请求调集十八万官兵，九万马匹，一个不能少。

熊廷弼颇想振作一番。万历四十七年（1619 年）八月，受命进入辽阳，他积极布置防守，沿途见到逃跑的难民就劝他们返回家乡，裨将刘迂节、王捷、王文鼎临阵脱逃就捉拿问斩，祭抚顺、清河、开原、铁岭死难将帅军民。还诛杀贪官贪将陈仑，劾罢总兵李如桢，代之以李怀信。督军士造战车，治火器，濬壕缮城。熊廷弼刚到辽东时，命令开原道金事韩原善往抚沈阳，害怕不敢去；继命金事阎鸣泰，到虎皮驿（沈阳城南十里河），痛哭而返；熊廷弼便亲自从虎皮驿到沈阳，再到抚顺，顶风冒雪，不避艰险，巡视边防。由于他采取了这些必要的措施和本身的实际行动，稳定了人心，提高了保卫边防的战斗力。后来他受到反动腐朽势力的攻击被迫辞职，辽东人民痛哭流涕说："数十万生灵，皆廷弼一人所留。"

努尔哈赤在熊廷弼经略辽东近一年间不敢发动大规模进攻。但是熊廷弼敢作敢为的行动遭到了两种人的反对，一种是碌碌无为的朝贵，他们反对熊廷弼雷厉风行，处死逃将、贪将，修筑防御工事；另一种是孜孜以求的言官，这些人不得意熊廷弼刚强独立，不与他们同流合污。有个人叫刘国缙，同姚宗文结成一伙，刘国缙以兵部主事赞画军务，主张招募辽人为兵，召了一万七千人，逃了一大半，熊廷弼反对他的做法，两人便互相攻击。姚宗文出于刘国缙门下，为求补官，托熊廷弼代请，没有满足要求，与熊廷弼结下仇怨。万历四十八年（16加年）五月，后金兵攻略蒲河，明朝将士失亡七百余人，时姚宗文已任吏科给事中，乘机大肆诽谤熊廷弼。逐熊之议愈演愈烈，攻击他出关一年，漫无定画；荷戈之士，徒供挑濬；尚方之剑，逞志作威；拥兵十万，不能斩将擒王，等等。壮志未酬，熊廷弼被缴还尚方剑，席藁待罪。

天命六年（明天启元年，1621年），努尔哈赤发动了攻取沈阳的战争。这是继开、铁之后，由后金发起的又一次大战，是辽沈之战的开始。努尔哈赤又找了个好的战机。前一年，明神宗死去，光宗继位仅一个月又死，现在的熹宗刚刚继位半年。最高统治者易人，宦官专政，党派纷争，坚持战守的熊廷弼被罢了官，"用兵非所长"的袁应泰出任辽东经略。熊廷弼"严"，袁应泰"宽"，已有的许多防御设施变更了。所有这些，对努尔哈赤真是求之不得。

沈阳在明朝统治下号称"坚城"。为了保住这座城市，在它的外边挖了壕沟，伐木为栅，埋伏火炮。当时在沈阳城周挖了一道道沟堑，设下陷阱，井底插上尖尖的木桩，上面铺上秫秸，掩上土。可是再坚固的城堡，也怕从内部攻破。沈阳城尽管修了几道防线，岂能抵挡大批蒙古降人进入城里，变成了萧墙之祸。袁应泰认为招降蒙古人可以少树敌，没有料到，正是他们帮助了努尔哈赤。

三月十日，努尔哈赤倾国出兵，亲自统率诸贝勒、大臣领大军向沈阳进发，带着板木、云梯、战车等顺浑河而下，水陆并进。因为防守坚固，不敢近城，暂住城外，栅板为营，就地驻扎。然后用轻兵引诱明军出城。三月十二日，后金兵临沈阳城下，明驻沈阳总兵贺世贤、尤世功分兵守城，在后金引诱下贺世贤率家丁千余人出城迎战。贺世贤久以勇猛著称，但是非常寡谋。打了几次小胜仗，更助长了他的轻敌思想。他一出战就想消灭敌人，宣称"尽敌而返"。其实后金挑选的都是精兵，引诱贺世贤，就是利用他的弱点。后金兵佯装失败，贺世贤"乘锐轻进"，到了一定时候，后金"精骑四合"，贺世贤奋力抵御，也因力疲败退。

三月十三日，后金兵披甲上阵，发起攻城。从东北角挖土填壕，明兵从城上炮击，发多炮热，装药即喷。后金兵不避炮火，蜂拥过壕，急攻东门。尤世功战死城下，城内收降的蒙古人砍断桥绳，放下吊桥，后金兵开门而入，进占了沈阳城。贺世贤先在南门外杀敌很多，力不能支，从西门退却，这员猛将身中十四箭，突围欲出，被敌兵杀死。在保卫沈阳城的这场战斗中，明兵丧生七万人。

后金夺取沈阳以后，在浑河南岸与明军进行了一场野战。援辽总兵官童仲揆、陈策等领川浙兵赴沈阳，大军行至浑河，欲与城内兵夹击，听说沈阳已被攻陷，陈策下令还师，游击周敦吉等坚持请战。他们说："我辈不能救沈，在此三年何为！"明军即分为两大营，周敦吉与秦邦屏先渡河营桥北；童仲揆、陈策及副将戚金、参将张名世统浙兵三千营桥南。在秦邦屏结营未就之时，后金右翼四旗兵，精锐在前，推着楯车追来，与明军遭遇，明军杀死后金兵二三千人，后金兵"却而复前，如是者三"，经过激烈的交锋，明军终于饥饿疲劳，难以支持，在后金猛烈攻击下，死于陆地、河中，全军尽殁。周敦吉、秦邦屏及参将吴文杰、守备雷安民等皆战死。明军桥北营先败，其余残兵败将归入桥南浙兵营，继续坚持战斗。他们在浑河之外五里地方布阵，列置战车枪炮，掘壕安营，用秫秸为障子，外涂泥巴。后金兵进战，明守奉集堡总兵李秉诚、守武靖营总兵朱万良、姜弼来援，大军足有三万人，行至白塔铺，观望不战。遣兵一千为哨探，遇到后金将雅松带着二百健卒，也前来探视。这名不争气的后金小将领，一见明兵就走。明兵放鸟枪紧迫。努尔哈赤听到报告，气愤至极，到皇太极所部兵营相告，然后亲自领兵上阵。皇太极立即上马，领着骁勇的骑兵奔到努尔哈赤面前请示："父汗何必亲往，我愿领兵前去抵挡。"努尔哈赤高兴地批准他的要求。皇太极策马飞驰，把明朝追兵立刻冲得东逃西散，乘胜追杀至白塔铺。皇太极又见李秉诚、朱万良与姜弼军布阵，来不及等待后兵至，即率百骑杀向敌营，明朝三总兵不能敌，一个个败下阵去。正追杀时岳托和代善先后来到，追出四十里，沿途死者约三千余人。收兵回营时，已经天晚。努尔哈赤再战浑河南明军，用战车冲破敌营，尽杀副将童仲揆、参将张名世及众官兵等。后金集中火力攻浙兵营时，激烈无比，一度胜负未分，后金靠增援部队才获得胜利。明军步兵无弓、撒袋，都持三尺长的竹竿长枪和腰刀，披上甲胄，外面套一层厚绵，刀、箭不入，但是最后仍被打垮。明军将士至死坚持战斗，给人留下极深印象。时人说："自奴酋发难，我兵率望风先逃，未闻有婴其锋者。独此战，以万余人当虏数万，杀数千人，虽力屈而死，至今凛凛有生气。当时亡归残卒有至辽阳以首功献按臣张铨者，铨命照例给赏，卒痛苦阶前，不愿领赏，但愿为主将报仇。"天黑，后金收兵回营，当夜命令诸贝勒领精兵于沈阳城东门外教场安营，众将官率大军屯城内。

第二天，努尔哈赤责备雅松说："我的儿子皇太极，父兄依赖如眸子（眼珠），因你之败走，使他不得不杀入敌兵中，万一他遭到不幸，你之罪必千刀万剐。你为何率领我的常胜军望风而走？你把我的军队锐气都给丢光了！'"怒斥之后，定罪削职。后金攻取沈阳，在城东、城内和浑河经过三次交战。浑河野战虽在攻得沈阳之后，但是没有这次胜利，沈阳也会得而复失。就在这一仗中，皇太极骁勇善战，为雅松不战而逃雪耻，为夺取全胜做出巨大贡献。

攻占沈阳之后，后金就准备夺取辽阳。努尔哈赤进沈阳城，住了五天，整顿兵马器械，论功行赏，对以前的作战告一段落。三月十八日，发兵攻辽阳。行前，努尔哈赤召集诸贝勒、大臣动员说："沈阳已拔，敌兵大败，可率大军乘势长驱，以取辽阳。"经过商议，作了决定，立即行动。当晚，后金军渡过浑河，至虎皮驿扎营。八旗迎风起舞，大军列队向南，后金又一次大规模进军。明朝哨探见之，飞报辽阳城守文武官员说，后金大军攻取沈阳之后，现在已来攻辽阳，"旌旗蔽日，漫山遍野，首尾不相见"，已经虎皮驿下寨。果真来了，如此众多，神速，听者无不大吃一惊。

辽阳在明代是东北首屈一指的重镇，政治、经济与文化的中心。明朝重视保卫辽阳比沈阳更甚。先后经略辽东的熊廷弼、袁应泰都驻在辽阳，把保住辽阳作为对付后金的重点。他们的一切防务，都以辽阳为中心，旁及其他。熊廷弼经略辽东时，在辽阳挑堑濬壕，修筑工事最多。据载，当时辽阳周边挖了三四层城壕，沿壕列火器，环城四面分兵把守。袁应泰听说沈阳失陷，尽撤奉集堡、威宁营诸军，并力守辽阳。哨探来报后，又放太子河水于壕内，增加了一道新的防线。然而明末的辽阳与沈阳是共命运的。沈阳失守，辽阳如撤屏障。辽阳外围撤得越多，越显得它孤立无援。

三月十九日中午，浩浩荡荡的后金大军进到辽阳城的东南角，尚未全部过河，全力防守辽阳的经略袁应泰督催总兵官李秉诚、侯世禄、梁仲善、姜弼、朱万良等领五万兵出城，与后金来兵对垒。后金兵发现他们，努尔哈赤立即率左翼四旗兵前往迎战。恰在这时，皇太极领着精锐健卒赶到，要求带兵进战。努尔哈赤告诉他，已派兵上阵，他可不必去打。命皇太极率右翼四旗驻扎城边，注意瞭望。皇太极提出让后来的两红旗兵瞭望。说完，他领兵就往上冲。努尔哈赤命令阿济格上前劝阻，皇太极坚持冲上去。努尔哈赤爱护他的积极勇敢精神，把自己亲身统帅的两黄旗兵派去协助。皇太极奋力冲杀，击明兵大营左侧，明兵放炮还击。皇太极杀到敌营内部，把他们打个落花流水。后金左翼四旗兵亦杀来，两相夹攻，明兵大败逃跑，皇太极乘胜追击，杀出六十里外，直到鞍山地界才返回。又有明兵一营，从城西门出，遇到后金两红旗兵，掉过头就往回返，争相入门，人马自相践踏，积尸不可数计。这是以皇太极为急先锋的后金兵攻辽阳，首战告捷，为攻取辽阳，打开了局面。当晚后金兵回到城南七里地方安营。

明兵以为用一道太子河水会把敌兵难住。二十日，迎着冉冉升起的红日，努尔哈赤激动地对诸贝勒、大臣说：看了绕城的河水，西有闸门，东有水口。我现在命令左翼四旗兵掘开西边的闸门，右翼四旗兵塞住东边的水口。他自己亲率右翼四旗兵布战车，在城边防御。命令士兵抬土运石堵塞水口。这时见明兵三万人出东门外安营，排列枪炮三层，连发不止。左翼四旗遣人来报告，西闸门难以掘开，如夺桥而入可能达到目的。努尔哈赤说，桥可夺则夺之，如夺到手，定来告我。说完，命来人返回。堵塞水口既已完毕，便命令绵甲军排车前进，攻击东门明兵。明兵发枪炮还击，后金兵走出战车外，过壕，呐喊向前，两军酣战。明兵的阵式是，步兵在前，骑兵在后。后金兵攻一阵，明兵没有退。后金有红号的精兵二百杀进来，接着又有两白旗兵一千也杀来，明朝骑兵先动摇，后金各贝勒部下的白号精兵都杀来了，反复夹攻，明朝步兵又败。他们争先恐后向城内败退，后金兵随后追击，大批人马蜂拥过河，不少人掉到水里淹死。死者满积，河水尽赤。

袁应泰在辽阳危如千钧一发时，与巡按御史张铨登城分陴固守。但是，监司高出、牛维曜、胡嘉栋及督饷郎中付国等却畏敌如虎，城未破，先就逾城逃走。他们的怯懦行为动摇了人心，影响了士气。而后金军越攻越猛，他们在小西门夺了桥，过桥入城，冒着炮火登上城墙。这天夜里，明军一直坚持战斗到天亮。三月二十一日，后金军发起冲锋，八旗所有官兵一致行动起来，沿城追杀。袁应泰督诸军列楯抵御，又败如山倒。傍晚，小西门弹药起火，烧到城楼上，各军窝铺、城内草场全部焚毁。守城部署一切土崩瓦解。袁应泰见城楼火焰冲天，知大势已去，在城东北镇远楼上，与妻子奴仆一起自焚死；分守道何廷魁携妻子投井亦死；总兵官朱万良及众多副将、参将、游击等战殁。张铨被活捉。广大的城内居民削发归降。全城张灯结彩，用黄纸写"万岁"的标语牌，抬着轿，迎接努尔哈赤。中午，红日高悬，鼓乐齐鸣，官民人等深深地鞠躬，站在街道两旁，恭恭敬敬地欢迎这位新主人入城。经略衙门变成了金国汗的临时行宫。

辽阳城被后金攻占后，动人心弦的不完全在于大街小巷上的欢庆胜利。张铨壮烈殉国的那个场面更使人动感情。张铨是一位无限忠诚明朝，深重民族大义的封建官僚。他在辽阳城被后金攻占时，"衣绣衷甲"下城，随从的人们拥他出小南门，让他换去这套装束，他不听，又返回到官署。李永芳来拜访他，谢绝说："你对我说，我对谁讲，今天没有可谈的！"把他推了出去。李永芳同张铨一起走，劝张铨投降，张铨卧地不起，把脸面都碰伤了。命令张铨拜见努尔哈赤，他挺立于庭，左右压着他跪拜，张铨瞪着眼睛大叫："我身为天子大臣，岂能屈膝！"张铨臂力很大，谁也扭不过他。揪着头发出去要砍头，再招呼进去，好言相劝，希望他投降，归终不屈服。张铨从容说道："我受朝廷厚恩，如降你们，遗臭万年。你们虽想活我，而我却只想一死。养人，这是你们做的好事；死，则我的美名流芳千古。"张铨宁死不降的事被努尔哈赤知道，他说，若不战而降，理应优养，捉到的战俘，既然不愿活着，难道还能收养他吗？下令推去斩首。皇太极对这位大明忠臣十分敬仰，可怜他，不忍心这样杀死。皇太极引证古代历史，劝张铨说："过去宋朝徽、钦二宗，为以前的大金天会皇帝所擒，尚且屈膝叩见，受封公侯，我想使你活下去，特地说说此事以提醒你，为何还执迷不悟，迄今不屈服？"张铨回答他说："王的一番教诲，终生难忘，然而无非劝我活着。但是徽、钦二宗乃是乱世的小皇帝。我们现在是皇帝一统，天下独尊。我怎么能屈膝投降，而失掉大国的体统？即使留我十天，不过迟十天不死而已。没有再活下去的道理。我之所以苟延一时，为的是替后来的人民着想。以前，决策人愚昧无知，不识时务，人民遭殃，死者很多。我见你们大兵也这样打杀，没有什么好处，白白地使人民断送生命。我要把这些事用奏疏报告给我的朝廷。两国和好，人民得以免死，我也有了美名传于后世。如我已死，我的母亲、妻子及五个子女都在家得以保全。我如贪生怕死，连宗庙也会断祀。所以除死之外，别无选择。"努尔哈赤知张铨终不能降服，便用绳子将其勒死，埋葬了他的尸体。

后金占据辽阳，影响到周围许多地方官弃明投金。此后数日间，金、复、海、盖诸州，"悉传檄而陷"。据清朝文献所载，包括的城堡如下：

"辽阳既下，其河东之三河、东胜、长静、长宁、长定、长安、长胜、长勇、长营、静远、上榆林、十方寺、丁字泊、宋家泊、曾迟、镇西、殷家庄、平定、定远、庆云、古城、永宁、镇夷、清阳、镇北、威远、静安、孤山、洒马吉、暖阳、新安、新奠、宽奠、大奠、永奠、长奠、镇江、汤站、凤凰、镇东、镇夷、甜水站、草河、威宁营、奉集、穆家、武靖营、平房、虎皮、蒲河、懿路、汎河、中固、鞍山、海州、东昌、耀州、盖州、熊岳、五十寨、复州、永宁监、栾古、石河、金州、盐场、望海堝、红嘴、归服、黄骨岛、岫岩、青台峪等大小七十余城，官民俱削发降。"

后金与明朝争夺辽阳、沈阳的战争，虽然在两个城市及附近打仗，加上中间休整五天，经过十余天，总之是一次重要的大战，可称为辽沈之战。这次战争以后金胜利告终。同以前最大的区别是后金攻下辽阳、沈阳之后，占为己有，再也不想退出。明朝本有极正当理由动员广大人民支持他们保卫辽沈，也完全可能调动数十万大军为保卫辽沈而战，但是，他们没有这种能力和气魄，他们非常艰难地组织了毫无胜利希望的抵抗，最后以惨败结束。这是战机不利，统治者缺乏必胜信心造成，也是士气不振的结果。从抚、清之战以来，明朝的士兵就厌战、怯战，情绪低落。特别是萨尔浒之战的失败，对明朝军民给了沉重的打击。

（七）巩固蒙古

天命十年（1625 年）十一月初五日，来自北国的五名使者，飞奔在千里冰封的草原。科尔沁的紧急求援，正在考验着皇太极所参与建立的满蒙亲密关系。

皇太极是最早开创满蒙修好的清朝统治者。还在他父亲努尔哈赤统治时期，他就多次参与同蒙古，主要是科尔沁部，结亲、会盟，以至亲自统率大军去应援。

蒙古料尔沁部，地处嫩江流域，位于蒙古察哈尔部的东北。察哈尔是元代统治者的后裔，地域广大，力量雄厚，"东起辽西，西尽洮河，皆受插要约，威行河套以西矣。""插"，即察哈尔。科尔沁一度也为其属下。但是，努尔哈赤兴起以后，察哈尔亲明反后金，科尔沁受察哈尔压，地又在辽东边外，接近后金，因而得到努尔哈赤的特殊重视，很早以前就注意同科尔沁建立友好关系。

在古勒山大战时，科尔沁曾是九部联军中的主要力量。这次大战以九部联军失败告终。科尔沁的明安贝勒阵上马被陷，丢了鞍子，他骑着骒马逃命。后来乌拉布占泰与努尔哈赤交战，科尔沁的瓮刚代贝勒又与布占泰联合反对努尔哈赤，他出兵在乌拉城二十里远的地方遇到努尔哈赤长子褚英及侄阿敏所统率的大军，不敢交锋，退走。未隔多久，乌拉灭亡。

从此以后，科尔沁各部日益转向努尔哈赤。特别是当时蒙古察哈尔部林丹汗兴起，雄心勃勃，与明朝友好的同时，在内部他企图统一各小部落，建立大蒙古汗国。他与后金对立，反对科尔沁与后金友好。努尔哈赤就是在与明朝、蒙古察哈尔等强大势力的斗争中，争取科尔沁的。

为了加强同科尔沁的联系，努尔哈赤及诸子都曾多次娶科尔沁部蒙古女子为妻。努尔哈赤娶了明安贝勒的女儿为妻，后又娶孔果尔女儿为妻，即清代活得最久的一个后妃，康熙四年死，尊为寿康太妃。皇太极娶了科尔沁莽古思贝勒的女儿，即孝端文皇后。万历四十二年（1614 年）娶亲时，努尔哈赤命皇太极亲自迎至辉发扈尔奇山城，表现了非常重视这门亲事。另一个孝庄文皇后是科尔沁贝勒寨桑的女儿，天命十年嫁给皇太极。她是孝端文皇后的侄女，皇太极的宸妃，天聪八年与皇太极成婚，她是孝庄文皇后的姐姐。亲上加亲，密切了彼此的关系。

不仅如此，还派遣正式的使者，互相结盟。后金攻占辽沈之后，科尔沁与后金的使者往来不断。天命十年，后金提出与科尔沁结盟，科尔沁便派遣使者带着鄂巴洪台吉（奥巴）的信来。信中说：

"鄂巴洪台吉等致书于明掩众光威震列国睿主陛下：吾嫩江台吉等闻汗谕，莫不欣

　　在这封信中，科尔沁反映了他们的处境和矛盾心理。愿意和后金结盟，但是害怕察哈尔及喀尔喀等对他们进行攻击。努尔哈赤见信，知道他们既然有结盟的愿望，就派了巴克什库儿禅、希福前往科尔沁与鄂巴洪台吉等会盟。他们宰牛马，置白骨、血、土、酒、肉各一碗，焚香而誓。誓词说，后金与科尔沁两国，因为同受察哈尔的欺凌，所以拿这样的盟言昭告天地：愿同心合意，既盟之后，后金如有为察哈尔馈赠所诱惑，中其巧计，不告知科尔沁，而事先与之和好，穹苍不佑，降以灾殃，就像摆着的骨暴，血出，土埋而死。如科尔沁为察哈尔馈赠所诱惑，中其巧计，不让后金知道，先与之和好，穹苍不佑，降以灾殃，亦一样骨暴，血出，土埋而死。如履行盟约，天地保佑，益寿延年，子孙万世，永享荣昌。盟誓完毕，库儿禅、希福又带着科尔沁的使者一起回到后金。努尔哈赤命令代善、阿敏、莽古尔泰、皇太极四大贝勒及阿巴泰等几乎所有的重要首领，亦宰白马、乌牛，对科尔沁的来使，同前边一样的立誓。

　　这种做法，在后金是极不寻常的。因为科尔沁比不上察哈尔，是蒙古的一个小部。努尔哈赤深知，强大的察哈尔，尤其是他们的林丹汗，不仅对科尔沁是个威胁，即对后金也是不可忽视的劲敌。

　　天命四年十月二十二日，察哈尔林丹汗曾派遣使者带着书信到后金，自称"蒙古国统四十万众的英主成吉思汗"，而称努尔哈赤为"水滨三万人的英主"，努尔哈赤忍无可忍，认为是对他的最大侮辱。来信还恫吓努尔哈赤休想攻取广宁，说他已招抚了这座城镇，通过广宁收取明朝的贡赋，如不听警告，发动进攻，他不能置之不理，将采取不利后金的行动。努尔哈赤羞愧难忍至极，后金的贝勒大臣见信后更是怒不可遏，纷纷要求处死来的使者。努尔哈赤冷静地说，罪责在于派遣使者的人，来使可以暂时扣留，等他回去时，我们也将以牙还牙，用最恶毒的语言回答他。第二年正月十七日，努尔哈赤给林丹汗写了回信，严厉地抨击了来信那种傲慢的态度和自我吹嘘，斥责林丹汗所谓他有"四十万众"，毫无根据，实在的连三万众也不足。努尔哈赤派人把信送去，又惹怒了林丹汗，把使者囚禁起来。努尔哈赤听说他派的使者被杀了，也想杀林丹汗派来的使者，皇太极提议，消息不准确，不如派人去林丹汗处，限他一定时间放还使者，过期不放，杀他使者也不晚。努尔哈赤根据皇太极的建议派人去提出了期限。后来时间已过，使者没有返还，后金杀了林丹汗派来的使者。而后金到察哈尔的使者并没有被杀，事后他逃了回来。

　　同察哈尔林丹汗的纠纷，使努尔哈赤认识到发展同蒙古的关系是极为重要的，道路却是不平坦的。科尔沁、扎赉特及喀尔喀等各部蒙古愿意与后金友好，但还有很多部对后金持敌对态度。有这样的事实可以看出努尔哈赤的基本认识。天命六年（1621年）后金迁都辽阳，在说明迁都原因时，他说辽阳"乃大明、朝鲜、蒙古三国之中要地也"。建东京（辽阳新城）城时，努尔哈赤进一步指出："辽阳城大，且多年倾圮，东南有朝鲜，西北有蒙古，二国俱未服，若释此而征大明，难免内顾之忧，必另筑城郭，派兵坚守，庶得坦然前驱，而无后虑矣。"四年以后迁都沈阳，努尔哈赤强调沈阳的战略地位重要，仍说："北征蒙古，二三日可至"。从努尔哈赤这些年的谈话中可以看出，蒙古这时还是后金的一个敌对势力，努尔哈赤准备要把他征服，甚至要在征服明朝之前，先征服蒙古。

后金与科尔沁结盟，是征服蒙古的一个步骤，也是为进攻明朝解除后顾之忧。还可以利用蒙古的人力物力增强后金的实力。既有这些必要性，所以努尔哈赤想方设法发展同科尔沁的友好关系。

天命十年八月初九日，对天发誓的余音尚在耳边回荡，科尔沁鄂巴洪台吉听说察哈尔林丹汗要兴兵入侵，遣使驰书告急已经来到努尔哈赤面前。来信写道，过去我们两国曾宰白马、乌牛，对天地歃血为盟，两国如一国。遇有敌人来攻，互相救援。现在有洪巴图鲁派遣的人来说察哈尔的大兵九月十五日要来侵略我们，阿鲁的兵要南下，同察哈尔对我们进行夹击，说要在河未结冰，草未枯死以前来攻。去年曾探听到真实消息，要派使者去，不料汗已得知，急遣伊沙穆带十匹马来。此次消息可靠，援兵应来多少，请汗裁定。炮手需要千人。喀尔喀五部我不能全知道，只有洪巴图鲁急速收其田谷，说想与我们会合。我所依靠的仅仅洪巴图鲁、巴林二人而已。听说宰赛、巴哈达尔汉皆有同察哈尔联合进兵之意，如果他们联合起来进攻我们，乘机袭击他们的后方，以汗的英明是一定会想到的。

努尔哈赤坚守盟约，派遣阿尔津等四人为使者，带八名炮手前去。同时给科尔沁鄂巴洪台吉写信，鼓励他不畏强敌，同察哈尔斗争到底。信中说：你们要我派兵相援，要多则多派，要少则少派，不必担忧。不在兵之多少，而在乎天。所有国家，都是天立。以众害寡，天所不容。最要紧的是加强战备，守御城郭，察哈尔攻不下，必然退兵。如果损兵折将败下阵去，他们自己会大乱。即使不败而退，知道你们不可轻易灭掉，以后他也不敢再来侵犯，你们可以获得安宁。从前札萨克图汗征辉发，辉发兵五百，甲士仅五十，战之不胜，以后不敢侵犯辉发。凡是两军交战，胜负难分，必有兵少而想出战之人，这是害怕敌人，想之快点结束，实在不足为训。如是据城待战，伺其攻城不下而退，乘机一战以取胜，那是真正的勇敢。现在你们想同察哈尔和好，期望无事。从前科尔沁贝勒们曾和图们汗和好，至今屡次来侵犯。你们有什么罪？与他们和好，你想太平，他们也不甘罢休。明国、朝鲜、乌拉、辉发、叶赫、哈达、满洲，假设没有城郭沟池，蒙古是不会让我们安定的。我们这些国家所依靠的就是城郭沟池。

信的字里行间表现出努尔哈赤唯恐科尔沁与察哈尔和好，极力扩大他们的矛盾，打掉鄂巴洪台吉的一切幻想，坚定地站在后金一边，对抗察哈尔。但是，大兵压境，仅仅道义上的支持还不够，需要更实在的援助。这就出现了十一月初五日五名使者飞驰求援。

努尔哈赤愿意为科尔沁付出代价。他在自己也很困难的情况下，立即调遣各路人马，于初十日亲自率领诸贝勒、大臣，出兵援助科尔沁。大军行至开原以北镇北关，检阅兵马，因为在这之前曾进行过射猎，战马又累又瘦，即使如此，仍选精骑五千，命令皇太极同莽古尔泰及阿巴泰、济尔哈朗、阿济格、硕托、萨哈廉等率之前进。努尔哈赤率领其余诸贝勒、大臣并军队返回沈阳。皇太极率后金援军向科尔沁进发，先派使者通报消息，等待来自科尔沁的回音。行至农安塔地方，察哈尔的兵正要进攻科尔沁，听说后金兵已来救援，他们连夜逃跑，丢下无数骆驼、马等。解除了科尔沁被察哈尔的围攻，皇太极同莽古尔泰率后金军胜利而归。

努尔哈赤及皇太极等援助科尔沁，不仅要进一步争取科尔沁，巩固已经建立的友好关系，而且要影响整个蒙古各部。当时后金不只是同科尔沁结盟，也曾同蒙古其他一些部结盟。天命十一年（1626年）喀尔喀巴林部的囊奴克背叛了与后金的盟约，同明朝勾结。四月四日努尔哈赤亲自率兵征讨，皇太极为急先锋，进兵至囊奴克的老巢。囊奴克领少数随从弃营寨逃跑，皇太极突然袭击，将囊奴克射死马下。科尔沁鄂巴洪台吉是在强敌围攻的硝烟弥漫中同后金巩固了友好关系。天命十一年四月，他本人亲自访问后金。努尔哈赤隆礼相待，厚加赏赐，还把侄孙女嫁给他，同他再次对天盟誓，决心永远友好下去。然后赐他"土谢图汗"。六月，他返回科尔沁时，努尔哈赤率诸贝勒、大臣人等奉送，至蒲河，努尔哈赤设大宴，命代善、阿敏继续送至铁岭，他本人返回。对鄂巴洪台吉这一番款待，充分反映了努尔哈赤为了完成他的巨大事业，要对蒙古建立牢固的长久的友好关系。

（八）宁远之战

"既征大明，岂容中止！"这是天命七年（1622年）攻下广宁以后，努尔哈赤命令筑东京城时，对诸贝勒、大臣说的一句话。这是努尔哈赤的至理名言。它集中地表达了这位后金最高统治者所代表的满族贵族奴隶主的利益和抱负。因为他们当中有些人并不都这么认识，所以努尔哈赤要说这句话进行开导和教育。

的确，后金统治者进到辽沈，并没有大事完毕。为了巩固已经取得的胜利并给争取更大胜利创造条件，他们不能就此罢休，要继续对明作战。征明，这是他们长远的大目标。努尔哈赤已经感到：第一、八角殿上的权威，使他备受鼓舞，但是比起大明天子的金銮殿来，他还不满足。一望无边的土地，众多的村屯和人口，巍峨的城堡，成群的牛马，闪光的金银财宝，所有一切在战争中能夺取的财富，对满族贵族奴隶主具有无限的吸引力。他们的欲壑没有底止。驱使八旗兵丁进攻大明，这是他们的共同愿望。第二，他们从过去征伐明朝的实践中，越来越看清一条这样的道理，占领的地盘越小，越不容易巩固。占领的地盘小，有些人就认为占不住，占领是暂时的，被占领地区的人要逃走，没有被占领地区的人更容易对明朝抱幻想。扩大了占领地区，要逃走的可以不逃走，搞得好，还会有大批人民自动来投降。所以后金统治者把停止征伐看作等于自杀。一旦明朝缓过手来，变得强大，已经得到的胜利，可能付诸东流。不停顿的进攻，本身就包含着巩固已有的胜利。

征伐明朝的战争一定要打，但是什么时候打，后金似乎没有完全根据自己一方面做出决定。著名的宁远之战，发生在广宁之战以后四年，很能说明这一点。从天命七年到天命十一年之间，后金没有对明朝发动大规模战争，在后金一方，这是很难找出使他不战的理由的。尽管他们需要发展生产，整顿社会秩序，安置原先的俘虏和降人，等等，但是不能因为这些就中止争城夺地，发动战争。这几年的休战状态，关键在于明朝，因为明朝任用孙承宗、袁崇焕加强了防守。

皇太极腰刀

孙承宗，字稚绳，河北高阳人。他从小勤奋好学，关心国家大事。中年以后曾亲自到河北、山西等边疆地区作实地考察。他熟悉北方和东北的民族社会发展及与明朝的关系。后金占领广宁，王化贞弃城逃跑，熊廷弼同王化贞一起入关，辽东边事紧急，明熹宗特地任命孙承宗为兵部尚书兼东阁大学士。针对当时"兵多不练，饷多不核"，武将为文吏制约，他提出"重将权"。他还主张选择一个沉着冷静、有气魄、有谋略的人为大将，让这个人自行任命偏裨以下各级将领，不要使不懂军事的文官高高在上，盛气凌人，边境上小胜小败不必过问，重要的是阻止后金兵入关，进一步再图恢复失地。孙承宗进而建议，西抚蒙古，东恤辽民，简练京军，增置永平大帅，修筑蓟镇亭障，开京东屯田，等等。这些受到了明熹宗的赞扬和采纳。

袁崇焕，字元素，广东滕县人。他为人慷慨，有胆略，好谈兵，对沿边形胜险要了如指掌，早有边关立功的雄心壮志。因为他有这些表现，天启二年（1622 年）广宁失守以前，他被破格提升为兵部职方主事。广宁兵溃以后，廷议时有人主张扼守山海关，他单骑出关视察形势，回到朝廷说："给我兵马钱粮，一个人就能负起防守大任。"

后被提为佥事，监关外军。这时王在晋代替熊廷弼经略辽东，王在晋同总督王象乾串通一气，要在山海关外八里铺筑重关，提倡所谓"重关设险，卫山海以卫京师"，袁崇焕等力争不可。反映到内阁首辅叶向高那里。孙承宗以兵部尚书的身份亲临其地处理，他不同意王在晋"重关设险"，而是主张坚守关外，保卫关内。由于孙承宗的反对，王在晋改任南京兵部尚书。孙承宗请求自己督师，就以兵部尚书督山海关及蓟辽天津登莱诸处军务。孙承宗到了关上，依靠袁崇焕等定军制，建营舍，练火器，治军储，缮甲仗，筑炮台，买军马，采木料，救难民，练骑卒等等，巩固了山海关城。

筑宁远卫城是孙承宗与袁崇焕的重要建设。宁远，背靠起伏的热河丘陵，面向滔滔渤海，扼居辽西走廊咽喉，西连万里长城，东接锦州，是山海关的前卫。原来的旧城已经颓坏，孙承宗重用袁崇焕，重新修筑宁远城。经过两年的时间，筑城立竣。在袁崇焕的努力经营下，宁远商业繁荣，流民聚集，当辽东兵火之后，到处是残垣断壁，乱石废瓦，而这里成了人民向往的乐土，关外一大重镇。更为重要的是，孙承宗与袁崇焕商议，以宁远为根据地，东向收复了明与后金间的空白地区锦州、松山、杏山、右屯、大凌河等城镇，在这些地区修城筑堡，派兵驻守，宁锦一带从此形成一道重要的防线。孙承宗督师蓟辽四年，几乎收复了明在辽河以西的全部失地。

这时明朝的政权被以魏忠贤为首的阉党集团把持，他们忌恨孙承宗功高望重。天启五年（1625年），孙承宗手下大将马世龙在柳河（辽宁省海城市附近）被后金打败，他们以此为借口，攻击孙承宗，明朝罢了孙承宗的职，改派阉党兵部尚书高第经略辽东。高第怯懦无能，一上任就不顾袁崇焕等人的反对，尽撤锦州、杏山、松山等地防御工事。驱屯民入关，丢下大量粮食，在撤退路上，人马争先恐后，死亡载道，哭声震野，"民怨而军益不振"。高第又想并撤宁前二城，袁崇焕时已升为兵备副使、右参政，他抗拒不撤，激动地说："我官为宁前道，在哪当官死在哪，坚决不撤!"誓与宁远共存亡。但是，由于高第把山海关外所有防务一律撤除，因此辽西一线，只有宁远城孑然仅存。

努尔哈赤终于等来了可乘之机。他看透了高第的虚弱无能，于天命十一年（明天启六年，1626年）正月十四日率诸贝勒、大臣统领十三万大军号二十万远征明朝，兵锋所向，直指山海。十六日至东昌堡，十七日渡辽河，分布在南至海岸，北越广宁的河西旷野，浩浩荡荡，旌旗飞舞，剑戟如林，川流不息向西挺进。在西平堡捉到明的哨探，得知前进路上明兵甚少，右屯卫一千，大凌河五百，锦州三千，另有人民随处而居。后金兵畅行无阻，轻取辽西诸城和明军逃走丢下的粮草。二十三日，后金兵临宁远城下，越城五里，横截山海大路，安营扎寨。后金军捉获汉人，令他们入宁远城招降说："我们二十万大军来进攻，这个城一定要被占领，众将官如果投降，就给你们高官厚禄。"守城主将袁崇焕答复说："为什么无故发兵来？宁锦二城你们没有占领，我来恢复，当然要誓死防守，岂有降理！说什么来兵二十万，不必虚张声势，我知道你们是十三万，这我也不认为少。"袁崇焕不骄不馁，决心抵抗，誓死不降。为了提高防御战斗力，袁崇焕与大将满桂、副将左辅、朱梅及祖大寿、何可刚等把人民组织起来共同防守。袁崇焕刺血为书，激励将士，广大士兵和人民精神振奋，斗志高涨。

二十四日，后金兵发起攻城。先攻东门，以战车覆盖生牛皮，下伏勇士，用斧椎凿城。有的披铁铠二重，号"铁头子"，推双轮车进攻。当时天寒地冻，凿城数处，破坏而不堕。袁崇焕指挥军民固守，从城内放枪打炮，投掷药罐、雷石，放火烧后金战车，后金军死战不退。但是屡攻不下，伤亡惨重，暂停进攻。第二天，后金军再次发起猛攻，攻势凌厉，明军虽血战不惜，形势仍非常危险。袁崇焕临危不惧，指挥若定，满桂率将士登城，悬西洋大炮十一门于城头，循环飞击。炮击不中，用枯草硝黄松脂掺木棉垂铁绳系下烧击。后金军营终于遭到破坏，中止攻击，败下阵去，解围收兵，退到龙宫寺。进攻宁远两天，据他们自己承认，后金共伤亡将士五百余人。

二十六日，后金统治者听说明朝关外军需粮草全部屯扎在觉华岛（菊花岛），便派遣武纳德率领八旗蒙古等数百军兵前去攻取。该岛距宁远城十二里，突出在波涛汹涌的海里。明朝守粮参将姚抚民、胡一宁等在冰上安营，凿冰十五里作壕，以战车防卫。后金军从未凿处进击，全歼明军，火烧战船两千余只，粮草千余堆，收兵返回大营。努尔哈赤经右屯，焚其粮草，至二月初九日回到沈阳。

宁远之战是后金与明交战以来，明朝第一次打了这样一个大胜仗，时称宁远大捷。袁崇焕因力保孤城，声威大震，被提升为右金都御史，受明熹宗玺书嘉奖。而后金攻城失败，经宁远之战，不利的影响严重。损兵折将之外，因为有宁远阻隔，后金不能在辽西继续扩大占领地区和建立稳固的统治。后金再发动新的进攻，也不能直向山海，于是皇太极统治时期多次绕过宁远、山海关，从北边几个关口深入明朝腹地进行掳掠。

努尔哈赤之死也与宁远之战有关系。努尔哈赤从万历十一年起兵，身经百战，百战百胜，而就是这次战争给他一生的光辉战史留下了少有的一次失败记录。战后不长时间他就死了。有的历史记载说他因在宁远之战攻城时被明军红夷大炮打伤，不治而死。有的历史研究者认为，努尔哈赤在宁远之战中没有受伤。因为袁崇焕等明朝参加作战的人都没有提到过打伤努尔哈赤，说打伤他的人未必亲眼看见了他受伤。努尔哈赤如果负伤，明朝举国上下都会认为是大事件，必定大肆宣扬，而事实上没有什么材料反映他们宣扬过这件事。另一方面，从清朝的文献所载看，努尔哈赤在战后到死时八个月中，仍作为后金统治者正常主持军国大事，根本不像重病在身。还有许多文献记载努尔哈赤死于背发痈疽，等等。

继承汗位

(一) 继承汗位与君臣互立盟誓

在后金汗国建立过程中，大英明汗努尔哈赤随着自己年岁的增长，五十二岁时就考虑到选拔和培养继承人。第一个选中的是他的长子褚英。褚英生于明隆庆五年 (1571)，成长以后即随父东征北伐，屡立战功。万历二十八年 (1598) 赐号洪巴图鲁，封贝勒。万历三十五年褚英、代善以少胜多，大败乌拉贝勒布占泰万人之众，褚英赐号阿尔哈图土门 (汉语为智谋之意)，被称为"广略"贝勒。此后"上委以政"，努尔哈赤对褚英说："吾非因年老不能征战，不能裁决国事、秉持政务，而委政于尔也。吾意，若使生长于吾身边之诸子执政，部众闻之，以父虽不干预，而诸子能秉国执政，始肯听尔执政矣。" (《满文老档·太祖》卷三) 褚英执政不久，因"不恤众，诸弟及群臣诉于上"，万历四十一年 (1613) 被撤销执政。褚英因此"意不自得，焚表自述"，被判为"诅咒"之罪，幽禁两年后"死于禁所，年三十六。明 (朝) 人以为谏上毋背明 (谏议勿背叛明朝) 忤旨被谴。褚英死之明年太祖称尊号。" (《清史稿·列传三》卷二一六)《清实录》记载则为褚英系被诛杀。"太祖长子……置于国法" (《清世祖章皇帝实录》卷三七) "昔我太祖高皇帝时，因诸贝勒大臣讦告一案，置阿尔哈图土门褚英于法。" (《清圣祖仁皇帝实录》卷二三四)

大英明汗选拔的第二个继承人是代善。代善是努尔哈赤的第二子，也是随父连年征战，战功累累的和硕贝勒。英明汗"嘉代善勇敢克敌，赐号古英巴图鲁。"努尔哈赤称汗以后，立代善为太子。为时不久，代善的重大过失连续发生，其残暴也暴露出来。英明汗训斥他说："欲全杀亲子、诸弟之人，哪有资格当一国之君。""先前 (欲使代善) 袭父之国，故曾立为太子，现废除太子，将使其专主之僚友部众，尽行取之。" (《旧满洲档·昃字档》)

除代善以外，在四大贝勒中阿敏不是英明汗之子，而且曾有重大过失。莽古尔泰是英明汗第五子，为大贝勒中第三大贝勒，但曾"弑其母以邀宠"，难以入选。大汗诸子中才能出众最有希望中选的当属第八子皇太极，在当时金国最高领导层的矛盾斗争中，他也遭到了英明汗的严厉训斥，曾对他说："尔若贤良，凡事须公正处理，持以宽厚，于诸兄弟皆须均平互敬。独以尔为诚，凌越他人，岂置诸兄不顾，而令尔坐汗位乎？……四贝勒，吾以尔为我之爱妻所生唯一后嗣而不胜眷爱矣，此岂尔之贤明者乎？尔何故如此愚也。"（《满文老档·太祖》卷五四）

大汗努尔哈赤多妻多子女，他先后娶的元妃、庶妃、继妃、侧妃、大妃和别宫小福晋等留下姓名的近二十人。他有 16 个儿子 8 个女儿。16 个儿子的名字和年龄如下：

努尔哈赤诸子及其年岁

长子	褚英	万历四十三年（1615）卒，时年 36 岁
二子	代善	44 岁（天命十一年）
三子	阿拜	42 岁（天命十一年）
四子	汤古岱	42 岁（天命十一年）
五子	莽古尔泰	40 岁（天命十一年）
六子	塔拜	38 岁（天命十一年）
七子	阿巴泰	38 岁（天命十一年）
八子	皇太极	35 岁（天命十一年）
九子	巴布泰	35 岁（天命十一年）
十子	德格类	31 岁（天命十一年）
十一子	巴布海	31 岁（天命十一年）
十二子	阿济格	22 岁（天命十一年）
十三子	赖慕布	16 岁（天命十一年）
十四子	多尔衮	15 岁（天命十一年）
十五子	多铎	13 岁（天命十一年）
十六子	费扬古	蜒（天命十一年）

英明汗虽然多子，但在诸子中无法选定适当的继承者，而且，当时的满族社会正从奴隶制向封建农奴制演进，八旗制度下的八大贝勒都是拥有大量人口部属、牲畜、土地田庄，掌握强大武装实力，互不相下的豪强，在诸子中势难指定后金汗国孚众独尊的大汗，只可因势利导施行"八和硕贝勒共治国政。"

天命七年（1622）三月初三日，"众贝勒问上曰：基业天所予也，何以宁辑休命？天所赐也，何以凝承？上曰：继朕而嗣大位者，毋令强梁有力者为也。以若人为君，惧其尚力自恣获罪于天也。一人纵有知识，终不及众人之谋。今命尔八子为八和硕贝勒，同心谋国，庶几无失。尔八和硕贝勒内择其能受谏而有德者，嗣朕登大位。若不能受谏，所行非善，更择善者立焉。择立之时，若不乐从众议，拂然变色，岂遂使不贤之人，任其所为耶？至于八和硕贝勒共理国政，或一人心有所得，言之有益于国，七人宜共赞成之。如己既无才，又不能赞成人善而缄默坐视者，即当易此贝勒，更于子弟中择贤者而为之。……若八贝勒中或以事他出，告于众，勿私往。若入而见君，勿一二人见，其众毕集，同谋议以治国政，务期斥奸佞，举忠直可也。"（《清太祖高皇帝实录》卷八）

这次大英明汗与八和硕贝勒的谈话，表明努尔哈赤已不再有建立储君以继承汗位的意图。他设计的理想方案是八和硕贝勒共治国政，由八和硕贝勒共同推举大汗。如果推举的汗"不能受谏，所行非善"，还可以罢免，然后"更择善者立焉。"这种政治体制不是封建君主制体制，而是氏族社会部落酋长共同推举共主的前封建制政治体制。

大英明汗逝世后，八和硕贝勒即按此进行酝酿、磋商，奔走活动，各自拥护所欲立的人。这时，大贝勒代善之子贝勒岳托、萨哈廉二人商量后，到代善处说：

"国不可一日无君，宜早定大计。四大贝勒才德冠世，深合先帝的心意，众人也都悦服，应当快继大位。"代善说："这是我的夙愿。你们所说，天人允协，谁能不同意。"于是三人定议。第二天，诸贝勒大臣聚会于朝，代善把他们所商议的意见告诉二大贝勒阿敏、三大贝勒莽古尔泰和诸贝勒阿巴泰、德格类、济尔哈朗、阿济格、多尔衮、多铎、杜度、硕托、豪格等，众人都面带喜色地说："好！"于是合词请皇太极即汗位。皇太极听后一再推辞说："父汗没有立我为君之命，我就不怕父汗在天之灵怪罪吗？而且，舍下诸位兄长而即位，我又怕上天不满，况且继承大位而为君，则上敬诸兄，下爱子弟，国政必勤理，赏罚必皆当，爱护百姓，举行善政，其事实在很难，我的薄德不能负担。"辞至再三，代善、阿敏、莽古尔泰三大贝勒和诸贝勒说："国岂可无君，众议已定，请勿固辞。"皇太极仍不应允，自清晨卯时至下午申时众人坚请不止，然后皇太极才答应。

天命十一年（1626）九月初一庚午吉日，四大贝勒、诸贝勒大臣及文武各官聚会于沈阳皇宫大政殿，殿外广场上陈设着法驾卤簿，殿内殿外一片重大典礼时庄严肃穆的气氛。皇太极身着吉服，率领诸贝勒群臣祭堂子，焚香告天，行九拜礼；然后回到大政殿，即皇帝位，诸贝勒、大臣、文武官员行朝贺礼。这时，皇太极年三十有五。皇太极发布第一道诏令：以明年（明天启七年，1627）为天聪元年，大赦国中自死罪以下的罪犯，以示举国同庆，施恩法外。

第二天，天聪汗皇太极为了使诸贝勒共同遵循礼义，行正道，君臣交互警惕，因而率领诸贝勒等共同对天地发誓祈祷。誓词说"皇天后土，既保佑我父汗创立基业，今父汗已逝世，以后一切统理庶务，君临百姓，责任重大，诸兄弟子侄共同商议定，皇太极承即汗位，惟应励志继承父汗大业，早晚敬谨勉力，以迎上天赐福，皇天后土请赐保佑，使永享大福，国运昌盛。"祝告完毕，焚烧了誓词。

皇太极又自己发誓说："谨告于皇天后土，今我诸兄弟子侄以国家人民之重，推我

为君，敬绍父汗之业，钦承父汗之心，我若不敬兄长，不爱子弟，不行正道，明知为非之事而故为之，兄弟子侄微有过愆，遂削夺父汗所予户口，或贬或诛，天地鉴谴，夺其寿算。若敬兄长，爱子弟，行正道，天地眷佑，俾永膺纯嘏（意为永享大福）。或无心过误，亦祈天地鉴之。"

接着，三大贝勒与诸贝勒等发誓说："代善、阿敏、莽古尔泰、阿巴泰、德格类、济尔哈朗、阿济格、多尔衮、多铎、杜度、岳托、硕托、萨哈廉、豪格谨誓告天地：我等兄弟子侄，共同议定，奉上汗（皇太极）继承父汗基业，继承大位，为宗社和臣民所倚赖。如有行如小人，心怀嫉妒，将不利于今上者，天地谴责之，夺其寿算，今上发觉其奸，身被公开处死。若我等兄弟子侄忠心侍奉今上，效力国家，也求天地鉴佑，世世守之。代善、阿敏、莽古尔泰我三人若不各教养子弟，或加诬害，我三人当遭凶孽而死。若我三人善待子弟，而子弟不听其父兄之训，不尽竭忠诚于君上，不力行其善道者，天地鉴谴，夺其寿算。如能守盟誓、尽忠良，天地保佑，身及子孙。"三大贝勒发誓完毕，阿巴泰、德格类、济尔哈朗、阿济格、多尔衮、多铎、杜度、岳托、硕托、萨哈廉、豪格接着说："吾等（若）背父兄之训而不尽忠于上，扰乱国事，或怀邪恶，或挑拨是非，天地谴责，夺其寿算。若一心为国，不怀偏邪，能尽忠诚，天地保佑。"

诸贝勒立誓完毕，天聪汗皇太极因三大贝勒推戴初登汗位，不便立即以人臣之礼相对待，遂率诸贝勒向三大贝勒行三拜之礼，各赐以雕鞍马匹。

皇太极以大汗之尊，竟率众向三大贝勒行三拜之礼，这在汉族历史上是不可想象的。这一举动既反映了满族正从氏族制向封建制过渡的历史特点，也反映了皇太极和代善、阿敏、莽古尔泰在后金汗国中各自的实力地位和威权。

（二）天聪初年的重大改革

皇太极即位之初，后金汗国面临着比较严峻的形势。外部，满洲八旗新败于宁远，大汗努尔哈赤伤病而亡，士气低落，明朝大军横扼于前，朝鲜威胁于后，蒙古环伺于侧，四面受敌，处境孤立。内部，努尔哈赤自攻取抚顺城开始，每攻一城，每掠一地，到处实行"抗拒者被戮，俘取者为奴"的政策，对广大汉人的屠杀和奴役造成了严重的民族压迫和阶级压迫，汉人纷纷逃亡和暴动，尤其是天命十年（明天启五年，1625）十月的大屠杀，更激起了辽东汉人的反金怒潮，严重地破坏了辽东的社会生产力，生产凋敝，物价腾贵，人心不稳，社会动荡。皇太极自后金建国即协助父汗处理军国大政，深悉这一切。继承汗位以后，面对内外形势，他审时度势，对内进行了重大的改革，对外做出了重大的决策。

1、改革对汉人的统治政策

皇太极即位后发布的第一道上谕说："治国之要，莫先安民。我国中汉官汉民，从前有私欲潜逃及令奸细往来者，事属已往，虽举首，概置不论。嗣后惟已经在逃，而被缉获者论死。其未行者，虽首告亦不论。"这条上谕，首先制止了努尔哈赤时期，汉人、汉官一旦被告发"私欲潜逃"或"令奸细往来"，就将遭到杀戮的恐怖局面，使汉官汉人从惴惴不安中安定下来。

皇太极对汉人统治政策的第二项重大改革是将"编庄为奴"改为"分屯别居，编为民户"。

努尔哈赤进驻辽沈时期，将汉人作为奴隶。规定每13个壮丁编为一庄，按满官品级分给为奴。于是满人、汉人同处一屯，满人是主子、汉人是奴仆。同时为了安置移入广大辽沈地区的满人军户，并规定每个村中汉人家里要接纳满人军户，大家汉户接纳大家满人军户，小家汉户接纳小家满人军户，互相搭配居住。大批满人军户与汉户杂居，甚至同室而居，带来了种种问题。他们之间语言不通，生活习惯不同。多数满洲军户以战胜者自居，任意役使汉户，甚至欺凌汉户，任意索取汉户的财物，杀食汉户的猪鸡，甚至奸淫汉户的妇女，因此普遍造成了满汉之间的矛盾，甚至播下了仇恨，酝酿着大规模的冲突。

皇太极"洞悉民隐"，果断地改变了对待汉人的政策，把"编庄为奴"改为"分屯别居，编户为民"。他下令"按品级，每备御（游击下的军官）只给壮丁八、牛二，以备令使。其余汉人分屯别居，编为民户，择汉官之清正者辖之。"这一政策使大批已被"编庄为奴"的汉人，解除了奴隶身份，恢复"民户"（农民）的地位。满汉分居，汉人自立一庄，委派"清正"的汉官管辖，这也使汉族农民避免了随时遭受被欺凌、侮辱的噩运，缓和了满汉的民族矛盾，使动荡不安的大金汗国内部相对地安定下来。

皇太极又下谕旨："凡有告讦，所告实，则按律治罪；诬告者反坐。又禁止诸贝勒大臣属下人等，私至汉官家需索马匹鹰犬，或勒买器用等物，及恣意游行，违者罪之。"

他更进一步提出："满汉之人，均属一体。凡审拟罪犯、差徭公务，毋致异同。其诸贝勒大臣，并在外驻防之人，及诸贝勒下牧马管屯人等，有事往屯，各宜自备行粮。有擅取庄民牛羊鸡豕者罪之。"

天聪五年（天启五年1631），皇太极修订了《离主条例》。"离主"就是被役使为奴隶或奴仆的汉人可以依法控告他的主子，经审讯属实，被控告的主子（八旗旗主贝勒除外）按律治罪，原告奴隶或奴仆准许离开他的主子，可以自谋生路。这项《离主条例》共六条，包括不准满洲部众"擅杀人命""奸属下妇女""将属下从征效力战士隐匿不报，以并未效力之私人冒功滥荐""以威钳制、不许申诉""出征所获、私行隐匿"等。这些规定在一些方面限制了满洲贵族的特权，使奴隶、奴仆得到一定程度的人身安全保障。

2、恤民力，重农耕

后金汗国建立以后，东征西讨，战争不断。进入辽沈以后努尔哈赤又大兴土木，命大批汉人服徭役。天命六年（明天启元年，1621）六月，建鞍山城。在辽阳城内又兴建大汗所居住的小城，并在太子河北岸造新城。其他小工程不断，兴建这些工程耗费了大量人力物力，影响了农业生产，致使后金国内物资缺乏，物价踊贵。因此，皇太极即位之初就发出上谕："工筑之兴，有妨农务。从前因城廓边墙事关守御，故劳民力役，事非得已，朕深为悯念。今修葺已竣，嗣后有颓坏者只令修补，不复兴筑，用恤民力，专勤南亩，以重本务。其村庄田地，八旗移居已定，今后无事更移，可使各安其业。"

但是，后金征伐不停，社会动荡并不能很快安定下来。皇太极继承汗位以后仅8个月，天聪元年四五月间，辽沈地区发生了饥荒。《清太宗实录》记载："时国中大饥，斗米价银八两，人有相食者。国中银两虽多，无处贸易，是以银贱而诸物腾贵。良马一，银三百两；牛一，银百两；蟒缎一，银百五十两；布匹一，银九两。盗贼繁兴，偷窃牛马，或行劫杀。"

这时，诸臣入奏说："盗贼若不按律严惩，恐不能止息。"皇太极恻然指示说：今岁国中，因年饥乏食，致不得已而为盗耳。拿获的人鞭打后放了就可以了。他又发出上谕说：各旗所属之人，勤惰不齐，贫富亦异。务农积贮，为足食之本；而有无相恤，实弭盗之原。你们诸大臣务必详察，若力不能耕种，而无粮过活的，有兄弟，则与兄弟相依；无兄弟，则令牛录下殷实有粮者赡养……皇太极虽然一再强调"务农积贮"，以求足食，但满人多不习于耕种，因此，对无粮缺粮户只得提出赡养救济的办法。

3、改革官制，加强君权

后金汗国建立之初，一切都在草创时期，努尔哈赤创立八旗军制，并以此行使国家政权职能。每旗设固山额真（总管大臣，顺治十七年改称都统）一人，总理全旗军政；设梅勒额真（佐管大臣，又称梅勒章京，后改称副都统）二人，协助总管大臣；又设理政大臣五人，札尔固齐（听讼治民之官）十人。皇太极即位后，天命十一年九月，召集诸贝勒定议每旗仍各设一名总管大臣，总合称为总管旗务八大臣。这八大臣都参与国政，与诸贝勒并坐共议。在此以前，只有兼任议政大臣的固山额真才能参议国政，这一改革，汗国决策的核心从四大贝勒、五议政大臣，扩大到总管旗务八大臣，政权结构的核心扩大了，同时原四大贝勒，除皇太极本人外，其他代善、阿敏、莽古尔泰的权力相对削弱了。

天命六年（明天启元年1621），努尔哈赤规定"八和硕贝勒，同心谋国"，共理国政，凡军国大政皆由集体议定。由四大贝勒按月轮值，处理日常政务。这种办法带有原始军事民主制的性质。皇太极即位以后，这种状况并未更改，三大贝勒代善、阿敏、莽古尔泰，都是皇太极的兄长，朝贺时，三人与皇太极共同南面并坐，仍保留着共同执政的体制。

天聪三年（明崇祯二年，1629）正月，皇太极集诸贝勒、八大臣共议，因令八大臣传谕三大贝勒："向因值月之故，一切机务辄烦诸兄经理，多有未便。嗣后可令以下诸贝勒代之。倘有疏失，罪坐诸贝勒。"此后就以诸贝勒代替了三大贝勒值月，掌理日常政务。

以上改革，使君权有所加强。

天聪五年（明崇祯四年1631）七月，根据汉官的建议，仿照明朝的制度，设立六部，以贝勒分管各部事，称曰"管某部事"。其下设承政、参政、启心郎、笔帖式等官。承政满、蒙、汉各一人；承政之下，皆设参政八人，唯有工部设满八人，蒙汉各二员。皇太极命贝勒多尔衮管吏部事，贝勒德格类管户部事，贝勒萨哈廉管礼部事，贝勒岳托管兵部事，贝勒济尔哈朗管刑部事，贝勒阿巴泰管工部事。皇太极面谕六部大臣，要他们认真办事，奉公守法，"以副朕意"。这就是说六部大臣必须秉承皇太极的意旨办事，对大汗皇太极负责。仿明制设立六部，推进了后金汗国向封建化中央集权演进，进一步提高了君权。

天聪六年（1632）八月书房相公王文奎奏请："今六部已立，规模次第可观，伏乞皇上毅然独断。"但事实上，当时后金汗国的大汗，并不等同于中原王朝的皇帝，可以"乾纲独断"，其威权还设有完全从"八和硕贝勒，同心谋国""四大贝勒按月轮值，执掌政务"的旧习中蜕化出来，尤其是其威权尚不能完全居于诸大贝勒之上。

天聪六年（1632）九月，镶红旗汉官胡贡明奏称："恭维皇上，虽聪明天纵，治国之道，不知遵法先王……每出已见，事多犹豫……且必狃着故习，赏不出之公家，罚必入之私室。有人必八家分养之，地土必八家分据之。即一人尺土，贝勒不容于皇上，皇上亦不容于贝勒。事事掣肘，虽有一汗之虚名，实无异正黄旗一贝勒也。如此三分四六，如此十羊九牧，总（纵）藉此强兵，进了山海，得了中原，臣谓不数年间，必将错乱不一，而不能料理也。"（《天聪朝名臣奏议》卷一一）

皇太极继承汗位以后，大汗与八旗旗主，尤其是与三大贝勒的关系，已完全不同于努尔哈赤初建汗国和他在位之时。这时皇太极的大汗之权与三大贝勒的矛盾日趋明显。如何迅速树立国君的最高威权，摆脱松散乏力的原有汗国政治体制，以适应后金国急速发展，已是当务之急。不少汉官纷纷上书，奏请"君权独揽""乾纲独断"。其实对这个问题皇太极早已"切切在念"，不过他深知解决这个问题，如果操之过急，后果将难以预料，只能因势利导，逐步推进。

定边除忧

（一）东征朝鲜解后忧

朝鲜与中国山水相连，唇齿相依。它东临日本海，西濒黄海，北面原与明朝毗连，并有水陆交通往来，自后金占领辽、沈等地后，始被截断而成为后金的左翼邻国。

中朝两国自古就是友好邻邦。明朝建二后，李氏朝鲜同中国的友好关系有了进一步的发展。特别是万历年间，中朝并肩作战，抵抗日本对朝鲜的侵略，从而更加深了两国的友好关系。在明与后金的战争中，由于朝鲜与明朝有传统的友好关系，并遭受过努尔哈赤的骚扰，所以一直站在明朝一边，从人力、物力上支援明朝。天命四年（明万历四十七年，1619 年），明辽东经略杨镐率四路大军进攻后金，朝鲜派军助战。明军惨败，朝将姜弘立率军投降了后金，并受到努尔哈赤的礼待。努尔哈赤致书朝鲜国王，企图乘此迫其归顺，但遭到朝鲜的拒绝。于是，朝鲜对后金的强大密切注视，并注意加强对后金的防御。

朝鲜与明朝陆上的联系虽被后金隔断，但仍保持海上同登、莱的联系，特别是它同意明总兵毛文龙驻守皮岛（今朝鲜之椵岛），收纳和安插辽东"逃人"，并把这看作"小邦（朝鲜）所仰借"。所以，当后金一再交涉，要求朝鲜将"逃人"送还时，朝鲜却不予理睬，反交还明朝。后金深感来自朝鲜（包括驻守皮岛的明军）的威胁，对朝鲜的敌对行动更加不能容忍。

天命十年（1625 年），朝鲜武将李适、李贵等推翻光海君王位，立李倧为王。后因李倧赏赐不均，引起李适、韩明琏叛乱。次年，李适被擒斩，余党韩润、郑梅等逃入后金，乞求出兵援助。后金新汗皇太极遂乘朝鲜内乱之机，发动了第一次对朝战争。

天聪元年（明天启七年，1627 年）正月初八日，皇太极命贝勒阿敏、济尔哈朗、阿济格、岳讬统兵 5 万，渡鸭绿江，用兵朝鲜。他授以方略："此行非专伐朝鲜也。明毛文龙近彼海岛，倚恃披猖，纳我叛民，故整旅徂征。若朝鲜可取则并取之。"十四日，后金军攻陷义州，分兵一部向铁山，袭击明毛文龙部。毛文龙部接战失利，还师皮岛。

后金军主力在朝鲜降将姜弘立、韩润引导下，沿朝鲜湾南进，连下铁山、定州、凌汉山城。后金兵进攻凌汉山城时，先喊话劝降。城中军民回答："受命守城，当效死。"后金兵遂运来云梯，鳞次架城。守城军民虽殊死战斗，矢石如雨，然终因士卒力竭、器械用光而失守。宣川府使奇协战死，定州牧使金搢、行军则有健被俘。

后金的战略目标是先占平壤，进而攻占汉城。阿敏深感兵力不足，遣人回沈阳调后续部队支援。皇太极说："前进事宜，尔等详加审酌，可行则行，慎勿如取广宁时，不进山海关，以致后悔；如不可行，亦勿强行。"皇太极一面给阿敏以机动权，一面派蒙古兵前往义州。二十一日，后金3.6万骑兵攻占安州，直逼平壤。城内守军不满万人，向汉城告急。李倧召见大臣商讨对策，有的主张派兵救援，有的主张请求明军来援，但都缓不济急。二十六日，后金军兵临城下，朝鲜守将早已闻风逃遁，城内兵民弃城而逃，后金军遂进占平壤，并于当天渡过大同江，驻营中和（平壤城南）。

朝鲜京城汉城军民听说后金军已席卷大半个朝鲜，一片惊慌。李倧派张晚为都元帅，征诸道兵赴京勤王。张晚奉命以行，至半途闻后金军已攻陷平安诸城，自己亦弃职而逃，致汉城以北更加空虚。李倧遂以大将金尚客留守汉城，自己携眷属逃往江华岛。

二月初，后金兵到达黄州。后金军进抵中和时，李倧曾遣使要求"议和"。后金向朝鲜提出割地、交出毛文龙、借兵1万共同伐明三项条件，其实质是要朝鲜断绝同明朝的关系，与后金盟誓。李倧在强敌进逼面前，企图妥协，遭到一些力主抗战大臣的反对。于是他复信阿敏，表示不能与明朝绝交，愿奉行与明和后金都友好的政策。阿敏见李倧未能就范，遂继续进兵至平山、瑞兴，施加军事压力，并派刘兴祚率兵去江华岛，胁迫李倧接受议和条件。李倧坚持"退兵而后议和"，刘兴祚不许。后在后金强大的军事压力下，李倧被迫求和。三月初三日，双方在狂都西门外筑坛盟誓，朝鲜对后金称"兄弟之国"。后金基本达到目的，遂留兵一部守义州，撤军回国。四月，后金兵返回沈阳。

后金此次用兵朝鲜，基本上割断了朝鲜和明朝的联系，迫使朝鲜在一定程度上与后金建立关系，逼迫毛文龙退守海岛。后由于毛文龙被袁崇焕所杀，他的部将孔有德、耿仲明率部众投降后金，使后金初步解除了后顾之忧。

皇太极第一次对朝鲜用兵，虽迫使朝鲜接受议和条件，但并未使其真正屈服。天聪元年（1627年）七月，朝鲜迫使后金撤回镇守义州的军队。同年十二月，当后金遣将到朝鲜勒索粮食时，朝鲜只卖给1000石，应付了事。向后金所纳贡物，也逐年减少。朝鲜与明朝的关系虽受后金阻遏，但并未完全断绝。李倧坚持与明保持"父子之国"的原则，同意明参将黄龙率军镇守皮岛，保护明朝在朝鲜的利益。

天聪汗钱

后金深感朝鲜仍未完全归服，企图进一步施加压力。天聪五年（明崇祯四年，1631年）正月，皇太极以朝鲜不如数奉献贡物为由，致书李倧，并以调遣蒙古10万兵马侵扰朝鲜相威胁，六月，又派兵万余自义州浅滩渡江到龙川、定州等地袭掠。朝鲜责其"无故深入，抢掠我边民，攻夺我仓谷，虽以伐岛为名，其实已渝盟矣"，并将后金兵击退。这更加激怒了皇太极。次年十一月，后金又派使者到朝鲜，索要黄金万两、白金万两、精兵3万，并声称"当革兄弟之盟，更结君臣之约"。朝鲜又未如数奉献。皇太极尤其忌恨朝鲜与明朝的传统友好关系，多次逼迫朝鲜断绝与明朝的往来，但都遭到拒绝，以致后金与朝鲜的关系日趋紧张。

天聪十年（1636年），后金经过内政改革和经济恢复，力量明显增强。二月，皇太极准备称帝，遣使往朝鲜要其派使臣参加他的登基大典，实际是要李倧向皇太极称臣。对此，朝鲜上下均激烈反对。有的主张拘禁后金使者，有的主张严词驳斥，有的提出要洗雪以前所受的羞辱。掌令洪翼汉说："渠苟欲称天子莅大位，唯当自帝其国，号令其俗，何必禀问于我哉！所以渝盟开衅，赫借我口者，将以称于天下曰：'朝鲜尊我为天子矣'，殿下何面目立于天下乎！"李倧采纳了群臣的意见，拒绝遣使。十一月，后金要求朝鲜送回使者，遭到拒绝，皇太极决意再征朝鲜。

朝鲜拒绝遣使称臣之后，即着手备战，"下谕诸道，使忠义之士，各效策略，勇敢之人，自愿从征，期于共济艰难"。李倧还寄希望于明朝派兵支援，但当时明末农民起义正蓬勃发展，明王朝难以抽出更多军队前往支援。

崇德元年（1636年）十二月初一日，皇太极命郑亲王济尔哈朗留守沈阳，以武英郡王阿济格、多罗饶余贝勒阿巴泰等防备西部明军，于次日亲率12万大军（满洲八旗7万、蒙古兵3万、孔耿汉兵2万）再征朝鲜。

皇太极先命多尔衮、豪格率左翼满洲三旗、蒙古三旗及蒙古左翼兵从宽甸路人长山口，又命户部承政马福塔等率兵300伪装商人，星夜赴汉城监视朝鲜王李倧的行踪，命多铎、岳讬率兵千人继其后。初九日，大军踏冰渡过鸭绿江，经义州、定州，向平壤进军。十三日，一支清军抵达平壤，城内兵民一片惊慌，不知所措，该城巡抚逃遁。

朝鲜王李倧命判伊金庆征为都检察使，李敏求为副，指挥军民固守江都。十四日，马福塔所率前锋军进抵汉城，并与朝鲜守军接战。此时，朝鲜王李保已逃往南汉山城。十六日，多铎、岳讬等率大军继至，将南汉山城包围。

汉城守兵粮饷甚少，兵力不足，急待四道合兵救援。李倧以俞伯曾为协守使，指挥百官守城堞，"城中受困，而人无畏色"。清兵围城四五、处，处处燃火。多铎又令阿尔津、色勒各率兵力一部设伏，阻击朝鲜援军。二十三日，守城兵出击，清兵死伤甚众。皇太极急派后续部队声援多铎，又令杜勒速携红衣大将军炮等火器赴汉城。二十六日，原州营将权正吉率军来援，城中放炮，举火相应。皇太极率大军渡汉江，包围了南汉山城。城内守兵仅400余人，李倧令各地急速调兵救援。朝鲜一巡抚率兵1.8万人来援，被硕讬等击败；另一支援兵约5000人，亦被清军击败。三十日，清军占领汉城。

"李倧困守南汉山城，束手待毙。崇德二年正月初，朝鲜全罗道沈总兵、忠清道李总兵所率最后的两支援军，还未到达即被击败。此时，清将孔有德、耿仲明、尚可喜所运火炮已矗立在城下。二十二日，江华岛出动30只大船和鸟枪手近千人拒战，也被击败。皇太极乘兵临城下的有利时机，多次致书李倧，令其投降。三十日，李倧接受了皇太极的条件，向清军投降，中止与明朝的同盟关系，而与清结为"君臣之国"，并接受奉大清国正朔、惩办主战大臣、以其子为人质等条件。二月初二日，清军班师回沈阳。

皇太极此次对朝鲜用兵，彻底征服了朝鲜，扫清了左翼劲敌，基本上解除了对明用兵的后顾之忧。加之从朝鲜获取了大量物资，增强了军事实力，为全面展开对明战争创造了条件。

后金（清）两次出征，皆取得胜利，其原因首先是有明确的战略目标和完备的战略计划，即为实现"西征大计"而战，所以每次都决心迫使朝鲜王就范，不达目的决不收兵。这样，终于使朝鲜由反后金（清）的前线，变成了支持其对明战争的后方。第二，采取突然袭击的战法。皇太极两次出兵，都是乘朝鲜不备，以突袭的战法进行的。作战中，充分发挥了八旗劲旅善驰突的特长，使缺乏训练的朝鲜军队无法抵挡。第三. 围城打援，迫敌投降。第一次出兵时，朝鲜王李倧逃到江华岛，清军迅速切断其外援，迫其投降。第二次，包围朝鲜京城40多天，又备有红衣大炮，完全可以立即攻取，但皇太极仍采取围城打援战法，歼灭了朝鲜诸路援军，迫使李倧称臣。第四，攻城前先劝降。皇太极说："以威慑之，不如以德怀之。"清军两次包围朝鲜京城，都是在大军压境的情况下，先向朝鲜王李倧劝降，并向守城军民宣谕婴城固守必将造成严重后果，从而瓦解了朝鲜军心民心，致使李倧不得不弃兵器、易朝服，率文武官员投降。第五，充分发挥火炮的威力。第二次征朝鲜，特派携有大量火炮的孔有德、耿仲明、尚可喜部参战，又将红衣大炮运往前线，保障了战斗的胜利。例如，江华岛兵多粮足，军民坚守，清军一用红衣大将军炮轰击，守岛兵士"俱各逃溃"，清军遂顺利登岸。

朝鲜失败的原因，首先是缺乏战争准备。有些有战略眼光的大臣，如金荩国等就预见到后金（清）将入侵朝鲜，并提出了加强国防的建议，但未被李倧采纳。当清军渡过鸭绿江兵临城下时，朝鲜才仓促"征兵"，驱其上阵，安能不败！第二，过分依赖明朝。朝鲜把"臣事中朝，敬待汉人"作为基本国策，事事依赖明朝。后金第一次入朝时，明朝已无力救援，虽派了些部队，但没起什么作用。第二次入朝时，明朝所派监军黄孙茂只在朝鲜果了十多天，参与谋划，也没起什么作用，后来虽调舟师赴援，但已错过时机。第三，内部不统一，缺乏统一的意志和统一指挥。朝鲜军民和许多爱国将领，坚决抵抗清军的侵略，在兵员不足，既缺乏武器又缺粮饷的条件下，仍奋勇抵抗，表现了高度的爱国主义精神。但在统治阶级内部，"主战""主和"两派争执不下，互相掣肘。朝鲜王李倧就是主和派的代表，为了保住李氏江山和身家性命，他两次签字接受了投降条件。因此，朝鲜的最终失败是必然的。

（二）西伐蒙古收盟友

1368 年，蒙古贵族建立的元王朝灭亡，其残余势力退据蒙古草原，内部陷入封建割据状态，分裂为鞑靼、瓦剌和兀良哈三部。明朝人把退居蒙古高原由成吉思汗后裔组成的东部蒙古各部称为鞑靼。鞑靼内部斗争激烈，权臣当政，汗位更迭频繁，并与西部的瓦剌长期争战不已。15 世纪末叶，巴图蒙克即汗位，称达延汗。他击败了瓦剌，并把兀良哈部朵颜、泰宁、福余三卫置于自己的统治之下，对内则打击权臣，统一鞑靼各部，把原各不相属的大小领地合并为 6 个万户，分为左右两翼。左翼察哈尔（今内蒙古锡林郭勒盟境）、乌梁海（即兀良哈，今内蒙古昭乌达盟和河北承德境）、喀尔喀（今蒙古人民共和国喀尔喀河流域）3 万户，由大汗自统，驻察哈尔万户境内；右翼鄂尔多斯（今内蒙古伊克昭盟境）、土默特（今内蒙古大青山下土默特地区）、永谢布（今河北省张家口以北一带）3 万户，派济农（副汗）统率，驻鄂尔多斯万户境内。达延汗去世以后，鞑靼部又陷入分裂状态。乌梁海万户被并入其他 5 万户中，喀尔喀万户分成内外两部分，分别驻牧于大漠南北，其他万户的领地亦有变动。

明清之际，蒙古以大漠为中心，按游牧区域分为漠南、漠北和漠西三大部。漠南蒙古，又称内蒙古；漠北蒙古，又称喀尔喀蒙古；漠西蒙古，又称额鲁特蒙古。它们各自称雄，独据一方。漠南蒙古东至今吉林，西到贺兰山，南邻长城，北据瀚海。由于漠南蒙古东与后金（清）接壤，西与明朝毗连，具有重要战略地位，于是成为后金（清）与明朝的争夺对象。皇太极认为，要与明朝抗争，入主中原，就必须使漠南蒙古归服后金，以断明朝之左臂。明朝则认为，要抵挡日益强盛的后金（清），也必须紧紧控制蒙古，遏制后金（清）。

漠南蒙古诸部中，察哈尔部最为强大，其首领林丹汗在明朝支持下，凭借所掌握的八大营二十四部的实力，对周围诸部肆意侵扰，企图统一蒙古。但他深感力量不足，常求助于明朝。其他诸部被林丹汗杀掠，需要寻求外力庇护。因此，在漠南蒙古内部便形成两股军事政治势力：一是以林丹汗为首，主张投靠明朝，取得明朝支持，控制和统治漠南蒙古诸部；一是其他各部的贵族势力，企图取得后金（清）的支持，摆脱林丹汗的控制。

明朝对林丹汗极力支持，每年赏赐大量岁币，约定共同抵抗后金。魏源说："明人思用东部插汉小王子（即察哈尔），欲以敌大清"。察哈尔部的强盛以及明朝与林丹汗的联盟，对后金构成严重威胁。

后金则对漠南蒙古各部实行保护和抚绥政策。早在努尔哈赤时，后金就同科尔沁、扎鲁特等部联姻通好，建立军事同盟。天命九年（明天启四年，1624年），科尔沁、杜尔伯特等部归顺后金。皇太极则采取"恩威并用"和笼络的政策，用给蒙古各部封建主封官爵、保留原有封建特权、赐以财物等手段，极力争取那些愿意归顺或动摇观望的蒙古首领；对察哈尔部的林丹汗则诉诸武力，双方的矛盾日趋尖锐，时刻都有爆发战争的可能。

天聪元年（明天启七年，1627年）正月，皇太极刚执政不久，即得知林丹汗兴兵攻打喀尔喀诸部的消息，认为这是利用矛盾向蒙古开展政治攻势的大好时机。他立即致书奈曼部、敖汉部首领，示以友好之意。不久，奈曼、敖汉终因受不了察哈尔的侵扰而归服后金。天聪二年初，喀喇沁部、鄂尔多斯、阿巴亥等部，也因不堪忍受林丹汗的蹂躏而组成联军，于土默特部赵城（今内蒙古呼和浩特地区）与察哈尔部激战，消灭林丹汗军4万多人。联军方面损失也很大。在双方相持不下的情况下，喀喇沁部致书皇太极，请求出兵援救。皇太极认为形势对后金十分有利，表示同意出兵，但为了稳妥起见，他要求喀喇沁等部派人前来讨论大举的方略。七月，喀喇沁部派遣喇嘛四人，率530人的代表团到达沈阳，达成共同征讨林丹汗的协议。

九月，皇太极率兵亲征察哈尔，并第一次以"盟主"的身份发号施令，命科尔沁、敖汉、奈曼及喀尔喀诸部贝勒，各自率军到约定地域集结。接着，皇太极率领满、蒙诸路大军西征，经都尔鼻（今辽宁彰武）、绰洛郭尔连续攻取席尔哈、席伯图、英汤图等地，大败察哈尔兵，并派兵追击至兴安岭。

天聪六年（明崇祯五年，1632年）三月，皇太极决定会同归服的蒙古诸部第二次西征林丹汗。四月初一日，皇太极以贝勒阿巴泰、杜度及额驸扬古利等为留守，亲自率兵出征。次日，渡辽河，正值水涨，他与诸贝勒乘舟渡河，辎重、人马皆浮水而过。经都尔鼻西拉木伦河（今内蒙古沙拉木伦河）、昭乌达等地时，沿途蒙古各贝勒皆率所部兵来会，力量不断增强。十四日，军至博罗额尔吉，派图鲁什劳萨率精兵500为先遣队前行。十八日，大军至哈纳崖，镶黄旗内有两个蒙古人逃往察哈尔，向林丹汗报告了后金军西征的计划。林丹汗大惧，立即率众西奔，并遣人赴归化（今内蒙古呼和浩特）驱逐百姓和牲畜，延长了后金军一个月的进军路程。

皇太极率军于大儿湖之公古里河驻扎，与贝勒大臣研究下一步的军事行动。他说："察哈尔知我整旅而来，必不敢撄我军锋，追愈急则彼遁愈远。我马疲粮竭，不如且赴归化城暂住。"在缺乏粮饷的情况下，皇太极令军队进行休整，并颁布纪律："凡大军所至，有拒敌败走者杀之，不拒敌者勿杀，勿离散人夫妇，勿淫人妇女，有离人夫妇及淫妇女者死"。还颁布了战场纪律："凡遇敌临阵，非奉朕旨，勿得轻进，其应进之处，俟朕指示。若不遵指示，擅自退缩者，贝勒夺其部众，军士处死，妻子没为奴。"又在布龙图布喇克地方召集大贝勒、贝勒及满洲、蒙古、汉官，讨论是暂时退兵还是继续进军。最后决定："先取蒙古部民，复人明地，以图大事。"经过整顿和思想动员，统一了思想，为投入战斗做好了准备。

五月二十三日，大军至木鲁哈喇克沁地方，即分兵两路前进：一路为左翼，由阿济格率领科尔沁、巴林、扎鲁特、喀喇沁、土默特、阿禄等部兵1万，进攻大同、宣府一带察哈尔属地；一路为右翼，由济尔哈朗、岳托、德格类、萨哈廉、多尔衮、多铎、豪格等率兵2万，进取归化城、河套一带，皇太极与代善、莽古尔泰率主力继续向前推进。在先锋部队的侦一察和带领下，两翼部队入博多克隘口。大军急速前进，于二十七日进抵黄河木纳汉山，皇太极亦于同日进驻归化。林丹汗闻讯，即携部民牲畜财物继续西逃。后金军停止追击，经宣府、张家口边外抢掠一番，于七月二十四日回到沈阳。

皇太极此次亲征，沉重打击了察哈尔封建贵族势力，迫使林丹汗弃本土西逃青海，出现了分崩离析的局面。林丹汗所部在西逃的过程中，离散者十之七八，加上病死者，所剩无几，力量大大削弱。皇太极为了加强对蒙古的控制，次年八月遣使到蒙古各部颁布法律，正式建立起他们对后金的从属关系，密切相互往来。

天聪九年（明崇祯八年，1635年）二月二十六日，皇太极命贝勒多尔衮、岳托、萨哈廉、豪格率兵万人再征察哈尔。半年前，林丹汗逃至青海大草滩病死，其部将在后金招抚政策的感召下，纷纷归降，只有林丹汗之妻及其子额哲不知去向。后金此次出兵主要是追寻他们二人。军至西喇珠尔格地方，林丹汗的妻子囊囊太后率1500户来降，告知额哲的驻地。四月二十日，大军渡过黄河至托里图地方，额哲率部民1000户归降。九月，后金军旋师回到沈阳。从此，察哈尔归附。次年三月，漠南蒙古16个部49个封建领主在盛京集会，尊奉皇太极为共主，上博克达·彻辰汗（宽温仁圣皇帝）尊号，整个漠南蒙古诸部皆臣服于后金（清）。

漠北喀尔喀蒙古，因分居于喀尔喀河流域而得名。喀尔喀蒙古原是元太祖十五世孙达延汗时的6个万户之一，共12部。其中内喀尔喀5部，居喀尔喀河以东，达延汗封授其第五子阿尔楚博罗特；外喀尔喀7部，居喀尔喀河西，封授其幼子格埒森扎·札赉尔。达延汗死后，阿尔楚博罗特率众越瀚海南徙，清初编旗，属内札萨克。当达延汗诸子率众南徙时，"独其季格埒森扎·札赉尔珲台吉留故土，号所部曰喀尔喀，析众万余为七旗，授子七人领之"，称"喀尔喀多伦·和硕"，即喀尔喀七旗或喀尔喀七部之意。明末清初之际，喀尔喀蒙古分为土谢图汗、札萨克图汗和车臣汗三部。土谢图汗部据土拉河流域，札萨克图汗部占杭爱山西麓，车臣汗部占克鲁伦河流域。喀尔喀蒙古的游牧地，东起黑龙江呼伦贝尔，南至瀚海，西至阿尔泰山，北至俄罗斯，"东西延袤五千里，南北三千里"。

喀尔喀蒙古很早即与后金建立了联系。后金统一漠南蒙古，对喀尔喀蒙古影响很大，皇太极趁此有利时机，加强对漠南蒙古的争取和招抚。天聪九年（明崇祯八年，1635年），喀尔喀车臣汗硕垒偕乌珠穆沁、苏尼特、浩齐特等部，致书皇太极愿与后金通好。次年二月，皇太极派使臣去喀尔喀三部，劝其遣使前来谈判"讲和事宜"。同年十一月，车臣汗遣使至盛京向已经称帝的大清皇帝皇太极朝贡。清崇德三年（明崇祯十一年，1638年），喀尔喀三部遣使来朝，皇太极规定喀尔喀三部每年贡"白驼一，白马八，谓之九白之贡"。从此，喀尔喀正式臣属于清朝。

皇太极统一蒙古各部，具有重要的战略意义。第一，继东征朝鲜解除了左翼威胁之后，又解除了右翼威胁，使后金从根本上扭转了"四境逼处"的被围态势，从战略上完成了对明朝的半月形包围，同时也为迂回袭扰明朝腹地开辟了通路。天聪八年（1634年）十月，皇太极征察哈尔回师后在其父努尔哈赤灵前祭告说："臣于诸国，慑之以兵，怀之以德，四境敌国，归附甚众。……乃者，朝鲜素未输诚，今已称弟纳贡；喀尔喀五部，举国来归；喀喇沁、土默特以及阿禄诸部落，无不臣服；察哈尔兄弟，其先归附者半，后察哈尔汗携其余众，避我西奔，未至汤古忒部，落，殂于西喇卫古尔部落打草滩地，其执政大臣，率所属尽来归附。今为敌者，唯有明国耳。"这是皇太极对统一蒙古业绩及其意义的总结。

第二，增强了对明作战的力量。皇太极统一蒙古后，扩大了兵源，仿照满洲八旗兵制，编立蒙古八旗。天聪九年（1635年），编内外喀喇沁蒙古壮丁 1.6 万多名，除盲人和残废者外，凡年在 60 岁以下、18 岁以上的都被编入。从此以后，蒙古八旗作为八旗劲旅的重要组成部分，成为对明作战的生力军。

后金（清）对居住分散、地域辽阔的蒙古族之所以能够顺利而迅速地征服，主要是把军事征服和招抚劝降有机地结合起来，迫使其断绝与明朝的关系。皇太极对较弱的漠北喀尔喀蒙古诸部，主要是以招抚为主，经过遣使、书信往来和谈判，只要对方表明态度，接受后金（清）的统治，不再与明朝来往，不但不再诉诸武力，而且给予恩惠。对力量比较强大的察哈尔部，则主要使用武力，直到将其武装力量全部消灭为止。这就是所谓"慑之以兵，怀之以德"的政策。其次，善于利用矛盾，采取恰当的政策和策略。蒙古各部族之间存在着各种矛盾，特别是林丹汗对科尔沁部进行欺凌和巧取豪夺，引起了该部部民和封建主的强烈不满。皇太极认为："以力服人，不如令人忠心悦服之为贵也。"蒙古各部每次来朝，皇太极都"厚加恩赏"，从而争取了蒙古各部。第三，抓住有利时机，集中兵力进剿林丹汗，得到众多部民的支持。第四，皇太极还采取保护喇嘛教、联姻、封爵等手段，这对缓和矛盾、争取蒙古各方的支持，也收到较好效果。

（三）统一黑龙江流域

黑龙江中上游地区，居住着鄂温克、达呼尔、鄂伦春等族。这些民族交错杂居，过着游猎生活。由于生活习惯大同小异，言语相近，因而统称为索伦部和萨哈尔察部。索伦部居住最远，北达外兴安岭，东北至精奇里江上游，西接喀尔喀蒙古。萨哈尔察部居住在黑龙江城（今黑龙江黑河市）附近。此外，在黑龙江城东南和乌鲁苏河一带还居住着虎尔哈部。黑龙江中上游的索伦部、萨哈尔察部、虎尔哈部，是三个不同的部族集团。

魏源说："至黑龙江等部，则天命以前未尝征，征之自太宗天聪九年始。"此指黑龙江中上游地区。努尔哈赤在世时，已经征服和兼并了黑龙江下游和乌苏里江以东滨海地区，并将这些地区的各部族置于后金的统辖之下。

皇太极即位以后，为了稳固后方，对收复黑龙江中上游地区十分重视，并采取"抚慰"政策。他强调满族与黑龙江流域各民族有着历史上的渊源关系，在向黑龙江流域发展时，应向当地人民说明，"尔之先世，本皆我一国之人"，以便用民族感情进行拉拢，使他们自愿地归附后金；又规定，对俘获之人，"须用善言抚慰，饮食甘苦，一体共之"，并以此作为对黑龙江流域各民族的基本政策。

在后金和平招抚政策的感召下，黑龙江流域各部族不断前来归附。天聪八年

（1634年）十二月初十日，皇太极命管步兵的梅勒章京霸奇兰、甲喇章京萨木什喀率章京41员、兵士2500人，往征黑龙江地方之虎尔哈部。后金军以来朝贡的虎尔哈部夏姓武因屯长喀拜、库尔木图屯长郭尔敦等人为向导，经由科尔沁所属锡伯族的居地绰尔门（即绰尔城，今黑龙江泰来北）北出，直抵黑龙江瑷珲城附近。次年四月，霸奇兰、萨木什喀派白奇及兵部启心郎额色黑、伊木布专程到盛京（今沈阳）报捷：收伏虎尔哈部后编户壮丁2483人，连同老弱妇幼共7302人，收缴大量马、牛、毛皮等。自此，虎尔哈部归附后金。

索伦部部长博穆博果尔于崇德二年、三年两次到盛京朝贡，但他第二次朝贡返回不久，即于崇德四年发动叛乱。皇太极不得不诉诸武力。

崇德四年（明崇祯十二年，1639年）十一月初八日，皇太极遣索海、萨木什喀、穆成格等率军北征索伦部。大军以萨木什喀为主将，伊孙为副将，率左翼兵；以索海为主将，叶克书为副将，率右翼兵，分路进击，约定40天后到兀蓝海伦屯会师。清军于次年三月抵呼玛尔河时，博穆博果尔的兵力已集结于铎陈、阿萨津、雅克萨（此三城皆在今黑龙江呼玛以北的江北岸，今属俄罗斯）、乌库尔、多锦（此二城在呼玛西北的黑龙江南岸）一带，拒不投降。清军首先指向雅克萨，举火攻城，激战而克，遂转兵攻乌库尔城。此时，城内有达尔布尼、阿恰尔等所领七屯兵民，坚守不降。清军猛攻一天，终于占领该城。接着，清军又进攻铎陈城，一天未下，次日正准备进攻时，博穆博果尔率兵6000人前来增援。清军主将索海、萨木什喀下令撤兵，并于铎陈城至阿里兰之间设伏。博穆博果尔率兵至此，被清军击败，除死伤者外，另有400人被俘。博穆博果尔不甘失败，急调铎陈、阿萨津二城兵400人阻击清军，又被击败。此役，清军共俘获6956人，并得马424匹、牛704头、各种毛皮5400多张，攻占了铎陈、阿萨津等四城及果博尔、博和里等七屯，博穆博果尔率余众逃跑。四月，清军班师回到沈阳。

为了追歼博穆博果尔，皇太极又于当年七月命梅勒章京席特库、济席哈等率八旗兵40人并征调蒙古兵350人，再征索伦部。皇太极令清军迂回蒙古北边东进，同时扬言将发大军牧马于黑龙江畔，以诱博穆博果尔北遁。清军以益尔公固、图哈纳、绰隆为向导，经过近3个月的追击，终于在齐洛台（今俄罗斯赤塔）将博穆博果尔及其妻子家属等共956人擒获。崇德六年五月，索伦部蒙塞尔瓦代的儿子巴尔达奇率部来归，又有1471人降清。至此，贝加尔湖以东的广大地区，已全部收复，"辽、金部落咸并于满洲矣"。

皇太极继承其父努尔哈赤的事业，经过十几年的努力，用招抚和武力征服两种方式，统一了黑龙江流域。崇德七年，皇太极说："……自东北海滨（鄂霍次克海），迄西北海滨（贝加尔湖），其间使犬、使鹿之邦，及产黑狐、黑貂之地，不事耕种，渔猎为生之俗，厄鲁特部落，以至斡难河源远迩诸国，在在臣服。"

清朝统一黑龙江流域以后，将各族居民编入旗籍，其壮勇之男丁披甲当兵，成为八旗兵源的一个重要组成部分。同时，又在各村、屯设姓长、乡长，分户管辖，负责征收赋税和行政管理。这就使清朝的后方得以巩固，对于巩固东北边防和支持对明朝的战争具有重要意义。

（四）接通藏边奠族盟

西藏是中国领土的一部分。唐太宗的公主远嫁西藏王松赞干布，就是表明其隶属关系的绝代佳话，成为千古美谈。至明代，它受封于朝廷，奉朱姓皇帝为最高统治者。满族崛起，后金建国，特别是太宗继位后，国力空前强盛，疆土日益扩大；他联络蒙古，尊崇喇嘛，影响迅速扩大，从东北传至遥远的西南，西藏宗教领袖达赖喇嘛五世罗卜藏嘉木错不胜向往。他经过反复考虑，决心摆脱腐败的明朝，同清朝建立新的关系。于是，他派遣伊拉古克三胡土克图和厄鲁特蒙古戴青绰尔济等为特使，万里迢迢，历经长途跋涉之险，首途沈阳，向清朝通好。

崇德七年（1642 年）十月初，伊拉古克三胡土克图一行抵达沈阳。太宗闻讯，十分欣喜，为表示他的热诚，亲率诸王贝勒大臣出"怀远门"迎接，把他们接到马馆。在馆前，太宗率众举行庄严的拜天仪式，行三跪九叩头礼。礼毕进馆。太宗升御座，伊拉古克三胡土克图等行朝见礼，太宗很恭敬虔诚地起立，再次表示热诚欢迎之意。伊拉古克三胡土克图献上达赖喇嘛的信件，太宗再次起立，双手接过。太宗以一国之君的至尊身份，如此隆重、如此虔诚的崇高礼节接待远方宗教领袖的使者，是前所未有的。他起立接信、起立迎使者，是明告使者：他与达赖是平等相待的，给人以亲切可信的印象。

按照西藏的习惯，他不在崇政殿，也不在其他议事宫殿，而是在马馆内设榻而坐。他坐在主人的御榻位置，另设二坐于御榻的右侧，命伊拉古克三胡土克图与戴青绰尔济两特使落座。然后，藏使所率随从人员行三跪九叩头礼；接着，与藏使同来的厄鲁特部落使臣及其从役行三跪九叩头礼。

行礼结束，命古式安布宣读达赖喇嘛与藏巴汗致太宗的信，太宗向贵宾赐茶、喇嘛诵经一遍，按礼仪程式，太宗设大宴宴请藏使及其随行人员。宴后，藏使及同来喇嘛等各献驼马、番菩提数珠、黑狐皮、戎单、花毯、荣叶、狐腋裘、狼皮等物，太宗只酌收部分礼物。

太宗宴请后，命八旗诸王贝勒各自宴请，指示他们，每五天宴请一次。再加上太宗不时赐宴，藏使和他们的随从几乎天天宴会，所受款无以复加。太宗不惜财物的靡费，使藏使深受感动，都亲身体验到了太宗和他的群臣们的真诚。

藏使和他们的随行人员，在沈阳滞留长达8个月，至次年五月，才离沈返藏。行前，太宗又赏赐大批礼品，包括各式银器、绸缎、朝衣等物。太宗分别致书达赖喇嘛、班禅、红帽喇嘛噶尔马、昂拜萨斯、臧巴汗、顾实汗等西藏政教领袖。这里，只将给达赖的信的内容简说如下：

太宗写道：今承喇嘛有拯济众生之念，想兴旺与扶持佛法，遣使通好，朕心很高兴。朕想说的，由我方随从人员口头说明。此外，奉赠金碗一、银盒二、银茶桶三、玛瑙杯一、水晶杯二、玉杯六、玉壶一、玲珑撒袋二、雕鞍二、金镶玉带一、镀金银带一、玲珑刀二、锦缎四等。

太宗在给噶尔马等人的信中，反复申明：自古帝王创业垂统，每每令佛法流传，未曾断绝。他派使者随从藏使入藏，"不分服色红黄（指黄教、红教），随处考察询问，以弘扬佛教，以护佑国家。"又说："佛法裨益我国，遣使致书。"太宗的信，表达了他对佛教的完全信仰，利用佛教，以保护他新建的国家兴旺。他赠送的礼物之丰厚，同样表达他对佛教的向往和尊崇。

作为回访，太宗派察干格隆、巴喇衮噶尔格隆、喇克巴格隆等7人为特使，随同藏使一起入藏，向达赖与班禅等政教领袖表达他的崇敬意。

藏使离沈之日，太宗率诸王贝勒等送之演武场，设大宴，为他们饯行，又赠送给伊拉古克三胡土克图鞍马、银壶等物。宴后，太宗命多尔衮、阿济格、硕托、满达海率梅勒章京、参政以上各官欢送至永定桥，再设宴一次，为藏使作最后一次饯行。

藏使在沈阳8个月，所用所食，及行前赠送的礼物，究竟价值多少，难以统计。但可以肯定，数量与价值都是惊人的。这次藏使来沈，是西藏与清朝交往之始，为未来建立隶属关系奠定了基础。太宗比谁都更清楚此事对于清朝所具有的不可估量的政治意义，因此，他以最隆重的礼节，最虔诚的信仰，最丰盛的宴会，最慷慨的馈赠，接通了与西藏上层统治集团的关系。西藏归清朝，太宗实居开创之功。

对明战争

（一）重整旗鼓

努尔哈赤不仅是一位满族的民族英雄，而且是我国历史上杰出的政治家、军事家。

他的死，无疑是满族的一个重大的损失。与此同时，不可避免地引起了汗位之争，最后，三十五岁的皇太极以其智慧和勇敢，以及长期从事战争的经验，战胜对手，登上了汗位，称清太宗。

皇太极深知自己承继汗位，面临来自后金内部和明朝军事进攻的两大威胁。足智多谋的皇太极首先考虑的是内部的巩固，其次是缓和与明朝的剑拔弩张的关系。而这两者又是互为依存的，没有稳固的后金，难以对付明朝官军的袭击；若不与明朝缓和关系，也难有时间处理和调整自己蹬上汗位之后所引起的诸种冲突和矛盾。因此，当袁崇焕为实施议和而探听后金虚实，以给努尔哈赤吊丧庆贺新汗皇太极为名，派遣都司傅有爵、田成及李喇嘛一行三十四人赴沈阳时，皇太极一眼就看出这一出人意料的举动背后所掩藏的真实意图，心想若能付诸实践，对后金的稳固也能争取到有利的时机。所以，对来使盛情款待，且令其参观军兵营帐。一月之后，皇太极派方吉纳、温塔石等随傅有爵等回访袁崇焕，借以达到其预期目的。

皇太极在稳固统治过程中，一改努尔哈赤时期"共议国政"的格局，提高汗位，削弱八旗贝勒权力，重新任命总管大臣和辅佐大臣，形成以清太宗为中心的统治集团，使后金统治内部渐渐趋于稳定。与此相联系，皇太极于天启七年（天聪元年，1627年）正月，为解除后顾之忧，出兵朝鲜，迫其屈服，历时两月余，结束战斗，皇太极如愿以偿。这是皇太极利用议和争取到的时间所取得胜利。

袁崇焕提出与后金议和以争取时间加强兵备的初衷并没有得到朝廷的理解和支持，反而"以为非计，频旨戒谕"。尽管如此，袁崇焕一面上书朝廷，予以解释；一面加紧防御设施的建设，修复山海关外锦州、中左、大凌等城堡。虽有朝中大臣在魏忠贤的操纵下，上书反对袁崇焕的议和之举，但"三城已完，战守又在关门四百里外，金汤益固。"朱由检才放下心来，表示谅解。大臣也不再为此说三道四。

皇太极与袁崇焕表面上对议和的热情，并没有使对方上当受骗，双方都以此为手段，各自打着自己的算盘。袁崇焕借机修复城池，加强兵备，目的在于进一步进击后金，收复失地；皇太极有了时间稳固内部，逼服朝鲜，解除了后顾之忧。而当皇太极的兵马从朝鲜凯旋，在沈阳设宴庆功时，得到情报，方知袁崇焕修城筑堡、屯种自给、选将练兵的计划进行得十分顺利，而且迅速，卓有成效，志不在小，直接构成了对自己的威胁。于是，便在没有充分准备的情况下，决定率兵清除这一威胁，于五月六日从沈阳出发，抵达广宁，分三路进军，先后攻占大小凌河和右屯卫等城堡，会师锦州，四面合围。不料，锦州城防坚固，且有大将雄兵驻守，连攻十余日，锦州岿然不动。皇太极无奈，只好撤围进攻宁远。袁崇焕等将帅率兵等待已久，宁远城坚不可摧。皇太极仍不分析形势，一味进攻，代善等劝阻，不为所动，气愤地说："昔皇考太祖攻宁远不克，今我攻锦州又未克，似此野战之兵尚不能取胜，其何以扬我国威耶？"看来，皇太极有其难言之隐和苦衷。尤其是在他登上汗位之后首次向明朝开战，胜与负，都关系重大。然而，当其愿望与现实相背离时，只有仔细分析背离的原因，方可达到目的。皇太极在当时并没有如此考虑，挥师进攻锦州，疲于奔命的士兵，哪有战斗力可言！终于由于死伤惨重，无可奈何地撤围返回沈阳。这就是使皇太极南侵受挫的所谓宁锦大捷。在明朝与后金的战争史上写下了辉煌的一页。可是，当皇太极得知因魏忠贤专权，排斥异己，迫使袁崇焕去任时，掩饰不住内心的喜悦，决计重整旗鼓，与明王朝展开新的较量。

宁远之捷与宁锦之捷，阻遏了后金军的南下，明朝廷也为之感到振奋，因有较为坚固的防线，得到了片刻的安宁。然而，由于魏忠贤的作祟，迫使大将袁崇焕离去，取而代之者又表现无能，辽东防线及战斗力，不仅没有增强，反而有所削弱。与此相反，后金在皇太极的整顿下，政治稳定，军力大增，而且跃跃欲试，再次向明王朝发动进攻。这就是朱由检继位后所面临的来自后金皇太极的严重威胁。

年轻的皇帝朱由检，对任何事件的认识总是那么肤浅，处理时又显出绝对的自信和简单，从不考虑形势的变化及力量的消长。面对后金的骚扰袭击，其刚愎自用的性格，视皇帝权力为万能的意识表现得淋漓尽致。

袁崇焕苦心建立起来的，且实践证明较为坚固的辽东防线，因其被迫致仕回家，又引起了朝廷个别大臣的不同意见和争论，提出放弃锦州，防线内移的主张。身为蓟辽总督的阎鸣泰，也随之附和，上书侈谈"锦州遐僻奥区，原非扼要之地。当日议修已属失策，顷以区区弹丸，几致挠动乾坤半壁，虽幸无事，然亦岌岌乎殆矣。窃意今日锦州止可悬为虚著，慎弗狃为实著；止可设为活局，慎弗泥为死局。"具体负责锦州守御的尤世禄也说锦州城池受风雨摧剥，垣墙营舍崩坏，万万不能久居，乞请暂且移居杏山。奉命守御塔山的侯世禄，以其地低洼，又靠近高山，不是容易守御之所，最好移到别处。上至总领蓟辽重务的封疆大臣，下到城池的守御指挥官，都如出一辙的主张放弃锦州，认识不到塔山重要的战略地位，无不反映出武臣军事素质的低下和见解的浅薄。事实上，位于锦州与定远之间的塔山，是一个极为重要的军事要地，它的存在和作为防御之处，可以把两座城池紧紧地联系在一起，使之声息相通，防线更为坚固。若弃锦州，变塔山，其结果不言自知，无异于向后金敌开大门，引狼入室。理所当然地遭到朝廷正直而有远见的大臣的否决。时署兵部事右侍郎的霍维华就此上书说："锦州一城，为奴所必争"。阎鸣泰所言"轻兵以防，小修以补。贼至则坚壁清野以待，则智臣所谓'虚着'、'活局'之意。臣部以为，锦州已守有成效，决不当议弃。倘临时设谋饵敌出奇，应听新督师熟计而行。今奴虽屡挫，狡谋叵测。……至蓟门各路宜守，兴水口兵将宜添，尤为绸缪急着。"明熹宗朱由校最后裁夺，下达圣旨："关门之倚宁远，宁远之倚塔山、锦州，皆层层外护，多设藩篱，以壮金汤。"为此，重申杜文焕驻守宁远，侯世禄驻守塔山，尤世禄驻守锦州，"酌量地方，拔与兵马。"都要各守信地，修筑城池，操练军士，实心料理以战守急图。不得妄分彼此，推诿观望，自取罪责。"数日之后，霍维华在一份关于边塞兵务的奏疏中，又进一步强调："锦州不可不守。夫全辽疆土期于必复咫尺，锦州岂可异议？况向以修筑未完之日，尚能据以挫贼。今乘此战将已胜之余，何难凭以自固！"又说："塔山不可不城。锦州既在必守，而联络于锦、宁之间者，惟塔山是恃。即无城犹与增置，有城何难修葺！"再次肯定了塔山战略地位的重要。

皇帝的圣旨，兵部的态度，固然起到了阻止辽东将帅放弃锦州、塔山的行动，使宁锦防线之议暂时消弭。然而，在将帅的思想上并没有从根本上解决问题，对朝廷"多设藩篱以壮金汤"的意旨亦未完全付诸实践。暂时的平静，只是后金皇太极正在总结宁锦之役失利的教训，整顿内部，操练兵马，无意进击的结果。因此，严格地说，需要加强的薄弱环节所在多有，《三朝辽事实录》所称宁锦防线"旗鼓相望，可谓极一时之盛。"实属夸大溢美之词。

明朝崇祯皇帝朱由检于天启七年（1627 年）八月登上皇位后，便以霹雳手段变革朝政，挽救危亡的明朝。九月，他将干预朝政的客氏撵出乾清宫，迁入外宅，使阉党头子魏忠贤失去了内廷依恃；十月，他借云南道御史杨维垣对阉党兵部尚书崔呈秀的弹劾，罢了崔呈秀的官，使崔呈秀自缢于家，剪除了魏忠贤的手臂；十一月，他借兵部武选主事钱元悫对魏忠贤的弹劾，诏斥魏忠贤"盗弄国柄，擅作威福"，撵出朝廷，安置安徽凤阳，魏忠贤行至阜城自杀而死；十二月，他借朝廷部、院官吏的群起弹劾，处斩了客氏及其子侯国兴；崇祯元年（1628 年）正月，他以戮魏忠贤、崔呈秀的尸体，处斩许显纯等阉党人物的强硬举措开始了他的年号，表示了他"立志中兴"的决心；二月，他下发诏令，为被阉党诬陷的官员昭雪冤情，"今应褒赠即与褒赠，应荫恤即与荫恤，应复官即与复官，应起用即与起用，应开释即与开释"。前大学士韩再次入阁，成为首辅，东林官员钱龙锡入阁为次辅，孙承宗复为兵部尚书，东林官员李柯、成基命、刘鸿训等成为朝廷的文武重臣。明朝露出了一丝希望之光。就在崇祯元年四月，罢官贬居广东故里的袁崇焕，被崇祯皇帝朱由检起用为兵部尚书兼右副都御史、督师蓟辽兼登莱、天津军务所司，其权力不仅遍及全辽，而且扩展到蓟州、登莱、天津。

崇祯元年七月一日，袁崇焕由广东快马奔驰抵达北京。当晚即被崇祯皇帝接见。君臣的"平台答对"，展示了两颗雄心的交流与撞击。

　　夏日深夜，平台宁静，凉风习习，万点繁星的清晖照映着静谧平台上的藤椅、竹几、折扇、清茶，照映着血气方刚、立志中兴的年轻皇帝和几经沧桑、以身许国的中年将领的初次会见。今夜的崇祯皇帝，身着白绸长衫，盘发于顶，朝气勃发，举止潇洒，显得亲切而随和，由于继位半年多来，诛灭客魏阉党的果敢胜利和朝政的初露转机，神情洋溢着刚毅、自信和沉稳。而这简朴清爽、免去一切繁褥朝制的召见臣下，更显示出朝廷百年来不曾有过的新风，励精图强之风啊！今夜的袁崇焕，因刚抵京都，仍着布衣黑衫，形容黑瘦，风尘未消，显得意倦精疲，但皇恩浩荡，东山再起，报国有路，重任在肩的喜悦、感激和这简朴亲切召见的新奇，拂去了神情上的疲惫，爆发了心志的激昂和气概上负重不累的坚定、力挽狂澜的自信和喜遇明主的忠贞，在大礼参拜中，他确已泪湿双颊了。

　　君臣相会的互致问候之后，进入了有关辽事的答对。崇祯皇帝以折扇授袁崇焕消暑：

　　"先生两个多月来鞍马劳顿，未得片刻歇息，就被朕召入宫内，太过意不去了。然朕心焦于辽事，非先生莫解其忧。敢问先生治辽方略如何？"袁崇焕急忙从怀中取出拟定的一份疏奏呈上：

　　"臣感念陛下特眷，治辽方略已在这疏奏之中，乞陛下审察圣裁。"

　　崇祯皇帝接过"疏奏"连声叫好，并为袁崇焕斟茶，急切而语：

　　"先生可先论'疏奏'之要，以慰朕心。"

　　袁崇焕拱手禀奏：

　　"陛下，今日辽事之危，更甚于昔日。宁远之战，努尔哈赤因炮伤而亡，但东虏兵马损失并不惨重，皇太极继位一年多来，其举措皆有深意，比努尔哈赤的横刀跃马更为可忧。他首先着眼于内政，悄悄匡正努尔哈赤的失误，已使辽沈汉民的反抗停息；他突然出兵奇袭朝鲜，又突然退兵而回，使朝鲜背我而附虏；他于去年年尾，利用蒙古喀喇沁部反对林丹汗吞并的战争，突然与蒙古喀喇沁部结盟，把触角伸向漠南蒙古，获得了蒙古敖汉部、奈曼部、札鲁特部、喀尔喀部的好感；并以'议和'与我周旋。凡此种种，皆为谋略所使，有章有法。臣以为：东虏欲先安定背后、侧翼而后与我决战，故臣治辽之策，仍然是'先主守而后动'。守为正着，战为奇着，款为旁着，以'守'积蓄力量，以'款'与敌周旋，以'战'消灭敌虏兵力，既打刀枪之战，也打口舌之战，三着并用，收复全辽，以解陛下之忧。"

　　崇祯皇帝听得认真。他明白，朝廷长期党争不断，国势破坏，国库拮据，中空外竭，要一战而灭东虏是不可能的，"三着并用"之策，或可收制虏之效，遂拊掌称赞：

　　"好！先生知虏，故所谋足以制虏，朕忧释减了。先生复辽之日，朕不吝封侯赏，先生当努力解天下倒悬，先生的子孙亦受其福了。敢问先生，复辽之功，何日可成？"

袁崇焕闻声而心惊：师未出能预知功成之日吗？皇上年轻而不知兵事啊！他抬头向崇祯皇帝望去，遇到的是皇帝焦灼的目光：圣心焦劳啊！于是回答道：

"臣蒙陛下信赖，五年之内，当为陛下收复全辽。"

崇祯皇帝大喜：

"五年？好，五年为期，五年之后的今天，朕将在这平台之上，为先生设宴庆功。"

崇祯皇帝的许诺，反而使袁崇焕的心境怅然了：这五年之期，原是为宽慰皇上焦劳的心绪说出来的，战场变化莫测，五年之内真能消灭东房吗？他为自己的一时浪言后悔沉默了。

袁崇焕的沉默引起崇祯皇帝的注意，但这"注意"却落错了地方，他以为袁崇焕要提条件了，便抢先询问：

"先生有什么为难之事，可坦直讲出。"

性格倔强的袁崇焕不肯吞食"五年为期"的浪言，便借机提出防止朝臣中阁掣肘的请求：

"陛下，臣今所求之事有三，乞陛下恩准。"

"先生请讲。"

"其一，辽事本不易竣，陛下既委臣以责，臣安敢辞难，但五年内户部转军饷，工部给器械，吏部用人，兵部调兵选将，均须中外事事相应，方可有济，若互相中阁，事事掣肘，臣则处于绝境了……"

崇祯皇帝慨然允诺：

"先生放心，朕当亲饬户部、工部、吏部、兵部如先生所言行事。"

"谢陛下。其二，臣浪言禀奏，以臣之力，制全辽有余，调众口不足，一出国门，便成万里，忌能妒功，夫岂无人，即不以权力掣臣肘，亦能以意见乱臣谋，臣心存惊悸啊！"

崇祯皇帝起立而倾听，郑重地说：

"先生勿疑虑，有关辽事，朕自有主持。"

"谢陛下。其三，臣斗胆禀奏，治辽之法，在渐而不在骤，在实而不在虚，此臣与诸臣所能为，至用人之人与为人用人之道皆陛下司其钥，何以任而勿疑，信而勿疑，盖驭边臣与廷臣异，其中可惊可疑者殊多，但当论成败之大局，不必摘一言一行之微瑕，事任既重，为怨实多，诸有利于封疆者，皆不利于此身者也。况图敌之急，敌亦从而间之，是以为边臣甚难。陛下爱臣知臣，臣何必过疑惧，但中有所危，臣不敢不告"。

崇祯皇帝踱步而听，至袁崇焕面前停步而拱手致谢：

"先生所言，乃君王当戒之语，朕受教了……"

袁崇焕急忙离座跪倒，叩头触地，咽泪高呼：

"陛下英明天纵，臣以身许国家，以身许陛下啊！"

崇祯皇帝谕令侍立于平台一边的太监取来尚方剑、蟒玉、银币赐予袁崇焕：

"'任而勿疑，信而勿疑'，朕以这八个大字待先生，以辽事全权付先生，五年为期，先生可便宜行事！"

袁崇焕接过尚方剑叩头触地：

"谢陛下九天之恩，臣将借尚方剑的声威为陛下收复全辽，这蟒玉、银币，留待全辽收复之日，臣再拜领。"

崇祯皇帝双手扶起袁崇焕纵声赞誉：

"先生，真将军也。"

袁崇焕离开平台，走出皇宫，带着与崇祯皇帝"五年为期"的重压，于七月二十日奔赴辽东就任，八月一日抵达山海关。

他首先平息了宁远驻军的哗变。八月一日，驻守宁远城的川、湖兵，因三个月不发军饷而哗变，十三营官兵起而应之，缚系巡抚毕自肃、总兵官朱梅、通判张世荣、推官苏涵淳于谯楼，关外防御濒于瘫痪。袁崇焕至山海关得知，便匹马只身奔赴宁远，以其声威权谋处理其事：他宽宥了带头哗变的张正朝、张思顺，处斩了失职的中军吴国琦，责罚了参将彭簪古，罢黜了都司左良玉，重奖了拒不哗变的将领程大乐，并逮捕了哗变中图财害民者十五人，斩弃于市，平息了这场哗变，赢得了军心民心。

他依据"兵部尚书兼右副都御史、督师蓟辽兼登莱天津军务所司"之职改组了防务。合宁远、锦州为一镇，命祖大寿驻守锦州，以中军副将何可刚为都督金事驻守宁远，调蓟镇总兵官赵率教驻守山海关，以三层防御部署对付皇太极的西进。

他开始集中辽东四镇的指挥权。报请皇帝撤销山东登莱巡抚一职，以减少层次，直接掌握登莱天津舟师；他鉴于东江镇皮岛地居关枢，北可攻击后金，南可联络朝鲜，西可与登莱结为一体，便把目光投向东江镇左都督毛文龙……

袁崇焕的重返辽东，引起了皇太极的极大关注。袁崇焕重返辽东后的调整部署——三层设防，引起了皇太极的极大不安。他与范文程日夜计议，策划着迎击袁崇焕进逼之策。时蒙古喀喇沁部、喀尔喀部、土默特部反对察哈尔部林丹汗吞并的战争已在土默特部的赵城地区打了七个月了，林丹汗兵死四万三千，喀喇沁部兵死五六万。喀尔喀部兵死二三万，土默特部兵死六七万，两败俱伤，相持不下。是年八月，土默特部贝勒代表联军致书皇太极求援，并告以"林丹汗根本动摇"。皇太极遂依据范文程

"款西图北"之议，立即答书土默特贝勒，应诺出兵，并遣书蒙古奈曼部衮出斯巴图鲁、敖汉部锁诺木杜棱、塞臣卓礼克图等"一同出兵"，同时，派遣通事方吉纳、参将温塔石赴宁远，以"每年我国以东珠十、貂皮千、人参千斤送尔，尔以金一万两、银十万两、缎十万匹、布三十万匹报我"为条件重开"议和"，与袁崇焕周旋。是年九月，皇太极亲率大军进入蒙古，以蒙古诸部盟主的面貌出现。至绰洛郭尔，与蒙古敖汉部、奈曼部、喀尔喀部、札鲁特部、喀喇沁部、土默特部诸贝勒会盟，共击林丹汗，并亲率会盟联军，攻取席尔哈，激战席伯图英，围攻汤图，诸战皆捷，军威大振，经过一个多月的战斗，迫使林丹汗退出西拉木伦河流域，败回归化城。战后，皇太极论功行赏，封官加爵，联姻结亲，笼络蒙古诸部贝勒，奠定了统一漠南蒙古的基础。

在皇太极击败林丹汗、笼络蒙古诸部贝勒的同时，袁崇焕也借与皇太极"议和"周旋，心悬与崇祯皇帝"五年为期"之约，日夜操练兵马，制造火炮器械，修缮锦州、大凌河、右屯、宁远诸城，掘壕挖沟，安置火炮，积存粮秣，征集战马，完备山海关外四百里的防御。他"先主守而后动"的方略中的"守"已近乎完成，而方略中的"动"却为皮岛毛文龙的举止莫测所掣肘。他不能容忍毛文龙以其左都督主宰一镇的桀骜不驯，不能容忍毛文龙以其绵亘八十里海岛的拥兵自重，不能容忍毛文龙广招商贾贩易禁物的意图莫测，不能容忍毛文龙以居海之便对登莱舟师的插手笼络，更不能容忍传闻中毛文龙与皇太极的通款议和，遂于1629年（明朝崇祯二年，后金天聪三年）五月三日，亲自泛海至双岛。五月五日，以阅兵为名让毛文龙至阅兵帐内，以十二条罪状斩毛文龙于帐前，收回了毛文龙的敕印、尚方剑，以副将陈继盛代掌其职，犒军士，抚诸岛，具状呈报崇祯皇帝。崇祯皇帝骤闻其事，"意殊骇念"，但念及袁崇焕所许诺的"五年为期"收复全辽，遂隐忍而优旨褒答。袁崇焕的权力遂及于登莱、天津、东江，手中已握有四镇官兵十五万，马匹八万一千匹，他开始筹划向皇太极发动进攻了。

（二）计杀明将

皇太极的战略目标是其南部的北京，这同乃父努尔哈赤完全一致。皇太极早在天聪三年，明崇祯二年（1629年）六月，就已决定攻打北京。《清太宗实录》记道："（天聪三年六月）乙丑（十二日），上谕诸贝勒大臣曰：战争者，生民之危事；太平者，国家之祯祥。从前遣白喇嘛向明议和，明之君臣，若听朕言，克成和好，共享太平。则我国满汉蒙古人等，当采参开矿，与之交易。若彼不愿太平，而乐于用兵，不与我国议和，以通交易。则我国所少者，不过缎帛等物耳。我国果竭力耕织，以裕衣食之源，即不得缎帛等物，亦何伤哉？我屡欲和而彼不从，我岂可坐待。定当整旅西征。师行时，勿似先日，以我兵独往。当令蒙古科尔沁、喀尔喀、扎鲁特、敖汉、奈曼诸国，合师并举。夫师徒既众，供亿浩繁。陆运粮糗，恐不能给。必将轻舟挽载，至河西西宁堡，方无贻误。宜预采取木植，广造舟楫，以备军行之用。此朕意也。但一人所见，未必悉协于众，询谋金同，乃克有济。满汉蒙古中，有谋略素裕，可裨益于军政者，各以所见入告，朕将择而用之。"

这是说，皇太极决定进攻明朝。其一，议和不成，决定攻明；其二，联合蒙古，合师并举；其三，广造舟楫，以备军用。这一次攻打北京，不是仅仅动用后金的军队，而是联合蒙古军队，一起参与。这是此次攻打北京的一个特点。

富于想象的皇太极经过深思熟虑，提出了一个超常的想法。鉴于在辽西走廊，后金的征宁远和征宁锦两次战役都无功而返，皇太极感到不能采取碰硬攻坚的战略，必须攻打明朝的薄弱环节。明朝的薄弱环节就是山海关以西的长城一线。"山海关以西塞垣颓落，军伍废弛"，防守脆弱。于是，皇太极提出了通过内蒙古突破长城口的战略主张。

天聪三年，明崇祯二年（1629年）十月，皇太极发动了首次入关征明的战争，目标直指北京。是年为农历己巳年，故当时明人称为"己巳虏变"，清人则称"己巳之役"。

先是，二月十一日，降金汉官高鸿中曾上奏皇太极，劝请进兵明朝。皇太极对高鸿中的奏本很是欣赏。他认为："劝朕进兵勿迟，甚为确论。"皇太极发动的宁锦战役，遭受重大挫折，后金国内人心浮动。此时，只有不停顿地发动对明朝的进攻，才能使后金官兵得到物资上的满足，有利于稳定民心、军心，所以皇太极赞成高鸿中的主张。

九月二十三日，皇太极下令"召外藩蒙古部长，各率兵来会"。

十月初二日，秋收过后，皇太极"亲统大军伐明"。这次进兵，皇太极大胆地选择了从未走过的内蒙古路线，假道蒙古科尔沁部，然后自北向南，突破长城，横扫华北，直奔北京，意图给明朝的心脏以狠狠的一击。

这次进兵由蒙古喀喇沁台吉布尔哈图为向导，因其熟识路径。自沈阳出发向西北行，经都尔鼻（今辽宁彰武县）转向西行，进入今内蒙古科尔沁地。初五日，驻扎阳什穆河，赐宴在此会师的奈曼部、扎鲁特部、巴林部等部酋长。初九日，到达纳里特河，受降了察哈尔部来投的五千人，队伍壮大了。十一日，抵辽河扎营。

十五日，大会师。这一天，就有蒙古科尔沁国土谢图额驸奥巴、洪果尔（贝勒莽古斯弟）、图美（奥巴从弟）、武克善（莽古斯孙）、巴达礼（奥巴子）、达尔汉等二十三位贝勒台吉各率兵来会。皇太极"驾迎之三里许，还御行幄，宴之"。

在这里，关于进兵的指向，皇太极征求诸贝勒大臣及外藩归降蒙古贝勒的意见。

他说："明朝屡背盟誓，蒙古察哈尔国，暴虐无道，皆当征讨。今大兵既集，所向宜何先？尔等其共议之"。

诸贝勒大臣意见不一，众说纷纭。有的认为，距察哈尔国路途辽远，人马劳苦，应当退兵；有的则认为，大军"千里而来，群力已合"，应当征讨明朝。其实，清太宗皇太极心中有数，他肯定了征明之议，于是统率大军向明朝边境进发。行军五日，备极艰苦，到达喀喇沁之青城。这时，对于伐明，队伍中出现了不同的声音。大贝勒代善、三贝勒莽古尔泰，于傍晚来到了皇太极的御幄，反映情况。他们谨慎地"止诸贝勒大臣于外，而先人密议"，同皇太极讨论了是否继续伐明的问题。代善和莽古尔泰同皇太极议论完，刚从御幄出来，岳托、济尔哈朗、萨哈廉、阿巴泰、杜度、阿济格、豪格等贝勒马上进去，看到皇太极默然而坐，表情不快，气氛一时很紧张。岳托最先打破沉默，开口问道："大汗与两大贝勒商议了什么大事，请向臣等示知。现在诸将官都集合在外面，等待大汗的谕旨呢！"

皇太极十分失望地说："可令诸将各归帐。我谋既济，又何待为？可勿宣布所发军令！"看起来，问题很严重。岳托和济尔哈朗迫不及待地提出："我们不明白为什么要这样做，请大汗向我们明说吧！"皇太极牢骚满腹地说："我已定策，而两兄不从。谓我兵深入敌境，劳师袭远，若粮匮马疲，何以为归计？纵得人边，而明人会各路兵环攻，则众寡不敌。倘从后堵截，恐无归路，以此为词，固执不从。伊等既见及此，初何为缄默不言，使朕远涉及此耶？众志未孚，朕是以不怿耳。"

至此，大家才明了皇太极"不怿"的原委。这时，岳托、济尔哈朗及诸贝勒纷纷表态，坚决支持皇太极继续伐明的主张，"皆劝上决计进取"。但是，皇太极没有独断专行，而是命管旗八大臣前去与大贝勒代善和三贝勒莽古尔泰商议定夺。他们很是慎重，"夜半议定"。皇太极得到了大贝勒、三贝勒和诸贝勒的支持，就颁发了进军伐明的上谕："朕仰承天命，兴师伐明。拒战者，不得不诛；若归降者，虽鸡豚勿侵扰；俘获之人，勿离散其父子、夫妇；勿淫人妇女；勿掠人衣服；勿拆庐舍祠宇；勿毁器皿；勿伐果木。如违令杀降、淫妇女者，斩；毁庐舍祠宇、伐果木、掠衣服及离大纛入村落私掠者，鞭一百。又勿食明人熟食，勿酗酒。闻山海关内多有鸩毒，更宜谨慎。马或羸瘦，可量煮豆饲之；肥者止宜秣草。凡采取柴

皇太极塑像

草，须聚集众人，以一人为首。有离众驰往者，拿究。如有故违军令者，与不行严禁之管旗大臣及领队各官，并治罪弗贷。"

皇太极极其注意部队的纪律。这个上谕实际是一篇军队纪律的宣言。其内容详尽，条理清晰，要求明确，处分严厉。这里提到要求部队做到"九勿"，规定得十分具体。这"九勿"是：若归降者，虽鸡豚勿侵扰；俘获之人，勿离散其父子、夫妇；勿淫人妇女；勿掠人衣服；勿拆庐舍祠宇；勿毁器皿；勿伐果木；勿食明人熟食；勿酗酒。如违反军纪，特别强调，杀降和淫女都要处斩。其他的违规，也要鞭刑一百。同时，特别规定了连带罪，'即士卒犯罪，要追究领队各官，甚至管旗大臣的责任。这个军纪"九勿"，实际是努尔哈赤军纪思想的重申。这就保证了军纪的执行。

十月二十日，皇太极率领大军自喀喇沁之青城开拔。行四日，到达老河（老哈河）。皇太极召集诸贝勒大臣，"各授以计，分兵前进"。命贝勒济尔哈朗、岳托率右翼四旗兵及右翼蒙古诸贝勒兵，于二十六日夜半，进攻大安口关，至遵化城合军。令贝勒阿巴泰、阿济格率左翼四旗兵及左翼蒙古诸贝勒兵攻龙井关。于是，皇太极与大贝勒代善、三贝勒莽古尔泰及众贝勒率大军，向洪山口关进发。

十月二十六日，贝勒济尔哈朗、岳托等，乘夜率军前进，夜半二时左右，攻克长城大安口关。摧毁其关口水门，挥军前行。是日，自辰迄巳，共败敌兵五营。明马兰营张姓参将，败走入山，城降后来归。马兰营、马兰口、大安营，三城俱降。民间秋毫无犯。

十月二十六日同一天，左翼四旗兵攻克龙井关。明朝副将易爱、参将王遵臣闻听炮声，从驻地汉儿庄率兵来援。后金军击败明朝骑兵三队、步兵两队的进攻，斩杀易爱、王遵臣，全歼了这股援兵。后金军攻至汉儿庄城下，守城副将标下官李丰见抵抗无望，遂率城内民众薙发出降。后金军"大军登城，驻营，秋毫不扰"。部队遵纪守法，这是政治思想先期教育起了作用。

后金军军纪"秋毫不扰"，造成示范效应，迅速传播，很快收到效果。莽古尔泰派人赴潘家口招降。潘家口守备金有光，派遣中军旗鼓范民良、蒋进乔携带投降书来降。莽古尔泰赏赐范民良、蒋进乔各缎一匹。三贝勒莽古尔泰奏请批准，守备金有光升为游击，旗鼓范民良、蒋进乔升为备御。其三人都发给敕书，并让他们上任。

十月二十七日，皇太极率军入边，攻克洪山口关，驻师城内。将降人方遇清提升为备御，给予备御敕命，令其守卫洪山口。"招集流亡，尽心供职。俟后有功，不次擢用"。又将率百人执械来降的千总升为备御，将把总升为千总。

皇太极命总兵扬古利率先锋军，直逼长城之内的遵化城。三十日，皇太极率领大军从洪山口出发，亦抵达遵化，距城五里扎营。三贝勒莽古尔泰率左翼兵自汉儿庄来此会师。贝勒济尔哈朗率右翼兵来会。三路大军齐集遵化城下，将遵化城死死围住。皇太极向遵化巡抚王元雅发出劝降书。《皇清开国方略》记其书曰："我国为尔国侮慢侵凌，致成七恨，乃告天兴师。幸蒙上天垂鉴，以我为直，举辽东广宁诸地，悉以畀我。我犹欲罢兵息民，屡遣人致书议和。尔君臣妄自尊大，且不容我书过山海关。爰整师旅，大举而至。自喜峰口迤西，大安口迤东，拒敌之兵，悉已诛戮。归顺人民，秋毫无犯。今尔等，若输诚来降，功名富贵，当与共之。尝闻良禽择木而栖，俊杰相时而动。尔等可不深念耶？至民人皆我赤子，来归之后，自当加以恩养。尔等可速自审处，毋贻后时之悔。"

此劝降书，还有另一个完整的版本。《清太宗实录》记道："满洲国皇帝致书于王巡抚。我两国本相和好，后因尔国侮慢侵陵，致成七恨。我乃告天兴师。幸蒙上天垂鉴，不计国之大小，止论理之曲直，以我为直。故举山海关以东，辽东广宁诸地，悉以畀我。我犹欲息兵，与尔国共享太平。屡遣人致书议和。尔君臣妄自尊大，自视如天上人。且卑视我，不以我书转达，我深恨之。因完固城池，重兵留守。爰整师旅，大举而至。凡我兵所向，自喜峰口迤西，大安口迤东，拒敌之兵，悉已诛戮。其汉儿庄一带归顺人民，秋毫无犯。但取刍粮，饱我士马。今尔等若输诚来降，功名富贵，当与共之。尝闻良禽择木而栖，俊杰相时而动。尔等可不深念耶？至于民人，皆吾赤子，来归之后，自当加以恩养。昔辽东之民，既降复叛，我曾杀之，良用自悔。今图治更新，仁恩遍布，尔等当亦闻知，无俟予言也。我既大举兴师，岂肯中止，尔可速自审处，毋贻后时之悔。"

书写劝降书，是皇太极的拿手好戏。这里的"拒敌之兵，悉已诛戮。归顺人民，秋毫无犯"，可以看作皇太极进军明朝的基本政策。"尝闻良禽择木而栖，俊杰相时而动"，这句汉人耳熟能详的名句，很具蛊惑力。"若输诚来降，功名富贵，当与共之"，这不是随便说说的，前面数个城关降顺的官员，都一律得到了提升。"昔辽东之民，既降复叛，我曾杀之，良用自悔。今图治更新，仁恩遍布"，这是对努尔哈赤时期，辽东杀降错误政策的公开检讨。

后金军大举攻入长城以内，逼近遵化城。消息迅速传到驻守宁远的袁崇焕耳中。明朝督师袁崇焕焦急万分，急派山海关总兵赵率教救援遵化。赵率教亲率刘姓、王姓副将及参将游击九员，以精兵四千人，三昼夜急驰三百五十里，救遵化之危。贝勒阿济格等率左翼四旗兵及蒙古兵，与明兵恶战，赵率教被后金贝勒阿济格斩于马下，副将参游等官俱就戮。明援军大败。三贝勒莽古尔泰生擒明中军臧调元，来见皇太极。皇太极说道："可收养之。养人，后必有效。"于是，下令凡是薙发放下武器的兵士，都一律收养，并放他们回原籍。罗文峪关之守备李思礼携带粮册来降，将其升为游击。

总之，后金军极为注意俘虏政策的落实。

皇太极对遵化巡抚王元雅进行劝降，王元雅坚不投降。皇太极决定攻城。攻城之前，制定了详细的攻城方略。《皇清开国方略》记道："太宗召集贝勒大臣，定议攻城，授以方略。正黄旗攻北面之西，镶黄旗攻北面之东。正红旗攻西面之北，镶红旗攻西面之南。镶蓝旗攻南面之西，正蓝旗攻南面之东。镶白旗攻东面之南，正白旗攻东面之北。"

十一月初三日黎明，皇太极下令攻城。八旗兵从八个方向勇猛地进攻城堡。正白旗兵萨穆哈图英勇顽强，首先登上城墙，"诸军继之"。经激烈战斗，"遂克其城"。巡抚王元雅走入官署，"自绝死"。皇太极命以棺木装殓其尸体，以示尊重。城中官兵人民等抵抗者，"尽杀之"。占领了遵化，就打开了进攻北京的通道。

攻占遵化城后，皇太极驻扎于此，进行短暂休整。在此，皇太极做了三件事。

第一件事，探视伤员。十一月初四日，皇太极听说副将伊逊攻打城堡时，敌炮伤到了他的手部，伤势颇重，特意亲自探视。

第二件事，再发上谕。皇太极又听说，罗文峪关被从征的蒙古军所扰害，很是气愤。当即决定用蒙古字、汉字双字体，急切传达上谕，告诫从征蒙古军遵纪守法。谕曰："朕会师征明，志在绥定安辑之。凡贝勒大臣，有掠归降地方财物者，杀无赦；擅杀降民者，抵罪；强取民物者，计所取之物，倍偿其主。朕方招徕人民，若从征之人，横行扰害，是与鬼蜮无异。此而不诛，将何以惩。贝勒大臣等，尚其仰体朕心，广宣德义焉。"

皇太极作为统帅，总是把军队纪律放在极其重要的地位。其中"朕方招徕人民，若从征之人，横行扰害，是与鬼蜮无异。此而不诛，将何以惩"，将违犯军纪者等同"鬼蜮"，说明皇太极对其极端痛恨，决心断然诛之。

第三件事，奖励将士。攻占遵化，皇太极非常高兴，他说："我军年来，皆怯云攻城。此城较前所攻之城更坚，萨穆哈图奋勇先登，殊可嘉也。"其先，努尔哈赤攻打宁远，皇太极攻打宁锦，都无功而返。这次攻打遵化，终于如愿以偿。皇太极出了一口恶气。他决定抓紧时间，在前线对攻城将士予以嘉奖。《皇清开国方略》记道：

喀克笃礼，造攻具如法，且亲督本旗兵先登，由三等总兵官擢为二等总兵官（即今二等子）。

巴笃礼，指麾本旗兵，攻城有方，由三等游击擢二等游击（即今二等轻车都尉）。

和勒多初袭其兄攸德赫参将职，后以罪革。至是，以署参将攻遵化城，善射，使所属兵先登。令仍袭其兄参将职（即今一等轻车都尉）。

绥和多，率兵先八旗兵进，由备御擢三等游击（即今三等轻车都尉）。

萨穆哈图,先八旗兵登城,授为备御(即今轻车都尉)。世袭罔替,有过失,俱行赦免。家贫即周恤之。赐号巴图鲁,与喀克笃礼、巴笃礼并。亲酌以金卮,赐蟒缎及驼马。

扈什布,第二登城,亲酌以银卮。与第三登城之多礼善合授备御(两人共管一佐领下人户)。

茂巴礼第四登城,并赐段(缎)布马牛。

乌鲁特蒙古阿海先登,因后兵不继阵亡,授其父阿邦为备御,赐蟒缎一,段(缎)十九,布二百,马牛各十。

《清太宗实录》记载此事,更加详尽。其文记道:

己丑(十一月初八日),上集诸贝勒大臣,论克遵化城功,分别升赏。

正白旗固山额真三等总兵官喀克笃礼,造攻具如法,且亲督本旗兵先登,擢二等总兵官。上召至御前,亲酌以金卮。赐骆驼一,蟒缎一,缎九。

三等游击巴都礼,指麾本旗兵,攻城有方,擢二等游击。上亲酌以金卮。赐缎五。

贺尔多(和勒多)先袭其兄尤德赫(攸德赫)参将职,后以罪革。尤德赫幼子承袭。至是,贺尔多以署甲喇同攻遵化,因善射,使本甲喇兵先登,令仍袭其兄参将职。上亲酌以金卮。赐缎五,布二十。

备御随和多(绥和多),率本甲喇兵,先八旗兵进,擢三等游击。上亲酌以金卮。赐缎十,布五十,马一,牛一。

伊拜牛录下萨木哈图(萨穆哈图),先八旗兵登城。上召至御前,亲酌以金卮,以白身授为备御。子孙世袭不替。有过失,俱行赦免。家贫即周济之,赐号巴图鲁。赐骆驼一,蟒缎一,缎十九,布二百,马十,牛十。

伊拜牛录下扈什布,第二登城,酌以银卮。赏蟒缎一,缎十四,布一百五十,马八,牛八。

多礼善,第三登城,赏蟒缎一,布一百,马六,牛六。

扈什布、多礼善二人,共授一备御职。

伊拜牛录下毛巴礼(茂巴礼),第四登城,赏缎二,布二十。马二,牛二。

蒙古兀鲁特部落明安贝勒下阿邦子阿海先登,因后兵不继阵亡。赏蟒缎一,缎十九,布二百,马十,牛十。授其父阿邦为备御。

这里嘉奖的除军官外,还突出地奖励了士兵,树立了四位战斗英雄,即巴图鲁,巴图鲁就是英雄、勇士的意思。第一登城的萨穆哈图、第二登城的扈什布、第三登城的多礼善、第四登城的茂巴礼,都受到特殊重奖。既有精神奖励,也有物质奖励。都一律从士兵提升为军官,同时给予优厚的物质奖赏。尤其是第一登城的萨穆哈图,除提升为备御外，更是破格予以"世袭罔替，有过失，俱行赦免。家贫即周恤之"的待遇。同时，授予勇号巴图鲁，同二等总兵官喀克笃礼和二等游击巴笃礼之勇号并列。皇太极认为，榜样的力量是无穷的。他在伐明的初期，就有意识地树立多谋善断的军官和英勇善战的士兵典范，供广大官兵学习效法。

对于第一号战斗英雄萨穆哈图，皇太极牢记于心，并一直予以关注。据史载，在皇太极攻占永平县后，曾就萨穆哈图再一次冲上前线，勇敢战斗的安全问题，做了明确的具体指示。谕曰："（天聪四年二月辛亥朔）贝勒大臣曰，昨攻取永平城副将阿山、叶臣与猛士二十四人，冒火奋力攻城，乃我国第一等骁勇人。蒙上天眷佑，幸俱无恙，朕甚爱惜之。前以巴图鲁萨穆哈图，攻遵化城先登，骁勇出众，已有旨，后遇攻城，勿令再登。及攻昌黎县，萨穆哈图又复预焉。朕心怆然。自后此等骁勇建功之人，但当令在诸贝勒大臣左右，督众并进。如彼欲率先攻城，当阻止之，以副朕爱惜材勇之意。"

皇太极是真心爱惜、爱护人才。不仅有嘉奖，还有惩处。"攻遵化竖梯时，有二兵退回，为后队督阵官所获，奏闻。上命斩以徇"。对待临阵退缩的后金两名士卒，皇太极痛下决心，命令斩杀。

嘉奖完毕，皇太极动情地即席发表了演说。上谕群臣曰："顷因克遵化，各旗大臣至登城士卒，俱以次赏赉者，非以大臣等身自登城也。嘉其督率尽善、备具坚固耳。嗣后视此为例，朕与尔等，经历险远，艰苦至此。已蒙天佑，克奏肤功。诸臣尤宜加意约束所属人员，爱士卒，如子弟。则所属士卒，亦视尔等如父母。平时克遵教令，临阵必竭诚效命，不违纪律矣。倘各旗大臣不加训饬，以致妄行不诛，则纪律废弛，而为恶者益炽。诛之，则曾经效力之兵，而以无知蒙罪，又实可悯。尔等有管兵之责者，当勤加教训，以副朕意。"

这里说明嘉奖军官是因为"督率尽善、备具坚固耳"，是指挥得法，准备到位，不是因为你亲自登城。军官需要的是智慧，而不仅仅是勇气。并进一步强调军纪的重要性，军官要"尤宜加意约束所属人员"，除平时的政治思想教育，即"勤加教训"外，还要对违犯军纪者，量罪"诛之"。二者不得偏废。

皇太极的严格军纪、优降俘虏的政策，再次显示出巨大的威力。十一月十一日，长城重要关口喜峰口降顺。《皇清开国方略》记道："壬辰（十一日），明喜峰口参将千总二员、把总二员，赍降书至。给敕谕及令旗，禁戒蒙古扰害汉人。赐参将段（缎）二十，把总各段（缎）一。从者各段（缎）袍一。"

不费一枪一弹，轻松地拿下喜峰口关。这是皇太极优降俘虏政策的又一次胜利。

十一月十一日，皇太极亲率大军，向燕京进发。先是，命令参将英固尔岱、游击李思忠、文馆儒臣范文程，统备御八员、兵八百人，留守遵化。皇太极率军在距离遵化二十五里处扎营。

十一月十三日，大军至蓟州。以书信谕蓟州城内官民投降，蓟州降。

十一月十四日，大军抵三河县。擒获一名汉人，让他持书入城招降。

十一月十五日，命左翼三贝勒莽古尔泰及贝勒多尔衮、多铎、杜度、萨哈廉、豪格等，率兵三千先赴通州，探视通州河之渡口。皇太极随后自三河县起营，行走二十里，前哨捕获一名汉人，送到皇太极前。经审问，得知宣府、大同两镇总兵，现在都在顺义县。这是一条重要情报。皇太极立即命令贝勒阿巴泰、岳托，率领左翼两旗及蒙古两旗兵，前往截击，以免他们救助北京。经过一场激战，击败了总兵满桂、侯世禄之军队，俘获马千余匹，驼百余头。顺义知县知道抵挡不住后金八旗兵的攻势，于是"率众来降"。

自此，八旗军顺利攻占了遵化、蓟州、三河、顺义、通州诸地。于是，皇太极至通州，渡河，驻扎在通州城北。通州距北京近在咫尺，对北京构成巨大威胁。此时，皇太极发动了政治攻势，发布谕旨，传谕各城曰：

满洲国皇帝，谕绅衿军民知悉。我国素以忠顺守边。叶赫与我，原属一国。尔万历皇帝，妄预边外之事，离间我国，分而为二。曲在叶赫，而强为庇护。直在我国，而强欲戕害。屡肆欺凌，大恨有七。我知其终不容也。用是昭告于天，兴师致讨。天佑我国，先赐我河东地。我太祖皇帝，思戢干戈，与民休息，遣人致书讲和，而尔国不从。既而，天又赐我河西地。我复屡次遣使讲和，尔天启皇帝、崇祯皇帝仍加欺凌，使去满洲国皇帝帝号，毋用自制国宝。我亦乐于和好，遂欲去帝称汗。令尔国制印给用，又不允许。以故我复告天兴师，由捷径而入，破釜沉舟，断不返旆。夫君臣者，非牧民之父母耶？尔明之君臣，视用兵为易事，漠然不以爱民为念，不愿和好，而乐兵戈。今我军至矣，用兵岂易事乎？凡尔绅衿军民，有归顺者，我必加抚养。其违抗不顺者，不得已而诛之。此非余诛之，乃尔君自杀之也。若谓我国偏小，不宜称帝。古之辽金元，俱自小国而成帝业，亦曾禁其称帝耶？且尔朱太祖昔曾为僧，赖天佑之，一俾成帝业。岂有一姓受命，永久不移之理乎？天运循环，无往不复。有天子而废为匹夫者，亦有匹夫而起为天子者。此皆天意，非人之所能为也。上天既已佑我，尔明朝乃使我去帝号，天其鉴之矣。我以抱恨之故兴师。不知者，以为恃强征讨，故此谕之。

皇太极的这道上谕，旨在强调其发动征明战争的合法性。其最大的理论根据，是上天的支持。他高扬的理论旗帜是"天运循环，无往不复"。不是我皇太极想要征服你们，是老天命我这样做，"此皆天意，非人之所能为也"。皇太极振振有词地反诘道：

"岂有一姓受命，永久不移之理乎？"又调侃地揭露说："且尔朱太祖昔曾为僧，赖天佑之，俾成帝业。"其实，你们的老祖宗朱元璋，原先也不过只是一个秃头和尚而已。和尚能够夺天下，我们难道不如一个和尚吗？

十一月十七日，皇太极大军起行。一路势如破竹，很快占领了北京郊外二十里之牧马厂，扎营于此。其管马太监两名及三百余人出降。这两位管马太监，后来知道，就是马房太监杨春、王成德。他们二人不能小觑，由于他们的告密，导致大将袁崇焕的人头落地，从而祖大寿降清，历史改写。

二十日，大军再次启行，逼近燕京，驻扎于城北土城关之东，两翼兵驻扎于城之东北。

皇太极对北京城虎视眈眈，北京城岌岌可危。

北京城俨然一个不设防的城市。城外大兵压境，城内乱作一团。崇祯帝宣布京师戒严，急调全国各地兵马来京。并传谕袁崇焕"多方筹划"，以解倒悬。袁崇焕不敢懈怠，急调手中的兵马，从各个方面堵截后金军。他自己也率兵回返蓟州。但是，这个时候，北京城内却散布着一个败坏袁崇焕名声的传言，说他有意引导后金军进京。而袁崇焕在通州又没有同后金军交战，使人们更加怀疑袁崇焕的动机。谣言肆意传播，崇祯帝也对袁崇焕充满了戒备心理。然而，对此袁崇焕竟浑然不觉。

十一月十六日，袁崇焕生怕后金兵逼近京师，仅率领骑兵九千，以两昼夜行三百里的速度，由间道急抵北京城广渠门外扎营。此时，后金兵亦兵临城下。后金兵发起攻击，袁崇焕躬擐甲胄，督军力战。二十二日，皇太极率领诸贝勒，环阅北京城。二十四日，皇太极徙营屯南海子。二十六日，进兵距离城墙二里时，发现袁崇焕、祖大寿的部队，在城东南角扎营，树立栅木为障碍，阻挡后金军。皇太极轻骑巡视说："路隘且险，若伤我军士，虽胜不足多也。"诸贝勒屡次请求攻打城堡，皇太极坚决拒绝，深情地说道："朕仰承天眷，攻城必克。但所虑者，倘失我一二良将，即得百城，亦不足喜。朕视将卒如子。尝闻语云：子贤，父母虽无积蓄，终能成立；子不肖，虽有积蓄，不能守也。此时正当善抚我军，蓄养精锐耳。"

这就是皇太极的人才观。他视才如命，爱惜有加。于是，便停止了进攻。

袁崇焕是大名鼎鼎的抗战派，并握有强悍的武装力量，成为后金灭明的最大障碍。但此次率兵到京后，崇祯帝对他却心存疑虑，与其虚与委蛇。虽几次召见，赏赐御馔及貂裘，但却拒绝其部队入城休整。

与此相配合，后金汗皇太极却导演了一场无中生有的反间计，借敌人之手除掉自己的敌人。《清太宗实录》记载了这个反间计。记载的目的是为了宣扬皇太极反间计的成功。文曰："先是，获明太监二人，令副将高鸿中、参将鲍承先、宁完我、巴克什达海，监守之。至是还兵。鲍成先遵上所授密计，坐近二太监，故作耳语云：今日撤兵，乃上计也。顷见上单骑向敌，敌有二人来见上，语良久，乃去。意袁巡抚有密约，此事可立就矣。杨太监者，佯卧窃听，悉记其言。庚戌（十一月二十九日），纵杨太监归。后闻杨太监将高鸿中、鲍成先之言，详奏明主。明主遂执袁崇焕入城，磔之。锦州总兵祖大寿大惊，率所部奔锦州，掠夺民物，毁山海关而出。"

这是说，先是，后金大军屯南海子时，俘虏了明朝提督大坝马房太监杨春、王成德，便指派副将高鸿中、参将鲍承先、宁完我、巴克什达海等监收。明末，太监受到宠幸，是皇帝的心腹。高鸿中、鲍承先按照皇太极的"所授密计"，夜里回营，坐在两个太监睡觉的地方，故作耳语道："今日撤兵，乃上计也。顷见上单骑向敌，敌有二人来见上，语良久，乃去。意袁巡抚有密约，此事可立就矣。"语言简短，含义深长。它暗示袁崇焕已与这位金国汗皇太极有密约，攻取北京"可立就矣"。太监杨春"佯卧窃听，悉记其言"。二十九日，高、鲍又故意放跑杨太监。杨太监回到朝廷，以重大军情为由，报告给崇祯帝，把高鸿中、鲍承说的话都详细地报告了崇祯帝。崇祯帝朱由检，深信不疑。

十二月初一日，刚愎自用的崇祯帝以"议饷"的名义，再次召见袁崇焕、满桂、祖大寿等。袁崇焕急忙赶至平台。袁崇焕喘息未定，崇祯帝当即质问袁崇焕，以前为什么擅杀毛文龙，现在为什么进京逗留不战。因事发突然，袁崇焕毫无准备，一时语塞。崇祯帝当即下令将其逮捕，交付锦衣卫关押听勘。时逢阁臣成基命在侧，感到崇祯帝此时下令逮捕袁崇焕不妥，当即叩头犯颜直谏，请皇帝慎重而行。崇祯帝朱由检自负地说道："慎重即因循，何益！"成基命深感事态严重，再次叩头，请皇帝三思："兵临城下，非他时比！"崇祯帝执迷不悟，我行我素，还是坚持己见，逮捕关押了前方主帅袁崇焕。

接着，崇祯帝采取了一些补救措施，借以安定前线将士。令太监车天祥慰问辽东将士；命满桂统率各路援兵，节制诸将；谕马世龙、祖大寿分理辽东兵马。年轻的崇祯帝，自以为得计。

总兵官祖大寿眼见崇祯帝下令逮捕袁崇焕，如晴天霹雳，不知所以。他与崇祯帝虚与委蛇，表面答应。而后，他奔出险地平台，同副将何可纲一起，率领辽东将士，毁弃山海关，杀回老家宁远。崇祯帝逼反了祖大寿。

接下来，崇祯帝发布谕旨，指责袁崇焕，谕曰："袁崇焕自认灭胡，令胡骑直犯都城，震惊宗社。夫关宁兵将，乃朕竭天下财力培养训成，远来入援。崇焕不能布置方略，退懦自保，致胡骑充斥，百姓伤残，言之不胜悔恨。今令总兵满桂总理关宁兵马，与祖大寿、黑云龙督率将士，同心杀敌。各路援兵，俱属提调。仍同马世龙、张弘谟等设奇邀堵。一切机宜，便宜行事。"

就这样，袁崇焕由昔日的殿上臣，变成今天的阶下囚。世事无常啊！

明崇祯三年，天聪四年（1630年）八月十六日，明廷以"通虏谋叛""失误封疆"等罪名，毅然将率师入卫北京的袁崇焕处以磔刑，其家产没收入官，兄弟、妻子流放三千里。

袁崇焕之死实是一桩历史冤案。奸臣得势，忠臣被害。黑白颠倒，忠奸混淆。明朝崇祯时期，君昏臣奸，朝政紊乱。这给皇太极以可乘之机，使其反间计大行其道，最终导致明朝忠臣袁崇焕离世。这也反证了皇太极高度的智慧与高超的手段。袁崇焕冤死，奸臣当道，国事日非。清人评论说："自崇焕死，边事益无人，明亡征决矣。"

袁崇焕下狱，祖大寿大惊，急率所部毁山海关，奔锦州。袁军听此噩耗，顿时走散一万五千余人。北京永定门南，明朝军与后金军进行了残酷的肉搏战。明朝军以满桂、黑云龙、麻登云、孙祖寿四总兵率领的四万步骑兵，同后金军厮杀，满桂等三十余名军官战死，明朝军失败。这时，后金诸将争请攻打北京城。皇太极笑着说："城中痴儿，取之若反掌耳！但其疆域尚强，非旦夕可溃者，得之易，守之难，不若简兵练旅，以待天命可也。"

于是，皇太极留下一封答复崇祯帝的请和信后，率军离京东归，连下遵化、永平、滦州、迁安四城，留兵据守，其余众军返回沈阳。

不久，就发生了后金军围困大凌河城的攻坚之战。

袁崇焕冤死。但是，一年前，他下令杀了毛文龙。毛文龙的部下无所归依，终至星散。最著名的几个部下，几经周折，还是投向了后金国。这当然和天聪汗皇太极的优降政策有很大的关系。孔有德、耿仲明、尚可喜就是在这个正确的优降政策的感召下，投向后金国的。孔有德、耿仲明、尚可喜，后来成为三顺王。

清太宗率军进围北京，是后金兵进关的第一次大演习。它不仅使这支铁骑得到长途行军作战的训练，而且也获得了与明朝主力会战的经验，因而增强了夺取全中国的雄心。太宗利用这次进兵，巧妙地施展反间计，假崇祯之手杀死他最嫉恨的袁崇焕，为后金铲除了一个劲敌。在当时和其后很长时间，人们一直认定袁崇焕资敌通敌，死有余辜。直到清入关后修清太宗实录时，真相才大白于天下，袁崇焕冤死才得以昭雪。太宗设计杀袁崇焕，再联系到袁崇焕安杀毛文龙，这一套纵横捭阖可称为"连环计"，足以显出太宗出类拔萃的军事和政治本领。

（三）攻大凌河

清太宗率大军东归不久，明朝兵部尚书、大学士孙承宗督理军务，重新组织力量，

大清十二帝

清太宗皇太极

只用十几天工夫，就收复了后金兵占领的永平、遵化、滦州、迁安四城，拔除插在京师脊背上的四颗钉子。孙承宗收复关内四城以后，于崇祯四年（天聪五年，1631年）正月东出巡关，准备重新整备关外的防务。辽东巡抚丘禾嘉提出应修复广宁、义州、右屯。孙承宗认为，广宁离海一百八十里，距辽河一百六十里，陆上运输很艰难。义州地方偏居一隅，离广宁远，一定得先占有右屯，聚兵积粟，才能渐渐逼广宁。但右屯城已被摧毁，修筑后才能守。筑此城，敌兵一定会来攻，所以又必须恢复大、小凌河两城，以接连松山、杏山、锦州等城。经崇祯批准，决定先把大凌河城修复起来。该城全称叫大凌河中左千户所，位于锦州东三十多里，属锦州守备管辖，建于宣德年间，周长三里，嘉靖时又有所增修。在明清战争中，它是锦州的前哨阵地，几经战争破坏。这次经孙承宗提议，决定再次修复。这年七月，总兵祖大寿、何可刚及十余员副将率兵正式动工重建。

丢失永平四城的阿敏率败军刚回到沈阳，太宗就得知明兵在大凌河筑城的消息。他毫不迟疑地昼夜催调各军包括蒙古兵，由他率领前往攻城，不给明朝修筑和加固防线的任何机会。据他所知，明朝"精兵尽在此城，他处无有。"攻下此城，也便消灭了明朝的有生力量。他说，如果"坐视汉人开拓疆土，修建城郭，缮治甲兵，使得完备，我等岂能安处耶！"七月二十七日，太宗率军离沈阳西行，第二天，渡过辽河，召集众将领，宣布军纪：凡俘虏之人，勿离散其父子、夫妇，勿裸取其衣服，当加意抚恤。他嘱咐诸将：为将帅之道，在于申明法令，抚驭得宜，就会使人人奋进，争立功业。

八月一日，大军驻旧辽阳河，蒙古各部落率兵来会，举行酒宴，为他们远道而来洗尘慰劳。在这里兵分两路：一路由贝勒德格类、岳托、阿济格等率兵二万，经由义州，屯驻于锦州与大凌河之间；一路由太宗率领经由白土场，趋广宁大道，约定六日两军会于大凌河城。

大凌河城从七月中旬左右动工修复，到这时才只有半个多月。辽东巡抚丘禾嘉自作主张，同时修复右屯城，分散了人力和物力，结果大凌河城雉堞仅修完了一半，就仓促闭门拒战。城中原有官兵一万六千零二人，后派出买战马及守宁远的共二千二百人，实际人数是一万三千八百零二人，夫役商贾约一万多人，全城共计三万余人。六日夜，后金兵两路汇合后，开始围城。太宗总结以往的教训，认识到，至少在目前，攻坚不是后金的长处，这次改为围而不攻，迫使城内粮尽援绝而投降。他指示作战方略说："攻城恐士卒被伤，不若掘壕筑墙以困之。彼兵若出，我则与战，外援若至，我则迎击。"兵力部署如下：

正黄旗固山额真冷格里围北面之西侧；镶黄旗固山额真、额驸达尔汉围北面之东侧；阿巴泰居后策应。

正蓝旗固山额真觉罗塞勒围正南面，莽古尔泰、德格类在后策应；镶蓝旗固山额真篇古围南面之西，济尔哈朗在后策应；蒙古固山额真吴内格围南面之东侧。

正白旗固山额真喀克笃礼围东面之北侧，多铎在后策应；镇白旗固山额真伊尔登围东面之东侧，多尔衮居后策应。

正红旗固山额真、额驸和硕图围西之北侧，代善居后策应；蒙古固山额真鄂本兑围正南面；镶红旗固山额真叶臣围西面立南侧，岳托居后策应。

蒙古各贝勒自率本部兵围其隙缝处。

城四周部署主攻与策应，实际上等于安置两重兵力，而蒙古兵为机动，居间进围。这次用兵与往次不同，不仅战术有了变化，而且还掌握了相当数量的大炮，这就大大提高了后金兵的战斗力，初步改变了过去挨轰挨打的局面。从这年开始，后金已经能够独立制造大炮，还有从明兵手中夺取来的，投降带过来的，大炮的数量也不算少了。为此，太宗在各旗成立一个炮兵营，各配备红衣炮和大将军炮计四十门。这次围大凌河城，太宗首次携带大炮，命令额驸佟养性率领汉兵，把大炮安放在通往锦州的大道上，堵截明朝援兵。

以上各旗绕城及侧重西面防明锦州援兵，共托营盘四十五座，周围绵延五十里，他们各在自己防区环城挖掘大小四道壕堑：一道深宽各丈许，一道环前道壕再挖一条宽五尺、深七尺五寸的壕，铺上秫秸，覆盖上土。据此壕五丈远的地方筑墙，高丈余，墙上加垛口，远看如一道城墙。各旗还在自己营地周围挖掘一道拦马小壕，深宽各五尺。太宗发布命令：各旗将士严守阵地，不许放一人出城。他自己则整天高坐城南山冈，时刻注视城内动静。

这一套严密的围困工事，称得上水泄不通，风雨不透，表明太宗此次用兵志在必胜的决心。连明人也惊叹不已："逆奴围凌，连控四壕，湾曲难行，器具全备，计最狡矣！故虽善战如祖大寿，无怪其不能透其围。"此围"封豕长蛇，其毒螫乃至于此。"困守在城里的明将祖大寿等起初还不时地出动数十人、几百人的小股部队，或企图出城收割庄稼，或为骚扰，或作试探性地突围，都被后金兵给打了回去。有一次，太宗用计，把后金兵伪装成明援兵，引诱他们出城。祖大寿不知是计，果然率兵出城，中了埋伏，被杀得大败。祖大寿吃了多次亏，从九月下旬以后，再也不敢出战，总是城门紧闭。祖大寿唯一的希望是，朝廷能派大军来解救他们。的确，朝廷也做了最大的努力。八月十六日，太宗围城才十天，松山城出动明兵两千前来支援。二十六日，辽东巡抚丘禾嘉与总兵吴襄、宋伟合兵六千赴援，与清兵大战长山（大凌河城东南）、小凌河间，被逐回锦州。九月十六日，太宗率军出击锦州，断绝对大凌河城的增援。至中途，他令众军暂停前进，带二百名亲兵到前边侦察。他沿着山脚，悄悄前行，等行至小凌河岸，突然与刚出城的锦州六千明兵遭遇。太宗刚穿戴铠甲，率二百名亲兵飞马过河，直冲明兵。明兵阵营大乱，纷纷掉头逃窜。太宗分军五队，直追到锦州城下。吴襄、宋伟出战不胜，退回城里。二十四日，朝廷终于派监军张春会同吴襄、宋伟率战将百余员，马步兵四万余来解大凌河之围。过了小凌河，东进五里，筑垒列车营。后金兵扼守长山，明援兵不得进。二十七日黎明，明兵拔营，向大凌河城推进，在离城十五里的长山与后金兵接战。太宗亲率两翼骑兵直冲敌营，飞矢如雨；佟养性指挥汉兵发射大炮、火箭，明兵也以枪炮还击，霎时间，枪炮声、呐喊声交织在一起，声震天地。明兵挡不住飞驰而至的后金骑兵的冲击，吴襄营先乱，溃不成军。接着其他营也乱了套，纷纷溃逃。太宗预先在其归路埋伏精锐，凡逃经此路的明兵悉被歼灭。此役，张春和副将张洪谟、杨华征等三十三员将官被活捉，副将张吉甫、王之敬等死于交战，吴襄、宋伟等一小批将领侥幸逃脱。这次战役后，明朝再也没派援兵到来。

援兵已绝，祖大寿和他的守城将士又面临着粮尽的严重危险。围困已两个月，城里储备的粮食眼看就要吃光，兵士宰杀战马充饥，马无草料，大批倒毙。老百姓更惨，他们很早就断了粮，成百上千的人都饿死了，勉强活着的人抢食死者身上的肉，用人骨当柴烧，所谓"炊骨析骸，古所没有。"有个叫张翼辅的，从城里逃出，诉说城里的惨状：粮食已经吃光了，先杀工役而食，现在又杀兵丁食之，军粮已尽，唯有大官还剩米一二升而已。

在严密封锁中，太宗不断发动"政治"攻势。围城一开始，他就写信给祖大寿，劝他投降。其时，祖大寿在辽东有一个很大的封建家族，人口众多，家业豪富，权势显赫，毫无降意。太宗责令阵获得明将二十余人给他写信劝降，他本人还写了三封，一起送到城里，但祖大寿仍不投降，对来使说："我宁死于此城不降也。"他之所以不降，就是担心后金随意杀人，顾虑身家性命，表示不相信太宗的话。太宗马上写信解释，说从前杀辽东人实有其事，我甚为痛悔，现在再也不妄杀一人，一律加以收养。二贝勒阿敏在永平屠戮汉官民，是他个人犯的罪行，已将其幽禁惩处。我愿与你及诸将军共事，故以肝膈之言，屡次相告。拖到十月中旬，"城内粮绝薪尽，兵民相食，大寿等力竭计穷"，才定下了投降的决心。二十五日，祖大寿派他的儿子祖可法到后金营中为人质。一见面，济尔哈朗、岳托都起立，扶住祖可法，不让他下拜，说："我们前此对垒是仇敌，现在已讲和，都是兄弟，何必拜？"以满族较高的抱见礼相待。他们问祖可法："你们死守空城是何意？"祖答："因为你们屠杀降民，所以迟疑。"岳托说："杀辽东民是太祖时的事，我们也不胜追悔。杀永平兵民是二贝勒阿敏干的，已受到处分。这些事与今汗毫无关系。"经过信使往来谈判，打消了祖氏父子和诸将的疑虑，有关投降事宜都已谈妥，只有副将何可纲反对投降。二十八日，祖大寿命逮捕，让两名士兵把他架出城外，当着后金诸将的面斩首，何可纲脸色不变，不说一句话，含笑而死。然后，祖大寿派四员副将、二员游击到后金营，代表他和副将张存仁等三十九名将官与太宗及诸贝勒举行盟誓。当晚，祖大寿亲自到太宗御营见面。太宗特别高兴，派诸贝勒出迎一里，他则出幄外迎接，不让祖大寿跪见，而以抱见礼优待，还让他先入幄，他不敢，谦让后，太宗和他并肩入幄，极示尊敬之意。里边已摆好了丰盛的宴席，太宗亲自捧金卮酌酒给祖大寿，把他穿用的黑狐帽、貂裘、金玲珑、缎靴、雕鞍、白马等一大堆珍贵物品赏给了祖大寿。祖大寿感激不尽，以妻子尚在锦州，请求允许他回去设计智取锦州。太宗当即同意。十一月一日晚，祖大寿带二十六人，渡小凌河，徒步去锦州，大凌河城方面故意炮声不绝，作交战及追赶的声势。守锦州的丘禾嘉与宋襄、中官李明臣、高起潜闻炮声，发兵支援，半路上正与祖大寿相遇。他假称突围逃还，丘禾嘉信以为真。但他一去不复返，其子侄都留质于后金，也在所不顾了。十年后，锦州战役时他才真投降。

　　祖大寿走后，后金兵开进大凌河城。原先全城兵民共三万多人，此时止存一万一千六百八十二人，马只剩下三十二匹。三日，太宗举行盛大宴会，招待大凌河城归顺将官，宴后，令他们较射。

　　九日，太宗下令班师，他的八旗将士满载战利品，凯旋沈阳。撤军前，将大凌河城完全摧毁，只剩下城基，变成一片废墟。大军连续撤了三天，到十三日才撤完。这次围困达三月余，获得了完全的成功。此役消灭了明朝在关外的精锐，使其军事力量遭到严重损失。同时，太宗耐心地招降了张存仁等数十名明将。他为得到一批人才而感到心满意足。这在他看来，是比得到一座城池更为重要的收获！

（四）入口之战

　　大凌河围城战役结束后，太宗把注意力转向蒙古察哈尔，率军亲征，暂时放松对明朝的大规模征伐。过了两年，到天聪八年（1634年），太宗又发动了远袭明朝宣府、大同的战役。因为这次战役主要是在沿长城内侧一带进行的，所以称之为"入口之战"

　　这年五月十一日，太宗召集诸贝勒大臣，征求他们对征明的想法。他说：现在我打算征明，应当由哪条路进兵？贝勒大臣回答说：应从山海关入。太宗听了他们的回答，却提出了相反的意见："今兴大兵宜直抵宣（府）、大（同）。察哈尔先为我败，举国骚然，贝勒大臣将来归我，必遇诸途。我一则征明大同，一则收纳察哈尔来归官民。"太宗不走山海关，除了要在中途收拢察哈尔余部，还有一个原因，就是山海关明兵防守很严，不易通过。相比之下，宣、大一带的关口成了薄弱环节。宣府本是秦汉时上谷郡。明初，在此设开平卫，与辽左互为唇齿。该地形势险要，"紫荆（即紫荆关,在河北满城北)控其南,长城枕其北;居庸(关)左峙,云中右屏;内拱陵京,外制胡虏,西北一重镇也。"大同是秦汉时云中郡,明初设大同府,太祖封其一子为代王居此。自古这里是"用武之地","华夷互争疆场所必守者也。"这两处重镇都以防御和控制北方游牧民族而为历代兵家所重视。明朝为阻止"北虏"(即蒙古)南下,筑城堡,派重兵,宣府号称"北门之势于今为壮矣",大同"亦称金汤"。但到了明末,这一地区边备大坏。一方面,蒙古的不断侵袭破坏;一方面,为对付后金新的威胁,明被迫抽调宣、大之兵专力经营宁、锦至山海关一线的防务,致使宣、大一带塞垣空虚,岌岌可危。太宗选择宣、大作为军事行动的突破口,从战略上说,就是避实击虚,攻其不备。大同离京师稍远,宣府与京师仅距三百余里。太宗突袭这两个重镇,不仅给京师造成直接军事威胁,而且足以产生动摇明朝统治的政治影响。诸贝勒大臣囿于陈规习见,考虑问题远不及此。他们当然都很赞成太宗深谋远虑的计划。于是,太宗第二次绕开山海关防线,长途跋涉数千里,展开对明朝新的打击。

五月二十二日,清太宗率大军离沈阳西行,渡辽河,到达都尔鼻,蒙古诸部率军来会。为适应远程行军和奔袭的需要,骑兵占了多数。从这里继续向西进军,进入内蒙古。果如太宗所料,察哈尔余部纷纷遇于途,络绎不绝归向后金。

在行军途中,太宗把他的部队陆续分成四路前进:

六月二十日,命德格类率军一支进独石口,会大军于朔州(山西朔县)。

六月三十日,遣代善和他的儿子萨哈廉、硕托入得胜堡。

七月五日,令阿济格、多尔衮、多铎入龙门口。太宗自率一军从尚方堡(或作上方堡、膳房堡)入口,经宣府趋应州(山西应县)至大同。

按太宗计划,四路军于七月八日分别破关口而入。他这次用兵,不在于得城池、土地,主要目的,是掠取明朝财富,消耗明朝经济与军事实力。一个被明兵俘获的后金侦探供认;后金"不攻城池,只在各村堡抢掠。"对于城镇能攻取即攻取之,一时攻不下即放弃,转而去别处。太宗入口后,奔向宣府,被明兵大炮击退,转向应州,包围后攻取成功。阿济格从龙门口入边,就攻龙门,没攻下,转攻保安州(河北涿鹿)。西路代善父子入边后,攻怀仁县没攻下,再攻井坪(山西平鲁)也没攻下。太宗指示他们攻朔州附近的马邑。东路德格类入边,陷长安岭堡,攻赤城不下,奔保安州,赴应州见太宗。出征前,太宗做了较充分的准备,他命每牛录出铁匠一名,携带锼五个、镩子五个、锹五把、斧头五把、锛子二个、凿子二个;每甲喇还备云梯二架,等等。这些器具除了用于修理武器,也用于攻城。在火器大量而广泛地应用于战场的情况下,这些东西不可能发挥积极作用。所以,后金兵一看到城坚炮利,就远远走开,躲到大炮的射程之外。

明朝在宣、大一带的防务十分空虚。鉴于以往的教训，明朝有关"申严边备之旨，盖无日不下，亦无地不周。至宣、大单虚，尤为圣明所注念。"当六月上旬，太宗行经内蒙古西进时，明朝就已得到情报，先后连连发下十余次旨意，其中指示宣、云等处"尤宜严备、固守"。六月中，又传下旨意：如被后金攻破，守官"立置重典"处死。旨意严厉，地方守官只当成耳旁风。"乃今奴（后金兵）四路纷来，至墙下而始觉"。兵部尚书张凤翼在给崇祯帝的报告中发出一连串的责问：敌人至边墙才发觉，那么侦探者干什么去了？"任（后金）游骑之抄掠，无能设伏歼除，所谓训练者安在？无事则若称缺饷，有警又自处无兵，组练无闻，袛动呼吁，所谓精锋者又安在？"虽然痛心疾首，朝廷大计却一样也得不到落实。守土的地方官和带兵的将官怯于同后金对阵，他们不敢出战，要么弃城逃跑，要么紧闭城门，看到后金兵来了，仅是发射大炮而已。有个南山参将叫毛镔，他奉命带部分兵士去永宁开会，但"四门紧闭不开"，他在城外与城上的张将官"接谈许久，并不开门。惧怕后金兵到如此地步，岂不叫人啼笑皆非！他们都向朝廷发出呼吁，请求援兵，声称："职等欲出城剿杀，贼势甚众，寡不相敌，用炮远打。"延庆（河北延庆）、保安"二州有民而军寡，势难对敌。"二州陷落，保安州知州阎生斗被杀。兵力不足，这也是实情，他们则以此掩饰自己无能怯战。崇祯和他的大臣的一次谈话提供了真实情况。阁臣王应熊说：八月初，后金二十来个骑兵在山西崞县掠获妇女小孩千余人，经过代州城下，望见城上自己的亲人，互相悲啼，城上守军却不发一矢，任后金兵从容过去。崇祯听到这里，气得直顿脚。王应熊接着又说：崞县陷落后，后金兵将城中财物捆载三百辆车而去。过了几天，地方官却向朝廷报告说，已收复此城。崇祯当即指令：凡与此事有牵连的官员一律治罪，由兵部核实上奏。

明朝内部种种腐败，不一而足。后金兵如入无人之境，在明朝的州府台堡之间往来穿梭。崇祯一看宣大之兵不顶用，急令宁远总兵官吴襄，山海关总兵尤世威率军二万分道驰援大同。同时，京师宣布戒严。足见太宗的这次入塞又给明朝造成了非常危险的形势，使它惶惶不安。

后金各路大军陆续会于应州，命诸贝勒攻克了代州，分道出攻：东路至繁峙（山西繁峙），中路至八角，西路至三垒。八月十三日，太宗也离应州赴大同，攻城五天，吴襄兵败，尤世威兵大战北门，稍得利。后金兵未攻下，就去攻西安堡，奔阳和。其他诸军先后攻克灵丘（山西灵丘）、崞县（山西崞阳县），攻忻州（山西忻县），明兵力守不下，攻保定竹帛口，千总张修兵败身死。后金礼部承政巴都礼在攻灵丘县王家庄时中箭而死。太宗到大同时，曾向明朝总兵曹文绍、阳和总督张宗衡提出了议和的建议。他们同代王的母亲杨氏一度也请求议和。但此事刚开始，他们就变了卦，还写了公开信挂在北楼口，策动后金内部的汉人、蒙古人"造反"。太宗到了阳和，针对他们的欺骗，给张宗衡写信，指斥明将虚诳无能，说："朕入境几两月，蹂躏禾稼，攻克城池，竟无一人出而对垒，敢发一矢者。"太宗约他们出城会战以决胜负，明将不置一词作答。八月二十七日，太宗率军离阳和，闰八月四日，攻下万全左卫（宣化西），斩守备常汝忠，歼灭明军千余人。七日，太宗率大军班师，从尚方堡出塞。因为接收和处理察哈尔余众耽搁不少时日，直到九月十九日，已经是初冬的时候，才回到沈阳。

清太宗第二次入塞，"蹂躏宣、大五旬（一旬为十天），杀掠无算。"其活动范围，以宣、大为中心，当在今河北西北部、山西北部，纵深几达山西中部，攻围大小城镇台堡凡五十余个。在饱掠之后，安然出口东去。尽管太宗宣布行军纪律，约束兵士，但它的目的之一，就是掠取明朝财物，使广大人民遭到严重损害。明朝的军队纪律很坏，从各地来大同的援兵包括辽兵，也给当地百姓造成了灾难。王应熊指出："彼（指后金兵）利子女玉帛耳，田禾未损。援兵屯城西，刘禾牧马，民甚苦之。"太宗远行数千里再次自由入塞，向明朝显示了他的八旗将士能征惯战的威力，同时也暴露出明朝在其北部再也没有一条可设防的巩固防线了。

走向皇权

（一）号召天下

皇太极首次侵扰北京的胜利和袁崇焕的含冤而死，使辽东形势的发展，产生了进一步有利于后金的变化。1631 年（明朝崇祯四年，后金天聪五年）八月，皇太极发动了大凌河战役，战斗打了四个月，在皇太极"围敌打援""困城断粮""招抚纳降"等战略策略的软硬兼施中，宁锦总兵官宋伟、吴襄、监军张春、副将张存仁率领的四万援军被击退，宋伟、吴襄逃走，张春、张存仁等三十三名将领被俘，孤军坚守大凌河的祖大寿，在城中"官兵百姓三万余人，存者止一万一千六百八十一人，或饿死，或相互食"的情势下，杀了副将何可刚，率领副将十四人，参将游击二十四人出城投降了皇太极，大凌河战役结束。镇守山海关的大学士、兵部尚书孙承宗，受到崇祯皇帝的严厉指责，被迫抱病辞官；辽东巡抚邱禾嘉因"分兵修筑右屯""贻误战机"被崇祯皇帝罢官。

大凌河战役中明军将领的纷纷投降，展现了范文程"招抚明将"策略的正确，坚定了皇太极"若能善抚此众，嗣后归顺者必多"的信心，他对大凌河战役中的降官降将，采取了从未有过的"宽容"和"善抚"；祖大寿投降后借口"去锦州招抚"而复叛，皇太极仍然"善抚"他的子侄祖可法、祖泽洪、祖泽润等人，予以任用，赏以田庄、奴仆、马匹、银两，监军张春被俘后，拒不投降，拒不跪拜，拒不剃发改服，"坐必面西"，表示"死不忘明"，皇太极以"若不加抚养，将操何求以取天下"的大志，给予张春最高礼遇，优养于三官庙……

太宗执政后，制定了很优厚的招降政策，凡明朝的将吏前来投奔他，他都欢迎接纳，即使士卒也不例外。孔有德率众来降，太宗更是欣喜欲狂，于优惠政策外又破格破例，百般优待……

孔有德、耿仲明，都是辽东人，原属明将毛文龙的部下。在毛文龙被他的上司辽东巡抚袁崇焕处死后，改隶山东登莱巡抚孙元化，孔有德任参将，耿仲明任游击。一次意外事件，促使孔、耿脱离了明朝。

孔有德

天聪五年（1631），太宗攻围大凌河城（辽宁锦县），孙元化奉命增援，特令孔有德率部三千人渡海，从海上驶往大凌河城解围。不意遭遇海上风暴，险些丧命。渡海不成，改令从陆路率八百骑兵驰援。孔有德很不满，又无可奈何，只得执行军令。行至吴桥县（今属河北），粮饷已断，军心混乱，士无斗志。明朝腐败，军中断饷是常有的事。兵士无粮，怎能执行任务！孔有德本来就不满，这时也无心驰辽。正巧，孙元化派遣去塞外购买马匹的参将李九成，在这时遇到孔有德。两人密谋后，宣布起义叛明。他们一呼，全军响应。于是，他们掉转马头，率军回师，连续攻陷了临邑、陵县、商河、青城诸县（均属今山东济南北部地区）。第二年初，孔有德兵临登州城下。他的好友耿仲明在城内做内应，一举夺取了登州城，兵势大振，孔有德自称"都元帅"，李九成为副元帅，耿仲明为总兵官。于是，他们整顿兵马，攻城略地，山东大乱。明帝崇祯大惊，急调大批兵马镇压。孔有德不敌，退守登州，明以数万兵马围困。双方相持五个来月，终因众寡悬殊，孔有德无法打破明军围困，而李九成也在一次战斗中阵亡。在绝望之下，孔有德决计突围，投奔后金。

十一月，在一个漆黑的夜里，孔有德、耿仲明携带家眷，率万余名将士，从临海的北面出城，分乘数百只战船，撤离登州。他们在海上漂流数月，于天聪七年（1633）

春，驶向旅顺，打算从这里登岸，再与后金进行联络。明朝方面，已在海上部署军队，处处堵截。当他们驶近旅顺时，驻守此城的明总兵黄龙早已严阵以待。孔有德登陆受阻，被迫撤到海上双岛暂栖。

孔有德撤离登州前后，已三次派人赴沈，向后金通报。开始，太宗并不相信，唯恐有诈。当他第三次得到孔有德的请求时，始派吴赖、范文程等率轻骑赶往旅顺附近探听虚实。在证实孔有德的真意后，太宗迅速做出决定：第一，孔有德、耿仲明航海来归，应先赏给他俩各一匹马，他自己带头拿出他乘用的御马，诸贝勒各出上等带鞍马一匹、不带鞍的马四匹，共四十四匹，令满洲、蒙古、汉军八旗按职务每十名备御出马一匹，约计百余匹。从这些马匹中自选良马，赏给大帅（指孔），其余分给他的各级将官。第二，派文馆范文程、罗硕、刚林等负责安排孔耿将士驻地，拟以东京（辽阳）拨地安排，孔耿的号令、鼓吹、仪仗一律照旧，唯有用刑、出兵两事，应向他报告批准，其余随来的百姓可住盖州（辽宁盖县）、鞍山，如不愿意，可令其住东京附近地方。

孔有德、耿仲明率众改从镇江（辽宁丹东附近）登陆。太宗马上传令正在督修岫岩、揽盘、通远堡三城（今属辽宁省境）的济尔哈朗、阿济格、杜度率兵速往镇江迎接，并带去两千匹马，供孔、耿所部上岸乘骑。济尔哈朗等准时赶到，代表太宗竭诚欢迎，当天设大宴，慰劳他们航海千里来归。

太宗之所以极其重视孔、耿归降，是因为他携带的部众多、船只和军事物资丰厚，填补了后金长期缺少水军、火器不足的空缺。仅以安全抵达镇江后的统计：孔、耿以下的副将、参将、游击等各级将领共一百零七人，精壮官兵三千六百四十三人，他们的家属共七千四百三十六人；水手壮丁四百四十八人，其家属六百二十四人，总计人数共一万二千二百五十八人。还有大量兵器枪炮，数百只战船。这对后金是一笔巨大的财富，是用多少军队征伐也难以得到的财富！孔、耿的到来，不只在军事力量上大大增强了后金的实力，而且政治上的影响也是难以估量的。无疑，这次事件鼓舞了后金，使他们对前途充满了信心。

太宗非常兴奋，亲自指示和调动各方面力量接待好孔、耿的到来。当他们一离开镇江，太宗陆续增调马匹沿途接应，送去营帐，以备途中宿营之用。他又捎话给孔、耿不必急于赶路，须从容休息而行。孔、耿经数日行军，安抵东京，太宗马上派人慰问，并叮嘱说："你们都很辛苦，应先休息，从容到盛京来见。"

六月二日，孔、耿来盛京前一天，太宗发下一道专意保护孔、耿及其部属的指示："以前我国将士对辽东百姓多有扰害，至今还申诉不断。现今所来之人，一切勿得侵扰。他们是攻克明地，涉险来归，求我庇护的，如仍像以前骚扰，实为乱首，违者及其妻子将处死，一定不姑息！"

次日，文馆官员龙什、范文程、爱巴礼等自辽阳引导孔、耿和他们的将官赴盛京晋见太宗。当他们抵达郊区时，太宗率诸贝勒大臣已出盛京德胜门外十里，来到浑河岸边，举行空前盛大的欢迎仪式：中间设一座黄色大帐篷，左右各设五座青色帐篷。首先，行拜天礼，太宗与大贝勒代善率诸贝勒及孔有德、耿仲明对天行三跪九叩头礼，然后就座。事先，曾讨论接见孔、耿的礼节。太宗想用满族最隆重的礼仪——抱见礼接见。诸贝勒以为不宜抱见，以礼相待就行了。太宗不同意，耐心地开导说："从前，张飞尊敬上边而欺凌下边的人，关公敬上而爱下，今天朕以恩惠见他们，岂不更好！元帅、总兵（指孔、耿）曾夺取登州，攻城略地，正当强盛之际，向我真诚归服，三次遣使来，率其军民，航海御敌，前来归于我，这个功劳没有比它更大的了。朕意应当行抱见礼，以示特殊礼遇之意。"太宗说服了诸贝勒，按抱见礼见面。

拜天之后，孔有德、耿仲明率所属将领进入大帐篷，依次排列。他们二人先行汉礼，又进至太宗的御座前叩头，双手抱太宗膝。接着，又与代善和诸贝勒一一抱见。孔、耿行礼毕，所属将领上前行三跪九叩头礼。太宗亲自把孔、耿召至跟前，坐在他的御座旁边。

盛大的宴会开始了，太宗亲自手捧金卮，向孔、耿频频敬酒。太宗本不善饮，但他高兴，也为了慰劳，所以多喝了几盅。宴会结束，太宗向孔、耿及其参见将领赏赐蟒袍、貂裘、撒袋、鞍马等礼物；孔、耿也将事先准备的金、银及金玉器皿、锦缎衣物献给太宗。

此次见面，皆大欢喜。回到盛京后，太宗、代善和诸贝勒逐日设宴款待。盛情厚意，真是无以复加！六月十三日，太宗正式宣布：封孔有德为都元帅、耿仲明为总兵官，赐给敕印。其他各官均按功劳和原官予以封赏。本来，所谓都元帅、总兵官是他们起兵时自封自称的，而今，太宗尊重他们，出于特例，即照原官给予承认。这使孔、耿深受感动，是他们不曾想到的！

封赏后，再举行宴会庆贺。席间，太宗宣布，分别向孔、耿颁发敕书。给孔有德的敕书，当众宣读。大意是，朕惟任贤人，用能人，崇敬立功，提倡美德，这是国家的大典；抓住时机，通权达变，这是明势之人的最好的行动。你，孔有德原系明臣，已看出明朝之倾危，认识到形势之向背，遂举大义，率众夺据山东，伐破数城，实在是对我的一大帮助；而且又携军民万众，全部运载甲胄器械，航海来归，丰功伟绩，超群出众。朕深为赞赏，特命你赞襄王业，给你都元帅敕印，功名富贵，子孙绵延，永不遗弃。今后如犯有一切过错，全数原谅。望你更加勤勉，恪尽职守，不要辜负朕之委任。敕书也就是证书，是证明其身份地位和功劳评价的文件。

发给耿仲明的敕书，也当众宣读。

太宗在继位后的几年里，大力改革政治，放宽政策，特别是对明朝归降的将吏士卒及知识分子给予优惠待遇，局面很快稳定下来，史书上说"安堵如故"，就是人心安定的意思。努尔哈赤时，对汉人实行奴役的政策，汉官惧怕，不敢归降。可是，到太宗时，这种情况发生了很大变化。由于明朝政治异常黑暗，民不聊生，许多正直之士遭到无端的迫害，纷纷寻找出路。他们从太宗新的治国方略和政策看到了光明，于是，相继投向后金。孔有德率万余众自海路投奔后金，是一次规模空前的叛明事件，深深地震动了明朝；同时，也产生了巨大影响，带动那些还在犹豫不定的人，把目光投向后金。尚可喜就是继孔有德之后，又一叛明降后金的重要人物。说起此事的原委，也是经历了一个相当复杂的过程。

尚可喜祖籍本是河北真定府衡水（今河北衡水）人，祖父时迁到辽东海州（今辽宁海城）定居，他后来就出生在这里。努尔哈赤进兵辽沈时，他家遭到战乱，亲人离散。父亲于明天启元年（1621）投军，隶毛文龙麾下。尚可喜独自一人，难以谋生，于天启三年投明朝水师，从此，开始了海上的军事生涯。好在他少年时期练过武，弓马皆熟，投军后，大有用武之地。不久，他也归到毛文龙麾下，父子相见，并肩战斗。不幸，父亲在一次战斗中，被后金兵击败，死于战阵之中。毛文龙就把其父所部交给他带领。他作战勇敢，不怕死，很快成为一员骁将。毛文龙被袁崇焕处死后，他的部属都归到了黄龙之手，尚可喜便成了黄龙的部下。黄龙待士兵严苛，扣发军饷，激起兵变，愤怒的士兵们捆绑了黄龙，必欲置他于死地。这次事件的幕后操纵者是沈世魁，他企图假手士兵，除掉黄龙，夺取统帅之权。这时，尚可喜坚定地站在黄龙一边，毫不迟疑地发动反兵变，联合其他忠于黄龙的将领，把兵变给镇压下去了。黄龙得救，很感激尚可喜，把他提拔为副将。沈世魁的谋划，因尚可喜出面干预而破产，对他恨之入骨，预示着不幸将降临到尚可喜身上。

孔有德降后金以后，第一个建议和行动是袭取旅顺。黄龙就是在这次守卫旅顺的战役中战死的。当时，尚可喜率所部驻防广鹿岛（黄海中），他的妻小尚在旅顺，加上家丁，共数百口全部遇难……

黄龙死后，朝廷任命沈世魁为帅，驻守皮岛（朝鲜湾中之椵岛）。他欲泄私愤，下令调尚可喜回皮岛治罪。他不敢明说，只能诓尚可喜来。尚可喜不知有诈，得到命令，立即动身。行至长山岛（黄海中岛屿），大风骤起，不能行船。沈世魁屡屡下令，催得很急。还有一些将领也写来信，欢迎他回皮岛。但尚可喜忽然发现，凡和他交往多、关系密切的将领谁也没有写信来。这引起他的警觉，就派心腹秘密返回岛上探听消息。很快传来一个可怕的消息：沈世魁调他回岛的目的就是处死他！尚可喜不禁悲愤填膺，

仰天长叹："我自青年投军，海上立功，血战十余年，父母兄弟妻子先后丧亡，出入九死一生，只不过是为朝廷效力，而冒功嫉能之人，竟用力挤我于死地。如今，权归沈世魁，想杀一名营将，如疾风卷草，是再容易不过了。大丈夫以天下为己任，难道把我这七尺之躯就白白去送死吗！"他怀着一腔愤怒，毅然掉转船头，返回广鹿岛。

尚可喜违抗帅令，就意味着反叛，这是明律、军法所绝不允许的。他知道沈世魁绝不会放过他，在广鹿岛按兵不动，等于束手待毙。向何处去呢？他马上想到了后金。这几年，他耳闻不少关于后金的政情。太宗的新政策，他也知道。但他身为大明之臣，根本就未曾想到何时去投降。但此刻他已无家可归，明朝已把他抛弃了，他如果不脱离明朝，无谓地白送自己的性命，他岂能甘心！前不久，曾与他共事的孔有德等人已降后金，得到了远比明朝更为优厚的待遇。他大受鼓舞，不再犹豫，坚定地选择了投奔后金这条路。天聪七年（1633）十月，尚可喜秘密派遣部将卢可用、金玉奎二人赴盛京请降。太宗闻讯大喜，当即表态欢迎来归，并写了一信，还赏赐他穿用的貂裘给尚可喜，以表示他讲信用，期待他不必犹豫，早日上路，尽快来归。

十一月，卢可用、金玉奎返回广鹿岛，呈上太宗的信和赏赐物品。尚可喜非常激动，充满了信心，勇气大增。他立即着手准备一切事宜。

天聪八年（1634）正月初一这天，尚可喜决定发动起义。与他同为副将的俞亮泰、仇震经考察无意叛明，给他造成了障碍。他经过周密谋划，只能设计除掉他们。他乘过春节之际，将他们召来。尚可喜已穿上戎装，等他们一进大堂，就突然下令，将他俩逮捕起来，传令全军反明。全军早就人心不稳，厌烦朝廷，所以他振臂一呼，全军顿时欢呼响应。尚可喜率部连续攻下了大小长山、石城、海洋诸岛，擒获守岛明将多人。然后集结全部军民共一万余人航海投后金。

太宗得到这一喜讯，兴奋地说："广鹿岛尚副将携民来归，并非因为我国衣食富足，而是承上天爱意，想保佑我，所以他才自动前来投奔。"他盛赞尚可喜是识时务的杰出人物，对他来归，决不可慢待。于是，他特派最信任的范文程和陈旦木率兵，千里相迎于红咀堡；随后，又派主管吏部的贝勒多尔衮、主管礼部的贝勒萨哈廉前去接应，以示特殊恩宠。

尚可喜及其所部抵达时，太宗给予无微不至的关怀，像对孔有德一样，先赐给许多物品，使他们一踏上后金的土地，就感到温暖。他们还没到时，太宗即做出决定，把土地肥沃的海州（辽宁海城）地方拨给尚可喜，安排生活。三月十六日，尚可喜率部至海州，凡住房、饮食、生活用具无不从优照顾。太宗也以盛大的礼仪、盛大的宴会在沈阳接见尚可喜及其主要将领，与接见孔有德没什么两样。到崇德元年（1636），太宗即皇帝位时，同时封孔、耿、尚三人为王，孔有德封恭顺王、耿仲明为怀顺王、尚可喜为智顺王，合称"三顺王"，成为清初地位最显赫的汉官。

尚可喜又回到了他的出生地海州，是经历了出生入死的各种险境才回来的，自此又开始了新生活的篇章，为大清朝奋斗至死，更荣于身后。

皇太极"宽容""善抚"的招降政策和明朝降官降将的不断涌入，在后金政权中，迅速形成了一个汉族官僚集团。在将领中有佟养性、佟国赖、李永芳、金厉、石廷柱、祖可法、祖泽润、孔有德、耿仲明、尚可喜等，在文臣中有高鸿中、鲍承先、马鸣佩、王文奎、马国柱、李栖凤、杨方兴、罗乡锦、张文薇、张存仁、祖泽洪等。这些降官降将，以其军事政治才智投入了后金政权，也改变着后金政权单一的女真贵族政权的性质，为以女真贵族为核心，有汉族、蒙古族封建官僚集团参加的全国性政权准备着条件。

战争毕竟是解决各种难题最锐利最便捷的手段，皇太极继承汗位八年来，随着"侵扰明朝，征抚蒙古，恩抚朝鲜，招抚明官明将"总体方略的着着得手，随着明朝辽东四境逼处防御的全面瓦解，在朝政上，皇太极郁结于心的"汗位虚弱""权力分散""贝勒掣肘"也在战争中解决了：1630 年（明朝崇祯三年，后金天聪四年）正月永平、迁安、滦州、遵化四座城池的占领和五月永平、迁安、滦州、遵化四座城池的丧失，一劳永逸地解决了皇太极在权力上与头号对手二贝勒阿敏的矛盾。永平、迁安、滦州、遵化四城的占领，明朝大小文武官员数十人投降，皇太极大胆擢用原永平革职兵备道白养粹、原遵化革职道员马思恭为巡抚，擢作原革职官孟乔芳、杨文魁为副将，破格擢作滦州州同张文秀为知州，擢用建昌参将马光远为副将，并亲自接见，"待之以诚，置之以位，授之以权"，令其主持一城政务，"管理附近归顺人民""统率本城兵马"，安定'一方，作为关内的立足点，曾使这些被明朝革职的官员将领感激涕零，曾使四城人民"心境稍安"。但在是年五月明朝监军道张春、总兵官祖大寿的率兵进攻中，镇守四城的二贝勒阿敏，竟在败走前尽屠永平、滦州百姓，杀掉了巡抚白养粹、知府张养初、知州张文秀等"收其财帛，连夜弃永平而归"，破坏了皇太极"招抚汉官"以解决人才不足的尝试，造成了政治上的失信。"永平、滦州屠城"成了八旗兵凶狠残忍的象征，二贝勒阿敏就在这次战争中，以"故意扰害汉人，堕坏基业"等罪被革职，终身幽禁而死。1631 年（明朝崇祯四年，后金天聪五年）八月，在大凌河战役中，皇太极在权力上与又一个对手三贝勒莽古尔泰的矛盾，也在一次权力冲撞中轻易地解决了。当围困大凌河城时，莽古尔泰以自己"所部兵被创"而拒听调遣，皇太极诘之"闻尔所部兵每有违误"，莽古尔泰怒："谁人诬陷，无此事！"皇太极叱："若告者是诬陷，我当治告者罪，若果有此事，你的兵马岂能无罪！"莽古尔泰怒吼："你为何总与我为难，想杀我啊！"遂抚刀目视皇太极。莽古尔泰的同母弟德格类在旁，见状，急斥莽古尔泰悖逆，并以拳殴之，莽古尔泰亦怒，抽刀出鞘，左右挥之出。莽古尔泰拔刀向主帅，招致了政治生命的终结，诸贝勒议之为“大不敬”之罪，革去三贝勒职，夺五牛录，罚银一万两，两年后病故。

随着二贝勒阿敏和三贝勒莽古尔泰在权力上的消失，随着大贝勒代善的年高力衰，随着年轻贝勒多尔衮、阿济格、多铎、豪格、济尔哈朗的兴起，皇太极在“悄悄地变更”中已执掌了一切权力，尽管还有大贝勒代善与皇太极并肩而坐地听政，尽管大臣贝勒会议还是围着一圈进行，但贝勒们的脑筋似乎都在按照皇太极的思路转动，贝勒们的声音多是为皇太极唱赞歌了。努尔哈赤遗训的“八大贝勒共治国政”已经失去了灵魂，只留下一个似是而非的外壳，也变得很少有人提及了。只有皇太极与范文程的深夜答对没有变，经常是“每入对，必漏下数十刻始出，或及未食息，复召入”，而这种不变的召入答对，一步一步完善着皇太极的事业。

1634 年（明朝崇祯七年，后金天聪八年）十月，皇太极得知蒙古察哈尔部林丹汗病亡于青海打草滩，其所遗十多万兵马分崩离析，一部分察哈尔官民进入明境，往投明朝，林丹汗之子额哲，亦“蹑归附之踪迹而来”。皇太极急与范文程计议，范文程依据察哈尔部群龙无首的现状，并分析了林丹汗之妻，额哲生母苏泰太后乃皇太极舅父叶赫贝勒金台石的孙女，与皇太极有着血缘亲情的历史渊源，提出“与明朝争夺察哈尔部”的招抚方略，为皇太极所采纳。1635 年（明朝崇祯八年，后金天聪九年）二月二十六日，皇太极以多尔衮、岳托、萨哈磷、豪格为统兵元帅，以正黄旗固山额真纳穆泰为左翼，以吏部承政图尔格为右翼，率领精兵一万，奔往青海，并派遣苏泰太后的叔祖阿什达尔汗、苏泰太后之弟南褚随军同行，以威慑和亲情招抚林丹汗的继承人额哲。多尔衮遵从皇太极制定方略，首先兵临林丹汗大福晋囊囊太后居住的西喇朱尔，招降了囊囊太后，争得了部分察哈尔部贝勒的归附；四月二十八日，多尔衮兵临苏泰太后和额哲居住的托里图，包围了苏泰太后的营帐，派遣苏泰太后的叔祖阿什达尔汗和苏泰太后之弟南褚前往说降，并宣布皇太极“怀之以德”的问候和八旗兵马将“秋毫无犯”的保证，重兵的威慑和亲情的笼络，终于使苏泰太后和额哲率部出营投降，并在托里图举行了有察哈尔部诸贝勒参加的盛大的受降仪式，宣布察哈尔部归附后金。

在回军途中，多尔衮，岳托、萨哈璘、豪格带着苏泰太后、额哲及察哈尔臣民一千户，由山西平鲁卫入侵明边，掠山西、大同、宣化一带，俘虏人畜七万有余，于九月五日凯旋班师过辽河。皇太极率福晋、贝勒、群臣出迎数十里，于阳石木河南冈筑坛、设幄、置案、焚香、吹螺、掌号，举行盛大隆重的凯旋式。

是日，天色晴和，秋高气爽，阳石木河草绿水碧，南冈上旌旗蔽空，金鼓动地，黄幄闪光，卤簿生辉。多尔衮率凯旋之师于南冈左侧二里许处扎营，驰马朝见；苏泰太后、额哲率领察哈尔部诸贝勒从南冈右侧驰马来谒；皇太极出黄幄居高坛以抱见礼相迎，请苏泰太后坐于御座之右，请额哲坐于御座之左。群臣欢呼，山川回响，皇太极赐孙岛习尔哈为额哲居住地，并以自己的二女儿固伦公主嫁额哲，封额哲为固伦额附。苏泰太后呈献给皇太极的，是一颗失落二百多年的绝世奇宝——历代帝王传国玉玺"制诰之宝"。

"制诰之宝"，天锡之宝，天命帝王的标志，一统天下的象征，历代帝王争夺的天符瑞器啊！后金贝勒群臣神凝目呆了，察哈尔部贝勒臣民神凝噤声了，连阳石木河的流水和南冈上空的浮云都似乎停止了移动。皇太极接过"制诰之宝"，神情激越凝重，跪于高坛，拜天而呼，声音似乎在强烈地颤抖着：

"'制诰之宝'，传国玉玺，历化帝王承天之瑞。今日，天以此玉玺畀朕，信非偶然啊！"

阳石木河南冈高坛下数万臣民兵卒突然爆发而起的欢呼声，似乎应和着皇太极"信非偶然"的激越情怀……

九月五日，皇太极从阳石木河回驾清宁宫，已是入夜酉时，他没有进入福晋们的宫闱，也拒绝了福晋们竞相送来的夜宵酒肴，独自进入中宫神堂，在挥手拂去奉茶呈果的宫女之后，便斜倚在南炕上，看着炕几上放置的装有"制诰之宝"的黄绫包裹，默默梳理着心头翻腾不已的思绪，兴雷、激动、按捺不住的强烈思绪啊！

他毫无倦意，思索着继承汗位九年来走过的里程，心里有着自得的快意：长期依附于明朝的朝鲜国王，称弟纳贡了；明朝在辽东的防御全面瓦解了，明军中杰出统帅将领熊廷弼、袁崇焕、孙承宗都败在自己的马蹄下，连北京城也在自己的马鞭挥动下颤抖了；蒙古诸部原是飘浮不定的流云，已被自己握在手掌之中，科尔沁部、喀尔喀部、奈曼部、敖汉部、喀喇沁部、土默特部臣服了，连一向自居老大的察哈尔部今天也低头归附。漠南蒙古已成为自己的右臂，只要臂肘一拐，就可以猛击明朝的肋骨和脊背。九年前那种"四境逼处"的困窘已不复存在，现时的敌人只有一个，就是庞大而虚弱的明朝。这颗"制诰之宝"的应时获得，也许就是天命的昭示啊！……

他毫无倦意，思索着庞大而虚弱的明朝，心头沸动着焦虑的向往：真的能进入北京吗？百足之虫，死而不僵，庞大无比的明朝，是不会一垮即亡的。将来大兵一举，威逼北京，若明朝皇帝弃城而逃，是追击，还是取城？若攻而不克，是围而困之，还是退兵而回？若明朝皇帝求和，是允许，还是拒绝？若攻取北京，何以安揖黎庶？何以禁止贝勒将领的贪得之心？北京朝廷那架庞大繁杂的权力机器如何推动？广阔无边的中原如何治理？过去的大辽、西夏、金国、元朝都进进出出于中原，都留下一个不解的难题：一个人口稀少、文化落后的边陲部族，要想长久地立足中原是不可能的。

出路在哪儿？良策在哪儿？这颗昭示着天命的"制诰之宝"只是一块无言无语的石头啊……

他毫无倦意，在"焦虑"和"向往"的交织煎熬中想到了范文程，想到他的这位心膂谋臣。他忘记了夜将过半，便宣谕启心郎索尼召范文程进宫……

范文程今天也参加了阳石木河南冈隆重的凯旋式，亲眼看到皇太极接受"制诰之宝"时激越凝重的神情，亲耳听到皇太极声音颤抖的拜天诵颂。是啊，"制诰之宝"象征着天命所归，也象征着几千年来朝代更迭合乎天理人心的延续。历代帝王为了得到这颗玉印，曾演出过无数血溅泪流的悲剧和闹剧，得到这颗玉印的帝王，哪一个不因此而心醉神迷！皇太极有帝王之志，也有帝王之才，在奔向皇帝的道路上，也确实需要有这颗"制诰之宝"号召天下啊！

这颗"制诰之宝"的出现和获得是一次偶然的巧合，但也是战场上节节胜利中的某种必然，如果没有招抚林丹汗之子额哲的青海之行，如果没有林丹汗之妻苏泰太后的率部投降。这种"偶然"能落到皇太极的头上吗？"天命"？"天命所归"？冥冥而世人都能接受、又乐于接受的一种诠释，为什么不可以广为宣播呢？

更使范文程兴奋的是，在返回沈阳的途中，他与岳托并马而行，在马背上的闲谈中，他从岳托口中得知中原几路暴民曾于今年上半年大闹陕西、河南、庆阳、荥阳、凤阳等地的消息。他急忙询问这些暴民首领的姓名和暴乱情状，岳托似乎对此事根本没有注意，除了说出王自用、高迎祥、张献忠、李自成几个陌生的姓名外，对暴乱的具体情况，什么也说不清楚。这是一个重要的讯息，暴民作乱，纵横中原，明朝的庭院起火了……

范文程入夜酉时回到家里，漱洗之后便进入卧室倚被而卧，但毫无倦意，被那颗"制诰之宝"和突然听到的"中原暴民作乱"搅得思绪翻腾，他骤然感到这是一次机遇，是皇太极再创业绩的机遇，也是自己的抱负再显光辉的机遇，他未及仔细梳理这翻腾思绪对今后政局变化的影响，屋外突然传来熟悉的马车声、马嘶声和窗外索尼清朗的呼唤声……

范文程奉召走进清宁宫中宫神堂，皇太极已斟茶以待，不等范文程恭行大礼，便拍席招手延请上炕落座，不无欷歔地打趣说：

"先生大约也是毫无倦意，斜倚被衾而思绪翻腾吧？"

范文程还是恭行了大礼，然后依命脱鞋、上炕、落座，拱手而应对：

"汗王何以知臣毫无倦意而思绪翻腾？"

皇太极以手扪着自己的心胸而语：

"此心跳动强劲有力，故知先生毫无倦意而思绪翻腾，心膂，心膂，先生与朕心脉

清太宗皇太极

相通，朕能不知吗？朕与先生休戚与共，特请先生深夜赏'宝'！"

范文程知恩，急忙拱手作谢。

皇太极拍手捋袖，解开炕几上的黄绫包裹，打开一只金制的印匣，捧出一颗沉甸甸雕有飞龙的"制诰之宝"。

"请先生仔细观赏。"

这颗"制诰之宝"确非凡物，一出金匣，便光气灿烂，凉风凛人，映绿了炕几上跳动的烛火，使中宫神堂晶莹迷离。范文程凝目细看，此宝物璠玙为质，交龙为纽，通体碧翠，唯印面一层鲜红，篆刻的"制诰之宝"四个汉字，精妙凝重，状如盘龙，似有一股神秘的魅力盘踞于字里行间，一望而威慑心神。

皇太极纵声大笑，兴奋地谈起这颗"制造之宝"的神秘来历：

"这就是人们常说的传国玉玺啊！据苏泰太后讲：这颗'制诰之宝'，原藏于元朝大内，至元顺帝（孛儿只斤妥欢帖睦尔）至正二十八年，朱元璋攻打北京，元朝灭亡，元顺帝携带这颗传国玉玺离开京都逃至沙漠，崩于应昌府，此宝物遂遗失无闻。故明朝原是无传国玉玺的朝廷。二百多年后，明朝由盛转衰，应昌府有一牧羊人，于北山冈下，见一只山羊，三天不吃草，以前蹄刨地不停，牧羊人奇异，用羊铲掘地，得此传国玉玺，献于元朝后裔土默特部的博硕克图汗，博硕克图汗因有此玉玺而雄踞漠南蒙古多年。后来，察哈尔部林丹汗崛起，打败博硕克图汗而得此传国玉玺，遂自封为成吉思汗的后代，萌生一统蒙古之志，横行漠南二十年……"

随着皇太极关于这颗"制诰之宝"的侃侃论述，范文程入夜以来不及梳理的纷乱思绪突然间获得了纸破窍通的启迪：这次难得的机遇，原是这颗偶然获得的"制诰之宝"带来的，未来后金国的一切将以这颗"制诰之宝"为新的起点，把握未来形势发展的谋略设想骤然间在这"制诰之宝"四个精妙凝重的汉字中闪现了，轮廓清晰了：戴上皇冠的皇太极不是更有号召力吗？不是更能激励八旗将领士卒猛勇冲杀吗？该是皇太极戴上皇冠的时候了……

皇太极注视着范文程的思索，他停止了关于"制诰之宝"的谈论，转换了话题。

"先生还记得九年前此处深夜，朕与先生的第一次会晤吗？"

范文程正在思索中寻觅"制诰之宝"与"中原暴民作乱"之间本无联系的联系，便以心谋、耳听、目视。口语的特殊才智和定力，答对皇太极的询问：

"臣永生难忘，九年来，深荷汗王恩典，臣如沐春风，如浴天露。"

皇太极注视着范文程的思索，一边把"制诰之宝"放入金匣，一边高声称赞：

"善！此心相通，此感与同，朕得先生，如鱼得水，如龙得云。九年来，赖先生筹划，朝鲜纳贡，蒙古臣服，内政安辑，海边靖宁，四境之敌已灭者三，当今之敌，只有一个明朝……"

范文程已在"制诰之宝"和"中原暴民作乱"之间找到微妙的契合："制诰之宝"的获得和惜重，将加强皇太极逐鹿中原的信心和意志。"中原暴民作乱"将为皇太极逐鹿中原提供强大的合力和助力，使原本渺茫的希望变为可能的现实。便应着皇太极的话题回答：

"汗王所言极是，当今之敌，惟明朝耳，虚弱的明朝，庞大的明朝……"

皇太极注视着范文程的思索，似乎得到了范文程的鼓舞，一边用黄绫包裹着"制诰之宝"，一边提高嗓音激越抒怀：

"明朝虽是庞然大物，朕决心战而胜之，取而代之，五年不行，十年，十年不行，二十年，此志不遂，誓不罢休。如何战胜明朝，全靠先生的筹划了……"

范文程在急剧的思索中，突然自语出声：

"侵扰？等待？建号？建制？……"

皇太极大喜，包裹着"制诰之宝"手停住了：这几个不连贯的字眼，就是范文程筹划的"方略"吗？他凝目注视着若痴若呆的心膂谋臣正在为自己的事业苦熬心血，心头一阵热浪翻涌，急忙捧茶以酬。

"先生……"

范文程终于完成了他的方略设想，忽地昂首挺胸，眸目闪着兴奋的亮光，一把抓住皇太极捧来的茶杯，高声而语：

"对！侵扰、等待、建号、建制，顺应这颗'制诰之宝'的天命昭示，借'中原暴民作乱'的合力和助力，取代明朝！"

随着范文程"侵扰、等待、建号、建制"方略的滚珠而出，皇太极的心胸豁亮了、舒坦了，忧烦消解了：凝练、简单、明确、易懂、易记，这是大智大略的结晶，这是范文程特有的风格啊！突然，他发觉手中的茶杯已倾斜，茶水洒落，漫湿着包裹"制诰之宝"的黄绫，粲然一笑：

"先生，这不是'制诰之宝'，是一只茶杯，请先生饮茶。"

范文程的心神从思索中转悟过来，望着炕几上湿淋淋的"制诰之宝"神情惶恐，急忙用衣袖擦拭黄绫上的茶水，双膝并跪，以头叩几，连声请罪：

"臣失态，臣忘乎所以，臣……"

皇太极情急，双手抱住范文程，泪水涌出，声音哽咽：

"先生，这万万使不得，先生为朕谋划，性近癫狂，忠恳之心，亘古未有；先生名为臣下，实为师长，九年来，含辛茹苦，劳神劳思，没有睡过一夜安稳觉啊！先生名为幕僚，实为导者，九年来，策划于帷幄，决计于疆场，朕靠着先生指引前进啊！先生之心，唯朕知之，朕谢先生了"。说罢，拱手稽首，连连叩谢者三。

范文程望着皇太极，一时失措，咽泪而奏：

"臣谢汗王大恩大德，无以为报，只能以思之所得，大胆禀奏了。"

"先生请讲，朕洗耳恭听。"

范文程讲起：

"一曰'侵扰'。'制诰之宝'昭示，明朝必亡，后金必兴，明朝虽是庞然大物，若一棵参天大树，然树心已空，根柢已朽，汗王当以不停'侵扰'为手段，扫其叶杈，剪其枝干，破其皮护，断其天露地水，此木必枯，枯木必倒。此乃'疲敌致胜'之策，十年之内，必见成效，乞汗王思之。"

皇太极静听着，沉思着。

"二曰'等待'。'制诰之宝'昭示，天命归于汗王。蒙古察哈尔部臣服，不仅使汗王获得传国玉玺，也给汗王带来中原实情，岳托今日语臣，中原暴民作乱已成气候，今年上半年，曾有数路作乱暴民大闹陕西、河南、庆阳、荥阳、凤阳之举。汗王明察，河南乃中原腹地，荥阳乃秦末刘邦、项羽决战的战略要津，凤阳乃明朝开国皇帝朱元璋的故乡，可见中原动乱已成燎原之势，明朝即将陷于两面作战的困窘，其用兵方略也将随势而变。我为外患，患在边陲，暴民为内患，患在心腹。明朝必将减缓对我之征伐而以重兵征剿暴民，中原将有一场官、民生死相搏的恶战。请汗王今后注目于中原，察暴民之状，借暴民之力，以灵活多变之术，纵横捭阖，善待机时，一举而定鼎中原，此乃'坐收渔利'之策，乞汗王思之。"

皇太极静听着，沉思着。

"三曰'建号'。'制诰之宝'昭示，建号之举乃天下所企。昔日大汗称'汗'，乃沿袭蒙古称号，意在收服蒙古诸部以创基业，乃英明之举。今日形势大变，蒙古臣服，朝鲜归附，汉官汉将归降者日多，山海关外皆汗王天下，女真人、蒙古人、汉人俱为汗王臣民，并将进入中原，成华夏诸族之主。名不正，则言不顺。言不顺则事不成，历朝历代君王皆称'帝'，汉族传统中'帝'为诸天神之首。称帝将改变我乃边族之国的地位，将高居于蒙古诸汗、朝鲜国王之七，将与明朝皇帝并立天下，将标志着汗王事业新的阶段的开始，将激励全军将士的壮志雄心，也将昭告天下黎庶：汗王是华夏历朝历代皇帝的合法继承者。此乃'正位正名'之策。乞汗王思之。"

皇太极静听着，沉思着。

"四曰'建制'。'制诰之宝'昭示，建立以适应皇帝权力的政体制度乃当务之急，不仅为当前治国所需，也是为来日治理华夏天下做必要的准备。自秦汉以来，历朝历代帝王都在积累治国经验，至明代，所定条例章程最为周详，请汗王依据宁完我'参汉酌金'之议，改订政体制度，完善六部职能，健全议政、行权、监督、封授、军队、服式等规章，以利大权集中，政令通顺，并借以教习文武群臣、培养人才、积累经验，来日进入北京，可免捉襟见肘之窘。此乃'未雨绸缪'之策。乞汗王思之……"

皇太极大喜，挥手拂去了炕几上的"制诰之宝"，紧紧抓住范文程的双手，以心相见，以诚相诉：

"朕知先生能解朕一天来翻腾于心的忧烦，果然灵验了，如愿了。'制诰之宝'只能给朕以沉迷心神的虚幻，先生所奏'侵扰、等待、建号、建制'之策，才是真正的'制诰之宝'啊！九年前先生在此深夜的一席谈话，保证了朕九年来的所向无敌，今夜先生的这次谈话，也将为朕今后若干年的马头所向提供指南。明朝必亡，后金必胜，'制诰之宝'所昭示的，是朕的身边有一位因思索谋划而情近癫狂的范文程啊……"

范文程的心头一阵轻松，他知道自己陈奏的方略为皇太极采纳了，想抽出手来向皇太极拱手致谢，但双手被皇太极抓得更紧，皇太极信任的话语再次猛烈地撞击着他的心：

"先生，'建号'、'建制'之事，劳先生全盘实施了！"

范文程高声应诺，当他拱手谢恩时，察觉到自己的脊背已被汗水浸透了。

好清凉舒心的感觉啊！

天聪九年（1635 年）九月，征察哈尔大军携林丹汗的后妃及其子额哲凯旋回沈。强悍的察哈尔部从此灭亡，难以驾驭的漠南蒙古终归统一，这是皇太极取得的又一巨大成就。数年前，与明朝交好的朝鲜"称弟纳贡"，三大敌国如今只剩下唯一的明朝，整个形势使后金变得光彩夺目，前程似锦。还有一件大喜事，简直使皇太极和他的诸贝勒大臣欣喜欲狂：这次出征意外地获得了元朝的"传国玉玺"。这在皇太极看来，它同平服林丹汗同样是有重大意义。照他们解释，传国玉玺落入太宗之手，意味着"天命"归金，上天已经允许太宗为天下命世之君。因此诸贝勒大臣为获得这件国宝，纷纷上表恭贺欢呼。于是一个新的意念产生了：后金国汗上皇帝的尊号，顺天应人，即皇帝宝座。

十二月，诸贝勒大臣做出决议，命文馆儒臣希福、刚林、罗硕、礼部启心郎祁充格代表他们给太宗上尊号："今察哈尔汗的太子投降了，又获得了历代皇帝传国的玉玺，天助的象征已经出现，请汗应'天命'，定尊号。"太宗说："现在，周围诸国虽然投降，又获得玉玺，但大业未成。成大业前，若先受尊号，恐怕天以为非。比如我考虑晋升某一个贤者，若这人不等晋升，便妄自尊大，那么我就认为不对。"去年，诸贝勒大臣曾劝太宗即皇帝位，他本人没有同意，这次又明言谢绝。诸贝勒大臣反复上奏，太宗仍旧不同意。他的侄儿礼部承政萨哈廉看破了他的心事，便再派希福、刚林、

罗硕、祁充格向太宗报告说："汗不受尊号，过失全在我们诸贝勒，因为我们不修养各自身心，不为汗主尽忠信，不行仁义，所以请汗上尊号，汗拒绝不受。如果说贝勒全是忠信，那么莽古尔泰、德格类二贝勒为何犯上作乱呢？现在，诸贝勒都表示立誓言做出保证，修身谨慎行事，以尽臣道，汗受尊号，才是恰当的。如今，获得玉玺，诸部归服，天意已明。如果不知天命，不受尊号，恐怕天反倒为非。"太宗听了这番话，十分高兴，称赞说："萨哈廉这样启发，我心里高兴。这话一是为我，二是也为先父创立的基业。诸贝勒如能各修其身，那时我再考虑是不是受尊号。"

太宗并非一定不受尊号，他担心诸贝勒是否真心诚意，拥戴他在称号上更上一层楼。三年后，他在一次训诫群臣的讲话中才说出当时的想法。他说："昔尔等欲上朕尊号时，朕深知尔等所行如此，是以固辞不受，谓国中有心怀嫉妒的不良之人，尔等皆以身任之，以为断无此事，于是始受尊号。"太宗的这个心事当即就被聪明的萨哈廉给说破，他马上改变主意，表示可以考虑。但他还不放心，还要征求汉官们的意见。当天晚上，他令希福、刚林、罗硕集合汉官，传达他的谕旨："诸贝勒说要定尊号，但我认为大业未成，天象不明，受尊号未必合适，所以我真心拒绝。"汉官鲍承先、宁完我、范文程、罗绣锦、梁正大、齐国儒、杨方兴等劝说：人要随从天象行事，获得玉玺，各处归服，人心归顺，这本来就是天意，合人心，受尊号，定国政，是非常恰当的。

第二天，萨哈廉立刻召集诸贝勒，说：各贝勒都立誓言，各修自身，给汗上尊号。诸贝勒闻听此言，很快把自己的誓词写成书面报告，送交太宗审阅。他将每个人的誓词看了一遍，指示说："大贝勒（代善）年老了，可免去立誓，萨哈廉正在病中，等病好了，再立誓。其他诸贝勒的誓词中，不要写以前没有悖逆的话，要立誓今后以忠信为生，勤于政事，保证不向闲散无权的大臣、自己的部属和妻子谈论国家机密政事，如有心怀恶意，言不由衷，也应遭谴责，难免有死祸，即使如此，我也是很痛惜的。"代善心绪不安地说："汗考虑我年老，恐怕我触犯誓词而死，这是对我的恩爱。但我若不与诸贝勒一起立誓，怎么能吃得下一碗饭呢？怎能安居呢？如果汗不让我参与政事，我能违背汗的意思吗？我不愿免去我的立誓。虽然我愚笨、健忘，但我立了誓言，就会把国家政事拴在心上，不会被汗谴责。"太宗说："如果应该让你参与政事，怎能把你抛在一边？我是念你年老，才劝你免誓。你愿意和诸贝勒一块儿立誓，那就立吧。"

十二月二十八日，诸贝勒各将自己的誓词重新改过，一齐焚香下跪，先由代善对天宣读誓词：从今以后，若不公正为生，象莽古尔泰、德格类那样做坏事，天地以为非，我代善将遭殃死去；

如果对汗不尽忠竭力，心口不一，天地知道，我代善遭殃死去；

平时，无论那个子侄做出象莽古尔泰、德格类那样的坏事，我代善听到而不报告给汗，我代善遭殃死去；

如果把与汗共议的秘密的话向自己的妻子和其他闲人透露，天地以我代善为非，遭殃死去；

如果我代善对当汗的弟弟竭力尽忠为生，那么天地眷顾，寿命延长。

其他各贝勒阿巴泰、济尔哈朗、阿济格、多尔衮、多铎、杜度、岳托、豪格（萨尔廉因病免誓）等都宣读了类似誓词，然后举火烧毁。立誓的这些人，都是太宗的哥哥、弟弟、侄儿和自己的长子，他们都手握重兵，能征惯战，把持全国的军政大权，这不能不使太宗对他们怀有疑虑，存有戒心。让他们立誓的目的，就是使这些人向至高无上的天表明自己对现实的一个态度，同意太宗进一步加强中央集权，建立一代封建王朝。

正好外藩诸贝勒赶到盛京，他们也要求太宗上尊号，朝廷内外都想到一块去了。他们联合起来，再次恳求太宗即皇帝位。太宗说：既然你们都同心定尊号，还有朝鲜王作为兄弟，应与他共议，外藩诸贝勒有没来的，也需要知道。诸贝勒一听，太宗已经同意了他们的请求，都高兴地回家去了。

天聪十年（1636年）三月二十二日，外藩蒙古十六部四十九贝勒齐聚沈阳，朝见太宗，联合请上尊号。几天后，都元帅孔有德、总兵官耿仲明、尚可喜等各率所属官员请求上尊号。四月五日，内外诸贝勒、满洲、蒙古、汉官联合请上尊号，文武群臣百余人分次排列太宗面前，其中多尔衮代表满洲捧满字表文、土谢图济农巴达礼（奥巴之子）代表蒙古捧蒙古字表文、孔有德代表汉官捧汉字表文，分别率群臣跪读表文。这种类似戏剧的场面，形象地显示出太宗上尊号已得到东北各民族的承认，它也标志着这个以满族为核心，又有汉、蒙封建主参加的联合政权正式确立起来。在这种形势下，太宗以"顺天应人"的姿态，堂堂正正地登上了权力的顶峰。他说："尔诸贝勒大臣等，以朕安内攘外，大业洊臻，宜受尊号，两年以来，合辞劝进，至再至三，朕唯恐上无以当天心，下无以孚民志，故未俞允，今重违尔等意，勉从群议。朕思既受尊号，当益加乾惕，忧国勤民，有所不逮，惟天佑助之。"众贝勒文武群臣个个欢欣鼓舞，仪式举行完毕而退。

（二）建国大清

从天聪十年四月开始，皇太极正式即皇帝位，受"宽温仁圣皇帝"的尊号，改元崇德元年，定国号大清。

给一个政权命名新的国号，不仅标志一个新的国家的诞生，而且也是一个时代的开始。中国历史上，从夏、商、周开始，秦汉以降，中经魏、两晋南北朝、隋、唐、辽、宋、金、元直到明、清，由这些王朝顺序所表示的历史进程，一方面说明中国历史悠久；另一方面说明中国经过多次改朝换代。一个新王朝名号的出现，并不单单是名称的改变，它包含着政权在诞生中所遇到的种种波折。历代统治者总炫耀自己为"命世之君，创制显庸"的丰功伟绩，"不肯因袭前代"，必定换上一个新的名号，作为自己的政权的象征。因此，历代国号总要经过慎重选择而后确定，赋予它某种含义。有的以"发祥地"或以历史故地命名，如周、汉，而南北朝时期各朝多以历史故地命名。有的以爵邑封号，如魏（曹操封魏王）、隋（杨坚封隋国公），有的取文字的含义，如元（取《易经》"大哉乾元"之义）、明（源出"明教"，取"光明"之义）；还有的以当地特殊物产名为国号，如辽（镔铁）、金；个别的也有因袭前代名号，用以抬高自己的身价，如刘渊本匈奴人，因其祖先归顺了汉朝，便自称是汉朝的后裔，冒姓刘氏，建国时以汉为国号，如此等等。

　　清朝国号的来源较历代王朝复杂，有一个演变过程。清源出建州女真，前代女真人曾建金国，因此努尔哈赤建立政权时，沿用与宋对峙的金国名号，称"大金"，也称后金，借以与前代金国相区别。但明末清初，从太宗开始，特别是到了康熙、雍正、乾隆三朝，清统治者对于其先世原本隶属于明朝管辖的建州女真各部，都概予否认，讳莫如深。例如，天聪五年（1631年）太宗率兵攻打锦州，致书明将祖大寿："尔国（指明朝）君臣唯以宋朝故事为鉴，亦无一言复我。尔明主（指明朝皇帝）非宋之苗裔，朕亦非金之子孙，彼一时也，此一时也。"宋代深受金国的祸乱，汉人对女真人积怨很深。为避免汉人对女真的疑虑，从太宗以后，都矢口否认自己与宋代女真人的联系。天聪九年，太宗给他的父亲修《太祖武皇帝实录》，捏造"满洲"为国名，并下令禁止用"诸申"（即女真旧号）称呼族名，居然说诸申"与我国无涉"，今后一律称"满洲"。经此一改，连本族女真的名字也给改掉了，而国家也以"满洲"命名。在更改名称前，太宗和他父亲并不讳言"大金"、女真等名号。如，天命十一年，太宗给袁崇焕的信都自称"金国汗"；天聪四年，太宗发布征明檄文首称"金国汗谕官军人等知悉"。从太祖建金国到太宗改名前，称后金国号达二十一年之久。改名后，则把以前文献中有关"金国汗"的字样统统更为"大满洲国皇帝"。但毕竟改的还不够彻底，仍有遗漏之处，象修筑盛京城时，抚近门上的大金字样，以及辽阳的喇嘛坟、大石桥的娘娘庙碑、东京城（辽阳）上的匾额，都有大金的国号，未及涂改，而留于后世。到太宗即皇帝位时，废金国号，改用大清新名。对于清号来源，清朝实录及各种官书都没做任何说明，后人则有种种解释。有的从文义上释为"扫清廓清"之义，有的说，清，青也。青为北方信奉萨满教诸族所崇尚，满洲也是笃信萨满的，故取"清"为号。

其实，"清"与"金"为一音之转，这两个汉字在写法上虽异，而在满语里发音却无差别。但是，太宗之所以坚持更定国号，是因为金曾激起汉族人民的仇怨太深，不称金可以减少他们对它继续扩张势力的阻挠。再则，这时太宗已定下人主中原之策，原来的金朝最多统治半个中国，太宗要建立全中国的一统天下，为适应政治上的需要，更定国号为大清，它是太宗改元重定国号的又一动机。所以，这次更定国号，是一次政权建设的发展，是制度的革新，也是夺取更大胜利的动员。

太宗重建国号大清，开辟了清朝历史的新纪元。换句话说，清朝的历史应当从这里开始，太宗是名副其实的大清皇帝第一人。他在清史中是个承前启后、继往开来的关键人物，是清朝一统天下的真正开创者。虽然他和努尔哈赤都没有进关做全国的最高统治者，而仅在关外度过了自己戎马一生，但两人确有很大不同。努尔哈赤起自建州女真的一个小部落，他名为明朝地方官，实则是女真的一个小酋长。他用了相当长的时间去统一女真各部，推动和加速了女真社会的进步，使各分散的部落迅速走向联盟，进而形成新的民族共同体——满族，在此基础上，成立了国家政权——大金。纵观努尔哈赤的一生，他更多的是作为一个民族领袖来活动的。他的业绩及其所建金国，在整个清朝历史这一出壮烈的多幕剧中，所占的场面只能是序幕。他所起的作用，就是把帷幕拉开，并装填了自己的内容。努尔哈赤作为清朝前身历史的首创者是当之无愧的，而太宗则居于清朝历史开创者的地位。他在位十七年，特别是建元崇德前后到去世，全面地，而且极为迅速地发展了他先父的未竟事业，在一切方面都远远地超过了自己的前辈。他统一整个东北，首次降服一向与明朝保持深厚友好关系的朝鲜，征服察哈尔，统一漠南蒙古，促使漠北蒙古行"九白之贡"。他所占有的疆域将近半个中国，使清政权牢固地立于既广大又丰足的根据地之上。他所建筑的政权完全具备了国家的规模，尤其是他吸收汉人和蒙古人参加，实行以满族贵族为核心的联合执政，扩建蒙古八旗、汉军八旗，从而改变了努尔哈赤时代的单一的满族执政的民族政权性质，变为几个民族联合的政权。这为有清一代的长远统治树立了楷模。因此，太宗是真正的一代国主，他是作为一个国家的首领来活动的。他创立的国家——清政权及其基本国策为后代子孙所奉行；他建的国号大清一直沿用到近代。

（三）祭告天下

皇帝继位是历代封建王朝最重大的一项政治活动。特别是开国皇帝建国称帝，意义尤其重大，它标志着一个新政权的诞生和开始。所以封建统治者把这一活动看得异常神圣，总是要举行一系列庄严而复杂的仪式，向人们显示他的"君权神授"。

天聪十年四月十一日，清太宗把这一天作为他即皇帝位的吉日。按照礼仪规定，首先祭告天地。在此之前，他斋戒三天。到十一日这天，晨光熹微，他穿戴一新，骑上骏马，在百官的簇拥下，前往天坛祭告天地。天坛设于德盛门外，太宗还没到跟前，就远远地下马站立，恭候一旁。他微微抬起头，朝四周瞥了一眼：这是一个宽敞的略呈长方形的场地，天坛就设在正中央，四面设有台阶。坛上安放一张香案，上铺黄绫缎，设"上帝"神位，前面摆放香炉。诸贝勒大臣和百官分东西列于天坛两侧，为首的是太宗的哥哥大贝勒代善，以下是济尔哈朗、多尔衮、多铎、岳托、豪格、阿巴泰、阿济格、杜度等诸兄弟子侄，接着是额驸扬古利、固山额真谭泰、宗室拜尹图、叶克舒、叶臣、阿山、伊尔登、达尔汉，再往下便是蒙古八固山额真、六部大臣、都元帅孔有德、总兵官耿仲明、尚可喜、石廷柱、马光远；外藩蒙古有察哈尔部、科尔沁部、扎赉特部、杜尔伯特部、郭尔罗斯部、敖汉部、奈曼部、巴林部、土默特部、扎鲁特部、四子部、阿鲁科尔沁部、翁牛特部、喀喇车哩克部、喀喇沁部、乌喇特部等十六部共四十九名贝勒，还有满洲、蒙古、汉人文武百官都按各旗排列。朝鲜的两名使臣也参加了庆典。场内依次遍插满洲八旗、蒙古八旗、汉军旗各色旗帜，编织成一幅五彩斑斓的画面。在百官的内外，沿场地四周布列数层八旗兵，束装肃立。整个场地，庄严、肃穆。太宗看到这一切，抑制不住内心的激动。此刻，天色大亮，东方出现一片霞光。导引官满洲、汉人各一名来到太宗面前，引领他来到坛前，拾级而上，面向"上帝"神位站立。赞礼官高呼："上香！"太宗在案前跪下，从导引官手中接过香，连上三次。接着，仍按上面程序，分别把帛和装满酒的爵恭敬地放到香案上。敬献完毕，读祝官手捧祝文登坛，面向西北跪下，高声诵读祝文。其文曰："惟丙子年（1636年）四月十一日，满洲国皇帝、臣皇太极敢昭告于皇天后土之神曰：臣以眇躬，嗣位以来，常思置器之重，时深履薄之虞，夜寐夙兴，兢兢业业，十年于此，幸赖皇穹降佑，克兴祖、父基业，征服朝鲜，混一蒙古，更获玉玺，远拓疆土。今内外臣民，谬推臣功，合称尊号，以副天心。臣以明人尚为敌国，尊号不可遽称，固辞弗获，勉徇群情，践天子位，建国号曰大清，改元为崇德元年。窃思恩泽未布，生民未安，凉德怀惭，益深乾惕，优惟帝心昭鉴，永佑家邦。臣不胜惶悚之至，谨以奏闻。"这篇祝文，向"上帝"报告他十年所取得的巨大功业，请求批准他即皇帝位，以此来表明他是"命世之君"，有权统治全国。

宣读完祝文，太宗和百官依次入座，他先饮酒，吃祭品，然后分给百官，并当场吃掉。根据古礼规定，祭天地都用"生太牢"（生肉之类），祭毕，将生肉分给臣属，带回家煮熟食用。太宗认为人类早已吃熟食，而祭祀还用生肉，是对天地的污亵。因此他改革这一古礼，规定此后祭祀一律改用熟食品，仪式一结束，当场吃掉。

仪式的第二项内容，是在大政殿举行"受尊号"礼。殿内正中放一把金交椅，周围摆放御用的一套新制作的仪仗，朱红色油漆放出耀眼的光泽，显得十分华贵、威严。仪式一开始，导引官引太宗经大殿正面拾阶登殿，入座金交椅，百官仍分左右两班站立。这时，乐声大作，赞礼官高呼："跪！叩！"百官向太宗行叩首礼。赞礼官又呼："跪！"百官随口令刚跪下，多尔衮与科尔沁贝勒巴达礼、多铎与豪格双双从左边班列中站出；与此同时，岳托与察哈尔林丹汗之子额哲、杜度与孔有德双双从右边班列中站出，他们每两人合捧一枚皇帝御用之宝，上前跪献给太宗。他们代表了这个政权统治下的满、汉、蒙古及其他少数民族，把象征着皇帝权威的御用之宝交给太宗，就表示把国家的最高权力授予了他，完全承认他的至高无上的统治地位。献宝之后，满、汉、蒙古各一名代表，手捧本民族文字的表文，站立殿东侧，依次宣读，对太宗赞颂一番。读完，又是一次叩头礼。礼毕，在殿前立一鹄，命善射者较射，优胜的有赏。继位仪式到此最后完成，立时鼓乐一齐吹打。太宗在鼓乐声中，含笑步出大政殿，排列仪仗，乘舆回宫。当天，太宗在大政殿举行盛大宴会，欢庆即皇帝位礼成。

次日，太宗率百官来到太庙追尊祖先。从始祖、高祖、曾祖，到祖父，都尊奉为王，而奉父亲努尔哈赤为皇帝，上了一大串尊号，曰：承天广运圣德神功肇纪立极仁孝武皇帝，庙号太祖，其陵园称福陵。尊奉母亲为皇后。此外，还给已故功臣追封美称。

四月二十三日，太宗大封他的臣属，先封他的诸兄弟子侄：大贝勒代善位列第一，封为和硕礼亲王、贝勒济尔哈朗为和硕郑亲王、多尔衮为和硕睿亲王、多铎为和硕豫亲王、豪格为和硕肃亲王、岳托为和硕成亲王，阿济格低一级，为多罗武英郡王，杜度以下再低一级，为多罗安平贝勒，阿巴泰为多罗饶余贝勒，按以上等级，分赐银两。外藩蒙古贝勒也按亲王、郡王等级分别敕封。二十七日，敕封孔有德为恭顺王、耿仲明为怀顺王、尚可喜为智顺王，时称"三顺王"，是汉官中最高的封号。他们的部下也都论功封赏。

清太宗继位典礼，从全部礼仪的形式上看，基本上是仿照汉制礼仪，但在内容上已带有满族生活的特点。但更为重要的是，在仪式进行过程中，太宗自始至终坚持满、汉、蒙古三位一体，推选他们的代表给他上尊号，同时又以满、汉、蒙古三种文字书写表文，这反映了清太宗是多么重视各民族的巩固的联合！这种做法，是历代王朝所不曾有过的事。汉族封建统治者不管是新建王朝，还是后世子孙继承皇位，都摒弃少数民族于宫墙之外，即使如辽、金、元这些少数民族建立的政权，又多取排斥汉族的政策。太宗一反他们的片面作法，极为重视满族同汉、蒙古等民族的密切合作，使之成为他立国的一块基石。继位典礼是这一方针的又一次生动的体现。顺便指出，这次即位典礼，前后持续二十余天，耗费了大量的钱物。从仪式所需的各种设备，到皇帝、百官制作的礼服、仪仗；从各色祭品，到赏给诸贝勒及百官的银两物品，所费银两不下十余万！不言而喻，太宗和他的家族及百官从继位活动中得到的欢乐，恰是建筑在广大劳动人民的痛苦之上！

（四）风气改革

随着后金迅速发展，在统治阶级内部出现了包括满洲、蒙古、汉官在内的一大批新贵。他们在对明朝、蒙古、朝鲜及其他民族的征战中积累了巨大的财富，又靠军功从汗（皇帝）那里获取了大量赏赐。他们与太祖创业时期的旧贵族便构成了后金（清）统治阶级中的上层统治集团。这些人既富且贵，不仅分掌国家政权，而且在经济上处于极为优厚的地位。随着权力的扩大，财富的聚集，他们的欲望也越来越强烈。特别是进入辽沈地区以后，一改原先山涧水涯的那种落后的生活处境，深为这里的繁华富庶所吸引，他们开始接受甚至模仿明朝官僚地主的奢侈腐化的生活，追求享乐、贪图安逸的思想严重滋长。有一次，多铎的哥哥多尔衮带兵出征，照例太宗和大臣出城送行，而多铎懒得出门，便假托躲避天花病不送，在家与妓女鼓丝欢歌，身穿"优人"的衣服，学"博粉"之态，寻欢作乐。多罗武英郡王阿济格曾因病在家调养一段时间，等病愈以后，仍迟迟不上衙门办事。时值八月盛夏，原来他怕天热，就推说病没好，在家闲居逸乐。此类事甚多，就是在前线营帐内，也找来"优人"吹弹歌舞。一个最具有讽刺意味的事例是，太祖刚去世，还在服丧期间，太宗和他的哥哥代善尚守"孝道"，在家素服含悲俯首独坐，默哀其父，但努尔哈赤的另两个儿子莽古尔泰、德格类和女儿莽古济却在家穿戴盛装，大摆筵席，吃喝玩乐，招

多铎

来女乐吹拉弹唱，德格类坐在炕的右边弹筝唱和，玩得十分痛快，脸上毫无悲戚之容。仅此一例就足以反映这批正处在上升时期的新老权贵们的精神面貌了。他们一方面压榨剥削处于奴隶地位的广大阿哈包衣；一方面又不断扩大自己的特权，用各种手段掠取不义之财。新老权贵的势力急剧膨胀，其结果必然在政治上分散汗（皇帝）的权力，而经济上无休止的兼并和垄断财物，则激化了国内阶级矛盾。这种状况，不仅妨碍统一事业的顺利进行，而且完全不能适应日益发展的中央集权的需要，构成对皇权的严重威胁。

　　太宗目睹这些权贵们的所作所为，引起了高度的警觉。为了把父亲的事业进行下去，他经常训诫诸王贝勒，晓以大义。崇德二年（1637 年）六月，一天，太宗把他们召到跟前，以一年前征朝鲜为例，批评他们抢夺财物。他说："去年朝鲜之役，军中甚无纪律，见利当前，竟忘国法。我一再申饬你们，并非我想自己取用。如今，凡钱财牲畜诸物无所不备，不可胜用，为什么还不知足？你们并不是不害怕我的禁令，但黩货心切，往往藐视禁令而不顾，实在可恨！其不知财货乃身外之物，多藏无益。即便不义而富，能有不死之术而使自己永久享用吗？太祖时代的大臣，活到现在的有几人？这就是说，人的一生如寄身于天地间这个大旅馆里，何必为自己过多营谋？子孙如果贤能，则自会显达；子孙愚昧无知，你们即使留下很多的产业又有什么用？根本的问题，是要奋力立功，树立好名誉，使你们的勋绩遗留给后世，这才是最为可贵的。古语云：天有四时，地生万物。天下有民，'圣人'统治。所以春季是管生的，万物繁荣；夏季是管长的，万物长成；秋季是管杀的，万物充足；冬季是管收藏的，万物肃静。'盈则藏，藏则复起，莫知所终，莫知所始，莫进而争，莫退而逊。'照此道理治国，则与天地之道相合。从今以后，你们勿得贪图财物，各宜竭尽忠诚，勤于国事，朝廷上下和熙，那么，你们的勋名长保，使子孙永远保持而不改变，这岂不是桩美事吗！"

　　清太祖时期，陆续制定了一些制度和规定，但国家体制很不完备，太宗继位以后，又补充制定有关规章制度。然而，已经制定的制度出现了不能严格执行的问题。这主要是诸王贝勒还不习惯于依法行事，往往凭借自己的权势"越分妄行"。例如，各旗主的护卫人数，或多或少，都未有定额。因此，牛录中有才能的人都被诸王贝勒挑选去当护卫，使得牛录这一层组织人数不足，力量削弱。太宗为限制诸王贝勒的特权，对此做出如下规定：每一牛录可用"执事"四人、每一旗选用护卫二十人。居于显赫地位的代善却带头违章，在定额之外多选护卫十二人，还向户部参政恩克说：太宗所选的护卫，也超过了定额二十名之外。代善敢和太宗攀比，说明在他的心目中还没有把太宗看成是至高无上的皇帝。太宗知道了这件事，在崇德二年（1637 年）七月，召集诸王贝勒文武群臣当众斥责代善，质问他："你查查我所管的两黄旗（正黄旗、镶黄旗）的名册里，是否有多选侍卫的事？"说着，太宗命他的左右侍卫都站出来，用手指着他们说："我的侍卫四十人，还是太祖在世时给的，他们都是免役的人，他们有的是我的叔伯兄弟之子，有的是蒙古贝子的儿子，有的是官员之子，也有的是我的包衣之子，凡应役的，我一个都没选用。"经过当场查对，太宗的侍卫不但没有多选，而且还不够定额。太宗接着说："你们都看到了吧？还不够定额，哪来的多余呢？凡黜陟予夺大权都在我手，我想干什么还怕你们吗？代善无端怀疑，所以才叫你们都看看事实！"

接着，太宗还谈到代善对限定侍卫名额表示不满。太宗继位不久，有一次，代善不用护卫，自己牵着马，胳膊挟着褥垫去见太宗，这番举动，明显地是在发泄内心的不满情绪。太宗就此责问代善："难道一旗之众就没有卫从之人？为什么窘迫到这个地步？你这样做是尊敬我呢？还是心有不快呢？"又说："我每每想到太祖诸臣，功勋赫著的还有几人？现在都不在世了，只有兄在，我不致敬，将来后悔何及？所以才专意加礼。况且有上天护佑，诸物具备，衣着食用骑乘充足不缺，兄如要求多关照，就直说好了，我岂吝啬！果能如此，才合我意。不然的话，阳为恭谨，阴怀异心，这不是我所希望的。"说到这里，太宗转向诸王贝勒大臣，说："厚富之人，不乘良马，不服美衣，不食佳馔，不畜仆从，自谓以此获福，可享千年，然人岂有不合理而能长久安享者乎？"

太祖时，曾立下一条规矩：凡在战争中俘虏的降民、金银财物、马匹等物品一律上缴，违者治罪。当时，以八和硕贝勒共议国政，他们各置官属，权利均等。因此，太祖"预定八家（即八旗旗主）但得一物，八家均分公用，勿得分外私取。"在分配这些战利品及赏赐时，必由八家旗主均分，称为"八分"，八旗旗主以下者，都不入"八分"，但从中也得到一部分财物和赏赐。太宗继位后，继续执行这一规定，一再训诫文臣武将遵守。但事实上，种种营私舞弊的现象屡屡发生。他们利用掌握的权利，寻找一切机会攫取额外私利。例如，诸王贝勒（太宗的兄弟子侄）每当出征，总是私带家中的仆人或其他"闲散无甲之人"冒充兵士，私令随征。目的是让他们在战争中为自己多抢夺财物，倘若立功，亦可冒领赏赐。上行下效，象牛录章京等下级军官也仿效此法，企图多得战利品。在征战中掠取的物品，如马匹、金银等物只上缴一部分，另一部分隐瞒不报，留于个人之手。甚至将部分降民也私留起来，作为自己家中的奴仆，也有的私娶降民中年轻貌美的女子为妻，等等。这些违禁现象任其漫延，就会助长贪得无厌的思想进一步发展，势必带来严重后果，以致从经济到政治都造成危害，同时，也会直接削弱太宗的权威。太宗看到问题的严重性，给予很大的注意。每次出征前，他都讲清纪律，归来后，都要进行总结，让下边揭发各种违纪的事实。一经发现，即严肃处理，轻者当众训斥，重者鞭打，直到革职。但一般都采取罚款退赃的办法，使之在经济上不但占不到便宜，还得交出自己的私产来补偿所犯的过错。凡是违犯上述一例的，必须将征战中夺得的一切东西如数交出，另根据过错轻重，再罚以数目不等的银两、马匹等，如已得到赏赐而后被揭发作弊的，其赏赐也必须如数缴回。满洲、蒙古、汉官这批新老权贵都以多得财物为荣，最怕自己的财产受损失。太宗抓住这一点，在处罚时首先给予经济上制裁，这在一定程度上限制和打击了权贵们的气焰，起到了抑制其特权进一步发展的作用。

经过太宗不断从思想上训诫，在政策上严格贯彻有关规定，权贵们不得不有所收

敛，因而上述现象逐年减少，这就保证了内部的上下一致，树立为国效力的风气。

（五）巩固权力

清太宗继位之初，地位并不那么稳固，国家权力尚未达到高度集中，而是分散在宗室贵族手中。他们或玩忽职守，或随意违法妄为，有的甚至敢于向君主挑战。太宗清楚地看到，如果不打击这股轻视甚至目无君主的分散势力，他就坐不住金銮殿。经过多年努力，采取各种措施，他的权威才得以牢固地树立起来。他的制胜法宝就是制定法令，秉公执法，不分上下贵贱、内亲外戚，一切依法行事。

清太宗继位后的头几年，主要精力用在征朝鲜、伐明朝，没来得及完善法律。到天聪五年（1631 年），太宗阐述了他的法制思想，同时公布了一些法律规定。他说："国家立法，不遗贵戚，斟酌罚锾以示惩儆。凡诸贝勒审理、枉断人死罪者，罚银六百两；枉断人杖罪、赎罪及不奉谕旨私遣人与外围交易，或怠忽职守，或擅取民间财物马匹、或将本旗女子不行报部短价收纳在家者，均罚银二百两。"以上规定，既包括诸王贝勒审断案件出现的差错，也包括他们自身违法都受惩处两个方面。清太宗经常惩治的是临阵败走、酗酒妄为、行猎不能约束整齐三件过错，有违犯其中一条的，都判以重刑，其余诸事都可从宽处理。崇德年间，他强调惩治触犯这三条的人，是针对诸王贝勒而发的，不能不说这是压抑王权，提高皇权的措施。他还提出了执法的指导原则和审案的具体方法。这就是"听讼务持其平，谳狱务得其实。尔诸臣审理讼狱，于两造所陈，当速集见证鞫问，庶有实据。若迟缓取供听彼潜相属托，支饰避罪则审判安得公平？自今以后，不先取见证口供，致事有冤抑者，既按事之大小坐罪审事官。"执法必须公平，不得偏私，审案判罪，贵在有真凭实据。审讯时要对犯罪者与告发者的口供迅速取证，如果迟迟不取，只听掩饰避罪的口供，或只听信犯罪者暗地托人说情，审判就不会公平。此后，如不先取证只听信口供，致使有遭冤枉的，按其情节轻重，处罚审判官。

清太宗亲自制定法令，自然地他就成为法制意志的最高体现者。有了法律这个准绳，他就可以监督诸王贝勒及群臣的言行，使他们都处于皇权的控制之下。虽然太宗明确立法，但过惯了部落生活，又掌握了很大权力的诸王贝勒并不完全把这些法令放在心上，每每藐视法制，任意妄为。太祖去世前曾立下遗言，其中谈到法制，说："国家当以赏示信，以罚示威……尔八固山（八旗旗主）继我之后，亦如是，严法度，以效信赏必罚。"他规定一条原则："赏不计雠（仇），罚不避亲，如是，明功赏，严法令，推己爱人，锄强扶弱。"太宗遵循父亲的遗训，对违犯法令的人特别是诸王贝勒，从不放过，一律按法令处置。崇德二年（1637 年）六月，太宗总结征朝鲜及皮岛之役，"王以下，诸将以上，多违法妄行，命法司分别议罪。"经刑部审议，认定自礼亲王代善以下共计六十四人犯有各种程度不同的过失。这些过失概括起来，有私携无甲之人冒名顶替从军、纵士兵抢掠、私娶降民妇女、不听从军令擅自行动、私匿缴获的战利品、战斗中畏缩不前致使兵士损伤，等等。根据过失轻重，分别判处死刑者二十四人，撤职十三人，鞭刑五人，罚银者二十二人（有的既受鞭刑又罚银，还有的既革职又罚银）。这些受处罚的人当中，有太宗的儿子、哥哥、弟弟、侄儿、额驸（即驸马）等，皇亲国戚约占四分之一，将官一级的约占三分之一。因为代善的爵位最高，他被列为犯法者第一人，刑部给予革去亲王爵位、罚银一千两的严厉处分。其他如多罗武英郡王阿济格、多罗贝勒豪格、固山贝子篇古、和托等一班宗室勋戚，也分别处以革除爵位、罚银。以下固山额真、梅勒章京、兵部承政等高级将领同样依法处分。皇太极从争取人心，为他继续使用这些人考虑，大多给以从轻处理。原判死刑的二十四人赦免十九人，处以罚银的，也逐一减少数目。代善等诸王贝勒也免去革爵的处分。太宗从宽发落，丝毫不减少处分的意义。他把违法者的罪状都公之于众，上下皆知某某犯法，罪状都记录在案，既让臣下互相监督，又使本人警惕，从中吸取教训，日后不再重犯或少犯类似的过错。这样做，诸王贝勒群臣无不心悦诚服。

太宗运用法令同宗室大臣中的分散势力进行斗争，并非是靠一、二次处罚就能奏效。他们虽经处分，政治上、经济上多少有些损失，一个个却是满不在乎，有意无意地违抗法令的大有人在。太宗就以更重的处罚、严厉的手段加以打击。崇德六年（1641年）三月，因为围困锦州的事件，太宗又同诸王贝勒进行了一次严重的斗争。本来，按照太宗的战略意图，对明朝的前哨重镇锦州实行长期围困，在断绝一切外援的情况下，迫使处于绝望之中的明兵献城投降。他向戍守围困锦州的领兵诸贝勒阐述得一清二楚，可是，他们没有遵守。作为领兵的主帅和硕睿亲王多尔衮及其助手豪格、阿巴泰、杜度、罗托、屯济、硕托、阿山、潭泰、叶克舒等一班主要将领，在围困期间，私自决定兵士和军官轮流回沈阳探家。一次是每牛录甲兵三人回去，再一次是每牛录甲兵五人，每旗章京一名放回去。由于把兵士放回家，营中兵员减少，害怕锦州城里的明兵趁机劫营，于是下令全军从现有的包围线后撤到离城三十里的地方扎营。这正好与太宗的意图背道而驰。太宗明令要求他们围困锦州要由远渐近，逐步缩小包围圈，直逼城下，以震慑城内明兵。太宗闻听他们违抗军令，大怒，严厉遣责："原令由远渐近，围逼锦州以困之，今离城远驻，敌必多运粮草入城，彼此相持，稽延月日，何日能得锦州耶？"太宗气得不得了，整整一天，怒气未息。正值驻兵换防，便命甲喇章京车尔布等人前去锦州传达他的谕旨，令多尔衮等会议，将提出并决定后撤、私遣兵士回家的人指名揭发，拟出罪状报告。

接着，派兵部参政超哈尔、谭拜等率兵替换多尔衮军，传去一道谕旨：令多尔衮等率军至辽河，驻营舍利塔，不许进城，等候他的处置。多尔衮率军到舍利塔后，向太宗做了报告。太宗马上派内院大学士范文程、希福、刚林等调查多尔衮等违令的事实，并分别训斥诸王贝勒："睿亲王（多尔衮），朕加爱于你，超过诸子弟，良马鲜衣美馔，赏赐独厚。所以如此加恩，是因为你勤劳围攻，恪遵朕命。今于围敌紧要之时，离城远驻，遣兵回家，违命如此，朕怎能再加信任！肃亲王豪格，你同在军营，明知睿亲王失计，为何缄默静听，竟然听从他的话？阿巴泰、杜度、硕托，你们为何对此漠不相关？听任睿亲王所为，是也说是，非也说非，遇之如路人，视之如秦越呢？硕托，你曾获罪，朕屡次宽大，你却徒具虚名，不思效忠！"

范文程等传达完上述指示，多尔衮、豪格、硕托等人申诉遣兵士回家是为了"修治盔甲、器械，牧养马匹"，说些不得不如此的理由。范文程一行返回盛京，将调查结果上报。太宗一听，益发生气，说："此皆巧饰之辞！…仍敢于欺朕！可令伊等自议其罪。"范文程一行又回到多尔衮处，传达太宗谕旨。多尔衮不再辩解，首先认罪："不逼近锦州，遣兵回家，轻违谕旨，致误锦州不得速破。我即总握兵柄，将所属之兵，议遣返家之时，倡言由我，遣发由我，悖旨之罪甚重，应死。"豪格说："睿亲王，王也，我亦王也。但因睿亲王系叔父，所以令握兵柄耳，彼既失计，我合随行，罪亦应死。"其次议定杜度、阿巴泰、罗托、硕托、屯济等均削去爵位，各罚银两若干。再次固山额真阿山、潭泰、叶克舒都参赞军务，应处死。以下涉及各级将官三十四人都分别议罪。范文程一行又回盛京，将处理结果报告，请示太宗批准。太宗决定，凡死罪均免死，和硕睿亲王多尔衮降为郡王，罚银一万两，剥夺两牛录户口；和硕肃亲王豪格降为郡王，罚银八千两，剥夺一牛录户口；阿巴泰、杜度各罚银两千两；罗托、硕托、屯齐、潭泰、阿山、叶克舒各罚银一千两……多尔衮以下各将官纳完罚银，太宗始许他们入城。他们想进宫谢恩，太宗不允，只得在大清门外谢恩重罪轻处。

过了几天，多尔衮等都到议政衙门办公，太宗又详问围锦州时各军驻兵地，比原先调查的情况更严重，不由得气往上冲，当即命大学士希福、范文程、刚林等传他的话："尔等（多尔衮等）在外，意图安寝，离城远驻，既求休息，疾速还家，且归安寝可耳！"将多尔衮逐出议政衙门，撵他们回家，不准上朝视事。

此事僵持到四月初。七日这天，太宗召见范文程、刚林等进清宁宫，面授指示，说："你们可召集获罪的诸王贝勒大臣到笃政殿前，传达朕的命令，叫他们各入衙署办事，不可怠惰。不许他们入大清门，如遇朕出门，也不许随行。朕并非厌恶他们，不令见面，但他们来见朕，朕无话可问，他们也无话可答。朕将托何辞问询，他们又托何辞来回答？假若静默无言相对，那就太没意思了。"范文程、刚林劝道："获罪诸王贝勒都是皇上子弟，既已训诫而宽恕，还是叫他们入朝，未知可否？"太宗摇头不允。范文程等按太宗指示，向多尔衮等传达了他的原话，多尔衮等奏道："一切唯上命是听，臣等有何辞可对？"说完，都到自己的衙门去了。又过了一段时间，多尔衮等托范文程、刚林说情，太宗才允许他们进大清门，入朝办事，但不许他们搞徒具虚名的"谢恩"这类仪式。

清太宗执法之严酷，虽权贵不饶，于此可见一斑。诸王贝勒不得不俯首听命，慑于这位大清皇帝个人的权威之下。太宗对自己要求也严格，率先执行法令。天聪五年（1631 年）二月，制定仪仗制，自他以下，诸王贝勒出门都按规定排列仪仗队，违例者罚羊。不久，太宗到他几个儿子避痘的住所看望，去时未排列仪仗队，礼部启心郎祁充格以违例罚羊的规定告知巴克榜什达海，他马上向太宗报告。太宗认错、认罚，将羊付给礼部，说："朕非忘具仪仗也，以往避痘处故不用耳。然不传谕礼部贝勒，诚朕之过，朕若废法，谁复奉法？此羊尔部可收之。"

清太宗面对势力雄厚的权贵们，之所以毫不畏惧，敢于斗争，是他在当时摆出秉公执法的姿态，包括本人在内，一视同仁，表现出他是为国家、民族和全体人民的利益着想。他的直接目的是打击和抑制诸王大臣的势力的进一步增长，从而提高和巩固他的皇权的集中统一。

清太宗继位，既非受父亲遗命，亦非因为年龄居长而当立。他是接受以代善为首的诸兄弟子侄的拥戴才登上汗位的。作为既成事实和回报，太宗对负有拥戴之功的三大贝勒即他的三位兄弟代善、阿敏、莽古尔泰极为优礼；每当朝会、盛大庆典、宴餐、与群臣见面时，太宗都把三个哥哥摆在与自己的同等地位——居南面并列而坐，俨然如四汗。接受群臣三跪九叩礼，而太宗免去三大贝勒的君臣礼，只行兄弟之礼。太宗如此相待，一方面包含了对兄长的尊敬与感激；另方面电含有某种程度的畏惧之意。就诸王贝勒的实力而言，三大贝勒最为雄厚。代善掌握正红旗、镶红旗，阿敏掌握正白旗、莽古尔泰掌握正蓝旗。八旗是军政合一的社会组织，他们掌握一旗到两旗的八旗军队、人口及土地财产，就是一个国家中的四分之一或八分之一的实权派。太祖在世时，他们与太宗并列为国中"四大贝勒"，其地位均排列在太宗之前。当时，太祖实行八和硕贝勒共议国政的制度，他们与太宗共同参与政务。太祖去世后，继续实行这种制度，太宗不得不与三大贝勒及其他旗主贝勒共议国政，凡事不能自专。他们为了本旗和自身的权益，自行其是，甚至以拥戴之功，要求太宗给予更多的权利。太宗处处受到诸王贝勒的"掣肘"，遇事总是迁就。例如，天聪三年（1629 年）十月，太宗率军征明，行军至中途，代善、莽古尔泰竟让诸贝勒大臣停在外面，两人进御幄力阻进军，以"劳师袭远"为兵家所忌，要太宗班师。太宗左右为难，一时竟不敢做主，默坐营帐中，闷闷不乐。为了实行既定的作战计划，清太宗动员起岳托、济尔哈朗、萨哈廉、阿巴泰、杜度、阿济格、豪格等，说你们既然知道这次行军有如此诸多不利，为什么缄默不语，使我远涉至此。清太宗的激将法点燃了岳托等人忠君的热忱，他们表示支持和拥护太宗，反过来向代善、莽古尔泰施加压力，二人被迫改变主意，太宗才得以下令继续进军。由此可见，三大贝勒及诸贝勒具有左右局势的实力和影响。所以，太宗"虽有一汗之虚名，实无异整黄旗一贝勒也。"这种八旗旗主联合主政的体制，造成皇权分散、王权独立，太宗与诸王贝勒主要是与三大贝勒的矛盾和冲突就成为不可避免。太宗初立。只能暂时维持这种共同主政的局面。但他逐步采取实际步骤，不断削弱直至消除各种对立的势力。

首先，太宗采取的一个步骤，就是把在八旗中权力大的诸王贝勒的权利向下分散。太宗对官制的大幅度改革，实际就是力图削弱诸王贝勒主要是三大贝勒的势力。他暂沿旧制，仍在每旗设总管旗务大臣一员，但扩大了他们的权限，规定"凡议国政，与诸王贝勒偕坐共议之"。这一措施等于从诸王贝勒手中分出一部分权利给总管旗务大臣，从而打破他们垄断权利、左右局势的局面。太宗还于每旗各设佐管旗务大臣二员，调遣大臣二员，各分掌一旗的某方面事务，这就进一步削弱了诸王贝勒独掌一旗的权利，并使他们处于众多参政人员的监督和互相牵制之中。

其次，在管理国家，处理行政事务中，太宗也采取了削弱诸王贝勒的有力措施。天聪五年（1631年）初设六部，每部以贝勒一人领部院事。到崇德三年（1638年）七月，停王贝勒领部院事，其权利再次削弱。

阿敏是皇太极的堂兄，努尔哈赤同母弟舒尔哈齐之子。阿敏充任四大贝勒之一，乃因其父舒尔哈齐在努尔哈赤创业之始的功勋。

舒尔哈齐生前曾与其兄努尔哈赤争夺权位，但他远不及努尔哈赤英勇善战和足智多谋。舒尔哈齐曾欲私迁黑扯木自立为王，阿敏自然追随其父。努尔哈赤将舒尔哈齐及阿敏追回囚禁，欲严厉治罪。朝鲜人因此说努尔哈赤"威厉猜暴"。事实上，舒尔哈齐私迁之举亦不可取，当时分裂行动并不利于满族的发展。不久，舒尔哈齐在亲兄的压力与劝说之下承认了错误。阿敏当时险被处死，由于诸兄弟说情才得活命，后又得任大贝勒。

阿敏与皇太极父子间积怨年久日深，当皇太极继位之际，他曾以"出居外藩"作为拥立的条件。皇太极曾找郑亲王济尔哈朗计议阿敏的打算，并予以否定。因此阿敏对皇太极继位不满。

天命十一年，在阿敏率兵征伐蒙古扎鲁特部落的战役中，"大贝勒阿敏亲党行事变常，语言乖戾，有'谁畏谁、谁奈何谁等语'"。在汗位转移的大变动中，早怀异心的阿敏言行反常，至于"谁畏谁，谁奈何谁等语"，矛头则直指新汗皇太极，其间也夹杂着对先汗努尔哈赤的宿怨。显然，在皇太极继位前后，阿敏又重新萌发了昔日独自立国的幻想。

天聪元年（1627），阿敏征扎鲁特部归来不久，皇太极又命他带兵侵入朝鲜。在朝鲜国王已遣使请和的情况下，身为主帅的阿敏不愿住兵，而"令吹角进兵，直趋王京"。主管兵部的贝勒岳托"知不可劝止，遂策马还本营，邀阿敏之弟济尔哈朗至营共议"，决定驻兵平山城。阿敏身为统帅，遇事不集众议，一意孤行，造成后金军队"皆分道而行"的松散状态。岳托指出皇太极的战略意图是：只要朝鲜求和，即可携带俘获的人畜财物班师回沈阳。但阿敏却说："汝等欲归者自归耳，吾则必到王京。吾常慕明朝皇帝及朝鲜国王所居城郭、宫殿，无因得见。今既至此，何不一见而归乎？"他公然违背军令，甚至要在朝鲜"屯种以居"，以实现其独自立王国的打算。阿敏还提出要与褚英之子杜度"同住于此"。杜度未忘其父褚英的可悲下场，不敢赞同阿敏之意，因此"变色答曰：'吾何为与尔同住？皇上乃我叔父，我何可远离耶？'"至此，阿敏已处于孤立的地位。当八旗大臣讨论行军及议和大计时，出现了"七旗大臣所议皆同，独阿敏本旗大臣顾三台、孟坦、舒赛从阿敏议"的状况，因而"议久不决"。这时，"岳托、济尔哈朗、阿济格等同会一所"，决定与朝鲜议盟讲和。在这种情况下，阿敏才不得不从众议。可见，诸年青贝勒多是拥戴皇太极的，尤其是岳托、济尔哈朗从中起了重要作用。八旗共议的军事民主制度，成功地抑制了阿敏独行其是、心怀异志的企图。

当侵朝大军回至东京（辽阳）时，阿敏欲擅纳所俘获的朝鲜美妇，岳托又予以干涉，认为俘获妇女不可"私取"。阿敏'说：你父代善在征扎鲁特时也取了妇人。岳托说：我父取妇人是出征所得，是汗分赐的，"我父得一人，汝亦得一人"，致使阿敏理屈词穷。后来，这个朝鲜美妇被皇太极纳入宫中。但阿敏仍然眷恋着她，命纳穆泰向皇太极索要，皇太极显然不了解前情，说："未入宫之先，何不言之？今已入宫中，如何可与？"阿敏因请求被拒绝，坐在位上，面露不悦之色。从此，背后常发怨言。皇太极听说后十分不悦，虽说"为一妇人，乃致乖兄弟之好耶？"但却并不将那美妇给予阿敏，而将她赐给总兵官楞额礼了。

阿敏是个思想感情外露无遗的人，在大庭广众中也常发怨言，诸如："我何故生而为人"，"不若为山木，否则生高阜处而为石"，"虽供人伐取为薪"或"不免禽兽之溲渤"，也强于现在的处境等这类愤怨之词。有些话无疑是对皇太极的攻击。

阿敏还"违背上旨"，违拗皇太极欲驾驭蒙古科尔沁奥巴的策略。皇太极原同科尔沁奥巴结盟征伐共同的敌人察哈尔，但奥巴不遵约行动，以致皇太极说他"背所约之地，从他道入，复不待我兵先回"。这使皇太极十分愤怒，决心"永勿遣使往彼，彼使至，勿容进见"。而阿敏在军中即遣人往告奥巴"上责备之语"，后又接受奥巴之请私留奥巴使节于家，奥巴给皇太极的书信亦匿不上呈。这些显然都是不忠于新汗的活动。

阿敏又违背皇太极关于贝勒大臣子女婚嫁要"奏闻"的规定，私将自己的女儿嫁与蒙古贝勒塞特尔。及宴会时，才请皇太极赴宴，皇太极不满地说："许嫁时未尝奏闻，此时何遽请幸其第"，因此不去赴宴。以后阿敏又小请示皇太极便"擅娶塞特尔女为妻"。此后，当阿敏听说女儿在塞特尔处受苦时，恳请皇太极向塞特尔说情。皇太极斥责说："吾国之女，下嫁于他国者，何尝失所？汝女方许嫁时，不奏于我；今女不得所，何必来奏！汝自向彼言之可也。"如此，双方芥蒂日渐加深。

太祖时，"守边驻防，原有定界"，阿敏所管两蓝旗分驻张义站、靖远堡，因土地瘠薄，又给与大城之地。但阿敏又擅自"越所分地界"，在黑扯木开垦耕种，因而受到"将所获之粮入官"的处罚。皇太极继位后，阿敏又将靖远堡丢弃，移住黑扯木。皇太极见其所弃田地"皆膏腴良田"，责问阿敏为何这样做，大贝勒代善、莽古尔泰也责备他"违法制，擅弃防敌汛地，移居别所，得无有异志耶？"这一看法很有道理，阿敏自己也无从解释。

阿敏曾告诉其叔父贝和齐，说他在梦中被努尔哈赤箠楚，赖有黄蛇护身。这显然是暗示他自己是真命天子，包藏着夺取汗位的野心。

天聪三年（1629），皇太极亲率大军伐明，阿敏留守沈阳，他不认真守城，却"私自造箭，屡次出猎"，寻欢作乐。当岳托、豪格两贝勒先返沈阳时，阿敏竟"令留守大臣坐于两侧，彼坐居中，俨若国君"，命岳托、豪格"遥拜一次，近前复拜一次"，实为"欺凌在下诸贝勒"。在皇天极率军出征期间及回沈阳后，阿敏"皆无一言恭请圣安"。可见阿敏对天聪汗的冷漠态度。

天聪四年（1630），皇太极命阿敏、硕托率兵六千往代镇守永平等地的济尔哈朗诸贝勒。阿敏又节外生枝，请求与其弟济尔哈朗同驻永平。皇太极说："彼驻日久，劳苦可念，宜令之还。"为此，阿敏对送行的贝和齐、萨哈尔察说：努尔哈赤在时"尝命吾弟与我同行，今上继位，乃不令与我同行。吾至永平，必留彼同驻。若彼不从，当以箭射之。"贝和齐等曰："尔谬矣，何为出此言？"阿敏攘臂蛮横地说："吾自杀吾弟，将奈我何？"这一方面表现了阿敏的跋扈，另一方面也反映了其弟济尔哈朗早已不与他同心，在朝鲜时即是如此。年轻贝勒济尔哈朗是积极拥立并追随皇太极的，而皇太极的安排也自有深意，这就使阿敏因孤立而十分怨恨了。

阿敏到永平后妄自尊大，声称"我乃大贝勒，何为止张一盖？"并对皇太极抚恤降人的政策表示不满，声称自己征朝鲜时释放降人是为了攻取王京，此次伐明攻燕京不克而还，既攻下永平，何不杀降民泄愤！当榛子镇归降后，他竟令众兵"尽掠降民牲畜财物，又驱汉人至永平，分给八家为奴"。这种做法，严重损害了皇太极笼络人心与明争天下的战略。

阿敏在明军围攻滦州的三昼夜时，"拥五旗行营兵及八旗护军，坐守观望，听其城陷兵败"，"坚不肯救"，因为"以三旗精兵，非其所属，可委敌人而不顾"，以后又"尽屠永平、迁安官民"，"以俘获人口、财帛、牲畜为重，悉载以归"。皇太极认为永平等"四城降民，为汉人未降者瞩目"，爱养永平等归降官民是为收服人心日后夺取明朝天下树立一个榜样。而阿敏尽屠降民的野蛮屠杀政策，与皇太极的策略有严重的分歧。

天聪四年（1630）六月，阿敏以失地屠民"败绩而还"，皇太极命令不许诸贝勒大臣入城，士卒可以入城回家。他严厉指责诸贝勒不战而失永平，奔回时又不能妥善殿后，使士兵受到很大损伤。阿敏至此方不得不服罪。总兵官以下，备御以上的军官全部被绑受审。皇太极在处理此案时，"念及士卒陷于敌人"，"恻然泪下"。他让士兵入城，对包括阿敏在内的各官一律免死，显示了他善于争取人心的宽容大度。皇太极特别指责图尔格未能谏阻阿敏，图尔格表示曾力谏，但阿敏不从。皇太极说："贝勒若投敌国，尔亦随之去耶？"这流露出皇太极内心中对阿敏的不信任。后来，阿敏被定十六大罪，从宽免死，囚禁终身。从历史文献分析，皇太极此举亦系不得已而为之，非预谋陷害。这是阿敏作为奴隶主阶级的代表，与皇太极推进社会封建化相对抗而失败的结果。这一结局客观上为皇太极汗权独尊扫清了道路。阿敏被囚后至崇德五年（1640）十一月病死，卒年五十五岁。

阿敏获罪后，其弟济尔哈朗、篇古及兄之子艾度礼、顾尔玛洪对天盟誓，表示对汗的忠心，声明"我父兄所行有过，自罹罪戾"；同时请求皇太极与诸贝勒详察别人可能有的诋毁。

莽古尔泰是皇太极异母兄，是努尔哈赤与继妃富察氏所生的长子。当努尔哈赤确立八和硕贝勒共治国政之时，莽古尔泰、德格类得以位列四大和硕贝勒、四小和硕贝勒之列，一方面是由于继妃富察氏的贵宠地位，另一方面同莽古尔泰本人的作为也是分不开的。继妃富察氏在天命初年因得罪太祖被赐死，这同后来莽古尔泰获罪时皇太极说他"潜弑生母"当是一回事。他之"希宠于皇帝"，可说已达到不择手段的地步。当太子代善与努尔哈赤因岳托、硕托是否受虐待的问题处于对峙局面时，莽古尔泰不顾一切地站在努尔哈赤一边，因此获得努尔哈赤的青睐，得以列居四大贝勒的高位。但努尔哈赤并不认为莽古尔泰是继承人的合适人选。

太祖宾天之时，莽古尔泰无论其威望和实力都无法与代善、皇太极抗衡，因此史

籍上也没有关于他参与争位或拥戴皇太极的记载。

皇太极登上汗位，莽古尔泰作为三大贝勒之一，也受到"不遽以臣礼待之"的礼遇。御殿时，"大贝勒代善、阿敏、莽古尔泰以兄行"，"列坐左右，不令下坐"；逢年过节，皇太极还率诸贝勒亲至莽古尔泰府第礼拜。

对于莽古尔泰的种种不良行为，皇太极曾多次规劝。因其所行卑劣，皇太极对他颇为蔑视。

努尔哈赤死后，国中都在服丧，巴克什达海"诣莽古尔泰第，莽古尔泰与其妹莽古济格格及其弟德格类俱盛饰，张筵宴，妇女吹弹为戏，德格类坐右榻，弹筝"。这显然是史臣的伏笔。这一记载颇发人深思，当年莽古尔泰对努尔哈赤孝心的真实性不能不令人怀疑。如果说莽古尔泰对于生母被赐死确实怀恨在心，而又不得不做出"潜弑生母"的举动，那他也是一个外表鲁莽而城府很深的野心家。

天聪三年（1629）十月，皇太极亲率大军伐明，大贝勒阿敏等留守沈阳。征明大军以来朝的蒙古喀喇沁部落台吉布尔噶都为进军向导，随同进军的有蒙古扎鲁特部、奈曼部、敖汉部、巴林部、科尔沁部。其中科尔沁部落军容最盛，出动了二十三位贝勒，是皇太极主要的同盟军。当进军至喀喇沁之青城时，"大贝勒代善、莽古尔泰于途次私议，晚诣御幄，止诸贝勒大臣于外，不令人，密议班师"。大军已行多日，靠近明廷边境，两大贝勒忽然向皇太极提出"我兵深入敌境，劳师袭远，若不获人明边，则粮匮马疲，何以为归计？纵得入边，而明人会各部兵环攻，则众寡不敌；且我等既入边口，倘明兵自后堵截，恐无归路"等由，固执地要求班师。皇太极对此十分不满，"上嘿坐，意不择"，指出"初何为缄默不言，使朕远涉至此？"当此大贝勒与汗较量之时，满洲贵族中的新生力量岳托、济尔哈朗、萨哈廉、杜度、豪格、阿济格等起了重要作用，他们支持皇太极"决计进取"，而且派八固山额真等皇太极亲手提拔的将领，去代善和莽古尔泰处陈述意见。大贝勒代善、莽古尔泰在诸贝勒大臣中处于孤立地位，只得听从皇太极的裁决。此后虽然攻打燕京不克，但占领了遵化、永平、滦州、迁安四城，以之作为伐明的前哨据点。同时，成功地施行了反间计，使崇祯帝误杀了抗清名将袁崇焕。

天聪四年（1630）十一月，在大贝勒阿敏因罪被囚后，一天晚上，于打猎的行幄中，皇太极对众侍卫及诸巴克什叹息说："我所敬者惟二兄（按：指代善），凡事皆推诚委任，出师行猎不至错乱，庶大事可成。今贝勒莽古尔泰取厮卒所射之二兽，而贝勒之仆托退复殴人而夺其所杀野豕；又有一人射一鹿垂死，伊令幼子复射之，遂持归。其人直前索还，贝勒竟强留之。如此夺取，彼随役之人身困马疲，一无所得。将何以为生耶？"一席话褒奖了代善而贬斥了莽古尔泰，并令巴克什爱巴礼把这番话全部转告给莽古尔泰。莽古尔泰"自知其非"，将所夺之鹿交还本主，却把野豕献给皇太极。对此，皇太极说："朕焉用此物？何贝勒所见之鄙也！凡事虽小，不可忽视，恐积小成大耳。"随即将野豕退回莽古尔泰。可见，莽古尔泰所行不正，用心粗鄙。

天聪五年（1631），后金大军在皇太极统率下围攻大凌河城，图赖轻率前进中了埋伏，两蓝旗径抵城壕，副将孟坦等十多人阵亡，部队兵力受到较大的损伤。皇太极为此十分恼火，不许诸大臣看望受伤的图赖，巩阿岱违命前往探视，皇太极对其唾面斥责。第二天，皇太极登城西附近山岗"坐观形势"，心情焦躁地考虑如何攻破大凌河城。因地近岳托营，"岳托具筵以献"。这时莽古尔泰赶来诉说："昨日之战，我属下将领被伤者多。我旗护军，在随阿山出哨者，有附额驸达尔哈营者，可取还否？"皇太极气愤地说："朕闻尔所部兵，凡有差遣，每致违误！"莽古尔泰出口顶撞抗辩说："我部众凡有差遣，每倍于人，何尝违误！"皇太极为避免正面冲突，又说："果尔，是告者诬矣，朕当为尔究之。若告者诬，则置告者于法；告者实，则不听差遣者亦置于法。"皇太极对莽古尔泰的指责是有所指的。因图赖轻进中伏，两蓝旗损失最大，图赖负有前敌指挥失误之责，而莽古尔泰作为主管正蓝旗的大贝勒也是有责任的，至少是平时没有给予正确的指导，以致所部差遣中有所违误，皇太极当时不过没有明言而已。莽古尔泰受到指责尚不醒悟，不思检查自己的失误，反而恼羞成怒地说："皇上宜从公开谕，奈何独与我为难？我止以推崇皇上，是以一切承顺。乃意犹未释，而欲杀我耶？"粗暴的莽古尔泰在气愤之中竟"举佩刀之柄前向，频摩视之"，意为你若杀我，我必回击。站在一旁的同母弟德格类急忙推他说："尔举动大悖，谁能容汝！"莽古尔泰不听劝阻，竟怒骂德格类并把佩刀拉出五寸长，这就是史籍上有名的"御前露刃"。德格类将莽古尔泰推出去后，目睹此情景的大贝勒代善气愤地说："如此悖乱，殆不如死！"皇太极亦十分愤慨，说："莽古尔泰幼时，皇考曾与朕一体抚育乎？因其一无所授，故朕每推食食之，解衣衣之，得倚朕为生。后彼潜弑其生母，幸事未彰闻……尔等岂不知之耶？今莽古尔泰何得犯朕？朕……惟留心治道，抚绥百姓，如乘驽马，谨身自持。何期莽古尔泰遂轻视朕至此耶！"

皇太极余怒未消，复训斥众侍卫："朕恩养尔等何用？彼露刃欲犯朕，尔等何不拔刀趋立朕前耶？昔人有云：'操刀必割，执斧必伐'。彼引佩刀其意何为，尔等竟皆坐视耶？"

说罢进账内未坐复出，又对诸侍卫说："朕今罄所欲言，以示尔等。……今目睹人之犯朕，而竟默默旁观，朕恩养尔等殊无益矣！"

言毕，皇太极犹恨恨不已。

天将黑时，莽古尔泰率色勒、昂阿拉（莽古尔泰异父兄）等四人至皇太极御营外一里多地处，派人向皇太极请罪："臣以枵腹饮酒四卮，因对上狂言。言出于口，竟不自知。今来叩首，请罪于上。"皇太极派额驸杨古利、达尔哈传谕："你在白天拔刀想要杀我，晚上又来干什么？色勒、昂阿拉等与你们贝勒一起来，是想让我们兄弟互相结仇杀害吗？你们如果一定要来，犯的罪就重了！"

天聪五年十月，莽古尔泰因醉酒"御前露刃"之罪，由大贝勒代善及诸贝勒共议，议定革去其大贝勒名号，降诸贝勒之列；夺其五牛录属员；罚驮甲胄雕鞍马十给皇太极，驮甲胄雕鞍马一给代善，素鞍马各一给诸贝勒；此外还罚银一万两入官。皇太极以"此以朕之故治罪，朕不予议"为由回避，实际上是同意了诸王贝勒的审断，不肯宽宥莽古尔泰。莽古尔泰及其依附势力受到沉重打击。

天聪六年（1632）正月朝贺届期前，皇太极以礼部参政李伯龙奏疏中指出朝贺行礼时，不辨官职大小常有随意排列、逾越班次的情况，建议应酌定仪制，并提出莽古尔泰"因其悖逆，定议治罪，革大贝勒称号"后"可否应令并坐"的问题。讨论中，有一半贝勒认为不可并坐。代善见状，不免兔死狐悲，即说："上谕诚是。彼之过，不足介怀，即仍令并坐亦可。"半晌，皇太极与文馆诸臣均不表态。代善方明白就里，不得不改变主意："我等既戴皇上为君，又与上并坐，恐滋国人之议，谓我等既奉上居大位，又与上并列而坐，甚非礼也。……自今以后，上南面中坐，以昭至尊之体，我与莽古尔泰侍坐上侧。"

代善的这一席话，说得很有道理，诸贝勒都很赞同。皇太极欣然接受了这一提议。从此，天聪汗始"南面中坐"。

天聪六年正月，国人朝见，"上始南面独坐"，皇太极心中十分喜悦。"庚子上御便殿，命贝勒阿巴泰、豪格、额驸杨古利往召大贝勒代善；命宗室巴布泰、拜尹图、巴布海往召贝勒莽古尔泰"，请至宫中，分别"行家庭礼"。中宫皇后及众妃以元旦之庆礼拜代善等，然后设案进酒欢宴。皇太极以玉罍奉代善，代善跪受，少饮，转与莽古尔泰饮毕。皇太极则以金卮自饮。这次家宴也体现了南面独尊之仪。皇太极与代善素不饮酒，因"互相酬酢，皆颜酡"，诸贝勒也不受约束地畅饮。宴后，皇太极以"御用黑狐帽、貂裘、貂褂、金鞓带、靴赐代善，以御用貂裘赐莽古尔泰"，又令德格类、济尔哈朗、觉罗龙什及巴克什库尔缠、达海力止代善、莽古尔泰的拜谢，心中十分欢悦，将二兄送出宫门。这是皇太极继位后，第一次请代善、莽古尔泰入宫宴饮，充分表现了他"南面独坐"后志得意满的心情。莽古尔泰虽然获罪，降为诸贝勒之列，皇太极"仍以兄礼遇之如初，召入宴，特稍次于代善云"。不久，皇太极又将"所罚五牛录人口并分内汉民及供役汉人庄屯等项"都归还莽古尔泰。

天聪六年（1632）十二月，失去大贝勒称号的莽古尔泰"偶得微疾"，两天后

"辰刻疾笃","至申刻贝勒薨",其间不过五刻,他就患急病而死。

莽古尔泰因"御前露刃"获罪,被革去大贝勒称号后,只一年多的时间即因病而死,可以想见,他心理上的压力是很大的。据后来冷僧机揭发,莽古尔泰在革去大贝勒称号后,曾与莽古济、琐诺木杜棱、德格类、屯布禄、爱巴礼、冷僧机等对佛跪焚誓词,阴谋夺取汗位。这一谋逆罪状在莽古尔泰死后将近三年才被揭发出来。所以莽古尔泰之死,当是羞恨交加、篡位无望而患病所致。在莽古尔泰死后近三年,其弟德格类"亦如其病","中暴疾不能言而死"。因而有人认为莽古尔泰兄弟二人之死是为皇太极所毒害。但从谋逆事发,皇太极将"莽古济、屯布禄、爱巴礼全杀灭族"来看,如若早知莽古尔泰、德格类参与谋逆,完全有能力将他们公开杀掉,而不必用暗害的方式;如若不知他们有逆谋,也不必加害于他们。莽古尔泰死后,皇太极给以礼葬,并劝其大福晋不必生殉而抚养幼子。当祭奠莽古尔泰时,其福晋们让男人们入内饮酒致醉,涉嫌乱行,皇太极对此仅给予规劝训诫。据此种种迹象来看,皇太极应不会采取暗害的手段。

德格类是努尔哈赤第十子。明万历二十四年(1596)出生于群山环抱的费阿拉城。母亲为继妃富察氏。此时努尔哈赤已统一建州女真"自中称王",面临着进一步拓展宏图大业的艰巨里程。这个新出生的"十阿哥"的命运便同父王的基业紧紧联系在一起。

自大命三年(1618)誓师反明后,努尔哈赤率八旗劲旅直叩明朝边门,迅速向辽东进军,在萨尔浒击败明军主力,攻占开原、铁岭,随即又发动辽沈之战,夺取辽东重镇辽阳和沈阳。天命六年二月,后金军进兵位于沈阳东南的军事要地奉集堡,进行"矢镞侦察"从而揭开了辽沈之战的序幕。德格类作为一名青年将领,在这次战役中崭露头角。二十一日,努尔哈赤率诸贝勒大臣统左右步骑劲旅分八路略奉集堡。守城总兵李秉诚得知后金军来攻,领三千骑兵出城,在离城六里处安下营寨准备迎战。他先派二百骑兵前探消息,被后金军左翼四旗遇而击败,溃逃于城北高岗附近,努尔哈赤命德格类率右翼四旗搜击,追杀至明兵屯集之所,李秉诚率众拔营而逃,德格类乘胜追击,李秉诚遁入城内不敢出战。明总兵朱万良引师来援,也被后金军击溃,死者数百人。经此一战,努尔哈赤探出明军在辽沈地区的虚实,德格类首战建功,其军事才能有所显露。三月,德格类跟随努尔哈赤参加了攻打辽阳和沈阳的两大战役,后金占领辽东广大地区后,他又奉命率八旗大臣于新占领之地安抚新附汉民。到达海州(今辽宁海城)时,城中官员、乡绅敲锣打鼓,抬肩舆列阵来迎,德格类令手下士兵登城而宿,并传令军中,不准在乡村驻扎和住宿民宅,不许抢劫财物,扰害城内汉人。当得知两名士兵违令抢劫居民财物后,立即将其捉拿治罪。归途中士兵虽已无口粮,但忍饥而行仍秋毫不犯。同年八月,他又随同代善、莽古尔泰等率兵三千前往辽南,收金州至旅顺口沿海各城堡居民，并将其迁往内地以便进行控制。德格类卓有成效地推行努尔哈赤的"安民"政策，对稳定后金在辽沈地区的统治起了加速作用，使"归顺者日众"。其间，海州所属析木城乡人将所制绿瓷碗、罐三千五百个呈献给后金汗。盖州贫民献金朝天惠帝时所铸古钟。努尔哈赤十分得意地说："河东这些俯首归降的汉人为我效力，河西明朝官吏一定非常仇恨他们，我们应对其抚养录用"，因而授献瓷罐之人以守备职；献钟者备御职。当时辽河桥已拆毁，努尔哈赤拟于入冬结冰后往征辽西之地，因此对渡口地区的安全非常重视和关心，命德格类两次率兵巡视辽河渡口，追杀出没于该处进行抢掠的蒙古人，使通往辽西的交通要津得以保证安全，当地的居民也免遭扰思。

后金势力的扩展，使漠南蒙古贵族的利益受到冲击，双方冲突日深。扎鲁特部首领昂安，多次劫杀后金使者，掠夺其财物。天命八年四月，德格类奉命与贝勒阿巴泰领兵三千前去征讨，急行八日直捣昂安居地，经过激战，俘杀昂安父子，获部众一千二百余人，得马牛羊驼一万七千余只（头），凯旋而归。努尔哈赤亲出辽阳东京城四十里迎接，还设宴慰劳犒赏出征贝勒官兵，德格类因功被封贝勒。天命十一年（1626）十月，因蒙古扎鲁特部"败盟杀掠、私通于明"，德格类跟随大贝勒代善再度出征，使其降服后金，稳定了后金国的后方。进入辽沈地区以后，德格类勋劳卓著受到父汗的重视。天命七年二月，努尔哈赤颁行八王共治国政之制，即令德格类随班议政，同时对其失误和过错，一经发现也严厉指出。天命八年六月，永宁监备御李殿魁送金给都堂乌尔古岱，德格类知情不举，受到惩处，努尔哈赤责他"越分行事"，德格类深感惭愧，从此谨慎奋发。十一年八月，努尔哈赤去世后，众家贝勒共举皇太极继登汗位，德格类也成为议政十贝勒之一受到重用。

皇太极继位后励精图治，改革后金存在的弊政，调整满汉关系，发展经济，富国强兵。德格类尽职效力，与皇太极"合谋一致，共图大业"。天聪五年，皇太极分别致信给两大贝勒、十议政贝勒和八大臣，征询对国政治理方面的见解。在给议政十贝勒的信中他说："现在听说国内人民有不少怨言，究竟为什么？要你们询问明白后报告，国家政令有应当改的就应提议更改，对我的过失，老百姓的疾苦，凡有所见解就应直说。"德格类奏言道："皇上继位以来，处事果断，是非明了，没见有什么失误。"对皇太极的施政措施表示赞成和支持。他还强调说："如果大家都能持身公正，各思竭力效忠，皇上就不能这样操劳了。"针对一些主管刑法的大臣不秉公办事，枉断命案的现象，他提出："要慎重推选正直的人掌管国内刑法之事，做到忠者用之，义者奖之，摒除谗邪，如果诸贝勒犯了罪，也应从公治罪"的建议，并被采纳。

后金仿照明朝制度设置六部后，德格类被任命为户部贝勒总理部务，负责分编民户、管理粮赋等事，尽管户部事务较为繁杂，但德格类勤劳职事，料理得当，做得很出色。两年后，皇太极召集六部官员于内廷议事时，称赞户部"办事妥协，不烦朕虑"。皇太极对户部事务非常关心和支持，凡事都肯为德格类撑腰做主。天聪八年（1634）正月，汉军八旗备御纷纷向德格类诉苦，说汉官所负差役太重，请求酌减。德格类奏报，皇太极马上派人查询，调查结果与汉官所言之苦不符，只是因不久前，皇太极令汉军备御给新归之人买女配为妻室之钱未做偿还使之生怨，藉以为词。皇太极谕令德格类按价还钱，又命贝勒萨哈廉召集汉官，指责他们"忘却得辽东时所受苦累，而为此诳言耳，此些少之费动为口实矣。"并向汉官们说清楚："如果论功劳作为升迁的条件，你们现在的总兵官不知该居何职，如照官职功次而言，满汉官员所占有的奴仆都应平均，而你们占有千丁，满洲官员哪个有千丁？而满洲差徭比你们多三十余项。不能说满洲官员的好处超过汉官。"一番话说得众官羞愧不言，再不敢向德格类提出无理要求。

天聪八年五月，德格类随皇太极率军入关，略宣府、大同一带，收察哈尔余众。自天聪六年后金进攻察哈尔部，林丹汗携部众渡黄河西逃，其部属苦其暴虐，纷纷归向后金。此次出兵，行至伯尔赫，又有一千户来归，德格类遵旨妥善安置新附部众。队伍进行时，他率队前行，令左翼固山额真吴讷格断后，将蒙古归民置于队伍中间，安全携至习礼地方，率千户首领叩见皇太极，然后分与各旗，令其各自派人送往盛京。在后金统治区域不断扩大、人口逐渐增多的情况下，户部有效地发挥了自己的行政职能，对加强后金的统治起到了重要作用。

皇太极时期后金战事频繁，德格类既主管户部事，又统兵作战，施展出自己的才能。天聪元年（1627），皇太极率诸贝勒用兵辽西至广宁边外，德格类奉命与贝勒济尔哈朗等拣选精骑，作为前哨先行，他率兵攻下明哨所，败其哨卒，将敌军追至锦州城门下全歼。天聪三年九月，又随济尔哈朗等率兵一万往略锦州、宁远一带，俘获人口、牲畜数以千计。天聪五年八月他参加围攻大凌河城的战役，与其兄大贝勒莽古尔泰以所属正蓝旗做后策应。九月，明监军张春、总兵吴襄领兵四万自锦州来援，在距大凌河城十五里处列阵，德格类听调与大贝勒代善前往阻击，冒着明军枪炮射击，骑马驰入敌阵，阵斩明将张吉甫，生擒张春，大胜而归。大凌河城被攻下后，他又随贝勒阿巴泰等率四千兵，按大凌河降将祖大寿所献的诈逃计，化装成明军夜袭锦州，后因天降大雾返回，即奉命将大凌河归降的万人分编各旗，全部迁居沈阳。天聪六年（1632）四月，皇太极统领八旗铁骑进攻蒙古察哈尔部，德格类率部前往，奉命与济尔哈朗为右翼统二万兵往掠归化城，日驰七百里，从博多克隘口入城，尽俘未及逃走的察哈尔部民，编为民户携回。同年九月，德格类又与兵部贝勒岳托奉命开拓疆土，自耀州旧界边到盖州以南，进一步扩大了后金的统治区域。

天聪七年（1633）五月，明将孔有德、耿仲明携部从山东登州渡海归降后金，在旅顺口遭明东江总兵黄龙的截击。皇太极遣兵至镇江接应，随后令德格类与岳托率部下大臣以及汉军固山额真石廷柱、新附元帅孔有德、耿仲明等领兵一万，取明朝海上据点旅顺口，激战攻取，明将黄龙自杀身亡。攻取旅顺后，孔有德、耿仲明部下官兵占据城内富人及官绅住宅，又伪称所获汉民为己亲戚，任意将其携走，满洲大臣和士兵见状皆感不平，欲索回充公，德格类按皇太极行前所嘱，对汉官尽力优待，将所取之人尽数给之，又以理安抚满洲官兵，避免双方发生冲突，顾全了大局。他还遣人向皇太极奏请继续进攻附近岛屿，打击明朝势力。皇太极考虑兵力不足，诏令留一固山额真和部分官兵驻守旅顺，余者归沈，准备进攻明辽西之地。德格类立解其意，上疏推荐叶臣、伊尔登二人为两翼额真留守，其下每旗留大臣三人、二千五百兵，再命游击图赖为汉军额真，领备御二人及百名士兵留驻。他认为，旅顺口地方空旷，虽几面为水，但不能因此而疏忽放松防备，建议皇太极派兵驻守金州，并于金州与旅顺口之间设哨位，以保证旅顺口地区的安全。回返之日，他令将炮车留盖州交付副将石廷柱等妥为收藏待日后驿递送还，其驾炮车牛交原主携回，将善后事宜安排妥当，方携所获金银财宝而归。皇太极十分满意，率诸贝勒大臣出盛京城十里迎接，并设宴庆祝，宴间以金卮酌酒赐予德格类等以示慰劳。此次出战，拔掉了明朝在辽东半岛的最后一个据点，使其统治势力完全被逐出辽东，对后金国的巩固和进一步对明作战有很大的意义。皇太极言及此事时，满有信心地说："攻取旅顺，军威大震，明军唯恐我方乘势进攻，忙于防守，怎有精力来犯我呢。"

德格类与三贝勒莽古尔泰为同母所生，还有一姐名莽古济，因曾嫁与哈达部首领故称为"哈达公主"，与莽古尔泰一样都是皇太极的政敌。德格类性格内向，行事稳重，不似兄姊那样外露莽撞。多年来谨慎从事尽忠于上，很为皇太极赏识。天聪五年大凌河战役中，莽古尔泰因属下将士死伤甚多，请求将本旗护军调回之事，与皇太极发生冲突，手握佩刀柄怒向皇太极，情绪十分激动。德格类唯恐发生意外，急上前阻，责备莽古尔泰说："你行动悖逆，不合事理，谁能容你！"又用拳头撞打其兄，让其保持冷静。莽古尔泰大发雷霆，将佩刀抽出五寸，德格类冒死将其推出帐外，避免了一场火并。他自知其兄行为狂逆，缺少理智，但毕竟与己是同母所生，感情上比较亲近，所以后来莽古尔泰因"御前露刃"被革去大贝勒之职，降为贝勒时，他心怀不平，皇太极也因此对德格类产生隔阂，时有猜忌。一年后，莽古尔泰暴疾而死，德格类继掌正蓝旗，改称和硕贝勒，虽然权势有所扩大，但他与皇太极的关系却不断恶化。

天聪八年五月，皇太极亲率大军袭击大同、宣化地方，收服林丹汗西逃时迁往明

边外的部民。命德格类率东路军六旗从独石口入边，沿途攻略明地，然后往居庸关探明敌人虚实再会大军于朔州。德格类中途攻赤城不克，又"不至上所指示长城之地"，便径直进入应州（今山西应县）与皇太极会师。八月，皇太极令诸贝勒率各路军往略代州（今山西代县）一带，在进攻王家庄时，与之相约同时进攻的正黄旗军率先登城，奋击明守军，而德格类却无故"逾期不至"，护军统领谭泰特意护军二百往迎，两次违误军令使皇太极内心甚感不快。天聪九年六月，德格类奏称："官场所设监牧之人不能胜任，当别选才能者掌之"，还强调"此乃代我八家（即八旗）出牲畜者，不可忽视。"皇太极当即严肃地指斥他说："你这么说是极错误的，你的意思是：我八家的牲畜需谨慎牧养，而属国家的即可忽略吗？"对其只关心八家，不关心国家的狭隘观点进行了批驳。数日后，皇太极又在众大臣面前责备诸贝勒"不遵朕命，遇有所获互相争竞"，德格类也在所指之列。皇太极不能容许不利中央集权的八家分权制再存在下去。

不久，因娶察哈尔林丹汗来归妻女引起风波，殃及德格类，使之获罪受罚。林丹汗败死大草原后，其家眷及部众纷纷来归。按满洲惯例，诸贝勒可以分娶其妻女。是年九月，奉命同征的多尔衮获传国玉玺，携带林丹汗妻子苏泰太后及子额哲等凯旋归来。皇太极率皇后、诸妃及众贝勒出怀远门远迎。德格类姊莽古济也随之前往。莽古济是太宗长子豪格妻母，在回归盛京途中，豪格征得父汗同意纳林丹汗福晋伯奇太后为妻，莽古济闻知心生怨恨，指责皇太极说："我女尚在，豪格为何又娶一妻！"在这以前，莽古济因嫌恶丈夫琐诺木先娶之妻，妒恨丈夫与妻兄托古要好，曾逼迫琐诺木告发托古唆使自己谋害莽古济，又让德格类、豪格和岳托为此事做假证，奏请处死托古。皇太极令众贝勒会议审实，查知系属捏造，对莽古济十分反感。早在太祖在世时，莽古济就"专以暴戾谗潜为事，太宗素来与之不睦，他曾告诫长子豪格对莽古济要'谨防之'"。此时，见她为豪格另娶之事对自己蛮横无理更生厌恶，得知大贝勒代善对她亲近善待十分生气，对德格类也愈加不满。回到盛京后，他召诸贝勒大臣及侍卫等到内廷，当面指责代善，牵涉到德格类。他十分严厉地说："德格类、岳托、豪格你们偏听哈达公主一面之词，要杀掉无罪的托古，这应该吗？你们这么胡作非为，我只能关闭门户，过我安分守己的日子，你们推举有能力的人做汗吧"。说罢怒气冲冲回到宫中便不复出，也不许众贝勒进入与之相见，诸贝勒大臣忙至朝门外祈请临朝，又议定代善和德格类罪，皇太极这才重新出朝听政。对代善有所宽免，但对德格类仍按众议罚银五百两，莽古济也被禁止与一切亲戚来往，有私与往来者一概定罪，德格类未敢有所言。天聪九年十月初二日，德格类于受罚后第八天夜里，与其兄莽古尔泰一样"暴疾不能言"而死，年仅四十岁。

皇太极对德格类本来很好，对其成见多因受其兄姊牵连，闻德格类突然而逝，心中非常难过，往哭痛悼至三更方回，令免其前日五百两罚银。两个月后，莽古济属下冷僧机揭发在大凌河之战莽古尔泰与皇太极争吵后，德格类、莽古济与之结党，曾焚香对天盟誓，要夺取汗位。皇太极令审实，莽古济供认不讳，伏诛。以前，琐诺木于酒后多次言告皇太极："汗你为什么信任你的兄弟，他们要杀害你，你须提防"。皇太极始终未信。今日真相大白，他大为震怒，对莽古尔泰、德格类愤恨不已，虽死而不赦其罪，令追削贝勒爵，将其子废为庶人，所属正蓝旗被分编两黄旗内，改由皇太极直接统辖，其坟茔亦被毁。直至康熙五十二年（1713），玄烨皇帝才诏命赐其子孙红带子复宗籍。为父兄基业效力二十余年的德格类，因犯下"十恶不赦"的谋逆之罪，成为清代几个被开除宗籍的皇子之一，而且与其兄莽古尔泰一样，始终未得平反。

（六）势不两立

太宗先后与他们的二位兄长即二贝勒阿敏、三贝勒莽古尔泰发生冲突，相继把他们打了下去，然后，又同长兄代善不和，关系日益紧张，终于发展到势不两立的地步！

代善在战场上，可以说，勇猛无比，逞凶斗狠，锐不可当。但在人生战场上，或者是政治战线上，他显得缺乏勇气，不善辞令，不会那么钻营，也拙于心计。总之，他这个人很本分，处处谦让，未免有些懦弱，有点怕事，一旦出了什么差错，马上诚恳认错，接受惩处，以功补过。他在政治上也无明显的雄心，更谈不到野心。由于他这一性格，为人多有可取之处，所以，能为别人所容纳，历太祖、太宗、顺治三代四朝，善始善终，这在清初开国勋臣中也是不多见的！

莽古尔泰

太宗对这位兄长是很尊敬的。他们有过很好的合作，曾联手对付心胸偏狭的长兄褚英，当褚英废弃之后，他们仍然和睦共事，尽心辅佐父亲，都做了父亲的得力助手。不过，太宗那时很有心计，为了谋取汗位，暗中同代善竞争，特别是在战场上，总是争立战功。代善作为兄长，对弟弟很宽厚，不同他计较，把立功的机会让给他。在父亲去世，推选汗位继承人的关键时刻，代善与太宗诸兄弟一起逼大妃殉葬，接着，首先表态，拥立太宗即汗位。这使太宗很感动，继位后，对他很优待，表现出不同一般的亲热，经常赏赐、宴请……

在阿敏、莽古尔泰两人被处置后，三大贝勒只剩下代善这一股势力了。代善在后金统治集团中享有很高的声望，而且地位仅次于太宗，尽管代善比较安分，太宗也把他视为一个潜在的威胁。因此，太宗也不放过，通过打击代善，进一步削弱他的势力，来加强和巩固汗权。

人在生活中难免犯有这样或那样的过失。代善即便小心谨慎，也有疏失之处，何况太宗时刻寻找口实，欲加之罪，何患无辞！为此，太宗已抓住几件小事，批评过代善，都没有给予严处，不过说说而已。但天聪九年（1635），有一次谴责很重，迫使代善认罪听命，等候严处……

这年九月，太宗率诸贝勒出沈阳城，迎接多铎远征蒙古察哈尔凯旋。在返沈阳的当天，代善擅自率本旗人员行猎。太宗有个姐姐莽古济即哈达公主，是代善的妹妹。太宗与这位姐姐的关系向来不睦。这次征察哈尔时，俘获到林丹汗的伯奇福晋，太宗把她赏给自己的长子豪格为妃。原先，豪格已有妻子，她就是哈达公主的女儿。哈达公主因太宗又赏给豪格这位妃子，心里很不满。哈达也是出于爱女之心，有些妒忌罢了。在迎接多铎凯旋时，她也随同前往。一听到太宗的上述决定，不经报告，赌气先走了。在经过代善营帐时，代善叫他的妻子把妹妹哈达公主迎入帐中，设盛宴款待，临走时，还赠给妹妹一些财物。

这件事，很快就被太宗知道了，不由得气上心头，马上派人到代善和他的儿子萨哈廉的住所，向他们责问："你自率本旗人不经请示，任意行动，又把怨朕之人哈达公主请到营中设宴馈赠，还送给马匹回去，你这是什么用心？"当时，萨哈廉任礼部首脑，太宗也予质问："你萨哈廉身任礼部，你父妄行，为何无一言劝阻？"

太宗怒气未息，也不通知诸贝勒，自行率侍卫返回沈阳。回宫后，关闭了宫门，不许诸贝勒和大臣进见。

诸贝勒与大臣们十分惊慌，不知出了什么大事，个个猜测是否自己做错了事，惹恼了汗？当得知太宗发怒是代善惹起的，就一齐再三求见，希望此事迅速妥善解决。过了几天，太宗气稍平息，就在内殿召见诸贝勒大臣和侍卫，代善也随同被召见。

太宗见人已到齐，便开门见山，当面谴责代善："自古以来，有力强而为君的，有幼小而为君的，也有为众所拥戴而为君的，不管哪种情况，都称为君主。既然已为君主，那么，一切制度、法规、指令都统于君主之手，岂可以分出哪个君轻，哪个君重？大贝勒（代善）所辖的正红旗贝勒等人轻视朕之处很多。大贝勒以前随朕征明，违犯大家的意愿，想中途退兵；征察哈尔时，又固执地要求撤军。所俘人民百姓，朕命他加意恩养，他不愿意，反而埋怨朕。在赏功罚罪时，他偏护本旗人；朕喜欢的人，他厌恶；朕厌恶的人，他喜爱，这岂不是有意离间朕与下面人的关系吗？朕今年借巡游出去探听出征将领音讯，而你大贝勒大搞渔猎，以致战马疲瘦，倘有紧急情况，将用

什么去应援？大贝勒的几个儿子借名放鹰，却擅杀民间牲畜，让贫民何以聊生？济尔哈朗的妻子病故，请求娶林丹汗的苏泰太后为妻。朕为爱怜弟弟之情，慨然应允。而大贝勒明知朕已批准，却屡次要求，企图强行自娶，世间有此道理吗？朕曾派人告知大贝勒可以娶囊囊太后，他认为她穷而无财，拒绝娶她，也拒绝了朕命……类似事件，言不能尽。至于哈达公主，父亲在世时，她专以残暴、暗中陷害人为能事。大贝勒与她的关系本来就不和睦，但因她怨恨朕，大贝勒就同她亲近，竟请至帐中宴会，赠送厚礼。以前何曾如此相待？"

太宗一口气滔滔不绝地斥责代善，一桩桩，一件件，把他往日不法、违制的事，都摆到了代善和诸贝勒的面前。他们个个心惊肉跳，代善的脸面扫地以尽！

斥责完代善，太宗又逐一指名责备其他诸贝勒，说："你们也同大贝勒一样，有的更有过之而不及。如此背叛和胡作非为，朕还能当这个汗吗？你们各自独行其是，还要我这个君主干什么？从今天起，朕将杜门而居，你们可另推举一个更强有力的人为君，朕安分守己足矣！"

太宗的这番训斥，越说越气愤，满脸涨得通红。他说完，怒气冲冲，头也不回地直奔他的寝宫，命侍从关闭朝门，再也不出来。

代善和诸贝勒本来已无言以对，心里无不畏服。当太宗以辞去汗位相威胁，都慌了手脚。这个时候，谁敢出来代替太宗为君？谁也不敢！他们很快找来八旗贝勒各大臣及六部官员，商议如何解决面临的危机。他们迅速统一了认识，决定将大贝勒代善立案审察，给代善定罪，并跪请太宗出宫亲政。

其实，太宗并非真的要辞位，不过是借机要挟他们乖乖听命。经他们一致恳求，太宗也就顺水推舟，答应了他们的请求。于是，诸贝勒大臣给代善定大罪四条，拟革去大贝勒名号，同时削去和硕贝勒职，剥夺十个牛录所属人口，还罚有雕鞍的马十匹、甲胄十副，罚银万两。

此事涉及他的儿子萨哈廉，当然也不能放过，也拟出罪状条款，拟罚鞍马银两若干。

太宗斥责代善的话，就是罪状，所以，经众议定罪的四条罪状，也即是对太宗质问数件事的整理。实在说，这些所谓罪状，确属是微不足道的小事，与阿敏、莽古尔泰问题的性质是不同的。就说阿敏两人居心叵测，明目张胆，太宗还没有如此气愤，更没有以辞位相威胁，而对代善却是小题大做，否则就不足以震慑代善的权势与地位。太宗心中有数，不过是借题发挥，当他的目的已达到，马上又施以宽厚的政策，只批准罚银、马、甲胄，其他都免予处分。他的儿子萨哈廉也从轻处罚，只具象征意义。

经此打击，代善的权势跌落下来。这样，随着三大贝勒势力的消除，太宗的皇权才得到了真正地巩固。太宗同三大贝勒的斗争，不应看成是个人的权利之争，它表现了封建的中央集权同奴隶制以及氏族制残余的斗争，因而加速了后金向封建制的过渡。所以这场持续多年的斗争便成了推动后金社会向前发展的一个十分重要的因素。

清太宗在提高他的绝对权威的过程中，力图把他取得的每一个成果定型化、制度化。崇德元年（1636 年）四月，刚刚举行完登基大典，他就给才完工的宫中各殿命名：中宫为清宁宫，东宫为关雎宫，西宫为麟趾宫，次东宫为衍庆宫，次西宫为永福宫；台东楼为翔凤楼，台西楼为飞龙阁；正殿为崇政殿；大门为大清门，东门为东翼门，西门为西翼门；大殿为笃恭殿。

同时规定内门、两翼门及大清门，设守门人役，令严加看守，稽查出入人等。内门只许守门人役常值，不容许闲人进来，值日官负责检查。又命各官及侍卫、护军，晨夕入朝，皆集于大清门，门内外或坐或立，不许对阙背阙，不许坐立御道中，惟于御道左右，相向坐立。自大贝勒以下，出入由左右两阶，不许于御道行走。以前，在许多方面没有严格君臣之分，现在不仅四大贝勒平起平坐的余风扫除，即住房、走路也都有一系列象征皇权高于一切的制度了。

实行改革

（一）民族改革

每一个民族都有自己形成和发展的历史。满族作为一个新的民族共同体，出现于十五、六世纪中国的政治舞台。她有悠久的历史渊源，但是，她真正开始形成时期是在努尔哈赤起兵统一女真各部之后。努尔哈赤崛起于建州女真，经过四十年征战，统一了建州五部，继而统一了海西即扈伦四部，到天命四年（1619 年），"自东海至辽边，北自蒙古嫩江，南自朝鲜鸭绿江，同一音语者俱征服，是年诸部始合为一。"这一广大地域统一于一个新政权之下，操着相同的语音，有着相似的经济形态和共同的生活习俗，标志着一个新的民族共同体——满族的初步形成。毫无疑问，在这个刚刚形成的民族共同体中，具有血缘关系的建州与海西女真人构成了她的主体。在太宗正式定名满洲族之前，她虽然还自称女真（诸申），但已基本上不是辽、金、元及明初的女真族了。从此，她只能作为满族的先世加入中国历史上的古老民族的行列，保留在史籍之中。别的姑且不论，就拿文字来说，女真与新形成的满族已经发生了本质的变化。远在金朝时，女真族用汉字笔画为基础制造了女真字，用来书写本民族的语言。后在蒙古长期统治下，深受蒙古文化的影响，逐渐改习蒙古文字，而女真文字终被遗忘，成了死文字。直到努尔哈赤兴起，还在正式建国以前，他就命额尔德尼用蒙古文字作基础，结合女真族语言，创造了新的文字——满文，即无圈点老满文。太宗时，命满族的杰出学者达海对满文实行改革，加上圈点，制作了新满文，称有圈点满文，从而把满文提高到一个新的水平。有了共同的语言文字，不仅使满族成为区别于其他民族的一个新的民族，而且也明显地同他的先世划清了界限，成为一个新的民族共同体。

太祖创制八旗，把女真人编入八旗组织，对满族的形成具有重要的意义。凡入旗籍的，都是满族的正式成员。在太祖时期编入八旗的称"佛满洲"，汉语又称"老满洲"，而在太宗时期编入八旗的，则称为"伊彻满洲"，汉语又称"新满洲"。太宗继位后，随着国势日隆，疆土日广，满族共同体也得到了迅速扩大，这就是在继续接纳女真族之外，还吸收了其他民族加入，把来自不同血缘的各族人们都汇集到这个新的民族共同体，成为满族的新成员即"新满洲"。新、老满洲的区别，正好显示了满族发展史上两个不同的历史阶段。

太宗时期，满族共同体是伴随着后金（清）不断征抚而迅速扩大的。从太祖到太宗，收服诸部往往迁其家属（包括妇女、儿童、老年人）住于盛京，编入牛录，选其青壮年披甲入伍，使满族的新成员不断增加。太宗继太祖之后，多次对乌苏里江以东滨海地区及黑龙江流域用兵，获取了大批人口和壮丁。请看下列数字：

征东海瓦尔喀部：

天聪元年（1627年），第一次用兵朝鲜，瓦尔喀在其国内的二百余户来归；

天聪五年（1631年），获男女二千余人；

天聪七年（1633年），获男女老幼一千九百五十余人；

天聪九年（1635年），获壮丁五百六十人、妇幼五百九十人；

天聪十年（1636年），获一千三百余人；

崇德元年（1636年），获男妇八百余人；

征黑龙江虎尔哈部：

天聪八年（1634.年），获男妇幼小一千九百五十人；

天聪九年（1635年），获七千三百零二人，收编壮丁二千四百八十三人；

崇德五年（1640年），获男子三百三十六人，归降男子四百一十九人；

崇德七年（1642年），招降男妇幼小一千四百余人；

崇德八年（1643年），获男妇幼小三千七百零三人。

征（黑龙江）索伦部：

崇德五年（1640年）三月，获人丁六千九百五十六人；五月，有三百三十九户来降；十二月，获男妇九百余人；

崇德六年（1641年）该部一千四百七十人归降。

以上仅举其重要的事例，小规模用兵以及各种原因前来投顺的少量人口未计在内。从地域来看，这些被获取或归降的人们来自乌苏里江及其以东的滨海地区、黑龙江（包括松花江中下游）及其以北的广大地区。从民族成分看，除了散居边区的女真余部，更多的是鄂温克族、达斡尔族、赫哲族（使犬部）、鄂伦春族（使鹿部）及蒙古族（厄鲁特蒙古）等各民族中的很多人被纳入满族共同体之内。太宗认为，黑龙江流域所居各族人民同满族是一个祖先，语言相同。因此，在太宗看来，毫无疑问他们是满族的当然成员。于是凡俘获的人口和归降的都编入牛录。例如，清军入关前，在松花江下游、牡丹江流域至乌苏里江一带居住着呼尔哈部的八个氏族，即后来称赫哲族的一部分：巴牙喇、脱科洛、努牙喇（或写作孥耶勒、禄耶勒，又写作诺雷、闹雷等）、黑叶、马尔遮赖（也写作墨尔哲勒）、科尔佛科尔、克宜克勒、库萨喀里（或祐什哈里）。这些氏族分别在天聪、崇德年间被招抚。其中巴牙喇、脱科洛、马尔遮赖、科尔佛科尔等氏族全部编入八旗，成为八旗满洲氏族。象祐什哈里氏族，于崇德三年（1638年）被招抚后，分别被编入镶白旗、镶黄旗、正白旗；居于黑龙江下游的乌扎拉部也是赫哲族的一个古老氏族，于天聪六年（1632年）来归，编入镶白旗、正蓝旗、正黄旗。属于索伦部的鄂温克族、鄂伦春族，崇德五年，有五千六百七十三人分隶满洲八旗，编为牛录。此后，有三百三十七户共壮丁四百八十一人归降，被安置在乌库玛勒等地，分编入旗。

在吸收东北各边区少数民族加入满洲共同体的同时，还吸收了相当数量的汉族加入。太祖进入辽东后，汉族同满洲建立了最为密切的关系。特别是同明朝交战中俘获了大批汉族官兵，还有自愿来降来归的，他们多半被编入八旗满洲，时间一久，他们中有些人就自报为满族。后金建国后，并不禁止满汉通婚，因而在统治集团，在底层平民中，两个民族通婚的现象颇为普遍，与满族结婚的汉族男女中就有的成为满族，而他们的后代也多从属于满族。因为当时满族是一个统治民族，汉族中一些人倒向满族一边是很自然的事。

很清楚，满族的形成与扩大的过程，也就是满洲、海西女真及野人女真与各民族融合的过程。由于有各民族加入，这就打破了原先基本以血缘关系为主的界限，而增加了非血缘的成分，从而使满族无论在人数上和质量上都迅速成长为一个强大的民族。天聪九年（1635年），太宗正式宣布更定族名为满洲，显示了她以新的姿态屹立于祖国东北。

应当指出，在东北边区各民族加入满族共同体后，原部族名象虎尔哈、瓦尔喀、东海渥集等自此便消失了。太宗虽然把各族大量人口迁往盛京等地，但他还规定留下一部分仍居本地。这留下的部分按照自己的特点发展成为一个新的民族，如赫哲、鄂伦春、达斡尔等都是未并入满族的部分成为一个民族。太宗及其后继者将他们按姓氏（喀喇）和村屯（噶珊）为单位，编入户籍，"各设姓长、乡长，分户管辖。"并按规定向清朝"朝贡"即缴纳赋税，充分体现了民族的独立存在和地方统归于中央的隶属关系。

（二）发展经济

后金（清）的社会经济是适应满族社会发展，并继明朝的黑暗统治之后，在长期战争残破的基础上进行重建而恢复发展起来的。

作为后金（清）社会的经济、政治、文化中心的辽东地区，具有沃野之饶，山川之利，河海之便，经历代王朝不断开发，已成为东北经济最发达的地区。有明一代，它是"九边"重镇之一，护卫"神京"的藩屏。明朝在这里大规模屯田，以军屯、民屯两种形式，广泛开发土地资源，经济有了新的发展。例如洪武二十四年（1391年）收成粮食五十三万石，永乐十年（1412年）增至七十一万余石。显见粮食充裕，不仅可供本地区十余万驻军，而且支援关内。最富庶的辽阳地区，"岁有余羡，数十里阡陌相连，屯堡相望"。有一首诗，内中描述了这种景况：

既筑边防固，仍修沟险洪。污泥成沃土，戍卒且农工。顿觉民生厚，适当吾道隆。……

粮食丰足，边防安静，人口迅速增长，社会上展现一派安居乐业的景象。有诗为证：

日照千门物色新，雪消山郭静风尘。闾阎处处闻箫鼓，辽海城头也有春。又有一首诗唱道：

东土春深花亦然，家家未耜出城边。麦禾浪逐春风起，穀种根随时雨连。尽说今农胜往社，不将旧负典新田。……

那时，军民安堵，各务本业，视辽东为"乐土"。自明中叶以后，政治日益黑暗，守边将吏腐败，屯田荒废，辽东每况愈下，转入衰败之中。而建州女真的兴起，连年与明朝争战，进一步加速了这一衰败的趋势。继萨尔浒战役之后，努尔哈赤发起了辽沈战役，整个辽东地区处于战争状态，广大人民的生命财产惨遭蹂躏。万历四十七年（天命四年，1619年）一年内，十余万人死亡，"或全城死、全营死、全寨死、全村死、全家死，或家死其半，子死其父，兄死其弟，妻死其夫，山骸川血，鬼哭人号。""方军散之日，辽沈数城，放声大哭，惟各抱头携手，收拾包裹，待贼至（指后金兵）而去耳。"辽阳一带"民间粮草已被（明）军马吃尽，耕种已是无力，田土已是抛荒。""锦州、义州、右屯有可屯之田而无人垦；盖州、复州有可铸之矿而无人开；金州、海州、三岔河口有无限之鱼盐而无人收其利。"战争迅速摧毁了辽东的经济，到处呈现出一幅残破的景象。为躲避战祸，生者蜂涌出逃，一处处城镇，一处处村寨，顷刻之间变得空无一人。他们有的逃向辽南，有的进关，又有相当一批人口逃入朝鲜或接近朝鲜的一些海岛，"前后数十万口"。"辽民祸奴（指后金）者十之八、九，仅存者不足十分之一"。

辽东警报传出以来，战争持续了四、五年，辽东人口骤减，土地大量荒芜，经济遭到严重破坏。努尔哈赤进入辽沈后，相继采取措施，力图重振残破不堪的经济，首先是恢复农业生产。女真原是以渔猎为生的民族，但努尔哈赤出生的建州女真早在他以前的几代，就已过渡到以农业为主的经济形态。有个朝鲜人叫李民寏，他于天命四年（1619年）在萨尔浒战役中被俘，因于努尔哈赤的家乡今辽宁省新宾县，目睹了这里农业的盛况，说："土地肥饶，禾谷甚茂，旱田诸种，无不有之。"努尔哈赤也说："吾世世祖居耕种之地"。显见农业早已在建州女真社会中发展起来。他起兵后，一向重视农业生产，把发展农业生产提到治国的首要地位。建国前，他已认识到"我国素无积储，虽得人畜何以为生？无论不足以养所得人畜，即本国之民且待毙矣"。因此，提出"务农事，裕积贮"的方针，命各牛录每十人出牛四只，在旷野之处屯田耕种，造仓积粮，并设仓官十六员，执事人员八名，执掌粮食出入。进入辽沈的第一年（1621年），他就宣布"计丁授田"的法令，规定将辽海地区闲弃的土地三十万日（每日合六亩，总计一百八十万亩）分给驻扎该处之军士，以免闲废。其该处人民之田，仍令其就地耕耘，又规定每一男丁给田地六日，以五日种粮，一日种棉。乞丐、僧人也都分配田地，"务使尽力耕作"。这一措施对恢复农业生产起了积极的作用。但是，他把满族社会奴隶制的生产方式移植到封建化高度发展的辽沈地区，虽行通一时，却不能持久。他把从战争中俘获的大量汉人和朝鲜人变成奴隶，还有因债务关系而破产的满族自由民"诸申"下降为奴隶，统称"阿哈"（满语，汉译为家内的奴仆），他们被迫从事繁重的农业劳动，供养汗及其宗室、八旗将吏等奴隶主贵族，也就是努尔哈赤说的"仆所事之农业与主共食"。广大的阿哈在奴隶制度下，缺乏生产的积极性，经常逃亡，甚至举行武装暴动，来反抗奴隶主阶级的剥削与压迫。因此，到努尔哈赤晚年，虽说农业生产得到了一定的恢复与发展，但后金社会充满了尖锐的阶级矛盾和民族斗争，严重地阻碍生产力的进一步发展。

太宗比他的父亲更清醒地看到了问题症结之所在，他一即位，就实行"编户为民"的政策，制定"离主条例"，推行新的剥削方式，大量地解放奴隶，从而使旧的生产关系得到改变，最终导致新的生产关系即封建制的生产关系得以确立起来。所有这些都为生产力的空前发展开拓了道路。

同太祖一样，太宗极为重视发展经济，尤其注重农业生产。他刚继位，即使军政大事非常紧张，他也注意到发展农业生产。首先制止滥用民力，停止各种非生产性工程，以便让农民把主要力量用于农业生产。他父亲在位时，搞非生产性工程过多，百姓负担甚重。连汉官李栖凤也批评太祖"惟频岁役民筑城，此毁彼建，不得休，民未必无怨。"因此，天命十一年（1626年）八月，他发出第一道关于加强农业生产的谕旨，下令停止各项非生产性工程，说："工筑之兴，有妨农务。从前修城郭边墙，因事关国家安全，故劳民力役，这也是不得已，朕深为同情。现在已修缮完工，此后如有颓坏的地方，只许修补，不再重新兴建，以珍惜民力，专注农业，重视根本。其村庄土地，各旗分拨已定，今后不要随意更换移动，可使百姓士卒各安本业，不要荒废耕种。如果各牛录所居之地，属于低洼地不堪耕种，愿意迁移的，听其自便。他特别提示各牛录章京等基层官吏要倍加珍惜民力，如有'滥用民夫，致妨农务者，该管牛录章京，小拨什库等俱治罪'。"

天聪三年（1629年）六月，训诫诸贝勒大臣："我国当竭力耕织，衣食足，又何求乎？缎帛者，粉饰之物也，虽无何伤我！"教育他们要把男耕女织作为主要生产部门，解决吃饭穿衣问题。天聪四年（1630年）春，正当春播季节，太宗"命汉民乘时耕种，给以牛具。复榜示归顺各屯，令各安心农业。"

天聪七年（1633年）春，太宗给牛录额真发下一道指导农业生产的长篇指示：

"田畴庐舍，民生悠赖。劝农讲武，国之大经。尔等宜各往该管屯地，详加体察，不可以部分推诿。若有二、三牛录同居一堡者，著于各田地附近之处，大筑墙垣，散建房屋以居之。迁移之时，宜听其便。至于树艺之法，洼地当种粱、稷，高田随所宜种之。地瘠须加倍壅；耕牛须善饲养。尔等俱一一严饬，如贫民无牛者，付有力之家代种：一切徭役，宜派有力者，勿得累及贫民。如此，方称牛录额真之职。若以贫民为可虐，滥行役使，唯尔等子弟徇庇，免其差徭，则设尔牛录额真何益耶？至所居有卑湿者，宜令迁移。若惮于迁移，以致伤稼害畜，俱尔等牛录额真是问。方今疆土日辟，凡田地有不堪种者，尽可更换，许诉部臣换给。如给地之时，尔牛录额真、章京自占近便沃壤，将远瘠之地分给贫民，许贫人陈述。"

清太宗以一国之主在这个指令里，既讲了农业的重要性，又讲了具体改进农业耕种技术；既讲了贫民的住房、耕种的种种困难，也讲了解决的具体办法。而他反复强调各牛录额真在发展农业生产上责任重大，对他们提出了严格要求。崇德元年（1636年）十月，他召集群臣，专门谈了种地方面的技术问题，他说："树艺所宜，各因地利，卑湿者可种稗、稻、高粱，高阜者可种杂粮，勤力培壅，乘地滋润，及时耕种，则秋成刈获，户庆充盈。如失时不耕，粮从何得耶！"这里，他又就因地制宜、适时耕种作了指示。这些道理，在今天看来是很浅显易懂的。但在当时，满族贵族不事任何农业生产，只靠战争掠夺和赏赐而致富，认为这是比从事生产更光荣的事情。因此他们无须过问农事，实在说，他们根本也不懂。比较而言，太宗谕旨中所讲的农事道理，在当时也算高水平了。

清太宗还颁布了有关保护农业生产的法令。如，不准任何牲畜闯入田地，践踏禾苗，规定猪入田禾者，每次罚银五钱，超过三次的，要报告本牛录，将猪罚给田地的主人。骆驼、牛、马、骡、驴这些大牲畜跑到地里作践禾苗的，每匹罚银一两，赔偿粮食。满族贵族进入辽沈，渐染奢侈之风，遇有祭祀、殡葬总是竞相宰杀大批牛马等牲畜，这不利于农业生产。天聪元年（1627年）九月，宣布：马、骡以备驰驱，牛驴以供负载，羊豕牲畜以资食用，除大祀、大宴用牛外，其屠宰马骡驴牛者悉禁之，尤宜善加孳牧，以致蕃盛。崇德元年（1636年）四月，重申前令，凡祭神、还愿、娶亲、死人、上坟一律不准宰杀牛、马、骡、驴，违令者治罪。当时，还有不少人为了逃避兵役、差役，"多相率为僧"私自建造寺院，耗其资财，减少社会劳动力。太宗重申以往的法令，除了原明朝已建的寺庙外，不得新建，责令有关官员进行调查，一经查出私建寺庙、私自当和尚的，按律治罪。

经过清太宗的提倡、重视和实施具体的保护农业生产的法令，不到十年，已收到了显著成效。农业经济以前所未有的速度发展起来，粮食足用，仓库充实，基本上改变了继位初年的困难状况。如天聪六年（1632年）农业歉收，也"未致于饥馑"。

畜牧业是仅次于农业的又一个重要生产部门。为了战争及生产和生活的需要，太祖时就十分重视饲养牲畜，尤其是马牛受到特别保护。天命五年（1620年），朝鲜人李民寏从赫图阿拉返国途中，他亲眼看到从婆提江（今浑江）至万遮岭（今吉林集安县西老岭山脉大板岭）六、七十里之间，"放牧马群漫山蔽野者，不知其几万匹。"六畜惟马最盛，诸贝勒将官之家，占有马匹"千万成群"，一般士卒之家也不下十数匹。但随着人口增加，战争的需要，马作为战争和生产的主要工具，仍然不够用。太宗依靠蒙古贡马，同时，积极鼓励满、汉、蒙古蓄养和繁殖马匹。不出几年，马匹足用有余。天聪七年（1633年）春，为迎接孔有德、耿仲明来归，一次就调拨二千余匹马散给他们骑用。崇德四年（1639年）七月，太宗拿出大量马匹作为奖品，鼓励将士作战立功。他说："天生牛马是供人们骑乘，备耕种的。如今，外藩贡马已经很多，牧场又大量繁殖，有这么多马不给人使用还有何用处！朕决定拿出一千匹马给你们用。自公、固山额真以下到披甲士卒，不论满洲、蒙古、汉人有愿冲锋破敌，争先登城，为国效力者，允许先来领马。有的或顾虑领了马匹而不能立功，会被追查治罪，这不必过虑，只要有心报效，什么事不可为？有的或许顾虑以前没做出什么明显的成绩不敢领马。朕对于以往之事，从不追究，以后做出成绩也不迟。凡愿领马的，都可以到兵部报名。"这生动地反映了后金（清）的畜牧业已达到繁荣的程度。

由于农牧业的发展，促进了商品交换，带动了商业贸易的大发展。太宗亲自倡导支持商业活动，并且把主要的商业交换牢牢地控制在国家手中。在国内，允许粮食等农副产品投入市场交易。太宗掌握市场行情，不准囤积居奇。他指示官民有余粮的，要拿到市场上去，以官价卖给缺粮的人，不准抬高物价。有些投机分子必等市场缺粮，价格上涨时才出售。为打击投机商，他命八旗旗主各出一百石到市场上发卖。自从和朝鲜结盟后，还依着双方订有的协定，进行国际贸易。和明朝处于交战状态，贸易中断，但太宗还是想方设法与明朝边境地方官开展贸易。他几次派人到张家口等地举行互市。后金以本地产明珠、人参、黑狐、元狐、赤狐、貂、虎、豹、海獭、青鼠、黄鼠等毛皮特产，换回金、银、绫、缎等急缺物品。以布匹为例，早年国库中连一于匹的积蓄也没有，数年后，什么也不缺了。太宗说："朕嗣位以来，励精图治，国势日昌，地广食足，又以计令各处互市，文绣锦绮今皆有之。"

手工业的发展也取得了相当可观的成就。在太祖时期，手工业已有了长足的进展：但规模不大，水平不高。从农业分离出来的手工业者如织工、瓦匠、铁匠、弓匠、银匠，其制作仅限于日常生活用的小商品，供战争需要的也不过是刀、箭、矢之类。到太宗时，大力发展开矿，开办大型冶炼场。特别是从明朝方面得到先进技术，因而大大提高了工艺水平。天聪五年（1631年），独立制造大炮，并应用于对明战争，这是它的手工业高度发展的一个重要标志。在此以前，后金自己不能造炮，在同明朝的战争中吃了不少亏。造炮是一个复杂的过程，远比制作弓、箭等武器难度大得多。从开采原料、冶炼到具体制造，都需要较高的技术。后金不仅能够自己制造，而且数量很大。例如，崇德四年（1639年）对明战争中，汉军需要炮子一万，火药五万觔，都满足了要求，这说明有的技术水平和生产规模已经接近或赶上了明朝。

清太宗在位十七年，是后金（清）社会生产力大发展的时期，也是社会制度大变革的时期。他所采取的各项经济政策和一系列措施，不仅促进了生产力以前所未有的速度向前发展，而且为封建制的最后确立奠定了牢固的物质基础。

（三）学习汉族

世界上任何一个民族在其发展的过程中，必然形成自己的独特的民族品格，具有与其他民族不同的特点。这些特点又都不是一成不变的，随着时代的前进，与其他民族的交往也会不断变化。满族在形成中不仅保留了女真族的许多优秀的传统，同时也有不少落后的习俗。不仅如此，它还受到汉族思想文化的深刻影响，这对满族的发展起到了积极促进的作用，但汉族千百年来形成的陈规陋习也带给满族某些消极的影响。

清太宗是个民族意识强烈、又十分向往汉族文化的人。一方面，他希望自己的民族迅速进步，因而他比谁都更迫切需要汉族文化，以摒弃本民族中那些不合时宜的、落后于时代的习俗；另一方面，他也忧虑这样做的结果会失去本民族的品格，有被全盘汉化的危险。向汉族学习和忧虑全部汉化似乎构成了他的矛盾心理。然而，他从自己的实践与以往的历史经验教训中，找到了切实可行的基本途径。

骑射、服饰、语言，是满族区别于汉族的主要特征。太宗认为保持本民族的这些特征是关于民族存亡和能否战胜明朝的一件大事。但事实上，进入富庶的辽沈地区后，满族社会生活发生的深刻变化，正使他们难以维系这些特征。先以骑射为例，女真原以渔猎为生，人人精于骑马、射箭，它成了全民族从事日常生产活动以至军事活动的基本技能。而这时渔猎已经失去原先独居经济首位的意义，变成满族贵族的一种消遣娱乐的活动，骑射也就仅限于军事斗争而逐渐失去其原有的意义。尽管生活条件发生了根本转变，太宗仍然力图保持骑射的民族传统，率先垂范，每年春秋冬三季多次带领诸王贝勒出外行猎，即使不是"娱乐"，也是一种军事训练。他还饬令牛录额真"各宜督率所属长幼于春夏秋三季时时习射，仍遣部臣往察，如有不能射者，必治牛录额真之罪。此系我国长技，何不努力学习耶！"太宗的目的就是想保持这种骑射，让他的兄弟子侄，大而言之，整个民族不忘传统，重武事、蓄积力量，争衡天下。但他的部下却把连带有消遣的军训也视为艰苦，往往借故不参加。太宗的哥哥阿巴泰以"手痛"，不去郊外骑射，"在家安处"。太宗连劝带批评地说："你平时总呆在家里，忽然行动，怎能不痛苦？你愤然而起，亲自骑射，何痛之有？诸贝勒不亲率士卒骑射，教演武艺，谁又肯专心武事？平日既未达到娴熟，一旦遇敌，何以御之？"阿巴泰与太宗是同辈人，跟父亲艰难创业，尚且如此，至于他们的子弟已属第三代人，所注目的更是从先辈得来的巨大财富和权势中尽情享乐。有一次，太宗召集这些皇室贵族的子弟，向他们训话："你们这些子弟平时只知游行街市，以图戏乐。早些年，不论长幼，穷困之际，都以行兵出猎为喜事，那时，仆人甚少，自己牧马披鞍，自己做饭吃。虽然如此艰辛，都为国效力。我国兴隆之势难道不正是由此劳瘁而达到的吗？现在你们一遇打仗、出猎，或者说妻子有病，或者以家事为辞不去，完全不想奋发向前，惟耽恋于家室，这样下去，国势能不衰退吗！"这帮子弟只好认错，表示改正。

太宗决心不废骑射，必欲传之子孙。崇德六年（1641年）他专为此事做了具体规定。二月间，在一次召集诸王贝勒会上宣布：从今年以后，你们要亲自率领演习射箭，子弟辈中年在青壮年的，叫他们使用角弓、羽箭练习；年幼的，叫他们用木头做弓和柳条当箭练习。如果他们中有不执弓习射，喜好博戏，闲游街市店铺的，要抓起来追究。我国所恃，全在于射艺。你们要互相激励劝勉。

为适应骑射生活，长期以来，满族（女真）都穿戴紧身窄瘦的缨帽箭衣。这种服饰很方便，人们的日常生活，无论是从事劳动，还是打仗，又轻便又灵活。到了辽沈地区，下至满族平民，上至贵族之家，有不少人开始仿效明朝服饰，衣冠变得肥大起来。有的大臣甚至向太宗建议改制满族服装。明朝服饰，方巾大袖，纱帽圆领，特点是宽博肥大。这种服饰既不美观，又远远脱离生产实践，论其实用，的确不如满族衣帽。太宗对满族贵族效汉人服饰很不满意。崇德元年（1636年），一次，他把诸王大臣都召集到翔凤楼，让内弘文院大臣给他们读《金史·世宗本纪》。读完，他发挥书中观点，说：金世宗唯恐子孙效法汉俗，屡次以祖宗为训，衣服、语言都遵旧称，时时练习骑射，以备武事。而后世之君渐渐废懈，忘其骑射，终致亡国。前不久，儒臣达海、库尔缠屡次劝朕改满族衣冠，效汉人服饰。见朕不听，以为朕不纳谏。朕打个比喻：比如我等在此聚会，都穿宽衣大袖，左边佩矢，右边挟弓，忽然遇到硕翁科罗巴图鲁劳萨挺身突入，我等能抵御吗？只能任人宰割。朕举此例，实为子孙万世之计也。朕岂有变更之理，恐后世子孙忘旧制、废骑射、效汉人陋习，故常以此忧虑。崇德三年（1638年）七月，太宗专为此制定法令：有仿效他国（指明朝）衣冠、束发（留头发）、裹足者均治以重罪。在此之前，已做了明文规定：凡汉人官民男女穿戴，俱照满洲式样，男人不许穿大领大袖、戴绒帽，务要束腰；女人不许梳头、裹足。这里值得一提的是裹脚，本是汉族一种陋习，当然它是封建统治者强加给妇女的一道枷锁。太宗禁止裹脚，无疑是对妇女做的一种好事，在这方面，他把汉族的陋习给破除了。直到解放时，东北民间尚以缠足为"民装"，不缠足为"旗装"，以区别汉装和满装。

满族有自己的语言和文字。在和汉人杂居交往中，也受到很大影响。他们和人数众多的汉族接触，不能不学会汉语，甚至在本族中也以汉语对话，而满语逐渐成为次要语言。进入辽沈以后，一切地名、官名、平时习惯用语俱从汉名称，更加减少了满语在社会上的流通。太宗十分重视本民族语言，采取一系列措施，不遗余力地推行满语的使用。他反复强调保持民族语言是关系到国家兴亡的一件大事，在这方面，他特别推崇金世宗，说他凡语言、衣服及骑射之事，时时督促子孙勤加学习。他的孙子元王在审理汉人诉讼时讲汉语，遇到女真人时就说女真语，因而受到世宗的称赞。太宗仿效金世宗，要求满族在本族中一定说满语，和汉人打交道时可以说汉语，两种语言并行不悖。如前所述，他命满汉语专家达海改制满文，用满文翻译汉文书籍，供人们学习。天聪八年（1634年）四月，他采取一项重大措施，将汉语名称一律改为满语名称。他说："朕听说国家创业，未有弃其国语反而学习他国语言的。弃自己的语言，而仿效他人的，其国没有能长久者。蒙古诸臣子自弃蒙古语，名号都学喇嘛，终致国运衰微。现在我国官名都因循汉人，从其旧称。朕以为，知其善而不能从，知其非而不能改，这都是没得其要领。朕虽未完成大业，也不能听命他国，从今以后，凡我国官名及城邑名，都改成满语。……具体言之，例如，一等总兵官称为一等昂邦章京（以下还有两等，余类推，略）、一等副将为一等梅勒章京、一等参将为一等甲喇章京，游击为三等甲喇章京，备御为牛录章京，摆牙喇纛额真即为纛章京，管摆牙喇甲喇额真即为甲喇章京，等等。太宗要求国人'嗣后不许仍袭汉语旧名，俱照我国新定者称之，若不遵我国新定之名仍称汉字旧名者，查出决不轻恕'。"

清太宗这样推崇本民族的一些他认为优秀的传统习俗，并非排斥汉族文化。他是在保持满族的独立品格的前提下，向汉族学习一切有益的东西。他深知汉族文化高深，蕴藏着强大的精神力量；同时，他也明白满族中各种陋习，必须加以革除。当时，在满族社会中，普遍存在重武轻文的思想，只知上马打仗，不知下马读书。据朝鲜人李民寏讲，太祖诸子及众将中，"惟红歹是（皇太极）仅识字"，可见文盲之多！到了辽沈，还是不重视读书，就是诸王贝勒也很少让自己的子女读书，他们把这看成是"溺爱"，还说什么，不读书也未尝误事。天聪四年丢弃永平四城和天聪五年大凌河围城战这两件事，给太宗思想上以极大的震动。他认为，严重的教训，就在于不读书。他对诸王贝勒说：去年我兵丢弃永平四城，不就是因为驻守贝勒（指阿敏等）不懂学问、不通义理所致吗？现在我兵围困大凌河城达四个月，城里明兵"人相食"还死守不降。等它被迫投降，而锦州、松山、杏山还是攻不下，这不就是汉人读书明理，为朝廷尽忠吗！他指令诸王贝勒：从今以后，凡年龄在十五岁以下、八岁以上的孩子都必须读书。满族自己写的书几乎没有，太宗就令达海等有选择的翻译汉文典籍，象（明）《刑部会典》《素书》《三略》都已翻译，正在翻译的有《孟子》《三国志》《通鉴》《六韬》《大乘经》等书。这些书颁行国中，成了他们行政处事的准则和学习文化的教科书。

满族在其发展过程中，尚保留部分氏族社会的残余。在婚姻方面尤其明显："嫁娶则不择族类，父死而子妻其母"。天聪四年（1630年）清太宗下令凡娶继母、伯母、婶母、弟妇、侄妇，要永行禁止。因为没有完全禁得住，所以崇德元年（1636年），太宗再次下令禁止族内婚，规定：自今以后不论谁人不许娶庶母及族中伯母、婶母、嫂子、侄妇。说明在此之前，此类现象必是相当普遍。太宗说：若不遵法，族中相娶者，视同奸淫之例问罪。汉人、高丽（朝鲜）因为懂道理，不娶族中妇女为妻。凡人既生为人，若娶族中妇女，这与禽兽何异？太宗毫不讳言地承认，他是受了汉族的影响才这样做的。但另一方面，汉族也给予一些不好的影响，例如，抽烟、酗酒、殡葬过于奢费，在进入辽沈之后，则成漫延之势。太宗三令五申禁止大量种烟，严禁平时过度饮酒。太祖和太宗都不饮酒，只在盛大庆典、年节时少许饮一、两口罢了。他认为饮酒会败坏风气，致使民人变穷，是取衰亡之道。他说：我国殡葬之费太多。人生下来时，穿的衣服，吃的牲畜，能与之一起来吗？凡吃穿不过是阳间（即人间）所用之物，死后到了阴间，你煅烧阳间之物，死者能得到吗？不过无益之费而已。为此，太宗规定了从平民到各级官吏至诸王贝勒祭祀死人所费标准，超过规定者要治罪。

清太宗顺应历史发展的潮流，对满族社会的文化和习俗作了较全面的改革并立下许多章程，这使满族走上了更加健康发展的道路。实践证明，太宗把保持满族的独立特点与学习汉族的先进文化结合起来，是他及其后继者能够在全中国成功地建立一统天下的重要因素之一。

（四）重用汉人

孔、耿、尚归附后，太宗没有打乱他们的编制，而是原封不动地继续让他们统帅，并且给他们以种种优待，无"低人一等"或惧怕歧视之感，因而得到广大汉兵的拥护，"故其将卒皆用命"。对后金来说，这比分散到满洲各旗管辖更有利。同时，太宗从孔、耿、尚率军来归的雄姿盛容中看到了汉兵是一支不可忽视的力量，他们"谙水战，习地利"满族骑兵则望尘莫及。在同明朝的争战中，以汉兵为"前驱"，可发挥满族骑兵无所施其技的作用。不仅如此，随着战争规模不断扩大和深入，单靠满族征兵已经远远不能适应其需要。太宗看到了又一个广大的兵源，这就是他统治下的辽东汉人和归附及阵获的明朝官兵。太祖时，"俘掠辽沈之民，悉为满臣奴隶"。被奴役的广大汉人不会对"满臣"贵族抱有好感，也不能激起对生产的积极性。太宗决意打破民族畛域，把汉族中的优秀人才逐步选拔出来，使其为国效力。就在孔、耿归附不久，即天聪七年（1633年）七月一日，太宗令分隶满洲各旗所属汉人壮丁，每十名抽一丁披甲入伍，共得一千五百八十人，组成一旗汉兵，由汉官马光远统领，旗帜用黑色，这是正式建汉军旗之始。

崇德二年（1637年）七月，太宗又把一旗汉军分作左右翼两旗：以汉官石廷柱为左翼固山额真，马光远为右翼固山额真，都按照八旗满洲的样式编壮丁为牛录。到了崇德四年（1639 年）六月，太宗再分二旗为四旗，每旗设牛录十八员，固山额真一员，梅勒章京二员，甲喇章京四员，任命马光远为正黄旗固山额真，马光辉、张大猷为梅勒章京；石廷柱为正白旗固山额真，达尔汉、金维城为梅勒章京；王世选为正红旗固山额真；吴守进、孟乔芳为梅勒章京；巴颜为正蓝旗固山额真；李国翰、佟图赖为梅勒章京。原先两旗均用黑色，现改为马光远旗用蓝色，以黄色镶边；石廷柱旗用蓝色镶白边；王世选旗也用蓝色，镶红边；巴颜旗则纯用蓝色。按清制，每一牛录以百名左右为满额，一旗含十八牛录，共计一千八百人左右。四旗合计共七千人左右。直到太宗去世的前一年，崇德七年（1642 年）六月，他将原四旗改编为八旗，称为八旗汉军。旗色、名称、官员设置一如八旗满洲之制，所不同的，前者的旗主可以由皇帝随时撤换任命，后者则是世袭。这次任命祖泽润、刘之源、吴守进、金砺、佟图赖、石廷柱、巴颜、墨尔根侍卫李国翰八人分别为八旗固山额真。同年八月，孔有德、耿仲明、尚可喜、沈志祥奏请“以所部兵随汉军旗下行走，上允其请。”他们虽然没有编入八旗，但应属于八旗汉军的一部分。这样，太宗在他去世前终于逐步完成了对八旗汉军的创建性工作。

太宗创建八旗汉军是有很深的用意的。它扩大兵源，以供战争之需；利用汉军同明军作战，也就是“选用招降，以汉攻汉，则无不可矣。”这些都是他考虑到的因素，但更深一层的用意，是借助建汉军八旗（包括建蒙古八旗）帮助他巩固皇权，使八旗满洲诸王贝勒的权势削弱。另建新的八旗组织，实际是分割他们手中的权力，从而打破他们对军队的垄断，因之也就削弱了他们与皇权相抗衡的手段，八旗满洲亦失去“独尊”的地位。不管太宗主观上是否意识到这一点，客观效果必然是这样。八旗制度作为后金（清）国家的一种新体制，单有八旗满洲是很不完备的，它强烈地表现了满族贵族狭隘的民族主义的倾向。它忽视其他民族例如汉族、蒙古族的客观存在，有意地降低了他们的历史地位和作用，因此后金的统治是不能维持长久的。太宗创建汉军与蒙古八旗，是他意识到了国内主要存在的满、蒙古、汉旗之间的复杂的民族关系. 而给予汉族、蒙古族的历史地位以某种肯定。它们与八旗满洲并立，这就是从法律和制度上把这种联合的关系进一步确定下来，这标志着以满族贵族为核心的，与汉、蒙封建地主阶级联合统治的基础更广泛了。八旗制度的完善，为清朝二百六十多年的统治打下了牢固的根基。

再燃战火

（一）再次出兵朝鲜

天聪元年（1627），因为在萨尔浒战役时朝鲜出兵协助明朝进攻后金，以后又支援驻守皮岛的明将毛文龙，与后金为敌，所以皇太极派二大贝勒阿敏等率兵侵入朝鲜，结果朝鲜被迫议和，订"兄弟之盟"。但是，朝鲜仍然尊奉明朝并未归顺后金。天聪五年（1631），皇太极乘毛文龙死后皮岛空虚将派兵进攻。当时曾派使者去征用朝鲜兵船助战，朝鲜国王李倧三天后才接见使者，说："明之于吾国，犹父也；助他人以攻吾父，可乎？曩之盟约，特私行之耳。"天聪七年（1633），孔有德、耿仲明等率舟师二万人，从登州渡海投奔后金。皇太极又征粮于朝鲜说："尔国视明犹父，故输（粮）且十倍；我今亦尔兄矣，仅输一次，宁尚不可？"李倧不答应，又在京畿三道筑十二城，以预防后金进攻。此外，义州互市和放还朝鲜逃人之交涉，朝鲜民人越境采参捕猎之矛盾，以及岁币土贡之逐渐减少，这一切都使后金与朝鲜的关系紧张起来。促使皇太极二次侵入朝鲜的直接原因，则是朝鲜王李倧不支持而且反对皇太极上尊号。皇太极本来希望朝鲜国王也出面劝进，这样更扩大拥戴的声势，同时就此也可改变原来"兄弟"的关系，而改为君臣的关系。但是皇太极的使者英俄尔岱等到朝鲜以后竟遭到空前的冷遇和敌视。当时朝鲜的儒生纷纷上书朝鲜国王李倧要烧毁后金的国书，杀掉后金的使者，请求李倧进兵开城，振作士气，以备迎敌。朝鲜台谏洪翼汉更上疏说："臣自堕地之初，只闻有大明天子，……臣自闻僭帝（按：指皇太极称帝）之说，胆欲裂，气欲断，宁为鲁连而死，不忍此言之污口也。请亟执虏使，责其背约僭号而戮之；然后函其首，奏闻皇（明）朝，则义益伸而气益张。"在这一片敌视后金、反对劝进的舆论中，所以李倧既不接见金使英俄尔岱，也不接受后金国书，李倧报皇太极的信中说："第闻今来贵使与我接待宰臣别有口伸（口头申述），乃是敝邦不敢闻之语也。宰臣既与贵使评说，幸惟谅悉。"意思是说劝皇太极称帝的话，朝鲜国听都不敢听，更谈不到加入劝进的行列。

英俄尔岱夺来朝鲜王的奉命官郑某给各道观察使的通谕更说："国运不幸，忽遇丁卯年之事（指天聪元年皇太极第一次派兵入侵朝鲜），不得已误与讲和，十年之间，使命往来，益肆凭凌，此先世未有之惭愧也。含愧忍辱前为一番，以雪其恨，此我拳拳所注念者也。今满洲日益强盛，欲称大号，故意以书商议，我国君臣不计强弱存亡之形，以正理决断，不受彼书，满洲使臣每日在此恐吓索书，我辈竟未接待，悻悻而去。都内男女明知兵戈之祸在于眉睫，亦以决断为上策，况八布政人若闻主上之祸，出于逼迫，亦必发怒明誓，死战报仇，远近贵贱无不同心。大人可晓谕各处屯民知悉，正直贤人各虑谋略，激励勇猛之士，遇难互相救助，以报国恩。"

在后金汗国统一建州，征服蒙古，与朝鲜订"兄弟之盟"以后，皇太极本以为敌对者只剩明朝，不想朝鲜王仍然忠于明朝，与后金为敌，致使大清建国势如腹背受敌，因此，皇太极二次出兵朝鲜，势难避免。

天聪十年（1636）四月，皇太极称帝改元以后，在朝鲜使臣回国时，皇太极曾给李倧一封书信，责备朝鲜"变更成例""背弃盟誓"，最后说："今又听书生不达时务之言，背弃十年盟誓之好，一旦戎马临郊，将令书生搁管（笔管）前驱乎？抑令军士荷戈以战乎？背盟构怨，自取覆亡，恐两国交兵，王之臣民，皆敌国矣。"皇太极又明白告诉李倧："尔王若自知获罪，当送子弟为质，不然朕即将举大兵临尔境，彼时虽悔何及？"

这封书即最后通牒，也是对朝鲜的宣战书，朝鲜使臣罗德宪、李廓二人行至通远堡，将信弃之而去。李倧并未收到此书。

这年十一月，朝鲜又派使臣至清国，侦视动静。皇太极对他们说："尔国宜于十一月二十五日以前，送王子、大臣及斥和主战者来，不然，我大举东伐矣。"皇太极并把以前英俄尔岱夺来的朝鲜通谕给他们看，对他们说："背盟之端，明写在此。你国何故破坏盟约？若谓贵国为筑山城，则我当自大路直向京城，其以山城可御我乎？贵国之所恃者，江都也，我若蹂躏八道，其以一小岛可为国乎？贵国之持议论者，儒臣也，其挥笔可以战乎？"随即驱逐了朝鲜来使。这时战争已迫在眉睫了。

崇德元年（1636）十一月二十五日乙丑冬至日，皇太极以征讨朝鲜之缘由祭告天地、太庙、堂子，整备甲兵，颁布军令。十二月初一，为征讨朝鲜，合外藩蒙古诸王贝勒各率兵会合于沈阳。皇太极命郑亲王济尔哈朗留守，命武英郡王阿济格、多罗饶余贝勒阿巴泰分屯辽河海口，以防备明朝海上水师援朝偷袭。十二月初二，皇太极亲统大军往征朝鲜，命和硕礼亲王代善、睿亲王多尔衮、豫亲王多铎及岳托、豪格、杜度等随征，到达沙河堡东岗，命多尔衮、豪格分统左翼满洲三旗、蒙古三旗及外藩蒙古左翼兵，从宽甸路入长山口。十二月初三，命户部从政马福塔、前锋大臣巴图鲁劳萨等率兵三百，伪作商人，星夜往围朝鲜国都王京。又派多铎、硕托、尼堪率护军千人，继马福塔之后去围王京。十二月九日，命多罗安平贝勒杜度、恭顺王孔有德、怀顺王耿仲明、智顺王尚可喜、昂邦章京石廷柱、马光运等率甲士在后护送红衣炮鸟枪等辎重。十日，渡镇江堡。十二日，至朝鲜郭山。十三日，定州、安州军民降。命杜度等选精骑往攻皮岛、云从岛、铁山一带，岳托等率清兵至平壤，平壤巡抚弃城遁逃。十四日，马福塔等率清兵进抵朝鲜王京，朝鲜尚书崔鸣吉等迎于城门外，问："尔等之来为何？"马福塔说："我等奉皇上命与尔王有事相议。"崔尚书说："既为议事而来，俟启奏国王，以礼相迎。"随即设宴来迎。这实际是缓兵之计，乘此李倧逃往南汉山城。马福塔等得知后，追四十里，围南汉山城。十六日，多铎、岳托等陆续到达，包围南汉山城。朝鲜巡抚一员率援兵一万余众前来，被硕托、尼堪等击溃。李倧送妻及二子入江华岛，本人因坠马受伤不能行，复入山城。二十四日，天雨骤寒，已经解冻不可涉水的临津江结冰甚坚。二十七日，清军全部过江。二十九日，皇太极命固山额真谭泰等率骑兵入朝鲜王京，自率大军由城外径渡汉江，直抵南汉山城西驻营。

崇德二年（1637）正月初二，朝鲜全罗道沈、李二总兵率兵来援南汉山城，被岳托率兵击败。皇太极派户部从政英俄尔岱、马福塔把敕书交给在南汉山城的朝鲜阁臣洪尚书、李侍郎。书中说：

昔年我军东征瓦尔喀时，尔朝鲜以兵截战；后明国来侵我，尔朝鲜又率兵助之，彼时念邻国之好，竟置不言。及获辽东地，尔复招纳辽东之民，献于明国，朕赫怒兴师，于丁卯年伐尔，岂恃强凌弱，无故加兵耶？自是尔阳为和顺，阴图报复，时令尔边臣聚集知谋之士，激励勇敢之人，欲何为也？今朕统大兵，师陈尔境，何不令知谋者劝策、勇敢者效力，以当一战乎？朕今此来，并非恃强侵尔之地也，尔乃孱弱之邦，屡扰我疆界，采参捕猎，遇我国逃民，尔辄执献于明，及孔有德、耿仲明二人自明来归，朕遣军接应，尔兵以鸟枪击战，是兵端先自尔启也。且朕之弟侄诸王及外藩诸王致书于尔，尔辄以无从致书之例，置而不视，不思丁卯之役，尔遁入海岛，遣使请和，是时非听命于朕之弟侄诸王而谁听耶？朕之弟侄何不如尔，而尔忽之？外藩诸王贝勒，彼皆大元皇帝之孙，何卑于尔？尔朝鲜不尝臣服大元，年年纳贡乎？今何妄自尊大如是，置书不视，尔之心昏且骄矣。……朕既以弟善视尔，尔反行悖逆，启衅构兵，陷害生民，遗弃城郭宫室，离别妻子，奔逃载道，入此山城，得久延乎？度尔之意，或犹以城下之盟为耻，欲湔洗丁卯之辱，是徒弃安乐，而自结祸于盟好之国也。似尔今日弃城郭官室，遁入山城，积罪负怨，以致国破民残，贻笑万世，又何以湔洗之哉？既欲湔洗前辱，何不出战，乃效妇人匿迹遁藏也？尔虽遁匿此城，意图苟免，朕岂肯舍之而去乎？朕之弟侄诸王及在内文武诸臣，在外归附诸王贝勒，欲上尊号，尔何以云非尔君臣之所忍言乎？夫尊号之称否，岂任尔之私意，尔之此言亦太谬矣。夫人天佑之则尊为天子，天祸之则降为庶民，朕亦不与尔计，但尔修整城郭，待朕使臣顿失常礼者何故？又令我使臣见尔宰执欲设计执之。尔又父事明国，专图害我者何故？此乃罪之大者，其余小罪又何可胜数。朕是以总率大军，亲至尔八道，尔所父事之明国如何为尔应援？朕将拭目以俟。宁有子受祸而父不救之理？不然则是尔周识去就，自贻祸于国与民也，群黎百姓岂不怀恨于尔哉？尔若有辞，不妨奏朕。

正月初三日，朝鲜阁臣洪某、侍郎李某送书至清营谢罪，皇太极置而不答。

正月初七日，朝鲜全罗、忠清两道巡抚、总兵合兵来援，立营于南汉山城。皇太极命多铎、超勇公扬古利迎战。值大雪阴晦，不见敌营，随即纵兵进击，大败敌兵，追至山城。争战中，扬古利被鸟枪击中而卒，时年六十有六。

清兵入朝之初，朝鲜国王李倧曾遣使告急于明朝，并檄国中诸道率兵勤王，想固守待援。当时明朝国内正困于对付李自成、张献忠等农民起义军，无力支援邻国，仅登莱总兵陈鸿范派舟师出海，又因遇风而不敢渡海。朝鲜各路勤王之师相继溃败，西北援军阻滞峡内不得前进，而清军四路进兵，分掠诸道，如雷霆烈焰，形势万分紧迫，因此，李倧一再上书请和。

正月十三日，朝鲜国王李倧奉书至，书曰：

襄者小邦宰臣奉书军门，有所陈请，回称皇帝将有后命，小邦君臣延颈企踵，日俟德音，今已浹旬，来荷鉴照，势穷情迫，能不再鸣？惟皇帝垂察焉。小邦昔蒙大国之惠，忝托兄弟，昭告天地，虽疆域有分，而情意未间，自以为子孙万世无疆之福，岂意盘血未干，疑衅中结，坐陷危迫之祸，重为天下笑。然求厥由皆缘天性柔弱，为群臣所误，昏迷不察，以致如此，亦惟自责而已，更有何词。但念兄之于弟，见有过，则怒责之，理也。然责之太严，反乖兄弟之义，岂不为上天所怪乎？小邦僻在海隅，惟事诗书，不习兵革，以弱臣强，以小事大，乃理之常，岂敢与大国相较哉？其以世受明国厚恩，名分素定，曾值壬辰之难（此指明万历二十年壬辰，日本丰臣秀吉侵朝鲜），小邦旦夕且亡，神宗皇帝动天下之兵，拯济生民于水火之中，小邦之人至今铭镂心骨，宁获过于大国，不忍负明国，此无他，其树恩厚而感人心深也。恩之加人非一途，苟有能苏其民命，救其国危者，则发兵而救难与释罪以矜全，其事虽殊，其恩则一也。昨年小邦处事昏谬，蒙大国勤教屡矣，犹不自悟，致招大国之兵，君臣父子久处孤城，其窘亦甚矣。大国诚于此时舍其既往，许其自新，俾得保守宗社，长奉大国，则小邦君臣矢心感戴，至于子孙永世不忘，天下闻之，亦无不服大国之威信，是大国一举而结大恩于东土，施广誉于四国也。不然，惟快一朝之怒，务穷兵力，伤兄弟之义，闭自新之路，以绝诸国之望，其在大国恐亦未为长算，以皇帝之睿智，何不虑及此乎？秋杀而春生，天地之道也。矜弱而悯亡，霸王之业也。今皇帝以英武之略，抚定诸国而新建大号，首揭宽温仁圣四字，将以体天地之道，而恢霸王之业，则如小邦之愿，改前愆自托洪庇者，宜若不在弃绝之中，兹敢不避尊严，更布区区以请命于下。

正月十七日，皇太极敕谕朝鲜国王李倧：

"尔来书云责之太严，反乖兄弟之义，岂不为上天之所怪。朕以丁卯年盟誓和好为重，曾以尔败两国盟事，屡加申谕，尔不畏上天，不恤民祸，背弃盟好，尔绝盟之书为朕使臣英俄尔岱等所得，始真知尔国有构兵之意……，今尔有众欲生耶，亟宜出城归命；欲战耶，亦宜亟出一战，两兵相接，上天自有分辨也。"

皇太极要李倧快出城归降，否则不过是以美言文过饰非。李倧则以重围未解，兵威可畏，恐怕出城亦死，恳请按古人在城上拜天子之意，议和结盟，请清帝退兵。皇太极未准，正月二十日，命英俄尔岱、马福塔送去致李倧的书信，并要求缚送谋划败盟之人，诛杀以示警诫，书中写道：

尔违天背盟，自取罪戾……今命尔出城见朕者，一则见尔诚心悦服，二则欲加恩于尔，令永主尔国，旋师以后示仁信于天下耳。若以计诱尔，何以示信于天下？朕方承天眷抚定四方，正欲赦尔前愆，以风示南朝。若以诡计取尔，天下之大，能尽谲诈取之乎？是绝人归顺之路矣。尔若犹豫不出，则地方蹂躏，刍粮罄竭，生民滨于死亡，祸变日增，诚不容刻缓者也。尔首谋败盟之臣，朕原欲尽诛方已，今尔果出城归命，可先缚送首谋三四人臣，当正国法以儆后人。盖陷尔举国贴厄，误朕西征大计，咸此人之罪也。若不送首谋，俟尔归顺之后始行索取，朕不为也。尔若不出，纵谆谆祈请，朕不听矣。"

这时，朝鲜国王李倧决心议和，但又不敢深信皇太极之言，恐怕出城遭到不测，因此不肯在清兵未退时冒险出城。因为朝鲜王妃、王子、宗室和群臣眷属多人已逃往江华岛。皇太极为速战速决，于是开始下令攻击江华岛。命多尔衮等分兵取江华城，用车轮驾所造小舟，由陆地拖行出海。二十二日多尔衮率兵至江华岛口，乘船渡海。朝鲜水师战船四十余艘，分两翼布海上，清军以红衣炮击沉其大船三十艘，乘胜登岸，朝鲜鸟枪兵千余人离岸迎战，为清军所歼，遂攻克江华岛。俘获王妃、王子二，阁臣一，及宗室共七十余人，另群臣眷属一百六十余人。多尔衮严令一无所扰，命王子及阁臣护侍王妃，清兵后随。二十四日，皇太极谕李倧：

尔不从城出，始有速攻江华岛之命。若早听朕言，岂至如此？今朕之成命已明示于二十日诏内矣。即攻战所得，朕犹矜悯宽恤，令尔家属完聚，兹特谕尔闻知，尔不速遵二十日之诏而前来，是自弃其家属也，朕岂能常令人守护乎？

这时，因李倧连续来书，意犹不从，皇太极遂欲将兵事交多铎，自己先回国。这项消息一传出，李倧十分惊慌，二十七日，又以书来，其中说：

……陛下恩信明著，丝纶之降，皇天是临，而犹怀惶怖，累日徘徊，坐积遗慢之诛。今闻陛下旋驾有日，若不早自趋诣，仰觐龙光，则微诚莫伸，追悔何及，弟臣方

将以三百年宗社，数千里生命，仰托于陛下，情理诚为可矜，倘或事有参差，不如引剑自裁之为愈，伏愿圣慈俯鉴血忱，明降诏旨，以开臣安心归命之路，谨冒死以闻。"

正月二十八日，大清国皇帝皇太极敕谕朝鲜国王李倧："朕览来奏，知尔欲保全宗社，束身来归，且述二十日之诏旨，欲求信实，朕诏已出，宁肯食言？既尽释前罪，永定规则，以为子子孙孙、君臣世守之信义。尔若悔过自新，不忘恩德，则当去明国之年号，绝明国之交……。"明确提出归降条件十条：（一）去明国年号，奉大清正朔；（二）以长子并再令一子为质，诸大臣亦以子弟为质，尔（李倧）有不讳，则立尔质子为嗣，（三）一切往来礼仪可按明国旧例；（四）若征明国，调尔步骑舟师，不得误期会；（五）今移师攻海岛，可发鸟枪弓箭手等兵船五十艘来助；（六）与内外诸臣当结婚媾，以固和好；（七）新旧城垣，毋许擅筑；（八）瓦尔喀人之私自逃窜者，不得复与贸易，当执送前来；（九）许与日本贸易，当导其使者来朝；（十）每年进贡一次，其方物数目：黄金百两，白银千两，水牛角二百，豹皮百张，鹿皮百张，茶千包，水獭皮四百张，青鼠皮三百张，胡椒十斗，腰刀二十六口，顺刀二十口，苏木二百斤，大纸千卷，小纸千五百卷，五爪龙席四十领，各样花席四十领，白苎布二百匹，各色棉绸两千匹，各色细麻布四百匹，各色细布万匹，布千四百匹，米万包。

这时江华岛已被攻克，王妃、王子、阁臣及众大臣眷属都被俘获，江汉山城亦随时可被攻陷。清帝提出以上条件后，当天派江华岛所俘之太监一人、宗室一人入南汉山城，去报告其主："江华岛已失，王之国妃、诸子及群臣妻子毫无所犯，置之别室，今付我国官员太监如常护送前来矣。"李倧当夜召集所有大臣说："宗室已陷，吾无能为矣。"群臣闻之，莫不痛哭。随后商定出城投降。二十九日，送主战派首领修撰吴达济、宏文馆校理尹集去清营，临行时李倧引见赐酒说："尔等以予为君，事至此，夫复何为！"因而落泪。吴、尹二人回答："王已被辱，臣等唯以不死为恨，今得死所矣，夫复何戚！"李倧说："汝等父母、妻子，予将终身顾恤，幸勿为念。"这二人三个月后被杀于盛京。

崇德二年（1637）正月三十日，朝鲜国王李倧弃兵器，服朝服，率文武群臣，献上明朝所给敕印，出南汉山城前来朝见归降。受降坛设于汉江东岸三田渡地方，上设黄幄。是日辰刻，清崇德帝皇太极出营，旗纛森列，奏乐渡江，登坛，端坐于黄幄之中，设卤簿如常仪，将士皆环甲列队。这天正有大雾，日色无光。李倧率群臣由南汉城西门出，满城哭送，声动数里，离城五里步行而来。皇太极命英俄尔岱、马福塔等迎于一里以外，指示礼仪，引导至仪仗下立。皇太极离座率李倧及其诸子文武群臣，拜天行三跪九叩头礼毕，还座。李倧率群臣伏地请罪，求清国大臣代奏改过自新之意。皇太极谕曰："朝鲜国王既知罪来降，朕岂有念旧恶苛责之理。今后一心尽忠，不忘恩德可也。前事毋再言及。"李倧及其群臣闻言惊疑之心稍安，叩谢毕，礼官奏请班次。皇太极曰："以威慑之，不如以德怀之。朝鲜王虽迫于兵来归，亦一国之王也。"命近前坐于左侧。其次则是和硕亲王、多罗郡王、多罗贝勒等依次座。李倧长子坐于贝勒之下。右侧诸王、贝勒依次坐，李倧次子、三子亦坐于贝勒之下。众人坐定，举行大宴。宴毕，皇太极命将江华岛所俘李倧妻子、子妇及群臣妻子家口共142人，由英俄尔岱、马福塔送回朝鲜王京城，唯留李倧长子、次子为人质。

二月初一日，以江华岛所获人畜财币赏给各官有差。二月初二日，清国大军班师回朝，皇太极命多尔衮、杜度率满洲、蒙古、汉人大军携带所俘获人畜财物在后行进，又命贝子硕托、三顺王孔有德、耿仲明、尚可喜率所部及红衣炮16位，并朝鲜战船50艘往取明朝所属皮岛。朝鲜国王李倧率群臣出王京十里跪送。皇太极下马升座，命李倧坐于左侧赐茶。李倧奏请："积弱以来，民散财竭，所在悬罄，公私赤立，而诏谕上贡，或非地产，或虽系地产，力有所不逮，……须量力秉定，垂为定式，毋负奉上之礼，以尽事大之诚。……"皇太极览毕，命范文程等传谕李倧："尔被围山城时，已有成议，今不当言及，尔国穷困，朕已知之，丁丑、戊寅两年准免贡物，卯年自秋季为始，照例入贡，表尔忠诚。此后朕自有定夺。"二月二十一日，皇太极回到盛京。

此次战役，朝鲜平安、黄海、江原、京畿、忠清诸道，大半残破。咸镜一道，在蒙古兵北归时，更遭蹂躏，受祸最重者则为朝鲜王京。据朝鲜文献记载："京城残荡尤甚，死尸载道，市廛焚毁，鸡鸭绝迹，饿犬狂走，受祸之惨，不堪言状。"朝鲜既降，明朝所属东江诸岛，也失去了犄角之势。崇德二年（1637）四月十二日，多罗武英郡王阿济格奏报攻克皮岛，奏疏中说：四月初八夜，满洲八旗护军乘清军所造小船攻皮岛西北隅，八旗骑军四百人及汉军三顺王兵、朝鲜兵乘巨船，从北隅乘小船先进，遂攻克皮岛。该岛原有明总兵沈世奎标兵12000人，来援金总兵标兵660人，天津卫董游击兵1700人，登州王游击兵2000人，以及副将、刘副将兵、吴参将等兵约七百多人。阵斩总兵沈世奎、金总兵等多人，所获蟒素缎42880匹，银两31000两，水手356名，妇女幼儿3116人，大船72艘，红衣、法贡等炮10位。

经过此次战役，朝鲜归降清国，皮岛及东江诸岛全被清兵攻克，明国东藩尽失，清军再无后顾之忧，皇太极可以全力向西进攻了。

（二）深入明朝

皇太极在天聪三年（1629）和天聪八年（1634）两次率兵入关征掠明朝之后，崇德元年（1636），又命阿济格等率兵攻掠明朝京畿之地。

崇德元年（明崇祯九年，1636）四月，皇太极临称帝前，诸王贝勒大臣及外藩蒙古十六部四十九贝勒曾合辞劝进，而朝鲜国王李倧不愿拥戴，并颇有贬词，当时皇太极即决定出兵征服朝鲜。但顾虑明军从后面牵制和出兵支援朝鲜，因此又决定先发制人，出兵攻掠明朝京畿。

这年五月二十七日，为出师征明，皇太极在盛京皇宫翔凤楼召集群臣会议，和硕睿亲王多尔衮、和硕豫亲王多铎、和硕肃亲王豪格、和硕成亲王岳托及准备出征的多罗武英郡王阿济格、多罗饶余贝勒阿巴泰、超品公额驸扬古利、固山额真宗室拜尹图、谭泰、叶克书、阿山、图尔格、篇古、额驸达尔哈，以及此次并不出征之固山额真石廷柱等分列左右，皇太极面谕出兵方略：

第一、出征王、贝勒、大臣，凡师行所至，宜共同计议而行，切勿妄动；

第二、遇残破城池，及我兵前曾攻克之良乡、固安等城，如欲进攻，度可取则取，不可取勿取。

第三、争论不决之处，宜听武英郡王剖断，毋得违背；

此外，每次出兵攻掠，俘获人畜财物都是很重要的目的，此次皇太极指示诸臣"俘获虽少，亦不下万余。我国有万余俘获亦不为不利矣。"因而对俘获问题，作了如下指示：

我国新附之人甚多，先年征大同宣府时，每牛录分取男妇及牛，诸将互相竞争，以致所获不均。此行若多所俘获，每牛录止派取男妇六人，牛二头；其附满洲牛录蒙古贝勒之人，及内外新编入牛录者，亦照此取派。一无所获，毋得派取。此其一。

军士以所获之物私献本主，不得滥行收取，须与从征者均分；其所取者，限金银绸缎及堪用衣服而已，此其二。

师行勿得如前缓行，此其三。

每旗出一官员，每牛录出一士兵，到长城边上，准备接取俘获，接取到即令送还。勿以少所俘获而不令还。此其四。

五月三十日，多罗武英郡王阿济格、阿巴泰、拜尹图、谭泰等出发征明。卯刻，崇德帝皇太极出盛京抚近门，列大驾卤簿，到堂子行礼后，在堂子外护军八纛前拜天行礼，然后亲自送出征诸王、贝勒、贝子等到演武场，进行诫谕后，命令大军启行。

六月初五日，皇太极命前锋将领劳萨、苏达喇、席特库、努山等率甲士180人往明国沿边侦察。是时，管兵部事和硕成亲王岳托引诸将谒见，皇太极面谕他们："明国闻我兵至，必来边外哨探，汝等须用心防御。从察罕诺尔、打草滩、敖汉城南赴苏布地、杜棱城，自此可令挂尔察率兵往察罕城侦探。尔等此去，视其踪迹多寡，酌量派人随后追之，或得或不得，务定一约会之处，饬令前往。凡于各处遇敌，敌虽分路窜走，我必不可骤回，必视敌所向，星夜穷追，截其必经之道，敌人昼行必遇而执之。

还兵三日，可从去路北边而还。尔等往返昼行，不难预备，虽遇敌亦墙角可惧，但恐秣马偶憩之顷及夜分之候，一或弛备，虑敌人猝至，不可不加防范。成亲王其以朕言书示出征将士知道。"

皇太极又谕诸王贝勒大臣说"多罗武英郡王阿济格统兵往征明国，今将出边，宜别遣大军往山海关进发。明国知道我兵至，恐怕山海关有失，必来救援，武英郡王所率兵大概可以乘隙从容出边。"和硕睿亲王多尔衮、豫亲王多铎、多罗贝勒岳托、豪格等随后率大军分两翼，先后启行。临行，皇太极指示："睿亲王可率右翼兵，由中后所入；豫亲王可率左翼兵，由锦州入。"谕毕，大军出发。

六月二十七日，阿济格、阿巴泰等率兵入边。两黄旗自巴颜德木地方入，两白旗、正蓝旗自坤都地方入，两红旗、镶蓝旗自大巴颜地方入。入边之第八日（七月初四）相会于延庆。

明崇祯帝得到清兵入边的消息，于七月三日急忙令北京全城戒严。明廷君臣根据崇祯七年（天聪八年，1634）皇太极率兵绕道内蒙古，从长城北边袭击大同宣府的往事，认为清兵必从山西侵来，急命宦官李国辅守紫荆关、许进忠守倒马关、张元亨守龙泉关、崔良用守固关，以阻止清兵从山西进犯京师。

七月初五，清兵从延庆入长城。七月初七，清兵间道从天寿山后进抵昌平，尽斩昌平城外明军，见城上兵少，合各旗兵攻之，火炮并发，毁其城楼，城上明军被炮击火烧，清军图尔格率兵乘隙先登，遂克昌平城。昌平的守将总兵巢丕昌投降，户部主事王桂、赵悦、判官王禹佐、胡惟宏、提督太监王希忠皆被杀。天寿山下的明熹宗德陵被清兵焚毁。明巡关御史王肇忠也死于此役。

昌平失陷，皇陵（明德陵）被焚，崇祯帝大惊，急忙"命文武大臣，分守都门。"

七月初八，清兵逼近西山，攻打巩华城，该城守将姜瑄用火炮轰击，清兵退却。这时，清军谋划南下，故意给被清军俘获又逃回明朝的副总兵黑云龙一封信，假装约他作为清军的内应，企图再用反间计除掉这员明军的猛将。但是，明廷已识破清军的计谋，黑云龙继续得到崇祯帝的信任，并命黑云龙去西山西北隅设埋伏，引诱清军深入，结果清军没有中计，而开赴良乡。

七月初十，清兵屯驻于沙河、清河，昌平叛军逼近西直门。崇祯帝命兵部传檄调兵入援：征山东总兵刘泽清五千人、山西总兵王忠、猛如虎四千人、大同总兵王朴、保定总兵董用文各五千人、山永（山海关、永平）总兵祖大寿一万五千，关、宁、蓟、密各总兵祖大乐、李重镇、马如龙共一千七千人。

唐王朱聿键奏请率兵勤王，崇祯不许，并谕令地方官汝南道周以典就近予以制止。

七月十四日，崇祯帝召廷臣于皇宫内平台问方略，当时，清军兵临城下，物价腾贵，斗米三百钱，崇祯帝很发愁。众大臣各出方略，户部尚书侯恂说："禁市沽。"左都御史唐世济说："破格用人。"刑部侍郎朱启"请立京营，城外方可守御。"吏科给事中颜继祖说："收养京民细弱。"崇祯帝听了这些不着边际的空谈后，说："急计莫若捐助。"其实"捐助"又岂能解救燃眉之计？

清兵攻克昌平城以后，很快又离开沙河、清河，移兵南下。七月十五日，两黄旗、两白旗、两红旗、镶蓝旗及蒙古、汉军共十旗东取宝坻，叶臣一旗兵，穴其城攻克，杀知县赵国鼎。二十一日，清军南攻定兴，谭泰所领一旗兵先登城攻入，杀前光禄寺少卿鹿善继。于是，清兵各部或分头攻取，或合兵力克。拜尹图一旗兵独克安肃县，叶臣一旗兵独克安州，安山一旗兵独克东安县。图尔格、萨穆什喀二旗兵合攻雄县，图尔格一旗兵先登城，攻入。额驸达尔哈、达赖两旗兵合攻顺义县，达尔哈一旗兵先登城，攻克。镶红旗前锋独力攻克文安县，清军所向，连连得胜。皇太极得到奏报"十分欣悦"，并把这些胜利的消息派人报告正在西征锦州、山海关一带的多尔衮和多铎等将士。

七月二十一日，明廷给事中王家彦以"陵寝震惊"，弹劾兵部尚书张凤翼坐视不救。张凤翼害怕遭到崇祯帝惩罚，自请出京督师。崇祯帝很快批准，并赐尚方剑，发给万两白银和五百赏功牌，命他总督诸镇勤王之兵。随即又以左侍郎王业浩代理兵部事，命中官卢维宁监督通州、天津、临清和德州军务，命宣大总督梁廷栋也统兵入援。又以监视关宁（山海关、宁远）太监高起潜为总监，辽东前锋总兵祖大寿为提督。

张凤翼，代州人，万历晚年进士，曾任辽东巡抚，又曾总督蓟、辽、保定军务。他曾为魏忠贤建生祠，几乎列入逆党，因为多年从事边防事务，而被宽宥。孙承宗曾斥责此人："才鄙而怯，识暗而狡，工于趋利，巧于避患。"署兵部事王业浩、宣大总督梁廷栋也都是退却不敢战的庸人，这时，张、王、梁三人在明廷结成犄角之势，左右着明朝防务。

七月二十四日，崇祯帝以前司礼监太监张云汉、韩赞周为副提督巡城阅军。崇祯帝听到清兵焚昌平，攻巩华城，怀疑清兵"有归志"，谕兵部联络京营。八月初一，以天寿山守备魏国徽总督宣府、昌平京营，御马监太监邓良辅为分守；太监邓希诏监视中西二协兵马，太监杜勋为分守。

八月初五，大同总兵王朴与清兵战于涿州。八月初八，清兵入文安，分兵攻遂安、雄县。八月初九，崇祯帝以张元祐为兵部右侍郎镇守昌平。当时提督天寿山的太监都即日出城前往，崇祯帝对阁臣说："内臣即日行道，而侍郎三日未出，何怪朕用内臣耶？"这时，督师兵部尚书张凤翼、总督宣大梁廷栋及总监高起潜都在涿州以南。兵部奏报原阁臣冯铨力守涿州，其功可嘉。

大清银币

八月十四日，清兵攻清河，又回攻涿州，陷顺义，知县上官荩自经。十四日，清兵遭遇明入援边兵于卢沟桥。十五日，清兵自香河去河西务。八月十九日，清兵分屯密云、平谷，再掠雄县，通蹂畿内，攻略城堡。

八月三十日，武英郡王阿济格率大军，携带所掠取的大批人畜财物，将出冷口东归。明督师张凤翼从北京出，宣大总督梁廷栋从京南来，都跟在清兵后面，不敢袭击，张凤翼屯兵迁安之五重安，听从邓林奇之计，固垒自守。

九月初一，清兵出冷口东去，"俱艳饰乘骑，奏乐凯归"，有人还砍塞上柏树，写上"各官免送"，满载掠获，次第东归，"凡四日乃尽"。明军守将崔秉德请率兵遏其归路，总监高起潜命令"半渡击之"，似乎很合兵家之道，但他实际上"不敢邀战也。"永平监军刘景辉激愤不已，要独自出战，士民挽之不听，随即战于迁安之枣村河，夜间击杀清兵一二百人。而督师张凤翼竟躲在迁安经旬不出。高起潜估计清兵撤退已尽，才开始进兵石门山（在今河北抚宁东），并向崇祯报告：斩敌三级。

八月末，都城戒严，督师兵部尚书张凤翼自知罪责难逃，每天服大黄药求死。九月初三，卒于军中。九月二十日，总督宣大山西军务兵部右侍郎梁廷栋罢官，随之去世。梁，邹陵人，万历末年进士，《明崇祯实录》中评论："廷栋留心边务，喜谈兵，乃出御，一筹莫展，郁郁以殁。"

九月八日，皇太极接到阿济格、阿巴泰等奏报："仰赖皇上德威，我师所向、明人震詟，莫敢逆拒，遂直入长城，过保定府，至安州，克十二城。凡五十六战皆捷，共俘获人口牲畜十七万九千八百二十。"

九月初九，多尔衮所率清兵攻山海关之一片石、红山沟，以牵制山海关明军，掩护阿济格撤兵东归，明山永巡抚冯任抵御后退却。

九月二十一日，皇太极又接到阿济格等奏报："臣等还军时，令阿山、谭泰、吴赖、恩格图率每牛录甲士四人，埋伏军后，有明遵化三屯营守备一员率兵来探，谭泰、恩格图集兵围之，尽歼焉，获马六十六匹。及我军出边，又有明山海关千总一员、百总四员，率马步兵二百，蹑我军后来探，遇阿山，尽杀之，获马八十匹，生擒百总一员。"九月二十三日，皇太极派马福塔等率兵往辽河岸准备船只，迎接阿济格率大军还朝。

崇德元年（1636）九月二十八日午刻，皇太极出盛京地载门十里往迎阿济格等所

中华传世藏书

大清十二帝

清太宗皇太极

三二五

率大军凯旋归来。诸贝勒大臣依次排列，立八纛，吹螺掌号，拜天行礼后，皇太极御黄幄，阿济格等跪捧献捷表文，皇太极命内国史院大学士刚林、内秘书院大学士范文程在御前跪读表文如下：

多罗武英郡王阿济格等谨奏：臣等奉宽温仁圣皇帝命，统领大军，往征明国，仰蒙上天眷佑，皇上德威，攻克明国边城，长驱而入燕京附近疆土，纵兵驰突，凡克城十二，摧敌阵五十八，俘获人畜十八万，生擒总兵巢丕昌等，我国出征将士全军奏凯而还。

读毕，皇太极口谕慰劳阿济格等人："王及诸大臣，仰体天心，同心协力，故有此捷，朕甚嘉之。"皇太极看到阿济格劳瘁貌癯，恻然泪下。

两个多月以后，皇太极亲自统帅大军出征朝鲜。

崇德三年（明崇祯十一年，1638）八月二十三日，皇太极命和硕睿亲王多尔衮为奉命大将军，以多罗贝勒豪格、多罗饶余贝勒阿巴泰为副，统左翼军；多罗贝勒岳托为扬武大将军，以多罗安平贝勒杜度为副，统右翼军，两路征明。这天，皇太极召集出征诸王贝勒大臣宣布军律：

第一、七旗的王、贝勒、贝子败走，只一旗的王、贝勒、贝子拒战，则将败走七旗的七牛录人员给与拒战者，若七旗的王、贝勒、贝子拒战，一旗的王、贝勒、贝子皆败走，即革除败走旗分，以其所属人员七旗均分。若一旗内，拒战者半，败走者半，即以败走者所属人员给与本旗拒战者。

第二、有因驻扎其他处所、未能拒战者，免革除旗分，其拒战之王、贝勒、贝子另行赏给。若七旗未及整伍，一旗王、贝勒、贝子拒战得功者，按功次大小、俘获多寡行赏。

第三、野战时，本旗大臣率本旗军下马立，王、贝勒、贝子等率护军乘马立于后。与敌兵对阵，王、贝勒、贝子、大臣不按队伍轻进，或见敌寡，妄自冲突者，夺所乘马匹及俘获人口。

第四、凡两军相对，必整齐队伍，各按汛地，从容前进。若擅离本队，随别队而行；擅离本汛，由他汛而入，及众军已进，而独立观望者，或处死，或籍设，或鞭责，或革职，或罚银，酌量治罪。

第五、凡整伍前进，稍有先后，勿得彼此争论，不致退缩为上。若有以此争论者，即为立心不端之人。

第六、如敌人不战而遁，我军追击之，宜用精兵骁骑合力驰击，护军统领不得前进，只宜领纛旗、整顿队伍，分队以蹑其后。倘追兵遇敌伏，或于蹑追时遇敌旁出，护军统领乃亲击之。

第七、大军起营，各按牛录旗纛整队而行。若有一二人离队往来，寻索遗物及酗酒者，俱贯耳。自出城门，务遵军律，肃敬行伍，毋得喧哗。固山额真、梅勒章京、甲喇章京、护军统领、牛录章京，以次各有统束。今后有喧哗者，该管章京坐以应得之罪，喧哗者责惩。军行时，如有一二人离旗行走者，许同行人即执送本固山额真，执人者赏银三两。

第八、扎营时，凡取薪水，务集众同行，失火者斩。

第九、一切军器自马绊以上，俱书姓名，马必系牌、印烙，不印烙者罚银二两，箭无姓名者罚银二十两。如得他人箭隐匿不出者，亦罚银二十两。

第十、勿毁寺庙，勿妄杀民人。抗者戮之，顺者养之。俘获之人勿剥其衣服，勿离散人夫妇。若有一二人离营私掠被杀者，妻子入宫，仍治本营章京罪。勿令俘获之人看守马匹，勿熟食，勿饮酒。有不遵者，依律治罪。

出征军律宣布完毕，皇太极又谕诸王、贝勒、贝子、大臣："征伐非朕所乐为也。朕常欲和而明不从，是以兴师。有不抗拒我兵及不便携来者，若擅行诛戮，则杀人者与主兵者均难辞咎，亦非朕抚安黎庶之意。"

又谕各官："丙子岁（崇德元年，1636）多罗武英郡王阿济格领兵征明，克昌平州，尔等如渔人入水捕鱼，擒之以后，挟之以胁，又复衔之以口，似此贪取以致获罪者甚多。朕岂愿尔等犯法，乐于加罪，惩前此妄行贪暴之人，正欲警之于后，使不为乱。且朕见尔等有罪，甚为恻然。朕非夸诩以古人自拟，常闻古史云，夏禹道遇罪人而泣，侍臣曰：'此犯法有罪之人，王何为而泣也？'禹曰：'尧舜时政教德泽宣布于民，帮人无犯法。今我之泣非为囚也，我之政教德泽不如尧舜，致有罪人，故泣耳。'朕见尔等有罪，亦甚为恻然。尔等宜互相勉励，恪遵军令以行，毋或怠玩从事。今蒙古、汉人、朝鲜诸国俱已归附，军营壮盛，尔等勿徒自恃强勇，以威慑人，各宜申明纪律，无或厌倦，盖尔等乃众所观瞻也。若能自处以礼，济之以和，则归附各国必以为我国强而有德，勇而有礼，益加悦服矣。"

"凡为主帅之人，于临阵之际，使徒计一己之功，而不念兵之死伤，军之败衄，及国之声名有损，非主将也。兴师致讨，当思于国有益，于己无怨。凡军中议事，遇有意见悖谬者，即宜在彼劝谕，毋得缄默不言，而徒于还军时，托词自解；亦有在彼故出微词，而辩时则云：'我曾如是劝谕者'，皆不足据，必在彼明言于众，而众不从，始可于还军时辩理。迩来归附日众，其阵获将士，听擒获之人收养，朕若概行赡给，不若加恩于从前归附之人，及旧时贫乏士卒，令其宽裕也。"

八月二十七日，扬武大将军多罗贝勒岳托同多罗安平贝勒杜度及众大臣率右翼军出发征明，皇太极送行，谒堂子、拜纛行礼后，至演武场御座，命赐岳托敕印，大学士刚林、理藩院承政、大学士范文程各读清汉蒙古字敕文：

宽温仁圣皇帝制曰：古帝王兴师克敌，抚定疆宇，必选择于众，拔一良将，特授兵权，则军有所统，而大事始定。今因明国不愿讲和，乐于干戈，故命尔贝勒岳托、充扬武大将军，授以敕印，率右军西伐。尔其同安平贝勒、满洲、蒙古、汉军众固山额真金虑协谋，择善而从，勿以受命重而邀功，勿以将士勇而轻敌。凡驻营垒，严设侦探，小心提防，勿得少息。务须信赏必罚，激励将士，破彼边关，直入其境。多谋定策，密察敌之机；声东击西，默运乘便之智。出其不意，攻其无备。至于待将士勿护所爱，勿蔽所憎。有冲锋破敌、奋勇先登者，必破格优赏，仍录其功以奏。参将、游击以下，有败阵及违军律者，先斩后奏。遇左军奉命大将军，听其节制，以赞其谋。尚其钦哉，勿违朕命。

岳托升阶跪受印敕后，大军启行。

九月初四，奉命大将军和硕睿亲王多尔衮同多罗贝勒豪格、多罗饶余贝勒阿巴泰及众大臣，率左翼兵出发征明。皇太极送行，谒堂子、拜纛，行礼如仪后，至演武场赐印敕。其敕文与赐印与岳托相同。

这时，和硕豫亲王多铎不至，皇太极发怒说："兄弟子侄征伐敌国，豫亲王何故不送？朕屡谕豫亲王属下刑部承政郎球云：豫亲王若有悖谬，尔当谏诤，乃竟谄媚逢迎，见王怠玩若此，不行规正，可速执之。"及问启心郎祁充格亦以是日往屯中，随即派人召还拘禁，因此，禁令豫亲王多铎不得出府门。

九月二十二日，清军右翼在扬武大将军多罗贝勒岳托等率领下，从明朝边境密云县东北墙子岭入边。前锋清兵擒明军哨卒讯问，被擒哨卒说：墙子岭山高路窄，坚不可摧。而且有密云总督率兵来援，惟岭东西两旁高处可以越入。于是清军分四路前进。三日夜进入边内。

这时墙子岭明守将总兵吴国俊和总督蓟辽兵部侍郎吴阿衡正在庆贺监军太监邓希诏的诞辰，对于清兵袭来，毫无戒备。听到警报，才仓促奔回应战，随即败走密云。总督蓟辽兵部侍郎吴阿衡酒醉未醒就率马步兵六千应援，见清兵已入边，又亲率数百人，奔入墙子岭堡内，马步兵分三队立寨，为清兵击败，吴阿衡败殁于密云。

明副将一员率马步兵二千迎战，又有明守备一员率马步兵千余来迎战，被安平贝勒杜度、三顺王孔、耿、尚及固山额真谭泰所部分别将明军击败，获战马多匹，又在关门获大小红衣炮7位、大将军炮18位。孔有德、耿仲明属下兵，俱从边城大门之东小东门平坦处，举火炮、竖云梯进攻。

这一带关山险阻，同一地点汉名、蒙古名各有不同。为了使皇太极易于掌握进兵实况，岳托特向他报告：我军所入之关，汉名墙子岭，蒙古名达吉布拉；墙子岭西一关，汉名黑峪关，蒙古名黑呼龙；又一关，汉名古北口，蒙古名莫尔托石；墙子岭东一关，汉名将军石，蒙古名乌什根；又一关，汉名黄崖口，蒙古名章；又一关，汉名马兰峪，蒙古名马赖。关于"流贼"的消息，皇太极很关心，岳托报告：有言已过黄河者，有言在黄河南岸者，尚未得实。

九月二十四日，奉命大将军和硕睿亲王多尔衮统帅左翼清军从沈阳出征，九月二十八日，自董家口东二十里外青山关西，步登山岗，由边墙缺口处，乘明兵无备率兵而入。

青山关设于燕山脚下，山峻墙坚，有明兵二百防守。当时，听到清兵攻打墙子岭的消息，这支明军已于九月二十五日去增援，所以左翼清兵到达，不伤一人而入明境。青山关、董家口、青山营三处，百姓已弃城而逃。辽东副总兵丁志祥、窦睿等来援。清兵稍退，随即越迁安、丰润，引兵南下，至营城石匣，驻于牛栏。左右两翼清兵会于通州。

多尔衮向皇太极报告，关于"流贼"消息，云在河南等处掳掠，那里今年大水，禾稼半收。又闻祖大寿及其兵马已调往山西，山海关九关门今岁被水冲坏，止余一门。

十月初，明廷下令京师戒严，征辽东前锋总兵祖大寿入援，留宁远巡抚方一藻、山海关巡抚朱国栋、蓟辽巡抚陈祖苞分守京畿各地。命总督宣大卢象升率总兵杨国柱、虎大威进易州出其左，移青、登、莱、天津之兵出其右，檄总兵刘泽清以山东兵遏其前，高其潜为应援。

十月十三日，明廷召孙传庭、洪承畴入援。十月十四日，崇祯帝召廷臣及总督卢象升，问方略。

卢象升，字建斗，宜兴人，天启二年进士，多次与农民起义军作战，以胆略著称。清兵深入内地，被任命为宣大山西总督。他坚决反对谈判议和，持"城下之盟，《春秋》耻之。"与主张议和的兵部尚书杨嗣昌、监军内监高起潜相左。这时，他正为父守丧，麻衣草履奉召督师，当时被誉为"北门锁钥"。

十月十四日，崇祯帝召文武大臣及总督卢象升于武英殿。崇祯帝问御敌方略于卢，象升说："命臣督师，臣意主战。"崇祯色动久之，不高兴地说："朝廷没说议和，议和乃外面的议论，何能就相信！"卢象升说："清兵来势甚盛，事机难以逆料。或逼陵寝，以震人心；或趋神京，以撼根本；或分出京畿之南，扼我粮道。我集中兵力防备，发兵少则多失，分兵四应，又散出而无功。兵少则不足防备，粮食少则容易生乱，事事可虑。"崇祯帝以其所言为是，命他与兵部尚书杨嗣昌商议。这次召见以后，卢象升又提出"各镇兵马，画疆策应"的御敌方案：北骑（清兵）由保蔚州犯金马，由于杨嗣昌主和不主战，所以卢象升得不到支持，两人几番争论以后，杨尚书只说"戒勿浪战。"卢象升只好回自己昌平驻地，以所部三万兵，扼守清兵前进要冲，乘夜袭击清兵，失利而回。高启潜部将也与清兵接战，兵败于卢沟桥。

十一月初三，京师闭门，崇祯帝命诸大臣分守都城各门。吏部尚书商周祚请召孙传庭出潼关，移山东巡抚颜继祖守德州，崇祯帝同意，于是橄延、宁、甘、固"剿寇"之兵北援。孙传庭派白广恩等领兵万人，总督洪承畴率总兵左光先、贺人龙等合兵十五万，俱出潼关。

十一月初，清兵掠良乡、涿州、高阳，经河间，攻定州。初九日，清兵转高阳，连攻三日。其时，原兵部尚书、东阁大学士孙承宗年事已高，辞官在家，不顾七十六岁高龄，率全家与全城军民共同守城。清兵连攻三日，因城墙低又不坚固，又无外援，城被攻破。孙承宗被执，不屈，望北京宫阙叩头后，自刎而死。其子、孙、从孙19人皆战死。

清兵继续南下，攻陷衡水、武邑、枣强、鸡泽、文安、霸州、阜城，围威县，攻克后杀翰林王建极。至内丘，知县高翔汉力守十余日，清兵久攻不下，始退。

十二月初，清兵连下平乡、南和、沙河、元氏、赞皇、临城、高邑、献县，于是，分兵三路：一路由涞水攻易州；一路由新城攻雄县；一路由定兴攻安肃，兵锋甚锐，势不可当。

崇祯帝急欲挡住清兵的攻势，想以孙传庭替换卢象升，大学士薛观国、兵部尚书杨嗣昌面请："临敌易帅，恐缓师期。"随命大学士刘宇亮督察各镇援兵，夺卢象升尚书衔，命他以侍郎督师。卢象升战庆都（今河北望都），斩清兵百余人。总兵杨国柱、虎大威又战，杀伤相当。卢象升谋划合兵伺机夹击清兵。这时，崇祯帝有旨切责，命令迅速进击。卢象升只得分兵援真定，亲自率兵五千人至保定。十二月十一日，进至钜鹿黄庄，兵少，乏食，卢象升不得已派兵部赞画主事杨廷麟，到相距五十里的鸡泽，向手拥重兵的内监高起潜请求援兵和军粮。高起潜置之不理。明军进至蒿水桥，与清兵遭遇，总兵王朴先遁。卢象升自率中军，虎大威率左翼，杨国柱率右翼，与清兵激战。夜半，号角声四起。天亮以后，明军被清兵骑兵数万包围三层。卢象升挥兵疾战，呼声动天，自清晨至午后，炮尽矢穷。虎大威挽其马，欲一同突围，卢象升厉声说："我不死在疆场，而死在西市么！"奋身博战，亲手击杀数十清兵，身中四矢三刃，倒在战场，时年三十九岁。这一场激战，卢象升所部全部阵亡。虎大威、杨国柱突围而去。

高起潜听到卢象升部战败的消息，仓皇率军远遁，误入清兵埋伏，大败逃窜。清兵随即分兵连续攻下昌平、宝坻、平谷、清河、良乡、玉田、蓟县、霸州、景州、赵州。玉田知县杨初芳降清，诸生桑开基不屈而死。

崇德三年（明崇祯十一年，1638）八月下旬和九月上旬，征明清兵两路相继启行以后，九月十三日，皇太极谕诸王、贝勒、群臣："明人闻二路进兵，则山海关以东，宁远、锦州兵往西援，朕率和硕郑亲王济尔哈朗及固山贝子大臣，亲统大军前往山海关一带，牵制其援兵。豫亲王多铎亦同行，其前罪俟班师时再议。"又命孔有德、耿仲明、尚可喜，率部下马步军、携带红衣炮及一切火器、战车，带两月军粮，本月二十五日齐到盛京，候旨启行。

九月二十八日，皇太极出怀远门到演武场，视察昂邦章京石廷柱、马光远两旗兵，令试炮、较射。十月初九，皇太极将征明，命石廷柱、马光远运炮位火器等先行。

十月初十，皇太极大军向山海关进发。十三日至张古台口，十五日至浑河地方，科尔沁部土谢图亲王等率兵前来会合，又有喀喇沁部兵四旗来会合。十九日，皇太极行猎，驻跸蒙古博伦地方。二十日，皇太极行猎，驻托衮博伦地方。命济尔哈朗、硕托各率所部及喀拉沁兵，从前屯卫和宁远中间进发；命多铎、博洛各率所部及土默特兵从宁远、锦州中间进发。皇太极亲率大军从义州一路进发。二十三日，命索海率部往围大凌河两岸十四屯堡、捉生。十月二十四日，入明边境，驻义州。二十五日，命孔有德、耿仲明、尚可喜、石廷柱、马光远以神威将军炮攻击敌台，攻克五座。二十六日，至锦州南驻营，谕屏城、藩城、开城守官，每城只留官员一名、兵二十人驻守，其余将士俱至辽阳俄黑渡口，会集伺候，以便接收俘获人畜。二十七日，多铎遣人奏报，攻入桑噶尔寨堡，俘获守备一员、男子200人，俱戮之，获妇女幼丁70人，马牛驴羊若干。二十八日，孔有德等以火炮攻克戚家堡、石家堡，俘获人口317人，骡马驴百余。十月二十九日，命孔有德等三顺王大营移后，以神威将军炮攻锦州城西台，方欲进攻，台内炮药自爆、台崩，随即攻克。

十一月初一，多铎率本部兵往会济尔哈朗，将过中后所，祖大寿以兵来袭击，多铎兵且战且退，阵没9人，失马30匹。多铎收兵不再战，至济尔哈朗营，济尔哈朗等闻之忿甚，次日同多铎率兵复至中后所，祖大寿不出战，清军随即还营。皇太极命汉军固山额真石廷柱、马光远以神威将军炮攻李云屯、柏士屯、郭家堡、开州、井家堡，皆攻克，获人口703人，马骡牛驴百余、羊百余。三顺王孔有德等招降大福堡，又以炮攻克距锦州30里的大敌台一处，获蒙古、汉人男妇379口，马骡牛驴羊若干。十一月初三，大军往山海山进发，十一月初四，驻连山，命内弘文院大学士希福、内秘书院大学士范文程遣俘获汉人携带敕谕往杏山。敕谕说："大清国皇帝敕谕祖泽远：曩者朕获尔兄，纵尔使归，盖欲收效于后日也。近闻尔惟酣歌畅饮，罔思报效，岂朕留汝之心哉。今朕亲率大军至，而尔不来一见，将何望于尔耶？朕应时顺动，既已戡定诸国，所未平者，唯一明耳，朕心终未释然也。尔守此蕞尔孤城，若一朝食尽援穷，将何以自全乎？恐机会一失，悔之无及，其熟思之。"十一月初五，孔有德等以炮攻五里河台，坏其两角，台上明军惊惧不已，守备李某率众来降，皆编为民户。

十一月初九，皇太极亲率大军至中后所，祖大寿兵在城下，见清兵至，退入城内。皇太极敕谕祖大寿说："大清国皇帝谕祖大将军：自凌河一会，今已数载。相别之后，因朕未尝亲来，故通问亦稀。今朕所以至此者，意谓将军犹在锦州，欲一晤而旋，不意将军乃驻此地，故朕亦不惮辛苦而来，惟将军出城一面，是所愿也。去留之计，惟将军是听，朕终不相强，试思将军之身，犹此身也，若曩则释之，今乃诱而留之，何以取信于天下乎？将军虽屡与我军相角，在为将之道，固所宜也，朕绝不以此介意，毋因此而见疑。若必不肯亲来，可遣心腹人至，当悉朕衷曲耳。"这天，多铎所部在距中后所西十里山岗遇祖大寿兵，两相诱战，各有伤亡。

十一月初十，皇太极召济尔哈朗、多铎率兵来会于中后所，谕曰："若祖大寿兵在城外，即拥至城门掩杀之，毋令得脱。"既而绕城观察，见祖大寿兵尽入城内，即遣俘获之人携敕谕给祖大寿。再次敕谕："大清国皇帝谕祖大将军：曩者凌河释汝，朕之诸臣每谓朕昧于知人。今将军甚宜出城相见，毋退避不前也。若怀疑惧之意，则朕与将军可各携亲随一二人，于中途面语，盖朕之欲相见者，一则解朕昧于知人之嘲，再则使将军子侄及凌河众官皆谓将军之能践前言也。其共事与否，听之将军。朕以至诚待天下，岂肯诈为是言乎……，将军其鉴斯而速答之。"

十一月十二日，皇太极率大军自中后所班师，出明边。二十八日，回到盛京。

皇太极此次出兵到达山海关前，一则不断攻击明军城堡，牵制关外明军，不使增援关内，一则不断发动政治攻势，以瓦解明军将士战守意志，为即将展开大规模攻势做准备。

崇德四年（明崇祯十二年，1639）正月初二，清兵掳掠了广平、顺德、大名等府以后，岳托率兵继续南下深入山东。当时明兵部尚书杨嗣昌认为清兵进山东必经过德州，因此，他命令山东巡抚颜继祖移师德州，以扼其冲，但因此使济南空虚，缺乏戒备。清兵绕过德州，从东昌、临清等地渡过运粮河（即京杭运河），一路趋高唐，一路趋济宁，而后两路汇合于济南。当时山东布政使张秉文和所属官员议论守城，连章向朝廷告急，兵部尚书杨嗣昌无所回应。及清兵猝然而至，梯城而上，吏卒惊恐纷纷逃遁，当天济南城即被清兵攻下。巡按御史宋学朱方乘肩舆出按院门，猝然闻警，登上西城，役隶奔散，随即遇害。同日，左布政使张秉文、督粮道副使邓谦、济南道副使周之训、都转盐运使唐世熊、济南知府苟好善及历城、临池、武城、博平、茌平诸县县令都死于这场兵燹之中。祖大寿养子副总兵祖宽以三百骑驰援济南，力战而死。德王朱由枢被俘，后被送往沈阳明诸郡王，宗室皆被杀。

正月初十，大学士刘宇亮、总督孙传庭会兵十八万，自晋州援济南。这时，云南道御史郭景昌巡按山东、兼核查济南城陷的原因。他到济南以后，掩埋城内城外积尸十三万具，财物被劫掠一空。

正月十六日，清兵自济南取东平。十七日入莘县，至济宁。十九日，清兵攻取营丘、馆陶，又取庆云、东光、海中，遂即东去。正月二十二日，清兵入冠县，掠阳谷、寿张。二十六日，清兵至章丘、东平、汶上，焚康庄驿，攻兖州，距徐州百余里，徐州一带居民南逃。其时，安庆巡抚史可法驻徐州，大学士刘宇亮、总督孙传庭会师于大城。正月二十九日，大学士兵部尚书杨嗣昌请"移登莱总兵于临清，护南北仓。练郡县乡兵，改府佐为将领，州佐为守备，县佐为把总。否则，裁儒学训导一员，代补武秩。"崇祯帝同意。清兵回沧州、天津。

二月初八，清兵北退，明军复屯沧州、盐山。明军总兵刘光祚截击清兵于武清，告捷。诸路明军追击北撤清兵，报告"斩三千余级"；总兵祖大寿、张进忠伏兵于宝坻之杨家庄，报告"斩千余级"。然而，对这些斩多少多少首级的"战功"，《明崇祯实录》（卷一二）中说："大抵逃回难民也。"与此同时，多尔衮率大军到达天津，时逢运河水涨，辎重绵亘难渡。明将王朴、曹变蛟、刘光祚等相顾不敢出击，清兵渡河数日，捆载东归。三月初五，清兵趋丰润，副总兵杨德政、虎大威及京营各镇兵与清兵战于太平塞北。三月初九，清兵至冷口，听到明军有备，随即转趋清山口。三月十一日，清兵全部出塞东归。

三月九日，征明左翼奉命大将军多尔衮、右翼多罗贝勒杜度等自军营遣兵部启心郎詹霸等奏报，皇太极看右翼杜度奏疏无扬威大将军多罗贝勒岳托之名，大惊，忙问詹霸等人何故？詹霸等奏："岳托及公马瞻俱病卒"，时间在本年正月清兵攻下济南之后。皇太极恸哭久之，命暂且勿使礼亲王知道。左翼多尔衮疏奏说："臣等率兵毁明边关而入，两翼兵约会于通州河西，由北边过燕京，自涿州分兵八道，一沿（两边）山下，一沿（东边）运河，于山河中间，纵兵前进。燕京以西千里内六府俱已蹂躏，至山西界而退还。复至临清，渡运粮河，攻破山东济南府，至京南天津卫。仗皇上威福，大军深入，克城三十四座，降者六城，败敌十七阵，俘获人口二十五万七千八百八十。将士凯旋，无一伤者，此皆由皇上神谋睿算，指授方略，臣等谨遵奉行，故所在奏绩，亦由皇上训练有素，将士同心协力之所致也。"杜度疏奏："臣等从明燕京西至山西界，南至山东济南府，蹂躏其地，共克十九城，降者二城，败敌十六阵，杀其二总督及守备以上官共百余员，生擒一亲王、一郡王、一奉国将军，俘获人口二十四万四千四百二十有三，金四千三十九两，银九十七万七千四百六两。"

此次清兵征明，深入两千里，历时五月，两路大军共击破州县七十余城，计有：

顺天府顺义、文安、庆云；保定府博野、庆都、蠡县、深泽、高阳；济宁府青县、任丘、兴济、吴桥、故城、宁津；真定府获鹿、藁城、灵寿、元氏、无极、平山、高阳、行唐、南宫、新河、武邑、饶阳、武强、赵州、柏乡、临城、高邑、赞皇、宁晋、深州、衡水；顺德府沙河、南和、平乡、唐山、内丘、任县、钜鹿、广宗、栾城、广平、鸡泽、威县、清河；兖州府平阴；东昌府博平、茌平、青平、高唐、恩县、夏津、武城；济南府历城、齐河、禹城、齐东、泰安、长山、海丰、泲城等。俘获人口50余万，黄金4039两，白银977460两。杀明总督二名及守备以上官员百余名，生俘明德王朱由枢及郡王、奉国将军、监军太监等多名。

在此次征明战役中，清兵纵兵袭掠，如入无人之境。明军虽然"援兵环合""羽书屡捷"，实际并未使清兵稍挫。事后，明廷查办"失事诸臣"，三月二十日，夺了杨嗣昌的大学士品秩，仍然令他视事。六月初三，叙此次守御之功，又恢复杨嗣昌为大学士兵部尚书，薛国观等各赐金币，荫子入监，内监曹化淳等荫锦衣卫指挥等官爵。八月初五，文武失事诸臣巡抚张其平、颜继祖，总兵倪宠、陈国威等32人被杀。当时，巡按御史郭景昌上言："济南藩封之变，谁司中枢，而被祸至此？……今（颜）继祖、（倪）宠既逮当死，而嗣昌罪出其上，仍混辱朝班，议人之功罪，则功罪愈为不明，何以惩前警后？"崇祯帝认为他是党同伐异，逮下狱中。不久往戍代州。

（三）松山决战

自天聪元年（明天启七年，1629），皇太极亲率大军进攻宁远、锦州失败以来，至崇德三年（明崇祯十一年，1638），十年之中，清军虽几次深入明朝腹地，攻城掠地，但每次终得退回关外。而在辽西，自从皇太极夺取大凌河城以后即被阻滞于锦（州）、右（屯卫）之间，迄无进展。因此，突破这种僵持局面，夺取宁锦，仍是清朝确保辽东，入据中原的关键。皇太极始终牢记乃父努尔哈赤的教导，认为："取燕京如伐大树，须先从两旁斫削，则大树自仆。"攻宁远、锦州失败后，一直采取稳扎稳打、避实击虚的战略，不肯轻易冒险攻坚。但几年以后，敌我态势已发生了很大变化。

崇德五年（明崇祯十三年，1640）正月二十日，降清的汉官、都察院参政祖可法、张存仁、理事官马国柱、雷兴等向崇德帝皇太极陈奏了一篇"治国进取大计"，提出了治国、进取与讲和三项建议，其要点如下：

一论治理之要。今我国铁骑如云，加以蒙古军士，即取天下，亦有余力。然关外之八城犹峙（按即锦州、松山、杏山、塔山、宁远、广宁中后所、广宁前屯卫、广宁中前所共八城），燕京之保障如故者，岂皇上不乐临中夏，而故为是优游耶？非也，不过虑明国城池多，人民众，语言风俗不与我同，顺逆倏变，降叛靡常，恐难帖服耳。

殊不知戡定中原，如理乱丝，得其头绪，即亿丈之条缕可寻；失其头绪，即尺寸之乱丝难理。躁心一生，不免拔刀去断，遂令可经可纬之端，竟成可损可弃之物也。从前太祖荡平辽境，是初理乱丝之时也。今皇上以仁政柔远，以德教怀迩，四海来归，此得头绪之著也。况明国之人安土重迁，室家喜聚，但得遂其初心，自不生其叛志。其有背叛者，必因长吏贪残，兵戈惊扰之所致。是以古之定天下者，慎择宽廉官长，严定惊扰刑律，以成大业，今宜吊民伐罪，发政施仁，则人心向顺而大勋克集矣。

一论进取之计。皇上曾以剪枝伐树之喻见谕，臣等彼时心疑之，而不敢妄言。今熟思之，皇上必有睿见，而臣等窃有进焉。夫去人一手而人不死，去人一足而人犹生，若断喉刺心，则其人立毙矣。去手足之说，即剪枝之计，可施于勍（勍，音'qing'强有力之意）敌之小邦，不可施于积弱之大国也。伏愿皇上早定庙算，攻心为上，不角力而角智，勿取物而取城，则直捣燕京，割据河北，在指日间矣。燕京易得者，内多客处之人，若断其通津粮运、西山煤路，彼势将立困，必不能如凌河之持久，此刺心之著也。如欲先得关外各城，莫若直抵关门，久不经战守之地，内皆西南客兵，攻取甚易，兼石门之煤矿不通，铁场堡之柴不进，困取亦易。山海关既取，关外等城已置绝地，可唾手而得，此断喉之著也。如欲不加攻克，而先得宁锦，莫如我兵屯驻广宁，逼临宁锦门户，使彼耕种自废，难以图存，锦州必撤守而回宁远；宁远必撤守，而回山海。此剪重枝伐美树之著也。

一论讲和之策。今我国屡遣人致书，欲与议和，是皇上上体天心，下重民命，共图太平之至意，而明国莫之应也。故臣等窃揣之矣。崇祯多读书而嗜杀人，多读书则惜名，嗜杀人则臣惧。惜名之君在上，惧杀之臣在下，此所以屡遣人而卒无一应也。臣等窃以为讲和之事利于彼，而不利于我。何则？彼之君臣口虽和而心则否，无良臣执事犹之可也，若有忠智之臣二三人，内持国筹，外握兵柄，召募训练，修守防御，多出金帛，收揽蒙古，十数年间，牢不可破之势成矣。讲和既定，我国无征伐之事矣。人情好逸而恶劳，征伐之心懈，壮士忘其勇，猛士逸其志，纵皇上圣虑安不忘危，时加训练，谁肯以甲胄为乐事耶？且也，俘获之事绝，而财力易殚，祗恃关口交易，岂足赡一国人民，即尽力耕耘，亦难备天时旱涝；加以西有力服之蒙古，情如养鹰；东有面从之朝鲜，情同浮鸳，况国势日大，兵民愈众，我皇上春秋隆盛，岂仅仅驻此方而自足耶？若皇上别有奇虑，务期讲和，臣请先破山海，使其关左之镇瞭隔，燕京之势孤危，庶几和议可成耳。

皇太极经过深思熟虑，没有采纳直捣燕京或径叩山海关门，还是决定"剪重枝伐美树"，先围困宁锦，后加以攻取的战略。锦州是辽西的第一军事重镇，广宁中屯卫、广宁左屯卫设于此地，从明清（金）战争开始以来，其战略地位显得越来越重要。十几年前明朝孙（承宗）袁（崇焕）筹边已筑成坚固的宁锦防线，努尔哈赤和皇太极先后攻锦州、宁远均未获胜，皇太极夺取大凌河城后，虽然拔除了西距锦州 40 里的重要屏障，但明军的宁锦防线仍然很强固。锦州正南 18 里是松山城，明广宁中屯所即设在这里，松山偏西南 18 里是杏山城，这是一个重要的驿站和兵站。杏山西南是塔山城，明宁远中左所即设在这里。这三城护卫支援着锦州。而锦州背后 120 里即重镇宁远。因此，皇太极坚持认为："欲取关（山海关），非先取关外四城不可。"这四城即锦州、松山、杏山和塔山。

崇德五年（明崇祯十三年，1640）三月十八日，崇德帝皇太极命和硕郑亲王济尔哈朗为右翼主帅、多罗贝勒多铎为左翼主帅，率领八旗大军先进驻义州修筑城垣，屯田耕作，以围宁锦。义州在锦州侧后方，原是明朝广宁后屯卫所在地，距锦州仅 90 里。这里位于大凌河畔，地势开阔，便于铁骑驰骋；土质肥沃，利于开荒屯垦，随时可以进兵锦州，也可随时与大凌河城和重镇广宁取得联系，得到后方的支援。

皇太极派兵驻屯义州实为围困宁锦之上策，都察院参政祖可法事后说："臣先言修广宁而守之，因与白土厂相近，实为国家辟土地，立城池，渐次前进之计，今大兵驻屯州，已超寻常，为臣望外之事。"明辽东巡抚方一藻三年以前（崇祯十年）曾亲到义州考察防务，他指出："义州为前锋门户，形格势禁，足以制奴西窥"，"揣度辽局，此地在所必争。"他建议尽快修复义州，但未被明廷重视。义州一直弃置不修。现在已成为清军夺取宁锦的重要前进基地。

清朝大兵进驻义州以后，一则筑城据守，一则屯田耕种，同时通告凡山海关外明军将士不得在宁锦地方耕种。数万八旗兵到义州一个多月后，"修城筑室，俱已完备，义州东西四十里，田地皆已开垦。"同时，阻止和破坏了明朝军民在这一带屯种，使明军无以解决粮食自给，迫使明军"难以图存。"

四月末，皇太极命多尔衮、豪格、杜度等留守，往辽西巡视。五月十五日到达义州城，阅视建造房屋处所，随即命诸王贝勒等随行，至距锦州几十里的臧家堡。十七日，根据奏报，皇太极派济尔哈朗率军 1500 人，去迎接原已降明、现新归顺之蒙古多罗特部苏班岱等于杏山。此行途中济尔哈朗击败明锦州游击戴明和总兵吴三桂迎战之兵于松山、杏山，败敌约七千人。

五月二十二日，皇太极率八旗护军、骑兵向锦州进发，命汉军携红衣炮前行，至锦州东五里，靠近敌台布列，令汉军以炮攻克敌台，又命内大臣、侍卫等引诱锦州明军，击杀多人。皇太极此行主要目的是亲自率众察看锦州的城防、地形和明军的状况，以便部署围困，准备进攻。他率众臣到达锦州五里处驻营。随后，皇太极命汉军以红衣炮轰击锦州城外的明军哨所，城北东五里台均被轰破；又命清兵以一部掩护，大部抢收明军和民人的庄稼。这时正是小麦黄熟季节，城北、城东、城西的小麦，四天之内全部被清兵抢割完毕。皇太极此次巡视锦州历时整一个月。五月三十日，他向济尔哈朗等指授机宜后，返回盛京。

六月初，皇太极决定围困锦州，清兵以三月为一期，轮番更换。十五日派睿亲王多尔衮、肃亲王豪格率其所属将士的一半，去义州替换济尔哈朗和多铎。

七月六日，多尔衮等奏报：清兵收割锦州城西的庄稼，明军马步兵自城西北冲出，枪炮齐发，清兵以护军出战，分三队冲击，明军退入城中。

七月八日深夜，明锦州马步兵五百余偷袭清兵镶蓝旗兵营，被哨兵发现，清兵杀出，明军退走。

七月十一日，清军骑兵和护军至杏山袭击明军，追击掩杀至城壕。

七月二十日，多尔衮等奏报：明军半边墩守兵称，有"达子"精兵三万余骑，随带红衣大炮25位，来到义州。

七月三十日，多尔衮等奏报：锦州明军出动千人，多尔衮和豪格率军迎战，追至城下，杜度率一军伏于宁远路，遇明军自关内押送粮食去锦州，杀其押车兵卒390人，俘获驼马牛驴多头。遇明军出城割草，追斩86人，左翼前锋和护军攻掠，获米15车。

八月六日，清兵派小股兵马往探大凌河入海口，获二船，杀35人。

八月中，明军夜袭义州，于屯田所伤清军兵民三人，家属八九十名。

九月九日，多尔衮等率兵往杏山出击，半途中得知松山明军骑兵出城，即率军奔袭松山，击败明军；清兵欲回师，松山明军马步兵又出，两军再战，明军退走。

十月，皇太极又命济尔哈朗和武英郡王阿济格、贝勒多铎等替换多尔衮等围锦州、松山。

十一月八日，郑亲王济尔哈朗等奏报：多铎率护军与骑兵一千五百人乘夜前往锦州西桑葛尔寨设伏。次日，发现明骑兵四人，即令追赶，明伏兵齐出，多铎率军迎战，追至塔山，斩明军86人。济尔哈朗率将士夜伏锦州城南。明军也埋伏于附近，发现清兵后，迅速撤退，清兵追斩六十余人。

清兵又侦知明军乘夜于杏山与塔山间运粮，随即出击，追斩明军五十余人，俘获五十人及牛驴百余头。

十二月，多尔衮、豪格等奉命往代济尔哈朗围锦州，击败明锦州、松山援兵四百余人，并攻克小山城一处。

崇德六年（崇祯十四年，1641）二月，多尔衮代济尔哈朗等屯驻锦州外围。他私自派每牛录三人还家一次；派每旗官员一人、每牛录甲士五人，还家一次；同时又移军过国王碑地方，离锦州三十里扎营。事后皇太极得知大怒，说："原令（我军）由远渐近，围逼锦州，今离城远驻，敌人必多运粮草入城，以此相持，致延日月，何时能速成大功？"三月正值济尔哈朗等更番往代之期，命甲喇章京车尔布等带着谕旨对多尔衮等痛加斥责，又传谕睿亲王等至辽河，令其先遣人来奏，伊等不许入城，俱驻于舍利塔。并派内大臣昂邦章京图尔格、固山额真英俄尔岱、内院大学士范文成、希福等往讯多尔衮等擅自遣兵归家及离城远驻之故。皇太极命降和硕睿亲王多尔衮为郡王，罚银一万两，夺两牛录户口；降和硕肃亲王豪格为郡王，罚银八千两，夺一牛录户口；其余阿巴泰、杜度等给予惩罚。

清兵围困锦州以来，双方不断接触，战斗日趋激烈，互有杀伤，胜负相当。但明军增援已很艰难，明军粮食的接济更加艰难。从明廷到前方将领对此都十分焦急。如果前锋三城（锦州、松山、杏山）军粮接济不上，很可能不待清兵进攻而自溃。

这时的蓟辽总督是洪承畴，他是福建泉州府南安县人，万历四十四年进士，自陕西参政累官至陕西三边总督，曾率兵围剿李自成等农民军。崇祯十二年（崇德四年，1639）被任命为兵部尚书兼右副都御史、总督蓟辽军务。

崇祯十四年（崇德六年，1641）正月，洪承畴与辽东巡抚丘民仰、总兵吴三桂等多次议定，必须尽快"将宁西粮料多运松锦，以防不虞。"这时正值崇祯十四年春节，于是，在正月初二、初三两天之内，将16000石军粮装车赶运，并派兵严加防护。此一行动，果然奏效，躲过了清兵的监视，于正月初七将军粮以几万辆大车运入锦州城。第二天，军车返回宁远，清兵仍未察觉，迟至初九日，清兵才闻讯急忙出动两万骑兵前去夺粮。行至沙河堡，兵分四路追击，遭到明军炮火轰击，只得"仍从原路北遁回营"。

在清兵围困之下，明军将大批军粮送入锦州，使皇太极深感"围困不严"，围困不得其法。崇德六年（崇祯十四年，1641）三月，济尔哈朗、阿济格、多铎、阿达礼等率所部到达锦州外围，替换多尔衮等东归。皇太极命济尔哈朗等改变围困战术。早在崇德五年十二月，都察院参政张存仁已提出了改变围困锦州的奏议，他说："我兵之始围义州，又困锦州，如猛虎之逼犬豕，莫之敢撄矣。至今犹奋螳臂以当车轮，乃思虑所不及也。虽然非彼之智能抗我兵，必我兵围困不严，得偷运糗粮接济，故苟延旦夕耳。"他提出：来春"大兵之攻锦州，或挖壕，或炮击，不克不止。臣料城之必得也，必其内部蒙古有变，中自溃乱。倘无此事，则城之得也，亦无定期；若欲久困，必绕城筑台，兵围数匝，始可得也。"

济尔哈朗等参酌张存仁的建议，率八旗将士逼近锦州城，在明军炮火射程不到的地方安营，在城四面每面立八营，绕营挖壕，沿壕筑垛口，每两旗之间又挖一长交通壕，近城一侧，设哨兵巡逻，时刻监视城内明军动态。在这一番部署落实以后，清兵对锦州的围困已大大加强。明军将领和明廷很快觉察锦州一带的敌我态势已空前严重起来。

三月三十日，明兵部奏报：围困锦州的清军马步兵一万多人开始在城四面挖壕，安设大炮四十位。清兵的监视也大为加强，从杏山北十里的五道岭，到岭北几里的寨儿山，各处山头都有清兵哨兵，互相联络，"瞭山不绝"。从锦州驻守的明军也陆续送来报告：清兵在城外周围挖壕，在壕里面安设木栅。又报：清兵四万余骑在城外四面扎营，在离城五、六里处挖壕，出入道路已被封闭。有份报告更说："奴众此番倾力困锦，内打栅木，外挑壕堑，水泄不通，人影断绝。松城与锦相隔十八里，奴贼离锦五、六里下营，即近在松城左右，今锦城濠栅已成，奴众精骑，尽绕松城，势虽困锦，实乃伺松（山）。"在这种情势下，明廷兵部紧急指令洪承畴"设计解困"，要求锦州守将祖大寿亦须提兵马出入锦州、松山、杏山之间，会同七镇兵马，"合力救锦"。

明总兵官祖大寿从大凌河城弃守，继续担任锦州城的防守。锦州有内外二城，祖大寿督率明兵守内城，而用蒙古兵分守外城。这时，明军救援锦州的前队已经到达松山、杏山。守卫锦州外城的蒙古兵看见清兵围困严整，向清兵逻卒呼喊说："你们围困何益？我城中积粟可支二三年，纵然围困，岂能得到此城。"清卒回答："无论二三年，纵有四年之粮，至五年后，复何所食？"蒙古兵听后知道清兵志在必得锦州，十分惊恐。于是城中蒙古贝勒诺木齐、台吉吴巴什、浑津、清善、古英塔等及所管辖众台吉共同商量向清兵投降。这时有一个蒙古兵闻到后想去报告祖大寿，被吴巴什暗杀。随后派二人持降书，缒城而下，潜入清营，被清兵擒获，押去见济尔哈朗。这二人呈上降书，书中说"荷蒙皇上（皇太极）降恩旨以来，欲降无计，今诺木齐贝勒、绰克托台吉、吴巴什台吉约誓已定，欲献东关，乞大清国大小诸贝勒垂鉴，遣兵近前，围城之西北南三面。若不近城，恐我等人力不多，不能济也。当携梯橹佯攻城状，再拨接应兵马，近城潜伏，勿令人见。……至二十七日黎明时，可遣兵四面来攻。诺木齐守东门，吴巴什守南门。若不信我等所差二人既到，可举信炮三声以为验，若蒙容纳，幸赐回书。"济尔哈朗等看完书信，仔细讯问以后，大喜，遂与诸王贝勒、固山额真议定，与吴巴什、诺木齐等约誓二十七日夜兵必前进，遂举信炮以为验。二十四日驰奏盛京，皇太极大悦。

崇德六年（崇祯十四年，1641）三月二十四日，祖大寿听到吴巴什、诺木齐等叛降清兵，随即整兵以待，日暮时至外城门，派副将、游击各一人，率兵欲以计擒吴巴什等人，被吴巴什等发觉，立即举兵器迎战，外城众蒙古官兵也争先举兵器接战，喊杀之声闻于关外。济尔哈朗、阿济格、多铎等相继率兵至城下策应。两白旗营相去甚近，率兵先登城，左右之兵相继尽登，俱至外城。城内蒙古官兵缒绳而下，清兵陆续援绳而上，以援蒙古，夹击明军，于是号角大作，明军败入内城。清兵随即进入关厢。其城中蒙古男妇及一切器物，尽送入义州。诺木齐塔布囊、吴巴什台吉等尽率其官属兵丁降清，计都司、把总等官86员，男妇幼小6211名。捷报送到盛京，皇太极非常高兴，命全城八门击鼓宣捷。

清兵夺取锦州外城以后，皇太极于四月初派遣阿哈尼堪、索果尔等率每牛录五人赴锦州增援济尔哈朗。四月中旬，又派恭顺王孔有德、智顺王尚可喜各率本部官兵增援锦州。五月间，命内弘文院大学士希福、内国史院大学士刚林、内秘书院学士额色黑等去锦州，了解济尔哈朗等"所掘壕堑，兼阅屯营形势。"清兵对锦州的大举进攻已在步步加紧。

崇祯十四年（崇德六年，1641）四月，明蓟辽总督洪承畴进至松山、杏山，并派遣水师截夺从朝鲜运粮给清军的粮道，俘朝鲜官员李舜男等二百余人，又致书孔有德、耿仲明、尚可喜进行招降离间，这些书信均未送入。

四月下旬，明军在松山、杏山之间，不断与清兵发生小规模的遭遇战。二十五日，两军在松山城附近的石门展开了一场激战。明军进至距松山城数里的地方，从南至北布列车营、步营、火器营，以骑兵布阵为左右两翼。在西石门，为吴三桂、王廷臣、杨国柱所部，在东石门，为曹变蛟、白广恩、马科所部，东西石门之间，有王朴所部居中策应。

清兵的步兵布阵于乳峰山上，东西石门则屯聚精锐骑兵二万，皆埋伏于松山周围，严阵以待。

总督洪承畴指挥七镇劲旅各挑选精锐步兵，携弓箭、枪炮，从山下仰攻清兵营阵，皆冒矢石奋勇冲进。清兵居高临下，战况十分激烈。明军已抢至近台高处，向山上摇旗放炮。锦州城内听到炮声轰轰，得知援兵已到，祖大寿下令出南门，列营阵，与援兵遥相呼应，对清兵形成内外夹击之势。乳峰山上为清兵两红旗和镶蓝旗三旗营地，被明军攻夺，人马伤亡不少。这时，八旗骑兵七八千从西石门冲出，明军各镇将士"兵气强劲""鼓勇当先"。清兵原想以精骑冲垮明军，结果明军"马步官兵拒战甚猛"，清兵没有取胜。于是，清兵推出红衣大炮三十余门，从东西两面向明军猛烈射击，明军伤亡很多，但坚持战斗，仍不退却，战至日落酉时，清兵向北退走。

祖大寿率兵在锦州南门外，冲破两层清兵包围，但第三层包围终未冲破，只得退回锦州城内。此后，两军在这一带不断发生战斗。明援军屡次进攻，清兵奋力阻击，互有胜负。

五月，祖大寿被困于锦州已过5个月，声援断绝。有一个士兵从锦州逃出，说："城内粟足支半年，只缺乏柴薪。"这个士兵又传出祖大寿的话："宜车营逼之，毋轻战!"这时，洪承畴集合兵马数万，待援未决。崇祯皇帝很忧愁，召兵部尚书陈新甲于中极殿，问他"计将安出？"陈新甲要求退下与同僚商议再奏。陈与阁臣及侍郎吴甡、总督傅宗龙斟酌商议之后，陈新甲说有十可忧、十可议，请求派遣兵部职方司郎中张若麒前往，与洪承畴面商。崇祯帝同意了陈新甲的奏请，遂派张若麒出关。

解救被围困已久的锦州，是守住宁（远）锦（州）防线的关键。必须守住宁锦防线，才可以守住山海关，因此救援锦州，当时已是关系大明江山安危之重大问题。但是，对于怎样救援锦州，明廷主持戎政的兵部尚书陈新甲和统帅大兵守卫辽西的总督洪承畴之间，在战略上却存在着重大分歧。

六月二十五日，兵部尚书陈新甲向崇祯帝奏陈边事。他看到明朝援军前不久略获几次小胜，力主尽快进兵，速战速决。他认为明军已胜券在握。他的方案是兵分四路：一路出塔山，趋大胜堡，攻清营之西北；一路出松山、杏山，抄锦昌，攻其北；一路出松山，渡小凌河，攻其东；一路即正兵主力，出松山，攻其南。崇祯帝命将此方案，交下行营议论。亲临战场指挥大兵作战的总督洪承畴，虽然统帅八镇之兵，他知道只有白广恩、马科、吴三桂三个总兵的部队敢战，可以独当一面，其余五总兵只可合兵一处作战。他担心："若分三将（白、马、吴）于三路，虑众寡不敌，且兵既分则势更弱。"洪承畴认为不可兵分几路，也不可速战速决，急于求胜。他主张"且战且守"的"持久之策"，应该"久持松杏"转运军粮，"锦州守御颇坚，未易撼动。若清（兵）再越今秋，不但清穷，即（朝）鲜亦穷矣。此可守而后可战之策也。"可是，在兵部尚书的压力下，洪承畴又说："今本兵（兵部尚书）议战，安敢迁延，但恐转运为艰，鞭长莫及，不若稍待彼（清兵）自困之为得也。"

崇祯帝支持了洪承畴主张的战略，而陈新甲仍坚持自己以前的意见。曾派往关外征求过洪承畴作战意见的职方郎中张若麒是个浮躁轻率又喜事的人，他看到不久前在松门、石门交战中，明军都有斩获，竟认为锦州之围"可立解"，上密奏请命他留关外料理。陈新甲一面坚持自己的作战方案请崇祯批准；一面致书给洪承畴说："近接三协之报云敌又欲入犯，果尔则内外受困，势莫可支。门下（指洪承畴）出关，用师年余，费饷数十万，而锦围未解，内地又困，斯时门下不进山海，则三协虚单，若往辽西，则宝山空返，何以副圣明而谢朝中文武诸人之望乎？主忧臣辱，谅清夜有所不安者。"（《明实录·崇祯实录》卷一四及《国榷》卷九七）洪承畴受到陈新

大清铜币

甲这番威胁，心神不安。这时，心无定见、性好多疑的崇祯帝，在陈新甲一再怂恿下，改变了主意，听信了他的主张，于是下密令命洪承畴"刻期进兵。"陈新甲又推荐前绥德知县马绍愉为兵部主事，出关赞画。张若麒、马绍愉都说："兵可战"，明廷遂不用洪承畴"可守而后可战"之策。洪承畴不敢拖延，遂准备急速进兵。

洪承畴率六万明军进至松山以后，发现清兵屯驻在乳峰山东侧。夜半，明军抢占了乳峰山西侧，又进驻东西石门，使清兵陷入腹背受敌之势。明军随即环松山城结营，步兵立大营七座，在乳峰山与松山之间掘长壕、立木栅；骑兵则驻于松山东、西、北三面。乳峰山在锦州城南五、六里，山上山下，明军营寨林立，旌旗翻飞，战马嘶鸣，不时还响起轰轰炮声。军威甚壮，声势很大。明军安营就绪，于八月二日开始出战。

近几个月的锦州战局，围绕围困锦州和救援锦州，双方不断进行小规模的战斗。虽然互有胜负，但明军三战三捷，清兵退数十里，分守各隘，上奏皇太极请求派兵增援。这使崇德帝皇太极和诸王贝勒大臣都十分关切。七月二十三日，汉军固山额真石廷柱奏上破援兵、取锦州之策，奏曰：

臣自归顺以来，蒙皇上破格豢养，日夜踌躇，难酬圣恩，今以一得之见，冒昧上陈：

一、锦州系辽左首镇也，蜂屯蚁聚，与我国相持，皇上发兵围困，凿重壕，筑高垒，轮流更换，防御严密，誓必灭此叛贼（指祖大寿），乃可席卷中原，诚皇上之神机妙算也。第明国京都倚祖大寿为保障，遭此围困之急，日夜发兵救援。近值八九月间，天气爽凉，度彼必与我国并力一战。乘此时，现在围城者不必更换掣回，仍将应换之兵，挑选精壮，分置各旗屯田之处，秣马驻防。一旦有警，乘夜潜进。各营侦探虚实，如敌人驻扎营寨，我兵四面环列，用红衣炮攻击，彼纵有百万之众，安能当我四十炮位之威也。敌营稍动，我军奋力突入，绕过锦州城，直抵松山、杏山等处。敌兵谅不能当。况松杏环城有壕，彼兵一败，岂能遽入其城？即城上安设火器，彼此混杂，恐其误中己兵，必不敢施放。我军纵横驰击，彼必零落逃窜。如此大创一番，敌兵寒心丧胆，锦州从此失恃，不能固守矣。倘蒙上天垂念，锦城一破，则关外八城闻风震动，安知非当年沈阳得而辽阳随破；沙岭捷而广宁随归顺之一大机会也。

一、我国兵马如能大败锦州援兵一阵，则各处援辽之局破矣。援辽之局一破，一二年难以再举，我皇上无西顾之忧矣。臣又闻喀尔喀查萨克图心怀不轨，欲图归化城，第恐彼明取归化城，暗取鄂尔多斯。臣思鄂尔多斯移过黄河，与归化城临近，彼可以救援，臣请将我国小红衣炮、法贡炮发往四位，或于归化城铸造四位，再选才勇官带鸟枪手一百名，往彼驻防。选出过疹痘之王贝勒率兵从宣大等处，攻略应州、雁门，秣马防御，彼明国所恃援辽兵马，不过宣大、陕西、榆林、甘肃、宁夏等处，西边有警，自顾不暇，岂复有援辽之理？万一归化城有事，我兵轻骑倍道，近便救援，其未出疹痘之王贝勒（按：明末满、蒙、藏等边疆民族中凡未出过天花者，不敢进入中原地区，避免出天花，谓之"生身"。疹痘即天花）仍在锦州防御，此一举而两得之策也。

一、明援军从宁锦至松山，带来行粮不过六七日。若少挫其锋，势必速退，或犹豫数日，亦必托言取讨行粮而去。我军伺其回时，添兵暗伏高桥，择狭隘之处，凿壕截击，仍拨锦州劲旅尾随其后，如此前后夹攻，糇粮不给，进退无路，安知彼之援兵不为我之降众也。

一、我国士马精强，遇敌兵步营必奋力直入。但步营设火器稠密，恐我军凭恃血气误致损伤。须先探其步营，或离城杳远，或地势高阜，泉水无多，粮储亦少，我以兵马四面远围，夜则凿壕困守，昼则火炮攻击，彼或欲战无路，欲退无门，不一二日间自生变乱，我可坐待敌人之毙，何必轻生亲冒矢石而甘蹈白刃之危也。

一、洪承畴书生辈耳，受朝廷重任，总督天下兵马，不能辞避，各处援辽总镇官兵，亦不过旧日亡命之徒，谁不知我国之王贝勒破山东、擒德王、克昌平、斩诸将，战无不胜，攻无不取。今伊被命援锦，出于万不得已，虽在松山妄张声势，实明国法度逼迫，并非才能出众，踊跃赴义之人也。如祖总兵一失，洪承畴各总兵俱无所倚恃，纵得逃，亦不过东市就诛而已。彼思我皇上恩养三王及凌河官属兵丁，或亦来投我国，未可料也。况明国气运渐衰，旱涝虫灾，种种迭见，流贼叛民，处处啸聚。我皇乘运奋兴，王贝勒同心协力，定鼎之谟在此一举，时不容缓，机不可失。冒昧上奏，伏乞圣裁。"

这位天命七年（天启二年，1622）降清的原明广宁守备对明清双方战守特点都深有了解，对辽西态势尤所熟知，所以石廷柱奏上的取锦州，破援兵的作战建议，当时皇太极虽未做出明确反应，但其后从清兵的作战部署和战法上，都可看到石廷柱提出的战略、战术受到皇太极的重视和采纳。

明军统帅洪承畴迫于兵部尚书的指示，尤其是崇祯皇帝"刻期进兵"的命令，只得放弃自己"可战而后可守"的"持久之策"，七月二十六日誓师出兵。他亲自率领六万兵马先行，其余兵马随后跟进，到松山城集结，而把粮饷留在宁远、杏山及锦州七十里外的笔架山。

松山处于锦州与杏山之间，为"宁锦咽喉""关系最要"，松山之得失，牵动当时明清战争的全局。所以，明廷曾有人提请内阁首辅周延儒注意"相公入朝，愿首以松山为急，国家安危系焉，舍此无可措手足矣。"皇太极也早已看到松山十分重要的战略地位。崇德四年（崇祯十二年，1639），他曾派出三万多骑兵，携带四十位红衣大炮，攻打松山。结果激战四十余日，明松山副将金国凤终于率三千之众守住了松山，清兵被迫解围而去。皇太极几次攻打松山，都没有得势。这次大规模进兵，皇太极的策略是围困锦州、先夺松山。所以当时明朝有人指出：清兵"势虽困锦，实乃伺松"。在当时的战争态势中，松山乃双方争夺的焦点。洪承畴所率明军到松山后，即环松山结营。

崇祯十四年（崇德六年，1641）八月六日，多罗睿郡王多尔衮、多罗肃郡王豪格自锦州军中，遣人向皇太极奏报："明国洪承畴会集各省兵十三万，来拒我师。我兵击败其三营，获马五百五十匹。敌兵来者甚众。"皇太极随即遣学士额色黑往谕多尔衮、豪格：敌人若来侵犯，王等可相机击之；不来，切勿轻动，各当固守讯地。

八月初八日，皇太极命固山额真多罗额驸英俄尔岱、宗室拜伊图率每牛录兵十名，增援多尔衮、豪格。

八月十一日，学士额色黑自多尔衮、豪格军中还，又奏言："敌兵实众，乞和硕郑亲王率兵一半前往，协办拒敌。"

皇太极听了以后，即传檄各部军马，星夜集京师，于十五日起行。命和硕郑亲王济尔哈朗留守。皇太极即欲于十一日亲征。因患鼻衄，于十四日辰刻，亲统大军出抚近门，谒堂子，行礼毕，随即起行去锦州。

皇太极行军很急，鼻衄流血不止，用碗承血，三天方止，与诸王贝勒共同商议攻围之策。皇太极笑着诡"朕但恐敌人闻朕亲至，将潜遁耳。倘蒙天眷佑，敌兵不逃，朕必令尔等破此敌，如纵犬逐兽，易如拾取，不致劳苦也。朕所定攻战机宜，尔等慎勿违误，勉力识之。"

这时，多罗英郡王阿济格、多罗贝勒多铎奏请："圣驾徐行，臣等先往。"皇太极说："行军制胜，利在神速。朕如有翼可飞，即当飞去，何可徐行。"随即昼夜急行。自盛京疾驰而行凡六天，将抵松山，至戚家堡驻营。皇太极派遣内国史院大学士刚林、学士罗硕等去告知多尔衮、豪格等："朕当即至矣，可令固山额真宗室拜尹图、多罗额驸英俄尔岱兵及科尔沁土谢图亲王兵、察哈尔琐诺木寨桑兵，先在高桥驻营，俟朕至时，合围松山、杏山。"诸王贝勒大臣及满洲、蒙古、汉人众兵听了无不欢欣雀跃，恭候车驾于路途。

多尔衮、豪格、拜尹图、谭泰、英俄尔岱等又命刚林等代向皇太极启奏："臣等仰藉皇上天威，岂敢畏敌，心有所怯，但军中形势不得不以实奏闻。今圣驾亲临，臣等勇气倍增，惟务进攻。但为国图功，敢陈一得（之见）。观明军甚众，臣等先率兵围锦州，累经攻战，微有损伤，如再速战，恐力不及。顷皇上令屯营高桥，倘敌兵为我所迫，约锦州、松山兵，内外夹攻，协力死战，万一有失，为之奈何？皇上即欲自高桥来援，亦必待胜负少分之后。今如暂驻松山、杏山之间，臣等大有益矣。"

　　皇太极同意了多尔衮、豪格等人的建议。既而又派刚林、罗硕谕多尔衮、豪格等："朕今于松山、杏山之间驻营，敌人必速遁，恐不能多所斩获。"于是，他仍率大军进发。诸王贝勒及众将士遥见御前仪仗及前队旗纛移营，皆踊跃欢呼。

　　皇太极率大军先至松山，继而在松山、杏山之间，自乌欣河南山至海边，横截大路，绵亘驻营。皇太极命令众将士说："如敌来犯，近则迎击之。倘敌兵尚远，而先往迎战，致贻累于众，即与败阵无异！"

　　这时，明军已在松山城北乳峰山冈结营。其步兵在乳峰山和松山城之间掘壕，立七营，其骑兵驻于松山东、西、北三面，合步骑兵号称十三万。其率兵将领有：总督洪承畴、巡抚邱民仰、兵备道张斗、姚恭、王之祯、兵部郎中张若麒、大同总兵王朴、宣府总兵李辅明（此前宣府总兵杨国柱阵亡，以李辅明代统其兵）、密云总兵唐通、蓟州总兵白广恩、玉田总兵曹变蛟、山海（关）总兵马科、前屯卫总兵王廷臣、宁远总兵吴三桂以及副将、参将、游击、守备等二百余员。

　　皇太极登上山冈观察明军营寨，看到明军布阵严整，不禁感叹说："人言洪承畴善用兵，信然，难怪我诸将惧怕（他）。"皇太极又登上北山，此山延亘数十里。他登到山顶，纵窥明军阵地很久，发现明军大部密集在前面；而后队很稀疏，猛然省悟，说："此阵地有前权而无后守，可破也。"

　　八月二十日，黎明，明总兵八员率所部向清军阵地发起进攻，经过激战，胜负未分。皇太极命令多罗武英郡王阿济格、固山贝子博洛、内大臣图尔格等率部进攻塔山，夺取了明军在笔架山积粟十二堆，留兵看守，同时派兵运取。

　　二十日，皇太极又命清兵掘壕，从锦州西面往南，横截松山杏山之间的大路，一直到达海边，一日之内，连掘三道大壕，各深八尺，宽丈余，人马都无法通过。壕长三十里，以兵守之。此处东面为清兵控制，南面滨于海。此壕掘成，已形成对明军的包围，明军粮援之路断绝，有刈薪汲水的明军，就被清兵逻卒所杀。夜间，明军搞撤去七营步兵，在靠近松山城重新扎营。皇太极看到这种迹象，判断"明诸将皆欲遁。"

　　二十一日，洪承畴指挥明军出动步兵骑兵和车营向清兵展开全线进攻，向镶红旗营地集中兵力突破。皇太极亲临战阵，张黄盖率数人往来指挥、布阵，清兵顽强阻击，明军奋勇冲杀，但终不能闯过壕沟，撤退回营。这一仗双方死伤相当，明军大部退到松山城内外，但有数千骑冲出重围，奔向杏山。清兵也收兵回营。皇太极谕诸将说："今夜敌兵必遁，左翼四旗护军统领鳌拜巴图鲁、阿济格尼堪、韩岱、哈宁噶等，可率本旗护军，至左翼汛地排列；右翼四旗护军及骑兵、蒙古兵、前锋兵俱比翼排列，直抵海边，各守汛地。敌兵之遁者，有百人，则以百人追之；千人，则以千人追之。如敌兵众多，蹑后追击，直抵塔山。"

八月二十日这一天之内，清兵竟将三道封锁壕沟掘成，明军粮援断绝，引起了一片惊慌。因为明军进兵松山所带军粮只够三天食用，在此危急关头，洪承畴在当日激战之后，与诸将会议，决定明天与清兵决战，全力闯围。他对众将说："敌兵新旧递为攻守，我兵既出，亦利速战，当各令本部力斗，予身执枹鼓以从事，解围在此一举！"但诸将不愿再战，主张撤回宁远就食。此时在军中督战的兵部职方郎中张若麒忽然给洪送来一封信，信中说："我兵连胜，今日再鼓，亦不为难。但松山之粮不足三日，且敌不但困锦，又复困松，各帅既有回宁远支粮再战之议，似属可允。"这个兵部郎中的信一到，诸将议论纷纭，斗志涣散，各怀去意。洪承畴最后决定次日全力决战突围，他愤怒地说："往时诸君俱矢报效，今正其会。虽粮尽被围，应明告吏卒：守亦死，不战亦死，如战或许死中求生。不肖决意孤注一掷，明天望诸君悉力而为。"随即命令：大同总兵王朴、蓟州总兵白广恩、密云总兵唐通三镇兵马为左路；宁远总兵吴三桂、山海关总兵马科、原任总兵李辅明三镇兵马为右路，合二路兵马明日决战突围。

明军统帅洪承畴的军令下达以后，诸总兵竟不按令执行，当天晚上就各率所部兵马开始行动。王朴首先逃跑，其他各总兵争相遁逃，"且战且闯，各兵散乱"，黑夜难认，自相踩践，弓甲弃于遍野。事情演变到这种地步，洪承畴留下三分之一兵力守卫松山，其余全部"决围冲阵。"

这晚初更时分，总兵王朴、吴三桂、唐通、马科、白广恩、李辅明等六镇率马步兵，由清兵前锋汛地（防地）沿海边潜逃。清前锋兵及镶蓝旗蒙古兵、镶蓝旗护军、护军统领鳌拜巴图鲁等相继追击。

皇太极又命蒙古固山额真各率所部，伏于去杏山之路，拦击遁往杏山明军，但不许远追，若无谕旨也不得擅自撤还。又命多尔衮、罗托、公屯齐等率先至四旗护军及科尔沁部土谢图亲王兵前往锦州至塔山的大路横行截击。命达齐堪、辛达里、纳林等率枪炮手往笔架山，增兵防护粮糒。命正黄旗骑兵镇国将军巴海、护军统领图赖各率所部兵往塔山截明军之路，"有奔至塔山者悉戮之。"武英郡王阿济格，则受命率兵击明军之奔向塔山之路者。倘明军欲越塔山，当率兵自宁远直抵连山追击。又命固山贝子博洛率兵往桑格尔寨堡截击。

这时传来消息说，明兵部郎中张若麒从小凌河口乘舟逃遁，随即命令镶黄旗蒙古梅勒章京赖护、察哈尔琐诺木为寨桑派兵往追。

皇太极又考虑后面还会有遁走的敌人，于是将兵陆续遣发，到黎明时各赴讯地，邀截敌兵，掩击穷追，自杏山迤南，沿海至塔山一路，明军被追逼入海淹死者，不可胜计。

八月二十二日，皇太极移营至松山，打算四面浚壕，进行围困。是夜，明总兵曹变蛟率乳峰山马步兵弃营寨，欲冲击重围。冲击镶黄旗护军统领鳌拜巴图鲁防地一次，冲击正黄旗骑军巴海等防地四次，都未冲出。曹变蛟"骁勇过人""勇冠诸军"，他率军冲入皇太极御营，众侍卫大惊，奋力搏斗，才把曹击退，曹身中伤，奔回松山。曹兵弃于乳峰山的兵器有：红衣炮一、法贡炮一、将军炮二百四十及鸟枪等物，全为清兵所获。

八月二十四日，明军约一千人，自杏山遁出，清兵伏兵截击，追至塔山，斩获甚多。皇太极听到报告后，率亲军至锦州西二十多里之高桥堡以东等处，令多罗贝勒多铎等率兵埋伏这一带，准备截击。

八月二十六日，明总兵吴三桂、王朴率兵从杏山出奔宁远。清前锋兵看见，自杏山西，沿大路追击，吴三桂、王朴败奔高桥，多铎等伏兵四起，阻截前路，追兵蹑后，吴三桂、王朴和众官兵手足无措，想逃走有伏兵合力进击，明军大乱，分路溃窜，清兵追至日暮，溃逃明军都被歼杀，吴、王二总兵仅以身免，逃入宁远。

松山这场决战，从八月二十一日夜，到二十六日，四五天内，明军十三万主力覆没殆尽。《清实录》崇德六年八月二十九日记载："是役也，计斩杀敌众五万三千七百八十三，获马七千四百四十四，骆驼六十八，甲胄九千三百四十六副。明军自杏山，南至塔山，赴海死者甚众，所弃马匹、甲胄以数万计。海中浮尸漂荡，多如雁鹜。上神谋勇略，制胜出奇，破明军一十三万，如摧枯拉朽，指顾而定。"

松山决战中，明军主力败溃，其余明军继续被困于松山。以总督洪承畴为首，以下有巡抚邱民仰、兵备道张斗、姚恭、王之祯，通判袁国栋、朱廷树，同知张为民、严继贤，总兵王廷臣、曹变蛟、祖大乐等及士卒万余人。城之存粮不多，清兵又掘外壕加紧围困，形势非常危急。除了偶然有一两个明兵潜逃以外，再没有成队明兵可以出城。幸而明侍郎沈廷扬由天津海运粮饷至松山，才维持几个月。

这时，清崇德皇帝皇太极向被围困在松山城内的明军官兵发出劝降的敕谕，其文如下：

皇帝敕谕松山城守官属兵丁：朕率师至此，料尔援兵闻之，定行逃遁，遂预遣兵围守杏山，使不得入，自塔山南至于海，北至于山，及宁远东之连山，一切去路，俱遣兵邀截。又分兵各路截守。尔兵逃窜，被我军斩杀者，积尸遍野，投海溺死者，不可胜数。今尔锦州、松山援兵已绝，朕思及此，乃天意佑我也。尔等宜自为计，如以我军止围松锦，其余六城未必即困，殊不知时势至此，不惟六城难保，即南北两京，明亦何能复有耶？朕昔征朝鲜时，围其王于南汉山，朕诏谕云：尔降，必生全之。后朝鲜王降，朕践前言，仍令主其国。后围大凌河，祖总兵来降，亦不复杀，仍恩养之。谅尔等所素闻也。朕素以诚信待人，必不以虚言相诳，尔等可自思之。特谕。

九月八日，皇太极自松山城西南，移至松山西北十里驻营。十二日，盛京来人奏报，关雎宫宸妃病危，皇太极随即召集诸王贝勒、贝子、公、固山额真等，命多罗安平贝勒杜度、多罗饶余贝勒阿巴泰、固山额真谭泰、阿山等围困锦州；多罗贝勒多铎、多罗郡王阿达礼、多罗贝勒罗洛宏、固山额真拜尹图等围困松山；多罗武英郡王阿济格、外藩科尔沁部卓礼克图亲王等围困杏山、高桥。十三日，皇太极返回盛京。

明军松山惨败的消息传到北京以后，朝野大震。九月二日，崇祯帝下达谕旨：命洪承畴竭力死守，保全松山，以守为战；巡抚邱民仰宜乘机突围，急返宁远，保全七城，以战为守。但类似谕旨一再颁下，而诸将未发一兵，未通一信。到了十月，救援松山，不仅仍一筹莫展，"兵部会议御奴之策"，竟然变成"大端以息兵为言。"

到了第二年（崇祯十五年，崇德七年，1642）正月，洪承畴率领邱民仰、曹变蛟、王廷臣等困守松山已近半年。从城中逃出的人说，士卒每天只吃饭一碗，洪、邱等将帅也与士卒一样，每天只吃饭一碗。松山明军援绝粮尽，度日如年，望眼欲穿的援军始终毫无音信。

二月中，在绝望之下，松山副将夏承德暗中降清，约定二月十八日夜接应清兵登城。二月二十一日，围困松山的郡王豪格、阿达礼、多铎等自军中遣人奏报：明松山副将夏承德，自城内遣人密约我军，可于彼守御之处，乘夜竖梯登城，彼即在内接应。相约已定，遂以左翼云梯一架、右翼云梯一架在前，八旗云梯八架随后，登梯军士一一派定。夏承德以其子夏舒为质，十八日夜子时，竖梯于城南面，阿山旗萨尔纠牛录下班布里、何洛会旗耿格牛录下罗洛科奋勇先登，众俱继。敌兵方觉，我军巡逻于城上。……生擒明总督洪承畴、巡抚邱民仰、总兵王廷臣、曹变蛟、祖大乐、游击祖大名、祖大成、总兵白广恩之子白良弼等，其兵备道一员、副将十员，游击、都司、守备、千总、把总等官百余员，兵三千六十三名，尽戮之。夏承德部下男妇幼稚其一千八百六十三名，又俘妇女幼稚一千二百四十九口，马十六匹，骡一头，甲胄一万一千三百副、大小红衣炮、鸟枪共三千二百七十三位……。

皇太极得到松山已破的消息，当即决定，将洪承畴和祖大乐送来沈阳，说服他们归降。其余巡抚、总兵等大小官员及所部士卒三千多人全部杀掉，只有夏承德的家属和部下获免。皇太极又下令将松山城"毁如平地。"

松山既破，锦州无法再守，在皇太极招抚之下，三月八日总兵祖大寿率余卒七千人献城投降。祖大寿随即也被送到沈阳。

四月八日，清军移师攻塔山，在红衣大炮猛轰下城破，全歼守军七千余人。二十一日，杏山被攻将破，明守将开门请降，收降人口六千八百余。

公元1641年（明崇祯十四年·清崇德六年）八月的松山之战是决定明清两朝兴亡

的战略大决战。经过这一战，明军举国的精兵强将被消灭殆尽，统帅洪承畴被俘，山海关外的最后防线彻底崩溃，二百多年的明朝统治已日薄西山，新兴的清朝大兵入关，定鼎中原的历史大局基本已定。

（四）明清议和

皇太极继承汗位以来，曾多次致书明朝皇帝和辽东将帅，提出停战议和。在与明朝争夺江山的斗争中，这是战争以外的另一种斗争策略，正如天聪六年（崇祯五年，1632）六月，皇太极伐林丹汗，兵临宣大时，宁完我、范文程等所建议："伐明之策，宜先以书议和，俟彼不从，执以为辞，乘衅深入，可以得志"。但形势不断变化，议和也是皇太极为了稳固清朝初创的根基、"消化"辽东既得的土地人口等各种权益的合理抉择，似不宜认为毫无诚意。而明朝君臣由于"城下之盟，春秋耻之"的传统舆论压力，十分忌讳与清议和，也不敢与清议和。因此曾下令严禁边疆官吏接受有关议和的片纸只字。

早在天启六年（天命十一年，1626）皇太极刚刚继位，明朝镇守宁远的袁崇焕曾借致吊努尔哈赤之丧，派官员到后金，微示修好之意，目的是"观其向背离合之意，以定征讨抚定之计。"结果，遭到崇祯皇帝的疑忌，袁崇焕竟被皇太极巧用反间计，借崇祯皇帝之手所杀。崇祯八年（天聪九年，1635）清兵征察哈尔时，道经山西，大同巡抚沈棨私自向清兵馈赠，微示和意，事后被以"私缔和约"而被逮罢官。此后明廷大臣更无人再敢谈议和之事。崇祯十一年（崇德三年）八月，皇太极命多尔衮和岳托两路大兵出师征明时，崇祯皇帝曾表示同意杨嗣昌和高起潜与清议和的主张，但是当总督卢象升等坚决主战、反对议和时，崇祯帝又不敢理直气壮的承认曾同意议和，竟然支吾其词地说："朝廷未云抚，抚乃外议，何遽信也？"

明崇祯十五年（崇德七年，1642）正月，正当清兵围困松山城、锦州城，总督洪承畴、总兵祖大寿万分危急苦守待援之际，明辽东宁前道副使石凤台听到清崇德帝皇太极有许和之意，企图通过议和救出松锦被围明军，便写信询问围困松山的清兵统帅，果然收到回书，证实清兵果有议和之意，但辽东巡抚叶廷将此事奏报朝廷后，崇祯帝大怒，以"漫令道臣误国，有失体威"，把石凤台下了刑部大狱。其实，石凤台此举是奉兵部尚书陈新甲之命所进行的试探。这时，大学士谢升听到此事后，与同僚说："我力竭矣，凤台言良是。"同僚们也认为此时进行和谈是对的，乃向陈新甲说，你可以看机会听听皇上的意思，就说锦州、松山两城被围困已久，我方兵力不足以救援，已非用间（议和）不可。崇祯帝听到陈新甲试探性的询问以后，说："城围且半载，一句消息也没报来，有什么间可乘？如果能议和，则议和，卿其便宜行事。"崇祯帝又以此事问众阁臣，众人都不敢说话，独有谢升说"他们（清兵）果然同意议和，议和也可恃。"这样，崇祯帝才同意与清议和，交与陈新甲去负责进行。陈新甲随即推荐军中赞画主事马绍愉可以派遣，崇祯帝听从了这项推荐，给马绍愉加兵部职方司郎中职衔，赐给二品官服，前去关外谈判。对此事，崇祯帝要求严守秘密，朝中诸臣全不让知道。

正月初七，马绍愉偕同参将李御兰、周维塘到达宁远，随即与清兵统帅济尔哈朗联系，前后联系三次，济尔哈朗等都以没有崇祯皇帝的敕谕为信物，不予接谈。马绍愉等又派人进京，向陈尚书请示，自己和随员在宁远等候。随即得到崇祯帝敕谕："朕闻沈阳有罢兵息民之意，向来沿边督抚未经奏闻，既承讲款，朕不难开诚怀远，如我宗朝旧约，恩义联络，永为和好。"

二月二十四日，清都察院参政祖可法、张存仁、理事官马国柱等，听到明廷派人来和谈，给皇太极呈上条奏，反对与明朝议和。条奏说："臣等闻汉人有哀鸣求和之说，则彼国情势，可明见矣。兵力已竭，而将心萎靡，救困无术，征调难前。或者审天时，度人事，而自知退步，亦未可知。但城下求和，春秋耻之。此汉人言之至熟，而今摇尾乞怜，未必无他念也。以皇上之圣算，自烛彼肺肝。臣等愚陋，不能上合宸衷，然浅见薄识有三焉。彼之求和，一则不过舍金钱而赎三城之官民，二则不过缓攻克，而待各边之征调，三则海运陆运，从宁远城至塔山，恐我兵截其粮道，暂借和议为运粮之计。前以松山为驻兵之处，今借塔山为屯粮之地。我皇上聪明睿智，自洞见彼之真情密谋也。且臣等明知汉人必不肯令真正大臣冒入险地，多有善为说辞之人，假以服色者。伏望圣裁。"

三月初四日，围困杏山的武英郡王阿济格奏报："明国订于三月初四日遣人讲和，迄今未至。"又奏："宁远总兵吴三桂、白广恩及祖大寿之子率兵四千，欲来窥视我营，驻于塔山，今兵一半前至高桥，不战而退。"

三月十六日，驻守锦州、杏山的阿济格等奏报：明国差总兵二员、锦衣卫官一员、职方司官一员前来，欲求讲和，带来明主敕谕一道，敕谕中写道："谕兵部尚书陈新甲：据卿部奏，辽沈有休兵息民之意，中朝未轻信者，亦因以前督抚各官，未曾从实奏明，今卿部累次代陈，力保其出于真心，我国家开诚怀远，似亦不难听从，以仰体上天好生之仁，以复我祖宗恩义联络之。今特谕卿便宜行事，差官宣布，取有的确信音回奏。"皇太极看过崇祯帝这道敕谕以后，也降敕谕一道，谕诸王贝勒：

阅尔等所奏，明之笔札多有不实。若谓与我国之书，何云谕兵部尚书陈新甲？既谓与陈新甲，又何用皇帝之宝？况其所用之宝，大而且偏，岂有制宝不循定式之理？此非真宝明矣。况札内竟无实欲讲和之意，乃云'我国家开诚怀远，似亦不难听从，以复我祖宗恩义联络之旧'等语，此皆藐视我国，实无讲和之真心。然彼虽巧诈，朕以实情言之。向来启此兵端，原非我国之愿，因明国不辨是非，凌辱我国，情实难堪，故不得已而起兵耳。其相凌之事不能枚举。朕从前屡欲和好，而明国不从，今明国口称欲和，其真伪不得而知，然和好固朕之夙愿，朕岂有所迫而愿和欤？

朕蒙皇天眷顾，昔时全国所属，尽为我有。沿海一带，自东北以迄西北，致使犬、使鹿，产黑狐、黑貂等国及厄鲁特国，在在臣服。元裔、朝鲜悉入版图，所获明官民，不啻数百万，恩威远播，所向无敌，如此而犹欲和好者，盖为百万生灵惜耳。若和事果成，则何必争内外大小之名？但各居其国，互相赠遗，通商贸易，斯民俱得安其生业，则两国之君臣百姓，共享太平之福矣。惟是我朝兵强国富，尚且谆谆愿和，奈明国执滞不通，自以为天之子，鄙视他人，口出大言，不愿和好。不知皇天无亲，有德者受命，无德者废弃。从来帝王有一姓相传，永不易位者乎？自古及今，其间代兴之国，崛起之君，不可胜数，明之君臣虑不及此，不愿修好，致亿万生民死于涂炭者，皆明之君臣杀之耳，其罪在彼，朕无与焉。朕以实意谕尔等知之，尔等其传示于彼。特谕。

马绍愉等看过皇太极的敕谕，只得回塔山，向朝廷报告请示如何行动，留在塔山待命。

这时，松山已于二月被清兵攻破，总督洪承畴、巡抚邱民仰、总兵王廷臣等及参将游击等多名被俘，清军进围塔山，马绍愉请求毋攻城，济尔哈朗、多尔衮不理，继续攻击，城将破时，马绍愉等出城，济尔哈朗派兵护送他们返宁远。

四月间，明兵部尚书陈新甲再次得到崇祯皇帝的秘密敕谕，转交马绍愉持此赴沈阳议和，并派主事朱济之、副将周继塘、鲁宗孔及僧人一名、从役九十九名到达宁远，随同前往。

五月初一日，围守杏山、塔山的和硕郑亲王济尔哈朗、多罗睿郡王多尔衮派遣刑部启心郎额尔格图等奏报：明国遣兵部职方司员外郎马绍愉、主事朱济之、副将周维塘、鲁宗孔、游击、都司、守备八员、僧（天宁寺僧性容）及从役九十九名，在宁远城，欲来见皇上，以求和好。

皇太极派遣兵部启心郎詹霸、内院笔帖式叶成格等传谕济尔哈朗、多尔衮："闻明国差官已至宁远，尔等令左右两翼每翼章京一员、每旗护军十名，偕同明国使者前来。务选老成、不通汉语及忠实寡言之人，途中住宿，尔等与之分寓停歇，若至我境，按人给以羊只，将至京城（沈阳）时，尔等先来报闻。"

奉命迎接明使的兵部启心郎詹霸等人，于五月初三日到达塔山城，初七日偕同明使自塔山动身来沈阳，预报十四日到达。皇太极命大臣在二十里外迎接，入城后宿于馆驿。又命礼部承政满达尔汉、参政阿哈尼堪、内院大学士范文程、刚林、罗硕到馆驿，宴请明国议和使臣马绍愉等人。

这时，皇太极不在沈阳，为进行议和，下令暂缓进攻宁远。

马绍愉等又带来崇祯皇帝敕书一道，其文曰："敕谕兵部尚书陈新甲：昨据卿部奏称，前日所谕休兵息民事情，至今未有确报，因未遣官至沈，未得的音。今准该部便宜行事，差官前往，确探实情具奏，特谕。"崇祯皇帝的敕谕仍然是给陈新甲的，也没有提出议和的条件或方案，没有新的内容。

皇太极看过崇祯给陈新甲的敕谕以后，开始认为所用的印玺较大而且稍偏，怀疑这件敕谕是假的而不相信。后来让所俘获的总督洪承畴鉴别，洪承畴说："此宝札果真。"洪并且谈到从前壬申年（崇祯五年，天聪六年，1632）皇太极征察哈尔时，张家口沈巡抚（棨）六月二十八日盟誓之事，明国皇帝也全知道，但"为文臣浮议所惑，故将沈某罢巡抚之任。"皇太极最初以为明朝使臣请和，不过是巧诈诳语，企图避免锦州等四城之难，并不深信。现在明朝又派遣使臣到来，皇太极才考虑到明朝的锦、松、杏、塔四城已破，十三万援军已全部丧尽，饥馑遍地，流贼转炽，明朝是迫于不得已而请和。明朝既请和，所以与诸王贝勒等商议。诸王大臣等都说："明之国运将亡，正宜乘此机会，攻取燕京，安用和为？"

五月十七日，皇太极特降敕谕给朝鲜国李倧，征求和战的意见。在叙述了以上情况后写道："念战争不已，伤民必众，朕心实有所不忍。况纵蒙天眷，统一寰区，义安之道，经理之方，正多筹划……"李倧很礼貌地没表示可否。

议和停战，这是举国关切的大事，明廷讳莫如深，参与者严守秘密。清廷上下却议论纷纷。

五月二十八日，清都察院参政祖可法、张存仁、库尔缠、事理官巴朗、达尔户等又上疏奏："我皇上天威远震，庙算靡遗，战无不胜，攻无不克，疆宇日廓，属国日广，一统基业，伫在目前，天意属我皇上者，已彰彰矣。南朝盗贼肆起，饥馑载途，兵力竭而仓廪虚。征调不前，中原势如瓦解。关外所恃者止（只）有九城，已破其四矣。明国之君，审天时，度人事，自知气运衰败，文臣不能效谋，武职不能宣力，欲战无术，欲守无资。我兵再举，彼南迁必矣。大势一动，河北皆皇上有也。南地非练兵之地，南人非备敌之人，表里山河，全属皇上。汉人此时，心胆俱丧，如坐针毡，是以遣使乞怜，求和谆切，臣等料度如此，皇上明并日月，自有远谟，谅彼不能出范围也。伏乞皇上首广其地，次广其财。广其地，以穷彼国之势；广其财，以竭彼国之力。广地，以黄河为界，上策也；以山海（关）为界，中策也；以宁远为界，下策也。广财，令彼纳贡称臣，为上上策；令蒙古各家索其旧额，为中策；止于关口互市，为下策。防彼目前之谲诈，虑彼后日之更张。无纵彼，以厚其力，无疏我，以懈其心，

圣算必明。臣等职司言职，为此冒昧具奏……。"

皇太极研究过这些建议，但心中另有考虑，并没有采纳。

六月初，明清初次谈判即将结束。自五月中旬，明朝使臣到沈阳后，皇太极并没召见明朝使臣马绍愉等人，只派遣大臣和他们会谈。清朝大臣仍和以往一样，首先从七大恨讲起，历数起兵反明之原因，其次说明清方一再表示愿意停战和好，而明国一直不予答复，实为拒绝，所以战事不息，生灵涂炭，其责任在明，不在清。马绍愉没有甚么话好讲，只是谈议和停战。清方招待很热情，"供具甚盛"；明使在沈阳态度谦和，所以皇太极说"礼甚恭而词甚逊，甘居卑下，不似曩日矣。"

六月初三日，清崇德皇帝皇太极赐明国议和使臣兵部职方司员外郎马绍愉、主事朱济之、副将周继墉、鲁宗孔、天宁寺僧性容等貂皮银两有差，从役九十九人也各赐貂皮，命大臣送至十五里外，设宴饯行，仍以书报明国。书曰：

大清国皇帝致书于明国皇帝：向来所以构兵者，盖因尔国无故害我二祖，我皇考太祖皇帝犹固守边疆，和好如故旧。乃尔明国反肆凭凌，干预境外之事。哈达国汗万窃踞之地，我已征服，尔逼令复还；又遣人于叶赫金台石、布扬古处，设兵防守；以我国已聘之女，嫁于蒙古。乙卯年，尔明国夺我土地，扰我耕获，逐我居民，烧毁庐舍，仍驱令出境，是以我皇考太祖皇帝收服附近诸国，乌喇国布占泰、辉发国拜音达礼、哈达国汗万之子孟格布禄所有之地，渐次削平，于是昭告天地，亲征尔国，又平定叶赫国金台石、布扬古之地。其后，每欲致书修好，而尔国不从，事渐滋蔓，遂至于今。此皆贵国先朝君臣事也。事属既往，于皇帝何与？然从前曲直，亦宜辨之。今予仍欲修好者，诚非有所迫而使然也。予缵承皇考太祖皇帝之业，嗣位以来，蒙天眷佑，自东北海滨，迄西北海滨，其间使犬、使鹿之邦及产黑狐黑貂之地，不事耕种、渔猎为生之俗，厄鲁特部落以至斡难河源，远迩诸国，在在臣服。蒙古大元及朝鲜国悉入版图，于是举朝诸王大臣及外藩臣服诸王等合辞劝进，乃昭告天地，受号称尊，国号大清，改元崇德。迩来我军每入尔境，辄克城陷阵，乘胜长驱。若图进取，亦复何难？然予仍愿和好者，特为亿兆生灵计耳。盖嗜杀者殃，好生者祥，应感之理，昭然不爽。若两国各能审度祸福，矜全亿兆，而诚心和好，则自兹以后，宿怨尽释，彼此不必复言矣。至我两国尊卑之分，又何必计较裁？！古云情通则明，情蔽则暗。若尔国使来，予令面见，予国使往，尔亦令面见，如此则情不壅蔽，而和事可久。若自视尊大，俾使臣不得面见，情词无由通达，则和事终败，徒贻国家之忧矣。夫岂拒绝使臣进见，遂足以示尊耶？

皇太极在说明以往曲直，表明现在希望和好的基本态度以后，提出了两国议和的条件如下：

一、两国有吉凶大事，则当遣使交相庆吊。

二、每岁贵国馈黄金万两、白金百万两；我国馈人参千斤，貂皮千张。

三、若我国满洲、蒙古、汉人及朝鲜人等，有逃叛至贵国者，当遣还我国；贵国人有逃叛至我国者，亦遣还贵国。

四、以宁远双树堡中间土岭为贵国界；以塔山为我国界，以连山为适中之地，两国俱于此互市。

五、自宁远双树堡垒土岭界北，至宁远北台，直抵山海关长城一带，若我国人有越入及贵国人有越出者，俱加稽查，按律处死。或两国人有乘船捕鱼海中往来者，尔国自宁远双树堡中间土岭沿海至黄城岛以西为界，我国于黄城岛以东为界。若两国有越境妄行者，亦俱察出处死。

皇太极致明国皇帝书中最后写道："倘愿如书中所言，以成和好，则我两人或亲誓天地，或各遣大臣代誓，尔速遣使赍和书及誓书以来，予亦遣使赍和书及誓书以往；若不愿和好，再勿遣使致书，其亿兆死亡之孽，于予无与矣。"

皇太极命大臣将此书交与明国使臣马绍愉等以后，命章京库尔缠、萨苏喀、笔帖式查布海、法尔户达等，率兵四十名，送明朝使臣过锦州，出清兵侦察地方，直至连山而还。

马绍愉回京后，向陈新甲作了密报，陈新甲看过，就把密报置于几上。这本是绝密的机要，但陈的家童误以为是塘报，而发付传抄，于是机密尽泄，言路纷纷上书攻击议和。崇祯皇帝心无定见，首鼠两端，身为一国之君竟胆小怕事，不敢勇于谋国。为了维护自己虚假尊严，竟严旨切责陈新甲，令其自陈，陈新甲不但不引罪，反而自诩其功，崇祯皇帝大怒，又不好发作，遂下陈新甲于诏狱。这年九月二十一日，以"边疆多失"，崇祯下令诛陈新甲。大学士周延儒为陈辩解说："国法，大司马不临城不斩。"崇祯帝竟把清兵深入内地诛杀、俘虏明朝藩王的责任作为陈新甲的罪状，说："其边疆之失即勿论，傥辱我亲藩七焉（七个藩王为清兵或杀或俘），不甚于薄城乎？"周延儒语塞无词。这时署刑部事右侍郎徐石麟奏报其（陈新甲）酿寇私款（私自议和文件）"。这件奏疏一上，兵部尚书陈新甲被斩首于东市。（《明崇祯实录》卷一五）明清之间唯一的正式议和，至此完结。

（五）入主中原

崇祯十五年（崇德七年，1642）五月，明朝使臣马绍愉等到沈阳议和，六月初带着皇太极致明国皇帝书和清方提出的议和条件返回北京。皇太极在书中叮嘱："倘愿和好，尔速遣使赍和书及誓书以来，予亦遣使赍和书及誓书以往；若不愿和好，再勿遣使致书。"从六月初三到九月初,时间过了三个月,明方毫无音信,看来议和已无希望,清朝诸王贝勒大臣议论纷纷,迫不及待地希望马上出兵,直捣北京。

九月初五日,固山额真墨尔根侍卫李国翰、佟图赖、祖泽润、梅勒章京祖可法、张存仁上书皇太极,奏疏中说:"……今天意归于皇上,大统攸属,锦州、松山、杏山、塔山,一时俱为我有。明国人心动摇,燕京震骇。惟当因天时,顺人事,大兵前行,炮火继后,直抵燕京,而攻破之,是皇上万世鸿基,自此而定,四方贡篚,自此而输,上下无不同享其利矣。倘迁延时日,窃虑天时不可长恃,机会不可坐失,况山东之行,燕京一带空虚,我兵所到无不收服,若再缓行,其地已为流贼(指李自成等农民军)劫掠殆尽,地方残毁,所关岂浅显哉。臣等认为,不如率大军直取燕京,控扼山海,大业克成,……"

皇太极看过这件奏疏以后说:"尔等建议直取燕京,朕意以为不可。取燕京如伐大树,须先从两旁斫削,则大树自仆。朕今不取关外(宁远等)四城,岂能即克山海?今明国精兵已尽,我兵四围纵略,彼国势日衰,我兵力日强,从此燕京可得矣。"

皇太极没有听从诸王贝勒大臣和李国翰、佟国赖、张存仁等直取北京的建议,而坚持"伐大树,先从两旁砍削"的稳扎稳打的战略。

松锦战役的巨大胜利,许多战后问题,直到九月底还在处理。十月初二,西藏达赖喇嘛派遣伊拉古三胡图克图(活佛)和厄鲁特蒙古戴青绰尔济等一同到达盛京。这是一件大事,皇太极亲率诸王贝勒大臣出怀远门迎接,给予很隆重的礼遇和热情的接待。这时皇太极已决定再次派出大兵袭掠明朝腹地。

崇德七年(崇祯十五年,1642)十月十四日,皇太极命多罗饶余贝勒阿巴泰为奉命大将军,与内大臣图尔格统领将士往征明国,皇太极召阿巴泰、图尔格和满洲、蒙古、汉军各固山额真、护军统领等到清宁宫,面谕他们说:

朕命尔等统领大军,往伐明国者,非好为黩武穷兵也。朕不忍使生灵罹害,屡欲与明修好,而彼国君臣,执迷不从,朕是以命尔等往征。尔等一入明境,遇老弱闲散之人,毋任意妄杀,不应作俘之人,毋夺其衣服,毋离人妻子,毋焚毁财物,毋暴殄粮谷。曩者兵临山东时,有因索取财物而严刑拷逼者,非仁义之师也,此朕所深恶,尔等当切以为戒,传谕各旗知悉。至于锦州新附蒙古、索伦等,令其从军役使,伊等如有所俘获,勿得搜取,令其携归。其力不能携归者,仍助之。倘尔等令之空返,或以贫苦来诉,朕必将尔等所有以与之。

十月十五日,崇德皇帝皇太极亲自为奉命大将军阿巴泰所率征明大军送行。卯刻出抚近门,到堂子行礼后,送到郊外。召阿巴泰等出征将领再次面谕说:

朕屡欲与明议和,彼国君臣不从,是以命尔等率兵往征。尔等勿以我兵强盛,自弛防范。古云：骄敌者败。其敬慎戒备以行。我国固山额真、护军统领于行间勇士，多不肯以其所长上闻，如此则勇战之士，何以激劝？凡新归蒙古、汉人，必一体相待，有所俘获，务使均沾。倘或歧视，致有困乏，亦非为国效忠之臣也。我军至时，彼或遣使求和，尔等即应之曰：我等奉命来征，唯君命是听，他无可言。尔如有言，其向我君言之。必吾君谕令班师，方可退兵。如遇流寇（农民军），宜云："尔等见明政紊乱，激而成变，我国来征，亦正为此。"以善言抚谕之，申戒士卒，勿误杀彼一二人，致与交恶。如彼欲遣使见朕，即携其使来，或有奏朕之书，尔等即许转达，赍书来奏。可将朕此旨，向外藩将士，再三晓谕。又行兵之际，宜谨火烛。如因用烟失火者，罪死。其他平常罪犯，就于彼处完结。若有疑狱，当详慎讯鞫，勿得草率速结。

皇太极面谕完毕，以"奉命大将军印"授予阿巴泰，阿巴泰跪受，行三跪九叩头礼。然后，鸣炮三响，大军启行。

此次清兵征明有满洲八旗、蒙古八旗、汉军八旗24固山额真（总管大臣、都统）所辖各旗兵力之半，约五、六万人，还有外藩科尔沁、喀尔喀和察哈尔各部蒙古士兵之半。作战主要目的，仍是从两旁再次斫削明朝这棵大树，以便最后夺取明朝的江山。

阿巴泰等率大军出发以后，皇太极随即一面派出兵马牵制宁远和山海关的明军，一面致书吴三桂劝降。

阿巴泰率兵将入明朝边境，皇太极命多罗豫郡王多铎、多罗郡王阿达礼率兵赴宁远边外立营，以牵制宁远明军，并兼捉生，谕令他们说"尔等至锦州驻防处，择我兵之马匹肥壮者，尽数携带，率师出边。于宁远迤西大路捉生，或得或否，即令归大营。倘敌人窥我捉生兵少来袭，尔等可力拒之。若敌兵知尔等有伏，不肯出战，尔即令军士往宁远西山纵略（掠），取其牲畜。尔等可自打草滩大路而去，自广宁迤北而还。"

十月二十二日，皇太极以敕谕向明宁远总兵吴三桂劝降，敕谕写道："大清国皇帝敕谕宁远城吴大将军：今者明祚衰弱，将军已洞悉矣。将军与朕，素无仇隙，而将军之亲戚，俱在朕处，惟将军相时度势，早为之计可也。"

同一天，皇太极又命新降明朝总兵官吴三桂的舅舅祖大寿致书吴三桂劝降，并以小刀一口作为信物，其书写道：

宁锦间隔，不相通问者岁余矣。春时松山、锦州相继失陷，以为老身死必无疑，不期大清皇帝天纵仁圣，不但不加诛戮，反蒙加恩厚养，我祖氏一门，以及亲戚属员，皆沾渥泽，而洪总督、朱粮厅辈，亦遇优隆。自至沈阳以来，解衣推食，仆从田庐，无所不备，我已得其所矣。幸贤甥勿以为虑，但未知故乡光景何如耳。以愚意度之，各镇集兵来援辽左，末一月而四城陷，全军覆没，人事如此，天意可知。贤甥当世豪杰，岂智不及此耶？再观大清规模形势，将来必成大事，际此延揽之会，正豪杰择主之时，若率城来归，定有分茅裂土之封，功名富贵，不待言也。念系骨肉至亲，故尔披肝沥胆，非为大清之说客耳，唯贤甥熟思之。虎骨把小刀一柄，是贤甥素常见者，故寄以取信。

　　两个多月以后，崇德八年正月十九日，吴三桂派蒙古人索内带书信来见祖大寿。皇太极看过他给祖大寿的信以后，又降敕谕给吴三桂，交付索内带去，并派遣前锋兵八名护送索内回宁远。这道敕谕写道：

　　大清国皇帝敕谕吴大将军、尔遣使遗尔舅祖总兵书，朕已洞悉，将军之心犹豫未决，朕恐将军失此机会，殊可惜耳。我国自兴师征明以来，攻城略地，历有年所，明之将士，至今有能立功名、保身家、全忠义者乎？非阵亡于我军，即受戮于尔主，军机一失，峻法随之，良将劲兵，殆将尽矣。将军知此，何为昧于从事，蹈覆车之辙哉？祖总兵初不携其妻子来归，今悔之无及，料将军亦所悉知。当祖总兵被围锦州时，明以各省镇兵倾国来援，一朝覆败，锦州、松山、杏山、塔山俱已失守。今我军围宁远，不知更有何处援兵以解将军之厄耶？若不乘此时急图归顺，勉立功名，倘我国蒙天眷佑，南北两都皆为我有，蕞尔宁远岂能独立乎？逮至糗粮罄绝，贴危待毙之际，将军悔不可追矣。此非朕矜诩，实至论也。我国原以武力精强，言词谦逊者为贵，若徒为大言，又何益于胜负之数哉？将军试思之。

　　皇太极和祖大寿这两封信，当时虽未得到吴三桂的明确反应，但已使他内心产生动摇，犹豫于投清与保明之间。一年半以后，当闯王进京，明朝灭亡，农民军东进山海关，睿亲王多尔衮也兵临关下的历史关头，驻守山海关的明总兵吴三桂终于向清朝投降，引清兵入关，从而加速了清朝的入主中原。

　　在松锦等四城失陷，洪承畴、祖大寿等降清，明清议和又告流产以后，明廷也加强了防御部署。

　　阿巴泰等率大军出发以后，兵分左右两翼前进。左翼兵所经之处，地阔路平，便于行兵，可以两旗并行，沿路明军哨卒多被清兵擒杀。左翼兵于十一月初五日从界岭口（今河北省迁安与抚宁两县交界处）毁边墙而入。当时明大同兵2500人正往增援山海关守军，因行粮缺乏，在抬头营驻扎。清兵将入长城，大同兵即来拒战，被清兵护军及骑军两路夹击所击败，清兵获马四百余匹。右翼兵前进所经地隘路险，只能单骑前进，未入长城时擒明军侦卒讯问，得知：距黄崖口外四十四里处有石城关很险要，木栅三层，两层用石块围砌，内有大炮四位，步卒50人，三处都伏设地雷。清兵随即乘夜拆毁其关而入，取其地雷，守军不及施放枪炮都被清兵斩杀。这时左右两翼派人向皇太极报告：明军范总督（光仵）率卢总兵及副将四人驻山海关，永平府有兵备道、参将各一员，遵化有巡抚、兵备道、副将各一员，丰润县有曹总兵率兵驻扎，玉田县有王参将率兵驻扎，马兰口有总兵白广恩，蓟州有总兵白腾蛟，墙子岭有总兵唐通，通州有张总兵，三屯营有徐总兵，三河县有知县一员。

原来从松锦四城失陷以后，明廷已调整并加强了防御部署。山海关内外并设两总督，又设昌平、保定两总督，千里之内有督臣四员，又有宁远、永平、顺天、密云、天津、保定六巡抚，宁远、山海、中协、西协、昌平、通州、天津、保定八总兵，正如清代史学家魏源所说："星罗棋布，事权不一，又有监军太监握重兵牵制之。"结果，军事建制叠床架屋，总督、巡抚、总兵多头分建并立，指挥不能统一，虽然兵部已调集了40万兵力，但没有什么战斗力。清兵进入如入无人之境。

十一月初八日，右翼清兵从黄崖口进长城，斩守备一员，明军溃逃，当地百姓也逃避山中。

清兵大举入塞，明廷震恐，随即下令京师戒严，命勋臣分守九门，以太监王承恩提督城守。明又檄各省勤王兵入援同时恐怕京城粮道断绝，招募搬运张家湾各关积粮入城，凡运粮一石入城者，给四斗。以在营军人或家人运粮者，听其便。

左右两翼清兵入塞后，很快会师攻蓟州。明镇守蓟州的总兵白腾蛟和马兰峪总兵白广恩合骑兵三千、步兵三千进行抵御。

十一月十四日，清军入蓟州，击败明二总兵，生擒参将一员，斩游击三员，获马六百余匹。随即乘胜分兵往真定、河间、香河。

十一月二十一日，明廷令蓟州、东西两协总兵唐通等策应抵御清兵，山东总兵刘泽清入京增援，又命太监卢九德防护明皇室祖坟所在地凤阳。

闰十一月初六，清兵入河间。初八日入霸州，明兵备金事赵辉、同知丁师义等俱战死。初九日清兵入文安。初十，自青县趋长芦。十六日，入阜城，又入景州。前几天，另一部清兵已于十二日攻入临清，进入山东省。二十二日，攻东昌府城，遇到明将刘泽清的抵抗，清兵随即转攻西面的冠县。二十五日，清兵自临清分五路袭掠。孔有德、巢丕昌、祖洪基等掠莘县、馆陶、高唐。在馆陶城下，清兵遭到当地军民有力的抵抗。另路清兵攻章丘。清兵多路并进，从京南向山东，任意杀掠，明军纷纷回避。

十一月二十八日，崇祯皇帝召见廷臣于中左门，问抵御之策和任用何人为督抚为宜。御史刘宗周说："使贪使诈，此最误事。为督抚先贵极廉。"崇祯说："也须论其才干。"御史周灿请把在战场上不用命者逮起来。御史杨若桥推举西洋人汤若望演习火器，刘宗周说，"唐宋以前用兵未闻火器，自有火器，辄依为劲器，误专在此。"崇祯说："火器终为中国长技。"刘宗周说："汤若望一西洋人，有何才技？据首善书院为历局，非春秋尊中国之义，乞令还其国，毋使诳惑。"崇祯说："彼远人，无斥遣之礼。"崇祯皇帝很不高兴地命刘宗周退下。这次研究紧急防务的最高会议，就这样丝毫不得

要领地不欢而散。(《明崇祯实录》卷一七)

十二月初二日，清兵从长垣趋曹、濮二县，另派骑兵抵青州，入临淄，知县文昌时与全家自焚。清兵继续东进，破阳信、滨州。十二月清兵另部南下济宁，遭到守军顽强抵抗。十二月初八日，清兵直抵兖州，明知府邓蕃锡建议鲁王朱以派拿出重金奖励士兵，鼓舞士气，城犹可保，否则，大事一去，后悔莫及。鲁王不愿出钱。邓蕃锡与监军参议王维新、同知谭丝、曾文蔚等分别死守各门，清兵猛烈攻击，城破时王、谭、曾等俱阵亡，鲁王朱以派被俘自杀。乐陵王朱以泛、阳信王朱弘福、东原王朱以源、安丘王朱弘柄等皆死。各藩王府管理府事、宗室等约千人均被俘斩首。

十二月初九日，清兵入沭阳县，连续攻克沂州、丰县、蒙阳、泗水、邹县。随后，清兵分兵渡过黄河（当时黄河夺淮河水道入海）。第二年（崇祯十六年、崇德八年，1643）三月回到鲁南莒州、沂州。清兵在这里休息整顿一个多月，时值春草满山，解鞍纵马，如在自家田园。那时在南北驿路上遇不到清兵一人一骑，竟妄传清兵已经出塞。四月初，清兵北归，左翼沿青州、德州、沧州、天津至北京城东，绕过三河县，经三个月到达密云。右翼经东昌府、广平府、顺德府、真定府、保定府，绕过北京城，也历三个月到达密云。清兵迤逦北行，车载骡驮，绵延三百余里，饱掠而归，渡卢沟桥时兼旬未毕。其时，明朝勤王四总兵刘泽清、唐通、周遇吉、黄得功劲兵猛将都集聚在通州，内阁大学士周延儒自请督师，崇祯皇帝大加奖赏。但是周督师终日在通州闭城报捷，实际一次也没有商议怎样截击清兵。仅在密云县北螺山，唐通、白广恩等截击清兵一次，结果也被清兵击败。明军"八镇皆逃，惟步营两监军御史在"，两个御史借此"饰功报捷"。大学士周延儒也编造捷报，上奏"斩百余级"。

这次清兵入塞袭掠明朝腹地，自崇祯十五年（崇德七年，1642）十月十五日从沈阳出发，十一月五日进入长城关口，到第二年（崇祯十六年，崇德八年，1643）六月回到沈阳，前后历时8个月。大军如入无人之境，向南直达兖州。部分清兵抵达今江苏省北部丰县、沭阳，陆续击败明军39次，生擒明朝白姓、汪姓、张姓、王姓、刘姓总兵五员、兵备道五员、郎中一员、科臣一员、副将一员、参将八员、游击四员，全部杀死。其余总兵、副将、参游等官被戮者更多；共攻克兖州、顺德、河间3府、18州、67县，共克88城，归顺者一州五县；俘获369000人，获驼、马、骡、牛、驴、羊共55万余头，共获黄金12250两，银52200余两，缎衣33700余件。皮毛衣一百多件，貂、狐、豹等皮五百多张。

清兵这次入塞袭击劫掠，给明朝以沉重打击，也使当地百姓遭到又一次深重的苦难。明军虽然畏敌怯战，有些地方的百姓却奋起抗击，如山东潍县"在城老幼男妇，竭力一心，未字闺秀、青衿内室及瞽夫幼子悉运砖石柴束，闻城上欲以铁作炮子，即各碎食锅以应急。"

这次征明，是皇太极继承汗位以来的第五次征明，也是最后一次征明。进一步摧毁了明朝的统治力量，使明朝在与清兵和农民军两面作战中顾此失彼，左支右绌，陷入摇摇欲坠的境地。

崇德七年（崇祯十五年，1642）十月，西藏达赖五世、藏巴汗和厄鲁特蒙古顾实汗派遣使者与清朝通好。这是一件政治影响十分重大的事，它显示着清朝的声威已远达西藏、青海和新疆等地。

满族原来只信奉萨满教，但藏传佛教一喇嘛教早已传入满族地区。后金天聪四年（崇祯三年，1630），所建《喇嘛法师宝记》碑文中写道："法师禄打儿罕囊素者，乌斯藏（西藏）人也，诞生于佛境，道演真净，既已演通大法，复急于普度众生。由是不惮跋涉，东历蒙古诸部，阐扬圣教，广散佛惠；蠢动含灵之类，咸沾佛性。及至我国家，太祖皇帝敬谨尊师，倍加供给。天命辛酉年（1621年）八月七日，法师示寂归西，太祖敕令修建宝塔，敛藏舍利。缘累代征伐，未建寿域，今天聪四年，法弟白喇嘛奏请，钦奉皇上敕旨，八王府敕旨，乃建宝塔，事峻镌石而志其胜。"

努尔哈赤和皇太极之崇奉喇嘛教，虽出于宗教信仰，更重要的也是为了通好蒙古各部和西藏。至于，清朝和厄鲁特蒙古（西蒙古）的关系，在崇德二年（崇祯十一年，1637），厄鲁特四部联盟的首领顾实汗图鲁拜虎已代表四部向沈阳遣使通贡，正式奉表归附清朝。以后贡使不断。

大清金币

达赖五世之遣使沈阳与新建不久的清朝通好，并不偶然。从明朝建国以后，从洪武永乐，直到嘉靖、万历，历朝都奉西藏大喇嘛为国师，给予种种荣誉和大量贵重财物。这时，达赖五世不顾明朝之不满，派遣活佛伊拉古克三胡土克图不远万里去沈阳向清朝通好，也是皇太极一再主动邀请达赖的结果。明清两朝政治声威之消长，于此可以得到又一说明。

崇德二年（崇祯十年，1637）八月初六日，蒙古喀尔喀汗派遣使臣到沈阳朝贡，敬候崇德皇帝起居万安，同时奏请"闻欲延致达赖喇嘛，甚善，此地喀尔喀七固山及厄鲁特四部落亦有同心，乞遣使者过我国同往请之。"

崇德四年（1639）五月，厄鲁特蒙古派使者到沈阳贡马，皇太极召厄鲁特使者和同来喇嘛以及喀尔喀蒙古的使者进宫赐宴。

这年十月，皇太极派遣察汗喇嘛等致书于图白忒汗（西藏藏巴汗），书中写道：

"大清国宽温仁圣皇帝致书于图白忒汗：自古释民所制经典，宜于流传广布，朕不欲其泯绝不传，故特遣使延致高僧，宣扬法教。尔乃图白忒之主，振兴三宝，是所乐闻，倘即敦遣前来，朕心嘉悦。之所以延请之意，俱令所遣额尔德尼达尔汉格隆、察汗格隆……等口述。"

皇太极又致书西藏大喇嘛，其书曰："大清国宽温仁圣皇帝，致书于掌佛法大喇嘛：朕不忍古来经典泯绝不传，故特遣使，延致高僧，宣扬佛教，利益众生，唯尔意所愿耳。其所以延请之意，俱令使臣口述。"

崇德七年（崇祯十五年，1642）十月初二日，西藏达赖喇嘛五世派遣伊拉古克三胡土克图（活佛）到达沈阳，向崇德皇帝奉表进贡，一同前来奉表进贡的还有班禅喇嘛、西藏藏巴汗和厄鲁特蒙古顾实汗的使者戴青绰尔济等人，皇太极给予十分隆重的礼遇，亲自率诸王贝勒大臣等出怀远门迎接，到达驿馆前，皇太极率众人拜天，行三跪九叩头礼后，一同进入驿馆。宾主互相行礼如仪以后，皇太极命宣读达赖喇嘛来书、西藏藏巴汗来书。然后赐茶，喇嘛诵经。皇太极设大宴于崇政殿招待来使，来使各献驼马、菩提数珠、茶叶等礼物。

这批西藏和厄鲁特蒙古的使臣从这年十月到沈阳，一直住到第二年四月。在这8个月中，皇太极命八旗诸王贝勒轮流宴请，每五天举行一次。到崇德八年（崇祯十六年，1643）四月二日，这批来使才回去。临行这天，崇德皇帝皇太极率诸王贝勒送到演武场，设大宴为西藏等使者饯行，又以鞍马、银壶、缎衣等物相赠，并且命和硕睿亲王多尔衮、多罗武英郡王阿济格等参政以上众官员送到永定桥。皇太极又派遣察干格隆、喇克巴格隆等十来人随同伊拉古克三胡土克图前往西藏，向达赖喇嘛、班禅喇嘛、红帽喇嘛、藏巴汗和顾实汗，各致书一函，进行慰问。

皇太极致达赖五世书曰："大清国宽温仁圣皇帝致书于大持金刚达赖喇嘛：今承喇嘛有拯济众生之念，欲兴扶佛法，遣使通书，朕心甚悦。兹特恭候安吉。凡所欲言，俱令察干格隆、巴喇衮噶尔格隆……等口悉，外附奉金碗一、银盆二、银茶桶三、玛瑙杯一、水晶杯二、玉壶一、金甲二、玲珑撒袋二、雕鞍二、金镶玉带一、镀金银带一、玲珑刀二、锦缎四。特以侑缄。"

又分别致书班禅胡土克图、红帽喇嘛噶尔马、昂邦萨斯，所书内容与致达赖书基本相同，也各送礼物一批，多少有差。

皇太极给藏巴汗敕谕曰："大清国宽温仁圣皇帝，谕藏霸（藏巴）汗：尔书云，佛法裨益我国，遣使致书。近闻尔为厄鲁特部落顾实贝勒所败，未译其实，因遣一函相询，自此以后，修好勿绝，凡尔应用之物，自当饷遗。今赐银一百两，锦缎三匹。"

皇太极又与厄鲁特蒙古顾实汗书曰："朕闻有违道悖法而行者，尔已惩创之矣。朕思自古圣王致治，佛法未尝断绝，今欲于图白忒（西藏）部落，敦礼高僧，故遣使与伊拉古克三胡土克图偕行，不分服色红黄，随处谘访，以宏佛教，以护国祚，尔其知之。附具甲胄全副，特以侑缄。"

这一年，厄鲁特顾实汗的弟弟色稜哈坦巴图尔也来向清朝进贡，并受到清朝的奖赏。

以上史实说明，清朝入关以前已与西藏政教首领、厄鲁特四部首领都建立了密切的关系。这是皇太极生前为大清帝国最后做出的又一番重要建树。所以顺治初年，达赖喇嘛、班禅喇嘛和顾实汗又联合派遣使者向顺治皇帝敬献金佛、念珠，表颂功德。顺治九年（1652）达赖五世到达北京，进谒顺治皇帝。这些都是皇太极时期建立了良好关系的结果。

猝死之谜

（一）突然离世

崇德八年（1643年）八月九日，太宗像平常一样，忙碌了一整天：

他赏赐土默特部落前来贡马的甲喇章京大诺尔布、小诺尔布，牛录章京根都、俄博尼、兀苏木、达赖等十五人及其从役人员银两等物；

他还奖励土默特部落车克车木章京所属诺木习礼和从人，因护送格隆喇嘛来盛京有功，分别赏给银两：

接着，他同皇后、诸妃在崇政殿召见嫁给察哈尔、科尔沁蒙古的女儿固伦公主等，从阿巴泰征明所获的缎匹财物中，选择最好的赏给科尔沁来朝的福妃、贤妃及固伦公主、诸福金等。一时没有查看过的俘获财物还要再找机会继续查阅。诸事完毕，就回宫去了。

这天，太宗的一切活动都没有不祥之兆，谁都料想不到他的生命会在几小时之内就匆匆完结！

在沈阳作为清朝入关前的都城时，城的正中央是金碧辉煌的宫殿。沿着皇宫正门大清门向里面走，穿过重重楼台殿阁，直到最后一层，迎面的便是清宁宫。宫的东头有一间暖阁，约二三十平方米，分隔为南北两小间，各设一炕，这里就是太宗与皇后博尔济吉特氏的寝宫。当天晚上亥时，即九至十一点，太宗端坐在南炕上突然停止了呼吸……

噩耗来得如此突然，令人无比震惊！九日一天，谁也没有看出他有什么毛病。八

日，他还亲自册封他的女儿及女婿固伦额驸奇塔特、弼尔塔哈尔诰命、仪仗。同时，他还在崇政殿为第五个女儿固伦公主下嫁内大臣和硕额驸恩格德尔之子索尔哈举行盛大仪式，从和硕亲王以下、甲喇章京以上，以及来朝的外藩蒙古王公，还有朝鲜王李保的儿子等都来庆贺。如再往前追溯一下，至少也有三四个月，他没有发生什么病症。

有关的清代官修史书几乎都记载说清太宗死时是"无疾而终"。这种说法，作为表示他一生赫赫文治武功，死而无憾，好像是一种实事求是的定论。岂不知恰恰就是这种记载，既不符合实际，也给后人留下了一个不解之谜，因而产生了种种推测。

可以肯定，太宗之死，绝不是"无疾而终"。事实上他是病死的，只是清代官方史书没有公开示人。

太宗从小身体就很好，到中年变得有些肥胖，出征时穿戴很重的铠甲，连他的坐骑也承受不了。他喜爱的两匹马，一匹取名小白，一匹取名大白，乘小白只能日行百里，乘大白才五十里。足见他体质丰满强壮，官方史书从未提到他生过什么病。可是自然规律他是无法违抗的。大约从崇德六年（1641 年）起，他已感到自己衰老了。这年的十月初二日，诸王及他们的妻子儿女们奏请恭祭宸妃，太宗深有感触地说："山峻则崩，木高则折，年富则衰，此乃天特贻朕以忧也。"他的这番话里，忧的是"年富则衰"，指的就是他自己，忧虑他自己年老体衰。古人说："五十而知天命"，崇德六年，太宗整整五十大寿，"而知"之年，他对自己做出了正确判断。的确，太宗发出的信息不是无病呻吟。那时他连连有病，病得他似乎认为死是无可讳言的。据史书记载，他从崇德五年开始生病，这年七月二十七日，他第一次出现"圣躬违和"，到安山（鞍山）温泉疗养。从他生病到逝世前，史书上都没有具体说是什么病，只写"圣躬违和"或"圣躬不豫"。出现这种情况的主要几次有：

崇德六年八月，松山大战前夕，明十三万大军排山倒海而来，清军难以支持，前线一再告急，太宗调集各路军马，定于八月十一日亲征，不巧他有病，推迟了三天。他患的是鼻衄，即鼻出血。这么紧张的时刻，为患病而滞留日期，可以想象病情之严重。延至十四日，鼻仍出血，迫不及待地出发了。由于走得太急，鼻出血不止，三天后才有好转。

崇德七年（1642 年）十月二十日，"圣躬违和，肆大赦。凡重辟及械系人犯，俱令集大清门外，悉予宽释。"

这次病得也很重，不仅用大赦向天祈求痊愈，而且清廷的官员们就此提出建议，减轻太宗的政事活动。二十七日都察院参政祖可法、张存仁，理事官雷兴上奏说："皇上天纵神武，德被遐方，以仁心爱万民，以仁政治宇内，凡养民恤民，无不周挚，虽当大业创兴，实万世之圣主，当代之明君也。臣闻有道者，天赐纯嘏；福履者，景运灵长。今皇上道德醇备，福寿兼隆，虽偶尔不豫，辄获康吉，天之眷我皇躬也昭昭矣，举国臣民不胜欢忭。伏愿皇上保护圣躬，上答天心，下慰人望。近见政事纷繁，动劳睿虑，各旗、六部诸大臣虚设何裨？凡心劳则气动，更愿皇上清心定志，一切细务，付部臣分理，至军国大事，方许奏闻。况大业垂成，外国来归，正圣心慰悦之时，亦可稍辍忧劳。且时当食足兵强，皇上宜暂出游猎，以适上心。臣等谬任言官，唯以圣躬为重，伏望息虑养神，幸甚！"大学士范文程、希福把这份奏疏转达给太宗，立刻得到太宗允许，说："所奏良是。朕之亲理万机，非好劳也，因部臣不能分理，是用躬自裁断。今后诸务可令和硕郑亲王、和硕睿亲王、和硕肃亲王、多罗武英郡王合议完结。"

太宗派范文程把这个重要决定通知诸王，因为这是从来没有的事，诸王一时感到不知所措。向太宗奏问："皇上命臣等断理诸务，敢不钦承。但何项事应行奏请，伏候圣裁决定，则诸务庶可办理？"太宗又答复他们说："未来之事何能预定？各部事务须尽心料理，有不能决断者会同诸王贝勒议结。如会议仍不能结者，方许奏闻。诸王每日黎明齐集，有事则奏，无事回各衙门办理部事。倘有当议事务，候旨齐集。"此事关系行政体制的重大改变且不必说，不过也将太宗身体欠佳程度完全反映出来。有了这个决定，太宗基本上交出了日常的行政事务，从而可见他病得实在不轻，估计短期内无好转可能。

太宗到底死于什么病？有一个值得注意的线索透露了一点情况。这就是朝鲜史书的记载。朝鲜的记载曾说清太宗之死是"暴逝"。如太宗死后的九月初一日，朝鲜得到文学李袗在沈阳向本国发出的报告说："清汗于本月初九日夜暴逝。"的确，这么一说，可以解释为"无疾而终"，也可以说成是遇害而死。但是，朝鲜人是早知道太宗有病的。如他们的史书记载，四月初六日"清人言于世子馆所，以为皇帝病风眩，愿得竹沥，且要见名医。上命遣针医柳达、药医朴頵等。"清太宗有什么病及需用药物，朝鲜人一清二楚。按他们所载，太宗患风眩，用药为竹沥。竹沥主治化痰、去热、解烦闷等病症。太宗一生劳累，晚年诸事更繁重，加上宸妃之死，操劳过度，情志不舒，痰火上升，必然眩晕，血热上涌，头昏眩。平素痰火重，容易引起中风症，高血压，猝然死亡。太宗所患病应不出这个范围，而且可能是造成死亡的主要原因。

管葛山人的《山中闻见录》所说太宗患"痰疾"而死，恐不准确。痰是其他病症引起，仅仅一个痰，构不成重病，也不致夺去一个人的生命。另有人认为，太宗因怀念宸妃过度而死。自从崇德六年九月十三日宸妃死后，太宗一直朝思暮想，吃不下饭，"圣躬违和"，甚至还昏迷过一次。但仅仅是宸妃死的悲痛也不能置他于死地。宸妃死前，太宗已有病，使他最后断送生命的恐怕是多种因素的并发，主要是中风。太宗一生勤于政事，勇于战阵，诸多军国大事，事必躬亲。由于长期处于高度紧张，严重损害了他的健康，致使积劳成疾，病兆频频发生，特别是遇到宸妃之死，悲痛不已，更增加了他的身体负担。当潜伏的重病一朝突发，瞬息之间就夺去了他旺盛的生命。

崇德八年八月九日清太宗逝世以后，第二天，诸王大臣们把他的"梓宫"（棺材）

安放在崇政殿，为他举哀三天。九月二十一日，昭陵尚未建成，就把他葬在这座举世闻名的陵宫里。有清一代，对清太宗一直推崇备至，根据他生前的文治武功，乾隆元年又给他加上美好的谥号，称为"应天兴国弘德彰武宽温仁圣睿孝敬敏昭定隆通显功文皇帝"，为他树碑立传。他的陵墓称为昭陵，陵宫御道两旁的石兽群中，有一对石马，是仿太宗生前喜爱的坐骑大白、小白雕制而成的。立在他的陵前，也有意让后人不忘他当年马上得天下的辛劳。

（二）福临继位

崇德八年（1643 年）八月十四日，清太宗已经死了五天。人们正在从突然的"驾崩"震动中逐渐清醒过来，思考谁来当他的继承人。就在这一天，掌握极大实权而又觊觎皇位的多尔衮急忙到三官庙，召见内大臣索尼议论皇位继承人。索尼是太宗一手提拔起来的，他不顾多尔衮的个人欲望，大胆地发表逆耳之言说："先帝有皇子在，必立其一，他非所知也。"这就是说，他不同意多尔衮当皇帝。同一天晚上，太宗另一个亲信巴牙喇纛章京图赖也到索尼处，表示他不但决定立皇子，而且指名拥护豪格。争权的斗争从单个人的联系飞速地传开，从暗地里的矛盾急剧地发展为公开地剑拔弩张。紧张的气氛使人屏住呼吸。

第二天，斗争达到了白热化。天刚亮，曾经是太宗亲自所属的两黄旗的大臣们来到大清门，商定立皇子，这是他们的一致意见。他们很明白，这是公然对抗多尔衮，情况之严重，既关系国家前途，也涉及个人安危。为了先发制人，太宗的这些亲信们命令两旗的精锐巴牙喇兵全副武装，张弓挟矢，环立宫殿，然后他们一个个按次序进入崇政殿。

崇政殿是太宗生前建筑的皇宫正殿，是常朝的场所。他死后"梓宫"也停放在这里举行哀悼。今天，他本人已不在世，群臣们来到这里议论他的继承人，心情本来就不平静，何况又遇到太宗没有谈过谁可作他的继承人，又有几个人都拉开要夺取皇位的架势。诸王大臣列坐大殿的东西两门房。议论一开始，索尼及巴图鲁鄂拜首先提出立皇子。睿亲王多尔衮命令他二人暂退，语气激动、严厉。多尔衮的同母弟英亲王阿济格、豫亲王多铎，支持多尔衮当皇帝。多尔衮犹豫不决，没有答应他二人的要求。多铎急不可耐地说："如不同意，应该立我为皇帝，我的名字在太祖的遗诏中已经提到。"他毛遂自荐，毫不掩饰，多尔衮颇持异议，反驳他说："肃亲王（豪格）的名字也是太祖提到的，不只是有你的名字。"话虽不多，一箭双雕，分明表示他不同意多铎，也不同意豪格。多铎遭到多尔衮的反对，转移了目标，又提出："不立我，论长，当立礼亲王（代善）。"多铎力求找个立皇帝的原则，先提立自己，说的是废长立幼，听到多尔衮反对，又说豪格也有理由当立，他认为这就是"立长"的原则，多铎不同意立豪格，便说立长就立代善。代善老成持重，从议论开始到此时一言未发，争论到自己头上，他才把经过认真考虑的想法公之于众。他说："睿亲王如应允，当然是国家之福；否则，应立皇子。至于我，年老体衰，难得胜任。"这是个有力的表态。议论就按他的基调做了决定，想当皇帝的多尔衮、豪格及多铎都被否决。其中尤为重要的是，多尔衮和豪格，各为一方，本身有强大的实力，也有狂热的支持者，他们互相争夺最为激烈，这时两败俱伤。最后的结果是拥戴太宗第九子六岁的福临为皇帝。人们普遍认为在多尔衮和豪格势不两立的情况下，这是个折中方案。

清太宗死后的这场夺取皇位的斗争，多尔衮一直扮演主要角色。结局对他算是一个小小的胜利。太宗晚年既然没有明确提出皇位继承人，按照当时情况，多尔衮最有希望取得皇位。至少他有三个重要条件：第一，他的母亲乌拉纳喇氏，曾有宠于清太祖努尔哈赤，同太祖相依为命二十六年，太宗生母叶赫那拉氏死后，她位至大妃，也称汗后。太祖病危时，顺太子河乘舟而下，特派人请这位大妃前去会面，在浑河相遇。二人相会，必谈到大位继承问题，而且很可能确定多尔衮为继承人。可是太祖死后，太宗继位，多尔衮没有登大位，他的母亲还做了殉葬品。据说这是太祖的遗诏，"恐后为国乱"。这反映太祖死后也曾有一场夺权之争，太宗是这场斗争的胜利者，最大的失败者是多尔衮。因有这个背景，到了太宗死时，有些人还一直认为多尔衮应当登大位当皇帝。第二，多尔衮聪明过人，才智出众，深受父亲努尔哈赤喜爱。在他很小时候，已分给他管全旗。据朝鲜史书所载，努尔哈赤临终前对代善说：九王（多尔衮）应立为汗，他一时年幼，可由代善摄政，以后再传给九王。代善为防止"嫌逼"，就拥立了洪太氏（皇太极）。第三，多尔衮在太宗统治时期多次被任命为领兵大将军，征朝鲜，蒙古，讨伐大明，立下汗马功劳，在参与国家行政事务中也经受了锻炼。他有卓越的政治和军事才能，在他的国内和外界有广泛的影响和崇高的威信。但是，尽管如此，他在太宗死后仍没有当上皇帝。还把坚持拥他当皇帝的硕托、阿达礼处死。这不是多尔衮情愿让贤，主要是在子继父位的时代，多尔衮再想兄终弟及很难行得通，再加上豪格一派的反对，所以多尔衮还是当不了皇帝。说是他的胜利，是因为拥立六岁的福临，一切实权都掌握在他手中，他成为大清实际的最高统治者。

拥立皇子一派的人没有能使豪格当上皇帝，这是他们的失败。所以传出"九王废长子虎口（豪格）王而立其第三子（即福临），年甫六岁，群情颇不悦"。但是福临即位也使他们略感安慰。当这个决定做出之后，索尼、图赖与谭泰、巩阿岱、锡翰、鄂拜等在三官庙聚会"誓辅幼主，六人如一体"。豪格作为太宗的长子，按照中国传统的嫡长子继承制度，他在太宗死后当皇帝是顺理成章的。他本人条件也不差，当时已成年，有才能，有战功。他生于万历三十七（1609 年）年，太宗死时已三十五岁，比多尔衮大三岁。他从太祖以来就在文治武功中做出了贡献，在群臣中，也有一定威信。他没有当上皇帝的根本原因是清朝实力比较分散，诸王拥重自兵，他们自己要保持权力，不愿绝对听命于皇帝。

无论是多尔衮还是豪格，他们对自己没有当上皇帝都很不甘心。福临已经即位，他们还不断寻找机会，想方设法实现个人的皇帝梦。多尔衮在福临当了皇帝之后，先与济尔哈朗共同辅政，后来突出以他为主摄政，直发展到他称"皇父摄政王"。多尔衮下令逮杀了豪格，甚至传出多尔衮还娶了皇太后。他还把生母乌拉纳喇氏封为孝烈武皇后，如此等等。他在一步步缩短登上皇位的路程，真不巧，他在只差毫厘时，病死。豪格在福临即位后，也发动了夺取皇位的反攻。顺治元年（1644 年）四月，从沈阳传出消息说："施士博氏、卢氏博氏、梧木道等谋立虎口王（原注：虎口王即弘太始之长子，而诸王欲专国柄，舍虎口而立幼主）皆被诛，诸将欲杀虎口王，其帝涕泣不食曰：'虎口以我异母兄弟，故如是请杀耶？'诸王不敢复言，罚银三千两，许赎其罪，使之立功自效。"豪格的反攻也以失败告终。豪格把矛头指向多尔衮，遭到严厉镇压。太宗逝世后的一场夺权斗争持续约七年之久，大局终于稳定。

事过境迁，但时至今日人们仍有疑惑：皇太极的几个儿子当中，为什么多尔衮偏偏选中了第九子福临？有人说多尔衮与福临之母、永福宫漂亮的庄妃早有私情，在庄妃的周旋下，于是便将其子福临推上了皇帝的宝座。我们说，这种情况虽有可能，但决定福临继位的根本原因，还是当时局势的发展和各派势力的均衡，以及满洲的制度和多尔衮对自己权力精妙设计的结果。

皇太极除了长子豪格之外，共有过十个儿子，但他死时只剩下七个。在五宫后妃中，清宁宫正宫、皇后博尔济锦氏只生下三女儿，位于其下的是关雎宫宸妃博尔济锦氏，就是福临母亲的姑母，但不幸的是，她曾在崇德二年生下一子，未及命名就夭折了，她自己也在三年后病逝。排在第三位的是麟趾宫贵妃博尔济锦氏，生有一子一女，子即博穆博果尔。第四位是衍庆宫淑妃博尔济锦氏，无子无女，只抚养了一个蒙古养女，嫁给了多尔衮。第五位才是永福宫庄妃博尔济锦氏——福临的生母，其他生子的贵妃、庶妃还有七位。从年龄来讲，当时比福临大的还有叶布舒（时十七岁），硕塞（时十六岁），高塞（时七岁），常舒（时七岁）等四人，但皆为庶出；从地位上来讲，博穆博果尔之母为西宫皇后，高于福临之母两级。那么为什么，多尔衮不在这五人当中选一嗣君，偏偏选立了福临呢？

可能有如下原因：首先，多尔衮提出选皇子但并不同意豪格。自己做辅政王，目的是为了控制皇帝，自己独揽大权，使自己虽无皇帝之名，却有皇帝之实，因此，绝不能选择年龄较大者继立为帝。所以，叶布舒和硕塞就被排除在外，因为如果那样，他根本就没理由提出设立辅政王，即使勉强设立了，也不能辅政时间很长，这对于他当然是无利可图的。

其次，满族极重嫡庶之分，所立皇子的母亲必须是地位较高的五宫正妃，而不是没有徽号的侧妃或庶妃所生之子。皇太极生前最喜欢的妃子有两个，一是宸妃，此人贤淑文静,与太宗感情极深。皇太极曾取《诗经》中以表达爱情著称的"关关雎鸠"诗句,来为她所居宫室命名。崇德六年她病逝之后,皇太极痛不欲生,饮食俱废,很长时间都未从悲痛中恢复过来。另一位,就是福临的生母庄妃。此人在五宫后妃中最为年轻,且又美貌动人,聪明伶俐,她善于体察皇太极的心意,因此很得皇太极宠爱。特别是宸妃死后,她就成为皇太极晚年生活中的唯一爱妃。这二人本是一姑一侄,且都只生有一子,但宸妃之子不幸夭亡,庄妃之子福临就占了天时、地利、人和,提出他来继嗣,应该是符合先帝心愿的,诸王自然没有话说。

但是,符合以上两个条件的还有一个人,即麟趾宫贵妃的儿子博穆博果尔。此子于崇德六年十二月出生,为皇太极的第十一个儿子,也是最后一个儿子,当时不过两岁多。其母博尔济锦氏地位也比永福宫庄妃高。那么为什么多尔衮没提出博穆博果尔作为皇位继承人呢?也可能有两方面的原因。首先,传说麟趾宫贵妃和衍庆宫贵妃原来都是察哈尔林丹汗的妻子,后来为清军俘获,代善等劝皇太极纳之,后来分列五宫后妃中的第三位和第四位。这样,她们就不是皇太极的原配,在人们眼中的地位就不甚高贵。此外,麟趾宫贵妃也不太被皇太极宠爱,她和衍庆宫淑妃之所以被皇太极安排在永福宫庄妃之上,其政治上的需要可能远比夫妻感情的因素要大得多,就是说,这是招徕蒙古诸部的一个手段,因此其实际地位当低于她的名号。其次,博穆博果尔才两岁,虽说多尔衮是辅佐幼主,但太小了也不合适,举行仪式时,总不能由母亲抱着,连起码的场面也应付不了吧?

福临在当时被选中了,这绝不是偶然的机遇,或是凭多尔衮信口道来,而是当时诸多的客观因素决定的。

那么,又是什么因素决定了辅政王的人选呢?为什么诸王大臣只得同意由济尔哈朗和多尔衮,而不是豪格、多铎,或代善来辅理国政呢?多尔衮出任辅政的原因比较清楚,他是牺牲了皇位继承权而出任辅政的,这等于是个交换条件。这一点,恐怕双方都很清楚。起初,多尔衮代表两白旗出来争夺皇位。此时,他出任辅政同样是代表着两白旗,这体现着最高统治阶层中各派势力的一种均衡,从这个意义上说,多铎和阿济格自然不能同任辅政王。当然,多尔衮个人的才能也众所周知,多铎和阿济格不可能取而代之。

同样,福临继位,已经代表了两黄旗和正蓝旗的利益,豪格再出任辅政,均衡就会被打破,这是多尔衮无论如何也不会同意的。但是,能不能就由多尔衮一个人担任辅政王呢?当然不行。一边是六龄幼主,一边是雄才伟略的叔父,难免会出现大权独揽、个人专政的局面。这样,就必须有一个中间派上台,表面上并非多尔衮的敌对势力,实际上起一种抑制多尔衮的作用。对于多尔衮来说,也必须拉上一个比较好对付的人一同登台,这样,才可以避免暴露自己的真实想法,也使对手较容易接受自己的提案。谁能充当这个角色呢?代善不行,他早就表示"老不预政",皇帝都不愿当,何况辅政王？于是，就非济尔哈朗莫属了。对于多尔衮来说，济尔哈朗容易对付，而他又曾支持豪格，拉他上来，两黄旗的人必定无话可说，而且，把他放在第一辅政王的位子上，该方案就更容易被通过。这是平衡各派势力的最佳方案。

对于满朝文武来说，济尔哈朗和多尔衮出任辅政也并不出人意料，因为皇太极晚年最信任、最重用的就是这两人。崇德七年十月，皇太极日理万机，不胜劳累，在外出休养时，国事"著大学士范文程、希福诣和硕郑亲王、和硕睿亲王、和硕肃亲王、多罗武英郡王处会议。"济尔哈朗和多尔衮列于首位。崇德八年四月，皇太极赐诸王玄狐裘，济尔哈朗和多尔衮仍列首位。五月，他又命济尔哈朗和多尔衮向罗洛浑传谕。六月，饶余贝勒阿巴泰征明凯旋，皇太极令诸王大臣出迎，济尔哈朗和多尔衮排在最前面。八月，因阿巴泰征明大捷，文武群臣上表称贺，又是济尔哈朗和多尔衮领衔。这一切都表明，济尔哈朗和多尔衮在皇太极统治时期乃是群臣之首，而且济尔哈朗排在第一位，多尔衮排在第二位。这二人现在做了辅政王，众人也不会觉得意外，是最顺理成章的人选。

然而，尽管皇太极死后所形成的政权格局，是各派势力充分较量后，大家共同接受的结果，但仍有一些人公开或暗地里表示反对。

镇国公艾度礼在宣誓之前就说："二王迫胁盟誓，我等面从，心实不服。主上幼冲，我意不悦。今虽竭力从事，其谁知之？二王擅政之处，亦不合我意。每年发誓，予心实难相从，天地神明，其鉴察之。"他还把这些话都写在纸上，在集体宣誓之前焚化，表明他是被迫盟誓的。

多铎或许是对多尔衮不同意立他为帝不满，他后来居然对豪格说："和硕郑亲王初议立尔为君，因王性柔，力不胜众，议遂寝。其时我亦曾劝令勿立，由今思之，殆失计矣，今愿出力效死于前。"多铎仿佛不再是多尔衮的兄弟，而是变成了豪格的死党。

代善的子孙硕托和阿达礼在盟誓两天之后，对拥立稚童福临颇不甘心，仍积极活动，企图把多尔衮推上皇位，改变既成的事实。于是，在八月十六日阿达礼先跑到多尔衮那儿，对他说："王正大位，我当从王。"接着又跑到济尔哈朗那儿，对他说："和硕礼亲王让我经常到睿王府中往来。"硕托也派吴丹到多尔衮处，对他说："内大臣图尔格及御前侍卫等，皆从我谋矣，王可自立为君。"最后两人又一起到代善那儿，以探视足疾为由，在床前悄悄对他说："今立稚儿，国事可知，不可不速为处置。"又附到代善耳边说："众已定议立和硕睿亲王矣，王何默默？"代善听后明确表示反对，并告诉他俩说："既立天誓，何出此言？更勿生他意！"

对阿达礼和硕托的四处游说，多尔衮迅速做出反应：当他们找上门时，多尔衮"闭门不纳"。二人跑到多铎处求见，多铎也令人对他们说："此非相访之时！"始终不出来相见。硕托和阿达礼无奈，只得又回到代善那儿去恳求他的支持，代善见告诫不听，立刻发了脾气，说道："何为再发妄言？祸必立至，任汝所为！"为了不牵连自己，代善立即将他们告发，多尔衮说："吾亦闻之。"于是他俩的活动被揭发了出来。

据说，阿济格对多尔衮立幼子为帝心中也颇不满。"自退出后，称病不出，帝之丧次，一不往来。"

肃亲王豪格见到两黄旗大臣一立了皇子就不再坚持拥立他，便认为他们"向皆附我，今伊等乃率二旗附和硕睿王。"他还大骂多尔衮"非有福人，乃有疾人也"，"素善病"，"岂能终摄政之事？"并叫嚷"岂不能手裂若辈之颈而杀之乎？"他手下的杨善、伊成格、罗硕、俄莫克图等也纷纷表示愿为豪格效死。

面对这样一种新的挑战，新统治集团的核心多尔衮和济尔哈朗，甚至代善都主张坚决打击，绝不手软。济尔哈朗下令将艾度礼和他的妻子及其子海达礼一齐斩首，家产人口全部没收。豪格被夺所属七牛录，罚银五千两，废为庶人。其死党杨善、伊成格、罗硕、俄莫克图全部被砍头。其他知情者安泰、夏塞等俱遭鞭责。

支持多尔衮的人，代善和济尔哈朗是主张重罚的，多尔衮也就更不能心慈手软。对于硕托和阿达礼，代善都可以舍弃自己的亲生骨肉，多尔衮要是容情，就势必被人认为是有私心。于是，他二人被宣布扰乱国政，以叛逆罪论死。阿达礼母、硕托妻因结党助逆，与同谋的吴丹一并处死。在十六日晚上，硕托和阿达礼被捕送到衙门，"露体绑缚"，与硕托之妻和阿达礼之母，"即缢杀之"。面对阿济格的消极抵制，多尔衮派人警告他说："汝虽患病，皇帝丧事，不可不来也。"阿济格听后非常害怕，第二天就扶病上朝，不敢有所怠慢。

多尔衮审时度势，以冷静和机智的头脑，比较稳妥地解决了皇位继立问题，果断而严厉地处理了可能出现的内乱，在皇太极死后不到十天的时间内，就完成了满洲最高权力的过渡，稳定了局势。多尔衮从此也开始了他艰难而辉煌的政治生活。

皇太极逸事

（一）顺应潮流勇变革

太宗的满族意识强烈，又十分向往汉族文化。他十分希望他的民族迅速强大起来，因而也更迫切的需要汉文化给予补充，甚至要改造本民族中那些不合时宜的、落后于时代的习俗；但他又忧虑这样做会丧失本民族的优势，有被全盘汉化的危险。这使他的心情很矛盾。不过，他在实践中已找到了两全其美的较为可行的途径。这就是：坚持国语、骑射不忘根，同时改革民族陋习。

骑射，就是骑马、射箭。满族人从她的先世以来，人人精于骑术、射箭，它成了全民族从事日常生产与军事活动的基本技能，它是满族区别于汉族的主要特征之一。进入汉人聚居的辽沈地区以后，生活条件发生了重大变化，受汉文化影响，骑射已失去原有的生产与生活的意义，仅在军事斗争上体现出它的价值。但当军事斗争减少或结束时，恐怕就难以保持下去。太宗已意识到这种危险的存在，就大力倡导骑射，力图保持这一民族传统。他率先垂范，躬身实践，决定每年春秋冬三季带领诸贝勒出外行猎，不管刮风下雨，也不管数九寒天，他都坚持，毫不迟疑。这种狩猎活动，名为"娱乐"，实际是一种军事训练。他的目的，就是要使他的民族不忘骑射，更不能废弃骑射。除了他本人坚持，还命令各牛录额真："都要各自督率所属长幼于春夏秋三季时时习射，朕将派遣部臣前往各处检查，如有不会射箭的，就治牛录额真之罪。这是我国的长技，怎能不努力学习呢！"

尽管太宗三令五申坚持骑射，带头示范，可是，在他的兄弟子侄中那种惧怕艰苦、追求享乐的思想仍在滋长蔓延，甚至发展到行动上消极抵制，凡有行猎的活动也不愿参加。有一次，太宗的哥哥阿巴泰借故"手痛"，拒绝到郊外骑射，在家里求安逸。太宗知道后，立即召见他，连劝带批评地说："你平时总呆在家里，忽然有此行动，怎能不手痛！如果你愤然而起，亲自骑射，还有什么可痛的呢？诸贝勒不亲率士卒骑射，教习和演练武艺，谁又肯专心于军事？平时既然没达到娴熟，一旦同敌人交战，还怎么能抵御呢？"阿巴泰受到批评，没有任何理由掩饰自己，只有乖乖认错。

阿巴泰是太宗的同辈人，跟父亲艰难创业，尚且如此，至于他们的子弟已属第三代人，较少甚至完全没有经历过父祖的艰难，不懂得优裕的生活来之不易，他们所关注的是从先辈得来的巨大财富和权势中尽情享乐，对于什么骑射并无兴趣，相反，视骑射为艰苦，总想法逃避。有一次，太宗召集这些皇室贵胄子弟，向他们训话："你们这些子弟平时只知道游行街市，以图戏耍玩乐。早些年，不论长幼，穷困之际，都以行兵出猎当作喜事。那时，仆人很少，都是自己牧马披鞍，自己做饭吃。尽管这样艰辛，都愿为国效力。我国兴隆发展，难道不正是由此劳瘁而达到的吗？现在，你们一遇打仗、出猎，就推说妻子有病，或者以家事为辞不去，完全不想奋发向前，只迷恋于家室，这样下去，国家能不衰退吗？"这帮子弟个个认错，表示今后一定改正，太宗这才转怒为喜。

太宗决心不废骑射，必欲传之于子孙，他在一次集会上宣布："从今以后，各贝勒要亲自率领子弟进行演习射箭，子弟辈中青壮年，叫他们使用角弓、羽箭练习；年幼的，叫他们用木头和柳条做成弓箭练习。如果他们中有不执弓习射，喜好博戏、闲游街市店铺的，要抓起来，严加追究。我国所依靠的，全在于射艺。你们要互相激励劝导。"

满族的服饰，其特点是紧身窄瘦的缨帽箭衣。这与骑射生活是相适应的。到了辽沈地区，下至满族平民，上至贵族之家，仿效明朝服饰已成为时尚，衣冠变得肥了起来。有的大臣象达海、库尔缠等高级官吏甚至向太宗建议改制服装，依明朝式样仿造。太宗很不满意，当即给予批评。崇德元年（1636年），有一天，他把诸王大臣都召集到翔凤楼，先让内弘文院大臣给他们读《金史·世宗本纪》。读完后，他开始谈他的看法。他说："金世宗最担心子孙效法汉俗，屡次以祖宗为训，衣服、语言都遵旧制，时时练习骑射，为军事做准备。但后世之君渐渐废弛，忘记了骑射，终致亡国。前不久，儒臣达海、库尔缠屡次劝朕改满族服饰，效法汉人。朕不听从他们的劝谏。朕打个比喻：比如，我们都在此聚会，都穿宽衣大袖，左边佩矢，右边挟弓，忽然遇到硕翁科罗巴图鲁挺身突入，我们还能抵御吗？只能任人宰割。朕举此例，实在为子孙万世的考虑。朕岂能有变更的道理？就是担心后世子孙忘记了骑射，而效法了汉人的陋习，所以，我常常为这件事而感到忧虑呢！"

崇德三年（1638年）七月，太宗专为此制定了法令：有仿效他国（指明朝）衣冠、束发（留长头发）、裹足者均治以重罪。他在另一道法令中，又做了具体规定：凡汉人官民男女穿戴，均照满族式样，男人不许穿大领大袖、戴绒帽，务要束腰；女人不许梳头、裹足。把汉人服饰都改为满族装束，从根本上防止满族变易服装，改从汉人。裹足是汉人的陋习，是汉族封建统治者对妇女的摧残，太宗禁止裹脚，无疑是对妇女做的一件好事，可惜后代的清朝统治者，违约弛禁，又使汉族妇女的裹脚陋习，延续了近三百年。

太宗担心的另一件事，唯恐满族丢弃本民族的文字。满族崛起时，本来没有自己的文字，通用蒙古文字。努尔哈赤于明万历二十七年（1599年）创制无圈点的"老满文"，满族自此有了本民族的文字。但"老满文"不完善，太宗于天聪六年（1632年）进行了再创造，成为有圈点的新满文。可是，进入辽沈地区，同人数众多的汉人混居，加之这里的一切地名、官名、人名及平时习惯用语都是汉族的文化、汉族的语言，满族人不能不学会汉语，习从汉文，所以满语很快降为次要语言，尤其是满族贵族及其子弟也以学会汉语为时尚，满语刚刚使用，就呈衰落之势。

太宗感到这是满族汉化的又一个危险，他必须加以制止。他制定了一条原则：汉语与满语两种语言并用，但要求满族人在本族中说满语，和汉人交往时可以说汉语。为了增加满语在社会上的使用机会，增强满族人的文化意识，太宗又于天聪八年（1634年）四月采取一项重大措施：将所属管辖地区凡汉语名称一律改为满语名称。他解释说："朕听说国家创业，未有弃其国语反而学习他国语言的。弃自己的语言，仿效他人的，这个国家是不能长久的。蒙古诸臣的子孙自弃蒙古语，名号都学喇嘛，终于导致国运衰竭。现在，我国官名都因循汉人，一切从其旧称，这是很危险的。朕以为，知其善而不能从，知其非而不能改，这都是没有得到要领。朕虽未完成大业，也不能听命他国。从今以后，凡我国官名及城镇名，都改成满语，像沈阳应改成盛京

（满语谟克墩，即兴盛之意）。像官名，具体说，如一等总兵官应改称为一等昂邦章京，一等副将改称为一等梅勒章京，一等参将改为一等甲喇章京，游击为三等甲喇章京，备御为牛录章京，等等。以后，不许仍袭用汉语旧名，均照我国新定名称使用，如不遵守我国新定之名而仍称汉语旧名者，一经查出，决不轻恕。"同时，他命满语专家达海将汉人典籍如《孟子》《三国志演义》《资治通鉴》等一大批汉文书翻译成满文，供满人学习。他规定诸王贝勒的孩子凡年龄在 15 岁以下、8 岁以上都必须读书，如有不读书者，将重处其父母。

在满族中，长期保留氏族社会的部分残余，在婚姻方面尤其明显，如嫁娶不分族内外，父亲死了，儿子可以娶其母为妻。与汉人相比，实属乱伦。天聪四年（1630年）太宗下令改革，自宣布之日起，不准娶继母、伯母、婶母、弟媳、侄媳为妻，永远禁止。到崇德元年（1636 年），再次重申禁止族内婚，如违此法，视同奸淫问罪。太宗顺应历史发展，对满族社会和习俗作了较全面的改革，自此走上健康发展的道路。

（二）以身作则行法制

太宗以法治国，在继位后的几年里，不断地制定各方面的法规，并坚持执行。有些规定是他亲自制定的，例如："凡诸贝勒审判案件，枉断人死罪者，罚银六百两；枉断人杖赎等罪，以及不奉谕旨、私遣人与外国贸易，或怠忽职责，或擅自劫取民间财物马匹，或将本旗女子不经报部批准而以低价收纳在家者，都罚二百两。"他还给诸王贝勒包括他自己在内制定法规，其中一条是，诸王贝勒出门按规定要排列仪仗，违者罚羊。太宗以法令来监督诸王贝勒群臣的言行，使他们都处于法律与汗权——皇权的严格控制之下。

为了加强对文武百官的监督，太宗于崇德元年（1636 年）五月设立了监察机构——都察院，与三院六部不相属，独立行使监察百官及各部的职权。太宗授予该部院以很大的权力，宣布上自皇帝，下至诸王贝勒、各部臣，都可以劝谏、弹劾、纠察。他亲自要求都察院的官员要监督他的言行、为政得失，诚恳地说："朕如奢侈无度、误杀功臣，或者逸乐畋猎、荒耽酒色，不理政事，或者抛弃忠良，任用奸诈之徒，升迁官员不当，你们要直说，劝告批评都不要隐瞒。诸贝勒如果废弃事业，偷安享乐，或朝会时轻率迟缓懈怠，部臣如隐瞒不报，你们要指名道姓，进行参劾。六部（吏、户、礼、兵、工、刑）断事不公，以及审案迟缓，你们要查明向朕报告。明朝的弊政，在于你们这样的衙门往往成为贿赂之所，你们要互相防备检查。除了挟仇诬告好人之外，凡你们所奏，说得对的，朕立即批准照办；说得不对的，朕也不加罪你们的。"

作为一个封建帝王，很难做到言行一致，也很难做到有法必依，对自己对贵戚对心腹之臣，也无法实行事事依法。只能说，那些明君做得稍好些，而昏君、暴君、庸君任意胡为，什么法律也不能约束他，更不用说监督了。不过，太宗还是属于较好的一个，他制法、执法都比较严格，自己遵守也较自觉，事涉及到自身，也有勇气承担违法的责任。

太宗在改国号大清以前，曾设文馆机构，在临改国号的前夕，将文馆一分为三，统称内三院。其中，内国史院，负责记录起居、撰拟诏令、纂修实录等。关于皇帝每天起居、军政活动，也就是一天中所言所行，都由这一机构负责记录下来。按规定，皇帝本人是不允许阅看的，直到去世，都不得过目；生前，对专门负责记录的官员也无权进行干预。有一天，太宗到内国史院检查工作，看到一些官员正在记述和整理皇帝起居录，他怕引起官员顾虑，忙说："你们做你们的事，朕是不能看的，这是规定，朕自当执行。"一席话，使这些官员放下心来，刚开始的顾虑也消除了。

太宗对自己要求严格，率先执行法令，如果自身违犯，便自请受罚。

天聪五年（1631年）二月，太宗制定仪仗制，自他以下，诸王贝勒出门都按规定排列仪仗队。太宗的意图，给他规定不同等级的仪仗队，是为了别贵贱，分尊卑，立等级，树权威，以建立井然有序的封建统治秩序。所以，太宗很重视仪仗队，虽然讲排场，但政治目的却是十分重要的。如果不照此规定，就等于自乱秩序，混淆等级。

这年春，太宗到他几个儿子避痘所看望。当时，医学很不发达，把出天花看成是一种可怕的瘟疫，因为还没有良药能医治它。这是一种传染病，谁要得了此病，就得隔离起来。一般春夏之交或盛夏是它流行的季节。一旦发生这种瘟疫，作为皇室成员，或贵族之家，就有条件躲开瘟疫，在瘟疫不到之地设一个清净住处，称为"避痘所"，不与外界接触，避免疾病传染。用今天的话说，就是把病人同无病人隔离起来。太宗本人就曾住过"避痘所"，目的是躲避疾病传染。

太宗的几个儿子住进了"避痘所"，显见这年春夏之交疫病流行。太宗亲自去看他们，大概是因为他们离家已久，他因为想念，才去探望。

也许因为着急，太宗去时未排列仪仗队。立即被礼部启心郎祁充格发现，就以违例罚羊的规定通知巴克什（汉语文书）达海，他马上向太宗报告。太宗二话没说，当即认错认罚，把羊如数交给了礼部，并说："朕非忘记排列仪仗，以为去避痘所不必用仪仗。但朕不将此指示告知礼部贝勒，实在是朕的过错。朕如果废法，谁还能奉守法令？此羊你都可以收下。"

太宗以身作则，各项法令也就顺利得到贯彻。

（三）勤政公廉不徇私

太宗治国，以勤奋著称，特别是对刑事处分的大小案件，尤其仔细，与诸贝勒大臣和主管官员总是反复讨论，唯恐出错，冤枉好人。有些案件，他要在请贝勒大臣陪同下，亲自审讯，务求案情水落石出，处理得当。

崇德四年（1639年）八月，以扎喀纳等官员追捕逃人不力，太宗亲自登殿，详审当事人案情经过。

案情是这样的：

内大臣多尔济所属，有三名蒙古人，一名汉人，携马五匹，自伊鲁地方逃走了。所谓"逃人"，是指那些奴仆或士兵，个别的也有官吏，私自潜逃。自努尔哈赤时，就制定了"逃人法"，刑法严苛，有逃必捕，凡捕回者一律处死。太宗时，对此刑法有所宽松，但对此类案件仍然十分重视，特别是携带兵械、财物、马匹而潜逃的，一定要追回。此次，发现蒙汉五人携马匹私逃，太宗闻讯，立即命驻防镇国公扎喀纳、辅国公杜尔祜、宗室顾尔玛洪等率官兵分布于藩城与屏城之间，堵截逃人，并嘱咐说："逃人必从这些地方出现，要急追捕获。"

当时，扎喀纳的戍期已到更换时间，正在返家途中，接到太宗的命令，即赶到太宗所提示之地，等待逃人自投罗网。果然，逃人出现了，傅尔丹等从后面跟踪追击，捕获两匹马，已望见逃人，随后追到哲尔里克地方，因道路泥泞难行，便停止追捕，擅自返回。

兵部得到报告，派人逮捕了追逃人的官员，同时，也在兵部衙门押了扎喀纳等官员。

兵部如实向太宗报告，请示如何处理。太宗马上召和硕诸亲王、郡王、贝勒、贝子及文武群臣，集中到崇政殿，亲审此案。

太宗命诸王贝勒及群臣近前些，又令失职的有关人员：镇国公扎喀纳、杜尔祜、顾尔马洪、梅勒章京多洛里．德尔得赫、甲喇章京傅尔丹、牛录章京巴代、塔海、翁爱、塔里户里、博罗尼敦、雅萨昂邦、穆成格等共十八人，进入大清门，在殿前跪下听审。

太宗首先发问："你们是怎样纵放逃人的？那个地方离盛京（沈阳）约行几天？追到什么地方返回来的。你们都说说。"

扎喀纳先说："臣等昏聩已极，并未想到这些，罪应论死。"他自知事无可辩，请求处死。

太宗接着他的话，说："朕一向有定制，凡追逃人，第一先冲散同伙，使之各自分窜，我兵稍待，不必急于行动，等待逃人疲乏、睡卧，然后再行动，不必追远，一定能擒获。如未发现逃人，则分兵一半，跟踪追捕；一半抄道，堵在前面。你们诸王、贝勒听朕说过此话没有？"

诸王贝勒立即回奏："臣等已听说过多次。"

太宗痛责扎喀纳等人："你们不能穷追到底，也应追到锦州、大凌河（辽宁凌海市）、广宁（辽宁北镇）再回来。如不然，亦应选捷健的少壮兵士，执弓挟矢，伏于必经之路，你们应前往广宁一带山下等候逃人。如此，逃人岂能像大雁飞翔水上吗？只要它一登陆，必获无疑。可你们为何只在藩城跟前转悠，即从哲尔里克地方就返回？为什么不再派人截住而任。其像兔子一样逃跑了呢？你们都明白，作为国君，得到敌国一人则喜，失掉国中一人则怒。当年，毛明安已逃走三个月，又有叶雷部落的酋长也逃走了数月，都被捕获，或就地斩首，最多费时七个月，你们即使不追他们七八个月，但往追七八天，这有何难？"

太宗转而点名穆成格，斥责说："朕所说追捕逃人的事，他人或许未必全知，尔怎能不知道呢？朕用你为兵部启心郎，目的是让你开导主管的贝勒岳托，所以才没这个职位。岳托不经奏闻，私自更换本族参政，而且，私下还表态：本族间散人应授予官职。吏部将此事向朕报告。朕曾召见你，当面揭示：'你部贝勒行事越轨，你怎么不开导他？如果你不说，岳托有罪的话，决不宽恕你！朕再三指授，可你何尝向朕回奏过一句话！你说，是不是？"

穆成格马上认错："陛下的确向臣说过多次，臣实未回奏过一句话。"

"朕再说你几件事。"太宗又说下去，"那年攻取旅顺口时，因阿三败逃，被处死；你旗布尔山，也败逃，却反诬告霸奇兰，企图夺他的先人城之功。后审讯后，才真相大白。你为何隐瞒布尔山罪状？所谓'启心郎'就像你这样吗？前不久，出猎时，有误伤人马的，曾被拘留在兵部。你令内大臣俄齐尔桑坐在炎热的阳光下，而和托、杜雷都制账房居住，你这是出于什么动机？难道说俄齐尔桑所射的是狻猊奇兽，而杜雷、和托所射的是马匹吗？你不过是谄媚你部贝勒，所以才妄自区别对待。……还有比你更甚的吗？"

太宗说完，诸王贝勒纷纷表态："皇上的话说得很对。不惩处此人，无以警告众人。"

太宗又传甲喇章京傅尔丹进前，说："此人在朕面前欺慢无礼很多，非止一端。朕要使你们都听听他犯的罪过。以前，朕的马匹，都由大臣子弟与护军牧养。因傅尔丹的马搀入马群。"牧马的人私下说："御厩的马如丢失，理应不惮劳去寻找，同辈人虽丢了马，就是不去寻找也没什么。朕知道了这件事，下令将傅尔丹的马归还给他。他骑上马，至朕的门前，向马抽了一鞭，气哼哼地说：'与其圈马，不如就圈我！'还有，额驸扬古利在太祖时，每临阵，必奋勇当先，你傅尔丹却当面污辱他说：'扬吉利，你有什么地方比我强？'说着，竟扬起手臂相争。朕问你，你何尝拒一敌，受一处伤，竟敢与扬吉利争功，究竟是为了什么？朕何尝打过你一鞭子？偶尔责备过你吗？朕如此恩养，诸贝勒大臣谁不知道！"

诸贝勒大臣一齐说："皇上责备的很对。他悖谬已甚，罪应处死。"

最后，太宗问诸贝勒大臣："以前，有的将官能追获逃去七八个月的逃人，像傅尔丹等人却纵放出境，两相比较，该如何处理呢？"

群臣同声回奏："皇上圣谕皆对。傅尔丹之罪，实在不能饶恕！"

太宗又说："金世宗被后世号为'小尧舜'。他曾说过：诸王内或有过错，我不隐匿而直言，对方以为我苛刻，如知而不言，默默容忍，那么他就会益加放肆、巧诈。今朕也是这样，见人之过而直言无隐，或以为朕严苛，知其过而不说，则非公正之道。从来是君明则臣勤劳而民安；君庸碌无能，则臣懒、逸乐而民危。朕岂不体谅臣工们的劳苦！但当今正是我君臣励精图治之日，你们诸王贝勒、贝子、大臣们若不各加勤勉，光靠朕一人宵衣旰食，又有何用？朕将安居独处一二个月，观察你们的行动，即使你们在大清门外恳求，朕也不听！"

和硕睿亲王多尔衮跪奏说："今当景运日隆之际，臣等不思效力，匡扶国家，以成大业，后悔何及！"……

太宗对傅尔丹十八人的审问，最后变成对诸王贝勒大臣的批评。因为从这件案子，反映出他们懒散、不尽职的风气，所以，太宗借这件事，对他们进行教育，制止不正之风的蔓延。

太宗走后，诸王大臣讨论对十八人的处理，很快将十八人分别定罪，或免公爵，或罚银，或鞭打，最重的是傅尔丹、穆成格判死刑。

处理的报告报到太宗，经审定，扎喀纳免夺公爵爵位，只罚银五百两，降镇国公为辅国公；杜尔祐罚银三百两，顾尔玛洪免予处分。以傅尔丹、穆成格情节严重，罪行大，维持原判，处以死刑，抄没其家，其家产各给其自家兄弟或父亲。其余人，都给予程度不同的处分。

（四）求长寿寻养生方

希望自己的生命延年益寿，大抵是人的共同愿望。但中国历代帝王大约更想长生不老，做出很多荒唐事，希望找到这长生不老的秘方。秦始皇派徐福率五百童男童女赴东海寻觅长生不老药，结果，徐福一去不复返，秦始皇也没能长寿，成为千古的笑谈。到后来，有些皇帝大搞炼丹术，以为食用金丹就可以长生不老。谁想，因食用金丹中毒而丧命者，比比皆是。但也有些帝王比较注重实际，不迷信炼丹，不相信人可以永远不老，有的甚至斥为荒谬而加以严禁。清代帝王比较注重养生之道，通过饮食营养和内心的修养之功，来达到延年益寿的目的。像乾隆帝活了88岁，堪称历代帝王寿命之最。他的祖父康熙帝也活了69岁，在位六十一年，是历代帝王中在位最久的一个。再往上推，就是这位大清皇帝第一人的清太宗，又是康熙帝的祖父，尽管他的寿命不算长，在位时间不算久，但他从不相信服用什么东西就可延年益寿，这一点还是值得称道的。

在鞍山东南四十里处，群山衔接、环抱，峰峦奇异，千峰林立，人们称之为"千朵莲花山",简称千山。早在魏晋时期,这里已有僧人落脚建有寺院。后经历代不断扩建,到明清之际,千山已成为佛、道共同的宗教圣地,僧道众多,寺观遍山中,善男信女络绎不绝,香火繁盛。

在今千山南沟,有一宏大寺院.名叫大安寺,是千山的名刹之一。寺内有一僧何大峰,主持重修古寺,于崇德元年(1636年)八月竣工。这对于全寺僧人来说,的确是一件值得庆贺的喜事。这当然也是当今皇上治国有方、人民安居乐业的功德,所以,理应向太宗表示感激之情。他特制了千山的特产松花饼,进献给太宗。

大安寺

松花饼,究系何物,我们不得而知。从"松花"二字判断,大概是以松子为原料制作的。松子是松树所结,其子粒清香可食,为人们所喜爱。再采摘其他天然植物,掺入其中,想必是营养价值很高,久食,具有清心明目延寿的功效。可以肯定,它绝不是带有金属属性的金丹之类的东西,是可以食用的。即使达不到延寿的目的,也不会把人吃坏。

僧人何大峰携带松花饼,离开千山,专程赴沈阳。路程不远,不过二百余里。他进了都城盛京,通报求见皇上。令他高兴的是,太宗同意接见他。

八月十四日,正是中秋节的前一天,何大峰恭恭敬敬行过朝见礼,说明来意,然后,将松花饼献上,说:"食用此饼,可以延寿明目。"

太宗看了一眼松花饼,口气严肃地说:"如果能勤勤恳恳地治理国家,爱护百姓,国泰民安,上天自然会默默保佑,何必服用松花饼而延寿明目呢?"

满族人特别敬天畏天,认为人间一切包括人生寿命祸福,都取决于天,人多做好事、善事,就一定会得到上天的保护,赐福于人。除此,太宗什么也不信。他主张一切顺乎天意,顺乎自然,不去搞那些花里胡哨的名堂。太宗谢绝了松花饼,但又赏识僧人的一片诚意,特赏白银十两,作为重修大安寺的一点费用。

（五）开言路容忍劝谏

在封建专制时代，皇帝具有至高无上的权威，他的一言一行都是神圣不可侵犯的，如果敢说他的缺点或过失，就以"大不敬"论处，轻者革职，或下狱、流放，重者杀头。但也有个别开明的皇帝像唐太宗，比较能听取臣属的批评意见，史书说他"纳谏如流"，著名的魏征就敢于批评他，有些意见相当尖锐，他也能容忍。所以唐太宗把魏征比做是他的一面镜子。

太宗未必做到像唐太宗那样，但在这方面确实也有所表现，经常要求向他"面铮"，鼓励他们"犯颜直谏"，给他提意见，批评他的过失。

天聪五年（1631年）三月，太宗亲自写了三封征求意见的信。一封写给两大贝勒代善和莽古尔泰；一封写给议政十贝勒，一封写给八大臣。他派文书官员分别送给他们。

太宗致两大贝勒的信是这样写的：

"兄等与众臣定策，推戴我入继大统，数年以来，无日不兢兢业业，期望上继父祖之业，下合民情。近时，听到国人或有怨言，想必是刑法判决不得公平吧？或者赏功有所偏私呢？或荒疏于逸乐、靡费财货呢？这些过错在我身上，我不自知，赖旁观者明白告诉我。这份大业并非是我一人自己干出来的，乃是皇考（太祖）艰难缔造遗留下来的，应当承继下来而不使之衰没，那么，皇考神灵感到欣慰，上天也会加以保佑，倘有损失，皇考神灵就会怨恨，上天必加谴责！古人有言：同舟共济。济则共享其福。不济则均受其害。我两位兄长不要以为责任都在我而凡事面上听从，我有过失，即直言，如不被采纳，方可抛弃我而不说。今六年以来，未听见诸位兄长说过一句话，我怎么能知道呢？国家政令有应当改革的就议更改，务必恰当，以使臣民共同遵守。"

给十贝勒的信，大意是，"朕登位六年以来，你们未曾说过一句规劝朕的话。这岂不是认为，朕不可以与之交谈吗？以后，凡有所见，就应直说。朕的过失，以及老百姓的疾苦，一一直陈，不要一点隐瞒。他给八大臣的信说，你们身居要职，与诸贝勒共议国政，原想你们规谏朕与诸贝勒的过失，于国计民生有所裨益。今闻国人以诉讼评断不公而引起不满，这是政治上的失误。朕未能亲接国人，询问明白，只靠你们来报告。但你们犹豫、徘徊，沉默不语，你们以为朕未必听从意见，还担心可能获罪。你们想想：以前以谏诤的原因而被罢斥的有谁？被谴责的有谁？像朕虚怀听取意见，你们都是有目共睹的。希望你们以公忠体国之心，凡朕政治上犯有过失，都应悉心陈说。"

两大贝勒和诸贝勒及八大臣读了太宗的信，很快提出自己的意见。太宗大多都采纳，纠正某些偏向。

七月间，太宗又召见他们，说："你们诸贝勒大臣见到朕的过错，即应极力劝谏。人谁能无过？比如，议论国事时，你们竟互相夸诩鹰犬，还说笑话，这不也是过错吗？有过，贵在能改，为什么要避讳不提呢？你们应当以检查自己的过错来规劝朕的过错，这才是正确的。"

太宗的这一思想作风，的确给朝廷吹进了一股新鲜空气，影响了很多大臣敢于表达自己对太宗的意见。但也有部分人仍然胆小谨慎，在太宗面前还是胆怯，甚至恐惧。汉官祖可法为表示个人对太宗的"忠直"，说："臣等唯皇上是惧，其余还有什么可怕的！只要一有情况就向皇上报告。"这同太宗的希望正好相反，他要求大臣不要惧怕，要敢于说他的过失。汉官张存仁深刻领会了太宗的思想，不赞成祖可法的说法，反驳说："你这句话说得不对。忠直为国之臣，就是在皇上面前也犯颜直谏，何况其他人呢？"太宗很高兴地说："张存仁说得很对。一个人果真正直，虽天地鬼神也不敢动他，而做君主的怎么能剥夺他！"

太宗求言心切，一而再、再而三地鼓励诸王贝勒大臣监察他的过错，只要接见他们议论国政时，总要提到给他提意见，他们不提，太宗就批评他们。崇德三年（1638年）七月，太宗召见他们说："现在正是我国兴隆之时，你们固山额真大臣也正加意治理国家，共立功名。朕与王、贝勒、贝子所行，为何没有一个人直接提出得失？以前，因为你们不能治理军队、私藏财物等过失，曾给予处分，可曾有因为'直谏'而给你们加上罪名的吗？你们见好的不喜悦，见过错不责备，等这个人犯了罪，才群起而共议罪状，这都是你们中仿效诈伪，以为与己无关才这样做的。见贤人不荐举，见不善的不斥退，闭口不言，隐藏自己，这哪里是大臣的治国之道？见到贤人而不举，见不善而不说，那么，贤人怎么能得到鼓励？不肖之人又怎么能受到惩罚？如见到贤人即便是仇人也应感到高兴，必加推举；见到不善的人就是自己的姻戚也必须惩治，不能宽恕。这才是真正竭力为国之大臣。你们中有因战功被任命固山额真和六部承政的，也有虽无战功但办事公正的被提拔重用，怎么能一朝富贵就忘了公直呢？名为大臣，不上能为国，下不能为民，国家怎么能用这种人为臣！"

太宗鼓励群臣提意见，态度是认真的，真诚的。的确，通过群臣之间，君臣之间的相互督察，防止了政治上的失误，净化了政治空气，有利于统一大业的发展。毕竟他是一个封建帝王，他说好话很好，实际并不会完全做到。他妄杀给他提建议的岳起鸾就是一个最明显的事例。

这是天聪元年（1627年）发生的事。这年三月，生员岳起鸾上奏疏，提出两条意见，一是不要进兵朝鲜，二是应该与明朝议和，将俘获的汉人尽速遣还给明朝。太宗看了奏疏，当即表示："议和可以，但俘获的士民，是上天给予的，岂能遣返给予我为敌的国家？"他让汉官们来讨论这件事。这些汉官大概出于迎和太宗，或者借此表示自己忠君为国，竟个个发起怒来，一致要求处死岳起鸾。太宗觉得为一纸奏疏将其处死不是一件好事，起先不同意，说："你们想杀他，这是对的，但唯恐杀了这个人，以后就没有敢直言的人了。"群臣力请说："岳起鸾蓄谋向敌，不可不杀。"太宗终于听从了群臣的意见，把他给杀了。

岳起鸾之死，的确冤枉。但他提出二条意见，事关国家的大政方针。征朝鲜已成后金必征之势，太宗已做了决策，岂能更改？将已俘获的汉人返还给明朝，从根本上违背了后金与诸王贝勒的根本利益。明与后金势不两立，后金岂能将已到手的权益再返给明朝。岳起鸾提的这两条建议是犯了大忌，给人的印象，他是在替明朝和附属于明朝的朝鲜说话，实际是把他看成是明朝在后金内部的奸细。这样，他就必死无疑。

话又说回来，我们不能因为这件事就断定他说过的好话都是假的，一样也做不到。事实上，他真的做了不少好事，在思想作风上的确有一些值得肯定的东西。

（六）优待敌臣笼人心

看过《三国演义》的人，都知道曹操优待关羽，而关羽"挂印封金"的故事。曹操为得到关羽，百般优待，赏赐金、物不已，三天一小宴，五天一大宴，终竟未买动关羽之心。太宗和他的父亲一样，熟读《三国演义》，用兵打仗，养贤使能，无不仿效。太宗对汉官的优礼、厚待，大见其效，连曹操也会自叹弗如……

在后金同明朝的争夺中，怎样把明朝的将吏和她统治下的汉人争取到自己这边来，关系实在重大！当时，后金人口既缺，物资不足，更缺人才，只能从明朝方面取得，用今天的话说，就是吸取人才的问题。把对方的人才引到自己方面，就是削弱对方，增强自己。这种效果，从某种意义上说，比赢得一场战争更重要！有一次，太宗对诸贝勒大臣说："唯有多得人才是最可喜的事！金银钱物有用尽的时候，如果能得到一、二个贤能之人，能够为国家所用，所得到的利益就会是无穷尽的。"

他这样说的，也是这样做的。凡是前来归降的汉官不分职衔尊卑，不论人数多寡，一律收留，给饭吃，给房住，还配给妻室。对于稍有点影响的人物，待遇更加优厚。来归时，先宴请，后赏赐各处财物，任命官职，安排生活，配给马匹、奴仆等。过一段时间，太宗还亲自宴请。天聪五年（1613年）后金兵攻取了大凌河城（辽宁凌海市），招降汉官一百数十人，太宗如获至宝，在内廷举行盛大宴会欢迎他们，向他们说："我国的财用还不充实，但一定尽力恩养你们。"宴会结束，他命令从国库中拿出大量钱财物资赏给他们每个人。所赏的东西有缎匹、银两、雕鞍、各色贵重皮毛衣料，以及撒袋、靶带、各类器物，一应俱全。其后，每隔一段时间就赏给一次。有一次，太宗赏给大凌河城归降的大小汉官150多员，仅赏给的仆役人口就达1524人，牛只313头，还赏给庄屯和大量土地。

赏东西之外，太宗频繁举行宴会。他规定：八旗旗主轮番宴请他们，每五天举行一次大宴，规格都是很高的。这时，还仅有满洲八旗，旗主都由太宗的兄弟们担任。太宗下令让他们每人分别宴请。这样，每次宴请都要宰杀牲畜，已达到没有一天不宴请的！随着来归的汉官日益增多，常常是一天开数次宴会。汉官们个个感激，但满官特别是他的兄弟子侄中的有想不通，曾对太宗说些闲话，说对于汉宫优待得过分，很有想法。太宗耐心地开导说："朕对于早归和新降的汉官，都不惜衣服、财帛、马匹、牲畜，一律恩养，又每天三次赐宴，这岂不是一件既费钱又麻烦的事？但朕就是要使人心悦诚服，以图大事。"太宗说的"大事"，当然是指推翻明朝统治，取而代之。他大力做争取汉官的工作，这在他看来，是比钱财、武器更为重要的事。

太宗优礼汉官，实际上是一种收买政策。不出几年，归降的大小汉官都积累甚厚，俨然成了新贵。就拿占有人丁来说，不少汉官占有八、九百丁，最多的达千丁，少的也不下百丁，就是下等之家，也有 20 余丁。他们成了暴发户，有的还不知足，违背制度，私自增加人丁名额。当时，占有人丁多少是衡量富贵程度的主要标志。他们占有人丁如此之多，引起满族贵族的不满。因为一品满族大臣中还没有达到占有千丁的，所以，某些汉官在某些待遇方面已经超过了满官，确实变得很富有。一次，太宗对汉官们说："朕已把你们从涂炭中解救出来，爱护与恩养有加，现在，你们都已富贵起来了！"满族贵族、大臣们都感叹："从前，太祖（努尔哈赤）屠杀汉人，抚养满族人，而今天的汉人有的已经封为王，有的当了昂邦章京（官名，满语，即八旗旗主）了。至于宗室的人，有的为官的，也有的变成平民百姓。时势颠倒，竟到了如此地步！"汉官们却感激涕零："似此恩养之恩，虽肝脑涂地，实在也难报答万分之一啊！"

满官与汉官的不同凡响，恰恰说明太宗优礼汉官的政策产生了重大的社会效果。从中国历代的传统来说，汉族统治者以及一般士大夫都一向鄙视少数民族为"夷狄""胡虏"。明朝统治者及其士大夫也不例外，把女真人称为"建夷"，也是不放在眼里的。但现在却拜倒在后金汗的脚下，就足以说明太宗的政策取得了巨大的成功。

在被俘的汉官中，也有至死不降的，太宗也不勉强。明朝监军道张春是在攻取大凌河之役中被俘的，他见太宗时不参拜，不薙发，不受官职。太宗一时发怒，但没有杀，没有逼迫，而让他居沈阳市内的三官庙，养了起来，直到病死。看来，太宗比曹操做得更好！

（七）盟誓守约收蒙古

努尔哈赤创业时，就与蒙古建立了友好关系。他感到蒙古是一支可以利用的力量，把蒙古争取到自己一方，会使他在对明的斗争中处于更有利的地位。基于这种想法，他积极开展对蒙古的友好联系，从遣使通好、厚加赏赐、馈赠，发展到通婚联姻，进而建立了针对明朝的政治与军事联盟。

努尔哈赤与蒙古的关系，基本上是以对天地盟誓的形式，建立平等的联盟，除了表明双方共同对"天"负责，彼此之间的约束并不那么严格。

太宗继位后，继续加强同蒙古的关系，但他的政策目标，是把这种平等的联盟发展成为更牢固的从属关系。他不单单是与他们举行盟誓，而且还具体规定双方承担的义务和责任。如蒙古不遵守或违犯，即罚以马匹牛羊等物。

尽管如此，蒙古常常违犯，这使太宗很头痛。蒙古是个游牧民族，逐水草而居，聚散不定，法规对于他们来说，还很不习惯呢！太宗决心用恩威并行的策略和手段，降服羁放无禁的蒙古，使她完全听命于他的统治。

科尔沁部是最早同努尔哈赤建立关系的蒙古部族，在有清一代中，他们的关系最为密切。自努尔哈赤始，双方就开始结亲。太宗时，他的孝端文皇后、孝庄文皇后、辰妃都是蒙古科尔沁人。后来，他的儿子顺治帝继位后，他的孝惠章皇后也是科尔沁人。乾隆帝曾巡视科尔沁，赋诗赞颂这种亲密的关系，他写道："塞牧虽称远，姻盟向最亲。"同样，太宗及其宗室、大臣们的女儿也都纷纷出嫁到科尔沁。与宗室之女成婚的蒙古王公贵族，都称为"额驸"，也就是汉人所说的"驸马"。

科尔沁土谢图汗奥巴是努尔哈赤的额驸，努尔哈赤的侄女嫁给了奥巴，按辈数，太宗与奥巴是同辈，应该是叔伯关系。照理说，他们之间的关系是很密切的，但蒙古人散漫而无法纪的习性，无视太宗的种种规定，随心所欲，不执行太宗的法令。天聪二年（1628年），太宗率大军征讨蒙古察哈尔部，命奥巴率军从征。奥巴率军前去，违反约会，不去同后金兵会合，竟纵兵掠夺，战役结束后，他也不向太宗报告，自行率军先行返回自己的驻地。

太宗得到报告，不禁大怒，派遣大臣索尼、阿朱户两人赴科尔沁，给奥巴写去一封信，严厉谴责他违约，并历数早年科尔沁曾帮助叶赫攻打他父亲，当父亲去世时迟迟不来吊丧，二个月后才派来一名低级官员等罪状。行前，太宗指示索尼两人："你们见了他，不必行礼，不吃他的饭，不给他好脸色看，还要做出要走的样子，看他如何对待。"

索尼、阿朱户到了科尔沁，直接去见公主，送上太宗赠给的礼物。奥巴正患足疾，听说太宗派来了钦差，就命侍从扶着他去见索尼两人。索尼、阿朱户毫不理会，冷冷地说："我们是天聪汗的使臣，你犯有罪恶，我们要和你绝交，因为有公主在，特来问候。"

奥巴听到这话，心里有些发慌，忙命人摆宴，索尼、阿朱户拂袖而出。奥巴行动不便，急派他的儿子塞冷前去求见，传他父亲的话，小心翼翼地询问："汗的使臣来，一向得向我行礼，给饭就吃，现在两位来此，见我不拜，备宴也不吃，竟拂袖而去，是不是汗谴责我了？"

索尼理直气壮地说："我们不是为你来的，为什么还行礼？又何必吃你的饭呢？汗奥巴读了太宗的信，十分惶恐，不知所措，急忙去见索尼。这时，索尼故意整理鞍辔，做出要走的样子。奥巴再三挽留索尼、阿朱户，忙赔罪说："我知道自己罪重，非常恐惧，我想自己去谢罪，足疾也不在乎了，就是死在路上也在所不惜！"

索尼仍然冷冷地回答："汗没授意我们同你一起回去，也没授意我们阻止你去。去与不去，你自己考虑好了。"

奥巴更坚定了同去的想法，说："我非去不可，但又怕汗不见我怎么办呢？"索尼看他有诚意，便鼓励说："你若真心悔罪，汗不会怪你的。"

第二年正月，奥巴终于来到沈阳。太宗闻讯，亲自迎出十里，马上举行宴会。宴毕，太宗开始处理奥巴违约的事。他先派大臣当面重申信中责问之意。奥巴都一一认错，愿罚骆驼十峰、马一百匹，另献出一匹好马，一副甲，表示谢罪。太宗见他悔改，一概宽免，还赏给他貂裘、帽、靴、金带及朝鲜进贡的珍品等。当奥巴离去时，太宗又赠送一大批好东西，太宗率贝勒大臣送出郊外。从此，奥巴闻令即至。

（八）开诚布公以身行

在君臣、主奴等级森严的封建社会，很难做到开诚布公，当面直言，特别是涉及短处，更为君者讳、亲者讳，是不敢说真话的。尤其是政治腐败时期，上下互相欺蒙，互相戒备。太宗反对这种当面不敢说真话的颓废之风，大力提倡以诚相见，直言无隐。他率先示范，对群臣讲实话，做实事，凡好人好事，坏人坏事，功劳、过错，都实事求是地说理，赏罚分明，秉公而断，把原因、根据都摆在群臣或当事人面前。

天聪八年（1634年）正月十六日，众汉官赴户部衙门，向主管贝勒德格类诉苦，说他们负担的差徭繁重，皇上给每位备御八名帮丁，只免官粮，其余负担的杂差与民一例承担，还得按规定赡养"新人"（指新归顺而生活无着落的人），较百姓负担更重。他们要求准许将这八名帮丁准照官例当差，增加一些收入，解决生活困难。

德格类将他们的请求向太宗报告。太宗感到问题严重，如解决不好，将引起汉官们的骚动，危及政权与社会的稳定。他马上派龙什、希福调查汉官们差役重科的情况。经查，证明这些汉官所说与事实不符。他们诉苦的原因，是前不久太宗命每名备御官员包括大批汉官，出钱赎买妇女，给新归附的男人配妻室，但没有偿还这笔钱，因此心怀埋怨。太宗指示户部按价还钱。之后，又召见主管礼部贝勒萨哈廉，指示说："这些人都忘记了在辽东时所受的苦累，故口出怨言，如不说清楚，让他们明白，以后只要动些小费就会借为口实。"太宗把他的想法，滔滔不绝地说给萨哈廉，做了详细记录。太宗责成他向汉官们传达自己的意见。

汉官们奉召，齐聚礼部衙门。萨哈廉首先说明召集汉官的意图，然后如实地传达太宗的长篇指示如下：

你们（指汉官）所诉差谣繁重，可谓直言无隐，如非不得已，怎肯前来陈述？但朕的意见也不能隐而不说，应当从公评论。

朕以为你们的苦累较前已经稍轻，何以见得？从前，你们都归并到满洲大臣名下，所有马匹你们不得乘，而满洲官员乘之；所有牲畜你们不得用，而满洲官员强行买去；凡汉官病故，其妻子都给贝勒家为奴；你们属于满洲官员，虽有肥田不能耕种，终年勤劳，米谷且不够吃，每每卖奴仆，或典当衣服维持生活。因此你们暗中私通明朝，朕都宽恕不究，还把你们从满洲大臣之家拔出，另偏为一旗，从此你们才得以乘所有之马，得用所饲养的牲畜，妻子得免为奴仆，选择肥地而耕种，不再像从前那样典衣卖仆人。你们以小事来申诉，无不听取后而加以解决，所控虽然不实，也不重处。这是朕对你们格外加恩更胜过满洲官员。

你们困苦之事，间或有之。然而，试拿满洲人的功劳与你们比较一下：满洲人竭力为国，有经百战的，有经四五十战的，你们经几战呢？朕对于你们只要有一点功劳就立即提拔，给你们的好处超过满洲人。如果与满洲人比较受伤论功劳作为升迁的条件，你们现任总兵官的不知该居何职！当朕给你们另编旗时，你们都说："把我们从苦难中拯救出来，不受满洲大臣欺凌，虽肝脑涂地，也不能报答皇上恩德于万一。"现在，朕披阅你们的诉词，以前说的话全忘尽了。你们认为苦累甚于满洲人，何不向熟悉差役情况的人问个明白！倘与满洲人相比，你们的差役却是轻的，没有重的。古人云：以家之财养贤则取国而国可得，以国之财养贤则取天下而天下可得。这句话你们都是熟知的。国小民少，朕及贝勒之家各量自己所有，拿出来以养百姓。这就是古人所说的家财、国财之义啊！既然知道这个道理，出一点钱赡养从大凌河城来归的人，却口出怨言，你们为何言行不一？朕以为你们博通典故，虽非圣贤，必有通达事理之人，朕及贝勒尚散财无吝，如果你们真的明白事理，岂能以随众出资为苦呢？…

你们曾奏报说，一切当照官职功次而行之。以前分拨辽东人口时，满汉一等功臣占丁百名，其余俱照功次拨给。如你们照官职功次言之，果真出于诚心，满汉官员所占有的奴仆都应多寡平均。而你们有的占有千丁有八、九百丁，最少的也不下百丁。请问：满洲官员曾有千丁的吗？如真的按功论理，满洲一品大臣应得千丁。自分拨人丁以来，八、九年间，你们汉官很多人占丁的名额都超过了规定。如说这些超额人丁都是新生的小孩，那为什么长得如此之快？如说是从他国俘获的，可你们汉官又从未另行出征。朕真不明白这么多人丁是从何处增添来的？你们的过错，朕知而不究。但贝勒及满官因你们私自隐藏人丁，谁不埋怨？朕如果不允许你们多得，岂不可以照官职功次重新进行分拨吗？倘如此分拨，不知现占有千丁的应得几人！你们在明朝时，家中人丁又有几人？现在又有多少？为什么不深思呢？满汉官员虽有新旧，但都是我的臣属，岂有厚薄之分？既然如此，你们也该同满洲人一样，凡三丁抽一名当兵；凡出征、行猎，一切差徭一例承担，不差分毫，你们以为如何？你们试拿朕的话与你们说的话从公思考，有想说的，不必疑虑，就直说好了。

就说满洲人苦于汉人不只是三丁抽一，还有每年每牛录内须出守台人八名、淘铁人三名、铁匠六名、银匠六名、牧马人四名、固山下差役二名，总计这些，凡每牛录下当差的人家占了十分之四。除此，又有每年给新归附的人耕种，又是每牛录出妇女三口、又是耀州烧盐、畋猎、取肉供应朝鲜使臣、驿马、修筑边境四城、巡视边墙、守贝勒门；又是每牛录派兵一名守巨流河、每牛录设哨马二匹，遇有倒弊，则均摊补买。征瓦尔喀时，每牛录各喂马二、三匹从征，还派摆牙喇兵十名、兵丁二、三名往来驰使，差回又令喂养所剩马匹。遇有各国投诚人来，拨给满洲人现住屯堡房屋，令他们到别处居住，又分给粮食，叫他们舂米纳酒，每年猎取兽肉分给新归附的人，拿出国库银两购买朝鲜布匹，仍令满洲人负载，运输到边城……，这都是满洲人受苦之处，假如不向你们详细说明，你们也未必深信。

萨哈廉传达太宗的指示完毕，总兵官石廷拉、王世选和一批副将、参将，游击官都说："控诉之事，我们都不知道，这完全是这些备御汉官们干的。"萨哈廉以申诉不实，寻衅闹事的罪名，将为首的8人抓了起来。萨哈廉又问："你们既然说不知道，当户部贝勒德格类派布丹询问时，你们为何又说知道？又为什么将苦累之事备呈于部呢？"石廷拉代表众汉官说："各备御不曾说过差役科重，只说控诉帮丁八人之事，所以布丹来问，我们回答说知道。至于向部里呈报的事，是龙什、希福叫我们将所有负担的差徭详细写明，我们无知，才书写清楚送上去的。"

萨哈廉将上述情况回报太宗。太宗说："诸汉官既然说不知道，可以将八名备御释放。如果治罪，以后有受苦累的就更不敢说了。各官和备御都不要'谢恩'，如'谢恩'，就是要治罪又予以赦免。"石廷柱等诸汉官得到赦免，很感激地说："臣等虽然没有控诉，但此心同死罪无异。皇上和八家贝勒崇尚恤养外人，珍赐无吝，凡遇迎送，宰牲设宴，曾无虚日，臣等以濒临死亡之身，蒙皇上生全，另立一旗，得到宠遇，凡此衣、食、奴仆、马匹，哪一样不是皇上的恩赐！果真按功劳大小，颁行爵赏，拨给人丁，我们不但官爵不敢希望得到，就是任何一样东西也不是臣等该有的。现在，臣上等之家不下千丁，下等之家也不下二十余丁，似此豢养之恩，虽肝脑涂地也实难报答万一啊！"

汉官联合赴部控诉，实际是一次聚众闹事。太宗并没有大动肝火，相反，首先肯定他们敢说心里话，直截了当，没有隐瞒，是完全正当的行为。对他们的控诉与事实不符，尤取平心静气说理的态度，开诚布公。近两千言的长篇讲话，通篇是事实，统计数字，没有一句空泛的大道理，也没有一句吓唬人的话，更没有使人感到气势汹汹，讲清事实，道理自明。礼部按违纪规章予以处罚，太宗予以宽恕。这一切，都感动了汉官，撤回了他们的不合理要求。一场风波瞬间平息。

太宗曾说："忠告之言虽逆耳，但对于治理任何事情都是有益的。如果把忠告之言说成是'逆耳'，是不对的。"太宗一见到群臣不管谁犯有某些过失，就当即指出来，诚心"忠告"，并指示改进办法。他对于自己的兄弟、儿子、侄儿们也不例外，一经发现错误，同样当众说清。在他的影响和示范下，他的群臣们也能做到直接表达政见，君臣无猜，互相商酌，故而保持了内部协调一致，政治统一。

（九）重民生赈济贫弱

太宗的理想是要建立一个富人更富，穷人也富，各安其生的社会。正像他说的："抚有疆城，得臻富贵，欲与兄弟子侄及庶民共享安乐。"在一个存在阶级剥削和压迫的社会里，他的理想是自相矛盾的，而理想与现实矛盾更大，他是永远也不会实现这个理想的，穷困消除不了，当然就不可能使统治者和被统治者共享安乐。尽管如此，太宗还是做了颇大的努力，为百姓做了些有益的事情。

太宗针对社会贫富不均的情况，把政策的着重点放在扶持贫困而抑制富者敛财暴富，力图使贫富平均。具体措施，是让富人出钱或出人来资助贫困。根据他历来颁布的政策，可以归纳如下几条：

第一，没有耕种土地又无存粮的，如有兄弟，可以求其帮助，互为依靠；没有兄弟的，就由所在牛录中的殷实有粮的人家代为抚养。

第二，凡无耕牛不能耕种的贫民，可以将土地托付给"有力之家"即富人代为耕种，在农时季节，指令一些官员各到本牛录所属屯庄，查勘田土锄垦与否，如有被放弃而未锄垦的土地，可拨劳力给予帮助。

第三，在对国家负担的差役方面，规定一切徭役应摊派给家给殷实或富足之家，不许拖累平民。

第四，由国家出钱捐助穷人，改善他们的处境。天聪二年（1628年）三月，他发下一道谕旨：国中因贫困而不能娶妻的人，由国家支给银两，作为娶妻的费用。到天聪六年（1632年）初，因归降的明兵迅速增加，安定他们的生活就显得十分紧迫。太宗批准，将汉民女子或寡妇许配给他们为妻，由国库出钱，赐给衣服，资助他们安家。

崇德二年（1637年）八月，太宗听说驻防开城的博尔惠牛录中有兄弟俩没有妻室，便召集诸王贝勒大臣说："现在各处俘获的妇女很多，而这兄弟俩还没成家，你们也不报告。自今以后，务要查清各牛录无妻室的，都要给妻室，善加抚恤。几年来，归附的人越来越多，如果不能抚恤穷困，还怎么能吸引别人来归？你们可以把朕的话传达给众官。"

他召见大学士希福等人，又阐述他的想法："我国得到天的护佑，各国臣服，都享有福贵。但我国还有穷人，他们没有妻室，没有马匹，此时不加以恩养还等待什么时候呢？如果吝惜财物不肯恩养他们，那么要这些财物还有什么用！"接着，他又给新旧归附的满洲、蒙古、汉人发下谕旨说："你们中有家贫不能娶妻，当兵买不起马的，允许你们向本牛录章京陈述，牛录章京则报告给固山额真，固山额真再转呈主管的王、贝勒、贝子，他们应将无妻者配给妻子，无马的给马。如果你们有困难，就向朕奏明，朕予以解决。但牛录章京、固山额真隐瞒真实情况不报告，就唯他们是问。如果已报知本王、贝勒、贝子，仍不给无妻之人配给妻室，允许你们赴户部陈述，无马人赴兵部陈述，新投来的蒙古人无妻无马的，允许到理藩院陈述。各该部承政官员应详问本人，然后，再告知各主管的王、贝勒、贝子，他们应收容恩养，否则即来朕处奏明，应该给妻奴的，就给妻奴，该给马匹的就给马匹，不该给的即打发走，朕也不加罪。朕现在公开发布这道诏令，让你们都知道。你们如畏惧不敢说自己穷困，那只好自认穷困，朕也就无法知道了。"

太宗的目的，是为日益增多的归附人解决生计问题。力图使他们安心居住下来，实现"男耕女织"的安定的生活局面，有利于巩固政权。

太宗常说，黎民百姓是父亲太祖留给他和诸王贝勒的，能爱养他们，使之逐渐富庶，这是当臣子的最大的忠孝。他要求诸王、贝勒、贝子和大臣都要出资抚养和救济穷民和新近归附的人。遇有荒年，农业歉收，太宗下令各王贝勒拿出粮食，放到市场上平价发卖，不许囤积居奇，务使平民能得到粮食，有饭吃。有一次，他还下令殷实富足之家，各出牲畜运米至东京（辽阳）赈济贫民。

尽管太宗做了明确规定，反复指示，但这些身居显宦、家资丰饶的贵族地主，并非出自本心愿意拿钱拿粮扶助穷民。当太宗告诫甚至训斥之际，尚能稍加注意，过了这个时候，便遗忘不顾了。太宗常为此严厉批评他们，对情节严重者给予处分。崇德二年（1637年）四月，有一次，太宗眼见这帮权贵吝财如命，很生气，召来当面斥责："你们王贝勒等人家聚财积谷，牧养牲畜，岂不只是为你们一身富足？都是为你们的子孙打算的。你们知道吗？你们的子孙果然贤能，即使你们没有遗产，难道他们不能自立！如果是不肖子孙，即使你们留下大批遗产，岂能守得住？这只能使他们骄横自大，所遗财产还不知为谁积累的呢！你们的打算，是只图一家富足而已，不过是一村居富人，不见尽心为国。"大贝勒代善，后封为礼亲王，是除了太宗，地位最高的人。他和以下的诸王贝勒、贝子因"吝惜"钱财，不认真执行太宗的意旨，常常受到太宗的点名批评。

太宗主观上是想消灭社会的贫困现象，做到共同富裕。他的政策，只能在宏观上起到某些制约作用，却不能全局都解决问题。

历代开国帝王在其艰难创业中，往往把发现和重用人才当作一件大事，不惜屈尊甚至用重金四处延揽人才。像刘玄德三顾茅庐请诸葛、萧何月下追韩信等故事，都是求贤若渴的千古美谈，至今仍盛传不衰。因此，在他们周围形成了人才济济的空前盛况。这是那些创业者们获得事业成功的一个非常重要的条件。

在这方面，太宗不仅继承了以往的历史经验，而且对人才问题的认识更深刻，更有自己的独到见解。天聪九年（1635年）二月，太宗对诸王贝勒大臣曾专门谈到人才问题，有一句话可以概括他对人才问题的基本思想。他说："朕唯图治，以人才为本；人臣以进贤为要。"译成现代汉语，大意说，我只求治理好国家，是以人才作为治国的根本；而群臣是以荐贤举能当作自己的重要职责。太宗把发现和使用人才提高到关系国家前途的原则高度来对待，所以，他求才如渴，爱才如宝，惜才如命。

父亲太祖在世时，也是个爱才如宝的人，历史上流传不少有关他爱才的佳话。但狭隘的民族观念限制了他的胸怀，不能正确对待满族以外主要是汉族的人才。进入辽东后，于天命十年（1625年）十月，他曾下令搜查汉族知识分子，凡被捉到的都处死。恐怖传遍四方，知识分子纷纷逃匿。太宗与父亲的做法相反，他打破了民族的偏见，主张无论满、汉、蒙古人，只要有一技之长，他都录用，发挥他们各自的作用。

天聪三年（1629年），太宗召集大臣们，就征求人才的问题发出指示："满、汉、蒙古人中有谋略，可以胜任军政职事的，都要以自己所见向朕报告，从中选择任用。"天聪九年（1635年），他又提醒并催促诸王贝勒大臣推荐人才，说："天下才全德备之人是很不容易找到的。你们满、汉、蒙古人中真有真知灼见、公忠任事的人，当速行推荐，不分新旧归附，也不分已在官府任职，还是未在职的人，只要居心公正，足以任职的，即呈送给吏部，其中有居心公正，通晓文义的人才，要呈送给礼部，主管该部的贝勒要随时向朕报告，朕量才酌用。"

在太宗的号召下，群臣们纷纷推荐人才。大学士范文程对太宗重人才的思想理解极深，曾说："治理和安定国家的根本，首在得人。唯有培养人才，保护善类为第一要义，得到一个贤人远胜过一切。"经他推荐的人都很称职。

在被推荐的人中，还有一些出身微贱的人，太宗不计出身，唯才是用。宁完我是辽阳人，太祖时，被大贝勒代善之子萨哈廉收为奴隶，地位卑贱，供主人驱使。到太宗时，才始见天日。因为通文史，受到推荐，考试合格，太宗当面召见考核，非常称职，马上提拔到文馆为儒生，参与机要。不久，又授给参将的职务，先后参加了第一次入塞远征，在攻大凌河及招抚察哈尔等战役中，立下了功劳。实践证明，宁完我很有才能，敢说话，在政治上也多有建树，是清初开国名臣之一。

在八旗军队中，从一个士兵成为将军也不乏其人。其中，有的士兵就是经太宗亲自提拔破格升为将军的。天聪三年（1629年），太宗率大军进关征明。在攻取坚城遵化时，正白旗小卒萨木哈图第一个登上城，砍翻明兵的抵抗，为后继士兵登城开辟了道路，迅速将遵化攻克。开庆功会时，太宗大赏立功将士，第一个就赏萨木哈图。太宗手持金卮慰劳他，说："我军年来都怯于攻城，况且此城较以前遇到的城池更为坚固。萨木哈图第一个登上城，功劳很大，应该从优录用。"事后，太宗亲授予备御世袭之职，赐予"巴图鲁（勇士之意）"的光荣称号。给予的物质奖励的有：骆驼一峰、马十匹、牛十头、蟒缎十九匹、布二百匹，还特许以后如有过失，一概予以赦免。太宗得知他家里很穷，马上指示有关部门和官员，对他家进行周济抚恤。萨木哈图只是普通一兵，根本谈不上什么资历，但太宗大胆提拔，使他从一个士兵直线升入将军的行列。

太宗用人的原则，不管他来自何方，只要对国家有用，他就决不会舍弃，哪怕曾是自己的敌人，他也会化敌为友。明朝总兵祖大寿早在天聪五年镇守大凌河（辽宁锦县）城，被太宗率八旗军队围困，在援绝粮尽时被迫投降，又以赴锦州取妻小及谋取该城之计而脱身，一去不复返。十年后，即崇德七年春，再次被困于锦州，不得已而投降。太宗的大臣们都认为他反复无常，绝不可信，而且他欺骗狡诈，负恩背约，实为"我国（指清）冠仇"，应该斩首。但太宗力排众议，接受他的投降。在太宗做出保留祖大寿的性命后，群臣又提出，应予以监禁。太宗还是不同意。他说过，祖大寿是辽东的望族，实力雄厚，是朝廷所依赖的主要力量，他的外甥吴三桂正镇守宁远（辽宁县城），在辽东很有影响。保留祖大寿，对瓦解明在辽东的实力，争取吴三桂投降，都具有重大的意义。他说服了群臣，使祖大寿万分激动，甘愿为太宗效劳而不遗余力！

洪承畴作为明军十三万兵马的统帅，曾与太宗在松山决战，两人是誓不两立的头号敌人，当战争结束，洪承畴被俘拒降时，太宗一再耐心启发引导，终于使他回心转意。太宗大喜，当天就赏赐他很多东西，在宫中陈百戏以示庆贺。这引起了诸王贝勒的不满，都觉得优待过分，说："洪承畴是被捉的一名囚犯，皇上为何待他这样优厚？"太宗并不生气，便平心静气说："我们这些人栉风沐雨，究竟是为了什么？"大家不约而同地说："想得到中原啊！"太宗笑了，说："比如行人，你们都是瞎子，现在得到一个引路的，我怎么不快乐呢！"太宗是想到了将来，同明夺取天下时，特别需要像洪承畴这样的人才。诸王贝勒大臣听到太宗的解释，都心服口服。后来，洪承畴果然不负太宗期望，在进关及南下江南的过程中，他都充当了"引路人"。

还有的曾炮击太宗的人，也被太宗赦免而加以重用。锦州副将祖泽远，本是祖大寿之将，早年曾随同大寿共守大凌河城，降后被放回，直到这次松山决战后，才同大寿再度出降。在被押送盛京被太宗召见时，自知罪重。请求处死。太宗平静地说："你本是个志量偏浅之人。你所以一去不复返，也是看你的主将祖大寿的去向。前不久，朕去巡视杏山，你不但不肯开门迎降，却明知是朕而特发火炮。这岂不是你背恩的最严重的表现吗！你发炮能伤几个人呢？且不说你小城士卒无多，即使洪承畴以十三万兵，屡屡发火炮，所伤又有几个？朕因你背恩太甚，所以才说这些话。朕见别人有过错，即当明言晓谕，断不会计较旧恶，而事后又加以追究，岂只对你这样！即使尊于你的主将祖大寿，尚且留养，何况你这小人，更不值得一杀。你年方少壮，自今以后，凡遇战阵，奋发效力就行了。"

祖济远既感动又惭愧，禁不住热泪盈眶，哭泣着说："皇上之言都对，谨遵圣意。"

太宗时刻渴望得人才，攻取城镇，缴获战利品固然高兴，但得到贤人就会更高兴。

（十一）励精图治勉众卿

崇德七年（1642 年），太宗已经 51 岁，因爱妃宸妃去世，心神抑郁，身体也明显大不如前。但他仍然强挺住精神，照旧繁忙地处理国事，从无拖拉、推托的时候。和他相比，诸王、贝勒、贝子、固山额真、议政大臣等大小贵戚百官就差了许多，不能全力以赴地投入公事。太宗看在眼里，不时感到一阵伤心。

他不能容忍他们继续这样下去，必须提醒他们改弦更张。就在这年七月初的一天，太宗传下话，把他们都召到清宁宫训诫。他们并不知道要讨论何事，以为召集这么多大员、皇亲贵戚，必有大事相商，他们静静地等待着。

太宗开门见山，单刀直入，说："朕观察你们的所作所为，对国家政事，都不肯身任，实心效力。每说到国家的事，都与己无涉，因循推托，都推给了朕。像你们这样不竭尽心力，独不畏惧天吗？不勤于政事的人，上天怎能保护你？朕常常告诫你们不尽心于政事，就怕你失去为臣之道，而招致天谴责你们。从前，那些怠于政事而失去臣之道，遭到上天谴责惩罚的人，你们都已见到了。如果勤于政事而尽臣道，那么，就一定会得到上天赐恩保佑。政举而自身得到荣誉，这个道理不是很明白吗？

今天，关于征战的事，朕不去细说。但想到你们诸王、贝勒、贝子、大臣等，每当率所属大小将士，出兵在外，这个人、那个人贤否？想必都已熟悉。那么，某人贤，某人不肖，为什么不据实向朕奏报呢？如果你们不报告，朕怎么可能知道，而决定提升、降级或罢免呢？

朕缅怀当年皇考太祖时，苏完扎尔固齐（官名）费英东这个人很了不起。他的作为与众不同。他发现人家做了错事，一定先斥责这个人，然后才向太祖报告；看到人家做了好事，他一定先给予奖励，然后再向太祖荐举。这样做，使被斥责的人没有怨言，被荐举的人也没有骄傲的表示。朕现在还没见到你们把善恶的人都如实向朕报告，向费英东这样为公、正直。"

太宗信奉的是天意，他和他的兄弟子侄及群臣都不过是执行天的意志。做得好坏，都会得到上天的奖赏或惩罚。他把过去被处分的人都说成是失掉为臣之道而受到上天的谴责惩罚。

诸王贝勒大臣们都叩头射罪，说："皇上责备的都很对，都是臣等识见短浅所致，以后一定尽心为国。"

附录：皇太极大事记

公元	年号	大事记
1626	天命十一年 明天启六年	九月初一日，皇太极继汗位于沈阳，诏以明年为天聪元年。
1626	天命十一年 明天启六年	九月初二日，皇太极率诸贝勒誓告天地，团结互助，光大祖业。后金正式实行八和硕贝勒共治国政制。
1626	天命十一年 明天启六年	皇太极、三大贝勒、其他诸入八分贝勒分别誓告天地，友爱团结，公忠为国。
1626	天命十一年 明天启六年	皇太极率众贝勒向三大贝勒行三拜礼，以示汗不以臣下待之。
1626	天命十一年 明天启六年	九月初五日，改变先汗严惩出逃汉民之策。
1626	天命十一年 明天启六年	九月初七日，谕均平满汉差徭，罢土木工筑，俾民专事农田。听民贸易以增商税。
1626	天命十一年 明天启六年	九月初八日，将分与满人的部分汉人农奴抽出，编为民户，别立庄屯，择汉官管理。
1626	天命十一年 明天启六年	九月初八日，设纳穆泰、达尔汉、顾三台、车尔格等固山额真为八大臣，预议国政。
1626	天命十一年 明天启六年	九月初八日，设叶克书、吴拜等十六大臣，佐理国政、审断刑案。
1626	天命十一年 明天启六年	九月初八日，另设伊尔登等十六大臣，出兵驻防兼理所属词讼。
1626	天命十一年 明天启六年	九月二十六日，蒙古科尔沁部奥巴遣使吊唁努尔哈赤。
1626	天命十一年 明天启六年	十月初七日，科尔沁部吴克善与其母吊唁努尔哈赤。

公元	年号	大事记
1626	天命十一年 明天启六年	十月初十日，大贝勒代善统兵征旧喀尔喀蒙古扎鲁特部。
1626	天命十一年 明天启六年	十月初十日，别遣八旗兵征旧喀尔喀蒙古巴林部。
1626	天命十一年 明天启六年	十月十七日，科尔沁蒙古十四个贝勒遣使吊唁努尔哈赤。
1626	天命十一年 明天启六年	十月十七日，明宁远（山海关外110公里处，今辽宁省兴城市）守将袁崇焕遣李喇嘛及官员等吊唁，并贺皇太极继位。
1627	天命十一年 明天启六年	十一月十六日，后金与明议和。遣使与明来 使同往宁远城，致书袁崇焕。
1627	天命十一年 明天启六年	十一月十六日，蒙古科尔沁部满珠习礼等吊唁努尔哈赤。
1627	天命十一年 明天启六年	十二月初二日，禁售兵器与蒙古。
1627	天命十一年 明天启六年	十二月二十四日，黑龙江人向后金朝贡。
1627	天聪元年 明天启七年	正月初一日，庆贺元旦，皇太极与三大贝勒并坐、南面，接受诸贝勒、大臣朝贺。
1627	天聪元年 明天启七年	正月初八日，大贝勒阿敏等统兵征朝鲜。
1627	天聪元年 明天启七年	正月初八日，再次遣使致书袁崇焕，申明后金对明之七大恨，约双方议和。
1627	天聪元年 明天启七年	二月初二日，致书蒙古奈曼部，愿与该部及蒙古敖汉部和好。
1627	天聪元年 明天启七年	二月，后金国大饥，派人将饥民送入朝鲜吃 粮度荒。有几万家口进入朝鲜境内。
1627	天聪元年 明天启七年	三月，征朝鲜获胜，定兄弟之盟。朝鲜于春秋二季向后金贡物。
1627	天聪元年 明天启七年	三月初五日，袁崇焕遣使回书，愿捐嫌和好。

公元	年号	大事记
1627	天聪元年 明天启七年	三月十八日，征朝鲜之部分士兵留驻义州（鸭绿江东岸朝鲜境）等处。
1627	天聪元年 明天启七年	四月，皇太极覆袁崇焕书，说明征朝鲜缘由，并责袁崇焕无和好诚意。
1627	天聪元年 明天启七年	四月十七日，皇太极等议定迎接征朝鲜之统帅大贝勒阿敏之礼仪。次日举行隆重迎接礼仪。
1627	天聪元年 明天启七年	五月初三日，为朝鲜国王之弟李觉归国饯行。李觉拒服后金汗所赐之衣，且行朝鲜国谢恩礼。
1627	天聪元年 明天启七年	五月初六日，皇太极亲统大军攻明锦州等地。
1627	天聪元年 明天启七年	六月初五日，攻锦州（今辽宁省锦州市，在宁远城东北60公里处）、宁远失败，士兵死伤甚众，皇太极率军班师。
1627	天聪元年 明天启七年	六月初五日，留守沈阳诸贝勒报告，蒙古敖汉、奈曼二部举部来附。
1627	天聪元年 明天启七年	六月，时后金国中大饥，斗米值银八两，人有相食者，物价腾贵，盗贼蜂起，谕官民有无相恤，命减轻对盗者处刑，并发帑赈济饥民。
1627	天聪元年 明天启七年	七月初五日，皇太极与诸贝勒以隆重礼仪迎接来附之蒙古敖汉贝勒索诺木杜棱、塞臣卓礼克图，及奈曼部贝勒衮楚克等。
1627	天聪元年 明天启七年	七月，朝鲜请后金撤回留驻之兵，后金遂将义州归朝鲜。九月，撤回驻守之兵。
1627	天聪元年 明天启七年	七月，袁崇焕罢归。
1627	天聪元年 明天启七年	八月十八日，察哈尔蒙古阿喇克绰忒部巴尔巴图鲁等贝勒率众投附后金。
1627	天聪元年 明天启七年	八月，明天启皇帝死，其弟信王朱由检嗣位，是为崇祯帝。
1627	天聪元年 明天启七年	九月初一日，禁滥宰牛马骡驴。

公元	年号	大事记
1627	天聪元年 明天启七年	九月，奈曼部率兵攻察哈尔蒙古，以所俘获献后金。
1627	天聪元年 明天启七年	十一月初七日，察哈尔蒙古大贝勒昂坤杜棱带部众投附后金。
1627	天聪元年 明天启七年	十一月十八日，萨啥尔察部至后金朝贡。
1627	天聪元年 明天启七年	十一月十八日，朝鲜国以后金还义州而遣使致谢，并拒绝向后金售粮。
1628	天聪元年 明天启七年	十二月初一日，察哈尔蒙古阿喇克绰忒部贝勒图尔济伊尔登携部众投附后金。
1628	天聪元年 明天启七年	十二月初九日，后金遣使赍书赴朝鲜，令朝鲜应运粮相售，并归还逃人。
1628	天聪元年 明天启七年	十二月十六日，召奈曼、敖汉二部首领至沈阳，设大宴迎接，赐物甚厚。
1628	天聪元年 明天启七年	十二月二十二日，莽古济嫁敖汉部首领索诺木杜棱。
1628	天聪元年 明天启七年	十二月二十五日，敖汉部首领塞臣卓礼克图请婚，皇太极以长女许嫁塞臣卓礼图之子班第。
1628	天聪元年 明天启七年	十二月二十七日，长白山以东滨海虎尔哈部朝贡。
1628	天聪二年 明崇祯元年	正月初五日，谕丧葬时焚化殉葬之物勿奢费。
1628	天聪二年 明崇祯元年	正月十六日，皇太极以养女嫁科尔沁部满珠习礼。
1628	天聪二年 明崇祯元年	二月初一日，喀喇沁部蒙古苏布地等致书后金，言已联合诸部击杀察哈尔蒙古兵四万，并约后金共同举兵击之。
1628	天聪二年 明崇祯元年	二月初二日，朝鲜遣使献米二千石，又以一千石粜卖。
1628	天聪二年 明崇祯元年	二月初八日，皇太极亲率精兵征蒙古多罗特部。

公元	年号	大事记
1628	天聪二年 明崇祯元年	二月十五日，征多罗特部获胜，俘一万一千余人，一千四百人编为民户，余俱为奴。
1628	天聪二年 明崇祯元年	二月二十五日，召喀喇沁蒙古面议结好。
1628	天聪二年 明崇祯元年	三月初八日，朝鲜遣使后金，说明不能互市之原因。
1628	天聪二年 明崇祯元年	三月二十九日，以多尔衮代其兄阿济格为固山贝勒。
1628	天聪二年 明崇祯元年	四月二十五日，旧喀尔喀蒙古巴林部首领塞特尔、色棱、阿玉锡、满珠习礼率众自科尔沁投附后金。
1628	天聪二年 明崇祯元年	四月，明复以袁崇焕督师蓟、辽。
1628	天聪二年 明崇祯元年	五月十一日，以明兵弃锦州、撤入宁远，后金出兵略其地，毁锦州、杏山（在锦州与宁远之间）、高桥城（在杏山与宁远之间）。
1628	天聪二年 明崇祯元年	五月二十一日，后金出兵征阿喇克绰忒部，俘人、畜以万计，灭其部。
1628	天聪二年 明崇祯元年	六月初十日，科尔沁部扎萨克图杜棱布塔齐之女嫁大贝勒代善之子瓦克达。
1628	天聪二年 明崇祯元年	七月十九日，喀喇沁部蒙古遣喇嘛四人率五百三十人至后金议盟。
1628	天聪二年 明崇祯元年	八月初三日，后金与喀喇沁蒙古订立和好盟约。
1628	天聪二年 明崇祯元年	八月初七日，嘉奖奈曼衮楚克等，因其将俘获阿喇克绰忒部人众献后金。
1628	天聪二年 明崇祯元年	八月，科尔沁贝勒明安之女嫁正白旗主多铎。
1628	天聪二年 明崇祯元年	九月初三日，后金将征察哈尔蒙古，召各依附蒙古部落出兵合击。
1628	天聪二年 明崇祯元年	九月初三日，后金副将刘兴祚潜逃。

公元	年号	大事记
1628	天聪二年 明崇祯元年	九月初六日，皇太极率诸贝勒统大军征察哈 尔蒙古。
1628	天聪二年 明崇祯元年	九月初刀九日至十九日，敖汉、奈曼、旧喀尔 喀诸部、喀喇沁、科尔沁等部蒙古率兵会师。
1628	天聪二年 明崇祯元年	九月二十日，追察哈尔败军至兴安岭，获人畜无算。抗拒者杀，降者编户籍。是役，科尔沁部领兵者满珠习礼等受巴图鲁嘉奖。
1628	天聪二年 明崇祯元年	十月初九日，谕蒙古诸部领兵贝勒，禁杀来降者。
1628	天聪二年 明崇祯元年	十月十五日，后金军还至沈阳，祭堂子。
1628	天聪二年 明崇祯元年	十月十五日，将刘兴祚母及妻子下狱。
1628	天聪二年 明崇祯元年	明朝尽革与喀喇沁等三十六蒙古部之岁赏。诸部蒙古饥荒，向明朝请粮而不得，投附后金之心益固。
1628	天聪二年 明崇祯元年	十二月初一日，皇太极遣索尼等致书科尔沁土谢图汗奥巴，数其罪。
1628	天聪二年 明崇祯元年	十二月初一日，前依附科尔沁部之蒙古郭界尔图等投后金，与之牧地。
1628	天聪二年 明崇祯元年	十二月初一日，前依附科尔沁部之旧喀尔喀扎鲁特部贝勒色本等率部众投依后金，皇太极率诸贝勒出迎，大宴之。
1628	天聪二年 明崇祯元年	十二月，博尔晋卒。
1629	天聪三年 明崇祯二年	正月初四日，科尔沁部额驸奥巴至沈阳谢罪。皇太极与诸贝出城十里相迎。
1629	天聪三年 明崇祯二年	正月初六日，皇太极复令巴克什库尔缠、希福等责奥巴。
1629	天聪三年 明崇祯二年	正月十一日，奥巴还，皇太极厚赐之，并大宴为其饯行。
1629	天聪三年 明崇祯二年	正月十五日，后金颁敕谕于科尔沁、敖汉、奈曼、旧喀尔喀、喀喇沁等部蒙古，令悉遵后金国制。

公元	年号	大事记
1629	天聪三年 明崇祯二年	正月二十一日，后金废除三大贝勒值月制。
1629	天聪三年 明崇祯二年	二月初二日，谕八旗诸贝勒、大臣，勿科敛民财，犯者治罪。
1629	天聪三年 明崇祯二年	二月初十日，令八旗诸官员誓告天地，公忠为国。
1629	天聪三年 明崇祯二年	二月十三日清明节，葬清太祖努尔哈赤于沈阳福陵。并迁原葬于东京之孝慈皇后，继妃富察氏祔葬。
1629	天聪三年 明崇祯二年	二月十三日，旧喀尔喀蒙古扎鲁特部贝勒戴青等各率属众投附后金。
1629	天聪三年 明崇祯二年	二月十四日，明将毛文龙属下移驻朝鲜铁山，后金出兵剿之。
1629	天聪三年 明崇祯二年	二月十四日，武纳格等征察哈尔蒙古还。
1629	天聪三年 明崇祯二年	二月十八日，皇太极南巡，查边境城垣修葺。二十五日还宫。
1629	天聪三年 明崇祯二年	二月二十三日，遣国舅阿什达尔汉及尼堪，向各归附蒙古部落宣谕此后出师军令。
1629	天聪三年 明崇祯二年	四月初一日，令文馆诸臣分直，巴克什达海与刚林等翻译汉文典籍；库尔缠等记注本朝政事。
1629	天聪三年 明崇祯二年	闰四月十九日，科尔沁大妃等来朝，皇太极率三大贝勒等出迎四十里。
1629	天聪三年 明崇祯二年	五月初六日，科尔沁部大妃等还，皇太极率众贝勒、后妃等厚赐之，盛宴饯行。
1629	天聪三年 明崇祯二年	五月初六日，明将袁崇焕杀毛文龙。
1629	天聪三年 明崇祯二年	五月二十三日，奈曼、扎鲁特诸贝勒私越后金所定地界驻牧被罚。
1629	天聪三年 明崇祯二年	五月二十四日，后金派石廷柱等搜剿毛文龙所占诸岛。

公元	年号	大事记
1629	天聪三年 明崇祯二年	六月初二日，后金议征明，造船以运粮草。并命诸归附蒙古部落准备。
1629	天聪三年 明崇祯二年	六月十四日，喀喇沁、土默特部蒙古来朝贡物。
1629	天聪三年 明崇祯二年	七月十一日，后金出兵征瓦尔喀部，皇太极谕勿妄杀劫掠。
1629	天聪三年 明崇祯二年	八月初八日，遣喀喇沁部苏布地杜棱归部，赐宴厚赍之。
1629	天聪三年 明崇祯二年	八月十八日，修改包衣牛录下人及奴仆首告《离主条例》。
1629	天聪三年 明崇祯二年	八月十八日，定入八分贝勒临阵败逃惩处制。
1629	天聪三年 明崇祯二年	八月二十三日，谕令诸贝勒及满、汉、蒙大臣之家下生员考试，家主勿得阻拦，考中者以别丁偿家主。
1629	天聪三年 明崇祯二年	九月初一日，先是，贝勒济尔哈朗、德格类、岳托、阿济格率兵万人略明锦州、宁远，至是还。
1629	天聪三年 明崇祯二年	九月初五日，阿巴垓部遣使后金，该部自此与后金通好。
1629	天聪三年 明崇祯二年	九月二十三日，后金欲大举伐明，谕备归附蒙古部落率兵来会。
1629	天聪三年 明崇祯二年	十月初二日，皇太极亲统大军伐明，以喀喇沁蒙古台吉布尔噶都为向导。
1629	天聪三年 明崇祯二年	十月初四日至初六日，扎鲁特、奈曼、敖汉、巴林等部蒙古先后以兵来会。
1629	天聪三年 明崇祯二年	十月初九日，察哈尔蒙古五千人来归。
1629	天聪三年 明崇祯二年	十月初九日，科尔沁部二十三贝勒率兵来会。
1629	天聪三年 明崇祯二年	十月二十四日，驻老河，兵分两路。

公元	年号	大事记
1629	天聪三年 明崇祯二年	十月二十六日，左翼兵克龙井关。右翼兵攻克大安口。
1629	天聪三年 明崇祯二年	十月二十七日，皇太极督兵克洪山口城。
1629	天聪三年 明崇祯二年	十月三十日，皇太极率兵至遵化（今河北省遵化，在该省东北部），致书明遵化巡抚王元雅，劝其投降。
1629	天聪三年 明崇祯二年	十一月初一日，右翼兵至遵化。
1629	天聪三年 明崇祯二年	十一月初三日，攻陷遵化城，城中官兵民众拒降者尽被屠。巡抚王元雅自缢。
1629	天聪三年 明崇祯二年	十一月十一日，以参将英俄尔岱、游击李思忠、文馆范文程留遵化。主力向北京城进发。
1629	天聪三年 明崇祯二年	十一月十五日，兵至北京城东通州，宣传因为七大恨而攻明。
1630	天聪三年 明崇祯二年	十一月二十日，后金兵临北京。明宁远巡抚袁崇焕、锦州总兵祖大寿率师回援，被后金军在北京城外击败。
1630	天聪三年 明崇祯二年	十一月二十二日，后金军遣明朝归降太监赍书与明崇祯帝议和。
1630	天聪三年 明崇祯二年	十一月二十七日，明将袁崇焕、祖大寿复于北京城东南隅立营。
1630	天聪三年 明崇祯二年	皇太极令副将高鸿中、鲍承先、宁完我施反间计。崇祯帝中计，下袁崇焕于狱，后杀之。祖大寿惧，率部奔回锦州。
1630	天聪三年 明崇祯二年	十二月初，后金军克良乡、固安。
1630	天聪三年 明崇祯二年	十二月十一日，皇太极遣贝勒阿巴泰，萨哈廉祭金朝帝陵。
1630	天聪三年 明崇祯二年	十二月，后金军又败明军于北京城周围诸处。后金军几次送议和书与明。
1630	天聪三年 明崇祯二年	十二月，名将图赖立功受嘉奖。

公元	年号	大事记
1630	天聪三年 明崇祯二年	十二月二十七日，皇太极派岳托、萨哈廉、豪格率兵围永平（今河北省卢龙，在山海关西80多公里处）。
1630	天聪四年 明崇祯三年	正月初三日，后金军于永平近处擒斩刘兴祚。
1630	天聪四年 明崇祯三年	正月初四日，后金大军攻永平城，克之。
1630	天聪四年 明崇祯三年	正月初六日，后金留兵守永平，以明降官白养粹为永平巡抚，孟乔芳、杨文魁为副将。
1630	天聪四年 明崇祯三年	正月初九日，明建昌参将马光远归降后金。
1630	天聪四年 明崇祯三年	正月十八日，明兵攻遵化，守城贝勒杜度击败之。
1630	天聪四年 明崇祯三年	二月初九日，后金致书明帝议和。
1630	天聪四年 明崇祯三年	二月十四日，明将王世选归降。
1630	天聪四年 明崇祯三年	二月十四日，后金班师，留贝勒阿巴泰等统兵分守永平、迁安（今河北省迁安）、滦州（今河北省滦县）、遵化。
1630	天聪四年 明崇祯三年	三月初二日，皇太极等还至沈阳。
1630	天聪四年 明崇祯三年	三月初十日，遣二贝勒阿敏、贝勒硕托率兵往守永平四城，阿巴泰等还。
1630	天聪四年 明崇祯三年	三月二十日，阿噜蒙古四部遣使后金议盟。
1630	天聪四年 明崇祯三年	四月初二日，皇太极谕令：禁僧人养牲畜。
1630	天聪四年 明崇祯三年	四月三十日，命总兵官扬古利略明锦州、义州。
1630	天聪四年 明崇祯三年	五月初十日，谕诸臣善抚俘众，以减少逃亡。

公元	年号	大事记
1630	天聪四年 明崇祯三年	五月十二日，明军攻陷滦州城。
1630	天聪四年 明崇祯三年	五月十三日，二贝勒阿敏杀永平府内明降官，屠城中百姓，收其财帛，弃永平四城而回关外。
1630	天聪四年 明崇祯三年	五月二十九日，虎尔哈部朝贡。
1630	天聪四年 明崇祯三年	六月初六日，收系弃永平四城诸将，数其罪。
1630	天聪四年 明崇祯三年	六月初七日，议阿敏十六条罪状，幽禁之。硕托等分别治罪。将永平被屠汉官民之妻子带回者编为民户，给以衣食房舍。
1630	天聪四年 明崇祯三年	六月初七日，以阿敏弟济尔哈朗为镶蓝旗旗主。
1630	天聪四年 明崇祯三年	七月初七日，皇太极与两大贝勒迎喀喇沁部喇嘛，于城外宴之。
1630	天聪四年 明崇祯三年	九月十一日，喀喇沁、土默特两部蒙古贝勒携妻子至后金，皇太极设大宴宴之。
1630	天聪四年 明崇祯三年	十月十六日，谕编审壮丁，定隐匿壮丁罪。
1630	天聪四年 明崇祯三年	十一月十九日，阿噜蒙古四子部诸贝勒来附。
1631	天聪四年 明崇祯三年	十二月二十四日，科尔沁部图美来朝。
1631	天聪四年 明崇祯三年	十二月二十八日，嫁科尔沁部汗奥巴额驸之胏哲格格归宁，皇太极与两大贝勒及诸贝勒出迎十里。
1630	天聪四年 明崇祯三年	是年，阿噜科尔沁部投附后金。
1631	天聪五年 明崇祯四年	正月初八日，禁出使蒙古各部者擅行需索，执牌者可由蒙古付其马匹口粮。
1631	天聪五年 明崇祯四年	正月初八日，铸成红衣大炮，后金造炮自此始。

公元	年号	大事记
1631	天聪五年 明崇祯四年	正月二十一日，以额驸佟养性总理汉人军民事务，汉官听其节制。
1631	天聪五年 明崇祯四年	正月二十六日，以朝鲜贡物不足额而拒收。
1631	天聪五年 明崇祯四年	正月二十八日，遣使赴朝鲜，责其贡物渐次减少，并说明阿敏兵败永平四城之由，强调明弱金强。
1631	天聪五年 明崇祯四年	二月十六日，严守边之军纪律，迟误军机者重治其罪。
1631	天聪五年 明崇祯四年	二月三十日，征瓦尔喀之兵还，俘获人口三千余。
1631	天聪五年 明崇祯四年	三月初一日，皇太极以国人怨言甚多，书谕两大贝勒、议政十贝勒、八固山额真，征求建言。
1631	天聪五年 明崇祯四年	三月十三日，编成汉人火器部队。
1631	天聪五年 明崇祯四年	三月二十日，杀皮岛（朝鲜西部沿海岛屿，在鸭绿江口之南60公里处。今名椵岛，或作假岛）刘兴治兄弟家属，赦其母。
1631	天聪五年 明崇祯四年	四月，原欲征察哈尔蒙古，因科尔沁部奥巴劝谏而班师。
1631	天聪五年 明崇祯四年	四月，向依附诸蒙古部落颁布律令。
1631	天聪五年 明崇祯四年	五月二十七日，部署征辽南海岛。
1631	天聪五年 明崇祯四年	五月二十八日，向朝鲜索取战船以攻明之海岛，被拒。
1631	天聪五年 明崇祯四年	六月十九日，大贝勒代善之子患痘卒。时皇太极在避痘所。
1631	天聪五年 明崇祯四年	六月二十一日，黑龙江地方五头目来朝。
1631	天聪五年 明崇祯四年	六月二十一日，定《功臣袭职例》。

公元	年号	大事记
1631	天聪五年 明崇祯四年	七月初二日，黑龙江地方虎尔哈部四头目朝贡。
1631	天聪五年 明崇祯四年	七月初八日，设六部，置管部贝勒、承政、参政、启心郎、笔帖式。
1631	天聪五年 明崇祯四年	七月初八日，谕文臣称笔帖式，不再称巴克什，前称者仍之。
1631	天聪五年 明崇祯四年	七月初八日，更定告主离主条例。
1631	天聪五年 明崇祯四年	七月初八日，禁宗族内收继婚。
1631	天聪五年 明崇祯四年	七月初八日，定诸贝勒违法惩罚例。
1631	天聪五年 明崇祯四年	七月十二日，虎尔哈部又四头目朝贡。
1631	天聪五年 明崇祯四年	七月十八日，八旗下增设统兵官将梅勒额真、甲喇额真。
1631	天聪五年 明崇祯四年	七月二十一日，定牛录额真应审理之事及处罚例，大者送部。
1631	天聪五年 明崇祯四年	七月二十七日，皇太极亲率大军西征。佟养性领红衣大炮兵随行。
1631	天聪五年 明崇祯四年	七月二十八日，后金军渡辽河。
1631	天聪五年 明崇祯四年	八月初一日，蒙古诸部贝勒各率兵来会。
1631	天聪五年 明崇祯四年	八月初二日，向蒙古诸部领兵贝勒申明军纪，勿滥杀抢掠，勿将俘人父子、夫妇分离。
1631	天聪五年 明崇祯四年	八月初六日，攻明大凌河城。大凌河城之役展开。
1631	天聪五年 明崇祯四年	八月十六日，明松山兵二千名来援。

公元	年号	大事记
1631	天聪五年 明崇祯四年	九月十六日，皇太极率兵趋锦州。
1631	天聪五年 明崇祯四年	九月二十四日，明兵四万出关增援。
1631	天聪五年 明崇祯四年	月二十七日，大败明军，擒张春及副将等三十三人。
1631	天聪五年 明崇祯四年	十月，几次招降祖大寿。
1631	天聪五年 明崇祯四年	十月二十二日，治三贝勒莽古尔泰罪。
1631	天聪五年 明崇祯四年	十月二十八日，祖大寿等大凌河城官兵降。
1631	天聪五年 明崇祯四年	十一月初一日，放祖大寿还锦州。
1631	天聪五年 明崇祯四年	十一月初九日，后金兵毁大凌河城。次日班师。
1631	天聪五年 明崇祯四年	十一月初九日，阵获明将三十三人中，留张春、张洪谟等八人，余悉诛杀。
1631	天聪五年 明崇祯四年	十一月二十九日，大宴祖可法等明大凌河城归降各宫，并令八旗诸贝勒每五日一次轮番宴之。
1631	天聪五年 明崇祯四年	闰十一月初一日，谕加强八旗官学教育。
1631	天聪五年 明崇祯四年	闰十一月初一日，遣库尔缠、满达尔汉等出使朝鲜，责其背约，令贡物如额、察还逃人。
1632	天聪五年 明崇祯四年	闰十一月十一日，禁私建寺庙，禁妇女与喇嘛私相交往，并禁巫觋星士。
1632	天聪五年 明崇祯四年	闰十一月十五日，追击察哈尔蒙古兵之图鲁什、劳萨领兵还。
1632	天聪五年 明崇祯四年	十二月二十四日，朝鲜遣使贡元旦方物，补违约所缺贡物。

公元	年号	大事记
1632	天聪五年 明崇祯四年	十二月二十四日，宁完成奏请设言官，定服制。
1632	天聪五年 明崇祯四年	十二月二十八日，更定元旦朝贺行礼班次，次年元旦实行。
1631	天聪五年 明崇祯四年	是年，康古礼卒。
1632	天聪六年 明崇祯五年	正月初一日，实行新的朝贺礼制，改汗与三大贝勒俱南面坐受礼，为汗皇太极南面独坐受礼。
1632	天聪六年 明崇祯五年	正月初一日，改八旗诸贝勒率大臣朝见以年齿排序，为按旗分排序。
1632	天聪六年 明崇祯五年	正月初七日，遣朝鲜使臣归国，以贡物仍不及额责之。
1632	天聪六年 明崇祯五年	正月十五日，镶红旗主岳托建言，以养人之道善抚来降汉人，配给妻室田产，以争取汉人。
1632	天聪六年 明崇祯五年	正月十五日，奖恤大凌河之役有功者。
1632	天聪六年 明崇祯五年	正月二十一日，佟养性女嫁岳托之子罗洛宏为嫡妻，设宴，皇太极庆贺，并命新旧汉宫皆预宴。
1632	天聪六年 明崇祯五年	二月初四日，更定仪仗之制，汗、大贝勒、一般贝勒别以等差。
1632	天聪六年 明崇祯五年	二月十一日，以赌博者多，禁之，赌饮食者不禁。
1632	天聪六年 明崇祯五年	二月十一日，前已册立中宫、西宫福晋，东宫未备，因而聘扎鲁特部蒙古戴青贝勒女，此日册为东宫福晋。
1632	天聪六年 明崇祯五年	二月二十日，定地方官三年考核奖惩制，令各处城守官三年任满者至沈阳接受考核。
1632	天聪六年 明崇祯五年	二月二十二日，扎鲁特部蒙古根度尔之女嫁镶白旗主多尔衮。
1632	天聪六年 明崇祯五年	二月二十九日，此前，大凌河之役归降及俘获汉人分养于民间，至是，分与八旗诸贝勒、大臣及副将以下，配以妻室，移居沈阳。

大清十一帝

清太宗皇太极

四〇七

公元	年号	大事记
1632	天聪六年 明崇祯五年	三月初一日，赏大凌河之役归降诸将缎匹银物。
1632	天聪六年 明崇祯五年	三月初一日，达海奉命改进老满文为新满文。
1632	天聪六年 明崇祯五年	三月十三日，再次修订离主条例，分别所讦轻重虚实坐罪例。禁子弟告父兄、妻告夫。
1632	天聪六年 明崇祯五年	三月十三日，定贝勒大臣丧葬赐祭例。
1632	天聪六年 明崇祯五年	三月二十日，将征察哈尔蒙古，约归附各蒙古部出兵，并向八旗兵颁布军纪。
1632	天聪六年 明崇祯五年	四月初一日，皇太极亲率大军西征察哈尔蒙古。
1632	天聪六年 明崇祯五年	四月初四日至十二日，诸蒙古部落相继率兵 来会。
1632	天聪六年 明崇祯五年	四月十八日，后金军得讯，察哈尔蒙古林丹汗闻大兵至，遍谕部众弃本土西奔，遣人赴归化城，驱富民及牲畜西渡黄河。
1632	天聪六年 明崇祯五年	四月二十九日，后金军趋察哈尔。
1632	天聪六年 明崇祯五年	五月二十三日，分兵两路，左翼兵略明宣府（今河北省宣化市）、大同（今山西省大同市），右翼兵略归化城（今内蒙古自治区呼和浩特市）。
1632	天聪六年 明崇祯五年	五月二十七日，皇太极与两大贝勒至归化城，两翼兵来会。
1632	天聪六年 明崇祯五年	五月，归化城土默特蒙古归降后金。
1632	天聪六年 明崇祯五年	六月初五日，各路兵上奏所俘获，共计人口牲畜十万余有，随军之新附大凌河汉官员等各赏人、牲。
1632	天聪六年 明崇祯五年	六月初八日，大军自归化城西行，征明边地。

公元	年号	大事记
1632	天聪六年 明崇祯五年	六月十三日，遣库尔缠等分别诣大同、宣府，致书与明朝官员议和。
1632	天聪六年 明崇祯五年	六月十四日，后金军至大同边外。
1632	天聪六年 明崇祯五年	六月十七日，后金军趋宣府。
1632	天聪六年 明崇祯五年	六月二十四日，驻张家口（今河北省张家口市）外，列营四十里。
1632	天聪六年 明崇祯五年	六月二十七日，明宣府巡抚献牛羊，皇太极宴之，定和议。大市于张家口。
1632	天聪六年 明崇祯五年	六月二十九日，以张家口所得明犒赏察哈尔之缎布皮张的五分之一赐科尔沁土谢图汗奥巴。
1632	天聪六年 明崇祯五年	六月二十九日，晋封豪格为和硕贝勒。
1632	天聪六年 明崇祯五年	六月，辽东大水灾。
1632	天聪六年 明崇祯五年	七月初一日，后金军还。
1632	天聪六年 明崇祯五年	七月十四日，巴克什达海卒。
1632	天聪六年 明崇祯五年	八月初一日，皇太极以大军西征期间，大凌河归降汉人逃者甚众，令佟养性、文馆诸臣宣谕大凌河归降汉宫，以善言劝之。
1632	天聪六年 明崇祯五年	八月初二日，原明朝生员王文奎等应召内廷，劝皇太极勿与明和，当待机整师入中原，得天下。
1632	天聪六年 明崇祯五年	八月初八日，六部衙署建成，颁予银印。
1632	天聪六年 明崇祯五年	八月二十九日，谕八旗固山额真，查旗下贫苦者，尽心审谳刑事。
1632	天聪六年 明崇祯五年	九月初五日，科尔沁汗奥巴卒，讣至，皇太极痛惜之，遣人往奠。

公元	年号	大事记
1632	天聪六年 明崇祯五年	九月初八日，取消后金内所立兀鲁特旗，贝勒明安等及所属部众散隶八旗（满洲）。
1632	天聪六年 明崇祯五年	九月初八日，修复盖州城（今辽宁省盖州市）竣工，移民实之，设驻防兵。
1632	天聪六年 明崇祯五年	九月十九日，命扩展耀州（盖州城东北30公里处）旧界至盖州以南。
1632	天聪六年 明崇祯五年	九月十九日，汉人李栖凤（建言时政。
1632	天聪六年 明崇祯五年	十月初十日，遣喇嘛赴宁远，赍书致明朝君臣，申议和之意。
1632	天聪六年 明崇祯五年	十月初十日，先是，命贝勒济尔哈朗、萨哈廉指授蒙古投附诸部牧地，申明约法，此日还。
1632	天聪六年 明崇祯五年	十一月十八日，遣使朝鲜，命增岁贡额数。
1633	天聪六年 明崇祯五年	十一月二十二日，赐永平、大凌河城归降汉官银，宴之。
1633	天聪六年 明崇祯五年	十二月初二日，定服式之制。
1633	天聪六年 明崇祯五年	十二月初二日，正蓝旗主三贝勒莽古尔泰卒，有福晋及侍妾从殉。
1633	天聪六年 明崇祯五年	十二月十七日，赴朝鲜使臣还，言只给定额贡物十分之一，皇太极命驱逐朝鲜使臣，却其贡物。
1633	天聪六年 明崇祯五年	是年，翁牛特部投附后金。
1633	天聪七年 明崇祯六年	正月初八日，谕各牛录额真，恤贫民、督训习射。
1633	天聪七年 明崇祯六年	正月初九日，朝鲜来使贡物并致书，言所定贡额较前又增十倍，且遭大灾，实难贡全额。
1633	天聪七年 明崇祯六年	正月十五日，命朝鲜使臣归国，并致书其国王责之。

公元	年号	大事记
1633	天聪七年 明崇祯六年	正月十六日，皇太极长女嫁敖汉部台吉班第，大宴成婚。
1633	天聪七年 明崇祯六年	正月，分赏来贺元旦之各蒙古部落。
1633	天聪七年 明崇祯六年	正月，丁文盛就攻明之策略、战术及汉军编制等提出建议。
1633	天聪七年 明崇祯六年。	二月初一日，茂明安部来附。
1633	天聪七年 明崇祯六年	二月十四日，诛巴克什库尔缠，以其与刘兴祚交厚且为之收尸等罪。
1633	天聪七年 明崇祯六年	二月二十日，遣图鲁什、劳萨领兵略宁远。
1633	天聪七年 明崇祯六年	二月二十二日，朝鲜国王遣使致书后金，申辩两国交往之是非曲直，并说明不宜互市。
1633	天聪七年 明崇祯六年	二月二十四日，后金致书朝鲜国王，责之。
1633	天聪七年 明崇祯六年	三月初二日，杜尔伯特部蒙古达尔汉台吉妻来朝。
1633	天聪七年 明崇祯六年	三月初六日，派贝勒济尔哈朗、阿巴泰、阿济格、杜度，分别督筑沿边之岫岩（今辽宁 省岫岩）等城，以分兵驻守。
1633	天聪七年 明崇祯六年	三月初十日，郭尔罗斯部蒙古来朝。
1633	天聪七年 明崇祯六年	三月十五日，盖州守将来报，登州（今山东省蓬莱市）明将孔有德、耿仲明率所部至海岛请降后金。
1633	天聪七年 明崇祯六年	三月二十七日，派范文程等人以书往谕明旅顺官员，探其是否有意归顺。
1633	天聪七年 明崇祯六年	三月二十九日，遍赏以前归降之明汉官。
1633	天聪七年 明崇祯六年	四月初四日，察哈尔蒙古林丹汗属下两翼大总管来归。

公元	年号	大事记
1633	天聪七年 明崇祯六年	四月十四日，命朝鲜接济孔有德食粮。
1633	天聪七年 明崇祯六年	四月二十八日，科尔沁部大妃携次妃、诸外戚等来朝，隆重迎之。
1633	天聪七年 明崇祯六年	五月初四日，乌喇特部蒙古来附。
1633	天聪七年 明崇祯六年	五月，科尔沁大妃之女嫁皇太极幼弟多铎，皇太极以女许嫁科尔沁部吴克善之子弼尔塔哈尔。
1633	天聪七年 明崇祯六年	五月，明将孔有德、耿仲明率部投附。令所部驻东京。
1633	天聪七年 明崇祯六年	六月初二日，谕将士勿扰新附之民，违者戮之。
1633	天聪七年 明崇祯六年	六月初三日，召孔有德、耿仲明来沈阳，隆重迎之。
1633	天聪七年 明崇祯六年	六月初六日，派人入朝鲜互市，并责其未出粮济孔有德。
1633	天聪七年 明崇祯六年	六月初九日，令官民遵行冠服新制。
1633	天聪七年 明崇祯六年	六月十三日，封孔有德为都元帅、耿仲明为总兵官。
1633	天聪七年 明崇祯六年	六月十八日，赴朝鲜使臣报：朝鲜听明朝之言，向倭国借兵。
1633	天聪七年 明崇祯六年	六月十八日，集议战略，定暂放置朝鲜而攻明。
1633	天聪七年 明崇祯六年	六月十九日，攻明旅顺口，孔有德、耿仲明带兵协助，次月克之。
1633	天聪七年 明崇祯六年	六月二十四日，东海使犬部朝贡。
1633	天聪七年 明崇祯六年	七月初一日，以满洲人各户下汉人十丁抽一为绵甲兵，补旧汉军甲喇之缺额者。

公元	年号	大事记
1633	天聪七年 明崇祯六年	七月，和硕图卒。
1633	天聪七年 明崇祯六年	八月初三日，遣兵略明山海关。
1633	天聪七年 明崇祯六年	八月十四日，派人赴科尔沁部颁布法律。
1633	天聪七年 明崇祯六年	八月二十八日，升石廷柱为总兵官。
1633	天聪七年 明崇祯六年	九月十一日，征山海关兵还，俘人畜四千余。次日，责领兵贝勒未能乘胜深入内地。
1633	天聪七年 明崇祯六年	九月十四日，遣英俄尔岱等往朝鲜互市。
1633	天聪七年 明崇祯六年	十月初六日，遣使赴蒙古备部，宣布法令。
1633	天聪七年 明崇祯六年	十月初八日，科尔沁部送女与正蓝旗主德格类为妻。
1633	天聪七年 明崇祯六年	十月十七日，奖征北京时归降汉官。
1633	天聪七年 明崇祯六年	十月二十四日，明广鹿岛副将尚可喜派人来约降。
1633	天聪七年 明崇祯六年	十一月初四日，萨哈尔察部来朝贡。
1633	天聪七年 明崇祯六年	十一月十六日，遣英俄尔岱赍书至朝鲜，以违约十事责之。
1633	天聪七年 明崇祯六年	十一月二十日，派兵征与朝鲜接壤之虎尔哈部。
1634	天聪七年 明崇祯六年	十二月二十六日，科尔沁土谢图汗奥巴之子巴达礼以被赐土谢图济农号，来朝谢恩。
1634	天聪七年 明崇祯六年	十二月二十八日，孔有德、耿仲明来朝。赏赐大凌河归降诸将祖可法、祖泽润、祖泽洪、韩大勋、孙定辽、邓长春等。

公元	年号	大事记
1634	天聪八年 明崇祯七年	正月初三日，皇太极向来朝贺之蒙古诸部贝勒宣布几项法令。
1634	天聪八年 明崇祯七年	正月初六日，谕免六祖子孙差役。
1634	天聪八年 明崇祯七年	正月十六日，集众汉官于内廷，谕朝廷对满汉同待，汉官应感激朝廷恩养。
1634	天聪八年 明崇祯七年	正月二十一日，派兵收取席尔哈等地之察哈尔蒙古流民。
1634	天聪八年 明崇祯七年	正月二十二日，迎归附之浩齐特部蒙古额林臣等。
1634	天聪八年 明崇祯七年	二月初五日，定丧葬焚物、殉葬制，夫死，许相得之妻殉，若有妻逼侍妾殉者，论死。
1634	天聪八年 明崇祯七年	二月初五日，派多尔衮等往迎归降之尚可喜。
1634	天聪八年 明崇祯七年	二月初八日，赏归降汉官人口、牲畜。
1634	天聪八年 明崇祯七年	二月初十日，孔有德疏劾耿仲明侵渔官民。
1634	天聪八年 明崇祯七年	二月十二日，派兵略明锦州。
1634	天聪八年 明崇祯七年	三月初五日，再派兵，以谭泰、图尔格分别为右、左翼统帅，略明锦州。
1634	天聪八年 明崇祯七年	三月初六日，尚可喜率三岛官兵至后金，被安置于海州。
1634	天聪八年 明崇祯七年	三月十八日，遣英俄尔岱等赴朝鲜互市，并致书其国王。
1634	天聪八年 明崇祯七年	三月十八日，谕孔有德、耿仲明军，兵纛以白镶皂，尚可喜军，兵纛为皂旗用圆心。以区别旗旗纛。
1634	天聪八年 明崇祯七年	三月二十六日，考取汉生员，取中二百二十八人，别为三等赏银。

公元	年号	大事记
1634	天聪八年 明崇祯七年	四月初六日，擢清太祖诸庶出于官职。
1634	天聪八年 明崇祯七年	四月初九日，原仿用汉语世职官名皆改为满语世职官名，改沈阳名"盛京"。
1634	天聪八年 明崇祯七年	四月初九日，多尔衮属下旗鼓牛录章京曹振彦加半个前程。
1634	天聪八年 明崇祯七年	四月初十日，尚可喜来朝，皇太极率诸贝勒出迎十里，大宴之。又命八家贝勒备以次宴之。
1634	天聪八年 明崇祯七年	四月二十二日，授尚可喜总兵官。
1634	天聪八年 明崇祯七年	四月二十六日，考取满、汉、蒙古人刚林、罗绣锦等通满、蒙、汉文字者十六人为举人。
1634	天聪八年 明崇祯七年	五月初一日，黑龙江地方头目巴尔达齐朝贡。
1634	天聪八年 明崇祯七年	五月初五日，定八旗兵营名称，并名孔有德所部兵为天佑兵、尚可喜之兵为天助兵。
1634	天聪八年 明崇祯七年	五月十一日，议征明北边宣府、大同，兼收纳该处散避之察哈尔蒙古所遗部众。并调科尔沁蒙古兵同征。
1634	天聪八年 明崇祯七年	五月十七日，定众官功次，赐敕书，明确袭次。
1634	天聪八年 明崇祯七年	五月十九日，吴巴海、季思哈征东海虎尔哈部兵还，获人、畜及兽皮。
1634	天聪八年 明崇祯七年	五月二十日，征明之八旗兵及孔、耿、尚天佑兵、天助兵已先行出发。此日，皇太极与诸贝勒领护军随征。
1634	天聪八年 明崇祯七年	五月二十三日，科尔沁部噶尔珠塞特尔等率部众叛离，该部巴达礼等率兵追击。六月中，擒回诛杀。
1634	天聪八年 明崇祯七年	六月初七日，皇太极会蒙古诸部率兵贝勒，颁出征军纪。
1634	天聪八年 明崇祯七年	六月二十八日，察哈尔土巴济农率部众千户来归。

公元	年号	大事记
1634	天聪八年 明崇祯七年	七月，后金军毁边墙而入，略宣府、大同、朔州（今山西省朔县）、应州（今山西省应县）、代州（今山西省代县）等地。
1634	天聪八年 明崇祯七年	八月十五日，皇太极所统之兵由应州回师，复趋大同。
1634	天聪八年 明崇祯七年	闰八月，后金军班师。
1634	天聪八年 明崇祯七年	闰八月初七日，察哈尔蒙古噶尔玛济农遣使请降，并言林丹汗已病卒。
1634	天聪八年 明崇祯七年	闰八月二十八日，察哈尔噶尔玛济农率六千部众并拥林丹汗之妻窦土门福晋来降。
1634	天聪八年 明崇祯七年	闰八月三十日，皇太极纳窦土门福晋为妻。
1634	天聪八年 明崇祯七年	九月十五日，征瓦尔喀部之兵还，俘人口一千多及牲畜、皮张等物。
1634	天聪八年 明崇祯七年	九月十五日，留守盛京贝勒疏报，汗驾行后，茂明安部蒙古来投附。
1634	天聪八年 明崇祯七年	九月十九日，后金大军回至盛京。
1634	天聪八年 明崇祯七年	十月初六日，仿古制扩建清太祖福陵。
1634	天聪八年 明崇祯七年	十月十六日，科尔沁部吴克善送其妹与皇太极为妻，此女即后来之宸妃。
1634	天聪八年 明崇祯七年	十月二十日，遣人往蒙古诸部，会各部贝勒于硕翁科尔，为各部划分牧地。
1635	天聪八年 明崇祯七年	十一月十三日，考核六部官员。
1635	天聪八年 明崇祯七年	十二月初十日，派巴奇兰等领兵征黑龙江地区未服属之虎尔哈部人。
1635	天聪八年 明崇祯七年	十二月十四日，分定宗室、额驸等专管牛录。

公元	年号	大事记
1635	天聪八年 明崇祯七年	十二月十五日，墨尔根喇嘛奉嘛哈噶喇佛像至盛京，遣喇嘛迎之。
1635	天聪八年 明崇祯七年	十二月二十二日，议禁吸烟之事。
1634	天聪八年 明崇祯七年	是年，李永芳卒，喀克笃礼卒。
1634	天聪八年 明崇祯七年	是年，蒙古克什克腾部投附。
1635	天聪九年 明崇祯八年	正月二十二日，将察哈尔归附贵族、部众分隶八旗。
1635	天聪九年 明崇祯八年	正月二十二日，免功臣丁役，命专管牛录。
1635	天聪九年 明崇祯八年	正月二十六日，令称太祖庶子为"阿哥"，六祖子孙为"觉罗"，系红带以别之。
1635	天聪九年 明崇祯八年	二月初六日，编喀喇沁等部蒙古壮丁为十一旗，其中三旗为喀喇沁部旗、土默特部左右翼旗，另外八个旗为八旗蒙古。
1635	天聪九年 明崇祯八年	二月二十六日，多尔衮等领兵万人西征，收服林丹汗子额哲及其察哈尔部众。
1635	天聪九年 明崇祯八年	三月初十日，禁官民女子、寡妇私嫁，禁女十二岁以下出嫁。
1635	天聪九年 明崇祯八年	四月十四日，出征黑龙江虎尔哈之后金兵回报，收服编户男丁两千余名，人口七千余，携之以归。
1635	天聪九年 明崇祯八年	四月二十三日，黑龙江索伦部来朝。
1635	天聪九年 明崇祯八年	五月十四日，命多铎等领兵略锦州等地。
1635	天聪九年 明崇祯八年	五月二十日，命文馆译宋、辽、金、元四史。
1635	天聪九年 明崇祯八年	五月二十七日，多尔衮西征军报告，遇林丹汗妻囊囊太后等率属众归附。

公元	年号	大事记
1635	天聪九年 明崇祯八年	五月二十八日，多尔衮西征军渡黄河，收服林丹汗妻苏泰太后、子额哲及其部众。
1635	天聪九年 明崇祯八年	鄂尔多斯部蒙古济农额林臣等依附后金。
1635	天聪九年 明崇祯八年	后金从察哈尔降人得外喀尔喀蒙古车臣汗硕垒致后金汗书，书中言及通好。
1635	天聪九年 明崇祯八年	六月初七日，征明锦州之师得胜还。
1635	天聪九年 明崇祯八年	七月二十日，皇太极纳林丹汗遗孀囊囊太后为妻。
1635	天聪九年 明崇祯八年	八月初八日，绘《太祖实录图》成。
1635	天聪九年 明崇祯八年	八月，西征军还渡黄河，略明朔州、代州、忻州、应州等处，又至归化城。
1635	天聪九年 明崇祯八年	八月，执归化城土默特蒙古原博硕克图汗子俄木布归，以该部古禄格、托博克等驻归化城，辖部众。
1635	天聪九年 明崇祯八年	九月初六日，多尔衮西征军携察哈尔降众还。皇太极率诸贝勒及福晋远渡辽河相迎。设坛行拜天礼，受林丹汗之传国玉玺。
1635	天聪九年 明崇祯八年	九月初十日，皇太极以次女嫁林丹汗子额哲。次年正月成婚。
1635	天聪九年 明崇祯八年	九月二十五日，惩戒大贝勒代善及莽古济。
1635	天聪九年 明崇祯八年	九月二十五日，哲布尊丹巴呼图克图一世诞生。
1635	天聪九年 明崇祯八年	十月初二日，正蓝旗主德格类死。
1635	天聪九年 明崇祯八年	十月初六日，吴巴海等分领四路兵征瓦尔喀。
1635	天聪九年 明崇祯八年	十月十三日，谕改国名为满洲，不得再称之为诸申。

公元	年号	大事记
1635	天聪九年 明崇祯八年	十一月初一日，命苏泰太后及子额哲居孙岛之习尔哈。
1636	天聪九年 明崇祯八年	十二月初五日，追论莽尔泰、德格类、莽古济，定谋逆罪。诛莽古济、额必伦等。
1636	天聪九年 明崇祯八年	十二月初五日，收夺正蓝旗，与正黄旗混编为新正黄旗、新镶黄旗。
1636	天聪九年 明崇祯八年	十二月初五日，改豪格所统原镶黄旗为新正蓝旗。
1636	天聪九年 明崇祯八年	十二月初七日，外喀尔喀车臣汗部及乌珠穆沁部、苏尼特部、浩齐特部、阿巴垓部遣使贡物，示结盟好。
1636	天聪九年 明崇祯八年	十二月十三日，科尔沁大妃携满珠习礼等至后金，送其女与多尔衮成婚。
1636	天聪九年 明崇祯八年	十二月二十八日，后金以欲上皇太极尊号，命报知朝鲜相商。
1636	天聪十年 明崇祯九年	正月初六日，祀嘛哈噶喇佛于佛寺内。
1636	天聪十年 明崇祯九年	二月初二日，遣使致书外喀尔喀车臣汗等，责其卖马与明朝，贪得其财物。
1636	天聪十年 明崇祯九年	二月初二日，后金诸贝勒及蒙古已归附诸部四十九贝勒备致书朝鲜，约其国王劝进尊号。
1636	天聪十年 明崇祯九年	二月十三日，赐大臣冠饰金顶。
1636	天聪十年 明崇祯九年	二月二十二日，镶蓝旗主济尔哈朗娶林丹汗遗孀苏泰福晋。
1636	天聪十年 明崇祯九年	三月初六日，改文馆为内三院，明确各院职掌。
1636	天聪十年 明崇祯九年	三月十五日，禁喇嘛悬转轮、结布幡。
1636	天聪十年 明崇祯九年	三月二十日，英俄尔岱等出使朝鲜还，言其国王拒不接见，不纳诸贝勒及蒙古诸贝勒使者所赍书。

公元	年号	大事记
1636	天聪十年 明崇祯九年	四月初六日，索伦部萨哈尔察地方额驸巴尔达齐来朝。
1636	崇德元年 明崇祯九年	四月十一日，皇太极举行受尊号礼，称皇帝，定国号"大清"，改元崇德。大赦。
1636	崇德元年 明崇祯九年	四月十五日，以朝鲜使臣于受尊号礼时不拜，遣之归，并以书责朝鲜国王，命送子弟为质。
1636	崇德元年 明崇祯九年	四月二十三日，定清朝宗室封爵制，册封宗室及藩部蒙古诸贝勒。
1636	崇德元年 明崇祯九年	四月二十七日，封孔有德、耿仲明、尚可喜为王。
1636	崇德元年 明崇祯九年	四月二十七日，朝鲜使臣将清致朝鲜国王书置通远堡，告之清廷而还。
1636	崇德元年 明崇祯九年	五月初三日，奖内三院大学士，置内三院学士。
1636	崇德元年 明崇祯九年	五月初九日，和硕贝勒萨哈廉卒，辍朝三日。
1636	崇德元年 明崇祯九年	五月十四日，设都察院。
1636	崇德元年 明崇祯九年	五月二十六日，以大凌河城降将充任都察院及六部承政。
1636	崇德元年 明崇祯九年	五月三十日，遣武英郡王阿济格、饶余贝勒阿巴泰统兵征明，由北部长城入明朝京畿。
1636	崇德元年 明崇祯九年	五月，恩格德尔卒。
1636	崇德元年 明崇祯九年	六月初一日，将阿噜科尔沁部父子两旗合并为一旗，以子穆章统领。
1636	崇德元年 明崇祯九年	六月初六日，谕国人言语书词应循上下贵贱礼制。
1636	崇德元年 明崇祯九年	六月十三日，以原明之官衔授大凌河城降将相应世职，赐世袭敕书。

公元	年号	大事记
1636	崇德元年 明崇祯九年	六月二十五日，归化城土默特蒙古及鄂尔多斯部来朝。
1636	崇德元年 明崇祯九年	六月二十七日，内三院、都察院、六部文职人员，分等赐人口、牲畜。
1636	崇德元年 明崇祯九年	七月初四日，科尔沁部贝勒伊尔都齐送女与肃亲王豪格为妻。
1636	崇德元年 明崇祯九年	七月十七日，蒙古衙门官员往蒙古诸部调兵征明。
1636	崇德元年 明崇祯九年	七月二十三日，遣土默特蒙古古禄格等还，携博硕克图汗子俄木布及博硕克图汗顺义王印归。
1636	崇德元年 明崇祯九年	八月初六日，遣内秘书院大学士祭孔子。
1636	崇德元年 明崇祯九年	八月十二日，睿亲王多尔衮等领兵征明山海关。
1636	崇德元年 明崇祯九年	九月初八日，征明之阿济格一军已连略京畿十二城，获人畜十八万。二十八日回京。
1636	崇德元年 明崇祯九年	十月初二日，多尔衮一军还。
1636	崇德元年 明崇祯九年	十月初八日，李延庚被诛。
1636	崇德元年 明崇祯九年	十月十六日，派官往蒙古各归附部落查户口、编牛录，并会盟而审罪犯、颁法律。
1636	崇德元年 明崇祯九年	十月二十七日，拒见朝鲜来使，不阅其来书，令持回。
1636	崇德元年 明崇祯九年	十一月初九日，外喀尔喀蒙古车臣汗通好使者至，说明与明朝贸易马匹之由。
1636	崇德元年 明崇祯九年	十一月十一日，约外藩蒙古诸部出兵会盛京。
1636	崇德元年 明崇祯九年	十一月十五日，《清太祖武皇帝实录》修成。

公元	年号	大事记
1636	崇德元年 明崇祯九年	十一月二十五日，冬至，以将征朝鲜，祭告天地、太庙。
1636	崇德元年 明崇祯九年	十二月初一日，同征朝鲜之外藩蒙古名部兵会于盛京。
1636	崇德元年 明崇祯九年	十二月初二日，皇太极亲统大军征朝鲜出发。
1637	崇德元年 明崇祯九年	十二月十九日，清军先头部队围朝鲜国都，国王李倧等逃往南汉山城，王室成员等避难江华岛。
1637	崇德元年 明崇祯九年	十二月二十九日，清军主力围南汉山城。
1637	崇德元年 明崇祯九年	十二月，归化城土默特及鄂尔多斯蒙古来朝。
1637	崇德二年 明崇祯十年	正月初四日，清军渡汉江。
1637	崇德二年 明崇祯十年	正月初七日，清军名将扬古利阵亡。
1637	崇德二年 明崇祯十年	正月二十三日，命征朝鲜之蒙古兵往征瓦尔喀。
1637	崇德二年 明崇祯十年	正月二十四日，清军已陷江华岛，国王李倧请降。
1637	崇德二年 明崇祯十年	正月三十日，朝鲜国王李倧率群臣出降于汉江东岸三田渡，献明朝所给敕印，臣服于清。以世子李溰等入质。
1637	崇德二年 明崇祯十年	二月初二日，清军班师。另派兵攻皮岛。
1637	崇德二年 明崇祯十年	二月二十四日，归化城土默特、鄂尔多斯部蒙古来朝，八家分宴之。
1637	崇德二年 明崇祯十年	二月二十六日，八家分宴来朝之虎尔哈头目。
1637	崇德二年 明崇祯十年	三月初五日，力倡联明拒清之朝鲜台谏官洪翼汉等被杀于盛京。

公元	年号	大事记
1637	崇德二年 明崇祯十年	四月初十日，朝鲜质子到盛京。
1637	崇德二年 明崇祯十年	四月，清军攻克皮岛。
1637	崇德二年 明崇祯十年	四月二十八日，命贝子尼堪、洛托、博洛议政，每旗增置议政大臣三名。
1637	崇德二年 明崇祯十年	闰四月，东京一带米价颇昂，以皮岛所获米赈济。
1637	崇德二年 明崇祯十年	闰四月十二日，黑龙江索伦部博木博果尔来朝。
1637	崇德二年 明崇祯十年	五月初一日，科尔沁部大妃等来朝，会皇太极于围猎营地。
1637	崇德二年 明崇祯十年	五月初五日，乌珠穆沁、浩齐特、苏尼特部蒙古使臣随清使臣来朝。
1637	崇德二年 明崇祯十年	五月三十日，征瓦尔喀兵还，在朝鲜时击败该国兵，杀平壤巡抚。
1637	崇德二年 明崇祯十年	六月十六日，巴雅喇纛章京阿尔津等率商人百余及八家官员往归化城贸易。
1637	崇德二年 明崇祯十年	六月二十日，朝鲜国王请以平值赎战俘，清拒之。
1637	崇德二年 明崇祯十年	六月二十七日，惩处征朝鲜、皮岛时违军律之诸王、官员。
1637	崇德二年 明崇祯十年	七月初八日，宸妃生皇八子，皇太极有以此子为太子之意。本月十六日，大赦。
1637	崇德二年 明崇祯十年	七月十七日，派阿什达尔汉、尼堪等往蒙古颁赦诏，并会科尔沁诸王、贝勒清理刑狱。
1637	崇德二年 明崇祯十年	七月二十四日，派大学士往科尔沁，封所嫁皇家女为和硕公主，封该部诸王之妻，追封皇后之父莽古斯为和硕福亲王，其妻大妃封和硕福妃。

公元	年号	大事记
1637	崇德二年 明崇祯十年	七月二十九日，分汉军为两旗，旗色皆用元青，以石廷柱、马光远分别为固山额真。
1637	崇德二年 明崇祯十年	八月初五日，诸藩部蒙古上表贺皇子诞生。
1637	崇德二年 明崇祯十年	八月初六日，外喀尔喀蒙古车臣汗、土谢图汗衮布遣使朝贡。
1637	崇德二年 明崇祯十年	八月初六日，先是，清帝欲延请西藏五世达赖喇嘛，至是，车臣汗、土谢图汗约同往请之。
1637	崇德二年 明崇祯十年	八月二十四日，派阿什达尔汉、尼堪等往巴林等诸部蒙古颁敕诏，审理刑狱。
1637	崇德二年 明崇祯十年	九月初六日，以书招明石城岛守将沈志祥降。
1637	崇德二年 明崇祯十年	九月二十日，遣大学士往蒙古诸部册封诸王领主之妻。
1637	崇德二年 明崇祯十年	十月初一日，定历法，颁满洲、蒙古、汉三种文字历书。
1637	崇德二年 明崇祯十年	十月十二日，厄鲁特蒙古和硕特部顾实汗遣使通好，上年出发，是岁始至。
1637	崇德二年 明崇祯十年	十月十二日，黑龙江地方巴尔达齐率人朝贡。
1637	崇德二年 明崇祯十年	十月十七日，蒙古诸扎萨克贝勒议，罚奈曼部郡王衮楚克马匹，因其在清大军遇朝鲜袭击时不战先返。
1637	崇德二年 明崇祯十年	十月二十六日，派英俄尔岱等赴朝鲜，封李倧仍为国王。
1637	崇德二年 明崇祯十年	十月三十日，黑龙江地方额驸巴尔达齐派人朝贡。
1637	崇德二年 明崇祯十年	十一月初六日，朝鲜国王请归其质子，清不允。
1637	崇德二年 明崇祯十年	十一月十三日，乌珠穆沁部蒙古举部归附。

公元	年号	大事记
1638	崇德二年 明崇祯十年	十二月二十四日，浩齐特部蒙古博罗特等率部众归附。
1638	崇德三年 明崇祯十一年	正月初一日，贺元旦，朝鲜进清帝表、皇太子笺文朝贺。
1638	崇德三年 明崇祯十一年	正月初七日，先是，镶红旗主岳托被罢管旗务，至是恢复管旗务。
1638	崇德三年 明崇祯十一年	正月十六日，归化城土默特蒙古报外喀尔喀蒙古扎萨克图汗素巴第率兵来犯。
1638	崇德三年 明崇祯十一年	正月二十八日，皇八子卒。
1638	崇德三年 明崇祯十一年	正月三十日，皇九子生，永福宫庄妃所出，此子即后之顺治帝福临。
1638	崇德三年 明崇祯十一年	二月初三日，皇太极亲征犯归化城之外喀尔喀蒙古。
1638	崇德三年 明崇祯十一年	二月十三日，蒙古诸部率兵来会。
1638	崇德三年 明崇祯十一年	二月十九日，哨探报外喀尔喀扎萨克图汗已于正月三十日遁去。
1638	崇德三年 明崇祯十一年	二月二十七日，明石城岛总兵沈志祥率官兵二千多人投归清廷。
1638	崇德三年 明崇祯十一年	三月初一日，命留守诸王筑辽阳城。
1638	崇德三年 明崇祯十一年	三月初三日，命八家及各旗官员各出银赴归化城贸易。
1638	崇德三年 明崇祯十一年	三月初七日，外喀尔喀扎萨克图汗遣喇嘛来献物。
1638	崇德三年 明崇祯十一年	三月二十五日，清派前锋兵迎在归化城贸易之人。
1638	崇德三年 明崇祯十一年	四月十四日，征黑龙江地区之清军返回。

公元	年号	大事记
1638	崇德三年 明崇祯十一年	四月二十日，安置沈志祥及部下居抚顺（今辽宁省抚顺市北）。
1638	崇德三年 明崇祯十一年	四月二十五日，东征瓦尔喀兵还，以俘获人为新满洲。
1638	崇德三年 明崇祯十一年	五月二十二日，苏尼特部蒙古腾机思、浩齐特部各派人朝贡。
1638	崇德三年 明崇祯十一年	六月初十日，派人至明张家口互市。
1638	崇德三年 明崇祯十一年	六月二十九日，更定蒙古衙门为理藩院。
1638	崇德三年 明崇祯十一年	六月二十九日，编归化城土默特蒙古旗，以古禄格、杭高分别为固山额真。并授以下各官，均予世职。
1638	崇德三年 明崇祯十一年	七月初一日，谕宗室王公、公主、格格遵行等级礼制，不得僭越。
1638	崇德三年 明崇祯十一年	七月初十日，派人往归化城土默特蒙古会议，颁行法律制度。
1638	崇德三年 明崇祯十一年	七月初十日，派人往归张家口，与明议和，兼议开关互市。
1638	崇德三年 明崇祯十一年	七月十六日，定违反等级礼制、仿效别国衣冠、妇人束发、裹足等治罪。
1638	崇德三年 明崇祯十一年	七月，更定八衙门官制，各设承政一员，以满洲旗人充任，其下仍为参政，参政下增设理事、副理事、主事三种职官，均以满、蒙、汉旗人担任。
1638	崇德三年 明崇祯十一年	七月，汉宫祝世昌因上疏禁止将俘获之汉人良家女卖为娼妓，而被治罪。
1638	崇德三年 明崇祯十一年	八月初五日，定额驸、公及各官顶戴、饰件之制。
1638	崇德三年 明崇祯十一年	八月初五日，增定宗室九等爵秩。

公元	年号	大事记
1638	崇德三年 明崇祯十一年	八月初五日，命此后皇族所生子女，每年造报年岁姓名档册，以女仆所生及所抱养异姓子女上报者，治罪。
1638	崇德三年 明崇祯十一年	八月初五日，定宗室系黄带，觉罗系红带，并定其涉入刑事治罪例。
1638	崇德三年 明崇祯十一年	八月初七日，地震。
1638	崇德三年 明崇祯十一年	八月十二日，实胜寺建成。
1638	崇德三年 明崇祯十一年	八月十八日，考选举人十名、生员六十一名，并分等赏赐。
1638	崇德三年 明崇祯十一年	八月二十日，阿巴垓部、浩齐特部蒙古来朝。
1638	崇德三年 明崇祯十一年	八月二十二日，外喀尔喀土谢图汗、车臣汗遣使朝贡，定下九白之贡。
1638	崇德三年 明崇祯十一年	八月二十三日，命多尔衮、岳托等分统左、右翼军征明。
1638	崇德三年 明崇祯十一年	九月十六日，命汉三王备红衣炮、军粮，候旨征明。
1638	崇德三年 明崇祯十一年	九月，外喀尔扎萨克图汗派人朝贡。
1638	崇德三年 明崇祯十一年	十月初十日，皇太极亲征明锦州、宁远等地。
1638	崇德三年 明崇祯十一年	十月十五日，科尔沁、喀喇沁部率兵来会。
1638	崇德三年 明崇祯十一年	十月十七日，黑龙江博木博果尔朝贡。
1638	崇德三年 明崇祯十一年	十月二十一日，厄鲁特蒙古墨尔根戴青来贡马。
1638	崇德三年 明崇祯十一年	十一月初二日，厄鲁特蒙古格龙寨桑派人至盛京贡马。

公元	年号	大事记
1638	崇德三年 明崇祯十一年	十一月二十二日，黑龙江巴尔达齐额驸及索伦部派人朝贡。
1638	崇德三年 明崇祯十一年	十一月二十六日，虎尔哈部克宜克勒氏达尔汉额驸等朝贡。
1638	崇德三年 明崇祯十一年	十一月二十六日，遣往黑龙江地方贸易之人归来。
1639	崇德三年 明崇祯十一年	十二月二十八日，科尔沁部大妃等来朝。
1639	崇德三年 明崇祯十一年	十二月，蒙古诸部来朝。
1639	崇德四年 明崇祯十二年	正月十六日，皇三女固伦公主嫁科尔沁部祁他特。
1639	崇德四年 明崇祯十二年	正月二十一日，封沈志祥为续顺公。
1639	崇德四年 明崇祯十二年	正月二十五日，封科尔沁亲王吴克善之母为和硕贤妃。
1639	崇德四年 明崇祯十二年	正月，明朝以洪承畴总督蓟、辽。
1639	崇德四年 明崇祯十二年	二月，皇太极亲统大军征明锦宁一线，武英郡王阿济格所领之兵及汉军二旗与红衣炮兵先行。
1639	崇德四年 明崇祯十二年	二月十八日，奈曼等部蒙古十三旗兵来会征明。
1639	崇德四年 明崇祯十二年	三月初九日，入内地两路征明大军疏报，自北京至山西界、山东济南，攻克一府六十州县，俘获人口四十六万。是役，右翼统帅岳托、公玛瞻病卒。
1639	崇德四年 明崇祯十二年	三月二十日，清军攻锦宁一线之松山失败，皇太极班师。
1639	崇德四年 明崇祯十二年	五月初三日，派济尔哈朗领兵略明锦州、松山、杏山。

公元	年号	大事记
1639	崇德四年 明崇祯十二年	五月二十四日，奖前往张家口与明议开市功，赐达雅齐等牛录章京。
1639	崇德四年 明崇祯十二年	六月初四日，遣宫往封朝鲜国王王妃、世子。
1639	崇德四年 明崇祯十二年	六月初十日，分汉军为四旗，旗色分别以元青镶黄、镶白、镶红及纯元青。
1639	崇德四年 明崇祯十二年	六月二十五日，焚明朝原颁与女真扈伦四部之敕书。
1639	崇德四年 明崇祯十二年	七月初二日，遣官赍书与明帝议和。
1639	崇德四年 明崇祯十二年	七月，以安平贝勒杜度妹嫁科尔沁郡王满珠习礼。
1639	崇德四年 明崇祯十二年	八月二十日，归化城土默特蒙古以所得明岁币献清廷。
1639	崇德四年 明崇祯十二年	九月十九日，派兵往略明锦州、宁远。
1639	崇德四年 明崇祯十二年	十月初三日，外喀尔喀土谢图汗等遣使贡物。
1639	崇德四年 明崇祯十二年	十月初三日，再派兵往略明锦州、宁远。
1639	崇德四年 明崇祯十二年	十月初七日，蒙古苏尼特部腾机思等、阿巴垓部额齐格等备率部众，自外喀尔喀来归附清廷。
1639	崇德四年 明崇祯十二年	十月初七日，遣喇嘛致书图白武汗、达赖喇嘛，表达延请之意。
1639	崇德四年 明崇祯十二年	十一月初八日，派兵征索伦部。
1640	崇德四年 明崇祯十二年	十二月二十八日，派人赴朝鲜录三田渡碑文 携回。
1640	崇德五年 明崇祯十三年	正月十二日，允朝鲜质子李淮归省父疾，令别遣质子代之。

公元	年号	大事记
1640	崇德五年 明崇祯十三年	正月十九日，以郡王阿达礼妹嫁苏尼特部领主腾机思。
1640	崇德五年 明崇祯十三年	闰正月初一日，令各旗固山额真往各地察贫民、审冤狱。
1640	崇德五年 明崇祯十三年	闰正月十六日，皇太极出猎至察哈尔蒙古牧地，驻跸额驸额哲及皇次女所居地。
1640	崇德五年 明崇祯十三年	二月初十日，命已到归化城之使者派人至外喀尔喀，约其同请达赖喇嘛。
1640	崇德五年 明崇祯十三年	二月十五日，朝鲜国王第三子李淏来做质子。
1640	崇德五年 明崇祯十三年	三月初八日，攻索伦部之统兵者萨穆什喀等报，克雅克萨城。
1640	崇德五年 明崇祯十三年	三月十八日，清军于义州（今辽宁省义县，在锦州城以北50公里）筑城屯田，以围困锦州，从此揭开明清松锦大战序幕。
1640	崇德五年 明崇祯十三年	三月二十日，征朝鲜水师、粮米赴大凌河、小凌河。
1640	崇德五年 明崇祯十三年	四月十一日，修笃恭殿。
1640	崇德五年 明崇祯十三年	四月二十四日，皇太极亲迎征索伦部获胜军。
1640	崇德五年 明崇祯十三年	五月二十五日，攻明锦州城。
1640	崇德五年 明崇祯十三年	六月十八日，朝鲜世子李淏仍为质子，至盛京。
1640	崇德五年 明崇祯十三年	七月初四日，将征索伦部所获五千六百余人为新满洲，均隶八旗，编为牛录。
1640	崇德五年 明崇祯十三年	七月二十三日，征藩部蒙古兵，同征索伦部博木博果尔。
1640	崇德五年 明崇祯十三年	七月，明于杏山屯兵数万，以保卫锦州。

公元	年号	大事记
1640	崇德五年 明崇祯十三年	八月初十日，希福等率诸王公官员之家商人往张家口贸易。
1640	崇德五年 明崇祯十三年	九月初八日，命济尔哈朗等领兵代多尔衮一军围锦州、松山（在锦州城南）。
1640	崇德五年 明崇祯十三年	十一月初八日，清军于锦州、杏山、塔山（在杏山与宁远城之间）等处败明兵。
1641	崇德五年 明崇祯十三年	十二月初四日，多尔衮一军代济尔哈朗一军围困锦州。
1641	崇德五年 明崇祯十三年	十二月十三日，朝鲜质子，即国王第三子李淏归国。
1641	崇德五年 明崇祯十三年	十二月十三日，征索伦部兵擒博木博果尔及俘虏归。
1641	崇德五年 明崇祯十三年	十二月二十六日，此前，英俄尔岱往朝鲜审拒不降清之官员，至是建议提解至盛京监禁。
1641	崇德五年 明崇祯十三年	十二月，外喀尔喀扎萨克图汗遣使朝贡。
1641	崇德六年明 崇祯十四年	正月二十三日，察哈尔蒙古亲王额哲额驸卒于盛京，皇太极及诸王公大小官员皆往吊，次日归葬，火化。
1641	崇德六年 明崇祯十四年	二日初三日，再申禁烟令，许自种吸食，出边买者论死。
1641	崇德六年 明崇祯十四年	二月初九日，东藩和托额驸、纠察纳额驸等率人朝贡。
1641	崇德六年 明崇祯十四年	二月二十日，巴尔达齐及所娶格格还，宴之并赐物。
1541	崇德六年 明崇祯十四年	三月初二日，皇八女固伦公主许嫁科尔沁部巴达礼亲王子巴雅斯祜朗。
1641	崇德六年 明崇祯十四年	三月初四日，济尔哈朗一军换多尔衮一军围困锦州。
1641	崇德六年 明崇祯十四年	三月二十四日，锦州蒙古贝勒诺木齐、吴巴什率属众六千余人降清。

公元	年号	大事记
1641	崇德六年 明崇祯十四年	清军攻破锦州外城。
1641	崇德六年 明崇祯十四年	三月三十日，以诺木齐、吴巴什所携蒙古四千余人、汉人一百多人编为九牛录，分隶八旗。
1641	崇德六年 明崇祯十四年	四月初二日，清增兵围困锦州。
1641	崇德六年 明崇祯十四年	四月十七日，厄鲁特蒙古墨尔根戴青使臣诺垒至盛京。
1641	崇德六年 明崇祯十四年	五月初三日，明总督洪承畴以兵六万援锦州已屯扎于松山北岗。
1641	崇德六年 明崇祯十四年	五月二十八日，归化城增筑外城。
1641	崇德六年 明崇祯十四年	六月初七日，以索伦部都勒古尔等为牛录章京，管理该部新降人户。
1641	崇德六年 明崇祯十四年	七月初四日，赏新中满洲举人鄂莫克图等及满汉生员。
1641	崇德六年 明崇祯十四年	七月初十日，命汉三藩王派兵助围锦州。
1641	崇德六年 明崇祯十四年	七月二十五日，朝鲜出兵九百多名至锦州更戍。
1641	崇德六年 明崇祯十四年	八月初，两军激战，清军死伤甚众，明军夺回锦州外城。
1641	崇德六年 明崇祯十四年	八月十四日，皇太极带病领兵至前线。
1641	崇德六年 明崇祯十四年	八月下旬，清军击败明吴三桂等六总兵所统之兵，斩首五万。
1641	崇德六年 明崇祯十四年	八月，吏部右参政萨璧翰重伤卒。
1641	崇德六年 明崇祯十四年	九月十二日，清兵分三路分围锦州、松山、杏山。

公元	年号	大事记
1641	崇德六年 明崇祯十四年	九月十七日，皇太极宸妃去世。
1641	崇德六年 明崇祯十四年	十月初五日，命汉三藩王及沈志祥再以所部兵增援，困锦州。
1641	崇德六年 明崇祯十四年	十月至十二月，蒙古诸部及朝鲜不断至盛京吊唁宸妃。
1642	崇德七年 明崇祯十五年	正月初九日，赐围困锦州、松山、杏山之王公、大臣食物。
1642	崇德七年 明崇祯十五年	二月十八日，明松山副将夏成德秘密降清，约做内应，清军攻克松山，生擒洪承畴等，杀戮官百余、兵三千多人。
1642	崇德七年 明崇祯十五年	三月初十日，锦州被困无援，至是守将祖大寿率部出降。
1642	崇德七年 明崇祯十五年	三月十六日，明帝遣人议和。
1642	崇德七年 明崇祯十五年	三月二十四日，赐来贡物之使鹿部落。
1642	崇德七年 明崇祯十五年	四月十二日，清军以红衣炮攻陷塔山城。
1642	崇德七年 明崇祯十五年	四月二十五日，清军以红衣炮攻陷杏山城。
1642	崇德七年 明崇祯十五年	四月二十八日，派兵驻锦州，轮番更戍。命拆毁松山、塔山、杏山三城。
1642	崇德七年 明崇祯十五年	五月初，明总督洪承畴等降清。
1642	崇德七年 明崇祯十五年	五月初十日，禁善友会，各旗下杀李国梁等为首者十六人。
1642	崇德七年 崇祯十五年	五月初十日，以松锦战役中所获蒙古妇人赐王贝勒贝子及各处归附者无妻之人。
1642	崇德七年 明崇祯十五年	五月十四日，明议和使至盛京。

公元	年号	大事记
1642	崇德七年 明崇祯十五年	五月二十八日，都察院参政祖可法、张存仁等建议，当以逼迫明朝以黄河为界、纳贡称臣为上策。
1642	崇德七年 明崇祯十五年	六月初三日，明议和使还，皇太极致书明帝。约以宁远双树堡与塔山之间为两国国界，平等相交。
1642	崇德七年 明崇祯十五年	六月初六日，编八旗汉军，以祖泽润、佟图赖等八人为固山额真，祖可法等十六人为梅勒章京。
1642	崇德七年 明崇祯十五年	七月初一日，以锦州、松山、杏山新降官兵分给八旗之缺额者，其余编发盖州为民。
1642	崇德七年 明崇祯十五年	七月初四日，赐祖大寿御服五爪龙纱朝衣、祖大弼等孔雀翎凉帽等。
1642	崇德七年 明崇祯十五年	七月初四日，设八旗汉军牛录章京，由吏部及八旗汉军固山额真、梅勒章京共同遴选。
1642	崇德七年 明崇祯十五年	八月初二日，命汉军旗人往锦州铸炮。
1642	崇德七年 明崇祯十五年	八月二十七日，汉三藩王及沈志祥请以所部兵随汉军旗下行走，允准，命归并汉军兵少之旗行走。
1642	崇德七年 明崇祯十五年	九月初五日，汉军旗诸官员建议乘胜直取燕京，皇太极谕应徐图之。
1642	崇德七年 明崇祯十五年	九月十五日，命沙尔瑚达等率兵征虎尔哈部。
1642	崇德七年 明崇祯十五年	十月初二日，达赖喇嘛所遣喇嘛至盛京，皇太极率诸王大臣隆重远迎。
1642	崇德七年 明崇祯十五年	十月十四日，阿巴泰、图尔格、阿山等统大军入边征明。
1642	崇德七年 明崇祯十五年	十月二十二日，命多铎、阿达礼出兵宁远，以策应入关征明之军。并劝宁远总兵吴三桂降。
1642	崇德七年 明崇祯十五年	十月二十七日，皇太极因病命济尔哈朗、多尔衮、豪格、阿济格四王理政。
1642	崇德七年 明崇祯十五年	十一月，多铎一军击败宁远吴三桂兵。

公元	年号	大事记
1642	崇德七年 明崇祯十五年	十一月，阿巴泰一军由墙子岭入长城，克蓟州。
1643	崇德七年 明崇祯十五年	闰十一月，阿巴泰军由直隶入山东，南掠至苏北（今江苏省北部）。
1643	崇德七年 明崇祯十五年	十二月初十日，朝鲜出兵至锦州更番驻防。
1643	崇德八年 明崇祯十六年	正月十六日，征松阿里江虎尔哈部之清军还，获人口一千六百余人，分补各旗人丁缺额者。
1643	崇德八年 明崇祯十六年	正月十九日，明宁远总兵吴三桂答祖大寿劝降书，犹豫不决，皇太极劝谕其归降。
1643	崇德八年 明崇祯十六年	正月二十六日，外喀尔喀、鄂尔多斯及厄鲁特部塞冷诺颜等朝贡。
1643	崇德八年 明崇祯十六年	二月初二日，礼部增设每旗理事官、副理事官各一员。
1643	崇德八年 明崇祯十六年	二月十四日，赐前来贡物之虎尔哈部精德里额驸等物。
1643	崇德八年 明崇祯十六年	二月二十六日，再申前谕，除部册记载有名之寺庙外，不许另行修建。
1643	崇德八年 明崇祯十六年	三月初三日，禁朝鲜臣民与明交往。
1643	崇德八年 明崇祯十六年	三月十七日，派护军统领阿尔津领兵征黑龙江虎尔哈部。
1643	崇德八年 明崇祯十六年	四月初二日，皇太极因病祈祷于境内各寺庙，施白金。
1643	崇德八年 明崇祯十六年	五月初四日，此前，岳托之子罗洛宏被降斥，至是，复多罗贝勒爵，还其册文，仍管旗务。
1643	崇德八年 明崇祯十六年	五月初五日，达赖所派喇嘛及和硕特蒙古使节还，清遣使同往。
1643	崇德八年 明崇祯十六年	五月十一日，黑龙江巴尔达齐额驸朝贡。

公元	年号	大事记
1643	崇德八年 明崇祯十六年	六月十一日，征明之阿巴泰军还至盛京。此役攻掠三府十八州六十七县，共克八十八城，俘获人口近三十七万、牲畜数十万及大批财物。
1643	崇德八年 明崇祯十六年	六月十二日，大赏征明将领及从征之科尔沁部绰尔济等。
1643	崇德八年 明崇祯十六年	七月初七日，征黑龙江虎尔哈之兵还至盛京。
1643	崇德八年 明崇祯十六年	七月初七日，定宗室王公府等规制。
1643	崇德八年 明崇祯十六年	七月十一日，定宗室王公失误朝会处分条例。
1643	崇德八年 明崇祯十六年	七月二十五日，定藩部蒙古王公来朝与宗室王公相见礼仪。
1643	崇德八年 明崇祯十六年	七月二十七日，赐功臣及宗室自行采参人数。
1643	崇德八年 明崇祯十六年	七月二十九日，科尔沁部诸外戚来朝。
1643	崇德八年 明崇祯十六年	八月初九日，皇太极去世。
1643	崇德八年 明崇祯十六年	八月，皇九子福临继位。
1643	崇德八年 明崇祯十六年	九月二十一日，皇太极葬于昭陵。
1643	崇德八年 明崇祯十六年	十月初七日，上皇太极谥号，庙号太宗。